U0936251

司馬溫公
資治通鑑

# 第十八部

柏杨 著

人民东方出版传媒
東方出版社

儿皇帝

横挑强邻

高平之战

分裂尾声

# 儿皇帝

# 导读

一个老汉向一个年轻小伙叫“爹”，这种“倒门门”的取媚手段，只官场才有。四十七岁的石敬瑭，对三十七岁的耶律德光，不但叫得出口，还写得出字。使人发现，一个无赖为了夺取权力，什么不可思议的和卑鄙无耻的勾当，都干得出，包括出卖灵魂及出卖国土——燕云十六州。

历史上残暴的君王很多，但出卖国土的君王却绝对只是少数，大概二三人而已，石敬瑭先生因是二三人中的第一人，所以显得特别突出。

据说，石敬瑭是沙陀人，如果属实，汉人多少好过一点。

柏杨　一九九二·九·一五

# 目录


十世纪

三〇年代

九三三—九三九年

小分裂

●闽王王延钧称闽帝，不久被杀。国计使薛文杰暴虐，被杀●西川孟知祥建后蜀帝国●后唐三任帝李从厚被杀，李从珂继位●后唐亡，石敬瑭建后晋帝国，迁都大梁，割燕云十六州给契丹，从此，后唐北方门户洞开●后唐成德战区兵变，秘琼屠节度使董温琪全家●徐知诰篡夺南吴政权，建南唐帝国，迁都金陵●契丹改称辽●闽国政变，连重遇杀闽帝王继鹏 003

十世纪

四〇年代

九四〇—九四一年

小分裂

●后晋安重荣叛，安从进叛，杨光远叛，均败死 187

# 小分裂

- 闽王王延钧称闽帝，不久被杀。国计使薛文杰暴虐，被杀。
- 西川孟知祥建后蜀帝国。
- 后唐三任帝李从厚被杀，李从珂继位。
- 后唐亡，石敬瑭建后晋帝国，迁都大梁，割燕云十六州给契丹，从此，后唐北方门户洞开。
- 后唐成德战区兵变，秘琼屠节度使董温琪全家。
- 徐知诰篡夺南吴政权，建南唐帝国，迁都金陵。
- 契丹改称辽。
- 闽国政变，连重遇杀闽帝王继鹏。

- ◉ 阿拉伯政变，哈里发阿尔·卡希尔被挖去双目，乞食街头。
- ◉ 高骊王王建灭新罗、后百济，统一朝鲜半岛。
- ◉ 越南南北纷争时代结束（九〇七—九三八年）。
- ◉ 日本平民平将门聚众起兵，自称天皇，设置百官。

# 九三三年 癸巳

| | | |
|---|---|---|
| 后唐 | 长兴 | 四年 |
| 南吴 | 大和 | 五年 |
| 南楚 | 长兴 | 四年 |
| 吴越 | 长兴 | 四年 |
| 南汉 | 大有 | 六年 |
| 南平 | 长兴 | 四年 |
| 闽 | 龙启 | 元年 |
| 契丹 | 天显 | 七年 |

**1** 春季，正月十一日，后唐帝国（首都河南府〔河南省洛阳市〕）皇帝（二任明宗）李嗣源（邈佶烈。本年六十七岁）加授皇子、秦王李从荣：暂任国务院总理（守尚书令）兼最高监督长（兼侍中）。

正月十三日，命端明殿文学侍从官（端明殿学士）归义（河北省容城县东）人刘昫当副立法长（中书侍郎）、二级实质宰相（同平章事）。

**2** 闽王国（首都福州〔福建省福州市〕）有人声称：在真封宅（闽王王延钧当国王前住宅）看见真龙。闽王王延钧下令把真封宅改称龙跃宫。并且前往宝皇宫接受宝皇的道教神仙文书，然后在盛大的仪队引导下，回到王府，登极称帝（一任惠宗），国号闽，大赦，改年号龙启（闽国自此有自己的年号），并改名王璘（我们仍称他王延钧），追尊他的老爹、祖父等尊贵绰号，兴建五座皇家祭庙。命他的部属李敏当国务院左最高执行长（左仆射）兼副监督长（门下侍郎）；命皇子、威武战区（总部福州）副司令官（节度副使）王继鹏当国务院右最高执行长（右仆射）兼副立法长（中书侍郎）；二人都兼二级实质宰相（同平章事）。又命亲信吴勖当帝国参谋总部指挥官（枢密使）。正巧，后唐（首都河南府）派来的封爵特使（册礼使）裴杰、程侃，抵达海门（福建省福清市东南海口镇），闽帝王延钧（王璘）命裴杰当进京特使（如京使），程侃一再要求跟裴杰一同北返，王延钧（王璘）不许。

王延钧（王璘）了解自己的国土太小，地又荒僻，对四邻国家（北方是吴越〔首都杭州〕，西方是南吴〔首都江都府〕，南方是南汉〔首都兴王府〕，东方是台湾海峡），都谨慎小心相处，因此境内粗略安定。

**3** 二月二日，后唐（首都河南府）孟知祥（西川〔总部成都府〕司令官）用墨写诏书，任命赵季良等分别当五战区司令官（五战区，参考去年〔九三二〕八月十五日）。

河西战区（总部设凉州〔甘肃省武威市〕）大将拓跋承谦及地方士绅上疏后唐帝（二任明宗）李嗣源（邈佶烈），请擢升暂代战区候补司令官（权知留后）孙超，实任司令官（节度使）。李嗣源（邈佶烈）问使节说："孙超是什么人？"使节回答说："张义潮率河西地区回归唐王朝时（参考八五一年二月），中央曾命天平战区（总部设郓州〔山东省东平县〕）派军二千五百人，驻防凉州（甘肃省武威市。张义潮收复凉州，参考八六三年三月）。自从黄巢民变，凉州（甘肃省武威市）被党项部落隔绝，驻防在那里的郓州（山东省东平县）士卒，差不多都已逝世，孙超以及城里的人，都是他们的子孙（唐王朝覆亡前，凉州一度沦陷，参考九〇六年正月）。”

**4** 二月九日，后唐政府（首都河南府）任命马希范（武安〔总部长沙府〕司令官）当武安（总部长沙府）暨武平（总部朗州）两战区司令官（节度使）兼最高立法长（兼中书令，使相）。

**5** 二月十二日，后唐（首都河南府）定难战区（总部设夏州〔陕西省靖边县北白城则村〕）司令官（节度使）李仁福逝世（李仁福控制定难，参考九一〇年三月，前后二十四年）。

二月十四日，定难（总部夏州）军队拥护李仁福的儿子李彝超当候补司令官（留后）。

二月十七日，后唐帝（二任明宗）李嗣源（邈佶烈）命孟知祥当东西川战区（总部设成都府〔四川省成都市〕）司令官（节度使），封蜀王。

先前，河西（陕西省北部）一些战区都奏报中央，说李仁福暗中跟契丹帝国（首都西楼城〔内蒙古巴林左旗〕）暗中来往勾结，中央恐怕他跟契丹缔结军事同盟、夺取河右（陕西省北部），南下侵略关中（陕西省中部）。而就在这时候，李仁福逝世。

三月七日，后唐政府（首都河南府）任命李仁福的儿子李彝超当彰武战区（总部设延州〔陕西省延安市〕）候补司令官（留后），调彰武战区司令官（节度使）安从进当定难战区（总部夏州）候补司令官（留后）。命静难战区（总部设邠州〔陕西省彬州市〕）司令官（节度使）药彦稠，率军五万人，由御花园管理官（宫苑使）安重益当监军官，护送安从进强行上任。安从进，是索葛部落人（索葛部落，应是西域突骑施汗国所属的索葛莫贺部落，参考六五八年十一月。后东徙中国境内，现住振武〔总部朔州〕）。

三月九日，中央正式任命赵季良等分别当五战区司令官。

三月十一日，李嗣源（邈佶烈）下诏，向夏（陕西省靖边县北白城则村）、银（陕西省榆林市东南鱼河镇）、绥（陕西省绥德县）、宥（内蒙古鄂托克前旗东南）等州（都是定难战区属州）军民解释说："夏州（陕西省靖边县北白城则村）荒远偏僻，而李彝超年纪太轻，恐怕不能抵抗外来强敌，所以调他前去延安（延州州政府所在县，陕西省延安市），如果接受命令，则可享受李从曮（李继曮）、高允韬所享受的荣华富贵（李从曮由凤翔〔总部凤翔府〕调宣武〔总部汴州〕，参考九三〇年二月。高允韬自彰武〔总部延州〕调安国〔总部邢州〕，《资治通鉴》没有记载），如果抗命，则有王都（刘云郎）、李匡宾全族覆灭的大祸。"（王都据义武〔总部定州〕自焚，参考九二九年二月。李匡宾图据朔方〔总部灵州〕被杀，参考九三〇年三月）。

夏季，四月，李彝超上疏说："受到军民人等慰留，不能前往就任新职。"李嗣源（邈佶烈）下诏催促他启程。

政府有关官员请替亲王们设置师傅，各宰相畏惧秦王李从荣，不敢径行任命，而请他自己选择。秦王府执行官（秦王府判官）、太子宫总管（太子詹事）王居敏，向李从荣推荐国务院国防部副部长（兵部侍郎）刘瓒；李从荣上疏推荐。

四月七日，李嗣源（邈佶烈）命刘瓒当皇家图书院长（秘书监）、秦王师傅；又命前山南东道（总部襄州）行政秘书官（支使）、山阳（江苏省淮安市）人鱼崇远当机要秘书（记室）。刘瓒认为受到贬谪，向李嗣源（邈佶烈）哭泣辞让，却辞让不掉。秦王府幕僚及辅佐官员，都是新进的少年之辈，轻浮鲁莽，围绕着李从荣，用各种方法，谄媚拍马，只有刘瓒有时候乘机规劝，李从荣大不高兴。所以刘瓒名义上虽是师傅，李从荣却把他当作一般部属看待，刘瓒显出为难的脸色。李从荣知道后，下令看门人，以后刘瓒来时，不准替他通报，每月只准他来王府一次，来了后坐在客厅里，也不召见他，也不给他饭吃。

李彝超拒绝接受中央调差命令，派他的老哥阿啰王据守青岭门（即东汉王朝时的桥门，今陕西省子长市西北。参考一六八年六月），集结境内党项部落及各蛮夷，图谋自保。中央讨伐军统帅药彦稠等，进驻芦关（陕西省靖边县南），李彝超派党项部落抄掠讨伐军后路，剽劫粮饷和攻城武器，讨伐军从芦关（陕西省靖边县南）撤退到金明（陕西省延安市安塞区南）。

**6** 闽帝（一任惠宗）王延钧（王璘）封皇子王继鹏当福王，充任宝皇宫总监（宝皇宫使）。

**7** 五月三日，后唐帝（二任明帝）李嗣源（邈佶烈）封皇子李从珂（王从珂）当潞王，李从益当许王；封皇侄天平战区（总部设郓州〔山东省东平县〕）司令官（节度使）李从温当兖王，护国战区（总部设河中府〔山西省永济市〕）司令官（节度使）李从璋当洋王，成德战区（总部设镇州〔河北省正定县〕）司令官（节度使）李从敏当泾王。

**8** 五月五日，闽帝国（首都福州）地震，闽帝（一任惠宗）王延钧（王璘）避开帝位，静心修道，命福王王继鹏主管帝国大事。

最初，王延钧（王璘）的老爹、闽王王审知在位时，性情节俭，王府官舍，都很简陋（参考九〇九年九月），现在，开始大肆建筑宫殿，极为富丽堂皇。

9 五月九日，后唐帝（二任明宗）李嗣源（邈佶烈）忽然中风。

五月十五日，李嗣源（邈佶烈）病情稍微痊愈，到文明殿接见文武百官。

五月十七日，夜晚，被围困的夏州（陕西省靖边县北白城则村）城墙上，忽然烽火燎天，那是一项信号，等到天亮（五月十八日），各蛮夷混合部队骑兵数千人，果然向中央讨伐军发动攻击，中央讨伐军统帅安从进派先锋官（先锋使）宋温，把他们击退。

10 南吴帝国（首都江都府〔江苏省扬州市〕）智囊宋齐丘，建议总指战官（都统）徐知诰（李知诰），请南吴帝（一任睿帝）杨溥（本年三十四岁）迁都金陵（江苏省南京市），徐知诰（李知诰）于是在金陵（江苏省南京市）预行兴筑宫殿。

11 后唐帝（二任明宗）李嗣源（邈佶烈）十几天没有接见文武百官，洛阳（首都河南府所在县）城里人心惶惶，有的甚至暗中逃到深山荒村，或索性住到军队营房里。

秋季，七月六日，李嗣源（邈佶烈）支持病体，勉强登广寿殿，人心才安定下来。

中央讨伐军统帅安从进继续进攻夏州（陕西省靖边县北白城则村），州城是赫连勃勃（胡夏帝国一任帝）兴筑（统万城，参考四一三年三月），城墙坚硬，像钢浇铁铸，刀砍砍不破，锥凿凿不进。而党项部落一万余名骑兵，又在四周原野游动徘徊，时时抄掠中央的粮饷补给，讨伐军没有地方可以割草喂马。而山路险要狭窄，关中（陕西省中部）每供应一斗粟米或一捆草料，都要数串钱之多，人民困苦，财力枯竭，不能负担。变军首领李彝超兄弟登上城楼，对安从进说："夏州（陕西省靖边县北白城则村）穷苦贫困，并没有金银珍宝进贡中央，本来没有什么可以留恋，只因为祖父老爹世代相传，守卫这块土地（拓跋思恭〔李思恭〕取得夏州，参考八八一年四月。传李思谏、李彝昌、李仁福、李彝超），不愿意失去。这个可怜渺小的孤城，就算讨伐军把它攻占，也没有什么可以夸耀，何必劳师动众，耗费钱财？请你替我上疏奏报，如果允许改过自新的话，将来万一派我出击，愿意担任先锋。”李嗣源（邈佶烈）得到报告。

七月八日，下令命安从进班师。

后来，有知道李仁福秘密内幕的人说：“李仁福害怕中央把他调到别的战区，所以故意扬言结交契丹（首都西楼城）作为外援，事实上根本没有这回事。想不到却引起中央误会，发动这次讨伐之战，没有建立一点功劳而回。”自此以后，定难（总部夏州）看不起中央，每次有人叛变，都暗中跟变军联络，好诈取贿赂。李嗣源（邈佶烈）患病，长久不能痊愈，而讨伐夏州（陕西省靖边县北白城则村）又告失败，军队中开始传出谣言。

七月十一日，李嗣源（邈佶烈）对驻防京师（首都河南府）的武装部队，依照他们的官阶等级，分别颁发优厚的赏赐。然而这项无缘无故的赏赐，反而鼓励士卒更加骄傲放纵。

**12** 七月十三日，后唐帝（二任明宗）李嗣源（邈佶烈）封钱元瓘（钱传瓘，本年四十七岁）当吴王。

钱元瓘（钱传瓘）对待兄弟们很温暖优厚，他的老哥、中吴（总部苏州）、建武（总部邕州）战区司令官（建武是空头官衔。此时邕州属南汉〔首都兴王府〕）钱元璙（钱传璙）从苏州（江苏省苏州市）到杭州（吴越首都，浙江省杭州市）晋见，钱元瓘（钱传瓘）用家人兄弟的礼节致敬，举杯向他敬酒，

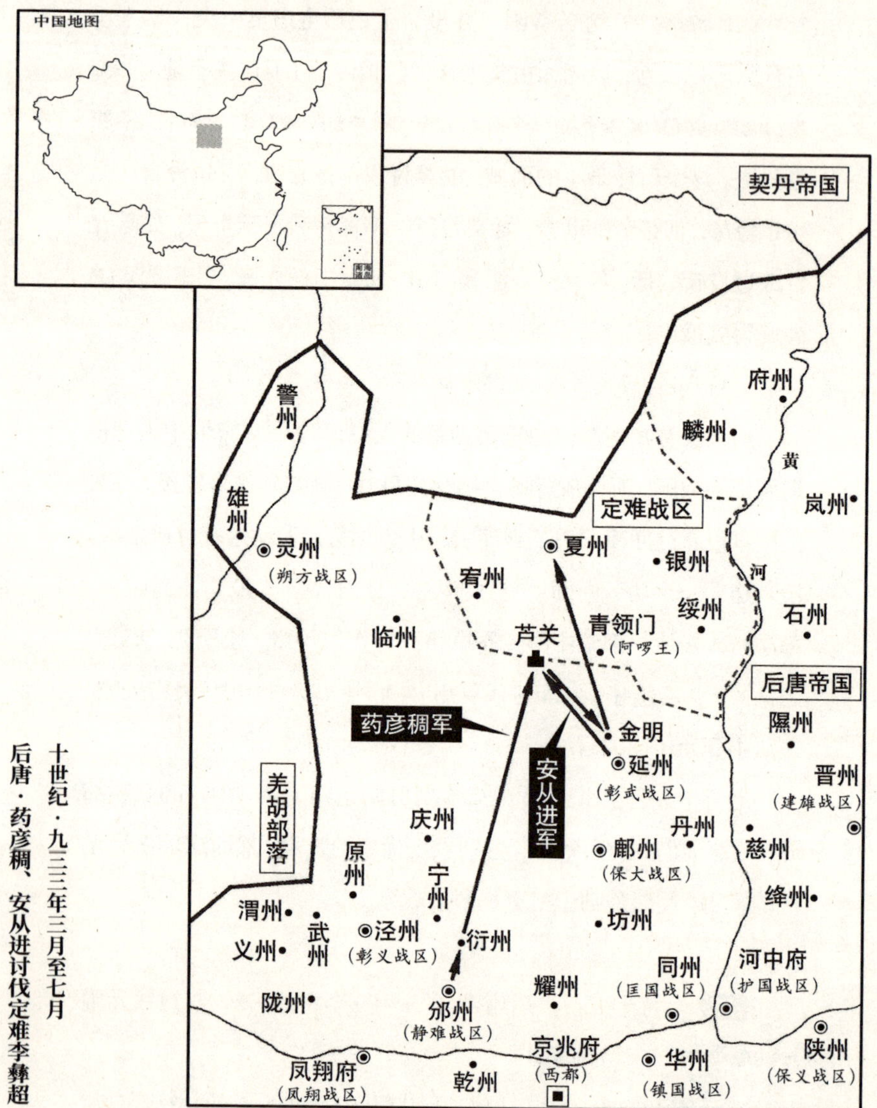


十世纪·九三三年三月至七月
后唐·药彦稠、安从进讨伐定难李彝超

说："这个座位，原是您的，做弟弟的我之所以坐在这里，是您的恩赐（钱元瓘让位给钱元瓘，参考九二八年八月）。"钱元璙（钱传璙）说："先王（钱镠）选择贤才作为继承人，现在君臣的名分已经确定，我只知道顺服尽忠而已。"兄弟二人都深受感动，相对哭泣。

**13** 七月十四日，闽帝（一任惠宗）王延钧（王璘）于避位六十五日后，复位视事。

最初，福建中军基地司令（福建中军使）薛文杰，性情灵活，反应迅速，精于谄媚奉承，王延钧（王璘）喜爱奢侈豪华，薛文杰抓住这个焦点，用大肆聚敛的手段，取得王延钧（王璘）的信任。王延钧（王璘）遂任命他当帝国钱粮总监（国计使），作为心腹。薛文杰暗中调查有钱人家的罪行，没收他们的财产；苦刑拷打逼取自诬口供时，被告胸部和后背，同时都受捶击，如果仍不肯招认，则改用烧红的铜熨斗灼烫。建州（福建省建瓯市）地方绅士吴光到中央朝见，薛文杰贪图他的家产，暗中调查他的罪行，打算逮捕勒索，吴光怨恨愤怒，率领他的族群将近一万人，叛离闽国（首都福州），投奔南吴（首都江都府）。

**14** 后唐帝（二任明宗）李嗣源（邈佶烈）派国务院工程部长（工部尚书）卢文纪、教育部教育司长（礼部郎中）吕琦，当"蜀王封爵特使（册礼使）"，携带颁发给东西川（总部成都府）司令官（节度使）孟知祥的一品官服，前往成都（四川省成都市）。孟知祥则自行制造悬有九串垂珠的皇冠（九旒冕）和九种图案的龙袍（九章衣），以及车马旗帜，都跟皇帝用的一样。

八月一日，卢文纪等抵达成都。

八月四日，孟知祥头戴皇冠，身穿龙袍，在盛大的仪队簇拥下，前往驿马车站迎接中央特使，在台阶之下，面向北方，接受封爵诏书，然后坐上镶着璧玉的皇家车辆，回到王府，在大门下车，换坐人力拉动的小车（步辇）回家。卢文纪，是卢简求的孙儿（卢简求，是卢简能的老弟；卢简能，参考八三五年十一月）。

**15** 八月四日，后唐政府（首都河南府）文武百官联名向李嗣源（邈佶烈）呈献尊贵的绰号：圣明神武广道法天文德恭孝皇帝。大赦。驻防京师（首都河南府）的各战区道特遣兵团，依照阶级分别赏赐；距上次赏赐还不超过一个月，因此国库更加困乏。

以畜牧部副部长（太仆少卿）名义退休的何泽，看到李嗣源（邈佶烈）病势沉重，而秦王李从荣的权力，又日正当中，希望自己再受到录用（《新五代史》：何泽外表看起来直言敢谏，跟宰相赵凤是旧友，好几次因私事找赵凤帮忙，赵凤看不起他这个人。后来任命他当祭祀部副部长〔太常少卿〕，人事命令还没有发布，何泽先得到消息，就用这个官衔，呈递奏章为自己陈情。李嗣源批交宰相联合办公厅〔中书〕查办，赵凤等奏报说："何泽没有接到任命状就自称新官，是对政府的一种轻侮，请依法处理。"遂命何泽以畜牧部副部长〔太仆少卿〕名义退休，定居河阳〔河南省孟州市〕），于是上疏请求封李从荣当太子。李嗣源（邈佶烈）看到奏章，流下眼泪，私底下对左右侍奉官员说："文武百官请求指定太子，我只有回到太原（山西省太原市）旧家去养老了。"（李嗣源〔邈佶烈〕这种心态，很像唐王朝十九任帝李忱，参考八五六年正月。）但他不得不作出回应。

八月十八日，李嗣源（邈佶烈）下诏，命宰相跟帝国参谋总部指挥官（枢密使）共同商议。

八月二十三日，李从荣晋见老爹，说："我私下听说，有奸邪之徒请求封我当太子，我年纪还轻，正在努力学习训练军队及治理人民，不愿占据这个名位。”李嗣源（邈佶烈）说：“大家都这么盼望！”李从荣退出，看到宰相范延光、赵延寿（刘延寿），说：“你们打算教我当太子，只不过想剥夺我的兵权，把我囚禁在东宫里罢了。”范延光等已了解李嗣源（邈佶烈）的心意，又对李从荣的愤怒感到恐惧，就立刻奏报。

八月二十七日，李嗣源（邈佶烈）下诏任命李从荣当天下兵马大元帅。

**16** 九月一日，南吴帝（一任睿帝）杨溥封王德妃当皇后。

**17** 九月五日，后唐政府（首都河南府）加授宰相范延光、赵延寿（刘延寿）兼最高监督长（兼侍中）。

九月十日，宰相联合办公厅（中书）奏报战区司令官（节度使）晋见天下兵马大元帅的礼仪，规定即令遥兼二级宰相（平章事，使相），也应使用军礼，在大庭下跪叩拜。李嗣源（邈佶烈）批准。

李嗣源（邈佶烈）打算擢升宫廷事务总监（宣徽使）、主管中央财政三单位（判三司）冯赟，当二级实质宰相（同平章事）。冯赟的老爹名叫冯章（冯章当过李嗣源〔邈佶烈〕的看门人），宰相们为了避“章”字讳，都不敢用“同中书门下平‘章’事”。

九月十七日，李嗣源（邈佶烈）命冯赟当一级实质宰相（同中书门下二品）兼中央财政三单位管理总监（三司使）。

秦王李从荣请求拨付严卫、捧圣两个步骑兵特别营，作为自己的警备卫队。每次进宫晋见时，仅随从就有骑兵数百名，弓上弦、刀出鞘，在马路上奔走驰骋。又命御用知识分子撰写《告淮南人民书》（淮南，指南吴帝国），阐述他自己扫平四海的伟大志向。李从荣对所有宰相都很痛恨，曾暗中告诉亲信说："我一旦登上宝座，当诛杀他们全族。"范延光、赵延寿（刘延寿）大为恐惧，屡次请求调到外地，用来躲避李从荣。李嗣源（邈佶烈）却认为这些人是因为他患病才要走开，十分恼怒，说："要走就走，呈递奏章干什么？"齐国公主（李嗣源〔邈佶烈〕的女儿）在皇宫中替丈夫赵延寿（刘延寿）解释祈求，强调赵延寿（刘延寿）实在有病在身，无法负担机要职务。

九月二十三日，范延光、赵延寿（刘延寿）又向李嗣源（邈佶烈）奏报说："我们并不是害怕辛苦，只是宰相职务，希望跟其他元老，轮流担任。我们并不敢一齐离开，只是请准许在我们之中先外放一个人，如果继任的人能力不够，再召唤我们回来，我们马上就到。"李嗣源（邈佶烈）才允许。

九月二十五日，命赵延寿（刘延寿）当宣武战区（总部设汴州〔河南省开封市〕）司令官（节度使），命山南东道战区（总部设襄州〔湖北省襄阳市〕）司令官（节度使）朱弘昭当帝国参谋总部指挥官（枢密使）、二级实质宰相（同平章事）。诏书颁下，朱弘昭也提出辞让。李嗣源（邈佶烈）叱责说："你们都不肯在我身旁，我豢养你们这批人干什么！"朱弘昭才不敢再说话。

**18** 后唐（首都河南府）国务院文官部副部长（吏部侍郎）张文宝，乘船从海路出使吴越王国（首都杭州〔浙江省杭州市〕），大船损坏，水手们改用小船，顺风漂到天长（安徽省天长市。是南吴〔首都江都府〕国境），随从二百人，活着的只有五人（张文宝等不知从何处出发？也不知大船何时何地损坏？水手何来小船？以天长的位置，小船不可能逆江漂流，说不清楚）。南吴帝（一任睿帝）杨溥对他十分礼遇，馈赠给随从衣服钱币，价值约好几万，同时特别通知吴越（首都杭州），请派人到边界迎接。张文宝只接受饮食，其他财物，一律婉拒，说："我国跟南吴（首都江都府）很久没有来往（自九二八年正月迄今），我们既不是君臣，也不是宾主，如果接受这么优厚的馈赠，将来怎么回报！"杨溥对他十分嘉许。张文宝终于抵达杭州（浙江省杭州市），完成使命而回。

**19** 九月二十七日，后唐帝（二任明宗）李嗣源（邈佶烈）命前义成战区（总部设滑州〔河南省滑县〕）司令官（节度使）李赞华（耶律突欲），当昭信战区（总部设虔州〔江西省赣州市〕）司令官（空头官衔。此时虔州属南吴〔首都江都府〕），留在洛阳（首都河南府所在县），由中央给他一份战区司令官（节度使）薪俸。

九月二十八日，李嗣源（邈佶烈）下诏，命天下兵马大元帅李从荣的官位，在宰相之上。

**20** 南吴（首都江都府）总指战官（都统）徐知诰（李知诰），因为帝国境内水灾火灾连续不断，说："兵困民苦，我怎么可以独自享乐！"把身边侍奉的歌女、舞女，统统遣散，把乐器取出来烧毁。

**21** 闽帝国（首都福州）皇家机要总监（内枢密使）薛文杰，唆使闽帝（一任惠宗）王延钧（王璘）压制皇族。王延钧（王璘）的侄儿王继图忍不住愤怒，阴谋兵变，被诛杀，牵连一千余人。

**22** 冬季，十月十二日，后唐（首都河南府）宰相范延光、冯赟奏报说："西北各蛮夷卖马商贩，来往京师（首都河南府），前后不断，国库每天都要支出绢绸不下五千匹，占帝国总开支十分之七（九二九年四月，曾禁党项前来京师卖马，显然不能执行），请授权边境主管官员，在各蛮夷马群中，挑选优良骏马，发给文件，然后把数量呈报中央。”李嗣源（邈佶烈）批准。

十月十五日，李嗣源（邈佶烈）任命前武兴战区（总部设凤州〔陕西省凤县〕）司令官（节度使）孙岳，当中央财政三单位管理总监（三司使）。范延光不断通过孟汉琼、王淑妃（花见羞），向李嗣源（邈佶烈）请求外调。

十月十七日，李嗣源（邈佶烈）命范延光当成德战区（总部设镇州〔河北省正定县〕）司令官（节度使），命冯赟当帝国参谋总部指挥官（枢密使）。

李嗣源（邈佶烈）认为皇家亲军总指挥官（亲军都指挥使）、河阳战区（总部设孟州〔河南省孟州市〕）司令官（节度使）、遥兼二级宰相（同平章事，使相）康义诚，朴实仁厚，忠心耿耿，对他十分亲近信任。当时，高阶层官员都盼望外调，逃避秦王李从荣的迫害。康义诚自知没有办法脱身，只好委曲求全，命他的儿子去事奉李从荣，尽量卑微顺服，不说一句逆耳之言，希望能保住全家性命。

暂代主管定难（总部夏州）总部事务的李彝超，上疏请求赦免平反。

十月十九日，李嗣源（邈佶烈）任命李彝超当定难战区（总部设夏州〔陕西省靖边县北白城则村〕）司令官（节度使）。

十一月二日，李嗣源（邈佶烈）摆设酒席，给范延光饯行，饭后，李嗣源（邈佶烈）说：“你今天就离我远去，有什么建议，应该毫无保留的告诉我。”范延光说：“政府中军国大事，但愿陛下跟高阶层官员讨论决定，不要听一群小人的话。”互相流泪，依依分别。当时孟汉琼掌握权柄，攀附他的人立刻聚成一个庞大的摇尾系统，蒙蔽蛊惑李嗣源（邈佶烈）的耳目，所以范延光特别提及。

十一月八日，把总部设在慎州（羁縻州，北京市西南窦店镇）的怀化战区，改名昭化战区。另在洮州（甘肃省临潭县）设置保顺战区，管辖洮、鄯（青海省海东市乐都区）等州（《新唐书·方镇表》记载，八六三年设置凉州战区，管辖范围便有洮、鄯二州，可知当时唐王朝已收复二州，但史籍对该地区一直没有清晰的记载。或二州之前复陷入吐蕃，现在再归附后唐，中央给予司令官衔头）。

十一月十六日，李嗣源（邈佶烈）旧病复发。

十一月十七日，李嗣源（邈佶烈）病势沉重。秦王李从荣进宫问候，李嗣源（邈佶烈）低着头，抬不起来。王淑妃（花见羞）说："从荣在这里！"李嗣源（邈佶烈）没有反应。李从荣退出，听到宫中一片哭声，认为老爹已死。

第二天（十一月十八日）早晨，李从荣声称有病，拒绝进宫，可是事实上，昨天（十一月十七日）夜晚，李嗣源（邈佶烈）病势稍稍转好，李从荣却不知道。

李从荣了解自己的恶劣行径，不会被人接受，恐怕不能继承帝位，于是跟他的党徒商议，打算带兵入宫，先控制高阶层官员。

十一月十九日，李从荣派大营总管理官（都押牙）马处钧，询问朱弘昭、冯赟道："我准备率领警备部队（牙兵）入宫侍候病重的老爹，并且防备变化，请问，应该驻扎什么地方？"二人回答说："大王自己决定。"然后，以私人友谊告诉马处钧说："皇上龙体平安，大王（李从荣）应该尽忠尽孝，不要听别人的闲言。"李从荣大怒，再派马处钧对二人说："你们真的不爱惜家人性命，怎么敢拒绝我的要求？"二人忧心如焚，进宫禀告王淑妃（花见羞）及宫廷事务总监（宣徽使）孟汉琼，大家都认为："这件事如果康义诚不支持，决办不成。"于是召唤康义诚共同商议对策，但康义诚从头到尾，不发一言，只说：“我只是一个军人，不敢参预国家大事，完全听各位宰相吩咐。”朱弘昭怀疑康义诚可能不想在大家面前表示意见，就在晚上，把康义诚邀请到自己私宅询问，回答跟白天一样。

十一月二十日，李从荣采取行动，穿着平常穿的衣服，自首都洛阳特别市政府（河南府）率步骑兵混合部队一千人，在天津桥（洛水桥）列阵，而就在黎明时候，李从荣再派马处钧到冯赟家，警告他说：“我今天决定率军强进皇城，暂住兴圣宫（李嗣源便是先住兴圣宫，再登极的，参考九二六年四月八日），你们都有家族，处理事情的时候，应该三思。是福是祸，就在顷刻。”又命马处钧晋见康义诚，康义诚说：“大王来时，我就迎接。”

冯赟骑马飞奔，自右掖门进宫，看到朱弘昭、康义诚、孟汉琼以及中央财政三单位管理总监（三司使）孙岳，正在中兴殿门外讨论如何因应，冯赟把马处钧的话重述一遍，因而责备康义诚说：“秦王（李从荣）声言：‘是福是祸，就在顷刻。’他想做什么，可想而知，你不应该因儿子在秦王府供职，就左右观望。领袖（李嗣源）提拔栽培我们这些人，从一介小民，擢升到宰相高位，假使秦王（李从荣）的军队一旦进入宫门，将把领袖（李嗣源）置于何地？我们的家族难道还会有一个人活命？”康义诚还没有回答，宫门守卫报告说：“秦王（李从荣）率军已抵达端门（皇城正南大门）。”孟汉琼拂袖而起，说：“今天事变，已危及君王，你们仍在那里首鼠两端，贪图政治利益！我绝不爱惜残余的性命，自当率军抵抗。”立即进入殿门，朱弘昭、冯赟尾随，康义诚不得已，也只好进殿。

孟汉琼晋见李嗣源（邈佶烈）说：“从荣兵变，军队已攻到端门（皇城正南大门），马上入宫，就要大乱！”宫女宦官们面面相对，放声大哭，李嗣源（邈佶烈）说：“从荣何苦这样做？”问朱弘昭等说：“有没有这回事？”回答说：“有这回事，已传令守卫关闭宫门。”李嗣源（邈佶烈）举手指天，泪流满面，对康义诚说：“你自己斟酌处理，不要惊扰市民。”控鹤指挥官（控鹤指挥使）李重吉，是李从珂（王从珂）的儿子，当时侍奉在李嗣源（邈佶烈）身旁，李嗣源（邈佶烈）说：“我跟你老爹，冒着飞石流箭，平定天下，你老爹又很多次把我从危险中救出来，从荣这些人，他们出了什么力，居然受别人煽动，做出这种叛逆的事。我早就知道不能托付给他们大事，应该叫你老爹来，把兵权交给他。你替我关闭所有的宫门。”李重吉马上率控鹤士卒把守宫门。孟汉琼披上铠甲，跨上战马，召见骑兵总指挥官（马军都指挥使）朱洪实，命他率五百名骑兵讨伐李从荣。

李从荣正在天津桥（洛阳城洛水桥）上，坐着小凳，派左右侍从召唤康义诚。可是端门已经关闭，侍从敲叩左掖门，从门缝往宫里窥视，只见朱洪实率骑兵从北而来，急行回来报告李从荣。李从荣大吃一惊，命取防箭铁背心，穿到身上，仍坐下来调整弓弦。霎时间骑兵大量集结，李从荣心胆俱裂，转身逃回首都洛阳特别市政府（河南府），幕僚及左右侍从一哄而散，警备部队（牙兵）乘势大掠所在的嘉善坊，全军瓦解。李从荣跟他的妻子、秦王妃刘女士，躲到床底下，皇城管理官（皇城使）安从益，把二人拖出来，当场斩首，同时诛杀他所有的儿子，把他们的人头，呈献朱洪实。最初，孙岳也被允许参与宫廷机要，冯赟跟朱弘昭对李从荣的凶暴与顽冥，深为头痛，孙岳却精细的分析祸福，极力指出应向李从荣靠拢，所以康义诚对他十分痛恨（因孙岳使康义诚站错了边），现在，康义诚抓住混乱的机会，派骑兵把孙岳射死。李嗣源（邈佶烈）听说李从荣被杀，悲苦惊骇，几乎从御床上掉下，昏死又复苏好几次，因此，病更加重。李从荣还有一个儿子，年纪尚小，养在宫里，各将领要求斩草除根，李嗣源（邈佶烈）哭泣说：“这孩子有什么罪？”万不得已，最后仍把他交出去斩首。

十一月二十一日，宰相冯道率文武百官进宫，在雍和殿晋见李嗣源（邈佶烈），李嗣源（邈佶烈）泪下如雨，呜咽出声，说：“我家的事情竟到这种地步，无脸跟你们相见！”决定召唤天雄战区（总部设兴唐府〔河北省大名县〕。据《旧五代史·唐书·明宗纪》记载，前年〔九三一〕六月，李从厚任天雄司令官时，官衔有“兴唐特别市长”〔兴唐尹〕，则当时魏州又升格为兴唐府）司令官（节度使）、宋王李从厚。

十一月二十二日，李嗣源（邈佶烈）派孟汉琼前去传诏，并暂时主持天雄（总部兴唐府）总部军政。

十一月二十四日，李嗣源（邈佶烈）下诏追贬李从荣当平民。宰相会议讨论李从荣部属们的罪状（包括秦王府、首都洛阳特别市政府、元帅府及皇家禁卫军统帅部等官属），冯道说：“李从荣亲信的官员，不过高辇、刘陟、王说几个人而已。任赞到差才半个月，王居敏、司徒诩请病假已经半年，怎么有可能参与兵变阴谋。王居敏尤其被李从荣憎恶，昨天率军进犯皇城的时候，跟高辇、刘陟，并肩骑马前进，李从荣指着日影说：‘明天这个时辰，已砍下王居敏的人头！’除非是同谋共犯，怎么可以见人就杀！”朱弘昭说：“假使李从荣闯进光政门，任赞等会有什么反应？我们这些人的家族，还有谁能留下后代？主犯跟从犯，罪只差一级而已，主犯已经逮捕伏法，从犯统统不问，领袖（李嗣源）难道不怀疑我们包庇叛徒？”冯赟也竭力主张宽大处理，才决定只作贬窜。当时，秦王府首席参谋官（咨议，正五品上）高辇已被诛杀。

十一月二十五日，元帅府执行官（元帅府判官）兼国防部副部长（兵部侍郎）任赞、皇家图书院长（秘书监）兼王府师傅（兼王傅，从三品）刘

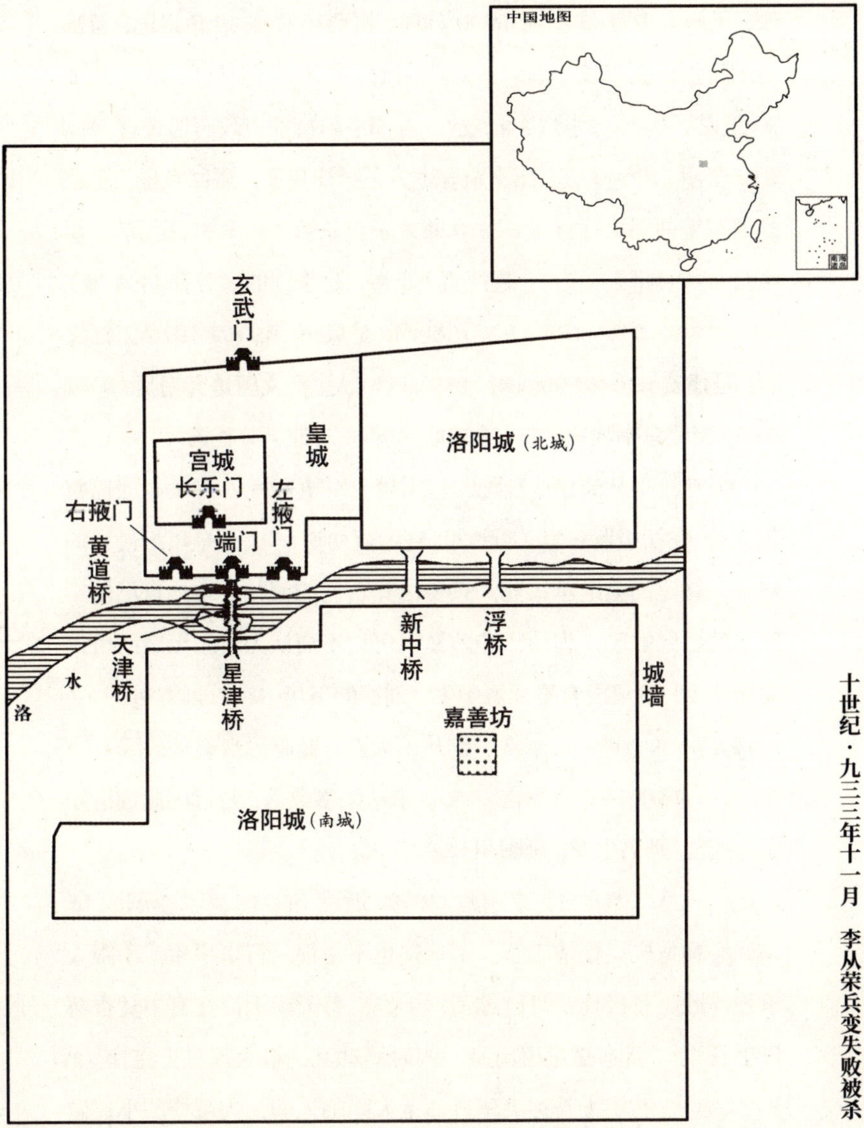

中国地图

玄武门

皇城

洛阳城（北城）

宫城
长乐门

右掖门

左掖门

端门

黄道桥

天津桥

星津桥

新中桥

浮桥

洛水

城墙

嘉善坊

洛阳城（南城）

瓒、王府咨询官（王友，从五品下）苏瓒、机要秘书（记室）鱼崇远、首都洛阳特别市副市长（河南少尹）刘陟、执行官（判官）司徒诩、司法官（推官）王说等八人，判处终身流放。首都洛阳特别市政府巡查官（河南巡官）李澣（音huàn〔幻〕）、江文蔚等六人，一律免职，逐回乡里。皇家禁卫军统帅部执行官（六军判官）兼太子宫总管（太子詹事）王居敏、司法官（推官）郭晙二人，一起贬官。李澣，是李回的堂曾孙（李回，唐王朝时当过宰相，参考八四五年五月）。司徒诩，是贝州（河北省清河县）人。江文蔚，是建安（建州州政府所在县，福建省建瓯市）人。江文蔚逃奔南吴（首都江都府），南吴总指战官（都统）徐知诰（李知诰）对他十分礼遇。

最初，李从荣违法乱纪，皇家禁卫军执行官（六军判官）兼监督院（门下省）初级监督官（司谏郎中）赵远规劝说："大王是年纪最长的嫡子，铁定的会继承大业，只要培养自己的德行，增加自己的学问，就已经够了，为什么非凶暴不可！不要认为父子至亲，可以为所欲为，难道没有看到姬申生、刘据的下场（姬申生事，参考前六七年八月注。刘据事，参考前九一年）？"李从荣大怒，贬赵远当彰义战区（总部设泾州〔甘肃省泾川县〕）执行官（判官）。李从荣事败后，赵远因此远近知名。赵远，别名上交，是幽州（北京市）人。

十一月二十六日，李嗣源（邈佶烈）逝世（年六十七岁）。李嗣源（邈佶烈）心胸宽广，性情忠厚，不猜疑也不忌恨，行事平和，不跟人争强斗胜。登极称帝时已过了六十岁，每天晚上都在宫中焚香祷告上苍说："我本是蛮夷出身，因时局动乱，被大家推上宝座（参考九二六年），希望上苍神灵早日命圣人降临人间，为可怜的小民做主！"（胡三省注：范仲淹说："我太祖皇帝〔宋王朝一任帝赵匡胤〕就在这时候出生！"柏杨按：上苍有灵，不吹口仙气，把现成的太子李从荣变成好货色，却重新指定赵家老娘生个娃儿，使千万人继续被杀被屠，而新生娃儿又要杀人屠人千万，才能当权，中国人何辜？上苍又何以如此心狠手辣？这难道是慈悲为怀的真神！天下竟然有这种马屁精的狗屎话，使人为利欲熏心的高级知识分子悲！）在位期间（前后八年），五谷每年丰收，很少战争，在黑暗的五代时代，诚是小康局面。

十一月二十九日，宋王李从厚自兴唐（河北省大名县）抵达洛阳（首都河南府所在县）。

**23** 闽帝（一任惠宗）王延钧（王璘），尊称他的娘亲、鲁国太夫人黄女士为皇太后。

王延钧（王璘）喜爱鬼神，巫法师盛韬等都受到宠信。帝国钱粮总监（国计使）薛文杰奏报王延钧（王璘）说："陛下左右有很多奸臣，非请鬼神指示，普通人无法知道。盛韬身有异能，可看到鬼神，应该交给他这项任务。"王延钧（王璘）接受。薛文杰憎恶帝国参谋总部指挥官（枢密使）吴勖。吴勖有病，薛文杰前去探望，说："领袖（王延钧）因你长期患病，打算免除你的职务，我奏报说，你只不过有一点点头痛而已，就要痊愈。领袖万一派人前来查问，千万不要说你害的是别的病。"吴勖许诺。第二天，薛文杰教盛韬奏报王延钧（王璘）说："刚才看见北庙崇顺王正在那里审问吴勖谋反的罪状（王延钧信奉北庙崇顺王事，参考去年〔九三二〕六月），用铜钉钉脑，用金锥猛击他的头颅。"王延钧（王璘）告诉薛文杰，薛文杰说："这种话不可以深信，应该派人前去调查。"在意料中的，吴勖果然对使节说，他正害头痛。王延钧（王璘）遂逮捕吴勖囚禁，派薛文杰及监狱官吏苦刑拷打，吴勖只好自诬招认，于是，连同吴勖的妻子，一并斩首。全国人民越发愤怒。

**24** 闽帝国（首都福州）建州（福建省建瓯市）变民首领吴光，向南吴（首都江都府）请求救兵，南吴信州（江西省上饶市）州长蒋延徽，没有得到中央命令，就出动军队，会同吴光，向建州（福建省建瓯市）发动攻击。闽帝（一任惠宗）王延钧（王璘）派使节前往吴越（首都杭州）求救。 

**25** 十二月一日，后唐政府（首都河南府）才发布皇帝（二任明宗）李嗣源（邈佶烈）死亡消息，宋王李从厚（本年二十岁）登极称帝（三任闵帝）。

秦王李从荣死后，朱洪实的妻子进宫，内宫服饰管理官（司衣）王女士跟她谈论到李从荣，王女士说："秦王（李从荣）当人家的儿子，老爹有病，不在床前侍候，以致别人把大祸推到他头上，是他罪有应得。但是如果硬说他要谋害老爹，则陷害太深，朱司徒（朱洪实官衔）受秦王（李从荣）的恩宠最多，当时却没有替他分辩几句，真是遗憾！"朱洪实听到，大为恐惧，会同康义诚，把这段话奏报李从厚，又强调王女士跟李从荣早有奸情，一直负责侦察宫中情形（王女士当初是李从益的奶娘，看到李嗣源已老，而李从荣又手握兵权，为了以后的日子，暗中计划结交李从荣，于是说："娃儿〔李从益〕想他老哥。"当时李从益才四岁，李嗣源于是命奶娘携带李从益去秦王府，王女士遂跟李从荣私通）。

十二月九日，李从厚下令王女士自杀。事情牵涉到李从益的养母王淑妃（花见羞），王淑妃（花见羞）一向对李从荣很是照顾，李从厚自此对她怀疑。

十二月十四日，后唐帝（三任闵帝）李从厚，命天雄战区（总部设兴唐府〔河北省大名县〕）左翼大营总管理官（左都押牙）宋令询，当磁州（河北省磁县）州长。朱弘昭认为诛杀秦王李从荣、拥戴现任皇帝（三任闵帝）李从厚，都是自己的功劳，遂打算把持中央，而宋令询在李从厚身旁的时间最久，深受李从厚信任，朱弘昭不希望李从厚身边都是些老朋友或老部属，所以外放宋令询到磁州（河北省磁县）。李从厚不高兴，但无可奈何。

**26** 蜀王（首府成都府）孟知祥听到后唐帝（二任明宗）李嗣源（邈佶烈）逝世消息，对他的左右官员说："李从厚年纪还轻（本年二十岁），当权的又都是过去的跟班随从小人物，可以坐在这里看他们把天下搞得大乱。"

**27** 十二月二十九日，后唐帝（三任闵帝）李从厚第一次登中兴殿。李从厚自从援引"以一日作一月计算"皇家惯例（西汉王朝以来，帝王穿丧服的时间跟平民不一样，帝王"以日易月"，二十七天便服丧结束），脱下丧服后，就召请文学侍从官（学士）读《贞观政要》《太宗实录》（唐王朝二任帝李世民实录）给他听，有把帝国治理好的大志。然而他把握不住重点，宽厚温柔有余，却没有判断的能力及执行决策的魄力。宰相李愚私下对同事们说："皇上询问部属的意见，很少找到我们，而我们的地位崇高，责任重大，使人担忧。"大家吓得停住呼吸，不敢反应。

**28** 吴越（首都杭州）顺化战区（总部设楚州〔江苏省淮安市〕）司令官（空头官衔。此时楚州属南吴〔首都江都府〕）、遥兼二级宰相（同平章事，使相），主持明州（浙江省宁波市）政务（判明州）钱元珦（钱传珦），骄傲放纵，违法乱纪，每次有事请求王府（吴越王府），受到批驳，立刻就上书嬉笑怒骂。曾经对一个小职员大发雷霆，把他放到烧红的铁床上烤炙，皮肉被烧焦的臭味，充满城郭。吴越王（二任文穆王）钱元瓘（钱传瓘）

派营门官（牙将）仰仁诠（仰，姓），前往明州（浙江省宁波市）召唤他前来京师（首都杭州），仰仁诠左右官员担心钱元珦（钱传珦）难以制伏，劝他严加戒备，仰仁诠不理，只穿平常衣服，一直走进大厅。钱元珦（钱传珦）看到仰仁诠忽然出现，吓得两腿抖个不停。仰仁诠遂把钱元珦带回钱塘（首都杭州州政府所在县），软禁到另一座院子里。仰仁诠，是湖州（浙江省湖州市）人。

**29** 闽帝（一任惠宗）王延钧（王璘）把福州（福建省福州市）升格为长乐府。

亲从总指挥官（亲从都指挥使）王仁达，有生擒王延禀（周彦琛）的功劳（参考前年〔九三一〕四月），性情慷慨直爽，奏报事情时，从不避讳。王延钧（王璘）对他痛恨，曾经私下告诉左右说："王仁达智略极高，我还能驾驭他，但他不是少年领袖的部属。"遂诬称他谋反，全族屠杀。

**30** 最初，南楚王国（首都长沙府〔湖南省长沙市〕）二任王马希声，和现任王（三任文昭王）马希范（本年三十五岁）同岁，又在同一天出生，马希声的娘亲是袁德妃，马希范的娘亲是陈女士。马希范对当初马希声被指定当继承人时（参考九二九年三月），竟一点也不谦让，心里一直怨恨，所以等他登上王位（参考去年〔九三二〕八月），对袁德妃非常不礼貌，马希声同一个娘亲的弟弟马希旺，当亲从总指挥官（亲从都指挥使），马希范对他总是斥责。袁德妃发现马希范已动杀机，因而请求准许马希旺交回官职，出家当道士，马希范不允许，却下令免职，命马希旺住在一座竹子搭的草屋里，不准参加兄弟们的宴会。袁德妃逝世，马希旺忧愤而死。

# 九三四年 甲午

| | | |
|---|---|---|
| 后唐 | 长兴 | 五年 |
| | 应顺 | 元年 |
| | 清泰 | 元年 |
| 南吴 | 大和 | 六年 |
| 南楚 | 清泰 | 元年 |
| 吴越 | 清泰 | 元年 |
| 南汉 | 大有 | 七年 |
| 南平 | 清泰 | 元年 |
| 闽 | 龙启 | 二年 |
| 后蜀 | 应顺 | 元年 |
| | 明德 | 元年 |
| 契丹 | 天显 | 八年 |

1 春季，正月七日，后唐帝国（首都河南府〔河南省洛阳市〕）皇帝（三任闵帝）李从厚（本年二十一岁），下诏大赦。改年号应顺（之前是长兴五年，之后是应顺元年）。

正月十一日，李从厚加授河阳战区（总部设孟州〔河南省孟州市〕）司令官（节度使）兼侍卫总指挥官（兼侍卫都指挥使）康义诚中央官衔：兼最高监督长（兼侍中，使相）、皇家禁卫军统帅（判六军诸卫事）。

宰相朱弘昭、冯赟，猜忌侍卫骑兵总指挥官（侍卫马军都指挥使）

兼宁国战区（总部设宣州〔安徽省宣城市宣州区〕）司令官（空头官衔。此时宣州属南吴〔首都江都府〕）安彦威，及侍卫步兵总指挥官（侍卫步军都指挥使）兼忠正战区（总部设寿州〔安徽省寿县〕）司令官（空头官衔。此时寿州属南吴〔首都江都府〕）张从宾。

正月十三日，后唐帝（三任闵帝）李从厚外放安彦威当护国战区（总部设河中府〔山西省永济市〕）司令官（节度使），命捧圣骑兵总指挥官（捧圣马军都指挥使）朱洪实接替安彦威。外放张从宾当彰义战区（总部设泾州〔甘肃省泾川县〕）司令官（节度使），命严卫步兵总指挥官（严卫步军都指挥使）皇甫遇接替。安彦威，是崞县（山西省原平市北崞阳镇）人。皇甫遇，是真定（镇州州政府所在县，河北省正定县）人。

正月十七日，李从厚擢升帝国参谋总部指挥官（枢密使）、二级实质宰相（同平章事）朱弘昭，以及一级实质宰相（同中书门下二品）冯赟、河东（总部太原府）司令官（节度使）兼最高监督长（兼侍中，使相）石敬瑭，三人同时再兼最高立法长（兼中书令，使相）。冯赟因升迁得太快，坚决辞让，不肯接受。

正月十八日，李从厚改命冯赟兼最高监督长（兼侍中）。

正月二十一日，李从厚封荆南战区（总部设江陵府〔湖北省江陵县〕）司令官（节度使）高从诲（本年四十四岁）当南平王（二任文献王）。封武安（总部设长沙府〔湖南省长沙市〕）暨武平（总部设朗州〔湖南省常德市〕）司令官（节度使）马希范（本年三十六岁）当南楚王（三任文昭王）。

正月二十三日，续封镇海（总部设杭州〔浙江省杭州市〕）暨镇东（总部设越州〔浙江省绍兴市〕）司令官（节度使）、吴王钱元瓘（钱传瓘，本年四十八岁）当吴越王（二任文穆王）。

**2** 南吴帝国（首都江都府〔江苏省扬州市〕）最高立法长（中书令）徐

知诰（李知诰）在金陵（江苏省南京市）兴筑家宅。

正月二十四日，徐知诰（李知诰）迁往新居，把官邸完全空出来，等候皇帝（一任睿帝）杨溥（本年三十五岁）进住（南吴打算迁都金陵，参考去年〔九三三〕五月）。

**3** 后唐（首都河南府）凤翔（总部凤翔府）司令官（节度使）兼最高监督长（兼侍中，使相）潞王李从珂（王从珂），跟河东（总部太原府）司令官（节度使）石敬瑭，从小追随前任帝（二任明宗）李嗣源（邈佶烈）东征西讨，屡建大功，都享有盛名，深得军心。宰相朱弘昭、冯赟的地位声望，远在二人之下，却突然执掌权柄，对二位大将就很猜忌。李嗣源（邈佶烈）病时，李从珂（王从珂）屡次派他的妻子进宫侍候，等到李嗣源（邈佶烈）逝世，李从珂（王从珂）声称有病，不来奔丧。而中央派往凤翔（陕西省宝鸡市凤翔区）的使节，回京（首都河南府）之后，有的自称探听到李从珂（王从珂）的阴谋私事。（胡三省注："这是小人挑拨者故意迎合朱弘昭、冯赟的意向。"）当时，李从珂（王从珂）的长子李重吉当控鹤总指挥官（控鹤都指挥使），朱弘昭、冯赟不愿意他手握皇城禁卫兵权。

正月二十八日，把李重吉外放当亳州（安徽省亳州市）民兵司令（团练使）。李从珂（王从珂）的女儿李惠明已削发为尼，在洛阳（首都河南府所在县）出家修行，也被召唤到宫里居住，以便控制。李从珂（王从珂）因此怀疑恐惧。

**4** 南吴（首都江都府）援军统帅蒋延徽（援吴光事，参考去年〔九三三〕十一月），在浦城（福建省浦城县）击败闽帝国（首都长乐府〔福建省福州市〕）军队，遂包围建州（福建省建瓯市）。闽帝（一任惠宗）王延钧（王璘）派上军基地司令（上军使）张彦柔、骠骑大将军（武散官第一级，从一品）王延宗（王延钧的老弟），率军一万人，向建州（福建省建瓯市）增援。王延宗军走到中途，士卒拒绝前进，说："如果不能得到薛文杰，就不能作战！"王延宗派使节飞奔回去奏报，全国震动，人民大为惊恐。黄太后及皇子、福王王继鹏哭泣着对王延钧（王璘）说："薛文杰盗弄中央权柄，无缘无故，冤枉害死许多善良人民，上上下下，对他痛恨已久。而今，南吴（首都江都府）大军深入国境，士卒不肯前进，帝国一旦灭亡，留薛文杰一条命，有什么用？"薛文杰在旁边，竭力反对把他交出，互相辩论，各人都提出有利于自己的证据，王延钧（王璘）说："我也不知道拿你怎么办，由你自己决定吧！"薛文杰出宫，王继鹏早在启圣门外布下埋伏，用笏板当武器把薛文杰击倒在地，装进囚车，押送前方，市民争着用瓦片碎砖向他投掷诟骂。薛文杰很会卜卦，曾经预言：过了三天就逢凶化吉，完全没事。押送人员听到这个消息，就日夜不停的赶路，只两天便押解到大营，官兵看见，跳跃欢呼，割下他身上的肉吞吃，王延钧（王璘）派使节携带赦免令急急追赶，使节到时，薛文杰已在哀号声中被剐得剩下白骨。最初，薛文杰认为传统囚车里的空间太大，铁栏太疏，于是加以改造，囚车遂小得像一个木柜，四壁钉上铁钉，钉尖朝内，稍一颠簸，头脸便撞到钉尖上，十分残酷。车刚制成，薛文杰便第一个进去。接着，诛杀盛韬（盛韬帮凶，参考去年〔九三三〕十一月）。

蒋延徽进攻建州（福建省建瓯市），快要攻克，南吴（首都江都府）最高立法长（中书令）徐知诰（李知诰）认为蒋延徽是故王杨行密（杨行愍）的女婿，又跟临川王杨濛感情最好，恐怕他于攻克建州（福建省建瓯市）之后，拥护杨濛夺取政权，于是派使节召唤他撤退。蒋延徽也得到闽军（首都长乐府）及吴越军（首都杭州）将要抵达的消息，遂率军返国。闽军尾追，把蒋延徽击败，南吴士卒死伤惨重；蒋延徽把责任全推给总纠察官（都虞候）张重进身上，遂斩张重进。徐知诰（李知诰）贬蒋延徽当右威卫（卫军第十军）将军；派使节前往闽国（首都长乐府）请求和解。

**5** 闰正月，后唐帝（三任闵帝）李从厚命监督院高级顾问官（左谏议大夫）唐汭，又命国务院教育部供品司长（膳部郎中）、皇家诏书撰写官（知制诰）陈乂，同时升任御前监督官（给事中），充当帝国参谋总部常任文学侍从官（枢密直学士）。唐汭以擅长撰写文章受到器重，追随李从厚，历经三大重要战区（宣武〔总部汴州〕、河东〔总部太原府〕、天雄〔总部兴唐府〕），都担任幕僚。后来，李从厚继承帝位，部下中稍微有点才干的人，朱弘昭、冯赟都挑剔他们的过失，一一放逐贬谪。唐汭性情迂阔，又大而化之，朱弘昭、冯赟唯恐李从厚受委屈太久，一旦爆发反弹，势不可挡，于是把唐汭推荐到合法的亲近高位，而命同党陈乂在唐汭身旁监视。

闰正月五日，李从厚尊老爹李嗣源（邈佶烈）的正妻曹皇后当皇太后。

安远战区（总部设安州〔湖北省安陆市〕）司令官（节度使）符彦超的家奴王希全、任贺儿趁着中央混乱（指去年〔九三三〕十一月李从荣之乱），阴谋格杀符彦超后，献出城池，投降南吴（首都江都府）。于是就在夜晚，急敲官邸大门，声称有紧急军情，符彦超到大厅接见，两个家奴把他刺死，并且用符彦超的命令，召集各将领前来官邸，凡是不接受两个家奴领导的，立刻被杀。

闰正月八日，一早，战区副司令官（副使）李端，率安州（湖北省安陆市）民兵，把两个家奴，连同他们的同党，一并生擒斩首。 

闰正月十三日，李从厚尊王淑妃（花见羞）当太妃。

**6** 后唐（首都河南府）巴蜀（四川省）文武官员，一致请求蜀王孟知祥称帝，孟知祥同意。

闰正月二十八日，孟知祥（本年六十一岁）在成都（四川省成都市）登极（史称后蜀帝国）。

二月三日，后蜀帝国（首都成都府〔四川省成都市〕）皇帝（一任高祖）孟知祥，调武泰战区（总部设黔州〔重庆市彭水县〕）司令官（节度使）赵季良当司空（三公之三）兼副监督长（兼门下侍郎）、二级实质宰相（同平章事），依旧遥兼战区司令官（领节度使）。

**7** 南吴（首都江都府）官民，很多人反对迁都（迁都金陵事，参考去年〔九三三〕五月），大营总管理官（都押牙）周宗向最高立法长（中书令）徐知诰（李知诰）报告说："领袖（南吴帝杨溥）如果西迁（金陵府在江都府西），你恐怕就要东行（徐知诰势必东下镇守江都府），不但费用及劳力，要大量消耗，而且违背民心！"

二月六日，南吴帝（一任睿帝）杨溥派宋齐丘前去金陵（江苏省南京市），告诉徐知诰（李知诰），盼望撤销迁都计划。

徐知诰（李知诰）长久以来，一直有篡夺政权的志向，只因南吴帝（一任睿帝）杨溥并没有重大过失，恐怕民心不服；也曾考虑等到二任帝登极后再动手，智囊宋齐丘也赞成这种主张。可是有一天，徐知诰（李知诰）对着镜子，用镊子拔取上嘴唇的白胡须，叹息说："国家虽然平安，我却老了，怎么办？"周宗知道他的意思，请求前往江都（江苏省扬州市），把禅让帝位的事，暗示杨溥，并且把这项

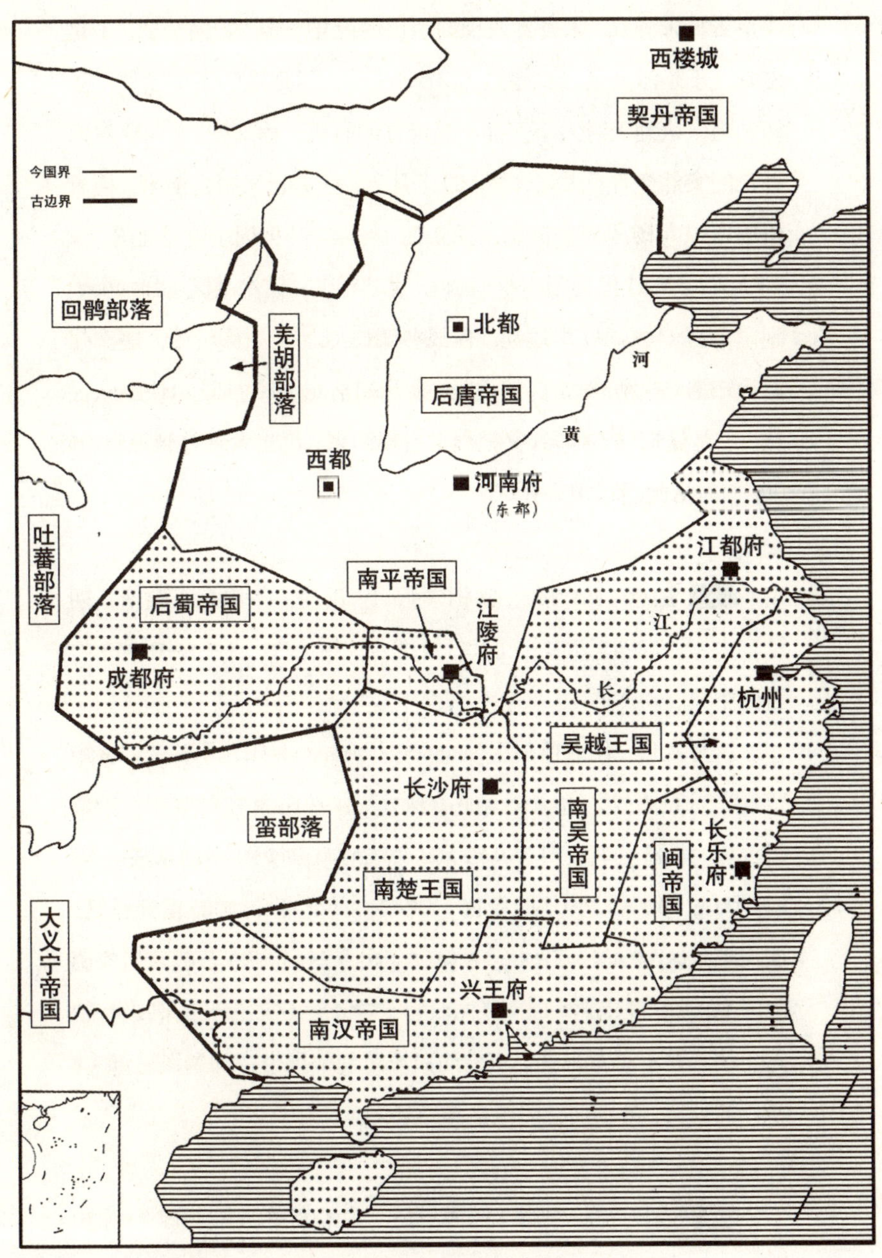


十世纪·九三四年闰正月　孟知祥建后蜀帝国·八国并立

决定告诉宋齐丘。宋齐丘发现周宗比他抢先一步，妒恨交加，不是滋味，于是派使节赶到金陵（江苏省南京市），呈递他的亲笔函件，恳切劝阻，认为天时人事，都不是最好的时机，徐知诰（李知诰）对宋齐丘的突然变卦，大吃一惊。过了几天，宋齐丘又亲自前来，请求斩周宗以向杨溥表示歉意，徐知诰（李知诰）乃把周宗贬作池州（安徽省池州市贵池区）民兵副司令（副使）。过了很久，镇海战区（总部金陵府）副司令官（节度副使）李建勋、作战参谋长（行军司马）徐玠等，屡次强调徐知诰（李知诰）对帝国的贡献，劝徐知诰（李知诰）应该尽快顺从民意。于是徐知诰（李知诰）又把周宗召唤回来，再当大营总管理官（都押牙），而从此疏远宋齐丘。

**8** 后唐（首都河南府）宰相朱弘昭、冯赟，不愿意石敬瑭长期镇守太原（山西省太原市），而且打算把孟汉琼（天雄〔总部兴唐府〕司令官）召回中央。

二月九日，调成德战区（总部设镇州〔河北省正定县〕）司令官（节度使）范延光当天雄战区（总部设兴唐府〔河北省大名县〕）司令官（节度使），接替孟汉琼。调潞王李从珂（王从珂，凤翔〔总部凤翔府〕司令官）当河东战区（总部设太原府〔山西省太原市〕）司令官（节度使），兼北都（太原府）留守长官。调河东战区（总部设太原府〔山西省太原市〕）司令官（节度使）石敬瑭当成德战区（总部设镇州〔河北省正定县〕）司令官（节度使）。这项重要的高级将领大变动，并不颁发正式诏书，而只派遣使节携带帝国参谋总部（枢密院）的公文，分别前往各战区布达通知。

**9** 南吴帝（一任睿帝）杨溥下诏，命最高立法长（中书令）徐知诰（李知诰），重回自己住宅。

二月十四日，金陵（江苏省南京市）大火。

二月十五日，金陵（江苏省南京市）又大火。徐知诰（李知诰）疑心有人企图发动政变，于是集结军队，戒严自卫。

10 后唐（首都河南府）潞王李从珂（王从珂）跟中央当权官员，本来已经猜疑隔阂，而中央又派洋王李从璋暂时主持凤翔（总部凤翔府）军政。李从璋性情粗鲁野蛮，喜欢杀人惹祸，上次接替安重诲出镇护国（总部河中府），就亲手把安重诲挝杀（参考九三一年闰五月），李从珂（王从珂）听说是他前来，尤其憎恶，可是，兵力太弱，粮草太少，又不敢拒抗，不知道怎么办才好，跟将领们商量，大家都说："皇上年龄还轻，帝国大事，都由朱弘昭、冯赟决定。大王功高震主，离开岗位一步，绝没有活命之理，不可以接受调差。"李从珂（王从珂）问行政执行官（观察判官）滴河（山东省商河县）人马胤孙说："我如果前去到差，一定要经过京师（首都河南府），你看应该怎么办？"马胤孙说："皇上下令召见，不等车马准备妥当，就应该动身前往（《论语》孔丘语）！赴京师（首都河南府）奔丧，去太原（山西省太原市）到差，有什么可怀疑的！各位将领的凶险阴谋，不可以听从。"大家对这种答案嗤之以鼻。李从珂（王从珂）遂向相邻各战区道发出文告，指称："朱弘昭等利用先帝（二任李嗣源）病重机会，格杀长子（李从荣），拥戴少子（李从厚），控制政府，挑拨离间皇家骨肉，动摇各地军事重镇，我深怕帝国在他们手中瓦解。现在，我要前往中央肃清皇上身旁的奸佞邪恶。可是我的力量不能单独胜任，请求各位相助。"

李从珂（王从珂）因西都（京兆府，陕西省西安市）留守长官王思同，正阻住自己东下要道，尤其希望能够跟他结盟，派司法官（推官）郝

诩、大营管理官（押牙）朱廷乂等，前后相继驰往长安（京兆府所在县），
馈赠王思同美女，作为引诱，并陈述是非利害。李从珂（王从珂）吩咐二人道：如果王思同拒绝，就想办法向他下手。王思同告诉部属说："我身受明宗（李嗣源）的大恩，如果今天跟李从珂（王从珂）一起叛变，就算成功，享受荣华富贵，也是一个叛徒，何况事情一旦失败，还会受到羞辱，千古留下丑陋的事迹。"遂逮捕郝诩等，奏报中央。这时候，李从珂（王从珂）派出的使节，很多被相邻各战区逮捕，不逮捕的也不置可否，心存观望。只有陇州（陕西省陇县）警备区司令（防御使）相里金（相里，复姓）诚心响应，派执行官（判官）薛文遇来往商议大事。相里金，是并州（太原府，山西省太原市）人。

中央计划讨伐凤翔（陕西省宝鸡市凤翔区），康义诚唯恐失去禁卫军权（康义诚时任宰相兼亲军总指挥官），不想出外作战，于是推荐王思同（西京〔京兆府〕留守长官）当统帅，命羽林总指挥官（羽林都指挥使）侯益当特遣兵团步骑兵总纠察官（行营马步军都虞候），侯益了解武装部队实际情形，知道军心浮动思变，届时将无法控制，于是声称有病，坚决辞让，宰相们大怒，把他贬出当商州（陕西省商洛市商州区）州长。

二月二十一日，中央命王思同当西方军团步骑兵野战总司令官（西面行营马步军都部署）、前静难战区（总部设邠州〔陕西省彬州市〕）司令官（节度使）药彦稠当副手、前绛州（山西省新绛县）州长苌从简当步骑兵总纠察官（马步都虞候）。另外，严卫步兵左翼指挥官（严卫步军左厢指挥使）尹晖、羽林指挥官（羽林指挥使）杨思权等，都担任中初级将领。尹晖，是魏州（兴唐府，河北省大名县）人。

**11** 后蜀帝（一任高祖）孟知祥，擢升本部参谋官（中门使）王处回，当帝国参谋总部指挥官（枢密使）。

**12** 二月二十七日，后唐政府（首都河南府）命王思同遥兼二级宰相（同平章事，使相），主持凤翔战区特遣总部（知凤翔行府）；命护国战区（总部设河中府〔山西省永济市〕）司令官（节度使）安彦威当西征军团辅导官（西面行营都监）。王思同虽然心怀忠义，但能力薄弱，不会带兵，而潞王李从珂（王从珂）对征战有充足的经验，希望在事变中取得荣华富贵的将士，都拥护李从珂（王从珂）。后唐帝（三任闵帝）李从厚下诏派金殿常备官（殿直）楚匡祚（音zuò〔座〕）前往亳州（安徽省亳州市），逮捕民兵司令（团练使）李重吉（李从珂的儿子），押往宋州（河南省商丘市）囚禁（亳州属归德战区〔总部宋州〕）。洋王李从璋走到关西（潼关以西），听见凤翔反抗命令，即行折回。

三月，安彦威跟山南西道战区（总部设兴元府〔陕西省汉中市〕）司令官（节度使）张虔钊、武定战区（总部设洋州〔陕西省洋县〕）司令官（节度使）孙汉韶、彰义战区（总部设泾州〔甘肃省泾川县〕）司令官（节度使）张从宾、静难战区（总部设邠州〔陕西省彬州市〕）司令官（节度使）康福等五战区司令官（节度使）上疏保证共同出军讨伐李从珂（王从珂）。孙汉韶，是李存进（孙重进）的儿子（李存进是晋王李克用的义子，参考九一五年六月；死后，家人恢复本姓）。

三月十五日，各战区特遣兵团在凤翔（陕西省宝鸡市凤翔区）城下集结完成，开始进攻，攻克西关，城中守军死亡惨重。

三月十六日，西征军团再度攻城，预计一定攻取。凤翔（陕西省宝鸡市凤翔区）城墙既低，壕沟又浅，守城设备更是缺乏，陷落就在眼前，军心恐惧。李从珂（王从珂）孤注一掷，登上城楼，向讨伐军流泪说："我还是一个孩子的时候，追随先帝（二任帝李嗣源）东征西讨，身经百战，出生入死，满身都是刀疤枪伤，才建立今天这个帝国。你们也曾经当过我的部下，亲眼看到。而今中央相信奸臣的谗言，猜忌至亲骨肉，我犯了什么罪，要把我处死？”放声痛哭，听到的人倍觉哀伤。 

张虔钊性情急躁，负责进攻西南城角，命督战队用大刀驱使士卒攀城，士卒大怒，高声诟骂，倒戈攻击张虔钊，张虔钊急提马缰逃走，得免一死，杨思权乘机大喊道：“大相公（以年龄论，李从珂〔王从珂〕是李嗣源的长子。唐王朝尊称宰相为“相公”）是我们的领袖！”遂率领各军，抛弃武器，脱下铠甲，向李从珂（王从珂）投降，从西门进入凤翔（陕西省宝鸡市凤翔区），把一张纸递给李从珂（王从珂）说：“大王攻克京师（首都河南府）的时候，请用我当战区司令官（节度使），不要只给一个警备区司令（防）或民兵司令（团）。”李从珂（王从珂）就在纸上写：“派杨思权当静难（总部邠州）司令官。”交给杨思权保管。王思同还不知道形势发生变化，仍催促士卒攀城。尹晖大喊说：“城西军队已进城接受犒赏了。”官兵们听到，霎时间都解下铠甲，抛弃武器，全体投降，欢声如同巨雷，震动大地。太阳中午时，变军已全进城，城外的中央讨伐大军，全部崩溃，王思同等六位战区司令官（节度使）分别逃亡。李从珂（王从珂）搜刮城里文武官员的家宅供应赏赐，甚至于锅碗瓢盆，都下手抢夺，一一估价，折合现金，发给士卒。

三月十七日，王思同、药彦稠等逃到长安（西京京兆府所在县），西京（京兆府）副留守长官刘遂雍，下令关闭城门，拒绝他们进城。王思同等遂东奔潼关（陕西省潼关县）。刘遂雍，是刘鄩的儿子（刘鄩，以“一步百计”闻名于世，参考九二一年五月）。

李从珂（王从珂）于是竖起大将旗帜，擂动讨伐战鼓，整顿野战部队，浩浩荡荡，向东进军。用文书官（孔目官）虞城（河南省虞城县）人刘延朗当心腹。李从珂（王从珂）最初还忧虑王思同等同心协力据守长安（陕西省西安市），等前进到岐山（陕西省岐山县）时，听到刘遂雍拒绝王思同的消息，大为欢喜，派使节前往慰问安抚。刘遂雍拿出公库所有金银财宝，官兵们先到的，就先发给，要他们先行通过，等李从珂（王从珂）抵达，前面的军队接到犒赏，都没有进城（城里因而也免除一场浩劫）。

三月二十日，李从珂（王从珂）抵达长安（陕西省西安市），刘遂雍迎接晋见，公库所有财物已经耗完，于是向人民急征赋税，再作犒赏。当天（三月二十日），西征军团步兵辅导官（西面步军都监）王景从等，逃回中央，宫内宫外大为震骇，后唐帝（三任闵帝）李从厚不知道怎么才好，对康义诚等说："先帝（二任李嗣源）去世的时候，我正在外地驻防，当时由谁来继承大统，全由各位决定，我实在无意跟别人争夺帝国。既然被选中继承大业，因为年纪还轻，军政大事，全部交给各位。我跟兄弟们的感情，一向和睦，并没有任何猜忌，各位告诉我事关帝国前途，我又怎么能违背各位意见？当初出动大军的时候，你们个个夸下海口，保证盗匪不堪一击，马上就可平定。现在，事情到了这种地步，用什么方法才能化解灾祸？我想亲自去迎接潞王（李从珂），把帝位让出给他，如果仍不能免除处罚，也心甘情愿。"朱弘昭、冯赟大为恐惧，不敢回答。康义诚反对，因为他正准备率领完整无缺的皇家禁卫部队迎降，讨取报酬，于是说："讨伐军崩溃，是统帅的缺失，而今侍卫亲军还有很多，我请求亲自出征，扼守险要，招收逃亡的残兵败将，再决定下一步如何去做，陛下不要过分忧虑！"李从厚派使节召唤石敬瑭（河东〔总部太原府〕司令官），打算命他率军抗拒，康义诚一再请求自己出征，李从厚同意，乃召集各将领慰问安抚，把公库掏空，作为赏赐，应许平定凤翔（陕西省宝鸡市凤翔区）后，每人加赏钱二百串，国库如果不够，用宫库中的衣服珍玩补充。官兵越发骄傲，毫无畏惧，也没有一点顾忌，背着犒赏的东西，在路上一面走、一面大声呼叫说：“到了凤翔（陕西省宝鸡市凤翔区），再领一份！”

李从厚派楚匡祚前往宋州（河南省商丘市）诛杀李重吉，楚匡祚对李重吉苦刑拷打，逼他交出家财。又诛杀已被囚禁皇宫中、削发为尼的李惠明（参考本年〔九三四〕正月二十八日）。

最初，骑兵总指挥官（马军都指挥使）朱洪实，深受秦王李从荣提拔，后来朱弘昭当帝国参谋总部指挥官（枢密使），朱洪实把他当作同姓族兄敬重。李从荣屯兵天津桥时，朱洪实第一个接受孟汉琼的命令，攻击李从荣（参考去年〔九三三〕十一月），康义诚因此深恨朱洪实。

三月二十一日，李从厚亲自到国库（左藏）检查颁发给将士的金银绸缎。康义诚和朱洪实讨论抵御凤翔反抗军的策略，朱洪实建议皇家禁卫军应坚守洛阳（首都河南府所在县），说：“这样的话，叛军绝对不敢轻率的直闯，然后我们才有时间准备进攻，保障安全。”康义诚大怒说：“朱洪实说这种话，是阴谋叛变！”朱洪实说：“是你自己阴谋叛变，竟然罩到别人头上！”声音逐渐提高。李从厚听到，召见二人亲自责问，二人在李从厚面前激烈争执，李从厚无法判断是非，遂斩朱洪实，朱洪实所属官兵怨怒冲天。

三月二十二日，李从珂（王从珂）抵达昭应（陕西省西安市临潼区），得到前锋部队捕获王思同消息，说：“王思同虽然走错了脚步，但他尽忠他的领袖，值得嘉许。”

三月二十三日，李从珂（王从珂）抵达灵口（西安市临潼区东北零口街道），前锋部队把王思同押解到，李从珂（王从珂）责备他，王思同回答说：“我在士兵行列中，受先帝（二任帝李嗣源）提拔，升到大将高位，经常惭愧没有功劳回报皇恩。我并不是不知道，归附大王立刻就有荣华富贵，帮助中央，不过自找灾难，只是恐惧身死之后，在地下没有脸面再见先帝（二任帝李嗣源）。战场失败，用我的血祭祀您的战鼓，理应如此，请早一点处死！”李从珂（王从珂）听后为之动容，说：“你且去休息！”李从珂（王从珂）打算对他赦免，可是杨思权之类将领，耻于跟王思同见面，而李从珂（王从珂）东下经过长安（陕西省西安市）时，尹晖早把王思同家产及妇女眷属，全部霸占，唯恐王思同生还，所以屡次警告刘延朗说：“如果留王思同一命，恐怕失去军心。”于是趁着李从珂（王从珂）酒醉的当儿，也不事先报告，就诛杀王思同跟他的老婆和孩子（王思同年四十三岁）。李从珂（王从珂）醒后，对刘延朗大发雷霆，一连几天，不停叹息。

三月二十三日，后唐帝（三任闵帝）李从厚下诏，命康义诚当凤翔（陕西省宝鸡市凤翔区）地区特遣兵团总征剿司令（行营都招讨使），命王思同当副总征剿司令。

三月二十四日，李从珂（王从珂）抵达华州（陕西省渭南市华州区），生擒中央讨伐军将领药彦稠，把他囚禁。

三月二十五日，李从珂（王从珂）抵达阌乡（河南省灵宝市西北。自三门峡水库成，阌乡县沉入黄河水底）。中央所集结各军，遇到凤翔反抗军，全都迎降，没有一个人战斗。

三月二十六日，康义诚率侍卫亲军自洛阳（河南省洛阳市）出发西征。李从厚下诏命侍卫骑兵指挥官（侍卫马军指挥使）安从进当京师（首都河南府）巡察官（巡检）。而安从进早接到李从珂（王从珂）的密函，已暗中投靠，秘密作应变准备。当天（三月二十六日），李从珂（王从珂）抵达灵宝（河南省灵宝市东北），护国（总部河中府）司令官（节度使）安彦威、匡国（总部同州）司令官（节度使）安重霸，先后投降。只有保义（总部陕州）司令官（节度使）康思立，准备坚守陕县（陕州州政府所在县，河南省三门峡市），等候康义诚大军。先前，捧圣军骑兵五百人，驻防陕西（陕州以西），这时变成李从珂（王从珂）的先锋，进抵城下，向城上守军大声呼喊说："皇家禁卫军十万人已改变立场，拥护新皇帝，你们这几个人有什么用？只不过连累一城生灵，肝脑涂地！"捧圣特别营士卒争先恐后出来迎接，康思立无法禁止，万不得已，也只好出来迎接。

三月二十七日，李从珂（王从珂）抵达陕州（河南省三门峡市），左右官员建议说："大王就要到达京师（首都河南府），听说皇上（李从厚）已经逃走，大王最好在这里稍稍停留，先行发布文告，安抚京师（首都河南府）军民人心。"李从珂（王从珂）接受，把文告送到洛阳（首都河南府所在县），向全体官民声明：除了朱弘昭、冯赟二人跟他们的家族，其他所有文武百官，全都赦免，不要有任何忧愁疑虑。

康义诚率讨伐军抵达新安（河南省新安县），官兵们分别集结，或几十人，或一百余人，成群组队，抛弃盔甲武器，争先恐后奔往陕州（河南省三门峡市），向李从珂（王从珂）投降，一路上络绎不绝。康义诚走到乾壕（三门峡市东车壕村），手下只剩下几十个人。正好跟李从珂（王从珂）的斥候骑兵十余人遭遇，康义诚解下佩带的弓箭和宝剑，作为见证，托骑兵斥候代他呈缴李从珂（王从珂），请求投降。

三月二十八日，后唐帝（三任闵帝）李从厚接到报告：李从珂（王从珂）已到陕州（河南省三门峡市），康义诚讨伐军崩溃，惊骇忧愁交加，不知道做什么才好，急派宦官召唤朱弘昭前来讨论对策，朱弘昭说："这么急促的教我进宫，一定要定我的罪！"自己投井而死。安从进听说朱弘昭已死，冲进另一宰相冯赟私宅，斩冯赟，屠杀他全族，把朱弘昭跟冯赟的人头割下，呈献李从珂（王从珂）。李从厚打算逃往兴唐府（河北省大名县），命孟汉琼先去布置安排（李从厚自兴唐到洛阳登极，参考去年〔九三三〕十一月）。可是孟汉琼早已变心，拒绝接受命令，反而单人匹马，奔往陕州（河南省三门峡市）。

最初，李从厚在外地当战区司令官时，对营门官（牙将）慕容迁十分宠爱信任，后来李从厚登极称帝，命慕容迁当控鹤指挥官（控鹤指挥使）。李从厚准备渡黄河北上，跟慕容迁秘密讨论，命他率领手下部众据守玄武门（洛阳皇城北门）。当天（三月二十八日）夜晚，李从厚在五十名骑兵保护下，出玄武门，对慕容迁说："我暂时前去兴唐（河北省大名县），慢慢寻找复兴机会，你带着控鹤骑兵跟我一起行动。"慕容迁发誓说："无论生死，追随皇上。"立刻紧急集结部队。可是等李从厚出去后，慕容迁马上关闭玄武门。

三月二十九日，宰相冯道等入宫朝见，走到端门，听说朱弘昭、冯赟已死，李从厚已向北逃亡。冯道、刘昫就打算回家，李愚说："皇上出奔，我们没有参与决策，而今，皇上虽然已走，可是皇太后仍在皇宫之中，我们应该去宰相联合办公厅（中书），派贴身宦官（小黄门）进宫请求皇太后指示，然后再各自回家，这才是臣属的本分。"冯道说："皇上已失去帝国，做臣属的只知道事奉君王，现在已没有了君王，我们却进入宫城（中央政府在宫城之内），恐怕非常不合适。潞王（李从珂）已到处张贴文告，不如回去等候下一步指示。"于是，各自回家，走到天宫寺，安从进派人告诉他们说："潞王（李从珂）加倍速度东来，马上就到，各位宰相应该率文武百官前往谷水（洛水支流，流经洛阳城西）恭迎。"大家遂在天宫寺驻脚，召集文武百官。立法官（中书舍人）卢导抵达，冯道说："等你很久了，目前最迫切的事是少了一份'劝进奏章'，麻烦你马上动笔。"卢导说："潞王（李从珂）来中央朝见，文武百官站班迎接是可以的。假如有什么罢黜或册立行为，也应该等候皇太后命令，怎么能立刻请求潞王（李从珂）登极称帝？”冯道说：“任何事情都要切合实际！”卢导说：“天底下哪有皇上刚刚出门，臣属就急吼吼劝别人去坐上宝座的道理！如果潞王（李从珂）坚持遵守君臣的名分，大义凛然责备我们，我们将怎么回答？你最好率领文武百官前往皇宫门前，呈递名单，向皇太后请安，请皇太后指示，或进或退，就合理合法。”冯道还没有开口，安从进已经几次派人前来催促，说：“潞王（李从珂）大驾已到，皇太后（曹女士）、皇太妃（王女士〔花见羞〕）已派宦官前去迎接慰劳，文武百官怎么没有半个去排班？”冯道等马上一窝蜂出去。可是等了很久，李从珂（王从珂）仍没有到，三位宰相就停在上阳门外等候（三位宰相：冯道、李愚、刘昫）。卢导经过那里，冯道再召唤他问他的意见，卢导坚持他的提议。李愚说：“卢导的话很对，我们的罪恶比头发都多。”

康义诚狼狈的抵达陕州（河南省三门峡市），晋见李从珂（王从珂）请求恕罪，李从珂（王从珂）责备他说：“先帝（李嗣源）逝世，谁来继承帝位，由你们决定，当今皇上（李从厚）守丧期间，军国命令，都出于各位之手，为什么不能有始有终，尽心辅导，反而把我家老弟（李从厚）害到这种地步？”康义诚大为恐惧，下跪叩头，请求一死。李从珂（王从珂）一向看不起康义诚的为人，但也不愿意马上就下令诛杀，姑且把他赦免。步骑兵总纠察官（马步都虞候）苌从简、左龙武（禁军第三军）统军（正三品）王景戡，都在一场兵变中被部下逮捕，投降李从珂（王从珂），至此中央讨伐军全部归附。李从珂（王从珂）上疏给曹太后，听候指示，遂自陕州（河南省三门峡市）东下。

夏季，四月一日，天还没有亮，后唐帝（三任闵帝）李从厚逃到卫州（河南省卫辉市）东方几华里地方，遇见南来朝见的石敬瑭（河东〔总部太原府〕司令官），李从厚大喜过望，征求他对大局的意见，石敬瑭说：“听说康义诚率军西征，情况如何？陛下怎么到了这里？”李从厚说：“康义诚也跟着叛变！”石敬瑭低头思索，一再长长叹息，最后勉强说：“卫州（河南省卫辉市）州长王弘贽，是前朝老将，熟悉军国大事，我去跟他商量。”石敬瑭于是会见王弘贽，问他的意见，王弘贽说：“从前，流亡逃难的帝王多的是，但身旁总会有宰相将领、禁卫大军、粮仓金库、皇家旌旗印信，使臣属们可以敬仰服从，现在，什么都没有，只不过五十名骑兵随从，即令我们满腔忠义，又有什么办法！”石敬瑭回来，在卫州（河南省卫辉市）驿马车站晋见李从厚，把王弘贽的话告诉他。随从李从厚逃亡的弓箭库管理官（弓箭库使）沙守荣、奔洪进（奔，姓）挺身而出，斥责石敬瑭道：“你是先帝（李嗣源）的爱婿，富贵时共享富贵，忧患时也应互相体恤依赖。而今，皇上逃亡在外，一切靠你安排，使帝国得以中兴，想不到却用这四个条件作为借口，推卸责任，很明显的你是打算投降叛徒（李从珂），出卖皇上！”沙守荣抽出佩刀直刺石敬瑭，石敬瑭的卫士陈晖挥动武器阻止，二人双双战死，奔洪进自刎。石敬瑭的部属、内营指挥官（牙内指挥使）刘知远率军闯进来，把李从厚随从五十名骑兵，全部杀光，只留下李从厚孤零零一个人呆在那里，然后扬长而去。石敬瑭遂直奔洛阳（首都河南府所在县）。

当天（四月一日），曹太后命皇宫各单位首长，齐到乾壕（河南省三门峡市东车壕村）迎接李从珂（王从珂），李从珂（王从珂）命他们马上返回洛阳（首都河南府所在县）。

最初，李从珂（王从珂）在河中（山西省永济市）被罢黜，软禁洛阳私宅（安重诲陷害，参考九三〇年四月），王淑妃（花见羞）常派宦官孟汉琼去安抚慰问。现在，孟汉琼遂自以为对李从珂（王从珂）往日有恩，所以单人匹马西奔迎降，走到渑池（河南省渑池县）西，晋见李从珂（王从珂），放声大哭，打算有所解释。李从珂（王从珂）说："所有事情，不必多言，我清楚的很！"孟汉琼自动加入从凤翔（陕西省宝鸡市凤翔区）东下的随从官员行列。李从珂（王从珂）望见，下令把他揪出来，就在大路旁边斩首。 

**13** 后唐（首都河南府）山南西道战区（总部设兴元府〔陕西省汉中市〕）司令官（节度使）张虔钊，率军攻击凤翔（陕西省宝鸡市凤翔区）时，命武定战区（总部设洋州〔陕西省洋县〕）司令官（节度使）孙汉韶留守兴元（陕西省汉中市）。后来，张虔钊溃败，逃回兴元（陕西省汉中市），联合孙汉韶，向后蜀（首都成都府）献出所属两战区投降。后蜀帝（一任高祖）孟知祥命奉銮肃卫特别营步骑兵总指挥官（奉銮肃卫马步都指挥使）、昭武战区（总部设利州〔四川省广元市〕）司令官（节度使）李肇，率军五千人返回利州（四川省广元市）；命右翼匡圣特别营步骑兵总指挥官（右匡圣马步都指挥使）、宁江战区（总部设夔州〔重庆市奉节县〕）司令官（节度使）张业，率军一万人，进驻大漫天（四川省广元市北明月峡）接应。

**14** 四月三日，后唐（首都河南府）潞王李从珂（王从珂）抵达蒋桥（洛阳市西），文武百官在路上排队列班欢迎，李从珂（王从珂）传话下来，说："在没有叩见先帝（李嗣源）的灵柩之前，不适合跟各位相见。"冯道等都上书劝进——请李从珂（王从珂）登上宝座。李从珂（王从珂）进宫晋见曹太后、王太妃（花见羞），然后再到西宫，匍匐在老爹李嗣源（邈佶烈）的棺材上痛哭，向老爹在天之灵陈述所以起兵反抗的原因。冯道率文武百官到班朝见，叩头，李从珂（王从珂）也叩头回答。冯道等再一次上疏请李从珂（王从珂）登极，李从珂（王从珂）立即对冯道说：“我这次东来，实在是万不得已，等皇上（李从厚）回宫，先帝（李嗣源）安葬，我自当返回战区（凤翔〔总部凤翔府〕），仍做臣属。各位突然间有这种主张，十分无聊。”

四月四日，曹太后下令，罢黜现任帝（三任闵帝）李从厚，贬作鄂王，而命李从珂（王从珂）主管军国大事，暂时使用“书诏印”（皇帝印章共有八颗〔所谓“八宝”：传国神玺一颗、受命之宝一颗、皇帝之宝三颗、天子之宝三颗〕，全被李从厚带走，只剩下核可诏书时所用的印章）。文武百官前往至德宫（李嗣源的旧宅，李从珂入洛阳，住进旧宅）提出辞呈，听候处罚，李从珂（王从珂）命他们都官复原职。

四月五日，曹太后命李从珂（王从珂）登皇帝位。

四月六日，李从珂（王从珂。本年五十岁）在老爹李嗣源（邈佶烈）灵柩前登极（四任帝）。

李从珂（王从珂）从凤翔（陕西省宝鸡市凤翔区）出发时，承诺官兵们，只要进入洛阳（首都河南府所在县），每人赏钱一百串，进入洛阳后，询问中央财政三单位管理总监（三司使）王玫，国库还有多少钱。王玫回答说：“还有数百万（是数百万钱，还是数百万串，说不清楚）。”但经过查验，却发现黄金只不过三万两，绸缎只不过三万匹，而赏赐的费用，却高达五十万串（黄金一两合钱多少串？绸缎一匹又合钱多少串？没有说清楚，所以这段话毫无意义）。李从珂（王从珂）大怒，王玫建议征收京师（首都河南府）居民的财产补充。然而，几天之后，也不过征到几万串，李从珂（王从珂）对宰相说：“军队不能不赏，人民不能不活，现在怎么办？”宰相建议加征房屋税（房屋税始于唐王朝，参考七八三年六月五日），不管官民、不管自住或向人租借，一律预缴五个月的税款，李从珂（王从珂）批准。

卫州（河南省卫辉市）州长王弘贽，把李从厚押解到州政府囚禁。

十世纪·九三四年三月至四月

后唐·李从珂兵变

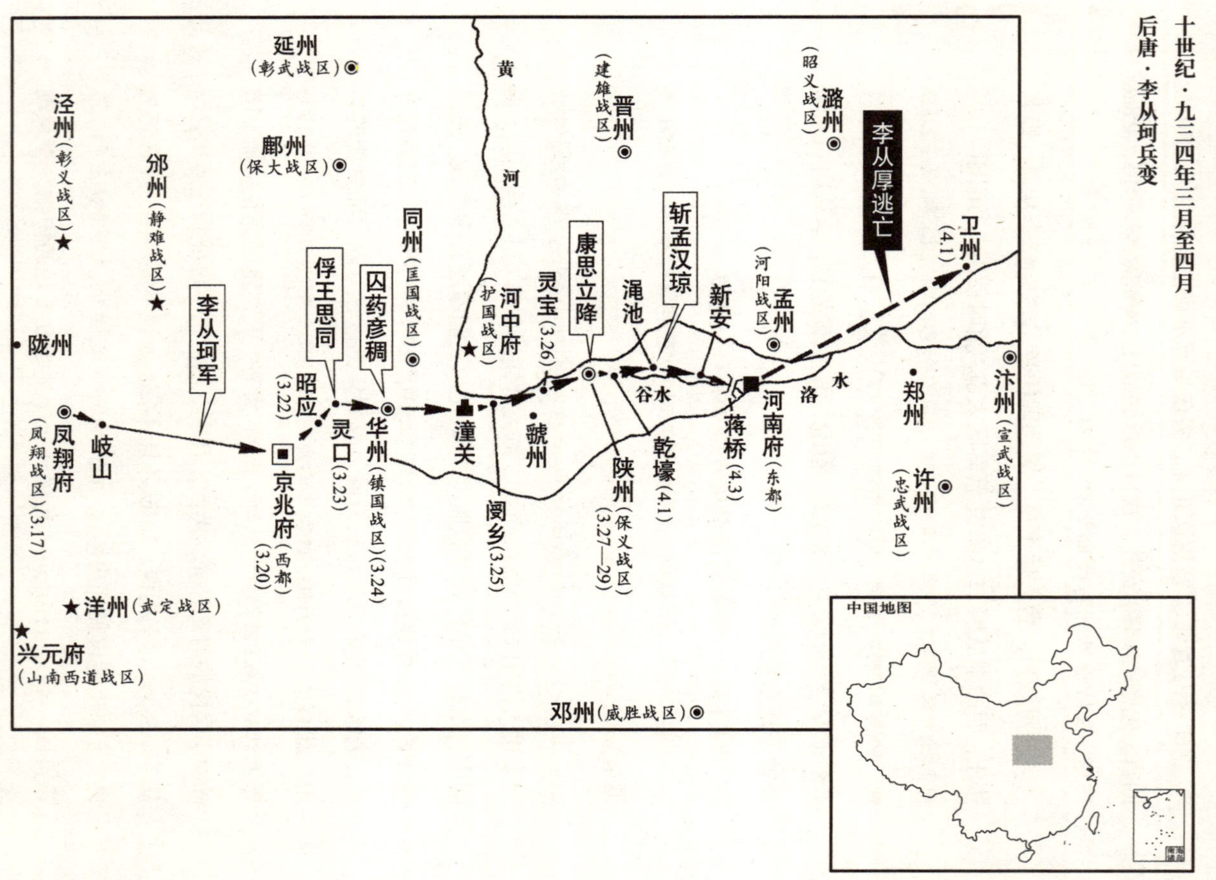

李从珂（王从珂）派王弘贽的儿子、金銮宝殿侍从官（殿直）王峦，携带鸩酒，前往毒杀。

四月九日，王峦抵达卫州（河南省卫辉市），晋见李从厚，李从厚问他的来意，王峦不作一声。而王弘贽却不断向李从厚敬酒，李从厚知道酒里有毒，不肯喝下去，王峦只好把他绞死（年二十一岁）。李从厚性情仁慈忠厚，兄弟间也很和睦，虽然老哥秦王李从荣一度对他嫉妒憎恨，但李从厚心胸坦荡、诚恳相待，得以免除灾害（参考九二八年十二月）。后来登极称帝，跟李从珂（王从珂）之间，也没有一点猜疑，只因朱弘昭、孟汉琼之辈从中挑拨，横生枝节，李从厚没有能力排除他们的谗言，终于闯下滔天大祸。李从厚的妻子孔女士还在皇宫（孔女士是孔循的女儿，孔循不惜卖友嫁女，参考九二八年二月），李从珂（王从珂）派人问她说："李重吉在哪里？"连同她的四个孩子，一并斩首。

李从厚在卫州（河南省卫辉市）囚禁时，只有磁州（河北省磁县）州长宋令询派人问候过，听到李从厚被害死，宋令询痛哭了半天，上吊自杀（宋令询事，参考去年〔九三三〕十二月十四日）。

四月十日，石敬瑭进京（首都河南府）朝见。

四月十一日，李从珂（王从珂）命刘昫主管中央财政三单位（判三司）。

**15** 四月十二日，后蜀帝国（首都成都府〔四川省成都市〕）大赦，改年号明德（之前是应顺元年，之后是明德元年）。

**16** 后唐帝（四任）李从珂（王从珂）在凤翔（陕西省宝鸡市凤翔区）起兵时，曾召唤兴州（陕西省略阳县）州长刘遂清，刘遂清犹豫很久，不肯响应，后来得到李从珂（王从珂）进入洛阳（首都河南府所在县）消息，才把所有驻防三泉（陕西省宁强县西北阳平关镇）、西县（陕西省勉县西）、金牛（陕西省宁强县北）、桑林（陕西省略阳县南）的边防部队，全部调回，率领他们回京（首都河南府），于是大散关（陕西省宝鸡市西南）以南的所有城池，全被后蜀（首都成都府）接收。

四月十四日，刘遂清到金殿朝见，李从珂（王从珂）打算追究他丧失国土的责任，把他定罪，但因他能够自行回归中央，所以特别赦免。刘遂清，是刘鄩的侄儿（刘鄩，参考九二一年五月）。

**17** 四月十五日，后蜀（首都成都府）将领张业，率军进入兴元（陕西省汉中市）、洋州（陕西省洋县）。

**18** 四月十六日，后唐（首都河南府）改年号清泰（之前是应顺元年，之后是清泰元年）。大赦。

四月十八日，李从珂（王从珂）命宫廷事务南院总监（宣徽南院使）郝琼，暂管帝国参谋总部（权判枢密院），命前任中央财政三单位管理总监（三司使）王玫当宫廷事务北院总监（宣徽北院使），又命凤翔（总部凤翔府）军事执行官（节度判官）韩昭胤当监督院高级顾问官（左谏议大夫）兼端明殿文学侍从官（端明殿学士）。

四月十九日，斩河阳战区（总部设孟州〔河南省孟州市〕）司令官（节度使）、皇家禁卫军统帅（判六军诸卫）兼最高监督长（兼侍中，使相）康义诚，屠灭全族。

四月二十日，杀药彦稠（报复药彦稠斩杨彦温灭口，参考九三〇年四月）。

四月二十一日，释放被凤翔反抗军生擒的王景戡、苌从简。

中央有关单位用尽方法搜刮民间财富，才勉强积存六万（六万钱？还是六万串），距所需要的相差太大，李从珂（王从珂）大怒，把缴不出钱的平民，囚禁军法监狱（军巡使狱），日夜拷打逼迫，监狱满坑满谷，穷苦的小民，甚至投井上吊。而官兵在街市上行走时，却面露骄傲，街井住民聚在一起诟骂说："你们为了领袖，奋勇作战，建立功劳，固然辛苦，但我们这些穷苦小民的胸脯和后背，却受皮鞭木棍的捶打，逼迫捐献财物，好对你们的赏赐，你们洋洋得意，难道不愧对苍天！"

这时候，国库（左藏）已被搜刮一空，包括陈旧的东西以及各战区道呈献的贡物，都拿出来，甚至曹太后、王太妃（花见羞），也拿出所有的珍玩用具、衣服财物、耳环首饰，也不过凑足二十万串，李从珂（王从珂）深为忧虑。帝国参谋总部常设文学侍从官（枢密直学士）李专美轮到值夜，李从珂（王从珂）怪罪他说："你的才干是有名的，却不能为我想出办法，才干又有什么用？"李专美谦逊的说："我实际上很愚昧笨拙，是陛下过分提拔我。军中的赏赐无法发放，却不是我的责任。然而，我私下的想，自从三〇年代开始，对军队不断赏赐（参考去年〔九三三〕七月），官兵因此越发骄傲放纵。接着是为先帝（李嗣源）兴筑陵墓及大军西征（讨伐凤翔），国库遂告枯竭。事实上，即令有无穷无尽的财源，也无法满足骄兵悍将的贪欲，这也就是陛下在十分危急的情况下，夺得政权的原因（同时也是两年后李从珂在十分危急的情况下，失掉政权的原因，参考后年〔九三六〕闰十一月）。国家的存亡，不能专靠赏赐，主要还在于建立法律纪律和制度秩序。陛下如果不能更改使前车翻覆的车辙，我恐怕只会使人民更加痛苦，而王朝是存是亡，恐怕仍难预料。如今，国家的财力只能做到这个地步，只好全部拿出来平均分配，不一定非实践当初的诺言不可。"李从珂（王从珂）认为有理。

四月二十三日，李从珂（王从珂）下诏：凡是在凤翔（陕西省宝鸡市凤翔区）就投降的部队，从杨思权、尹晖等开始，每人赏赐骏马两匹、骆驼一只、钱七十串，依官阶递减，士卒则赏赐钱二十串，原留在京师（首都河南府）的官兵，则每人各十串。可是官兵贪得无厌，仍然怨声载道，编出歌谣说："除去菩萨，扶立生铁（李从厚小名菩萨奴）。"因李从厚性情温和，而李从珂（王从珂）刚强严厉，大家有点后悔。

四月二十七日，把前任帝（二任）李嗣源（邈佶烈）安葬徽陵（河南省洛阳市境），绰号圣德和武钦孝皇帝，庙号明宗。李从珂（王从珂）披麻戴孝，护送灵柩到墓地，就在墓地住宿一晚。

五月一日，李从珂（王从珂）命韩昭胤当帝国参谋总部指挥官（枢密使），命皇家庄园管理官（庄宅使）刘延朗当副指挥官（枢密副使），命暂代参谋总部指挥官（权知枢密院）房暠，当宫廷事务北院总监（宣徽北院使）。房暠，是长安（西京京兆府西半城）人。

李从珂（王从珂）跟石敬瑭（河东〔总部太原府〕司令官）都因为天生蛮力、勇敢、喜爱战斗，在李嗣源（邈佶烈）手下当差，然而暗中互相竞争，心里谁也不喜欢谁。李从珂（王从珂）登极称帝，石敬瑭在万不得已的情形下进京（首都河南府）朝见（石敬瑭本来是朝见李从厚的，而李从珂胜利太快，大势所趋，石敬瑭不得不硬着头皮进京），安葬过岳父李嗣源（邈佶烈）后，不敢提及返回原职。当时石敬瑭久病之后，面目憔悴，岳母曹太后跟妻子魏国公主（李嗣源的女儿，曹太后亲生），屡次在李从珂（王从珂）面前说情，但凤翔（陕西省宝鸡市凤翔区）时代的老干部，却多数劝李从珂（王从珂）把石敬瑭留在京师（首都河南府），不放他走。只有韩昭胤、李专美，认为赵延寿（刘延寿）镇守宣武战区（总部设汴州〔河南省开封市〕），不应该再猜忌石敬瑭（如果猜忌石敬瑭，则赵延寿〔刘延寿〕的老爹赵德钧〔赵行实〕镇守卢龙〔总部幽州〕，会因恐惧而生二心）。李从珂（王从珂）也看到石敬瑭骨瘦如柴，不认为他会惹什么麻烦，于是说："石郎不但是亲密近亲，而且从小跟我一块同甘共苦，而今我当了天子，不依靠石郎，还依靠谁？"乃再命他当河东战区（总部设太原府〔山西省太原市〕）司令官（节度使）。

五月八日，阶州（甘肃省陇南市武都区东）州长赵澄，投降后蜀（首都成都府）。

五月九日，李从珂（王从珂）命羽林军基地司令（羽林军使）杨思权当静难战区（总部设邠州〔陕西省彬州市〕）司令官（李从珂实践承诺，参考本年〔九二四〕二月十六日）。

**19** 五月十日，投降后蜀（首都成都府）的后唐（首都河南府）将领张虔钊、孙汉韶，带着全族男女，迁到首都成都（四川省成都市）。

**20** 五月十一日，后唐（首都河南府）调司空（三公之三）兼副监督长（兼门下侍郎）、二级实质宰相（同平章事）冯道，出任匡国战区（总部设同州〔陕西省大荔县〕）司令官（节度使），遥兼二级宰相（同平章事，使相）。

五月十九日，擢升陇州（陕西省陇县）警备区司令（防御使）相里金当保义战区（总部设陕州〔河南省三门峡市〕）司令官（酬庸他最先响应）。

李从珂（王从珂）命天雄战区（总部设兴唐府〔河北省大名县〕）司令官（节度使）兼最高监督长（兼待中，使相）范延光，当帝国参谋总部指挥官（枢密使）。

李从珂（王从珂）在凤翔（陕西省宝鸡市凤翔区）起兵时，把天平战区（总部设郓州〔山东省东平县〕）司令官（节度使）李从曮（李继曮）留在凤翔的所有家产以及所有武器，全部没收，供应军需，临出发时，居民们

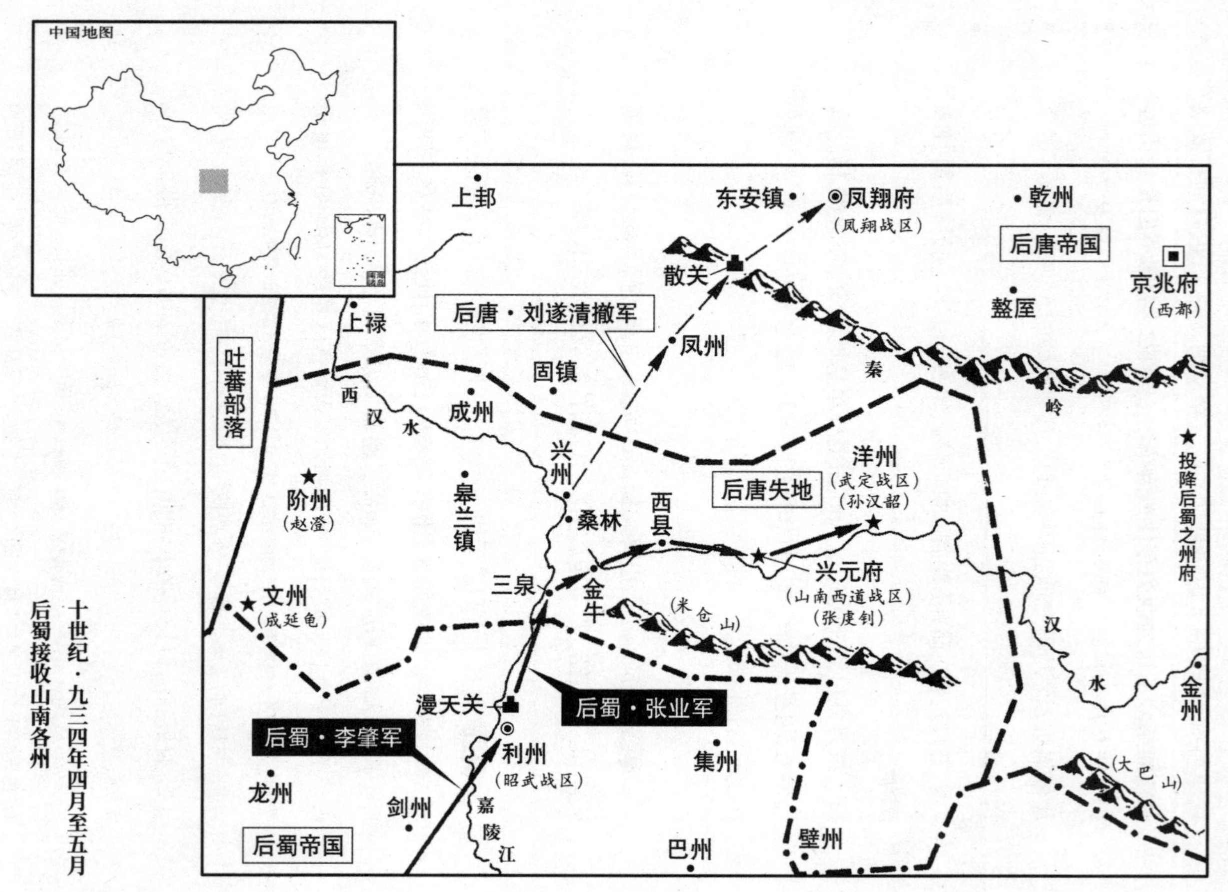


十世纪·九三四年四月至五月

后蜀接收山南各州

拦住马头，请求命李从曮再次前来镇守，李从珂（王从珂）允许。现在，调李从曮当凤翔战区（总部设凤翔府〔陕西省宝鸡市凤翔区〕）司令官（李从曮是唐末军阀、凤翔战区司令官李茂贞之子，两代盘踞，势力根深柢固。李从曮调天平，参考九二七年十月）。

最初，二任帝李嗣源（邈佶烈）当北方军团征剿司令（北面招讨使。参考九二四年正月），平卢战区（总部设青州〔山东省青州市〕）司令官（节度使）房知温当副野战司令（副都部署），李从珂（王从珂）当别动部队将领（别将），做房知温的部下。有一次喝醉了酒，两人发生激烈争吵，都拔出佩刀，互相对阵。本年（九三四），李从珂（王从珂）起兵进入洛阳（河南省洛阳市），房知温暗中跟作战参谋长（行军司马）李冲，阴谋拒抗，李冲建议先行携带奏章去京师（首都河南府）观察形势。回来后，告诉房知温说：洛阳已经安定，房知温恐惧。

五月二十三日，房知温亲自进京（首都河南府）请求宽恕，李从珂（王从珂）对他特别优待礼遇，而房知温进贡的物品，也特别贵重。

**21** 南吴（首都江都府）镇南战区（总部设洪州〔江西省南昌市〕）司令官（节度使）、暂任最高立法长（守中书令，使相）、东海王（康王）徐知询逝世。

**22** 后蜀（首都成都府）军队占领后唐（首都河南府）所属的成州（甘肃省成县）。

**23** 六月五日，后唐帝（四任）李从珂（王从珂）任命皇子、左卫（卫军第一军）上将军李重美，遥兼成德战区（总部设镇州〔河北省正定县〕）司令官（节度使），专任二级实质宰相（同平章事）兼首都洛阳特别市长（兼河南尹）、皇家禁卫军统帅（判六军诸卫事）。

文州（甘肃省文县）总指挥官（都指挥使）成延龟，把城池献给后蜀（首都成都府）投降。

24 南吴（首都江都府）最高立法长（中书令）徐知诰（李知诰）准备篡夺政权，对昭武战区（总部设抚州〔江西省抚州市临川区〕）司令官（节度使）兼最高立法长（兼中书令，使相）临川王杨濛，深为猜忌，恐怕从中破坏。于是命人检举杨濛藏匿亡命之徒，又擅自制造武器。

六月七日，南吴帝（一任睿帝）杨溥下诏贬杨濛作历阳公爵，囚禁和州（安徽省和县），派控鹤军基地司令（控鹤军使）王宏率部众二百人看管守卫。

25 后唐（首都河南府）宰相刘昫，跟冯道是儿女亲家，刘昫性情苛刻挑剔，而李愚性情刚愎褊狭。冯道被外放到匡国（总部同州）之后，刘昫、李愚二人的议论，往往冲突，事情需要更改变动时，李愚就嘲弄刘昫说："这是贵亲家（冯道）做的事，还是改改比较好！"刘昫十分痛恨，因此，二人以后动不动就发生争执，甚至互相诟骂，都请求单独进见；连正常行政，都被耽误。李从珂（王从珂）很是忧虑，打算另外物色宰相，询问左右亲信，认为政府高级官员中，谁有资格出任。大家都推荐国务院左秘书长（尚书左丞）姚顗、祭祀部长（太常卿）卢文纪、皇家图书院长（秘书监）崔居俭。各人的能力才干，互有长短，李从珂（王从珂）不能决定，于是把三人的姓名写到小纸条上，装到宝石雕制的瓶子里，当天夜晚，焚香祷告上天，用筷子夹取，第一个夹出来的是卢文纪，第二个夹出来的是姚顗。

秋季，七月十三日，任命卢文纪当副立法长（中书侍郎）、二级实质宰相（同平章事）。崔居俭，是崔荛的儿子（崔荛是个赃官，以喝民尿名留史册，参考八六九年六月）。

李从珂（王从珂）打算诛杀楚匡祚（报复杀李重吉，参考本年〔九三四〕三月），韩昭胤说："陛下是全国人民的君父，全国人民都是陛下的子民，用法必须公正。楚匡祚接到的指令就是要追查李重吉的财产，所以他不得不那样做，现在如果诛杀楚匡祚全族，对死者没有益处，只怕不能使大家心服。"

七月十七日，李从珂（王从珂）把楚匡祚无限期贬窜登州（山东省烟台市蓬莱区）。

七月十九日，李从珂（王从珂）封沛国大人刘女士当皇后。

回鹘部落（甘肃省中部西部）向后唐进贡的使节及军队，很多被河西（甘肃省中部西部）杂居的蛮夷剽掠（该地区的进贡队伍常被蛮夷掠夺，参考前年〔九三二〕正月）。李从珂（王从珂）下诏命将军牛知柔率禁卫军士卒护送，并会同静难（总部邠州）野战军讨伐。

**26** 南吴（首都江都府）最高立法长（中书令）徐知诰（李知诰），召唤国务院左最高执行长（左仆射）兼副立法长（兼中书侍郎）、二级实质宰相（同平章事）宋齐丘返回金陵（江苏省南京市），出任全国总指战部执行官（诸道都统判官），加授司空（三公之三），但实际上不教他管事。（胡三省注："徐知诰〔李知诰〕命宋齐丘回金陵，而不让他管事，是免得他阻挠自己夺取帝位。"）宋齐丘不断请求退休隐居，徐知诰（李知诰）把南园拨给他居住。

**27** 后唐（首都河南府）护国战区（总部设河中府〔山西省永济市〕）司令官（节度使）洋王李从璋、归德战区（总部设宋州〔河南省商丘市〕）司令官

（节度使）泾王李从敏（二人是李嗣源侄儿），都被免除官职，居住洛阳（首都河南府所在县）自己的私宅，李从珂（王从珂）待他们很是冷淡。李从敏在宋州（河南省商丘市）参与杀害李重吉的阴谋，李从珂（王从珂）对他尤其憎恶。有一次，二人进宫参加家人团聚，酒酣耳热，李从珂（王从珂）忽然回头对二人说："你们算什么菜鸟，竟常常霸占重要战区！"二人大为恐惧，曹太后斥责二人说："皇上已醉，你们还不快滚！"

**28** 后蜀（首都成都府）在雅州（四川省雅安市）设永平战区（前蜀时有永平战区，后唐消灭前蜀后，把战区撤销），命后唐（首都河南府）投降过去的将领孙汉韶当司令官（节度使）；又命另一降将张虔钊，仍当山南西道战区（总部设兴元府〔陕西省汉中市〕）司令官（节度使），遥兼二级宰相（同平章事，使相），张虔钊坚决辞让，不肯回任。

后蜀帝（一任高祖）孟知祥中风超过一年，病势转重。

七月二十六日，孟知祥封他的儿子、遥兼东川战区（总部设梓州〔四川省三台县〕）司令官（节度使）、二级实质宰相（同平章事）、亲卫步骑兵总指挥官（亲卫马步都指挥使）孟仁赞当太子，监督国政。召见司空（三公之三）、二级实质宰相（同平章事）赵季良、武信战区（总部设遂州〔四川省遂宁市〕）司令官（节度使）李仁罕、保宁战区（总部设阆州〔四川省阆中市〕）司令官（节度使）赵廷隐、帝国参谋总部指挥官（枢密使）王处回、捧圣控鹤总指挥官（捧圣控鹤都指挥使）张公铎、奉銮肃卫副指挥官（奉銮肃卫指挥副使）侯弘实，共同接受遗诏，辅佐太子。当天（七月二十六日）夜晚，孟知祥逝世（年六十一岁），封锁消息，不对外发布。

王处回半夜开义兴门（成都子城西门），报告赵季良，王处回不停的哭泣，赵季良严肃的说："现在，强悍的将领们手握重兵，只等时局发生变化。我们应该马上拥护太子登极继位，好断绝这些人的非分野心，怎么可以相对流泪！”王处回擦去眼泪，向赵季良道歉。赵季良教王处回晋见李仁罕，观察他的态度，然后再决定是不是告诉他。王处回到李仁罕家，李仁罕在卫士备战下出来接待，王处回不敢说出实情。

七月二十八日，中央宣布孟知祥的遗诏，命太子孟仁赞改名孟昶（音chǎng〔厂〕）。

七月二十九日，孟昶（孟仁赞，本年十六岁）登上皇帝宝位（二任帝）。

**29** 最初，后唐帝（四任）李从珂（王从珂）因为王玫报告国库（左藏）财产，跟实际数量不符，所以命刘昫接替他主管中央财政三单位（判三司）。刘昫命执行官（判官）高延赏彻底查核，发现原来全是历年积欠的老账，邪恶的税务官员就利用催缴这些老账，从中取利，所以一直保留下来。刘昫把情形详细奏报，建议调查还可以征收的，急行征收，其余根本无力偿还的，索性全部免除。韩昭胤认为这是一个最好的处理方法。

八月二日，李从珂（王从珂）下诏：去年（九三三）以前国务院财政部（户部）跟各战区道欠税总额，高达三百三十八万，枉自浪费那么多账簿，自今完全免除，不再征收。消息传出，贫穷的人都高兴喜悦，可是中央财政三单位管理总监署（三司）的官员，却十分怨恨（断了他们勒索的财路）。

八月三日，李从珂（王从珂）命姚颛当副立法长（中书侍郎）、二级实质宰相（同平章事）。

右龙武（禁军第四军）统军（正三品）索自通，当初曾参与河中诬陷行动（安重诲谋害李从珂〔王从珂〕，参考九三〇年四月），所以心神一直不安。

八月二十日，索自通退朝后经过洛水，投河自杀。李从珂（王从珂）得到报告，大为吃惊，追赠他太尉（三公之一）官衔。

八月二十八日，李从珂（王从珂）命前任安国战区（总部设邢州〔河北省邢台市〕）司令官（节度使）、遥兼二级宰相（同平章事，使相）赵凤，当太子太保（太子三师之三）。

九月六日，李从珂（王从珂）下诏，命凤翔（总部凤翔府）派军进驻东安镇（今地不详），防备后蜀（首都成都府）。

**30** 后蜀（首都成都府）卫圣等各特别营总指挥官（卫圣诸军都指挥使）、武信战区（总部设遂州〔四川省遂宁市〕）司令官（节度使）李仁罕，仗恃自己是元老旧将，为帝国立过大功，又接受先帝（一任高祖）孟知祥临终托孤重任，于是要求当皇家禁卫军统帅（判六军），命进奏官宋从会把这个意思告诉帝国参谋总部（枢密院），又派人到皇家文学侍从院（学士院）探听是不是已在起草诏书。后蜀帝（二任）孟昶（孟仁赞）不得已，只好允许。

九月十七日，孟昶（孟仁赞）命李仁罕兼最高立法长（兼中书令，使相）、皇家禁卫军统帅（判六军事）；另命左翼匡圣总指挥官（左匡圣都指挥使）、保宁战区（总部设阆州〔四川省阆中市〕）司令官（节度使）赵廷隐兼最高监督长（兼侍中，使相）、皇家禁卫军副统帅。

**31** 九月二十二日，后唐（首都河南府）大同战区（总部设云州〔山西省大同市〕）奏报：契丹（首都西楼城）入侵。北方军团征剿司令（北面招讨使）石敬瑭上疏说：我亲自率军进驻百井（山西省阳曲县东北），防备契丹（首都西楼城）南下。

九月二十四日，石敬瑭奏报说：振武战区（总部设朔州〔山西省朔州市〕）司令官（节度使）杨檀，在边界把契丹军击退。

**32** 后蜀（首都成都府）奉銮肃卫特别营总指挥官（奉銮肃卫都指挥使）、昭武战区（总部设利州〔四川省广元市〕）司令官（节度使）兼最高监督长（兼侍中，使相）李肇，听到孟昶（孟仁赞）继位登极，心存观望，并不马上到中央朝见。稍后南下，走到汉州（四川省广汉市），跟住在那里的亲戚朋友聚会，欢宴饮酒，一连十几天之久。

冬季，十月三日，李肇才抵达成都（四川省成都市），声称脚上有病，扶着手杖进宫朝见，看到孟昶（孟仁赞）也不下跪叩头。

**33** 十月十一日，后唐（首都河南府）国务院左最高执行长（左仆射）、副监督长（门下侍郎）、二级实质宰相（同平章事）李愚，被免除兼职，只专任国务院左最高执行长（左仆射）本职。国务院文官部长（吏部尚书）兼副监督长（兼门下侍郎）、二级实质宰相（同平章事）、主管中央财政三单位（判三司）刘昫，也被免除职务，改任国务院右最高执行长（右仆射）。中央财政三单位管理总监署（三司）官员们听到刘昫被免除宰相的消息，互相庆贺，没有一个人伴送刘昫返回私宅（唐王朝时，主管离职，交出印信后，由部属陪同还家，表示敬爱怀恩）。

不知其人，固可观其友，但亦可观其敌，看看反对他的是些什么样的人。如果只是些赃官、文痞、特务之类，正可烘托出他的灿烂。

**34** 后蜀（首都成都府）捧圣控鹤总指挥官（捧圣控鹤都指挥使）张公铎，跟御医总管（医官使）韩继勋、宫库总监（丰德库使）韩保贞、宫廷饮料管理官（茶酒库使）安思谦等，都是后蜀帝（二任）孟昶（孟仁赞）当亲王时的部属，一向都怨恨李仁罕，于是联合起来谗言陷害，指控李仁罕阴谋叛变。孟昶（孟仁赞）命韩继勋等跟赵季良、赵廷隐联合行动，趁李仁罕进宫朝见的时候，命武士跳出来把他生擒，当场斩首。

十月十六日，孟昶（孟仁赞）下诏公布李仁罕的罪状，连同李仁罕的儿子李继宏及亲信宋从会等几个人一律诛杀。当天（十月十六日），被吓得胆都破了的李肇，立刻扔掉手杖，晋见孟昶（孟仁赞）时，也下跪叩头。

源州（洋州改，陕西省洋县）大营总管理官（都押牙）文景琛兵变，占领城池；果州（四川省南充市）州长李延厚把他讨平。

后蜀帝（二任）孟昶（孟仁赞）左右亲信（张公铎等）认为李肇傲慢无礼，请求把他处死。

十月二十一日，孟昶（孟仁赞）命李肇以太子少傅（太子三少之二）名义退休，全家押送邛州（四川省邛崃市）安置。

**35** 南吴帝（一任睿帝）杨溥，加授最高立法长（中书令）徐知诰（李知诰）更高官位：大丞相、尚父、嗣齐王、九锡（参考四年）。徐知诰（李知诰）辞让不接受。

**36** 后唐（首都河南府）雄武战区（总部设秦州〔甘肃省秦安县西北〕）司令官（节度使）张延朗，率军反攻文州（甘肃省文县），部将阶州（甘肃省陇南市武都区东）州长郭知琼攻克尖石寨（阶州城西北）。

后蜀（首都成都府）果州（四川省南充市）州长李延厚，率果州军队进驻兴州（陕西省略阳县），派先登指挥官（先登指挥使）范延晖率军增援文州（甘肃省文县），后唐（首都河南府）将领张延朗解除文州包围，回军。后唐（首都河南府）任命驻扎乾渠（陕西省略阳县境）的兴州州长冯晖，率军从乾渠撤退，回到凤翔（陕西省宝鸡市凤翔区）。

**37** 十一月，南吴（首都江都府）最高立法长（中书令）徐知诰（李知诰）命留在京师（首都江都府）的儿子、司徒（三公之二）、二级实质宰相（同平章事）徐景通，返回金陵（江苏省南京市），当镇海（总部金陵府）、宁国（总部宣州）两战区副司令长官（节度副大使）兼全国副总指战官（诸道副都统），主管全国军事（判中外诸军事）。命次子、内营步骑兵总指挥官（牙内马步都指挥使）、海州（江苏省连云港市）民兵司令（团练使）徐景迁当左右军总基地司令（左右军都军使）、国务院左最高执行长（左仆射）、三级实质宰相（参政事），留在江都（江苏省扬州市）主管中央政府。

**38** 十二月三日，后唐政府（首都河南府）擢升易州（河北省易县）州长安叔千当振武战区（总部设朔州〔山西省朔州市〕）司令官（节度使）；又擢升齐州（山东省济南市）警备区司令（防御使）尹晖当彰国战区（总部设应州〔山西省应县〕）司令官（安叔千抵抗契丹有功，尹晖则凤翔推戴有功）。安叔千，是沙陀人。

十二月六日，石敬瑭（河东〔总部太原府〕司令官）奏报说：契丹（首都西楼城）军队撤退。班师。

十二月九日，李从珂（王从珂）征召雄武战区（总部设秦州〔甘肃省泰安县西北〕）司令官（节度使）张延朗，回京（首都河南府）任副立法长（中书侍郎）、二级实质宰相（同平章事）、主管中央财政三单位（判三司）。

**39** 十二月十五日，南汉帝国（首都兴王府〔广东省广州市〕）马皇后

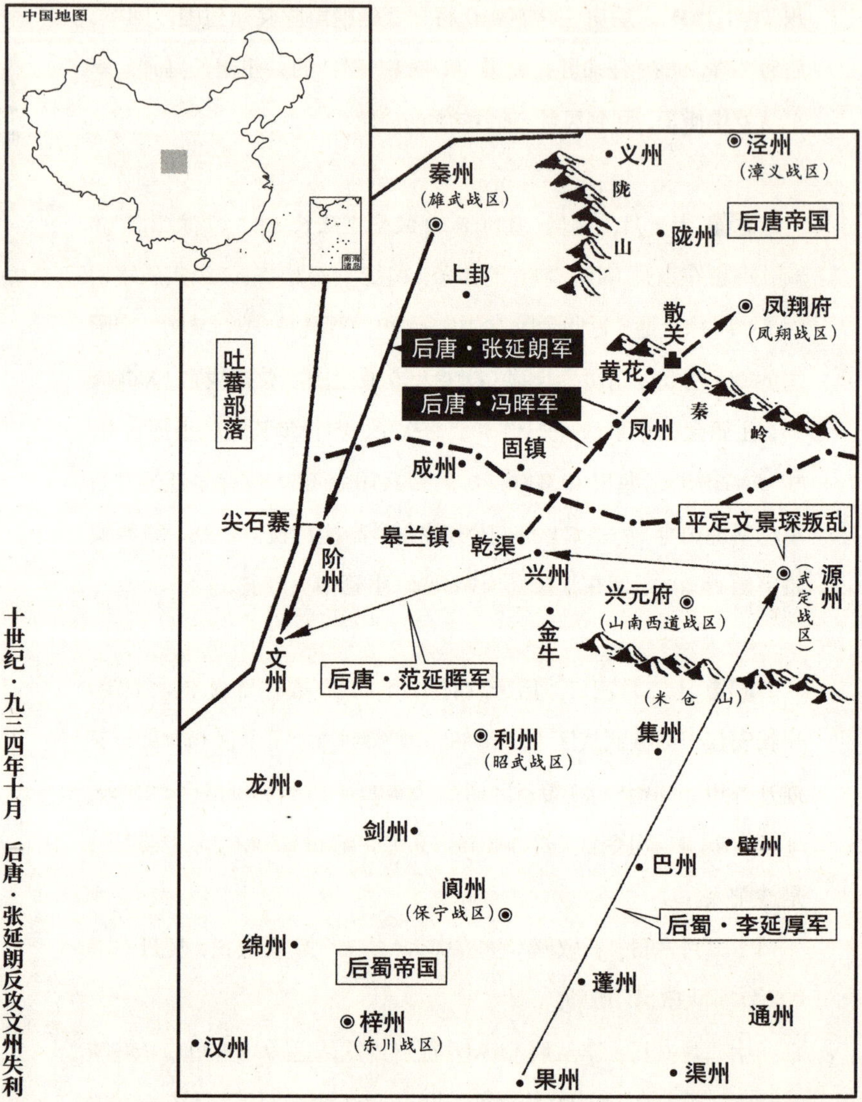

十世纪·九三四年十月 后唐·张延朗反攻文州失利

中国地图

南海诸岛

吐蕃部落

后唐帝国

后蜀帝国

秦州（雄武战区）

义州

泾州（漳义战区）

陇山

陇州

上邽

散关

凤翔府（凤翔战区）

黄花

后唐·张延朗军

后唐·冯晖军

凤州

秦岭

固镇

成州

尖石寨

阶州

皋兰镇

乾渠

兴州

平定文景琛叛乱

源州（武定战区）

兴元府（山南西道战区）

金牛

文州

后唐·范延晖军

（米仓山）

利州（昭武战区）

集州

龙州

剑州

壁州

巴州

阆州（保宁战区）

后蜀·李延厚军

绵州

蓬州

通州

梓州（东川战区）

汉州

果州

渠州

逝世（马皇后，是南楚一任王马殷的女儿，参考九一九年正月）。

**40** 十二月十八日，后蜀政府（首都成都府）把不久前逝世的一任帝孟知祥，安葬和陵（四川省成都市北），绰号文武圣德英烈明孝皇帝，庙号高祖。

**41** 后唐政府（首都河南府）把被绞死的前任帝（三任闵帝）李从厚，安葬徽陵（二任帝李嗣源墓）城南，新坟高出地面，不过数尺，看到的人，都感悲戚。

本年（九三四）秋冬两季，后唐（首都河南府）大旱成灾，饥民大批流亡，同（陕西省大荔县）、华（陕西省渭南市华州区）、蒲（河中府，山西省永济市）、绛（山西省新绛县）等州情形更为惨重。

**42** 南汉帝（一任高祖）刘岩（本年四十六岁）命他的儿子、皇家禁卫军统帅（判六军）、秦王刘弘度，招募士卒一千人，结果都是些市井街头的无赖流氓，刘弘度却跟他们十分亲昵。宰相（同平章事）杨洞潜向刘岩奏报说："秦王（刘弘度），是帝国的合法继承人，应该让他跟品行端正、学问渊博的人接近。掌握军权已经不太合适，何况跟一群地痞流氓混在一起？"刘岩说："教孩子们学一点军事常识而已，劳你担心！"始终不教训刘弘度。杨洞潜出宫，看见皇家禁卫军士卒抢夺商店的金银绸缎，商人只敢恨在心里，不敢向官厅报案，叹息道："政治黑暗到这种程度，还要什么宰相？"遂声称有病，回家休养。过了很久，刘岩也不再召唤他，后来逝世。

# 九三五年 乙未

| | | |
|---|---|---|
| 后唐 | 清泰 | 二年 |
| 南吴 | 大和 | 七年 |
| | 天祚 | 元年 |
| 南楚 | 清泰 | 二年 |
| 吴越 | 清泰 | 二年 |
| 南汉 | 大有 | 八年 |
| 南平 | 清泰 | 二年 |
| 闽 | 永和 | 元年 |
| 后蜀 | 明德 | 二年 |
| 契丹 | 天显 | 九年 |

1 春季，正月一日，闽帝国（首都长乐府〔福建省福州市〕）大赦，改年号永和。

2 二月一日，后蜀帝国（首都成都府〔四川省成都市〕）大赦。

3 二月九日，后唐帝国（首都河南府〔河南省洛阳市〕）调帝国参谋总部指挥官（枢密使）、天雄战区（总部设兴唐府〔河北省大名县〕）司令官（节度使）兼最高监督长（兼侍中，使相）范延光，当宣武战区（总部设汴州〔河南省开封市〕）司令官（节度使），兼最高立法长（兼中书令，使相）。

二月十二日，定难战区（总部设夏州〔陕西省靖边县北白城则村〕）司令官（节度使）李彝超奏报说有病，由他的老哥、作战参谋长（行军司马）李彝殷暂时主管总部军政。李彝超不久逝世。

**4** 二月十三日，后蜀帝（二任）孟昶（孟仁赞。本年十七岁）尊娘亲李女士当皇太后。李太后，是太原（山西省太原市）人，本是后唐（首都河南府）一任帝李存勖的小老婆，李存勖把她赏赐给孟知祥。

**5** 二月二十四日，后唐帝（四任）李从珂（王从珂。本年五十一岁）追尊他的娘亲鲁国夫人魏女士绰号：宣宪皇太后（魏女士，参考九一三年三月）。

**6** 闽帝（一任惠宗）王延钧（王璘）擢升淑妃陈金凤当皇后。

最初，王延钧（王璘）结婚两次，妻子全都姓刘，名门世家出身，非常美丽，但王延钧（王璘）却不宠爱。陈金凤本是王延钧（王璘）的老爹王审知的婢女，容貌并不漂亮，却非常妖媚淫荡，王延钧（王璘）爱她入骨，命她的族人陈守恩、陈匡胜当宫殿管理官（殿使）。

**7** 三月七日，后唐政府（首都河南府）命前任宣武战区（总部设汴州〔河南省开封市〕）司令官（节度使）兼最高监督长（兼侍中，使相）赵延寿（刘延寿），当忠武战区（总部设许州〔河南省许昌市〕）司令官（节度使）兼帝国参谋总部指挥官（兼枢密使）。

又命李彝殷实任定难战区（总部设夏州〔陕西省靖边县北白城则村〕）司令官（节度使）。

**8** 三月十五日，后唐政府（首都河南府）封吴越王国（首都杭州〔浙江省杭州市〕）国王（二任文穆王）钱元瓘（钱传瓘）的娘亲陈女士：晋国太夫人。

钱元罐（钱传罐。本年四十九岁）非常孝顺，对娘亲的家人，常常赠与赏赐，都十分优厚，但从不教他们升官，也从不交给他们重责大任。

**9** 三月二十八日，后唐政府（首都河南府）命彰圣总指挥官（彰圣都指挥使）安审琦，遥兼顺化战区（总部设楚州〔江苏省淮安市〕）司令官（空头官衔。此时楚州属南吴〔首都江都府〕）。安审琦，是安金全的儿子（安金全曾当新州州长，参考九一七年三月）。

祭祀部主任秘书（太常丞）史在德，性情疏狂耿直，上疏后唐帝（四任）李从珂（王从珂），对中央及地方文武官员，一一抨击，请求普遍举行考试，根据成绩升迁或罢黜。（《旧五代史·唐书·末帝纪》：史在德奏章大略说："政府用人，差不多都是滥竽充数，号称'将领'的人，没有军事常识，虽然身穿军装，手拿武器，可是会战时却丢盔撂甲，失败时则背弃部属，先行逃走。号称'文官'的人，很少有真正本领，反而品德恶劣，当询问他意见时，则口呆目瞪，说不出话，写篇文章，也不得不请人代笔。这正是所谓的：'虚设官职，浪费国家财力。'现在陛下维新中兴，正是改革弊政的时机。我建议所有军官，只要身穿铠甲的，请下令各战区统帅，一个一个检查他们的武艺、考试他们的兵法谋略，居低位而有将才的，擢升他当大将，居高位而没有将才的，贬作低级军官。至于文职人员，则由皇上亲自出题，命最高立法长〔中书令〕或宰相，对他们当面考试，居下位而有大才的擢升他当高官，居上位而没有大才的，就贬作低级职员。"）宰相以及所有官员，都怒不可遏，自宰相卢文纪以下，包括初级监督、立法官（补阙）刘涛、杨昭俭等，一致要求对史在德严厉惩罚。李从珂（王从珂）对皇家文学侍从官（翰林学士）马胤孙说："我刚登极治理国家，言论应该开放，如果官员中因为提出意见而被定罪，以后还有谁敢再说话？你替我起草一份诏书，使大家了解。”于是下诏，大略说：“过去，魏徵请求太宗（唐王朝二任帝李世民）奖赏皇甫德参（参考六三四年十二月）；现在，刘涛等却要我处分史在德。两件事情相同，建议却不一样，为什么差距这么大？史在德只是想为国尽忠，怎么可以责备！”杨昭俭，是杨嗣复的曾孙（杨嗣复曾当宰相，参考八三八年正月）。

**10** 南吴帝国（首都江都府〔江苏省扬州市〕）加授徐景迁（参考去年〔九三四〕十一月）二级实质宰相（同平章事），代理左右军总监（知左右军事）。老爹、最高立法长（中书令）徐知诰（李知诰）命国务官（尚书郎）陈觉辅佐徐景迁，对陈觉说：“我年轻时跟宋齐丘在一起时，常大发议论，喜爱互相争辩。有时候我丢下宋齐丘，气呼呼回家；有时候宋齐丘拂袖而起，掉头就走，好几次，他携带行李，直向秦淮门，打算返乡，我常常事先交代守门官员不准他出城。我现在已经老了，还有很多地方要学习，何况景迁少年主持政府，所以委屈你去教导。”

**11** 夏季，四月六日，后蜀政府（首都成都府）命副总监察官（御史中丞）龙门（山西省河津市）人毋昭裔当副立法长（中书侍郎）、二级实质宰相（同平章事）。

**12** 四月十九日，后唐帝（四任）李从珂（王从珂）命帝国参谋总部指挥官（枢密使）、国务院司法部长（刑部尚书）韩昭胤，当副立法长（中书侍郎）、二级实质宰相（同平章事）。

四月二十七日，命宫廷事务南院总监（宣徽南院使）刘延皓当国务院司法部长（刑部尚书），兼帝国参谋总部指挥官（接韩昭胤缺）。刘延皓，是刘皇后的老弟。

四月二十九日，左领军卫（卫军第七军）大将军刘延朗被擢升上将军兼宫廷事务北院总监（宣徽北院使）、帝国参谋总部副指挥官（兼枢密副使）。

**13** 五月三日，契丹帝国（首都西楼城〔内蒙古巴林左旗〕）攻击后唐（首都河南府）所属的新州（河北省涿鹿县）及振武（总部朔州）。

**14** 五月十七日，后唐帝（四任）李从珂（王从珂）命振武战区（总部设朔州〔山西省朔州市〕）司令官（节度使）杨檀，改名杨光远（又是"避讳"在作怪，李嗣源当皇帝后，曾改名李亶，参考九二七年正月；"亶""檀"同音）。

**15** 六月，南吴（首都江都府）德胜战区（总部设庐州〔安徽省合肥市〕）司令官（节度使）兼最高立法长（兼中书令，使相）柴再用逝世。

先前，皇家史官王振曾经询问他曾有过的战功，柴再用说："不过是只猎鹰、猎狗一样的小小辛劳，全靠天上神灵保佑，我有什么贡献！"竟不肯回答。

**16** 契丹（首都西楼城）进攻后唐（首都河南府）所属的应州（山西省应县）。

**17** 后唐（首都河南府）河东战区（总部设太原府〔山西省太原市〕）司令官（节度使）、北方军团总司令官（北面总管）石敬瑭，回到太原之后（李从珂命石敬瑭回太原，参考去年〔九三四〕五月），就秘密安排保护自己的军事计划。后唐帝（四任）李从珂（王从珂）喜欢探听外面的事情，时常召唤端明殿文学侍从官（端明殿学士）李专美，皇家文学侍从官（翰林学士）李崧，皇家诏书撰写官（知制诰）吕琦、薛文遇，皇家文学侍从院天文官（翰林天文，正八品下）赵延乂等，在中兴殿值班，跟他们一谈就谈到半夜。当时，石敬瑭的两个儿子在皇宫当差（石敬瑭的二子：石重殷当右卫〔卫军第二军〕上将军、石重裔当皇城副管理官〔皇城副使〕），而曹太后又是石敬瑭之妻、晋国长公主（原魏国公主）的娘亲。石敬瑭贿赂曹太后左右侍女，教她们暗中侦察李从珂（王从珂）的动静。于是，李从珂（王从珂）一言一行，无论大小，石敬瑭全都知道。石敬瑭常在宾客面前沮丧的承认身体衰弱，无法再担任统帅职务；希望靠这点小动作，消除中央对他的猜忌。

这时候，契丹（首都西楼城）不断侵入北疆，皇家禁卫军多数驻防幽（北京市）、并（山西省太原市）二州（并州早已升格为太原府〔参考七二三年正月〕，传统史学家仍称并州，为的是幽并并称，日本人常讥讽中国人为了文学上的美，不惜篡改史实，此是一例），石敬瑭跟赵德钧（赵行实，卢龙〔总部幽州〕司令官）请求增兵运粮的奏章，早晚相继。

六月二十一日，李从珂（王从珂）下诏，向河东（总部太原府）家有存粮的人，征借粮食。

六月二十二日，又下诏命成德（总部镇州）运绢（生丝厚绸）五万匹到北方军团总司令部（总管府。时在大原府），变卖后购买军粮。又征镇（河北省正定县）、冀（河北省衡水市冀州区）二州人及牛车一千五百辆，运粮到代州（山西省代县）；又下诏命天雄（总部兴唐府）征购军粮。当时，水旱成灾，人民正陷饥馑，石敬瑭派使节督运，严厉惨急，山东（太行山以东）农民抛弃土地，四散逃亡，大动乱预兆，开始出现。

石敬瑭率大军进驻忻州（山西省忻州市），中央派使节送来赏赐的夏季军服，并传达李从珂（王从珂）的慰劳诏书。官兵向石敬瑭一再高呼万岁，石敬瑭大为恐惧，幕僚河内（河南省沁阳市）人段希尧主张诛杀领头的人，石敬瑭命大营总管理官（都押牙）刘知远斩挟马特别营将领（挟马都将）李晖等三十六人示众。段希尧，是怀州（河南省沁阳市）人。李从珂（王从珂）接到这项报告，对石敬瑭越发怀疑。

六月二十九日，李从珂（王从珂）下诏说："凡是小偷，不管偷多少东西，跟放火强盗一样，一律处死。"

**18** 闽帝国（首都长乐府）福王王继鹏，跟宫女李春燕通奸，王继鹏向皇后陈金凤求援，陈金凤说服闽帝（一任惠宗）王延钧（王璘），把李春燕赐给王继鹏。

**19** 秋季，七月，后唐政府（首都河南府）命帝国参谋总部指挥官（枢密使）刘延皓当天雄战区（总部设兴唐府〔河北省大名县〕）司令官（节度使）。

七月十三日，命武宁战区（总部设徐州〔江苏省徐州市〕）司令官（节度使）张敬达，当北方军团副总司令（北面行营副总管），率军前往代州（山西省代县），用以削弱石敬瑭的军权。

李从珂（王从珂）对时局发展，深感忧虑，曾经在一次闲谈中，抱怨宰相卢文纪等，从没有提出一点对帝国有裨益的建议。

七月二十五日，卢文纪等上疏说："我们每隔五天进宫问候陛下起居平安，跟文武两班官员列队晋见（这是二任帝李嗣源所定，参考九二六年五月二日），时间短暂，虽有例行的对话，但满眼都是侍卫，即令有一点浅见，也不敢当众提出。据我们所知，从前的皇上，自八世纪六〇年代以来，在延英殿特别设立高阶层会报，皇上打算垂询时，旁边没有其他任何官员，所以每人都可以畅所欲言。希望恢复这种制度，只允许负责机要的臣属，在旁侍候（延英殿会报，于唐王朝十二任帝李适时，成为常规，参考八〇二年七月）。”李从珂（王从珂）下诏说：“传统规定，五天一次进宫，文武百官退出后，宰相可以独留，如果是一般性事务，不妨当众奏报。如果事属机密，当天不合适时，则任何一天，都可以先到宫门呈递求见报告，我自会把左右侍从全部遣开，在便殿接待，何必一定要沿用延英殿会报的名义！”

**20** 南吴（首都江都府）润州（江苏省镇江市）民兵司令（团练使）徐知谔（徐温最小的儿子），亲近一些不入流的小人物，只知道游荡欢宴，废弃政务，在内城西边建立一排商店，亲自去做买卖。最高立法长（中书令）徐知诰（李知诰）得到消息，十分震怒，召唤徐知谔左右官员，诘问斥责，徐知谔大为恐惧。有人提醒徐知诰（李知诰）说：“忠武王（徐温）最爱知谔，但他却把后事托付给你。前些年，徐知询失去职位（自金陵府调江都府，参考九二九年十一月），人们到今天都议论纷纷。假使徐知谔既有能力，又有声望，训练士卒、组织民众，对你有什么好处！”徐知诰（李知诰）恍然大悟，从此待徐知谔更为优厚。

九月四日，南吴（首都江都府）大赦，改年号天祚（之前是大和七年，之后是天祚元年）。

**21** 九月十七日，后唐帝（四任）李从珂（王从珂）命宫廷事务南院总监（宣徽南院使）房暠当国务院司法部长（刑部尚书），兼帝国参谋总部指挥官（枢密使）；命宫廷事务北院总监（宣徽北院使）刘延朗当南院总监（南院使），兼帝国参谋总部副指挥官（兼枢密副使）。刘延朗跟参谋总部常任文学侍从官（枢密直学士）薛文遇等，掌握实际权柄。房暠、赵延寿（刘延寿）虽然名义上是参谋总部首长（枢密使），但所提建议，李从珂（王从珂）采纳的不超过十分之三四。房暠察言观色行事，凡事从不争先，每次卢龙（总部幽州）、河东（总部太原府）进奏朝廷前来京师（首都河南府），参谋总部负责人坐一个圆圈讨论，房暠差不多都低头沉睡，等到睡醒，伸长脖子，拉平衣服，使节已告辞而去。无论什么公务，诸如官员任免、事情陈述，全由刘延朗做主。各战区司令官、州长，从外地来京（首都河南府）朝见，必须先贿赂刘延朗，然后再商量进贡。贿赂多的优先而且优待，可派到内地；贿赂少的可能拖到很晚，并且远派边疆。自此，将领们都怨恨不平，李从珂（王从珂）却一点也不知道。

**22** 后蜀（首都成都府）金州（陕西省安康市）警备区司令（防御使。空头官衔）全师郁，率军进攻后唐（首都成都府）金州（陕西省安康市），攻克水军营寨，城里守军才一千人，总辅导官（都监）陈知隐，找一个借口，率领士卒三百人，顺着汉水逃走。后唐（首都河南府）任命的警备区司令（防御使）马全节拿出他私人所有的财产，犒赏军队，出奇制胜，作殊死战，终于把后蜀（首都成都府）军队击退。

九月十九日，后唐帝（四任）李从珂（王从珂）下诏斩陈知隐。

**23** 最初，闽帝（一任惠宗）王延钧（王璘）有一位最宠信的部属，名归守明，可以随时出入寝殿。王延钧（王璘）晚年得了半身不遂的病，他的皇后陈金凤遂跟归守明，以及百工院管理官（百工院使。属建筑部〔将作监〕）李可殷二人，分别通奸。皇族们十分痛恨，但不敢说出口。

李可殷曾在王延钧（王璘）面前陷害过皇城管理官（皇城使）李倣，

皇后陈金凤的娘家人陈匡胜，曾经给过福王王继鹏难堪，李倣跟王继鹏都心怀怨恨。王延钧（王璘）病势沉重，皇子福王王继鹏喜上眉梢，李倣认为王延钧（王璘）一定活不成，决定先行下手。

冬季，十月十八日，李倣派几个敢死队，手拿木棍，攻击李可殷，格杀，军民大为震惊。

十月十九日，王延钧（王璘）病势稍轻，皇后陈金凤告诉他这件事，王延钧（王璘）挣扎着登上金銮宝殿，查问李可殷是怎么死的？李倣恐惧，急退出宫门，一会工夫，率领他的部队，高声呐喊，擂动战鼓，杀进皇宫。王延钧（王璘）得到兵变消息，躲到九龙帐下（王延钧命制作九龙帐，国人唱歌说："谁说九龙帐，只藏一归郎。"），变兵用长枪往帐下乱刺，王延钧（王璘）只好爬出来，但已被刺得一团血肉模糊，只差没有断气，在地上翻滚哀号，宫女们不忍心看他痛苦惨状，举刀把他砍死（年龄不详）。李倣跟王继鹏接着诛杀陈金凤（年四十三岁）、陈守恩、陈匡胜、归守明以及王继鹏的老弟王继韬。王继韬平常就跟王继鹏交恶，互不相容。

冬季，十月十八日，王继鹏声称奉娘亲黄太后的命令，监督国政，就在当天（十月十八日），登极称帝（二任康宗）。改名王昶（我们仍称他王继鹏）。尊他老爹王延钧（王璘）绰号齐肃明孝皇帝，庙号惠宗。不久，又宣称自己是暂代福建战区（总部设长乐府〔福建省福州市〕）司令官（权知福建节度事），派使节向后唐政府（首都河南府）呈递奏章（老爹王延钧终止向后唐朝贡，参考九三二年六月；如今恢复）。大赦。封李春燕当贤妃。

最初，一任帝王延钧（王璘）娶南汉帝（一任高祖）刘岩的女儿清远公主（参考九一七年十二月），派宦官闽清（福建省闽清县）人林延遇，在番禺（兴王府所在县，广东省广州市）设置宾馆，专门负责接待闽国（首都长乐府）使节。刘岩特别给他一座大院，俸给赏赐，都非常优厚。刘岩好几次向他询问闽国（首都长乐府）的事情，林延遇都不回答，退出后对人说：“离开闽国就透露闽国的机密，离开越国（南汉帝国）就透露越国的机密，在人家宫廷任过职的，是不是可以这样！”刘岩听到，对他十分赏识，命他当宦官总管府秘书长（内常侍），使他负责督促考核宫内各部门工作。林延遇听说王延钧（王璘）被杀，请求回国，刘岩不许，林延遇于是改穿素色衣服，面对他的国家方向，哭泣三天。 

**24** 南平王国（首都江陵府〔湖北省江陵县〕）荆南战区（总部设江陵府〔湖北省江陵县〕）司令官（节度使）高从诲（本年四十五岁），开明通达，礼贤下士，把政事都交给智囊梁震，当作兄长一样尊敬，梁震也常把高从诲叫作“郎君”（部属对长官的儿子，称呼“郎君”）。

南楚王（三任文昭王）马希范（本年三十七岁）生活奢侈豪华，社交场合人物，都称赞他的场面盛大。高从诲对左右官员说：“像马家国王，才是真正大丈夫。”孙光宪回答说：“皇帝跟臣属之间，在礼仪上有等级的差别，马家那个乳臭未干的小子，骄傲浪费，场面超过他的身份。只图眼前称心快意，根本没有想到未来，覆亡的灾难随时都会降临，哪里值得羡慕！”高从诲不以为然，但过了很久之后，才终于醒悟，对孙光宪说：“你说得对。”有一天，又对梁震说：“我自己反省平常的享受，已经过分。”遂戒绝不良嗜好，在儒家经典和史书中寻找乐趣，减轻刑罚与赋税，因此国泰民安。梁震说：“先王（高季兴）待我，如同幼年时的玩伴，没有富贵人家的架势，又把嗣王（高从诲）托孤给我。而今，嗣王（高从诲）已能独当一面，不会损害祖先的基业。我年纪已老，不打算再事奉人了。”于是坚持隐居。高从诲无法挽留，就在土洲（江陵地区，长江中有九十九个小岛，参考四二四年五月注；土洲岛是其中之一）给他兴建家宅（高季兴〔高季昌〕留梁震，参考九〇八年十月，迄今二十八年）。梁震身披羽毛编成的外套，自称荆台隐士，每次前往政府，都骑着黄牛，一直骑到办公大厅。高从诲也经常到他家拜访，一年四季的馈赠都十分优厚。自此，高从诲把军政大事，全部交给孙光宪。

**司马光曰**

孙光宪从小的地方发掘问题，随时劝导。高从诲听到批评，而能改变态度。梁震在功成名就之后，退出政坛。自古以来，国家领导人都能这样的话，哪里还有国亡家破、身受诛杀的事！

**25** 南吴政府（首都江都府）加授最高立法长（中书令）徐知诰（李知诰）：尚父、太师（三师之一）、大丞相、大元帅，晋封齐王，享受特殊礼仪，划出升（即金陵府，江苏省南京市）、润（江苏省镇江市）、宣（安徽省宣城市宣州区）、池（安徽省池州市贵池区）、歙（安徽省歙县）、常（江苏省常州市）、江（江西省九江市）、饶（江西省鄱阳县）、信（江西省上饶市）、海（江苏省连云港市）十州，作为齐王的采邑，另建齐国。

徐知诰（李知诰）辞让尚父、大丞相、特殊礼仪。

**26** 闽帝国（首都长乐府）皇城管理官（皇城使）、皇家禁卫军统帅（判六军诸卫）李倣，把持政府，暗中集结一批愿为他效死的勇士。闽帝（二任康宗）王继鹏（王昶）跟拱宸指挥官（拱宸指挥使）林延皓等，秘密计划除掉李倣。林延皓等假装归附李倣，李倣对他们毫不起疑。

十一月二十一日，李倣进宫朝见，林延皓等在内殿设下数百人埋伏，生擒李倣，立即斩首，把人头悬挂宫门示众。李倣的私人

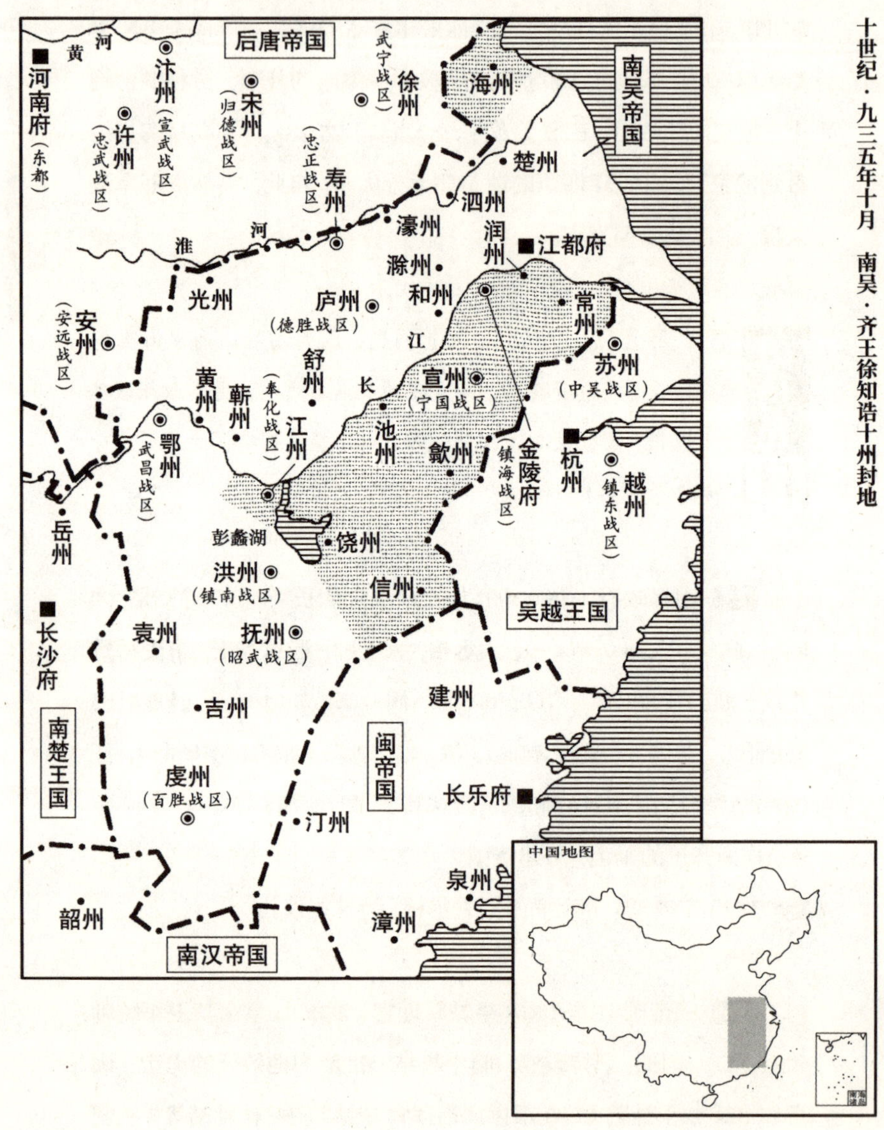


十世纪·九三五年十月　南吴·齐王徐知诰十州封地

敢死队一千余人，手拿木棍进攻应天门，无法攻克，于是纵火焚烧启圣门，夺下李倣的头，逃奔吴越（首都杭州）。王继鹏（王昶）下诏宣布李倣谋杀先帝（一任王延钧）及皇子王继韬等罪状，公告全国人民。命建王王继严（王继鹏老弟）暂任皇家禁卫军统帅（权判六军诸卫），命皇家禁卫军统帅部执行官（六军判官）永泰（福建省永泰县）人叶翘当内宫事务总监（内宣徽使）、三级实质宰相（参政事）。

叶翘的学问渊博，性情朴实正直，一任帝（惠宗）王延钧（王璘）擢升他当福王（王继鹏）的咨询官（王友，从五品下）。王继鹏（王昶）最初用尊敬教师的礼节尊敬叶翘，品学都有长进，皇宫中称他"国翁"。后来，王继鹏（王昶）继承帝位，开始膨胀，骄傲放纵，从不跟叶翘讨论国事，有一天早上，王继鹏（王昶）正在处理事情，叶翘穿着道士服装，穿过中庭，直向大门走去。王继鹏（王昶）召唤他回来，向他叩头道："军国大事太多，忙得头昏脑涨，很久没有见到你，是我的过错。"叶翘也叩头道："老臣辅佐不得其法，以致陛下自从登极以来，没有一件事受人民称赞，请准许我告老还乡。"王继鹏（王昶）说："先帝（王延钧）把我托付给你，政令有什么不对，你应该直接告诉我，为什么抛下我走掉！"赏赐大量金银绸缎慰劳，命他复位。

王继鹏（王昶）的皇后，原称梁国夫人的李女士，是宰相（同平章事）李敏的女儿，可是王继鹏（王昶）却宠爱淑妃李春燕，待李皇后的情义十分淡薄。叶翘劝解说："皇后是先帝（王延钧）的外甥女（跟王继鹏当是表兄妹），正式聘娶，为什么因为新爱，就对她冷落？"王继鹏（王昶）大不高兴，对叶翘再度疏远。不久，叶翘再上疏议论国事，王继鹏（王昶）在奏章后尾批示说："一叶随风落御沟！"（看情形王继鹏读了不少诗，然而跟李存勖"用十个手指得天下"〔参考九二三年十二月〕一样轻佻；轻佻，可以做个好诗人，不能做个好领袖。）遂把叶翘驱逐返回永泰（福建省永泰县），在家逝世。

**27** 后唐帝（四任）李从珂（王从珂）嘉奖马全节保全金州（陕西省安康市）的功劳，召唤进京（首都河南府）。帝国参谋总部副指挥官（枢密副使）刘延朗向他索取贿赂，马全节没有钱，刘延朗大怒，打算任命他当绛州（山西省新绛县）州长，消息传出，文武百官全体哗然（马全节原是警备区司令〔防御使〕，官阶高过州长，立功受赏的结果反而贬降，舆论自然沸腾）。李从珂（王从珂）得到消息，亲自处理。

十一月二十四日，命马全节当横海战区（总部设沧州〔河北省沧州市东南〕）候补司令官（留后）。

李从珂（王从珂）既了解马全节的遭遇，而竟不惩罚刘延朗。知道什么是好却不去做，知道什么是不好却不排除，正是郭国（山东省聊城市东北郭城）灭亡的原因（参考六二八年十二月注）。

十二月十一日，李从珂（王从珂）命副立法长（中书侍郎）、二级实质宰相（同平章事）、帝国参谋总部指挥官（枢密使）韩昭胤当护国战区（总部设河中府〔山西省永济市〕）司令官（节度使），遥兼二级宰相（同平章事，使相）。

十二月二十四日，命前任匡国战区（总部设同州〔陕西省大荔县〕）司令官（节度使）、二级实质宰相（同平章事，使相）冯道，担任司空（三公之三）。自天下大乱以来，很长的时间内，没有人专任三公（兼任〔兼、领〕、试用〔试〕、代理〔行〕、暂任〔守〕、摄理〔摄、检校〕三公的倒很多），政府官员对司空的职掌是什么，都不清楚。宰相卢文纪认为司空应该在皇家祭祀大典时，负责打扫清洁（三公地位崇高，平时参与最高决策。遇到皇家祭祖时，皇帝是主祭，三公之一的太尉是亚祭，三公之二的司徒则用盘子端上祭肉，三公之三的司空负责扫除。卢文纪只知道这项临时差使）。冯道听到消息，说："司空，本来要负责祭坛清洁，我不嫌麻烦。"不久，卢文纪也发现不太对劲，就不再提及。

**28** 闽帝（二任康宗）王继鹏（王昶）赐洞真先生陈守元封号"天师"（天师之名，参考一九一年十月），对他非常信任倚重，甚至任免宰相、调换将领、审判刑罚、官员升降，都跟他商议。陈守元接受贿赂，替人活动关说，王继鹏（王昶）没有一件事不言听计从，陈守元的门庭热闹得如同菜市场。

# 九三六年 丙申

| | | |
|---|---|---|
| 后唐 | 清泰 | 三年 |
| 后晋 | 天福 | 元年 |
| 南吴 | 天祚 | 二年 |
| 南楚 | 天福 | 元年 |
| 吴越 | 天福 | 元年 |
| 南汉 | 大有 | 九年 |
| 南平 | 天福 | 元年 |
| 闽 | 永和 | 二年 |
| | 通文 | 元年 |
| 后蜀 | 明德 | 三年 |
| 契丹 | 天显 | 十年 |

**1** 春季，正月，南吴帝国（首都江都府〔江苏省扬州市〕）齐王徐知诰（李知诰）开始建大元帅府（被任命大元帅，参考去年〔九三五〕十月），任命他原有的幕僚，分别主持文官部（吏部）、财政部（户部）、教育部（礼部）、国防部（兵部）、司法部（刑部）、工程部（工部）及盐铁专卖暨运输总监署（盐铁）。

**2** 正月十七日，后唐帝国（首都河南府〔河南省洛阳市〕）皇帝（四任）李从珂（王从珂，本年五十二岁）封皇子李重美当雍王。

正月十三日，是李从珂（王从珂）的生日，后唐称皇帝的生日为"千春节"，李从珂（王从珂）在宫中设宴庆祝。妹妹晋国长公主敬酒后，告辞返回晋阳（太原府所在县，山西省太原市）。李从珂（王从珂）已经酒醉，说："为什么不多留几天，这么急着回去，打算跟你老公（石敬瑭）谋反是不是？"石敬瑭（河东〔总部太原府〕司令官）听到消息，越发恐惧。

三月十七日，李从珂（王从珂）命皇家文学侍从官（翰林学士）、国务院教育部副部长（礼部侍郎）马胤孙，当副立法长（中书侍郎）、二级实质宰相（同平章事）。马胤孙性情谨慎懦弱，以致宰相联合办公厅（中书）的很多事情，都被搁置积压，不能实施，而他又很少接见部属和宾客，当时的人给他起一个绰号"三不开"，指的是他"口不开""印不开""门不开"。

**3** 后唐（首都河南府）河东战区（总部设太原府〔山西省太原市〕）司令官（节度使）石敬瑭，把他在洛阳（首都河南府所在县）以及分散在各战区道的财产，全部运往晋阳（太原府所在县），对外声称为了补助军饷的不足，但是人人都知道他就要叛变。有一天，夜晚时分，李从珂（王从珂）跟亲近的侍从官员在一起谈话，顺便说："石敬瑭是我最亲密的人，没有什么可以猜疑的，可是谣言像滚雪球一样，越滚越大，万一将来闹得不愉快，用什么办法化解？"大家都不说话。

端明殿文学侍从官（端明殿学士）、御前监督官（给事中）李崧退出后，对同事吕琦说："我们受皇上深厚大恩，怎么可以跟别人一样，在一旁坐看成败？你有什么办法？"吕琦说："河东（总部太原府）如果有特别举动，一定连接契丹（首都西楼城），作为外援。契丹述律太后因她的长子李赞华（耶律突欲）逃来后唐（参考九三〇年十一月），屡次请求和解结亲，只因我国一直不肯交还他们的带兵官（荝拉。参考九三二年三月），所以没有成功。而今，如果把他们的带兵官（荝拉）等送回去，跟他们和解，每年再送给他们大约十余万串的礼金，他们一定喜出望外，高高兴兴给我们缔结盟约。这样的话，河东（总部太原府）就是想逞强梁，也办不到。”李崧说：“这正是我的意思，然而，无论是金钱或是粮食，都归中央财政三单位管理总监署（三司）掌管，这件事还应该跟张宰相（张延朗）商量。”于是报告张延朗，张延朗说：“依照两位的谋略，不但可以控制河东（总部太原府），还可以节省边防经费十分之九，没有比这更好的决策。如果皇上接受，钱粮的事情统统交给我来办，我会在国库之外，另辟财源供应。”稍后，一天晚上，李崧、吕琦把这项谋略，秘密奏报李从珂（王从珂），李从珂（王从珂）大喜，称赞二人的忠心，二人遂暗中撰写《致契丹书》草稿，准备一声令下，就呈阅发出。

停了一段日子，李从珂（王从珂）把这个计划告诉帝国参谋总部常任文学侍从官（枢密直学士）薛文遇，薛文遇警告说：“陛下以天子的尊严，委屈自己，谄媚巴结蛮夷，难道一点也不觉得羞辱？而且，万一蛮夷依着从前惯例，要娶公主，我们有什么办法拒绝？”接着朗诵戎昱《王昭君诗》：“安危托妇人！”（戎昱是八世纪末叶人。王昭君和亲，参考前三三年正月。）李从珂（王从珂）遂改变主意。有一天，李从珂（王从珂）紧急召见李崧、吕琦，二人抵达后楼，李从珂（王从珂）大怒若狂，斥责他们道：“你们都通古晓今，应辅佐领袖，建立万世和平，现在竟然想出这种可怕主意。我只有一个女儿，口中仍有乳臭，你们却打算把她抛弃沙漠，是也不是？而且把赡养国防军官兵的经费，送给蛮夷，是什么居心？有什么企图？”二人恐惧，大汗如雨，说：“我们全心全意、竭尽能力，报效国家，并不是替蛮夷争取利益，请陛下明察。”跪倒在地，不停地叩头，而李从珂（王从珂）仍然咆哮诟骂，吕琦气喘不止，叩头稍稍缓慢，李从珂（王从珂）大喝说：“吕琦，你倔犟傲慢，还有没有把我看做你的领袖？”吕琦说：“我们的谋略不够周详，请陛下赐给惩罚，多叩头有什么用？”李从珂（王从珂）怒气稍稍化解，教他们停止叩头，每人赏赐一大杯酒，教他们退出，自此，没有人敢再提和亲政策。

三月二十八日，李从珂（王从珂）命吕琦当副总监察官（御史中丞），跟他疏远（总监察署〔御史台〕在宫外办公，不能再进皇宫。李从珂软禁洛阳时结识吕琦，参考九二〇年四月二十二日）。

**4** 南吴（首都江都府）齐王徐知诰（李知诰）命他的儿子、副总指战官（副都统）徐景通当太尉（三公之一）、副元帅；命总指战部执行官（都统判官）宋齐丘、镇海（总部金陵府）作战参谋长（行军司马）徐玠，当元帅府左、右参谋长（元帅府左、右司马）。

**5** 闽帝国（首都长乐府〔福建省福州市〕）皇帝（二任康宗）王继鹏（王昶），下诏改年号通文（之前是永和二年，之后是通文元年）。封贤妃李春燕为皇后，尊皇太后黄女士为太皇太后。

**6** 南楚王国（首都长沙府〔湖南省长沙市〕）静江战区（总部设桂州〔广西桂林市〕）司令官（节度使）、遥兼二级宰相（同平章事，使相）马希杲，政声美名，流传很广。监军官裴仁煦向南楚王（三任文昭王）马希范（本年三十八岁）打他的小报告，检举他收买军心民意，马希范开始怀疑。

夏季，四月，南汉帝国（首都兴王府〔广东省广州市〕）将领孙德威，入侵南楚（首都长沙府）所属的蒙（广西蒙山县）、桂（广西桂林市）二州，马希范命他的老弟、武安（总部长沙府）副司令官（节度副使）马希广，暂时主管统帅部军政（权知军府事），而亲自率步骑兵五千人，南下桂州（广西桂林市）。马希杲大为恐惧，他的娘亲华夫人前往全义岭（位于广西资源县东北，亦称始安岭、越城岭、临源岭，是“五岭”最西的一岭），道歉说：“希杲处理政务，没有方法，以致敌人侵入边境，麻烦殿下亲自出动，经历艰险困阻，这都是我教子无方的罪过，希望殿下削去采邑，让我回去洒扫宫殿，赎希杲的罪。”马希范说：“我很久没有见到希杲了，听说他的能力和品德，都有优异表现，所以前来亲自看看，没有别的意思。”南汉（首都兴王府）入侵军从蒙州（广西蒙山县）撤退。马希范调马希杲代理朗州（武平战区总部所在，湖南省常德市）州长。

**7** 南平（首都江陵府）荆南战区（总部设江陵府〔湖北省江陵县〕）司令官（节度使）高从诲（本年四十六岁），派使节送递报告给南吴（首都江都府）齐王徐知诰（李知诰），劝徐知诰（李知诰）登极称帝。

**胡三省曰**

高从诲盘踞区区三州（江陵府〔湖北省江陵县〕、归州〔湖北省秭归县〕、硖州〔湖北省宜昌市〕），局促在后唐（首都河南府）、南吴（首都江都府）、后蜀（首都成都府）之间，贪图他们的赏赐，到处下跪叩头，自己称臣，各国遂给他一个绰号：高赖子（参考九四七年八月），并不是没有道理。

**8** 最初，后唐（首都河南府）河东（总部太原府）司令官（节度使）石敬瑭打算试探中央真正心意，呈递很多次奏章，声称体弱多病，请求解除兵权，愿意调到任务较轻的其他战区镇守。李从珂（王从珂）

十世纪·九三六年四月　南汉入侵蒙州，南楚王马希范南巡

中国地图
南平王国
江陵府
施州
后蜀帝国
鄂州
（武昌战区）
长
江
黔州
（武泰战区）
澧州
洞庭湖
朗州
（武平战区）
岳州
溪州
长沙府
（马希广留守）
后晋帝国
辰州
羁縻地区
南楚·马
希范军
梅山
锦州
湘
南吴帝国
溆州
奖州
沅
邵州
衡州
水
水
武冈
华夫人出迎
全义岭
永州
南楚王国
道州
郴州
融州
桂州
（静江战区）
（马希杲）
韶州
连州
昭州
南汉帝国
宜州
柳州
贺州
蒙州
岩州
象州
南汉·孙德威军
梧州
兴王府
郁
水
浔州
邕州
（建武战区）
容州（宁远战区）

跟宰相们商量，打算接受他的请求，把他调任天平战区（总部设郓州〔山东省东平县〕）司令官（节度使）。房暠、李崧、吕琦等极力劝阻，认为千万不可信以为真，李从珂（王从珂）犹豫很久。

五月二日，夜晚，李崧有事请假出去，不在内宫，薛文遇一个人单独值班，李从珂（王从珂）跟他商量河东（总部太原府）的情势，薛文遇说："谚语有句话：'在马路边盖房子，三年都盖不成。'（郭崇韬语，参考九二三年九月。）有关河东（总部太原府）这件事，应该由领袖自己决定，左右官员们都为自己的身家打算，怎么肯尽心尽力！以我的观察，石敬瑭的叛变，已成定局，调也反，不调也反，只是时间早晚而已，不如把握时机，先下手为强。"先前，巫法师曾经预言：李从珂（王从珂）今年会得到一位贤能的辅佐，有奇异的谋略，安定天下。李从珂（王从珂）认为薛文遇正是预言中的那个人才，听到他的话，大为兴奋说："你的话正合我的意思，不管是成是败，我决定这么做。"于是立刻写下手谕，交给皇家文学侍从院（学士院），命他们草拟人事命令。

五月三日，人事命令发布，调石敬瑭当天平战区（总部设郓州〔山东省东平县〕）司令官（节度使），另命骑兵总指挥官（马军都指挥使）、河阳战区（总部设孟州〔河南省孟州市〕）司令官（节度使）宋审虔，当河东（总部太原府）司令官（节度使）。诏书颁布，满朝文武百官听见读出石敬瑭的名字时，你看我，我看你，脸色大变。

五月六日，李从珂（王从珂）命建雄战区（总部设晋州〔山西省临汾市〕）司令官（节度使）张敬达当西北蕃汉步骑兵野战军总司令（西北蕃汉马步都部署），催促石敬瑭前去郓州（山东省东平县）到差。石敬瑭惊疑恐惧，跟将领们商量说："我再来河东（总部太原府）时，领袖当面允许我，在我有生之年，决不派人替代。而今忽然有这项命令，莫非跟今年千春节（正月十三日）告诉公主的那些话有关！我决不犯上作乱，中央却先发动，我怎么能自己绑住双手，白白死在道路之上！现在且上疏声称有病，来试探领袖的意思，如果能够包容，我自当继续事奉他；如果派军胁迫，我就改变主意。”幕僚段希尧主张不必试探，应该马上反抗，石敬瑭因他朴实率真，并不责备。军事执行官（节度判官）华阴（陕西省华阴市）人赵莹，建议石敬瑭去郓州（山东省东平县）接事；行政执行官（观察判官）平遥（山西省平遥县）人薛融说：“我是一个文官，不懂军事。”大营总管理官（都押牙）刘知远说：“大帅长期带兵，深得士卒拥护，而今又有形势险要的根据地，兵强马壮，如果起兵反抗，号召全国，帝王大业就可以完成，为什么听一纸诏书的指挥，自己投入虎口！”机要秘书（掌书记）洛阳（首都河南府所在县）人桑维翰说：“领袖（李从珂）当初登上帝位，大帅却进京（首都河南府），领袖岂不知道不可以把蛟龙纵回大海？后来终于把河东（总部太原府）再交给你，正是上天借他的手赏赐你锐利的武器。明宗（李嗣源）的遗爱还在人间，领袖以庶子旁支的身份，继承大统，人心不服。大帅是明宗（李嗣源）的爱婿，而领袖把你看成叛徒，这不是仅靠叩头道歉就可以赦免的，唯一的活命之途，只有自力救济。契丹帝国（首都西楼城〔内蒙古巴林左旗〕）皇帝（一任耶律阿保机）跟明宗（李嗣源）是结拜兄弟（参考九三二年三月），最接近我们的部落就在云（山西省大同市）、应（山西省应县）二州一带，大帅如果能推心置腹，委曲求全，向他们低头称臣，万一发生急难，早上求救，晚上援军就可抵达，何必担心不能成功！”石敬瑭遂决心叛变。

先前，中央为了加强防备石敬瑭，命羽林（禁军第一、二军）将军、宝鼎（山西省万荣县西南荣河镇）人杨彦询，当北京（太原府）副留守长官。石敬瑭打算起兵，把实情告诉他，杨彦询说：“不知道河东（总部太原府）有多少兵？有多少粮？能抵抗中央！”石敬瑭左右请求斩杨彦询，石敬瑭说：“只有他，我愿亲自担保，你们不要多言！”

五月十日，昭义战区（总部设潞州〔山西省长治市〕）司令官（节度使）皇甫立，上疏奏报说：“石敬瑭叛变！”石敬瑭上疏指控说：李从珂（王从珂）是先帝（二任李嗣源）的义子，不可以继承香火，请传位许王李从益。李从珂（王从珂）把奏章撕掉，丢到地上，下诏回答说：“你跟鄂王（三任帝李从厚）的关系，并不疏远（李从厚是李嗣源的亲子），卫州（河南省卫辉市）事件（石敬瑭杀光李从厚随从骑兵，把李从厚交给王弘贽绞死，参考前年〔九三四〕四月），天下人人皆知，现在竟然说出拥护许王（李从益）的话，谁会相信！”

五月十四日，李从珂（王从珂）下诏剥夺石敬瑭的官职爵位。

五月十七日，命张敬达兼太原地区战地督导官（兼太原四面排阵使），命河阳（总部孟州）司令官（节度使）张彦琪当步骑兵总指挥官（马步军都指挥使），又命安国（总部邢州）司令官（节度使）安审琦当骑兵总指挥官（马军都指挥使），保义（总部陕州）司令官（节度使）相里金当步兵总指挥官（步军都指挥使），右监门（卫军第十四军）上将军武廷翰当开路司令（壕寨使）。

五月十七日，任命张敬达当太原地区特遣兵团总司令（太原四面兵马都部署），义武（总部定州）司令官（节度使）杨光远（杨檀）当副司令（副部署）。

五月十八日，又任命张敬达主管太原特遣总部（知太原行府事）、命前彰武（总部延州）司令官（节度使）高行周当太原地区招安慰问特使（四面招抚）兼阵地督导官（排阵使）等。

杨光远（杨檀）率军出发，定州（河北省定州市）兵变，营门官（牙将）千乘（山东省广饶县）人方太，把变军消灭。

张敬达率军三万人，在晋安乡（山西省太原市西南晋祠南）扎营。

五月二十日，张敬达奏报说："西北先锋骑兵总指挥官（西北先锋马军都指挥使）安审信阵前叛变，投奔晋阳（太原府所在县，山西省太原市）。"安审信，是安金全的侄儿（安金全保卫晋阳，参考九一六年二月），石敬瑭跟他是老友。从前，雄义总指挥官（雄义都指挥使）马邑（寰州州政府所在县，山西省朔州市东）人安元信，率他的部众六百余人，驻防代州（山西省代县），代州（山西省代县）州长张朗对他很好，安元信向张朗秘密进言说："我看石敬瑭是一个忠厚长者，这次聚众起兵，一定成功。你为什么不派人暗中向他致意，可以保全自己。"张朗不接受，因此二人化友为敌，互相猜忌。安元信阴谋格杀张朗，失败，率领他的部众逃奔安审信，安审信遂率部下骑兵数百人，跟安元信，大掠百井（山西省阳曲县东北），投奔晋阳（山西省太原市）。石敬瑭问安元信说："你到底从哪方面看出利害，舍弃势力强大的一方，归附弱小？"安元信回答说："我并不知道什么气数星象，只是从人事上推测，才下决定。帝王统治天下，全靠大信。而今，领袖对你失去大信（李从珂承诺石敬瑭终身不调），亲密而又尊贵的人，连自己都不能保全，何况疏远卑微的人？他的灭亡，我们站在这里就可以看到，有什么强大可谈！"石敬瑭大为高兴，把军事交给他处理。振武（总部朔州）西北巡查官（振武西北巡检使）安重荣，驻军代州（山西省代县）北方，率步骑兵五百人，也投奔晋阳（山西省太原市）。安重荣，是朔州（山西省朔州市）人。

李从珂（王从珂）命宋审虔当宁国（总部宣州）司令官（空头官衔。此时宣州属南吴〔首都江都府〕），充任侍卫骑兵总指挥官（侍卫马军都指挥使。宋审虔无法接替石敬瑭，只好留京）。

天雄战区（总部设兴唐府〔河北省大名县〕）司令官（节度使）刘延皓，仗恃他是刘皇后的老弟，骄傲放纵，强行抢夺别人的财产，减少官兵们的粮饷和赏赐，宴会寻欢，毫无节制。捧圣特别营总纠察官（捧圣都虞候）张令昭因军心怨愤，计划献出天雄（总部兴唐府），归附河东（总部太原府）。

五月二十五日，天还没有亮，张令昭率军进攻内城（牙城），攻克。刘延皓逃出一命，变军大肆劫掠。张令昭上疏说："刘延皓领导无方，以致激起兵变，我出面安抚士卒，暂时主管总部军政，请中央正式任命。"刘延皓逃到洛阳（首都河南府所在县），李从珂（王从珂）大怒，命贬逐远方；刘皇后为他求情。

**9** 六月三日，李从珂（王从珂）只削夺刘延皓的官职和封爵，教他返回自己私宅。

六月四日，南吴（首都江都府）太保（三师之三）、二级实质宰相（同平章事）徐景迁，因病免职，南吴帝（一任睿帝）杨溥（本年三十七岁）命徐景迁的老弟徐景遂接替，当副监督长（门下侍郎）、三级实质宰相（参政事）。

**10** 六月六日，后唐帝（四任）李从珂（王从珂）命张令昭当右千牛卫（卫军第十六军）将军，暂时主管天雄（总部兴唐府）总部军政。张令昭因为权力还没有巩固，姑且接受这个任命。但不久李从珂（王从珂）下诏调张令昭当齐州（山东省济南市）警备区司令（防御使），张令昭声称被士卒挽留，不能前去到差，实际上是等候河东（总部太原府）局势明朗。李从珂（王从珂）派使节去兴唐（河北省大名县）劝解，张令昭诛杀使节。

六月十七日，李从珂（王从珂）命宣武（总部汴州）司令官（节度使）

兼最高立法长（兼中书令，使相）范延光，当天雄（总部兴唐府）地区特遣兵团征剿司令（天雄四面行营招讨使），主管天雄（总部兴唐府）特遣总部（知魏博行府事）；命张敬达当太原（山西省太原市）地区征剿司令（原四面招讨使），命杨光远（杨檀）当副征剿司令（副使）。

六月十九日，又命西京（京兆府，陕西省西安市）留守长官李周当天雄（总部兴唐府）地区特遣兵团副征剿司令（天雄军四面行营副招讨使）。

石敬瑭的儿子、右卫（卫军第二军）上将军石重殷、皇城副管理官（皇城副使）石重裔，听到老爹起兵反抗中央消息，立刻弃职逃亡，躲到乡间民家，老弟、沂州（山东省临沂市）总指挥官（沂州都指挥使）石敬德，格杀他的妻子儿女后逃亡，不久被查获逮捕，死在监狱之中。石敬瑭的堂弟、彰圣总指挥官（彰圣都指挥使）石敬威自杀。

秋季，七月二日，后唐政府捕获石重殷、石重裔，斩首，并把藏匿他们的那家人，全族屠灭。

**11** 七月四日，南楚王（三任文昭王）马希范自桂州（广西桂林市）北返。

**12** 后唐（首都河南府）云州（山西省大同市）步兵指挥官（步军指挥使）桑迁奏报说：“彰国战区（总部设应州〔山西省应县〕）司令官（节度使）尹晖，驱逐大同战区（总部设云州〔山西省大同市〕）司令官（节度使）沙彦珣，接收他的部众，响应河东（总部太原府）。”

七月十一日，沙彦珣奏报说：“桑迁阴谋叛变，响应河东（总部太原府），率军包围子城。”沙彦珣突围逃往西山（大同市西诸山），据守雷公口（大同市西北）。

第二天（七月十二日），沙彦珣集结部队反攻，进城向变军发动巷战，桑迁失败逃走，总部云州（山西省大同市）恢复安定。当天，尹晖生擒桑迁，押送洛阳（首都河南府所在县），斩首。 

七月二十一日，范延光攻克兴唐（河北省大名县），斩变军首领张令昭。李从珂（王从珂）下令把张令昭的同党七名指挥官，全部诛杀。

张敬达征调驻扎怀州（河南省沁阳市）的彰圣特别营，进驻虎北口（山西省太原市西北）。指挥官（指挥使）张万迪率骑兵五百人投奔河东（总部太原府）。

七月三十日，李从珂（王从珂）下令屠杀张万迪全家。

石敬瑭派密使从小路前往契丹帝国（首都西楼城〔内蒙古巴林左旗〕）请求救援，命机要秘书（掌书记）桑维翰撰写向契丹帝（二任太宗）耶律德光（本年三十五岁）称臣的奏章，强调自愿以儿子事奉老爹的礼节，事奉耶律德光，承诺成功之后，把卢龙战区（总部设幽州〔北京市〕）连同雁门关（山西省代县西北）以北各州，割让给契丹（首都西楼城）。刘知远劝阻说："称臣已经够了，把耶律德光当作父亲，未免过分。只要贿赂大量的金银绸缎，就足以教他出动大军，不必再许土地，恐怕将来会给我国留下大祸，后悔就来不及。"石敬瑭不接受。奏章送到西楼城（内蒙古巴林左旗），耶律德光大喜过望，告诉他的娘亲述律太后说："我最近做梦，梦见石敬瑭派来使节，今天果然应验，这是天意。"于是回信说：等到中秋时节，草长马肥，当出动全国武装部队南下支援。

八月三日，后唐帝（四任）李从珂（王从珂）命范延光当天雄战区（总部设兴唐府〔河北省大名县〕）司令官（节度使），李周当宣武战区（总部设汴州〔河南省开封市〕）司令官（节度使）、遥兼二级宰相（同平章事，使相）。

八月七日，彰国（总部应州）奏报说：契丹（首都西楼城）骑兵三千人攻击应州城（山西省应县）。

张敬达兴筑长墙包围晋阳（太原府所在县，山西省太原市），石敬瑭命刘知远当步骑兵总指挥官（马步都指挥使），命安重荣、张万迪等投降过来的官兵，一律隶属。刘知远执法森严，待降兵降将跟待自己原有部众一样，因此大家同心合力。石敬瑭亲自登上城墙，冒着攻城的飞石流箭，慰劳战士。刘知远说："观察张敬达他们，拼命筑高营垒、挖深壕沟，只是打算长期围困，没有别的策略，不必忧虑。希望大帅派出使节，前往各方布置，守城的事十分简单，我一个人就可以应付。"石敬瑭深为感动，握住刘知远的手，抚摸他的背，安抚鼓励。

八月二十二日，后唐帝（四任）李从珂（王从珂）命成德（总部镇州）司令官（节度使）董温琪当东北方面军副征剿司令（东北面副招讨使），协助卢龙（总部幽州）司令官（节度使）赵德钧（赵行实）。

李从珂（王从珂）派端明殿文学侍从官（端明殿学士）吕琦到河东地区（山西省）特遣兵团劳军，副征剿司令（副使）杨光远（杨檀）对吕琦说："请顺便奏报皇上，请他放心，不要为这件事日夜忧虑，盗贼（石敬瑭）如果没有外援，就在早晚之间，一定把他们平定。如果引导契丹（首都西楼城）军队，我就让他入境，然后一战把他们击破。"李从珂（王从珂）大为喜悦，听说契丹（首都西楼城）承诺石敬瑭秋季中旬出军，不断督促张敬达对晋阳（山西省太原市）猛烈攻击，但不能攻克。尤其每当建筑工事时，总是逢上狂风暴雨，围城长墙被水冲坏，竟无法完全合拢。但晋阳（山西省太原市）城里也一天比一天困乏，粮食和日常用品，也渐渐减少。

九月，契丹帝（二任太宗）耶律德光率骑兵五万人，对外宣称三十万人，自扬武谷（谷在山西省原平市西北上阳武村）南下，旌旗招展，遮天蔽日，连绵不绝五十余华里。代州（山西省代县）州长张朗、忻州

（山西省忻州市）州长丁审琦，分别登城守卫，契丹军队经过城下，对守军毫不理会（十世纪的跳蛙战术）。丁审琦，是洺州（河北省邯郸市永年区东南广府镇）人。

九月十五日，耶律德光抵达晋阳（在山西省太原市），在汾水北岸虎北口列阵，先派人通知石敬瑭说："我打算就在今天，击破盗贼（后唐围城军），是不是可以？"石敬瑭派使节飞奔回报说："围城军实力雄厚，不可以轻视，请等到明天再讨论攻战方略，并不算晚。"使节还没有到，契丹军已跟后唐骑兵将领高行周、符彦卿交锋，石敬瑭急派刘知远出军夹击。张敬达、杨光远（杨檀）、安审琦率步兵在西北山下列阵，契丹派轻装备骑兵三千人，不穿盔甲，直向张敬达等阵地猛烈攻击。后唐士卒发现契丹骑兵瘦小虚弱，奋起迎击，连连胜利，遂争先恐后追赶，追到汾曲（汾水弯曲处），契丹骑兵蹚水逃走，后唐军队沿岸挺进，契丹埋伏在东北的部队，发动突击，后唐军被拦腰冲断，在北方的步兵多半被契丹格杀，在南方的骑兵则撤退到晋安寨（山西省太原市西南晋祠南）。契丹抓住胜利机会，挥军反攻，后唐军大败，步兵阵亡的将近一万人，只骑兵完整无损。张敬达等集结残兵败将，固守晋安，契丹军也退回虎北口。石敬瑭俘虏后唐士卒一千余人，采纳刘知远的建议，把他们全部屠杀。

当天（九月十五日）夜晚，石敬瑭出晋阳（山西省太原市）北门，晋见耶律德光。耶律德光握住石敬瑭的手，表示相见恨晚。石敬瑭问说："皇上远道而来，人困马乏，仓猝间跟后唐军队决战，获得伟大胜利，那是什么原因？"耶律德光说："我在北方出发的时候，认为后唐军一定阻断雁门（代州州政府所在县，山西省代县）一带所有关卡通道（指雁门关〔代县西北〕、楼烦关〔山西省宁武县东北阳方口镇〕、东陉关〔代县东〕等），在险要地方，设下伏兵，如果那样，我真怕难以前进。再没有想到，派人侦察的结果，竟然没有一兵一卒防御，我才能长驱直入，知道大事必定可以完成。两军既然遭遇，我们的士气锐不可当，他们的士气正在衰退，如果不抓住这个机会急行攻击，双方僵持一久，胜败就很难预料，这就是我能在急战中获胜的缘故，不能用'以逸待劳'的法则来衡量。"石敬瑭听到，赞叹佩服。

九月十六日，石敬瑭率军跟契丹军会师，联合包围晋安寨（太原市西南晋祠南），在晋安寨南扎营，东西长达一百余华里，纵深约五十华里，密布系有铃铛的绳索，由军犬四出巡逻，连人影都不能通过。张敬达等的部众犹有五万人、战马一万匹，但四顾茫然，无路可逃。

九月十八日，张敬达派使节向中央奏报战败噩耗，这是最后一次跟中央联系，以后因包围圈合拢，便音讯断绝。李从珂（王从珂）接到报告，大为恐惧，派彰圣总指挥官（彰圣都指挥使）符彦饶，率洛阳（首都河南府所在县）步骑兵进驻河阳（河南省孟州市）；又命天雄（总部兴唐府）司令官（节度使）兼最高立法长（兼中书，使相）范延光率天雄士卒二万人，由青山（河北省邢台市西北青山口）越太行山，直向榆次（山西省晋中市榆次区）；又命卢龙（总部幽州）司令官（节度使）、东北方面军征剿司令（东北面招讨使）兼最高立法长（兼中书令，使相）、北平王赵德钧（赵行实），率幽州（北京市）兵团，从飞狐口（太行山八陉之六，河北省涞源县南）越太行山，进攻契丹远征军的背后；命耀州（陕西省铜川市耀州区）警备区司令（防御使）潘环集结西方各地驻防军队，从晋（山西省临汾市）、绛（山西省新绛县）二州间的两乳岭（山西省乡宁县西南三十五公里）出发，穿过慈（山西省吉县）、隰（山西省隰县）二州，东西同时并进，援救晋安寨（太原市西南晋祠南）。契丹帝（二任太宗）耶律德光把中央御帐迁移到柳林（山西省太原市东南十五公里），斥候游骑兵穿过石会关（山西省榆社县西），看不见

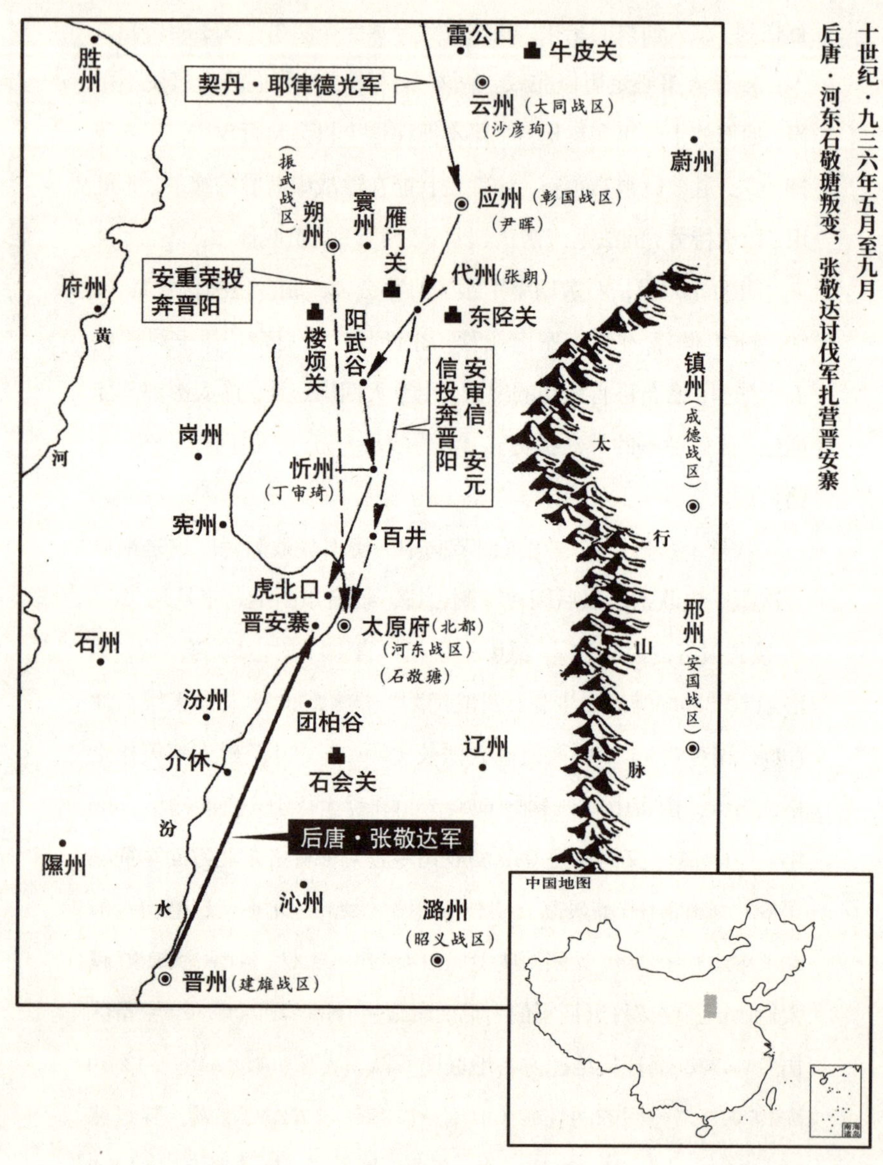

十世纪·九三六年五月至九月

后唐·河东石敬瑭叛变，张敬达讨伐军扎营晋安寨

一个后唐士卒。

九月二十一日，李从珂（王从珂）下诏亲征，雍王李重美说：“陛下的眼病还没有痊愈，不适合远行去冒风沙，我虽然还是一个孩子，但愿替陛下走这一趟。”李从珂（王从珂）的原意本来就不想去，听到这段话，很是高兴。可是，张延朗、刘延皓，跟宫廷事务南院总监（宣徽南院使）刘延朗，都劝李从珂（王从珂）亲征，李从珂（王从珂）不得已，只好接受。

九月二十二日，李从珂（王从珂）从洛阳（首都河南府所在县）出发，对卢文纪说：“我一向听说你有宰相的器度见识，所以排除大家的反对，首先重用你，现在面对如此大的灾难，你的建议和谋略，都在哪里？”卢文纪一再叩头，不能回答。

九月二十三日，李从珂（王从珂）派刘延朗当侍卫步兵总指挥官（侍卫步军都指挥使）符彦饶兵团的监军官，开往潞州（山西省长治市），作为晋安寨（太原市西南晋祠南）大军的后援。然而，自从凤翔（陕西省宝鸡市凤翔区）兵变，拥护李从珂（王从珂）当皇帝事件发生之后，军中全是骄兵悍将，不接受命令，符彦饶恐怕发生变化，不敢用军法约束。

后唐帝（四任）李从珂（王从珂）抵达河阳（河南省孟州市），心怀畏惧，不愿继续北上，召集各宰相跟帝国参谋总部指挥官（枢密使），讨论进取方略，卢文纪迎合李从珂（王从珂）的心意，说：“国家的根基，大半都在河南（黄河以南），蛮夷骑兵来去飘忽，势不能长期在我国国土上久留。晋安寨（太原市西南晋祠南）防守坚固，何况中央已派出三路大军增援（指范延光、赵德钧、潘环）。河阳（河南省孟州市）是全国军事重地，圣驾应该坐镇这里，控制南北，最好先派亲信官员前往督战，如果仍不能解围，再前进也不算晚。”张延朗企图利用机会解除赵延寿（刘延寿）的帝国参谋总部指挥官（枢密使）职务，遂附和说："卢文纪的话很对。"李从珂（王从珂）咨询其他人的意见，没有人敢表示异议。泽州（山西省晋城市）州长刘遂凝，是刘鄩的儿子（刘鄩，参考九二一年五月），暗中向石敬瑭靠拢，上疏建议说："圣驾不可以越过太行山！"李从珂（王从珂）跟高阶层官员讨论派赴北方的人选，张延朗跟皇家文学侍从官（翰林学士）须昌（山东省东平县）人和凝（和，姓）等，一致说："赵延寿（刘延寿）的老爹赵德钧（赵行实，卢龙〔总部幽州〕司令官）率领卢龙兵团，共赴国难，应派赵延寿（刘延寿）前去父子相会。"

九月二十四日，李从珂（王从珂）命帝国参谋总部指挥官（枢密使）、忠武战区（总部设许州〔河南省许昌市〕）司令官（节度使）、随驾各军总司令（随驾诸军都部署）、兼最高监督长（兼侍中，使相）赵延寿（刘延寿），率军两万人，前去潞州（山西省长治市）。

九月二十五日，李从珂（王从珂）进驻怀州（河南省沁阳市），命右神武（禁军第六军）统军康思立当北方军团骑兵总指挥官（北面行营马军都指挥使），率扈从的骑兵部队，前往团柏谷（山西省祁县东南）。康思立，是晋阳（山西省太原市）胡人。

李从珂（王从珂）非常忧虑晋安寨（太原市西南晋祠南）大军的命运，向文武百官征询意见，国务院文官部副部长（吏部侍郎）永清（河北省永清县）人龙敏，建议册封李赞华（耶律突欲）当契丹皇帝，命天雄（总部兴唐府）、卢龙（总部幽州）二战区联军护送返国——从幽州（北京市）直向西楼（契丹首都，内蒙古巴林左旗），再由中央政府发布文告，向天下宣示，耶律德光立刻就有了后顾之忧，然后挑选或招募军中精锐勇士，发动攻击，这也是解围的计谋之一。李从珂（王从珂）认为很好。可是掌权官员认为这样做不见得有什么效果，竟没有结论。

李从珂（王从珂）忧愁沮丧，全在脸上流露出来，每天从早到晚

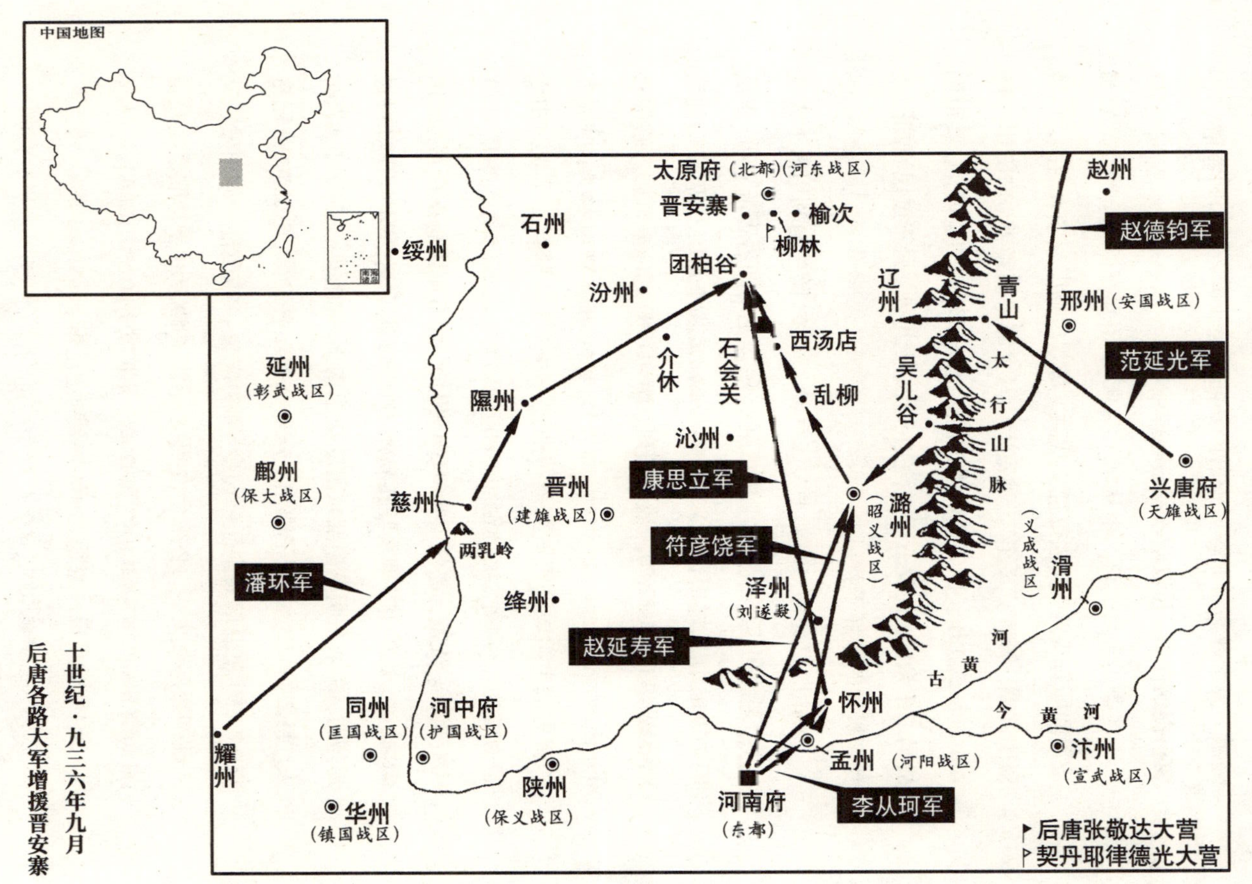

十世纪·九三六年九月
后唐各路大军增援晋安寨

饮酒，醉了就放声悲歌。官员们劝他继续北进，他的回答是：“不要再提这件事，石敬瑭教我心胆掉地！”

冬季，十月七日，李从珂（王从珂）下诏强行征收全国文武官员及民间所有马匹，又强行征集民兵，每七户要出一个人当兵，自备盔甲武器，称为“义军”，预定十一月全部集结完毕，命陈州（河南省周口市淮阳区）州长郎万金负责训练；这是张延朗的建议。总共得到战马二千余匹、民兵五千人；实际上毫无用处，只不过民间却因此受到极大的破坏干扰。

最初，赵德钧（赵行实，卢龙〔总部幽州〕司令官）暗中有利用天下大乱机会，占领中原，另建帝国的野心。所以主动向后唐帝（四任）李从珂（王从珂）请求增援晋安寨（太原市西南晋祠南），李从珂（王从珂）命他西出飞狐（太行山八陉之六），攻击契丹（首都西楼城）远征军背后，抄掠它的后方部落。赵德钧（赵行实）因另有打算，请率领由契丹投降过来的骁勇战士组成的银鞍契丹特别营（银鞍契丹直）骑兵三千人，由土门（井陉隘口，河北省石家庄市鹿泉区西南）西入河东（总部太原府），李从珂（王从珂）批准。先前，赵州（河北省赵县）州长、北方军团总指挥官（北面行营都指挥使）刘在明，率军驻扎易州（河北省易县），赵德钧（赵行实）经过易州时，命刘在明率领部队跟随自己南下。刘在明，是幽州（北京市）人。赵德钧（赵行实）到了镇州（河北省正定县），任命成德（总部镇州）司令官（节度使）董温琪兼副征剿司令（领招讨副使），也邀他一同出发。又上疏抱怨部队太少，必须会合昭义兵团（总部潞州），于是取道吴儿谷（河北省涉县跟山西省黎城县中间太行山隘道），直向潞州（山西省长治市）。

十月十八日，赵德钧（赵行实）到达乱柳（山西省沁县东南）。这时，范延光（天雄〔总部兴唐府〕司令官）奉命率他的部众二万人，进驻辽州（山西省左权县），赵德钧（赵行实）又要求跟天雄兵团（总部兴唐府）会合。范延光发现赵德钧（赵行实）南下途中，不断吞并其他军队，企图难以预测，于是上疏说：他的天雄兵团（总部兴唐府）已深入贼境，无法向南撤退几百华里跟赵德钧（赵行实）会师（乱柳在辽州城西南航空距离七十公里），这件吞并行动才被阻止。

**13** 南汉帝国（首都兴王府〔广东省广州市〕）皇帝（一任高祖）刘岩（本年四十八岁），命皇族事务部长（宗正卿）兼国务院工程部副部长（兼工部侍郎）刘濬，当副立法长（中书侍郎）、二级实质宰相（同平章事）。刘濬，是刘崇望的儿子（刘崇望曾当宰相，参考八八九年正月）。

**14** 十一月三日，后唐帝（四任）李从珂（王从珂）命赵德钧（赵行实）当全国各战区道特遣兵团总指战官（诸道行营都统），仍兼前所任命的东北方面军征剿司令（东北面行营招讨使）；命赵延寿（刘延寿）当河东地区（山西省）南方军团征剿司令（河东道南面行营招讨使），命皇家文学侍从官（翰林学士）张砺当执行官（判官）。

十一月五日，命范延光当河东地区（山西省）东南方面军征剿司令（河东道东南面行营招讨使），命宣武（总部汴州）司令官（节度使）、遥兼二级宰相（同平章事，使相）李周当副征剿司令。

十一月六日，命刘延朗当河东地区（山西省）南方军团副征剿司令（河东道南面行营招讨副使）。

赵延寿（刘延寿）在西汤（山西省沁县西北牛寺乡）遇到老爹赵德钧（赵行实），把军队全部交给赵德钧（赵行实）。李从珂（王从珂）派吕琦送诏书给赵德钧（赵行实），同时劳军。赵德钧（赵行实）的目标是吞并范延光的天雄兵团（总部兴唐府），所以一直逗留在那里，不肯前进。李从珂（王从珂）不断下令催促，赵德钧（赵行实）只好稍稍北上，率军进驻

十世纪·九三六年十月至十一月 赵德钧率军自幽州南下，逗留团柏谷

中国地图

南海诸岛

云州（大同战区）

幽州（卢龙战区）

应州（彰国战区）

朔州（振武战区）

易州

代州

飞狐陉

李从珂下令的进军路线

赵德钧军

太

定州（义武战区）

太原府（河东战区）（北都）

忻州

土门

行

镇州（成德战区）

井陉

赵德钧请求的进军路线

晋安寨（张敬达）

柳林（耶律德光）

赵州

山

冀州

团柏谷

辽州（范延光）

邢州（安国战区）

脉

西汤店

乱柳

吴儿谷

兴唐府（天雄战区）

潞州（昭义战区）

古黄河

郓州（天平战区）

卫州

滑州（义成战区）

泽州

河

黄

今

怀州（李从珂）

团柏谷（山西省祁县东南）谷口。

**15** 十一月八日，南吴帝（一任睿帝）杨溥下诏，命齐王徐知诰（李知诰）设置文武百官。定金陵府（江苏省南京市）为西都。

**16** 后唐（首都河南府）前坊州（陕西省黄陵县）州长刘景岩，是延州（陕西省延安市）人，拥有很多财富，但喜爱仗义行侠，结交天下英雄豪杰，拥有私人军队和各种武器，权势足使州县官员屈服，人们敬畏他的强大。彰武战区（总部设延州〔陕西省延安市〕）司令官（节度使）杨汉章，贪污腐败，失尽汉人跟蛮夷的人心。正巧中央强行征收马匹及征集“义军”，杨汉章率步骑兵数千人，将在限期内前往京师（首都河南府）报到，行前在野外举行盛大检阅。刘景岩暗中使人破坏说：“契丹（首都西楼城）军队骁勇，你们有去无回。”大家恐惧，遂格杀杨汉章，拥护刘景岩当候补司令官（留后）。李从珂（王从珂）只好接受这个现实。

十一月十二日，命刘景岩当彰武战区（总部设延州〔陕西省延安市〕）候补司令官（留后）。

**17** 契丹帝（二任太宗）耶律德光对石敬瑭说：“我跋涉三千华里，奔赴灾难，一定要看到成果。观察你的相貌器宇、见识胆量，真是中原的领袖（看起来，奸民不一定都是獐头鼠目之辈，有些固有相貌器宇、见识胆量，都非等闲），我打算封你当皇帝。”石敬瑭再三再四推辞，但文武官员不断劝进，石敬瑭才接受。耶律德光发布文书，封石敬瑭（本年四十五岁）当大晋皇帝（史称后晋，以别于三世纪时的晋王朝），解下自己的皇冠皇袍，亲自交给石敬瑭穿戴（石敬瑭这时是契丹装束），在柳林（山西省太原市东南十五公里）筑起高台，当天（十一月十二日），就登极称帝（一任高祖），割让幽（北京市）、蓟（天津市蓟州区）、瀛（河北省河间市）、莫（河北省任丘市北鄚州镇）、涿（河北省涿州市）、檀（北京市密云区）、顺（北京市顺义区）、新（河北省涿鹿县）、妫（河北省怀来县）、儒（北京市延庆区）、武（河北省张家口市宣化区）、云（山西省大同市）、应（山西省应县）、寰（山西省朔州市东）、蔚（河北省蔚县）、朔（山西省朔州市）等十六州给契丹（首都西楼城），并承诺每年向契丹进贡绸缎三十万匹。

十一月十四日，后晋帝（一任高祖）石敬瑭下诏：改长兴七年作天福元年（本年〔九三六〕本是“清泰三年”，石敬瑭故意抹杀他曾奉行的“清泰”年号，改作长兴七年，再改作天福元年），大赦，政府所有措施，都遵照后唐二任帝李嗣源（邈佶烈）在位时的法令规章。于是命军事执行官（节度判官）赵莹当皇家文学侍从院院长（翰林学士承旨）、国务院财政部副部长（户部侍郎）、主管河东（总部太原府）总部军政（知太原军府事）；命机要秘书（掌书记）桑维翰当皇家文学侍从官（翰林学士）、国务院教育部副部长（礼部侍郎）、暂代帝国参谋总部指挥官（权知枢密使事）；命行政执行官（观察判官）薛融当主任监察官（侍御史知杂事），命军法官（节度推官）白水（陕西省旬邑县）人窦贞固当皇家文学侍从官（翰林学士），命首府总巡查官（军城都巡检使）刘知远当侍卫骑兵总指挥官（侍卫马军都指挥使），命军中礼宾官（客将）景延广当步兵总指挥官（步军都指挥使）。景延广，是陕州（河南省三门峡市）人。石敬瑭封正妻晋国长公主李女士（李嗣源的女儿）当皇后。

契丹帝（二任太宗）耶律德光虽然驻扎柳林（山西省太原市东南十五公里），但远征军辎重及老弱，都留在虎北口（太原市西北），每天傍晚，全军收拾行装，准备一旦紧急情况发生，就拔营逃走。可是，赵德钧（赵行实）打算依靠契丹的力量，统治后唐，所以大军进抵团柏谷

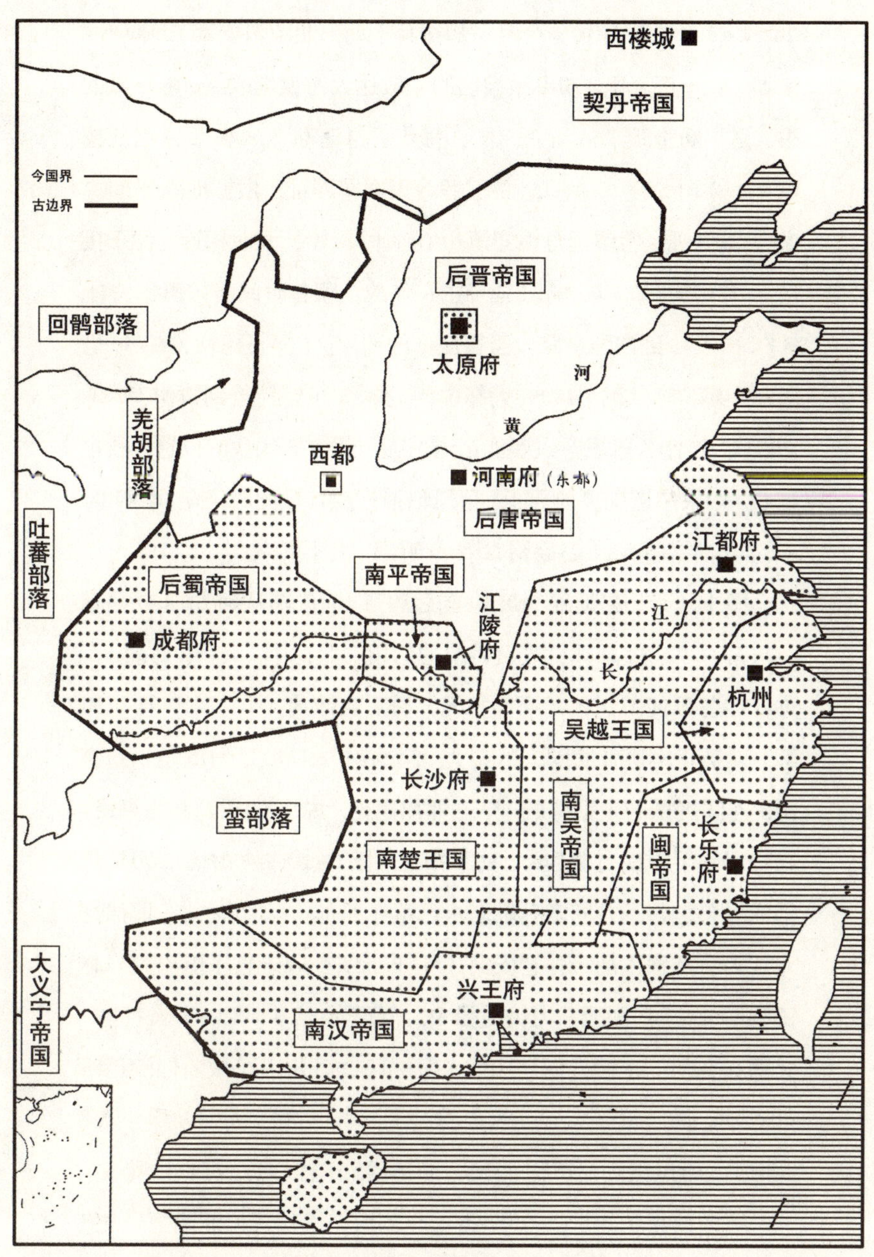


十世纪·九三六年十一月　石敬瑭建后晋帝国·九国并立

（山西省祁县东南）已超过一个月，却按兵不动，北距晋安寨（太原市西南晋祠南）才一百华里，却不跟被围的张敬达大营谋求联络。唯一做的事，是不断上疏李从珂（王从珂），替儿子赵延寿（刘延寿）要求当成德（总部镇州）司令官（节度使），说："我今天率军西征，根据地幽州（北京市）势单力孤，希望延寿镇守镇州（河北省正定县），南北相连，便于接应。"李从珂（王从珂）说："延寿正在作战，哪有时间前往镇州（河北省正定县）？等到盗匪平定，当答应你的要求。"但赵德钧（赵行实）仍不断上疏，李从珂（王从珂）大怒说："赵家父子坚持得到镇州（河北省正定县），是什么意思？只要能击退蛮夷，即令取代我的位置，我也甘心。如果拿盗匪要胁君王，只恐怕猎狗跟狡兔同时毙命（犬兔俱毙，参考二〇三年八月注）。"赵德钧（赵行实）听到，大不高兴。

闰十一月，赵延寿（刘延寿）向后唐帝（四任）李从珂（王从珂）呈献契丹帝（二任太宗）耶律德光赏赐给他的诏书跟铠甲、战马、弓箭，诈称：他曾派使节送信给耶律德光，替后唐政府（首都河南府）要求和解，劝契丹军班师回国。事实上，赵德钧（赵行实）所写的是一封密函，连同贵重的金银绸缎，贿赂耶律德光，说："如果封我当皇帝，我就用我手中现有的兵力，南下扫平洛阳（首都河南府所在县），跟契丹结成兄弟之邦，并同意石敬瑭永远镇守河东（总部太原府）。"耶律德光认为自从深入敌境，晋安寨（太原市西南晋祠南）一直不能攻克，赵德钧（赵行实）兵团战斗力仍很强大，范延光（天雄〔总部兴唐府〕司令官）兵团又在他的东面，深恐山北（系舟山以北）各州出军截断他的退路（山北各州，指云〔山西省大同市〕、应〔山西省应县〕、寰〔山西省朔州市东〕、朔〔山西省朔州市〕），所以接到赵德钧（赵行实）的密函，怦然心动，打算接受。

石敬瑭得到消息，大为恐惧，立刻派桑维翰晋见耶律德光，乞求说："大国出动义军，拯救孤寒危急，只一次攻击，就使后唐军

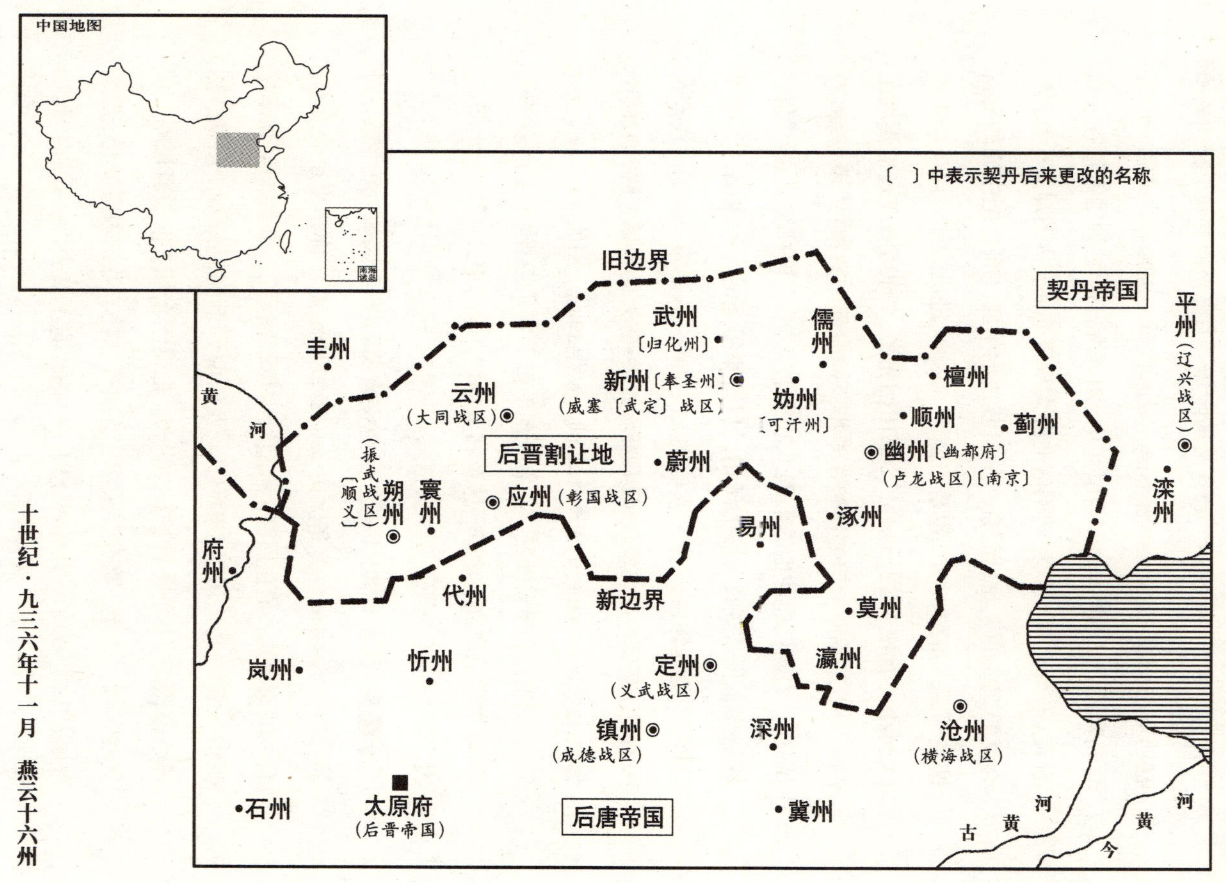


十世纪·九三六年十一月 燕云十六州

队瓦解，退守一个营寨，粮食就要吃完，力量也已耗尽。赵德钧跟赵延寿（刘延寿）父子，不忠不信，只因畏惧大国强盛，而且一向野心勃勃，所以逗留原地，观察变化，并不是一个肯为国家牺牲性命的人，有什么可怕？竟然相信他夸大荒唐的话，贪图蝇头小利，放弃就要完成的大业！而且，一旦我统治中原，将会把中原的财富搜刮一空，事奉大国，岂是赵德钧（赵行实）进贡的那一点小钱可比（大小汉奸，互相竞争卖国，可悲）！”耶律德光说：“你可看见过捕捉老鼠的人？一不小心，可能被咬伤手指，何况强大敌军！”桑维翰说：“现在，大国已扼住他的咽喉，怎么能咬人？”耶律德光说：“我并不是改变我前些时所做的承诺，只是军事上的一种谋略，不得不这样。”桑维翰说：“皇上大信大义，拯救别人急难，全国人民都亲眼看见、亲耳听到，怎么可以随时改变，使大义有始无终？我暗中替皇上难过。”跪到中央御帐之前，从早到晚，泪流满面，竭力争取，耶律德光终于接受，指着帐前的石头告诉赵德钧（赵行实）的使节说：“我已应许石敬瑭，这个石头枯烂，才可更改。”

**18** 后唐（首都河南府）国务院文官部副部长（吏部侍郎）龙敏，对前郑州（河南省郑州市）警备区司令（防御使）李懿说：“你是皇家的近亲，而今国家覆亡，迫在眉睫，难道一点也不忧虑？”李懿向他强调赵德钧（赵行实）必定可以击败敌人，龙敏说：“我是幽州（北京人）人，知道赵德钧（赵行实）是个怎么样的人，他是一个懦夫，没有谋略，仅只在守城之战上，略有专长而已。何况已怀二心，阴谋叛变，怎么能够依靠？我有一个疯狂计划，只怕政府不肯去做，现在护驾士卒还有一万余人，战马也将近五千匹，如果精选精锐骑士一千人，命我跟郎万金（“义军”训练司令）率领，深夜进入介休（山西省介休市）山区，冒着被蛮虏骑兵发现的危险，顺小路直向晋安寨（太原市西南晋祠南），只要有五百人进去，大功就可告成。张敬达等各将领身陷重围，得不到中央一点消息，假如让他们知道大军就在团柏谷（山西省祁县东南），即令铜墙铁壁，也可以冲破，何况不过是蛮虏的骑兵？”李懿奏报李从珂（王从珂），李从珂（王从珂）说：“龙敏壮志凌云，可惜太晚。”

丹州（陕西省宜川县）“义军”叛变，驱逐州长康承询，康承询逃奔鄜州（陕西省富县）。

后唐（首都河南府）讨伐军困守晋安寨（太原市西南晋祠南），被契丹后晋联军包围数月（自本年〔九三六〕九月迄今将近四个月），高行周、符彦卿很多次率骑兵出击，都因寡不敌众，不能突围而回。人的粮食、马的草料，全都吃光，只好把木片削成细丝，同时淘洗粪便中还没有消化的草梗纤维，拿来喂马，马仍饥饿，互相啃吃对方的毛，马尾马鬃都被啃秃；饿死的马，将士们就分割吞食它的尸体，而援军始终不来。张敬达性情刚烈，时人给他一个绰号：张生铁。杨光远（杨檀，义武〔总部定州〕司令官）、安审琦（安国〔总部邢州〕司令官）都劝张敬达投降契丹（首都西楼城），张敬达说：“我受明宗（二任李嗣源）及当今皇上（四任李从珂）父子两代的大恩，出任元帅而打败仗，罪已够大，更何况向敌人投降？相信中央援军早晚会到，我们应该等待。如果真到了山穷水尽，你们可以砍下我的头，带出去投降，各奔前程，也不算太迟。”杨光远（杨檀）用眼神向安审琦示意，要安审琦斩张敬达，安审琦不忍下手。高行周知道杨光远（杨檀）打算谋害统帅，经常率骑兵勇士尾随保护，张敬达不知道缘故，对别人说：“高行周总是跟在我后面，是什么意思！”高行周才不敢继续尾随。各将领每天早上都到征剿司令（招讨使）大营举行会报，终于发生剧变。

闰十一月九日，高行周、符彦卿还没有到，杨光远（杨檀）乘着这个空隙，砍下张敬达的头，率各将领向契丹（首都西楼城）呈递降书。契丹帝（二任太宗）耶律德光对各将领，一向久仰大名，于是一一慰劳，每人赏赐皮袄一件、毡帽一顶，嘲笑说："你们真是一群恶棍，不用盐巴、酪浆，居然吃下一万匹战马！"杨光远（杨檀）等大为惭愧。耶律德光嘉许张敬达的忠烈，命收葬他的尸首，焚香祭悼，对部属跟后晋一些将领（包括杨光远〔杨檀〕等降将）说："你们当人家的臣属，应该效法张敬达。"这时，晋安寨（太原市西南晋祠南）战马仍有五千匹、铠甲武器仍有五万件，契丹（首都西楼城）全部运回本国，而把后唐（首都河南府）投降过来的将领士卒，全部移交给石敬瑭，勉励他们说："好好事奉你们的领袖。"骑兵总指挥官（马军都指挥史）康思立愤恨过度，气死（年六十三岁）。

石敬瑭因晋安寨（太原市西南晋祠南）已经投降，派使节到各州宣传劝解，代州（山西省代县）州长张朗，斩石敬瑭的使节。端明殿文学侍从官（端明殿学士）吕琦携带后唐帝（四任）李从珂（王从珂）诏书，到前方劳军，抵达忻州（山西省忻州市），遇到石敬瑭的使节，也把使节斩首，对州长丁审琦说："蛮虏经过城下，对城池不肯多看一眼，心里的想法，十分明显，等他们班师回国，再经过这里时，全城难逃剽掠，没有保全之理，不如早率军民，从五台（山西省五台县）投奔镇州（河北省正定县）。"可是，就在动身之前，丁审琦后悔，关闭内城（牙城），不肯追随，州政府所属军队想发动攻击，吕琦说："国家到了这种地步，何必再自相残杀！"遂率州政府军退往镇州（河北省正定县）。于是丁审琦投降契丹（首都西楼城）。

**19** 契丹帝（二任太宗）耶律德光告诉后晋帝（一任高祖）石敬瑭

说:“桑维翰对你忠心耿耿，应该教他当宰相。”

闰十一月十一日，石敬瑭命赵莹当副监督长（门下侍郎），桑维翰当副立法长（中书侍郎），都兼二级实质宰相（同平章事），桑维翰仍暂代帝国参谋总部指挥官（权知枢密使事）。命杨光远（杨檀）当侍卫军步骑兵总指挥官（侍卫马步军都指挥使），命刘知远当保义战区（总部设陕州〔河南省三门峡市〕）司令官（节度使）、侍卫军步骑兵总纠察官（侍卫马步军都虞候）。

石敬瑭跟耶律德光联军南下，准备留一个儿子镇守河东（总部太原府），请示耶律德光，耶律德光命石敬瑭唤出所有儿子，由耶律德光挑选。石敬瑭老哥石敬儒的儿子石重贵，老爹石敬儒很早逝世，石敬瑭把石重贵当作儿子收养，面貌很像石敬瑭，只身材略矮，耶律德光指着他说:“这个大眼睛孩子可以。”石敬瑭遂命石重贵当北京（太原府）留守长官、太原特别市长（太原尹）、河东战区（总部设太原府〔山西省太原市〕）司令官（节度使）。耶律德光派他的将领高谟翰当前锋，跟投降过去的后唐军，一同进发。

闰十一月十二日，契丹后晋联军抵达团柏谷（山西省祁县东南），向后唐（首都河南府）赵德钧（赵行实）兵团，发动攻击；赵德钧（赵行实）、赵延寿（刘延寿）父子首先逃走，其他将领符彦饶、张彦琪、刘延朗、刘在明接着也逃走，大军崩溃，互相践踏而死的有一万人。

闰十一月十四日，刘延朗、刘在明逃到怀州（河南省沁阳市），后唐帝（四任）李从珂（王从珂）才知道石敬瑭已经登极称帝，另建中央政府，而讨伐大军副统帅杨光远（杨檀）也已投降。高阶层官员讨论，认为:“天雄（总部兴唐府）仍然完整，契丹对山东（太行山以东）一定心存畏惧，不敢南进，应该前去兴唐（河北省大名县）。”李从珂（王从珂）因李崧一向跟天雄（总部兴唐府）司令官（节度使）范延光友好，召见李崧商议。李崧先到，薛文遇不知道是单独召见李崧，跟着也走进来，李从珂（王从珂）勃然大怒，脸色骤变。李崧轻轻踢了薛文遇一下，薛文遇吃了一惊，急忙退出，李从珂（王从珂）说：“我看到这个东西，就浑身发抖，刚才我几乎抽出佩刀，刺进他的前胸！”李崧说：“薛文遇不过一个小人，见识短浅，贻害家国，杀了他反而使我们更加丢丑（诛杀薛文遇，等于顺应石敬瑭的指控）！”李崧乘势劝李从珂（王从珂）回京（首都河南府），李从珂（王从珂）同意（《资治通鉴》没有记载李从珂〔王从珂〕为什么不去兴唐，但可以推测，李崧一定指出范延光不是忠良之辈，去了等于自投虎口，这是一个人人思叛的时代，更充满人人思叛的时机，没有一个人可靠）。

洛阳（首都河南府所在县，河南省洛阳市）得到讨伐军全军覆没消息，人心瓦解，居民开始抛弃家宅，出城四散，逃奔山谷躲避藏匿。守城官员要求严厉禁止，首都洛阳特别市市长（河南尹）雍王李重美说：“国家发生太多的灾难，政府不能拯救人民，反而禁止人民自己逃命，只不过白白加重政府的恶名！不如随他们的意思，想到哪里就到哪里，等事情平息之后，他们自然回来。”乃下令自由出入，人心稍微安定。

闰十一月十七日，李从珂（王从珂）自怀州（河南省沁阳市）回到河阳（河南省孟州市），命各将领分别据守南北二城（河阳三城：南、北、中潬）。张延朗建议前往滑州（河南省滑县），以便跟兴唐（河北省大名县）互相呼应，李从珂（王从珂）不能决定。

**20** 后唐（首都河南府）全国各战区道特遣兵团指战官（诸道行营都统）赵德钧（赵行实）、赵延寿（刘延寿）父子，自团柏谷（山西省祁县东南）南下逃到潞州（山西省长治市），后唐各路败兵有的也追随南下，赵德钧（赵行实）的部将时赛，率卢龙（总部幽州）轻骑兵先行东越太行山，返回渔阳（唐及五代对幽州〔北京市〕地区的泛称，参考七五六年五月二十九日注）。

后晋帝（一任高祖）石敬瑭先派降将、昭义（总部潞州）司令官（节度使）高行周返回本战区准备粮食迎接契丹后晋联军。抵达潞州（山西省长治市）城下后，看见赵德钧（赵行实）父子正站在城楼上，高行周说："我跟大王（赵德钧封北平王）是同乡（赵德钧，是幽州〔北京市〕人；高行周，是妫州〔河北省怀来县〕人），不敢不直言忠告，城里连一斗存粮都没有，怎么能守，不如迎接圣驾！"

闰十一月十九日，石敬瑭跟耶律德光抵达潞州（山西省长治市），赵德钧（赵行实）父子前往高河（山西省长治市屯留区东南）迎降，耶律德光安慰勉励，父子二人就在石敬瑭马前下跪叩头，搭讪说："别后一向平安！"石敬瑭一眼都不看赵德钧（赵行实），也不跟赵德钧（赵行实）说一句话（两大汉奸争着当皇帝，失败者固然无耻，胜利者心有余悸的嘴脸，也使人瞠目），耶律德光问赵德钧（赵行实）说："你在幽州（北京市）建立的'银鞍契丹特别营'（银鞍契丹直）在哪里？"赵德钧（赵行实）指给他看，耶律德光把他们押解到西郊，共三千人，全部格杀。然后用铁链锁住赵德钧（赵行实）、赵延寿（刘延寿）的手臂，押解回国。

赵德钧（赵行实）晋见述律太后，把他们携带的金银珍宝，连同田地、房产契约，全部呈献，述律太后说："你这一次为什么去太原（山西省太原市）？"赵德钧（赵行实）说："奉后唐皇帝（四任李从珂）派遣。"述律太后指着上天说："你明明专程去向我儿子乞求封你当皇帝，怎么敢胡说八道！"然后又指着赵德钧（赵行实）的前胸说："这颗心不可欺骗。"又说："我儿将要走时，我告诫他说：赵德钧（赵行实）如果率军向北方的榆关（河北省秦皇岛市抚宁区东榆关镇）挺进，你就马上撤退，必须放弃太原（山西省太原市）。你想当皇帝，为什么不先把我儿打败，那时候再夺取，也不会晚。你身为君王的臣属，既辜负君王，不肯进攻敌人，又打算利用天下动乱的机会，贪图一点蝇头小利，做出的竟是这种事，还有什么脸活下去？”赵德钧（赵行实）低下头，回答不出一句话。述律太后又问：“金银财宝都在这里，可是你的田地房产在什么地方？”赵德钧（赵行实）说：“在幽州（北京市）！”述律太后说：“幽州（北京市）今天属于谁？”赵德钧（赵行实）说：“属于太后（幽州是石敬瑭割让给契丹的十六州之一）。”述律太后说：“既然属于我，还用得着你献？”赵德钧（赵行实）越发羞惭，心情烦闷忧愁，从此食欲大减，吃不下食物，过了一年，逝世。奉派督战的皇家文学侍从官（翰林学士）张砺，跟赵延寿（刘延寿）一起被留在契丹（首都西楼城），耶律德光命张砺仍当皇家文学侍从官（翰林学士）。 

**21** 后晋帝（一任高祖）石敬瑭将自上党（潞州州政府所在县，山西省长治市）出发，契丹帝（二任太宗）耶律德光向石敬瑭敬酒说：“我从远方来此，为正义而战，而今，大事已经成功，我如果再向南推进，河南（黄河以南）居民一定大为惊慌。你最好自己率汉人官兵南下，人民比较容易接受，我派太相温率五千骑兵，护送你到黄河大桥，想跟随你渡河的，多少人都可以，由他们自己决定。我暂时留在这里，等候你的消息，如果情况紧急，我就下山（太行山）救你。如果能平定洛阳（后唐首都河南府所在县），我就北上回国。”握住石敬瑭的手，互相哭泣流泪，很久很久，难分难舍，耶律德光脱下白貂皮大衣，亲自披到石敬瑭身上，又赠送骏马二十匹、战马一千二百匹，说：“世世代代，子子孙孙，永不相忘。”又说：“刘知远、赵莹、桑维翰，都是你创造大业的功臣，如果没有犯下大错，不要抛弃他们。”

**22** 最初，后唐（首都河南府）建雄战区（总部设晋州〔山西省临汾市〕）司令官（节度使）张敬达奉命担任讨伐军统帅，率军出发，后唐帝（四任）李从珂（王从珂）派左金吾（卫军第十一军）大将军、历山（山东省济南市南）人高汉筠，镇守晋州（山西省临汾市）。张敬达死后，战区副司令官（建雄节度副使）田承肇率部众攻击家住总部的高汉筠，高汉筠开门请田承肇进来，平静的问说："我跟你都是政府信任的官员，为什么苦苦相逼到这种地步？"田承肇说："只不过打算拥护你当司令官（节度使）。"高汉筠说："我年纪已老，基于大义，决不去做叛徒，至于我是死是活，随你处理。"田承肇向左右侍从使一个眼色，命把高汉筠格杀，侍从士卒把刀扔到地上，说："高大帅是历代负有重望的高官，为什么要害他！"田承肇道歉说："跟阁下开个玩笑！"于是随高汉筠的意思，返回洛阳（首都河南府所在县）。中途跟李从珂（王从珂）遇见，李从珂（王从珂）说："我真担心你被变军伤害，今天看到你，真是高兴。"

符彦饶、张彦琪逃到河阳（孟州州政府所在县，河南省孟州市），秘密警告李从珂（王从珂）说："现在，蛮虏军队正大举南下，河水又浅，不能阻止，人心已变，此地不可久留。"

闰十一月二十二日，李从珂（王从珂）命河阳战区（总部设孟州〔河南省孟州市〕）司令官（节度使）苌从简，会同赵州（河北省赵县）州长刘在明，防守河阳南城（在黄河南岸），切断黄河浮桥，回到洛阳（首都河南府所在县）。立即派宦官秦继旻、皇城管理官（皇城使）李彦绅，诛杀住在洛阳私宅的昭信战区（总部设虔州〔江西省赣州市〕）司令官（空头官衔。此时虔州属南吴〔首都江都府〕）的李赞华（耶律突欲，契丹帝耶律德光的老哥）。

**23** 闰十一月二十四日，后晋帝（一任高祖）石敬瑭抵达河阳（河南省孟州市），苌从简出城迎降，而且把渡河追击李从珂（王从珂）的船只，准备妥当。彰圣特别营官兵生擒刘在明投降，石敬瑭下令释

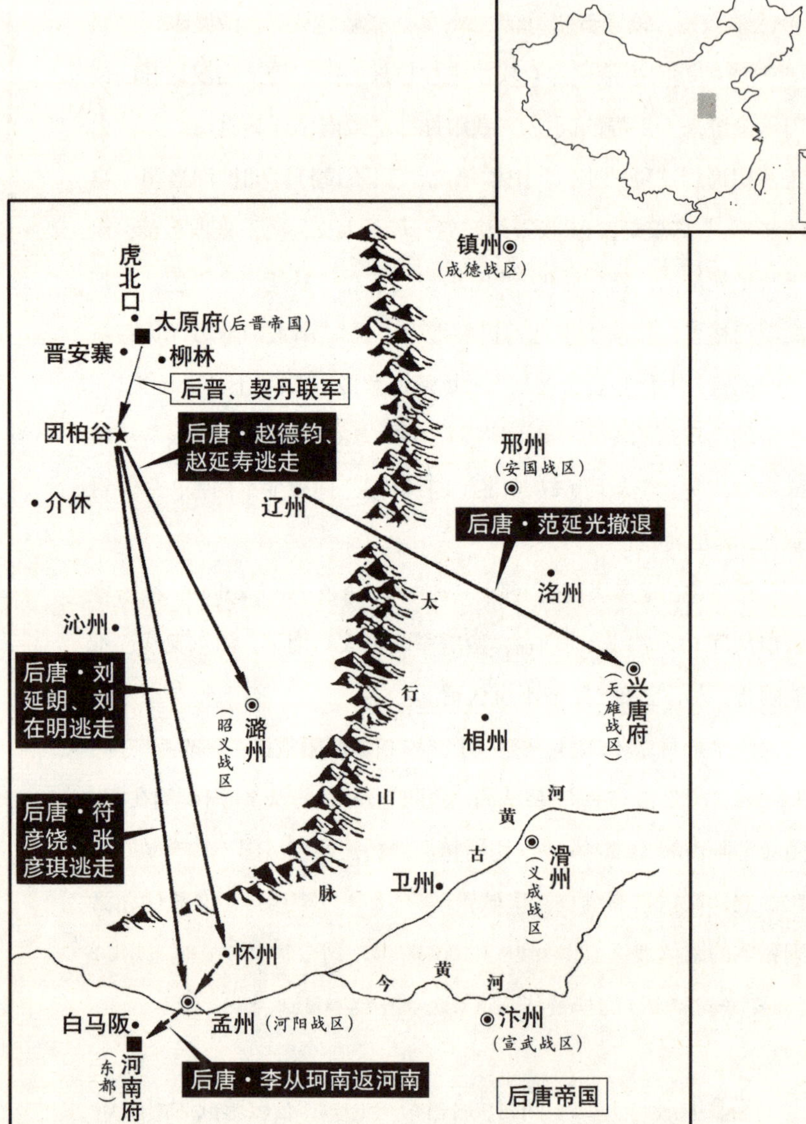


十世纪·九三六年闰十一月　团柏谷会战

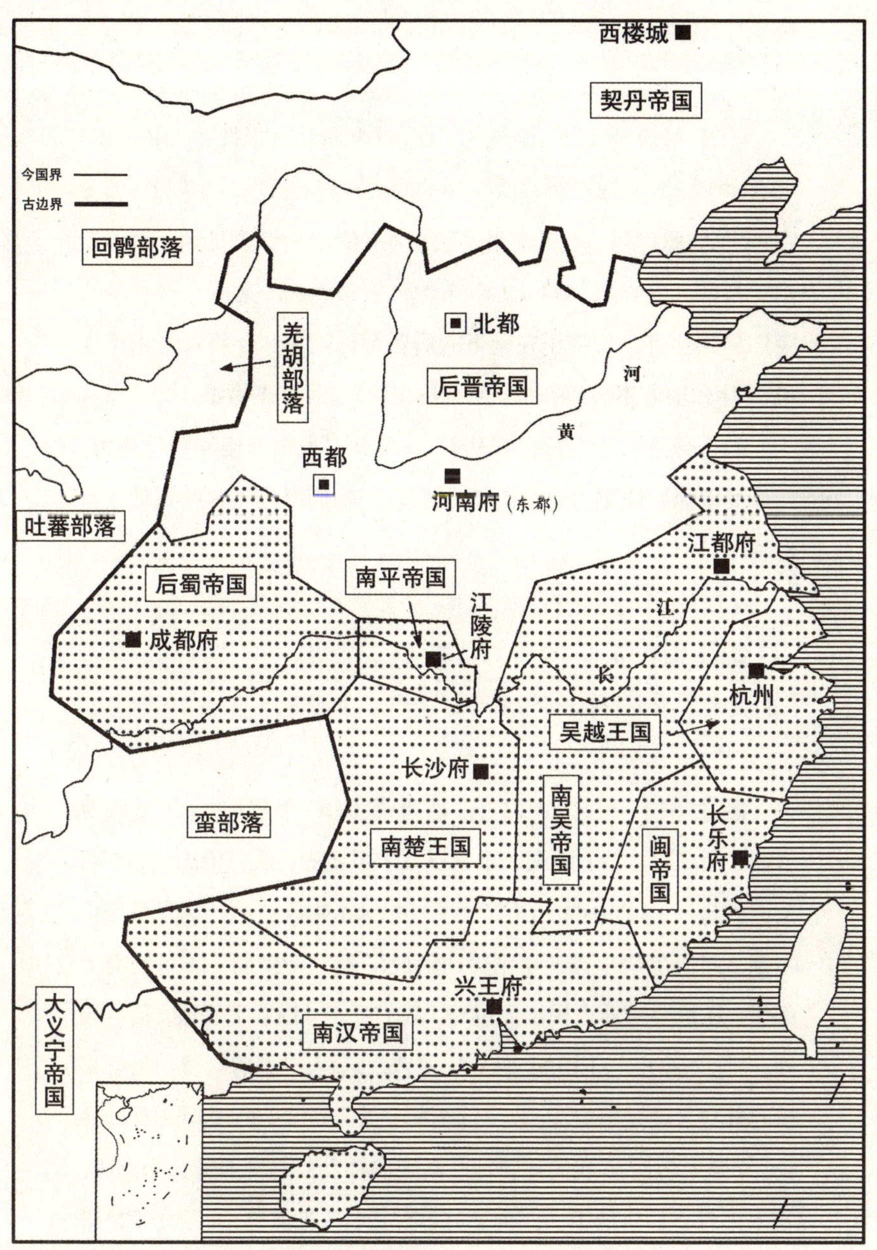


十世纪·九三六年闰十一月　后唐亡·八国并立

放，仍官复原职。 

**24** 后唐帝（四任）李从珂（王从珂）命骑兵总指挥官（马军都指挥使）宋审虔、步兵总指挥官（步军都指挥使）符彦饶、河阳（总部孟州）司令官（节度使）张彦琪、宫廷事务南院总监（宣徽南院使）刘延朗，率一千余骑兵前往白马阪（洛阳市东北十五公里）视察阵地，有五十多名骑兵突然离队北奔，投降正在南下的后晋契丹联军。各将领对宋审虔说："什么地方不可以作战，谁肯站在这里。"于是撤退。

闰十一月二十五日，李从珂（王从珂）召见宋审虔等四位将领，打算商议再回河阳（河南省孟州市），发现将领们都已飞奔向石敬瑭呈递降书。

**25** 后晋帝（一任高祖）石敬瑭担心后唐帝（四任）李从珂（王从珂）向西逃亡，派契丹（首都西楼城）骑兵一千人，扼守渑池（河南省渑池县）。

**26** 闰十一月二十六日，后唐帝（四任）李从珂（王从珂）跟曹太后、刘皇后、皇子雍王李重美以及宋审虔等，携带传国印信，登上玄武楼（皇城北门城楼），自焚而死（李从珂本年五十二岁）。刘皇后堆积木柴，打算焚烧皇宫，李重美劝阻说："新皇帝到后，不可能露天而居，还是要劳动人民出力重建。我们死了，仍留下怨恨，何苦如此。"这才停止。王淑妃（花见羞）对曹太后说："事情紧急，最好是暂时躲避，等候姐夫。"（姐夫，指石敬瑭，石敬瑭的妻子晋国长公主是曹太后的亲女。）曹太后说："我的儿子孙儿、媳妇孙女，到了今天这个地步，我怎么忍心独自活下去，你要好好保重！"王淑妃（花见羞）于是带着许王李从益（二任帝李嗣源的幼子）逃到球场藏起来，得以保住一命

（后唐帝国至此灭亡。自九二三年至九三六年，前后十四年，是五代立国第三短的政权）。

当天（闰十一月二十六日）夜晚，石敬瑭进入洛阳（河南省洛阳市），住进自己原有的私宅。后唐军队都解除武装，等候定罪，石敬瑭慰劳安抚，一律不加处罚；命刘知远负责京师（首都河南府）治安，刘知远命汉人军队各自回营，而在天宫寺招待契丹军队，城里秩序井井有条，没有人敢违法乱纪。军民逃难、四处躲避的，几天之内，也都恢复他们的旧业。

当初，石敬瑭在河东（总部太原府），深受后唐政府猜忌，副立法长（中书侍郎）、二级实质宰相（同平章事）、主管中央财政三单位（判三司）的张延朗，不愿河东（总部太原府）有太多积蓄，规定所有税收，除了依法令规章可以留在战区自用之外，其他尽行收归中央，所以石敬瑭对张延朗恨入骨髓。

闰十一月二十七日，文武百官晋见石敬瑭，石敬瑭当场下令逮捕张延朗，囚禁总监察署（御史台）监狱，其他的人都向新皇帝叩谢不杀之恩。

闰十一月二十九日，石敬瑭进宫，下诏大赦："中外官员的行为，都不追究，只有奸贼张延朗、刘延皓、刘延朗，贪污邪恶，不应宽恕。副立法长（中书侍郎）二级实质宰相（平章事）马胤孙、帝国参谋总部指挥官（枢密使）房暠、宫廷事务总监（宣徽使）李专美、护国（总部河中府）司令官（节度使）韩昭胤等，虽然身居高位，却没有盲从附和的行为，一律免除惩罚，仅只革职。其他中外官员最先投诚归顺的，统统交由宰相联合办公厅（中书门下）分别擢升录用。"刘延皓逃到龙门（洛阳市南）藏匿，过了几天，上吊身死。刘延朗打算逃往南山（洛阳市南方诸山），被捕押回，斩首。

石敬瑭命杀张延朗。不久，物色中央财政三单位管理总监

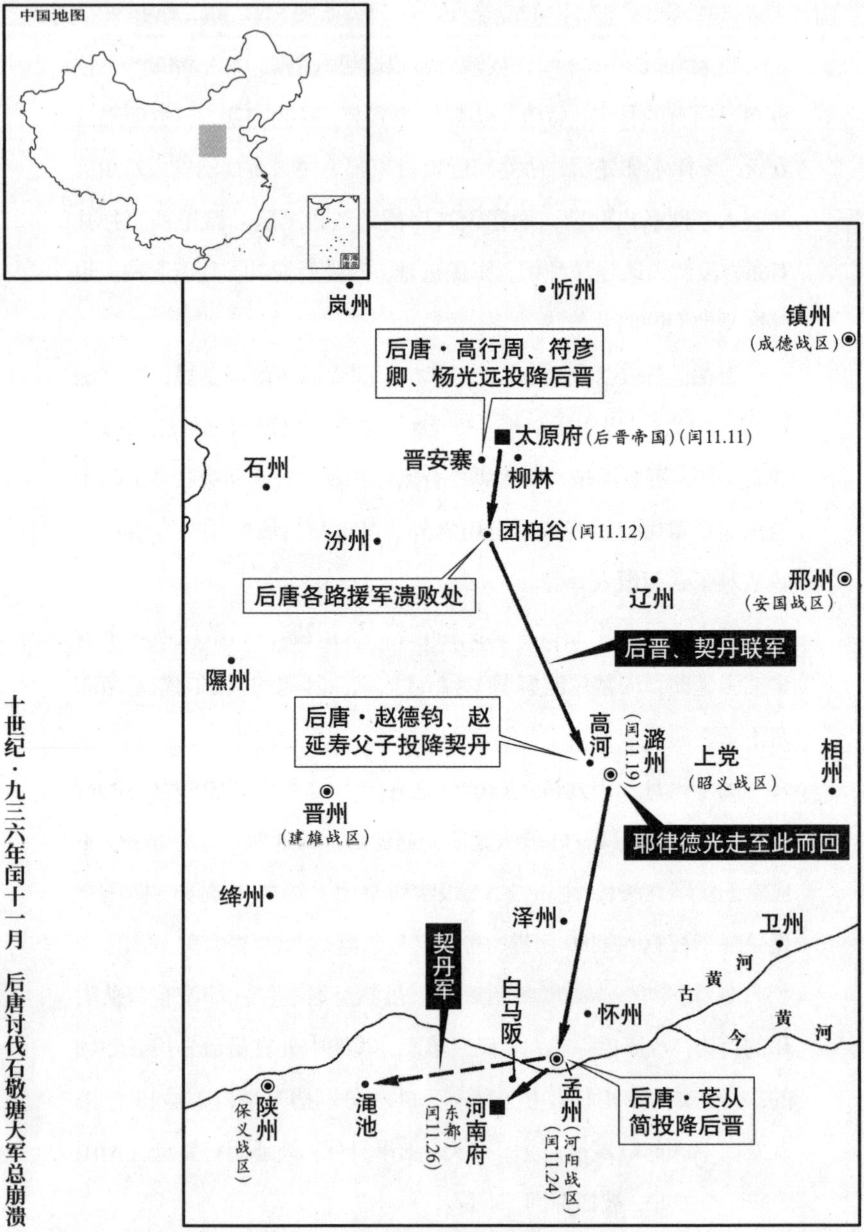

十世纪·九三六年闰十一月

后唐讨伐石敬瑭大军总崩溃

中国地图

岚州

忻州

镇州（成德战区）

后唐·高行周、符彦卿、杨光远投降后晋

太原府（后晋帝国）（闰11.11）

晋安寨

柳林

石州

团柏谷（闰11.12）

汾州

后唐各路援军溃败处

辽州

邢州（安国战区）

后晋、契丹联军

隰州

后唐·赵德钧、赵延寿父子投降契丹

高河

潞州（闰11.19）

上党（昭义战区）

相州

晋州（建雄战区）

耶律德光走至此而回

绛州

泽州

卫州

契丹军

白马阪

怀州

古黄河

今黄河

陕州（保义战区）

渑池

河南府（东都）（闰11.26）

孟州（河阳战区）（闰11.24）

后唐·苌从简投降后晋

(三司使) 人选，无法找到合适的人，石敬瑭对处死张延朗，才感到后悔。



**27** 闽帝国(首都长乐府〔福建省福州市〕)民众听到后唐帝(四任)李从珂(王从珂)死亡消息，叹息道："李从珂(王从珂)的罪状，我们不知道，可是我们君王(二任帝王继鹏)的罪状，我们是知道的，又将怎么办？"

**28** 十二月一日，后晋帝(一任高祖)石敬瑭前去河阳(河南省孟州市)，设筵给太相温饯行，送契丹(首都西楼城)远征军回国。

追废李从珂(王从珂)的帝王头衔，贬作平民。

十二月三日，石敬瑭命冯道兼副监督长(兼门下侍郎)、二级实质宰相(同平章事)。

曹州(山东省菏泽市定陶区)州长郑阮，贪污暴虐，指挥官(指挥使)石重立乘着局势混乱，把他诛杀，屠灭他的全家。

十二月七日，石敬瑭命后唐副立法长(中书侍郎)姚颢，当国务院司法部长(刑部尚书)。

最初，朔方战区(总部设灵州〔宁夏灵武市〕)司令官(节度使)张希崇，治理政事，很有威信，无论蛮夷或汉人，对他都十分敬爱，张希崇更推广垦荒政策，节省粮食运输的开支(张希崇事，参考九二八年闰八月)。镇守朔方(总部灵州)五年，请求调回内地，后唐帝(四任)李从珂(王从珂)命他当静难战区(总部设邠州〔陕西省彬州市〕)司令官(节度使)。石敬瑭跟契丹(首都西楼城)关系正在密切，恐怕契丹乘势强行夺取灵武(灵州州政府所在城)。

十二月九日，石敬瑭命张希崇再回任朔方(总部灵州)司令官(节度使)。

最初，成德战区（总部设镇州〔河北省正定县〕）司令官（节度使）董温琪，贪赃枉法，残忍凶暴，累积家产万万（万万什么？说不清楚），把内营总纠察官（牙内都虞候）平山（河北省平山县）人秘琼（秘，姓），当作心腹知己。董温琪被迫随赵德钧（赵行实）增援晋安寨（山西省太原市西南晋祠南），现在，董赵二人同时身陷契丹（首都西楼城），秘琼翻脸无情，把董温琪的全家杀光，埋在一个大坑里，吞没他的全部家产，自称候补司令官（留后），上疏说发生兵变。

同州（陕西省大荔县）低级军官（小校）门铎（门，姓），格杀匡国（总部同州）司令官（节度使）杨汉宾，纵火焚烧及大肆剽掠州城。

石敬瑭下诏追封李赞华（耶律突欲）为燕王，派使节护送他的灵柩回国。

代州（山西省代县）州长张朗，率领他的部众到京师（首都河南府）朝见。

十二月十六日，石敬瑭命后唐副立法长（中书侍郎）卢文纪当国务院文官部长（吏部尚书），命皇城管理官（皇城使）晋阳（太原府所在县，山西省太原市）人周瓌当大将军，任中央财政三单位管理总监（三司使）。周瓌辞让说："我自己知道我的才干不能担任这项职务，宁可被认为逃避责任受到摒弃，也比因贪图富贵，而被怪罪要好。"石敬瑭同意。

石敬瑭听到平卢（总部青州）司令官（节度使）房知温逝世消息，派天平（总部郓州）司令官（节度使）王建立，率军前去安抚青州（山东省青州市）。

改兴唐府（河北省大名县）作广晋府（因改朝换代而改名）。

安远战区（总部设安州〔湖北省安陆市〕）司令官（节度使）卢文进，听说石敬瑭是契丹（首都西楼城）扶植的后晋皇帝，而自己却是契丹的叛将（卢文进自平州返国，参考九二六年十月），心情不安。

十二月十七日，卢文进放弃城池，逃奔南吴（首都江都府），所经过的军事城镇，就向他们的主将简报他逃奔的原因，那些主将都向他叩头告辞退出。

**29** 南吴（首都江都府）齐王徐知诰（李知诰），认为镇南战区（总部设洪州〔江西省南昌市〕）司令官（节度使）、太尉（三公之一）兼最高立法长（兼中书令，使相）李德诚，以及德胜战区（总部设庐州〔安徽省合肥市〕）司令官（节度使）兼最高立法长（兼中书令，使相）周本，位高望重，因之计划由二人率领大家拥护自己登极称帝。周本说："我蒙受先王（杨行密）的大恩，自从徐温父子掌握权柄，我就一直痛恨不能解除杨家的危难！现在又教我做这种事，怎么可以！"他的儿子周弘祚勉强他，万不得已，只好跟李德诚一起率全国各将领前去首都江都（江苏省扬州市），上疏南吴帝（一任睿帝）杨溥，陈述徐知诰（李知诰）对帝国的贡献和对人民的恩德，请求让位；然后再去金陵（江苏省南京市）劝徐知诰（李知诰）接受。宋齐丘对李德诚的儿子李延勋说："你家老爹是太祖（杨行密）的开国元勋，今天声名扫地（周本、李德诚二人，都在杨行密〔杨行愍〕创业时追随，参考八八九年五月；迄今已四十八年）。"

这时候，南吴（首都江都府）皇宫经常出现妖魔鬼怪，杨溥叹息说："南吴（首都江都府）国运，难道已到尽头！"左右官员说："这是天意，不是人力造成。"

**30** 高骊王国（首都开京〔朝鲜半岛开城市〕）国王（一任太祖）王建派军击破新罗（首都金城〔朝鲜半岛庆州市〕）、百济（后百济，首都全州〔朝鲜半岛全州市〕），于是东方各国都向他臣服。高骊共设二京、六府、九战区、一百二十个郡（王建建国，参考九二二年十二月）。

# 九三七年 丁酉

| | | |
|---|---|---|
| 后晋 | 天福 | 二年 |
| 南吴 | 天祚 | 三年 |
| 南唐 | 升元 | 元年 |
| 南楚 | 天福 | 二年 |
| 吴越 | 天福 | 二年 |
| 南汉 | 大有 | 十年 |
| 南平 | 天福 | 二年 |
| 闽 | 通文 | 二年 |
| 后蜀 | 明德 | 四年 |
| 辽 | 天显 | 十一年 |
| | 会同 | 元年 |

1 春季，正月二日，日蚀。

2 后晋帝国（首都河南府〔河南省洛阳市〕）皇帝（一任高祖）石敬瑭（本年四十六岁）下诏，命前任北方兵团招降指挥官（北面招收指挥使）安重荣，当成德战区（总部设镇州〔河北省正定县〕）司令官（节度使），命现任候补司令官（留后）秘琼（杀董温琪家属掠财，参考去年〔九三六〕十二月）当齐州（山东省济南市）警备区司令（防御使），派司仪官（引进使）王景崇去向秘琼分析利害，劝他接受新职。安重荣会同契丹（首都西楼城）将领赵思温（参考九二七年正月），一齐前往镇州（河北省正定县）到差，秘琼不敢抗拒。

正月三日，安重荣奏报说：他已就职办公。王景崇，是邢州（河北省邢台市）人。

**3** 契丹帝国（首都西楼城〔内蒙古巴林左旗〕）定幽州（北京市）为南京（南京，又称燕京。据《辽史·太宗纪》，在此同时，又把首都西楼城，改名上京临潢府，此事《资治通鉴》没有记载）。

**4** 故后唐高级官员李崧、吕琦，逃亡到伊阙（河南省洛阳市南）乡间民家躲藏。后晋帝（一任高祖）石敬瑭因当初出镇河东（总部太原府）时，李崧出过很大的力（参考九三二年十一月），仍对他心怀感激；同时，对吕琦建议后唐帝（四任）李从珂（王从珂）联合契丹（首都临潢府）的奇计（参考去年〔九三六〕三月），也无意责备。

正月十二日，石敬瑭命吕琦当皇家图书院长（秘书监）。

正月十三日，石敬瑭命李崧当国务院国防部副部长（兵部侍郎），主管国务院财政部税务司（判户部）。

最初，天雄战区（总部设广晋府〔河北省大名县〕）司令官（节度使）兼最高立法长（兼中书令，使相）范延光，还是一个卑微的平民时，有一位法术师张先生曾告诉他：“你一定身兼大将和宰相。”范延光后来果然升到大将和宰相高位，对张先生十分信任敬重。范延光曾梦见一条蛇从肚脐眼钻到肚子里，向张先生询问什么意义？张先生说：“蛇，就是龙，那是一种将要称帝称王的预兆。”范延光因此兴起坐金殿当皇帝的念头。后唐帝（四任）李从珂（王从珂）一向跟范延光亲善，赵德钧（赵行实）团柏谷（山西省祁县东南）之役溃败（参考去年〔九三六〕闰十一月），范延光率军自防地辽州（山西省左权县），返回兴唐（范延光驻辽州，参考去年〔九三六〕十月），虽然也向石敬瑭呈递降表，但心里不安，遂写信给当时自称成德（总部镇州）候补司令官（留后）的秘琼，企图跟他秘密结盟，乘机聚众起兵。秘琼收下他的信，但没有反应，范延光十分痛恨。秘琼将到齐州（山东省济南市）到差，路过天雄战区（总部设广晋府〔河北省大名县〕），范延光打算灭口，而且贪图他的财产，于是派军队到夏津（山东省夏津县）拦截，格杀秘琼。

正月十四日，范延光奏报说：夏津（山东省夏津县）的捕盗士卒，在一场误会的冲突中，错杀秘琼。后晋帝（一任高祖）石敬瑭不闻不问。

正月二十五日，石敬瑭命李崧当副立法长（中书侍郎）、二级实质宰相（同平章事），充任帝国参谋总部指挥官（枢密使）。命桑维翰兼帝国参谋总部指挥官（兼枢密使）。这时候，后晋中央政府（首都河南府）刚刚建立，各战区道很多还没有表示服从。或者虽然表示服从，却并不稳定。经过连年战乱，政府库存已经用完，民间更是穷困，而契丹（首都临潢府）的勒索征收，却毫无止境。桑维翰建议石敬瑭对各战区将领，应都推诚相待，忘掉过去的怨恨，加强安抚。对外（契丹）采取最低姿态，言辞谦卑，礼物贵重。对内则加强武装部队的训练、修理武器、整顿军事设施，鼓励人民耕田种桑，充实仓库，恢复自由贸易，使物资丰富。于是几年之后，中原社会稍微安定。

**5** 南吴帝国（首都江都府〔江苏省扬州市〕）皇太子杨琏，娶齐王徐知诰（李知诰）的女儿当太子妃。

齐王徐知诰（李知诰）开始建筑他自己的王家祖庙（太庙）和农神

祭庙（社稷），改金陵府（江苏省南京市）为江宁府，改内城（牙城）为宫城，改厅堂为殿（根据《旧五代史·僭伪传》及《五代史记·南唐世家》，都没有金陵改称江宁的记载，而一直称南唐首都为“金陵”，唯《十国春秋》等书，却与《资治通鉴》此段记载吻合。今以《资治通鉴》此后仍一直出现“金陵”“金陵府”“金陵尹”，断定南唐首都并未改称江宁，仍称它金陵）。元帅府左、右参谋长（左右司马）宋齐丘、徐玠改任左、右丞相。命步骑兵执行官（马步判官）周宗、宫廷机要执行官（内枢判官）黟县（安徽省黟县）人周廷玉，当宫廷机要总监（内枢使）。其他文武百官，都跟南吴中央政府（首都江都府）一样。设置骑兵八个军，步兵九个军。

二月，南吴帝（一任睿帝）杨溥（本年三十八岁）命由后唐前来投奔的卢文进（参考去年〔九三六〕十二月）当宣武战区（总部设汴州〔河南省开封市〕）司令官（空头官衔。此时汴州属后晋〔首都河南府〕）兼最高监督长（兼侍中）。

二月五日，杨溥派宜阳王杨璪去西都（金陵府，江苏省南京市），送达封徐知诰（李知诰）当齐王的皇家任命状（前年〔九三五〕十月晋封，如今才发任命状）。徐知诰（李知诰）接受，大赦齐国国内囚犯。妻子原来称“王妃”，现在改称“王后”。

**6** 吴越王国（首都杭州〔浙江省杭州市〕）国王（二任文穆王）钱元瓘（钱传瓘，本年五十一岁）的老弟、顺化战区（总部设楚州〔江苏省淮安市〕）司令官（空头官衔。此时楚州属南吴〔首都江都府〕）、遥兼二级宰相（同平章事，使相）钱元珦（钱传珦），触怒老哥钱元瓘（钱传瓘），被贬成平民（钱元珦被罢黜，参考九三三年十二月）。

**7** 契丹帝（二任太宗）耶律德光（本年三十六岁）从上党（潞州州政府所在县，山西省长治市）北返，路过云州（山西省大同市），大同战区（总部设云州〔山西省大同市〕）司令官（节度使）沙彦珣出城迎接，耶律德光留下他不放他回城。军事执行官（节度判官）吴峦在城里对他的部众说："我们是礼仪之邦，怎么可以臣服蛮夷！"大家推举吴峦主管州政府事务，关闭城门，拒绝接受契丹（首都临潢府）命令。契丹军发动攻击，不能攻克。应州（山西省应县）骑兵总指挥官（马军都指挥使）金城（应州州政府所在县）人郭崇威，也认为当契丹的臣属，是一种耻辱，遂放弃部队和乡里，单身南下。 

耶律德光经过新州（河北省涿鹿县），命威塞战区（总部设新州〔河北省涿鹿县〕）司令官（节度使）翟璋搜刮劳军钱十万串。当初，契丹一任帝耶律阿保机时代，国力强大，室韦（内蒙古东北部）、奚（滦河上游）、霫（辽河以北）等蛮夷部落，都向他臣服（参考九〇七年五月）。奚部落酋长（奚王）去诸不能忍受契丹的贪婪残暴，率他的部众向西迁移，定居妫州（河北省怀来县），依靠刘仁恭父子，号称西奚。去诸逝世后，儿子扫剌继位。后唐一任帝李存勖消灭刘守光（参考九一三年十一月），命扫剌改名李绍威。李绍威（扫剌）娶契丹酋长之一的逐不鲁的姐姐为妻。逐不鲁在契丹被定罪，逃出来投奔李绍威（扫剌），李绍威（扫剌）收留他，契丹大怒，发动攻击，不能攻克。李绍威（扫剌）逝世，儿子拽剌继位。现在，耶律德光从上党（潞州州政府所在县，山西省长治市）北返，拽剌迎接投降，此时，逐不鲁已死，耶律德光说："你并没有罪，是扫剌、逐不鲁辜负我。"下令挖出二人的骨骸，挫成粉末，随风扬弃。奚族各部落恐惧契丹的野蛮暴虐，多数都叛离逃亡。耶律德光慰劳翟璋说："我当想办法物色一个接替你的将领，使你能回归南方。"

二月十六日，翟璋上疏后晋帝（一任高祖）石敬瑭，请求征调自己南返。不久，契丹派翟璋讨伐叛变的奚部落，又派翟璋进攻云州

（山西省大同市），都建立功劳。但耶律德光食言，仍不放他回去，翟璋最后忧愁而死。

张砺从契丹（首都临潢府）逃回，被追赶的骑兵生擒，耶律德光责备他说："为什么抛弃我逃走？"张砺回答说："我是汉人，无论吃的、喝的、穿的，都跟你们不一样，活着还不如死掉，要杀快杀！"耶律德光回头对翻译官（通事）高彦英说："我一直警告你要好好款待这个人，怎么能教他觉得不快乐，而忽然逃走？如果真的逃走，又怎么能再找得到（耶律德光对张砺，好像一任帝耶律阿保机对韩延徽，参考九一六年十二月）？"鞭打高彦英，向张砺道歉。张砺事奉耶律德光，忠心耿耿，遇到事情，一定有什么说什么，从不隐瞒规避，耶律德光对他十分敬重。

**8** 最初，吴越（首都杭州）一任王钱镠的小儿子（不知排行第几）钱元球（钱传球），屡次建立战功，钱镠特准他保有私人武器。二任王钱元瓘（钱传瓘）继位后，钱元球（钱传球）当本土及外籍步骑兵总指挥官（土客马步军都指挥使）兼最高立法长（兼中书令），仗恃所受的恩宠，态度骄傲蛮横，更大量添置武器，多达数千件，文武官员很多向他靠拢。钱元瓘（钱传瓘）心中起疑，派人劝告钱元球（钱传球）交出武器，并调出京师（首都杭州），主管温州（浙江省温州市），钱元球（钱传球）不接受。于是，铜官庙管理员告发钱元球（钱传球）派亲信官员前来向神灵祈祷，求神灵保佑他拥有吴越（首都杭州）江山；又把密函藏在蜡丸里，投入排水沟，随水流入皇城，跟被囚禁的老哥钱元珦暗通信息，合谋发动变乱。

三月五日，钱元瓘（钱传瓘）派人召唤钱元球（钱传球）进宫参加宴会，钱元球（钱传球）到后，钱元瓘（钱传瓘）左右侍从一口咬定有一把尖刀从钱元球（钱传球）的袖子里掉到地上，于是当场把钱元球（钱传球）诛杀，同时也诛杀钱元珦（钱传珦）。钱元瓘（钱传瓘）打算处罚平常跟钱元球（钱传球）、钱元珦（钱传珦）有来往的政府官员，他的儿子（一说是钱传瓘老弟钱传琞子）钱仁俊劝阻说："从前，刘秀（东汉王朝一任帝）克服王郎（参考二四年五月）、曹操（东汉王朝末年丞相）攻破袁绍（参考二〇〇年十月），都烧掉自己部属跟敌人来往的信件，用来安抚叛徒，最好效法。"钱元瓘（钱传瓘）接受。

**9** 后晋（首都河南府），有人声称捡到后唐四任帝李从珂（王从珂）的脊椎骨跟大腿骨，呈献中央。

三月七日，后晋帝（一任高祖）石敬瑭下诏，用国王的礼仪，埋葬徽陵（后唐二任帝李嗣源墓，在河南省洛阳市）之南（跟三任帝李从厚的墓相近）。

**10** 后晋帝（一任高祖）石敬瑭派使节前往后蜀帝国（首都成都府〔四川省成都市〕）通报登极称帝消息，后蜀帝（二任）孟昶（孟仁赞，本年十九岁）回信，用帝国对帝国的礼仪（石敬瑭娶李嗣源的女儿，孟昶老爹孟知祥娶李克用的侄女，她们是侄女跟姑妈关系，孟知祥是石敬瑭妻子的堂姑父，要长一辈，所以孟昶跟石敬瑭平辈）。

**11** 后晋（首都河南府）天雄（总部广晋府）司令官（节度使）范延光集结部众，修理武器，把所属各州（贝〔河北省清河县〕、博〔山东省聊城市〕、卫〔河南省卫辉市〕、澶〔河南省内黄县东南〕、相〔河南省安阳市〕）州长，全部集合到广晋府（河北省大名县），准备脱离中央。正巧，就在这时候，后晋帝（一任高祖）石敬瑭计划迁都大梁（汴州州政府所在城，河南省开封市），桑维翰说："大梁北方控制燕赵（河北省），南方通往江淮（华东地区）。水陆两路，都在那里相会，物资丰富。现在，范延光叛变情势，已十分明显。大梁（河南省开封市）跟广晋（河北省大名县），相距不过十个驿站（一站三十华里），他如果有什么变化，中央大军立刻就赶到城下，'正是迅雷不及掩耳！'"

三月十三日，石敬瑭下诏，借口洛阳（首都河南府所在县，河南省洛阳市）水上粮运困难，供应有缺，所以前往汴州（河南省开封市）巡视。

**12** 南吴（首都江都府）齐王徐知诰（李知诰），封长子徐景通当王太子，徐景通坚决辞让。徐知诰（李知诰）追尊老爹齐王（忠武王）徐温庙号太祖、绰号改称武王（不再提"忠"，跟南吴脱离唐王朝时一样，参考九一九年四月），娘亲明德太妃李女士称王太后。

三月十九日，徐知诰（李知诰）改名徐诰（我们仍称他徐知诰）。

**13** 三月二十七日，后晋帝（一任高祖）石敬瑭从洛阳（首都河南府所在县）出发，留前朔方（总部灵州）司令官（节度使）张从宾当东都（河南府）巡察官（巡检使）。

**14** 南汉帝国（首都兴王府〔广东省广州市〕）皇帝（一任高祖）刘岩（本年四十九岁），因为患病痊愈，下诏大赦。

安南（越南河内市）将领皎公羡（皎，姓）格杀静海战区（总部设安南府〔越南河内市〕）司令官（节度使）杨廷艺，接替他的职位（杨廷艺陷安南府，参考九三一年十二月）。

**15** 夏季，四月四日，后晋帝（一任高祖）石敬瑭抵达汴州（河南省开封市）。

四月五日，石敬瑭下诏大赦。

16 吴越王（二任文穆王）钱元瓘（钱传瓘）恢复独立王国，依照二〇年代中叶后唐（首都河南府）初建时所定制度（参考九二四年十月十七日）。

四月十四日，钱元瓘（钱传瓘）大赦全国，封他的儿子钱弘僔（音zǔn〔撙〕）当世子。命曹仲达、沈崧、皮光业当丞相，命镇海（总部杭州）军事执行官（节度判官）林鼎负责"教令"（国王所颁布的命令，比皇帝的诏书低一级）。

17 四月十五日，后晋政府（首都河南府）加授宣武（总部汴州）司令官（节度使）杨光远（杨檀）兼最高监督长（兼侍中，使相）。

18 闽帝国（首都长乐府〔福建省福州市〕）皇帝（二任康宗）王继鹏（王昶）兴建紫微宫，用水晶作装饰品，工程的浩大及雕刻的精美，比宝皇宫（参考九三一年六月）加倍。又派人分别到各州侦察人民的私生活。

19 五月，南吴（首都江都府）齐王徐知诰（李知诰）采用左丞相宋齐丘的策略，计划结交契丹（首都临潢府），夺取中原，派使节护送美女、珍珠宝玉，登船北上，建立两国友好关系，契丹帝（二任太宗）耶律德光也派使节前来回报。

20 五月五日，后晋帝（一任高祖）石敬瑭下诏暂时把汴州（河南省开封市）内城（牙城）改称大宁宫。

五月二十一日，石敬瑭命天雄（总部广晋府）司令官（节度使）范延光晋爵临清郡王，来安抚范延光心意。石敬瑭追赠四代直系血亲尊亲属绰号，分别称皇帝、皇后（四世祖石璟称靖祖孝安皇帝，正妻秦女士称元皇后；曾祖父石郴称肃祖孝简皇帝，正妻安女士称恭皇后；祖父石昱称睿祖孝平皇帝，正妻米女士称献皇后；老爹石绍雍称宪祖孝元皇帝，正妻何女士称懿皇后）。

五月二十八日，石敬瑭下诏说："农神祭庙（太社）所保管的后唐罪犯的人头，应该准许罪犯的家属或旧时的亲友，认领收葬。"当初，右武卫（卫军第四军）上将军娄继英，曾经事奉过后梁三任帝朱友贞，当宫廷各单位总管（内诸司使），现在，他出面请求把朱友贞的人头取出安葬（收藏朱友贞人头，参考九二三年十月十一日）。

**21** 六月，南吴（首都江都府）全国各战区道副总指战官（诸道副都统）徐景迁（徐知诰次子）逝世（年十九岁）。

**22** 后晋（首都河南府）天雄（总部广晋府）司令官（节度使）范延光，一向把总部军政大权，交给旧部属、左翼大营总管理官（左都押牙）孙锐，孙锐仗恃大帅对他的恩宠，专断蛮横，不管对下的命令，或对上的奏章，有不如他意时，就当着范延光的面，把它撕碎。正巧，范延光一连患病十几天，孙锐秘密召唤澶州（河南省内黄县东南）州长冯晖，共同商议煽动范延光背叛中央，范延光也想到张先生当年的预言（参考本年〔九三七〕正月），于是同意。

六月十三日，亲王住宅管理官（六宅使）张言，奉石敬瑭之命，前去广晋（河北省大名县）办事回来，警告说：范延光非叛变不可。接着义成（总部滑州）司令官（节度使）符彦饶奏报说：范延光已派军南渡黄河，纵火焚烧滑州（河南省滑县）城外的草市（贫民结草成屋，集草屋成为街市。参考四五〇年九月）。石敬瑭命侍卫骑兵总指挥官（侍卫马军都指挥使）、昭信战区（总部设虔州〔江西省赣州市〕）司令官（空头官衔。此时虔州属南吴〔首都江都府〕）白奉进，率骑兵一千五百人，进驻白马津（滑州古黄河南岸渡口）戒备。白奉进，是云州（山西省大同市）人。

六月十六日，石敬瑭又命东都（首都河南府）巡察司令（巡检使）张从宾，当广晋府（河北省大名县）西南方面军总司令（魏府西南面都部署）。

六月十七日，派侍卫军总指挥官（侍卫都军使）杨光远（杨檀），率步骑兵混合兵团一万人，进驻滑州（河南省滑县）。

六月十八日，派护圣总指挥官（护圣都指挥使）杜重威，率军进驻卫州（河南省卫辉市）。杜重威，是朔州（山西省朔州市）人，娶石敬瑭的妹妹乐平长公主。广晋（河北省大名县）反抗军首领范延光命冯晖当总司令（都部署），孙锐当兵马辅导官（兵马都监），率步骑兵二万人，沿黄河北岸西上，抵达黎阳口（河南省浚县南古黄河渡口）。

六月二十日，杨光远（杨檀）奏报说，已率军越过胡梁渡（即史思明大军所过的胡良渡，位滑州古黄河北岸，参考七五九年九月二十四日）。

石敬瑭命皇家文学侍从官（翰林学士）、国务院教育部副部长（礼部侍郎）和凝，当端明殿文学侍从官（端明殿学士）。和凝在大门写一张告白，声明不接见任何宾客。前耀州（陕西省铜川市耀州区）民兵司令部军法官（团练推官）襄邑（河南省睢县）人张谊，写信给和凝，指出："你坐在最接近皇上的位置上，应作皇上的耳目，替皇上听，也替皇上看，应该了解四面八方的现实情况，知道利在哪里？弊在哪里？怎么可以拒绝宾客！虽然对做官的人来说，或许免除很多麻烦是非，但是却辜负国家的期许！"和凝对他很是欣赏，推荐给桑维翰，不久，被任命当监督院（门下省）见习监督官（左拾遗）。张谊上疏说："北方蛮夷（指契丹〔首都临潢府〕）有支援拥戴的功劳，应该在外交上坚守承诺，继续友好。但我们自己却应加强沿边防御，万不可松懈，那会引起蛮夷的侵略野心。”石敬瑭十分赞许。

**23** 契丹军（首都临潢府）围攻云州（山西省大同市）半年之久，不能攻克，守城将领吴峦派使节从小路携带奏章，请中央援救。后晋帝（一任高祖）石敬瑭特别为这件事写信给契丹帝（二任太宗）耶律德光，耶律德光才命翟璋解除包围撤退。石敬瑭命吴峦南返，派他担任武宁战区（总部设徐州〔江苏省徐州市〕）副司令官（节度副使）。

**24** 六月二十六日，后晋（首都河南府）命侍卫总指挥官（侍卫使）杨光远（杨檀），当广晋府（河北省大名县）地区总司令（魏府四面都部署），命东都（首都河南府）巡察官（巡检使）张从宾当副总司令（副部署）兼各军总纠察官（兼诸军都虞候），命昭义（总部潞州）司令官（节度使）高行周，率本部人马，进驻相州（河南省安阳市），当广晋府（河北省大名县）西方兵团总司令（魏府西面都部署）。

军士郭威，本来是刘知远的旧部（郭威，参考九二三年三月），应该随杨光远（杨檀）出征广晋府（河北省大名县），他报告刘知远，请求留下来。人们问他缘故，郭威说：“杨光远（杨檀）奸诈的小动作太多，英雄气概太少，得到我这个干部，毫无用处！能赏识我的，大概只有刘大帅！”

石敬瑭下诏命张从宾征调首都洛阳特别市政府（河南）武装部队数千人，东下讨伐范延光。范延光派人游说张从宾，张从宾遂改变立场，跟范延光合流，一起叛变，于是格杀皇子、河阳战区（总部设孟州〔河南省孟州市〕）司令官（节度使）石重信（年二十岁），命上将军张继祚代理河阳（总部孟州）候补司令官（知留后）。张继祚，是张全义的儿子（张全义，参考九二六年三月十五日）。张从宾又率军进入洛阳（首都河南府所在县），格杀另一皇子、暂任东都（河南府）留守长官石重乂（年十九岁），而命副留守长官、总巡察官（都巡检使）张延播，代理首都洛阳特别市市长（知河南府事），随大军出发。张从宾取出宫库的金钱绸缎，犒赏他的官兵。留守长官府执行官（留守判官）李遐拒绝交出，变兵诛杀李遐。张从宾率军扼守汜水关（河南省荥阳市西北汜水镇），准备进攻汴州（河南省开封市）。石敬瑭命奉国总指挥官（奉国都指挥使）侯益，率皇家禁卫军五千人，会同杜重威讨伐张从宾；又命宫廷事务总监（宣徽使）刘处让自黎阳（河南省浚县）派出一部分兵力对付张从宾。当时，军令急如星火，使节来往好像织布梭，纵横交错，随驾留在大梁（河南省开封市）的文武百官，没有一个不惊骇恐惧。只桑维翰镇定如常，决策定计，脸色泰然；接待宾客时，神情跟过去一样，人心稍稍安定。 140

**25** 闽帝国（首都长乐府〔福建省福州市〕）巫法师奏报闽帝（二任康宗）王继鹏（王昶）说："螺峰（福建省福州市北）那里，夜晚看见一条白颜色的龙！"王继鹏（王昶）于是就在螺峰盖一座白龙寺。当时，各式各样土木工程，都在大肆兴建，费用不继。王继鹏（王昶）问国务院文官部副部长（吏部侍郎）、主管中央财政三单位（判三司）、候官（福建省闽侯县东南侯官村）人蔡守蒙说："听说高阶层官员用人时，都接受贿赂，有没有这回事？"蔡守蒙说："没有根据的谣言，不值得相信。"王继鹏（王昶）说："我知道得很久了，从今以后，我把人事大权全交给你，贤明干练的人，教他做官，即令对那些匪徒恶棍，也不要排斥，只要他们掏钱，就把他们的姓名登记下来，奏报给我。"蔡守蒙的操守一向廉洁，认为不可以这样做，王继鹏（王昶）大发雷霆，蔡守蒙恐惧，只好接受。自此，任命官员时，只看他贿赂多少，不管他有没有才干。王继鹏（王昶）又把姓名栏空白的人事任命状，交给皇家医院助理医师（医工，流外三品）陈究，命他到外面贩卖，拿到钱后，就把对方姓名填上，成为政府正式官员。王继鹏（王昶）专门聚敛搜刮，无论收入多少，都不满足。王继鹏（王昶）又下诏规定：人民有隐瞒年龄的，棍打脊背；城乡有隐藏人口的，处死；逃亡的，屠杀全族。水果、蔬菜、鸡鸭、猪肉，都征收重税。

**26** 秋季，七月，后晋（首都河南府）洛阳（河南省洛阳市）变军首领张从宾，进攻汜水关（河南省荥阳市西北汜水镇），格杀巡察官（巡检使）宋廷浩。后晋帝（一任高祖）石敬瑭全副武装，备妥轻快骏马，打算逃回晋阳（山西省太原市）躲避变军的夹击，桑维翰下跪叩头，苦苦劝阻道：“盗贼的声势虽然强大，可是势必不能支持太久，请稍为等待一段时间，最好不要作轻率的行动。”石敬瑭才停止。

广晋（河北省大名县）变军首领范延光，派使节携带密藏信件的蜡丸，分别前往各地，引诱煽动失意的政客；右武卫（卫军第四军）上将军娄继英、右卫（卫军第二军）大将军尹晖（参考九三四年三月），这时都在大梁（河南省开封市）。温韬（温昭图）的儿子温延濬、温延沼、温延衮，都住许州（河南省许昌市），全起来响应（娄继英的儿子娶温延沼的女儿；尹晖于凤翔之役降李从珂〔参考九三四年三月〕，现挂名禁卫军，乃是闲差。温韬是著名的盗墓贼〔参考九〇八年十月〕，后来伏诛〔参考九二八年九月〕，儿子们被逐出仕途）。范延光命温延濬兄弟夺取许州（河南省许昌市），温家三兄弟秘密集结部众，已有一千人。就在这时候，娄继英、尹晖的事情泄漏，二人逃出汴州（河南省开封市）。

七月二日，石敬瑭下诏宣称：“范延光有一种阴谋，故意制造证据，诬害忠良，自今以后，凡是捕获范延光的使节或间谍，都有赏赐，并立即把使节间谍诛杀，但对于所携带的藏在蜡丸里的密函，一律焚毁，不必奏报。”尹晖打算投奔南吴（首都江都府），被人格杀。娄继英逃到许州（河南省许昌市），投靠亲家翁温氏三兄弟。忠武（总部许州）司令官（节度使）苌从简，这时已提高警觉，严加戒备，温延濬等不敢发动，又怕日久生变，遂打算诛杀娄继英，用来自救，温延沼从中阻止，于是一同投奔张从宾。娄继英不久就得到温氏兄弟几乎出卖自己的消息，遂煽动张从宾逮捕温氏三兄弟，一律斩首。

后晋（首都河南府）中央军将领白奉进驻扎滑州（河南省滑县），有军士在夜晚抢掠民宅，白奉进共逮捕五个人，其中三个人是白奉进的部属，两个人是义成（总部滑州）司令官（节度使）符彦饶的部属，白奉进一视同仁，全部斩首。符彦饶认为他竟然不先告诉一声，大为愤怒。第二天（七月三日），白奉进率几名骑兵晋见符彦饶道歉，符彦饶说：“军中一向是各管各的事情，你杀你的人好了，为什么连滑州（河南省滑县）的人也一起处死，难道这样对付你的东道主？”（白奉进遥任昭信〔总部虔州〕司令官〔空头官衔〕，乃是客军。）白奉进说：“官兵们犯法乱纪，何必分别你我？我已经承认疏忽，向你道歉，而你仍不能稍稍息怒，莫非跟范延光一同叛变！”一拂衣袖，站起来就走，符彦饶也不挽留；可是左右武装战士大声喧哗嘶喊，围上去生擒白奉进，当场格杀。白奉进的随从骑兵惊惶冲出去，在营外大叫，各军争先披上铠甲，拿起武器，喧哗嘶喊的声音，越发扩大，奉国左翼总指挥官（奉国左厢都指挥使）马万，惊惧迷惑，不知道怎么办才好，率领步兵打算趁火打劫，中途遇到右翼总指挥官（右厢都指挥使）卢顺密，率军正开出营房，厉声大喝说：“符大帅擅自杀白大帅，一定跟广晋（河北省大名县）叛徒秘密勾结。这里距离汴州（河南省开封市）只两百华里，我们和军队官兵们的家属，都在大梁（汴州州政府所在城），你们为什么不报效国家，反而参加叛乱，自找全族屠灭的下场？现在只有一条路，大家联合一致，活捉符大帅，呈献给皇上，建立大功。接受命令的有赏，反抗命令的诛杀，大家不要三心二意。”马万部下士卒还有人跳起来呼喊，卢顺密命立即斩首，一连杀了几个人，大家才被镇压住，不敢乱动。马万不得已，只好接受，会合奉国总纠察官（奉国都虞候）方太等，攻陷内城（牙城），生擒符彦饶，命方太押解送往大梁（河南省开封市）。

七月四日，石敬瑭下令，就在班荆馆（《左传》前五四七年：“楚王国伍举跟声子友谊深厚，伍举出奔，在郑国郊区跟声子相遇，把草铺到地上〔文言义称“班荆”〕，二人坐在上面一面吃饭，一面谈话。”此地当在汴州东郊），斩符彦饶，对他的兄弟，一概不再追究（符彦饶是李存审〔符存审〕的儿子，兄弟符彦卿是当时名将）。

中央军总司令（都部署）杨光远（杨檀），自白皋（河南省滑县北古黄河西岸渡口）率军直向滑州（河南省滑县），士卒听到滑州（河南省滑县）发生兵变，打算拥护杨光远（杨檀）当皇帝，杨光远（杨檀）说：“皇帝岂是你们做生意的货物？晋安寨之役出营投降（参考去年〔九三六〕闰十一月），实在是因为已到绝路，万不得已，现在如果再改变立场，可真正成了反贼！”部下才不敢再说。当时，魏（天雄总部，河北省大名县）、孟（河阳总部，河南省孟州市）、滑（义成总部，河南省滑县）三战区相继叛乱，人心震动。石敬瑭问刘知远有什么计谋，刘知远说：“帝王的兴起，是上天安排。陛下去年（九三六）在晋阳（山西省太原市），粮食支持不了五天，可是不久就完成大业。而今大势已定，国内我们手握强大的军队，国外我们结交强大的蛮夷（契丹），鼠辈有什么能耐？陛下只要用恩德对待将相，而由我用威严的手段对待士卒，恩威并用，京师

（首都河南府）自然平安，只要根本深固，枝叶自然不会受到伤害。”刘知远遂严厉执法，皇家禁卫各军官兵没有人胆敢违犯。一个士卒偷人家一堆纸钱（烧给死人用的冥币），失主捉住他，扭到大营法办，左右官员认为不值几个钱，请求把他放掉，刘知远说：“我只问他有没有偷窃的事实，不问他偷窃的东西值不值钱！”竟把那人斩首。由是大家都敬畏服从。

七月五日，石敬瑭命杨光远（杨檀）当广晋府（河北省大名县）特遣兵团总征剿司令（魏府行营都招讨使）兼主管广晋（河北省大名县）特遣政府（兼知行府事）；命昭义（总部潞州）司令官（节度使）高行周当首都洛阳特别市长（河南尹）兼东都（河南府）留守长官；命杜重威当昭义（总部潞州）司令官（节度使），充任侍卫军骑兵总指挥官（侍卫马军都指挥使）；命侯益当河阳（总部孟州）司令官（节度使）。石敬瑭发现从滑州（河南省滑县）呈递中央的联名奏章，都是马万领衔，于是擢升马万当义成（总部滑州）司令官（节度使）。

七月六日，石敬瑭命卢顺密当果州（四川省南充市）民兵司令官（空头官衔。此时果州属后蜀〔首都成都府〕），方太当赵州（河北省赵县）州长。不久，才知道都是卢顺密的功劳，乃命卢顺密当昭义（总部潞州）候补司令官（留后）。

广晋（河北省大名县）变军将领冯晖、孙锐，率军抵达六明镇（河南省浚县西南），中央军统帅杨光远（杨檀）引诱他们南渡黄河，而在他们渡过一半时，发动攻击。变军大败，很多人淹死，被杀三千人。冯晖、孙锐逃回广晋（河北省大名县）。

中央军将领杜重威、侯益，率军抵达汜水（河南省荥阳市西北汜水镇），遇到变军将领张从宾的部众一万余人，两军会战，几乎把变军全部消灭，剩下的也几乎全部俘虏，遂攻克汜水（河南省荥阳市西北汜水镇）。张从宾撤退，骑马过河，不料竟被淹死。中央军遂生擒他的同党张延播、张继祚、娄继英，押送大梁（河南省开封市），斩首，屠灭九族。国史馆编撰官（史馆修撰）李涛上疏强调张全义对洛阳（河南省洛阳市）有再造的大功（参考八八七年六月），请求赦免屠灭全族的严厉处分，石敬瑭同意，于是只杀张继祚满门。李涛，是李回的族曾孙（李回曾当宰相，参考八四五年五月）。

石敬瑭下诏命东都（河南府）留守长官部文武官员，全体东下前来皇帝所在地（汴州，河南省开封市）。

中央军统帅杨光远（杨檀）奏报说："变军博州（山东省聊城市）代理州长张晖，献出城池投降。"

安州（湖北省安陆市）威和指挥官（威和指挥使）王晖，听到范延光叛变消息，于是格杀安远战区（总部设安州〔湖北省安陆市〕）司令官（节度使）周瓌，接收总部，打算见风转舵，范延光胜，就归附范延光，范延光失败，就南渡长江投奔南吴（首都江都府）。后晋帝（一任高祖）石敬瑭派右领军（卫军第八军）上将军李金全，率一千名骑兵出任安州（湖北省安陆市）巡查官（巡检），允许赦免王晖，并任命王晖当唐州（河南省唐河县）州长。

广晋（河北省大名县）变军首领范延光知道大势已去，把所有变乱责任都归罪于孙锐一人，屠杀孙锐全族，派使节携带奏章，前往中央军大营呈递，请求恕罪。

七月二十八日，杨光远（杨檀）把范延光奏章转报中央，石敬瑭拒不接受。

**27** 南吴（首都江都府）二级实质宰相（同平章事）王令谋，前往金陵（江苏省南京市），请求齐王徐知诰（李知诰）接受南吴帝（一任睿帝）杨溥的禅让，徐知诰（李知诰）拒绝。 

**28** 后晋（首都河南府）山南东道战区（总部设襄州〔湖北省襄阳市〕）司令官（节度使）安从进，恐怕安州（湖北省安陆市）变军首领王晖逃奔南吴（首都江都府），特派作战参谋长（行军司马）张朏（音fěi〔匪〕）率军会合复州（湖北省天门市）政府军，进驻要道拦截（复州属山南东道战区）。王晖不接受安排，在安州（湖北省安陆市）大肆抢掠，打算投奔南吴（首都江都府），他的部将胡进把他诛杀。

八月十三日，安从进把事情变化始末，奏报中央。李金全抵达安州（湖北省安陆市），对参加兵变的官兵数百人，安抚解释，全部送往京师（首都河南府）。但李金全不久就听说指挥官（指挥使）武彦和等数十人，携带大量金银财宝，于是在荒野设下伏兵，把他们生擒斩首。武彦和临死时，呼喊说："王晖是领导人，皇上还把他赦免，我们不过被胁迫跟随，犯了什么罪？"石敬瑭虽知道李金全的行为，却假装不知道，也不追究。

**29** 南吴（首都江都府）历阳公爵杨濛，知道帝国就要被篡夺，决定孤注一掷。

八月十五日，杨濛格杀看守他的基地司令（守卫军使）王宏，王宏的儿子集结部队攻击杨濛，杨濛再把他射死（杨濛被囚和州，已三年有余，参考九三四年六月），认为德胜战区（总部设庐州〔安徽省合肥市〕）司令官（节度使）周本，是帝国的元勋旧将，于是率领两名骑兵，前去投奔。周本听见杨濛抵达，就要接见，他的儿子周弘祚一再劝阻，周本大怒说："是我家的郎君来找我，为什么不教我见。"周弘祚紧关家门，不准老爹出去，一面派人到外面生擒杨濛，押送江都（江苏省扬州市)。徐知诰(李知诰)派使节到采石(安徽省马鞍山市西南),声称奉南吴帝(一任睿帝)杨溥的指令,诛杀杨濛,追贬为叛逆平民,并从皇家族谱中剔除姓名。侍卫军指挥官(侍卫军使)郭悰,把留在和州(安徽省和县)的杨濛的妻子儿女,全部杀光。徐知诰(李知诰)把责任推到郭悰头上,贬逐池州(安徽省池州市贵池区)。

**30** 八月二十五日,后晋帝(一任高祖)石敬瑭赦免张从宾、符彦饶、王晖的同党;还没有被诛杀的人,一律不再追究。

自从后梁、后唐以来,凡是知识分子或平民,不论是充当使节,或被俘虏、掠夺,迄今仍羁留契丹(首都临潢府)的,石敬瑭派使节去把他们赎回,各回己家。

**31** 南吴(首都江都府)司徒(三公之二)、副监督长(门下侍郎)、二级实质宰相(同平章事)、宫廷机要署总管(内枢使)、忠武战区(总部设许州〔河南省许昌市〕)司令官(空头官衔。此时许州属后晋〔首都河南府〕)王令谋,年老而身患重病,又没有牙齿,有人劝他退休,王令谋说:“齐王(徐知诰)的大事还没有办完,我怎么敢只顾自己安逸!”病已严重,仍竭力劝徐知诰(李知诰)接受让位。本月(八),南吴帝(一任睿帝)杨溥下诏,把帝位让给齐王徐知诰(李知诰),李德诚率文武百官再去金陵(江苏省南京市),向徐知诰(李知诰)劝进(李德诚上次赴金陵劝进,参考去年〔九三六〕十二月),只宋齐丘不肯在劝进表上署名。

九月四日,王令谋逝世。

**32** 九月五日,后晋帝(一任高祖)石敬瑭命李金全当安远战区(总部设安州〔湖北省安陆市〕)司令官(节度使)。

娄继英曾请准安葬后梁三任帝朱友贞的人头（参考本年〔九三七〕五月），还没有安葬，娄继英就被诛杀（参考本年〔九三七〕七月）。现在，石敬瑭命后梁时代的官员、右卫（卫军第二军）上将军安崇阮（参考九三一年三月），跟朱友贞仍活在人间的小老婆郭女士，出面把它埋葬（距朱友贞之死十四年）。

**33** 九月十七日，南吴帝（一任睿帝）杨溥命江夏王杨璘，携带皇帝印信，送给齐王徐知诰（李知诰）（南吴从一个政治实体，而郡国，而王国，而帝国，中间又不紧密相连，所以不易确定何年开国，小分裂时代的若干国家，如闽、如南楚、如南平、如吴越，都是这样。如自八八七年杨行密〔杨行愍〕第一次进入扬州算起，前后五十一年而亡。如自九一〇年杨隆演由弘农王改南吴王算起，前后二十八年而亡）。

冬季，十月五日，齐王徐知诰（李知诰。本年五十岁）在金陵（江苏省南京市）登上皇帝宝位，大赦，改年号升元（之前是天祚三年，之后是升元元年），建国号唐（史称南唐，以别于唐、后唐）。追赠太祖武王徐温绰号武皇帝。

十月六日，徐知诰（李知诰）派右丞相徐玠，携带奏章晋见南吴亡国之君（一任睿帝）杨溥，声称："接受禅让的老臣徐知诰（李知诰），谨下跪叩头，恭呈陛下尊贵绰号：高尚思玄弘古让皇，以后居住的宫殿、车轿、服装、用具，都和在位时一模一样，皇家祖庙、年号、皇家符号图案、衣服颜色，一律依照南吴旧有制度。"

十月八日，徐知诰（李知诰）封徐知证当江王，徐知谔当饶王。命南吴皇太子杨琏遥兼平卢战区（总部设青州〔山东省青州市〕）司令官（空头官衔。此时青州属后晋〔首都河南府〕）兼最高立法长（兼中书令），封弘农公爵。

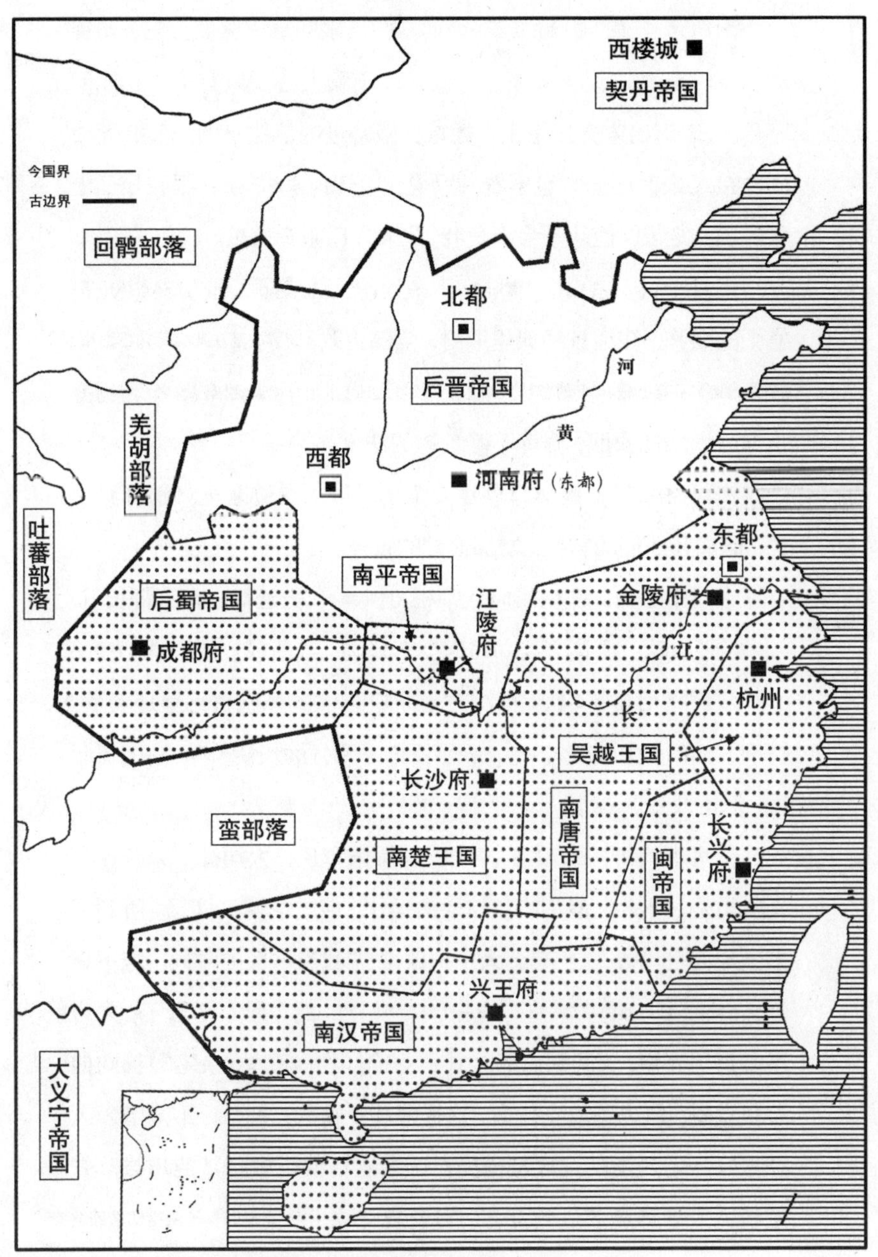


十世纪·九三七年十月　徐知诰篡南吴，建南唐帝国·八国并立

南唐帝（一任烈祖）徐知诰（李知诰）在天泉阁宴请文武百官，司徒（三公之二）李德诚说："陛下上应天命、下顺人心，只有宋齐丘闷闷不乐。"遂拿出宋齐丘阻止李德诚拥戴劝进的信件呈阅，徐知诰（李知诰）接过来，连一眼也不看，只说："子嵩（宋齐丘别名）跟我是三十年的旧交老友，他从不会辜负我。"宋齐丘叩头道歉。

十月十日，徐知诰（李知诰）上疏杨溥，对东都江都（江苏省扬州市）宫殿的名称，在道教经典里取材，全部更改（南吴故都江都府号东都之事，《资治通鉴》没有记载。《十国春秋》则载于本年〔九三七〕十月南唐建国时改名）。杨溥常穿着道士的衣服，修炼不吃食物的法术。

十月十二日，南吴皇族建安王杨珙等十二位亲王，都降封公爵，但擢升他们的官位，增加他们的采邑。

十月十七日，命南吴时代宰相（同平章事）张延翰、副监督长（门下侍郎）张居咏、副立法长（中书侍郎）李建勋，当新成立的南唐（首都金陵府）政府宰相（同平章事）。杨溥对于徐知诰（李知诰）向自己呈递奏章，特别写信给徐知诰（李知诰），表示不敢承当，徐知诰（李知诰）上疏谢恩，但不改变。

十月十八日，徐知诰（李知诰）加授宋齐丘：大司徒。宋齐丘名义上虽是左丞相，但不能参与政治运作，他既惭愧又恼怒。听到诏书上说他是"布衣之交"，大声抗议说："我当平民的时候，陛下是州长（昇州〔江苏省南京市〕州长，参考九一二年五月），而今陛下是天子，大可不必再用老臣。"回家后等候处罚，徐知诰（李知诰）亲笔写信向他解释安慰，但也不改变任命。这样僵持了很久，宋齐丘不知道怎么办才好，于是上疏建议把南吴亡国之君杨溥贬窜到其他州县，并把南吴太子杨琏放逐到远方，断绝婚姻关系（杨琏的妻子是徐知诰的女儿，参考本年〔九三七〕正月）。徐知诰（李知诰）都不接受。

十月二十六日，徐知诰（李知诰）封妻子宋女士为皇后。

十月二十九日，徐知诰（李知诰）命王太子、各战区道总指战官（诸道都统）、主管元帅府（判元帅府事）徐景通，当各战区道副元帅兼皇家禁卫军统帅（判六军诸卫事）、太尉（三公之一）、国务院总理（尚书令），封吴王。

**34** 闽帝（二任康宗）王继鹏（王昶），任命他的老弟、威武（总部长乐府）司令官（节度使）王继恭，出面呈递奏章给后晋帝（一任高祖）石敬瑭，奏章上报告老哥王继鹏（王昶）继承帝位，请准许在洛阳（后晋首都河南府所在县）设立宾馆（闽帝国跟中原恢复关系，参考前年〔九二五〕十月）。

**35** 十一月六日，南唐（首都金陵府）吴王徐景通改名徐璟（徐景通）。

南唐帝（一任烈祖）徐知诰（李知诰）封他的女儿、前南吴太子杨琏的妻子徐女士为永兴公主。徐女士每听到有人唤她公主，就泪流满面，请别人改口。

十一月九日，徐知诰（李知诰）封他的儿子徐景遂当吉王、徐景达当寿阳公爵。命徐景遂当最高监督长（侍中，使相）、东都（江都府，江苏省扬州市）留守长官、江都特别市长（江都尹），率留守长官部文武百官，前往东都（江都府，江苏省扬州市）。

**36** 后晋帝（一任高祖）石敬瑭下诏加授吴越王（二任文穆王）钱元瓘（钱传瓘）官衔：天下兵马副元帅，封吴越国王。

**37** 后晋（首都河南府）安远战区（总部设安州〔湖北省安陆市〕）司令

官（节度使）李金全，命他的亲信胡汉筠当本部参谋官（中门使），军政大事，一律交给胡汉筠处理。胡汉筠贪婪狡狯，而又残忍凶暴，拼命贪赃枉法，从不满足。后晋帝（一任高祖）石敬瑭得到报告，派一位以清廉闻名的官员贾仁沼接替，并且召唤胡汉筠前来京师（首都河南府），准备另行给他一个职务，用以保全功臣。胡汉筠大为恐惧，开始劝李金全考虑叛变。

十一月二十六日，李金全上疏说："胡汉筠有病，不能长途跋涉。"李金全的老友庞令图屡次劝阻说："贾仁沼是忠义之士，用他接替胡汉筠，所获的助益一定很多。"胡汉筠派刺客于夜晚翻墙而入，屠杀庞令图全家，又向贾仁沼下毒，贾仁沼舌头溃烂而死。胡汉筠跟司法官（推官）张纬紧密结合，用谄媚阿谀的手段，套牢李金全，李金全对他们越发宠爱。

**38** 十二月三十日，后蜀帝国（首都成都府〔四川省成都市〕）大赦，改明年（九三八）年号广政。

**39** 后晋帝（一任高祖）石敬瑭下诏，加授南楚王（三任文昭王）马希范（本年三十九岁）当长江以南各战区道总指战官（江南诸道都统），全权处理武平战区（总部设朗州〔湖南省常德市〕）及静江战区（总部设桂州〔广西桂林市〕）军务。

**40** 本年（九三七），契丹（首都临潢府）改年号会同，改国号辽，政府结构及官员任命，都仿效中原，并且参用汉人。释放被囚禁的赵延寿（刘延寿），任命他当帝国参谋总部指挥官（枢密使），不久，又任命他兼宰相（兼政事令）。

# 九三八年 戊戌

| | | |
|---|---|---|
| 后晋 | 天福 | 三年 |
| 南唐 | 升元 | 二年 |
| 南楚 | 天福 | 三年 |
| 吴越 | 天福 | 三年 |
| 南汉 | 大有 | 十一年 |
| 南平 | 天福 | 三年 |
| 闽 | 通文 | 三年 |
| 后蜀 | 广政 | 元年 |
| 辽 | 会同 | 二年 |

1 春季，正月二日，日蚀。

2 南唐帝国（首都金陵府〔江苏省南京市〕）德胜战区（总部设庐州〔安徽省合肥市〕）司令官（节度使）兼最高立法长（兼中书令，使相）西平王（恭烈王）周本，因为不能保存故主杨行密（杨行愍）建立的南吴帝国，羞愧懊恨，逝世（年七十七岁）。

正月十九日，南唐帝（一任烈祖）徐知诰（李知诰。本年五十一岁），命最高监督长（侍中）吉王徐景遂参与国务院决策（参判尚书都省）。

**3** 后蜀帝国（首都成都府〔四川省成都市〕）皇帝（二任）孟昶（孟仁赞。本年二十岁）命武信战区（总部设遂州〔四川省遂宁市〕）司令官（节度使）、遥兼二级宰相（同平章事，使相）张业，回京（首都成都府）当国务院左最高执行长（左仆射）兼副立法长（兼中书侍郎）、二级实质宰相（同平章事）兼帝国参谋总部指挥官（枢密使）。命武泰战区（总部设黔州〔重庆市彭水县〕）司令官（节度使）王处回，兼武信战区（总部设遂州〔四川省遂宁市〕）司令官（节度使），遥兼二级宰相（同平章事，使相）。

**4** 二月三日，后晋帝国（首都河南府〔河南省洛阳市〕）监督院（门下省）最高顾问官（左散骑常侍）张允，呈报《驳斥大赦论》，指出："帝王们遇到天灾，往往下令大赦，称之为'广施恩德'。现在，假设有两个囚犯，同时遇到大赦，那么，罪有应得的人无罪，理直气壮的人反而含冤难伸，怨气上升凝结，只会造成灾害，不会减少灾害。"后晋帝（一任高祖）石敬瑭（本年四十七岁）下诏褒扬。石敬瑭高兴听到正直言论，命文武百官呈递密封奏章，由国务院文官部长（吏部尚书）梁文矩等十人，组"皇家行政顾问院"（详定院）考核，没有内容的，归档保存，可以执行的，交有关单位执行。但几个月下来，接受号召上书言事的不到十个人。

正月十八日，石敬瑭再下诏鼓励。

三月三十日，石敬瑭禁止民间制造铜器。最初，在后唐政府时代，全国有三十六个造币厂，天下大乱（应指石敬瑭夺权）之后，全部停工，而钱每天都有损耗，民间往往把钱熔化，铸成铜器；中央所以禁止（后唐时放宽人民铸造铁器，参考九三一年十二月；如今恢复禁止）。

立法官（中书舍人）李详上疏，认为："十年以来，中央不断的颁发赦令，而各战区道又准许长官推广恩德，任用自己的亲信。而各战区向中央推荐的人选，动不动超过数百人之多。于是，连最低层的仓库保管员、缮写员、戏子、奴隶、家仆，第一次出道当官时，就是'从三品'高阶（银青），穿的是紫色官袍、拿的是象牙笏板，所有官职，都超过他们的身价，泛滥成灾，贵贱难以分辨。我建议从现在开始，除了各战区道现任带兵官之外，战区总部所在的州，有权任命'木印大将'（朱记大将）以上十个人（唐王朝官员印信，都用铜铸，供不应求，最后只好改为木刻），普通的州只可以推荐大营总管理官（都押牙）、总纠察官（都虞候）、文书官（孔目官），奏报中央任命。除此以外大小官员，则由中央授权给各战区道长官，考核他们的工作成绩，作为根据，分别升迁。"石敬瑭批准。

**5** 夏季，四月七日，南唐（首都金陵府）左丞相宋齐丘向南唐帝（一任烈祖）徐知诰（李知诰）抗议说：他是帝国宰相，不可以不参加决策！徐知诰（李知诰）回答说：只因房舍缺少，没地方可以办公。

南吴亡国之君杨溥坚持要搬出皇宫，屡次请求准他搬家；太尉（三公之一）李德诚等也常提醒这件事。

五月十二日，徐知诰（李知诰）把润州（江苏省镇江市）内城（牙城）改称丹杨宫，派宰相（同平章事）李建勋当奉迎让皇特使（奉迎让皇使）。

**6** 后晋（首都河南府）讨伐军统帅杨光远（杨檀），仗恃自己手握重兵，对中央政府常常干预，不断提出抗议，后晋帝（一任高祖）石敬瑭总是撤回自己的意见，采纳他的意见。

五月十四日，石敬瑭任命杨光远（杨檀）的儿子杨承祚当左威卫（卫军第九军）将军，娶皇女长安公主；次子杨承信也被派给一个很好的官职，杨家所受的宠爱荣耀，当时数天下第一。

**7** 五月十六日，南唐帝（一任烈祖）徐知诰（李知诰）命左宣威（禁军第九军）副统军王舆，当镇海战区（总部设润州〔江苏省镇江市〕）候补司令官（留后）；命礼宾总监（客省使）公孙圭当总监军官（监军使）；命亲信干部马思让当丹杨宫总管（丹杨宫使）。把南吴亡国之君杨溥的家族，全部迁移到丹杨宫居住。

左丞相宋齐丘再向徐知诰（李知诰）控诉说：他被左右官员们诬陷离间。徐知诰（李知诰）勃然大怒。宋齐丘回到家里，换上平民衣服，等候定罪。有人向徐知诰（李知诰）求情说：“宋齐丘是旧日部属，因小小过失就把他抛弃，似乎太重。”徐知诰（李知诰）说：“宋齐丘很有才干，但他不识大体。”命吴王徐璟（徐景通）拿着老爹亲笔写的诏书，去请他恢复办公。

六月七日，有人把制造毒酒的药方呈献给徐知诰（李知诰），徐知诰（李知诰）说：“违犯国法的，国家有具体的刑罚条款，要毒酒干什么？”文武百官争先恐后的请求把中央机关、寺庙、州县政府名称上，凡有“吴”字跟“阳”（杨）字的，都予以刮除。东都（江都府，江苏省扬州市）留守长官部执行官（留守判官）杨嗣，请改姓羊。右丞相徐玠说：“陛下建立帝国，完全上顺天心，下从人民，并不是叛逆篡夺，而一些谄媚拍马的无耻之辈，却只全神贯注到改名改姓上，不是当前最急迫的需要，不可以听信。”徐知诰（李知诰）同意。

**8** 后晋（首都河南府）东都（河南府，河南省洛阳市）留守长官高行周上疏建议整修洛阳宫。

六月十一日，监督院（门下省）高级顾问官（左谏议大夫）薛融劝阻说："现在，宫殿虽然被大火烧毁（参考前年〔九三六〕闰十一月二十六日），但比起伊祁放勋（黄帝王朝六任帝）用茅草盖的房舍，要奢侈得多。复建的费用虽然很少，但比起刘恒（西汉王朝五任帝）兴建露台，要高出得多（刘恒建露台，参考前一五七年六月）。何况广晋（河北省大名县）还没有攻克，公私都十分穷困，实在不是陛下整修宫殿的日子。如果能等到天下太平，再去动工，并不算晚。"石敬瑭采纳他的建议，下诏褒奖。

六月十四日，国务院财政部财务司司长（金部郎中）张铸奏报说："我观察乡村里的无业游民和流动户口，他们并不是不愿耕地种田，更不是不希望安居乐业。只是因为种树还没有种到十年，开荒还没有开到三顷（三百亩），刚刚建立一点看起来可能维生的基础，就被县政府主管单位征调前去当兵或当差役，或课征沉重的赋税，而且使用严刑逼迫。使他们不得不抛弃努力的成果，逃亡求生。我建议从今以后，农民垦荒，要垦到五顷（五百亩）以上，而且垦田三年期满之后，才准县政府向他们征兵征粮。"石敬瑭批准。

秋季，七月，宰相联合办公厅（中书）奏报说："王朝虽然改变，但制度并没有差异。请指派专人收集明宗（后唐二任帝李嗣源）在位（九二六年至九三三年）以及清泰时代（后唐四任帝李从珂使用的年号，九三四年至九三六年）期间的皇帝诏书和中央训令，详细审查，认为有永久性的，编辑成册。"石敬瑭同意。

七月四日，石敬瑭命监督院（门下省）高级顾问官（左谏议大夫）薛融等负责收集审核。

七月十六日，石敬瑭下令铸造皇帝使用的大印——御玺（传国御玺被李从珂携带身边焚毁），上面刻文："受天明命，惟德允昌"（意思是：接受上天明显的任命，广施恩德仁政，一定昌隆）。

八月，石敬瑭向辽帝国（首都临潢府〔内蒙古巴林左旗〕）皇帝（二任太宗）耶律德光（本年三十七岁）及他的娘亲述律太后，呈献尊贵绰号。

八月四日，石敬瑭命国务院左最高执行长（左仆射）刘昫当"呈献皇帝（耶律德光）尊贵绰号特使（册礼使）"、宰相（同平章事）冯道当"呈献太后（述律平）尊贵绰号特使（册礼使）"，在喝道卫士严肃整齐的仪队和盛大的车队，前呼后拥下，前往辽国（首都临潢府）举行呈献大典，耶律德光大为高兴。石敬瑭事奉辽国（首都临潢府）小心翼翼，十分恭敬，呈递奏章，自己称"臣"，而称耶律德光为"父皇帝"。每次辽国使节抵达后晋（首都河南府）时，石敬瑭都特地在别殿接受诏书。每年除依照当年约定进贡金银绸缎三十万外，喜事的庆贺、丧事的祭悼、节日的馈赠，所呈献的财物，更是繁多，奇异的珍宝，跟供观赏用的器物，在路上络绎不断。不仅如此，对应天太后述律平（石敬瑭呈献给述律太后的绰号是：广德至仁昭烈崇简应天皇太后）、元帅太子（参考九二六年七月）耶律李胡（一任帝耶律阿保机的第三子）、伟王（耶律宛〔耶律李胡的次子〕）、中央政府南院大王（南院夷离瑾）、中央政府北院大王（北院夷离瑾）以及当权的高阶层官员，如韩延徽、赵延寿（刘延寿）等，都一一致送贿赂。然而，只要有一点不称心如意，辽国就派人前来责备，石敬瑭总是低声下气，说尽卑微的话道歉。但后晋（首都河南府）使节到了辽国（临都临潢府），辽国官员却倨骄傲慢，口出恶言。使节回来，把情况奏报石敬瑭，无论政府官员跟乡野平民，都认为是一种羞辱。可是石敬瑭对辽国（临都临潢府）的态度，更加谨慎，没有一点不耐烦的反应。因此，石敬瑭在位期间（九三六年至九四二年），跟辽国之间，没有发生过争执。然而，进贡的金银绸缎，不过几个县的田赋租税，还往往借口民穷财困，满不了三十万数目。后来，耶律德光屡次阻止石敬瑭称“臣”，只称“儿皇帝”，像父子一家人就好。

**柏杨曰**

九三八年时，耶律德光三十七岁，石敬瑭四十七岁。称“臣”无话可说，国衰力弱，不能不屈，而四十七岁的壮汉却以儿子自居，亲热的喊三十七岁的年轻小伙子作老爹，不能不说是世界级的无耻之徒。大黑暗时代最大的生态变异，就是为了夺取政治上的利益，无耻之徒特别茂盛。石敬瑭不过是最顶尖的一位，同样无耻的还有赵德钧（赵行实）、赵延寿（刘延寿）、杨光远（杨檀），抢着去当卖国贼、当儿皇帝，竟然还当不上。读史读到这里，身为一个中国人，深感羞愧。

当初，辽国（首都临潢府）接收幽州（北京市，割让的燕云十六州之一），定名南京（参考去年〔九三七〕正月），命后唐投降过去的将领赵思温当南京留守长官（赵思温，参考九二七年正月）。赵思温的儿子赵延照在后晋（首都河南府）供职，石敬瑭命他当祁州（河北省无极县）州长。赵思温秘密告诉赵延照：辽国国情终必发生变化，请准许他献出幽州（北京市）回归中国。石敬瑭不准。

**9** 辽国（临都临潢府）派使节前往南唐（首都金陵府）聘问（两国通使事，参考去年〔九三七〕五月）。宰相宋齐丘建议南唐帝（一任烈祖）徐知诰（李知诰）赠送他们厚重的礼物，然后，等使节渡淮河北返，进入后晋（首都河南府）国土时，暗中派刺客把他格杀，打算把责任栽到后晋

（首都河南府）头上，挑拨辽国跟后晋两国之间的感情。

**10** 八月八日，后晋（首都河南府）中央讨伐军统帅杨光远（杨檀）奏报说："变军前澶州（河南省内黄县东南）州长冯晖，从广晋（河北省大名县）城里率军出战，出城后即行投降（冯晖是孙锐的好友，自澶州进城，促范延光叛变，参考去年〔九三七〕六月），声称范延光粮食已经吃完，声势已穷。"

八月十五日，石敬瑭命冯晖当义成（总部滑州）司令官（节度使）。

杨光远（杨檀）围攻广晋（河北省大名县），已一年有余（去年〔九三七〕七月包围，迄今一年零两个月），不能攻克，石敬瑭因为军队士气涣散，人民生活艰难，决定停止用兵，派宦官朱宪进城传话，允许把范延光另调一个同样大的战区，并且立誓说："你如果投降而我仍然杀你，太阳在天上作证，我会丧失我的帝国。"范延光对战区副司令官（节度副使）李式说："领袖最重信用，说不杀我就是不杀我。"于是撤除防御，但仍然犹豫，不能下定决心。石敬瑭又派宫廷事务南院总监（宣徽南院使）刘处让再进城加强保证，范延光才决定投降。

九月一日，杨光远（杨檀）送范延光的两个儿子范守图、范守英，前往大梁（汴州州政府所在城）。

九月五日，范延光派营门官（牙将）携带奏章，到大梁呈递，等候处分。

九月八日，石敬瑭的诏书送到广晋（河北省大名县），范延光率领他的将领部众，改穿素色衣服，在营门恭迎，使节宣读诏书，把他们释放。朱宪，是汴州（河南省开封市）人。

**11** 辽国（首都临潢府）派使节到洛阳（后晋首都河南府所在县），护送

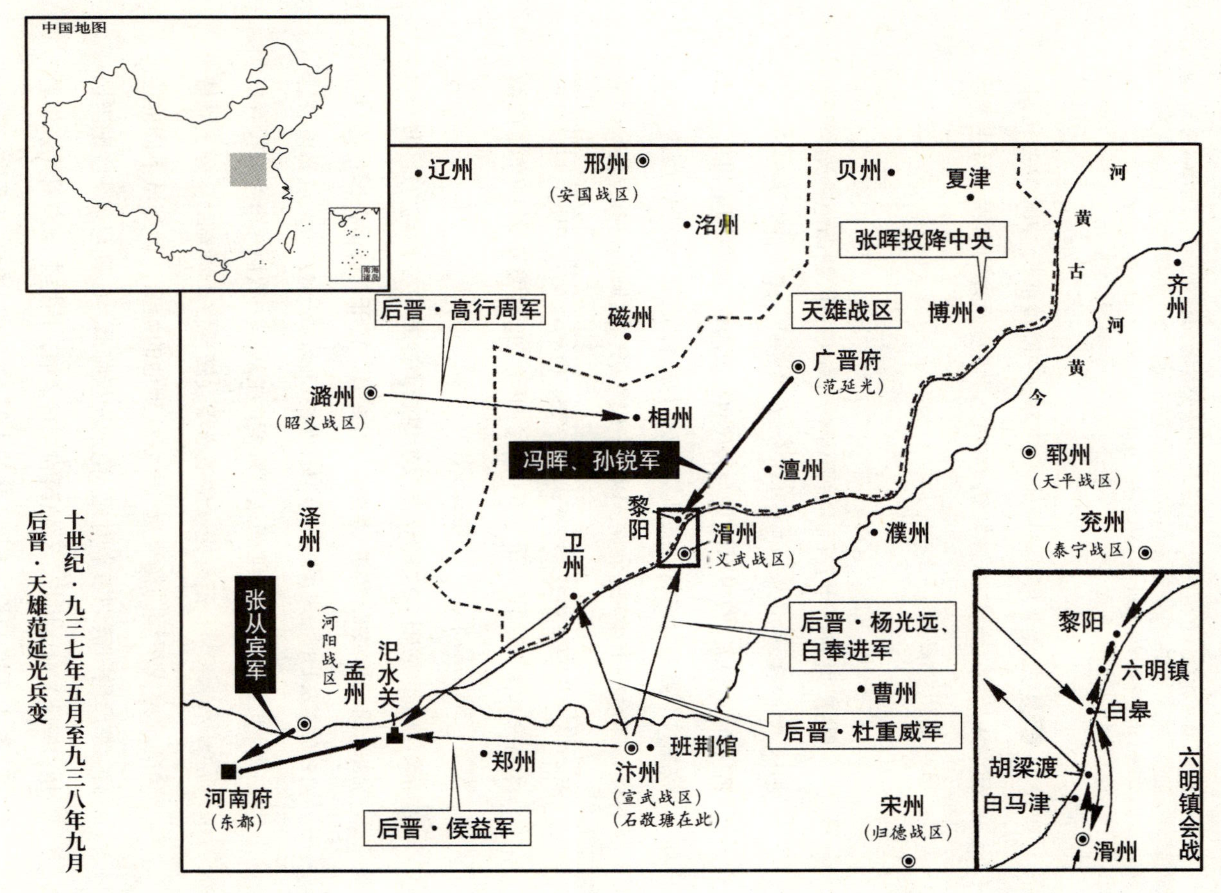


十世纪·九三七年五月至九三八年九月
后晋·天雄范延光兵变

赵延寿（刘延寿）的妻子、后唐燕国长公主北返（燕国长公主即兴平公主，是后唐二任帝李嗣源的女儿，参考九二六年九月）。

**12** 九月十八日，南唐（首都金陵府）库藏部长（太府卿）赵可封，建议南唐帝（一任烈祖）徐知诰（李知诰），恢复原来的李姓，另建李姓皇家祖庙（太庙）。

**13** 九月二十五日，后晋帝（一任高祖）石敬瑭命范延光当天平战区（总部设郓州〔山东省东平县〕）司令官（节度使），赐给他免死铁券。广晋（河北省大名县）城里军民在今天（九月二十五日）以前所犯的罪，一律赦免，不再追究。其他张从宾（故河阳〔总部孟州〕司令官）、符彦饶（故义成〔总部滑州〕司令官）的余党，以及中央军逃亡入城的官兵，也一律宽恕。范延光的心腹将领李式、孙汉威、薛霸，分别任命他们当警备区司令（防御使）、民兵司令（团练使）、州长；总部警备部队（牙兵）改编为皇家侍卫亲军。

最初，河阳（总部孟州）作战参谋长（行军司马）李彦珣，是邢州（河北省邢台市）人（曾出使东川，参考九二九年五月），父母一直留在家乡（二十世纪之前，官员上任，都迎接父母奉养，把父母留在家乡，是一种变态），从来没有送过财物回家。后来，随张从宾叛变。张从宾失败后，李彦珣投奔广晋（河北省大名县）。范延光任命他当步兵辅导官（步军都监），登上城墙防御。讨伐军统帅杨光远（杨檀）找到他的娘亲，带到城下向他招降。李彦珣一箭把娘亲射死。范延光投降后，石敬瑭命李彦珣当坊州（陕西省黄陵县）州长。石敬瑭的左右亲信，指控李彦珣射死亲生老母，罪大恶极，属于遇赦不赦的十恶（李彦珣犯了《唐律》十恶中的“恶逆”，参考六三一年十二月注），石敬瑭说：“赦免的命令已经颁布，不可更改。”

于是仍命李彦珣前往到差。

国家领导人固然不可以不讲信用，然而李彦珣的罪恶，神灵都不能容忍。石敬瑭如果赦免他叛君的过失，而只处罚他杀母的行为，对信用有什么损害！

九月二十六日，中央讨伐军统帅杨光远（杨檀）请求到中央朝见，命刘处让暂管天雄（总部广晋府）总部军政（权知天雄军府事）。

九月二十七日，中央命杨光远（杨檀）当天雄（总部广晋府）司令官（节度使）。

**14** 冬季，十月五日，辽国（首都临潢府）派使节携带封爵诏书，前来后晋，加授后晋帝（一任高祖）石敬瑭尊贵绰号：英武明义皇帝。

**15** 后晋帝（一任高祖）石敬瑭，因大梁（汴州州政府所在城，河南省开封市）是水陆车船交会的地方，水路运输粮食，十分方便，决定迁都。

十月七日，石敬瑭命在汴州（河南省开封市）建立东京，把汴州升格为开封府（后唐一任帝李存勖把开封府降为汴州，参考九二三年十月），而把东都（河南府，河南省洛阳市）改作西京；撤销西都（京兆府，陕西省西安市），改设晋昌战区（总部京兆府）。

石敬瑭派国务院国防部长（兵部尚书）王权，出使辽国（首都临潢府），叩谢赐封绰号。王权累世担任将相，认为向蛮夷叩头是一种耻辱（王权曾祖父王起当唐王朝国务院左最高执行长〔左仆射。参考八四四年四月〕、祖父王龟当浙东道行政长官〔观察使〕、老爹王荛当国务院右主任秘书〔右司郎中〕），对人说：“我已经老了，怎么能向荒漠中的篷帐，双膝下跪！”遂声称老而且病，坚辞不去。石敬瑭大怒。 

十月十五日，免除王权官职。

自从郭崇韬被杀（参考九二六年正月），宰相很少再兼任帝国参谋总部指挥官（兼枢密使）。石敬瑭称帝之后，桑维翰、李崧才身兼二职，宫廷事务总监（宣徽使）刘处让跟宦官们大不高兴。稍后，杨光远（杨檀）围攻广晋（河北省大名县），刘处让很多次为了军事行动，奉命来往。杨光远（杨檀）奏报的事情，有时超越他的职权。石敬瑭常常含糊处理，不作决断。桑维翰则依照法令规章办事，杨光远（杨檀）常对刘处让抱怨，刘处让说："这都是宰相们的主意。"杨光远（杨檀）因之讨厌宰相。范延光投降后，杨光远（杨檀）呈递秘密奏章，指责宰相们的过失，石敬瑭知道其中缘故，但逼于形势，只好加授桑维翰国务院国防部长（兵部尚书）、加授李崧国务院工程部长（工部尚书）、免除二人帝国参谋总部指挥官（枢密使）的职务，而命刘处让当帝国参谋总部指挥官（枢密使）。

祭祀部（太常）奏报说："现在，已在开封（河南省开封市）建立东京，可是皇家祖庙（宗庙）、农神祭庙（社稷），仍在西京（河南府，河南省洛阳市），请也迁来大梁（开封府所在城）。"石敬瑭下令说："暂且依旧。"

十月二十五日，后晋（首都开封府）大赦。

**16** 南汉帝国（首都兴王府〔广东省广州市〕）静海战区（总部设安南府〔越南河内市〕）前司令官（节度使）杨廷艺，被部将皎公羡诛杀（参考去年〔九三七〕三月）之后，杨廷艺的旧部吴权，自爱州（越南清化市）率军反攻，皎公羡派遣使节贿赂南汉（首都兴王府），请求救援，南汉帝（一任高祖）刘岩（本年五十岁）打算利用这场战乱，夺回安南府（越南河内市）。于是任命皇子万王刘弘操当静海战区（总部安南府）司令官（节度使），改封交王，率军西上，声称增援皎公羡。刘岩亲率大军进驻海门（广西合浦县），遥作呼应。刘岩向崇文殿管理官（崇文使）萧益，询问意见。萧益说："而今，大雨几十天不停，海路遥远而又危险。吴权残忍狡猾，不能不把他看在眼里。大军应该特别慎重，必须大量使用向导，没有向导，不可前进一步。"刘岩不理，命刘弘操率舰队自白藤江（流经越南永安市境）直向安南府（越南河内市）。这时候，吴权已格杀皎公羡，占领安南府（越南河内市），率军迎战，先行在海口（越南海防市）一带普遍插上巨大木桩，顶端削尖，用铁皮包裹；然后趁着涨潮，向南汉舰队挑战，再假装战败逃走，刘弘操追击，霎时间潮退水落，南汉舰队的船只，全被铁尖木桩自船底或两旁顶住，无法后退，吴权反攻，南汉舰队大败，士卒被溺死的占一大半，刘弘操也在其中。刘岩悲痛大哭，收集残余官兵回国。先前，皇家图书院（秘书省）助理编撰官（著作佐郎）侯融，建议刘岩裁减军备，让人民得到休息。这次出征兵败，刘岩认为侯融应该负责，于是劈开侯融的棺材，暴露他的尸体。萧益，是萧倣的孙儿（萧倣，参考八五八年五月）。

**17** 南楚王国（首都长沙府〔湖南省长沙市〕）国王（三任文昭王）马希范（本年四十岁）的妻子、顺贤夫人彭女士逝世（彭女士是彭玕的女儿，参考九〇九年七月）。彭女士面貌丑陋，但治家有法，马希范对她心怀敬畏，彭女士死后，马希范开始肆意追求美女，纵情声乐，宴会饮酒，从夜晚直到天明，宫内宫外，毫无分别。有位商人的妻子十分艳丽，马希范把她的丈夫杀掉，把她强行抢回，她发誓不受侮辱，上吊自杀。

**18** 黄河在郓州（山东省东平县）决口。

十世纪·九三八年十月

南汉·刘弘操反攻静海失败，溺死海口外海

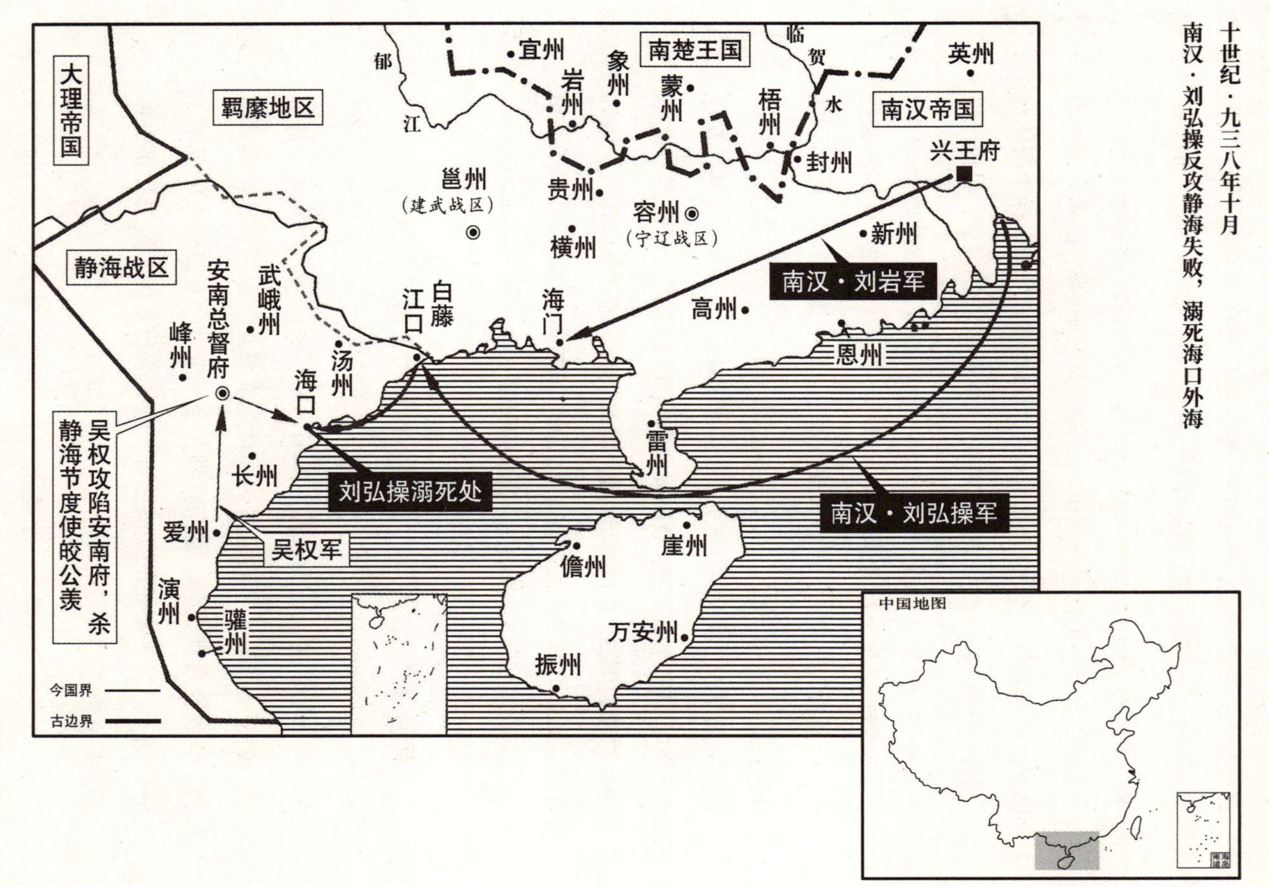

**19** 十一月，后晋（首都开封府）已投降的变军首领、现任天平（总部郓州）司令官（节度使）的范延光，自郓州（山东省东平县）进京（首都开封府）朝见。

**20** 十一月三日，后晋帝（一任高祖）石敬瑭，封闽帝国（首都长乐府〔福建省福州市〕）皇帝（二任康宗）王继鹏（王昶）当闽国王（这是中原政权首次封福建〔福建省〕王家班首领当国王），派监督院（门下省）最高顾问官（左散骑常侍）卢损当典礼特使（册礼使），赏赐王继鹏（王昶）朱红御袍。

十一月五日，石敬瑭加封威武（总部长乐府）司令官（节度使）王继恭为临海郡王。王继鹏（王昶）听到消息，派进奏官林恩通知后晋（首都开封府）宰相说：他已经登极称帝，拒绝后晋的封爵。闽国（首都长乐府）监督院（门下省）高级顾问官（谏议大夫）黄讽，看到王继鹏（王昶）荒淫残暴，决心进言规劝，遂跟妻子告别进宫，准备一死，王继鹏（王昶）打算对他使用棍刑，黄讽说："我如果是扰乱秩序，不忠国家，乱棍打死，毫不怨恨。但因直言规劝，却被棍打，绝不接受。"王继鹏（王昶）大怒，把黄讽贬谪为平民。

**21** 后晋帝（一任高祖）石敬瑭担心天雄（总部广晋府）司令官（节度使）杨光远（杨檀）张狂跋扈，将来难以控制，宰相桑维翰建议分散天雄（总部广晋府）的武装部队。于是加授杨光远（杨檀）：太尉（三公之一）、西京（河南府）留守长官兼河阳战区（总部设孟州〔河南省孟州市〕）司令官（节度使）。杨光远（杨檀）自此愤愤不平，秘密送财宝给辽国（首都临潢府），表示归附，并训练私人军队一千余人，等待时机行动。

十一月八日，后晋政府（首都开封府）在广晋（河北省大名县）设置邺都（河北省大名县是中国古代名城之一。唐王朝称魏州。后唐建国，改作东京兴唐府，九二五年三月后改邺都，九二九年六月又撤销邺都兴唐府，恢复魏州；九三一年又称兴唐府。后晋把兴唐府，改作广晋府。今又恢复邺都称号）。在相州（河南省安阳市）设彰德战区，分割天雄（总部广晋府）所属的澶（河南省内黄县东南）、卫（河南省卫辉市）二州（后梁帝朱友贞因分割天雄，另在相州设战区，引起亡国大祸，参考九一五年三月；如今再行此法）。又在贝州（河北省清河县）设永清战区，分割天雄（总部广晋府）所属的博州（山东省聊城市）及成德（总部镇州）所属的冀州（河北省衡水市冀州区）。澶州州政府原在顿丘（河南省内黄县东南），石敬瑭担心辽国（首都临潢府）将来可能跟后晋翻脸，于是派前任淄州（山东省淄博市）州长、汲县（河南省卫辉市）人刘继勋，把澶州州政府及顿丘县政府，一起迁到旧南北德胜渡（古黄河南迁后，南北德胜合而为一，即今河南省濮阳市）。又命洛阳特别市市长（河南尹）高行周当广晋特别市长（广晋尹）、邺都（广晋府）留守长官，命贝州（河北省清河县）警备区司令（防御使）王廷胤当彰德（总部相州）司令官（节度使），命右神武（禁军第六军）统军王周当永清（总部贝州）司令官（节度使）。王廷胤，是王处存的孙儿（王处存曾当义武司令官，参考八七九年十一月）。王周，是邺都（广晋府）人。

被调任天平（总部郓州）司令官（节度使）的范延光，屡次请求退休。

十一月十一日，石敬瑭命范延光以太子太师（太子三师之一）名义退休，定居大梁（首都开封府所在县，河南省开封市）。石敬瑭每次御前宴会，待他跟待其他官员一样，没有差异。

范延光当初叛变时，相州（河南省安阳市）州长、掖县（莱州州政府所在县，山东省莱州市）人王景严守边境，拒绝接受命令（当时相州属天雄战区）。

十一月十五日，石敬瑭擢升王景当耀州（陕西省铜川市耀州区）民兵司令（团练使）。

十一月二十日，石敬瑭下令开放钱禁，无论政府或民间，都可以自己制造铜钱，但不准羼杂铅和铁（后唐时已禁一次，参考九二九年四

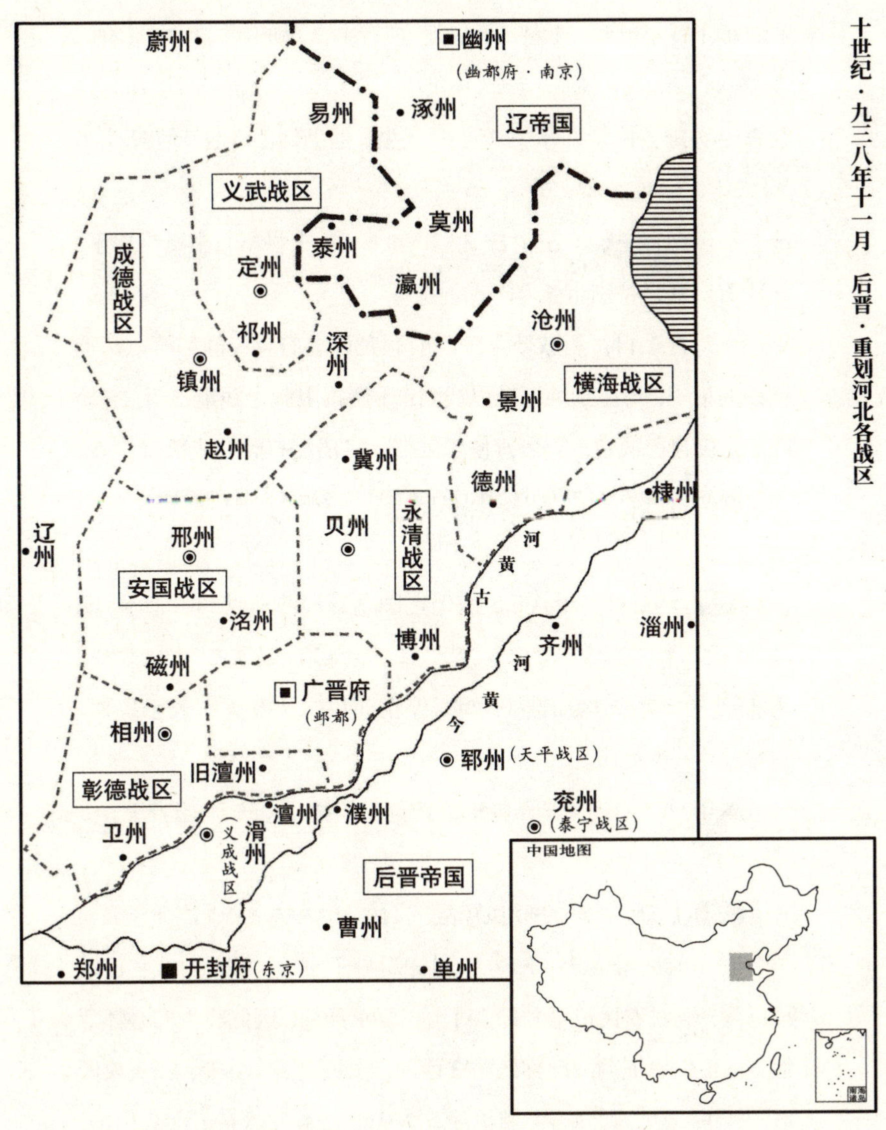

十世纪·九三八年十一月 后晋·重划河北各战区

月），每十钱重一两，上刻“天福元宝”字样（之前的后梁、后唐都没有自己式样的钱币，仍沿用唐王朝的开元通宝〔参考六二一年七月〕。如今新旧杂用）。命全国盐铁专卖暨运输总监署（盐铁）颁发模型。但仍禁止铸造其他铜器（钱禁、铜禁，参考本年〔九三八〕三月）。

石敬瑭封皇侄、左金吾卫（卫军第十一军）上将军石重贵当郑王，充任首都开封特别市长（开封尹）。

十二月七日，石敬瑭下令：前颁允许政府及民间都可以铸造铜钱的诏书，考虑到纯铜难以找到，不严格限制十钱重一两，或轻或重，由自己决定，怎么方便怎么好，只要没有破纹或缺口。（胡三省注：“大家一定会铸轻，岂有铸重之理，轻薄到极致，怎么能够长久使用。”）

**22** 十二月二十八日，南吴亡国之君杨溥逝世（年三十九岁。《旧五代史 · 僭伪传》《唐余录》认为杨溥“囚死”。《十国纪年》认为是南唐帝徐知诰谋害）。南唐帝（一任烈祖）徐知诰（李知诰）停止朝见二十七天，表示哀悼。追赠绰号：睿皇帝。

本年（九三八），徐知诰（李知诰）改封吴王徐璟（徐景通）当齐王。

**23** 后晋（首都开封府）凤翔战区（总部设凤翔府〔陕西省宝鸡市凤翔区〕）司令官（节度使）李从曮（李继曮），对知识分子十分优待，对武官比较疏远淡薄，对农民很是爱护，对士卒要求严格，因此将士们心怀怨恨。正巧中央征调战区部队防守西陲，出城之后，兵变，掉头攻破城门，进城后，到闹市大肆抢劫。李从曮（李继曮）派亲卫部队攻击，变军失败，往东逃走，打算向中央控诉。走到华州（陕西省渭南市华州区），镇国战区（总部设华州〔陕西省渭南市华州区〕）司令官（节度使）张彦泽，出兵截击，全部诛杀（变军打算奔往中央自诉，定有冤情，却被灭口，可悲）。

# 九三九年 己亥

| | | |
|---|---|---|
| 后晋 | 天福 | 四年 |
| 南唐 | 升元 | 三年 |
| 南楚 | 天福 | 四年 |
| 吴越 | 天福 | 四年 |
| 南汉 | 大有 | 十二年 |
| 南平 | 天福 | 四年 |
| 闽 | 通文 | 四年 |
| | 永隆 | 元年 |
| 后蜀 | 广政 | 二年 |
| 辽 | 会同 | 三年 |

**1** 春季，正月九日，后晋帝国（首都开封府〔河南省开封市〕）皇帝（一任高祖）石敬瑭（本年四十八岁），擢升澶州（河南省濮阳市）警备区司令（防御使）太原（山西省太原市）人张从恩，当帝国参谋总部副指挥官（枢密副使）。

朔方战区（总部设灵州〔宁夏灵武市〕）司令官（节度使）张希崇逝世（年五十二岁），羌、胡等游牧部落侵略抄掠，再没有畏惧（张希崇调朔方，参考九三六年十二月九日）。

正月十二日，石敬瑭调义成（总部滑州）司令官（节度使）冯晖当朔方（总部灵州）司令官（节度使）。当时，党项部落酋长拓跋彦超最为强大（当时的定难战区〔总部夏州〕便一直被拓跋〔现改姓李〕家族割据）。冯晖到差后，拓跋彦超进城祝贺，冯晖待他十分优厚，在城里特别给他兴建一栋高楼大厦，送给他丰富的衣服和珍宝，把他留下，不让他回去，辖区里遂归于安宁。 172

**2** 南唐帝国（首都金陵府〔江苏省南京市〕）文武百官、江王徐知证等，不断的上疏请求南唐帝（一任烈祖）徐知诰（李知诰。本年五十二岁）恢复本姓——李，并建立李姓皇家祖庙。

正月二十三日，徐知诰（李知诰）批准。文武百官继续请求呈献尊贵绰号，徐知诰（李知诰）说："尊贵的绰号不过一个虚名，而且不合古代礼仪（活皇帝接受绰号，始于唐王朝九任帝李隆基，参考七三九年二月）。"拒绝接受。自此之后，南唐（首都金陵府）皇帝都遵守这项指示，不接受尊贵绰号，不用皇亲国戚掌握权柄，宦官不参与政治。其他国家都远不如南唐（首都金陵府）。

二月三日，徐知诰（李知诰）把太祖徐温庙号改称义祖。

二月七日，徐知诰（李知诰）为自己的亲生爹娘发丧哀悼，跟皇后宋女士一起穿上最重级的"斩衰"（生麻布不缝边）丧服，住进临时搭盖的草棚里，完全依照爹娘刚才逝世时的礼仪，早晚哭泣，共五十四天，江王徐知证、饶王徐知谔（二人都是徐温亲子），请求也穿最重级"斩衰"丧服，徐知诰（李知诰）不准。李延勋的妻子广德长公主（徐温亲女）穿普通丧服，进去号啕大哭，像哭亲生父母。

二月九日，徐知诰（李知诰）命把国事交给齐王徐璟（徐景通）裁决，只军事措施奏报。

二月十八日，徐知诰（李知诰）改名李昪（音biàn〔变〕）。李昪（徐知诰）

下诏命文武百官讨论徐、李两姓祖先合祭仪式。

二月十九日，大司徒（三公之二）宋齐丘等奏报讨论结果：义祖徐温在七座祖庙中，位居最东。李昪（徐知诰）命把唐王朝一任帝（高祖）李渊的牌位放到西室、二任帝（太宗）李世民的牌位居于其次、义祖徐温的牌位居于第三，都是千年万世永不迁移的祖先（儒家学派的祭祀是淘汰制，以现任皇帝为底限，六代以上的祖先，亲情已尽，就要逐出祖庙，只有“不祧之主”，才亲情不尽，牌位永不迁移）。文武百官说：“义祖（徐温）只是封王，不应该跟高祖（李渊）、太宗（李世民）同时分享祭祀，我们建议在皇家祖庙正殿后面，另行兴建一座祖庙祭祀。”李昪（徐知诰）说：“我从小托身义祖（徐温。参考八九五年二月），假使不是义祖（徐温）在南吴立下大功，我怎么能使唐王朝中兴！”文武百官才不敢再多话。

李昪（徐知诰）打算认唐王朝吴王李恪（唐王朝二任帝李世民的儿子）当始祖，有人指出：李恪受国法制裁（参考六五三年二月），不如认郑王李元懿（唐王朝一任帝李渊的儿子。参考六三六年正月）当始祖。李昪（徐知诰）命主管单位考查两位亲王的后代，主管官员发现李恪的孙儿李祎曾有功于国（李祎封信安王，唐王朝九任帝李隆基时，在边疆有功，参考七二九年三月），李祎的儿子李岘又当过十任帝李亨的宰相（参考七五九年三月），于是追认李恪当始祖。自李岘五传到李昪（徐知诰）的老爹李荣。所有名字，都是主管官员随手乱编（曾祖父李超、祖父李志，跟徐温的曾祖父徐超、祖父徐志同名）。唐王朝历时三百年（事实上唐王朝只二百七十六年，传统史学家好抹杀事实，把南周也并入唐计算，成为二百九十年），历任十九个皇帝（事实上唐王朝共二十二个皇帝，但传统史学家却抹杀七任帝李重茂、二十三任帝李裕、二十五任帝李柷）。李昪（徐知诰）怀疑：从李渊到自己，只隔十代，是不是太少（依南唐自编世系：一任帝李渊〔一代〕生李世民〔二代〕、李世民生李恪〔三代〕、李恪生李琨〔四代〕、李琨生李祎〔五代〕、李祎生李岘〔六代〕、李岘生李超〔七代〕、李超生李志〔八代〕、李志生李荣〔九代〕、李荣生李昇〔十代〕），主管官员解释说：“三十年称‘一代’，陛下生于八八八年，今年（九三九）恰五十整寿（实际上李昇已五十二岁）。”李昇（徐知诰）才接受。

**3** 后晋（首都开封府）使节卢损（参考去年〔九三八〕十一月），抵达长乐府（福建省福州市），闽帝国（首都长乐府）皇帝（二任康宗）王继鹏（王昶）声称有病，拒绝接见，命老弟王继恭（威武〔总部长乐府〕司令官）负责招待。派国务院教育部教育司副司长（礼部员外郎）郑元弼，携带王继恭的奏章，随卢损到开封（后晋首都，河南省开封市）进贡。王继鹏（王昶）不理睬卢损，闽国（首都长乐府）知识分子林省邹私下告诉卢损说：“我们的领袖不事奉君王，不爱护亲属，不怜惜人民，不尊敬神灵，不和睦邻居，不礼待宾客，怎么能够长治久安！我势将改穿袈裟，向北逃亡，跟你在上国（中原）相会。”

知识分子的无奈和无力感，是国家治乱、强弱，甚至兴亡的温度计。

**4** 三月八日，南唐帝（一任烈祖）李昇（徐知诰），追赠始祖唐王朝吴王李恪绰号孝静皇帝，庙号定宗。自曾祖父以下，都追赠绰号跟庙号（曾祖父李超称成宗孝平皇帝，祖父李志称惠宗孝安皇帝，老爹李荣称庆宗孝德皇帝）。

**5** 三月十七日，后晋帝（一任高祖）石敬瑭命归德战区（总部设宋州〔河南省商丘市〕）司令官（节度使）刘知远及忠武战区（总部设许州〔河南省许昌市〕）司令官（节度使）杜重威，同时遥兼二级宰相（同平章事，使相）。

刘知远自认为是开国功臣，而杜重威不过只因为他是皇亲国戚（杜重威是石敬瑭的妹夫，参考九三七年六月），没有什么像样的功劳，却跟他在同一份诏书上相提并论，实在是一种羞辱。所以诏书发布了好几天，刘知远紧闭家门，拒绝接见宾客，一连呈递四次奏章，不肯接受。石敬瑭大怒，对赵莹说："杜重威是我的妹夫，刘知远虽然有功劳，怎么可以坚决拒绝诏书！不妨解除军权，回家休息。"赵莹叩头请求说："陛下从前在晋阳（山西省太原市）时，全部兵力，不过五千人，被后唐十余万人的大军围攻（参考九三六年六月），比早上的露水还要脆弱，如果不是刘知远心如铁石，哪里能建立帝王大业，怎么为了一点小过失就把他放弃！恐怕这句话传到外边，并不能表现君王应有的海样度量。"石敬瑭的怒气才化解，派端明殿文学侍从官（端明殿学士）和凝拜访刘知远沟通解释，刘知远大为惊慌，才出来接受新职。

朔方（总部灵州）派遣军将领王彦忠，占据怀远城（宁夏银川市）叛变。石敬瑭派贴身随从（供奉官）齐延祚前往招降。王彦忠归附，但齐延祚仍把他诛杀。石敬瑭大怒说："我自从登极以来，对人从不失信。王彦忠已经交出武器，出来投降，齐延祚怎么可以擅自把他杀掉！"免除齐延祚的官职，用棍棒毒打后，贬窜荒远地方。但大家仍认为不应免除齐延祚的死刑。

**6** 三月十九日，后晋帝（一任高祖）石敬瑭，封回鹘酋长跌跌仁美当奉化可汗（此时回鹘部落在甘州〔甘肃省张掖市〕，史称"甘州回鹘"。参考八四八年正月）。

**7** 夏季，四月，南唐（首都金陵府）江王徐知证（徐温第五子）等，请求也改姓李，李昪（徐知诰）不许。

四月十日，李昪（徐知诰）在首都金陵（江苏省南京市）南郊，祭祀天神。

四月十二日，李昪（徐知诰）下诏大赦。

**8** 自后梁帝国一任帝朱全忠（朱温）以来，军国大事，皇帝大都跟帝国政务总监（崇政院使）或帝国参谋总部指挥官（枢密使）商议讨论，宰相地位渐不重要，不过接受训令，拟具法条方案，找寻前例旧规，只负责文字工作而已。后晋帝（一任高祖）石敬瑭，有鉴于后唐二任帝李嗣源在位时帝国参谋总部指挥官（枢密使）安重诲的专断独行和凶恶蛮横，所以在刚登极的时候，只命桑维翰兼任帝国参谋总部指挥官（兼枢密使）。后来刘处让继任（参考去年〔九三八〕十月），无论奏报或回答询问，都不合石敬瑭的意，正巧刘处让的娘亲逝世，辞职回家守丧，石敬瑭就采取行动。

四月十三日，石敬瑭下令撤销帝国参谋总部（枢密院），把印信交给宰相联合办公厅（中书）保管，参谋总部工作由各宰相分别负责。命副指挥官（副使）张从恩当宫廷事务总监（宣徽使），命常任文学侍从官（直学士）国务院财政部粮秣司司长（仓部郎中）司徒诩、国务院工程部工程司司长（工部郎中）颜衎（音kàn〔看〕），一律解除兼职，各回本职。然而，一些功臣元老，习惯于帝国参谋总部（枢密使）的运作，不知道稍早根本就没有这种节外生枝的机构，总是打算恢复。

石敬瑭看到被免除职务、住在两京的后唐帝国时代高级官员（两京：东京开封府、西京河南府），都很贫穷憔悴（被免除职务，参考九三六年闰十一月），于是任命李专美（后唐宫廷事务总监〔宣徽使〕）当太子宫政务署副署长（赞善大夫）。

四月十五日，石敬瑭又任命韩昭胤（后唐护国〔总部河中府〕司令官）

当国务院国防部长（兵部尚书）、马胤孙（后唐宰相〔同平章事〕）当太子宾客（正三品）、房暠（后唐帝国参谋总部指挥官〔枢密使〕）当右骁卫（卫军第六军）大将军，同时退休（只给他们一份退休薪俸）。

**9** 闽帝（二任康宗）王继鹏（王昶）猜忌他的叔父、前建州（福建省建瓯市）州长王延武，跟国务院财政部长（户部尚书）王延望，二人都有美好声誉。巫法师林兴跟王延武结怨，于是假托鬼神传话说："王延武、王延望将要叛变！"王继鹏（王昶）不调查也不审判，就派林兴率勇士到二人家，连同他们的五个儿子，一并诛杀。

王继鹏（王昶）接受巫法师陈守元的建议，在皇宫里兴建三清殿，用数千斤黄金铸宝皇大帝、元始天尊、太上老君的巨像，日夜不停演奏音乐，焚香叩头，虔诚祷告，请求赏赐长生不老仙丹。军国事情，不管大小，都由林兴传达宝皇大帝的指示实施。

**10** 五月七日，后晋政府（首都开封府）加授南楚（首都长沙府）国王（三任文昭王）马希范（本年四十一岁）：天策上将军，颁发印信，由他建立军府，设置文武百官（南楚建天策府，始于一任王马殷，参考九一〇年五月）。

**11** 五月十日，南唐帝（一任烈祖）李昪（徐知诰），把皇子吉王李景遂（徐景遂）改封寿王，把寿阳公爵李景达（徐景达）改封宣城王。

五月十四日，镇海战区（总部设润州〔江苏省镇江市〕）司令官（节度使）兼最高立法长（兼中书令，使相）梁王（怀王）徐知谔（徐温第六子）逝世（年三十五岁）。

李昪（徐知诰）把南吴帝国杨姓皇族由润州（江苏省镇江市）再强行迁往泰州（江苏省泰州市），命所居住的地方称永宁宫，戒备森严。（《十国纪年》:“南唐把让皇杨溥的家族迁到泰州，号永宁宫，守卫严厉，不敢跟外人通婚，久而久之，自相婚配。”《江表志》:“让皇杨溥的儿子才五岁，李昪派宦官前去任命官职、送达官服，当天就死。”)康化战区(总部设池州〔安徽省池州市贵池区〕)司令官(节度使)兼最高立法长(兼中书令，使相)杨珙(杨溥侄)，声称患病，免除官职，全家迁入永宁宫(江苏省泰州市)。

五月二十四日，李昪(徐知诰)命平卢战区(总部设青州〔山东省青州市〕)司令官(空头官衔。此时青州属后晋〔首都开封府〕)兼最高立法长(兼中书令)杨琏当康化战区(总部池州)司令官(节度使)。杨琏坚决辞让，请求为老爹杨溥穿三年的丧服。李昪(徐知诰)批准。

李昪(徐知诰)打算封皇子齐王李璟(徐景通)当太子，李璟(徐景通)坚决辞让；乃任命李璟(徐景通)当各战区道兵马大元帅、皇家禁卫军统帅(判六军诸卫)、暂任太尉(守太尉，三公之一)，总管军国机要(录尚书事)，兼昇(金陵府，江苏省南京市)、扬(江都府，江苏省扬州市)二州全权州长(州牧)。

**12** 闽国(首都长乐府)皇家禁卫军统帅(判六军诸卫)建王王继严，深受军队拥护，闽帝(二任康宗)王继鹏(王昶)猜忌不安。

六月，王继鹏(王昶)免除他的军权，改名王继裕，命另一皇弟王继镕当皇家禁军统帅(判六军)，删除“卫”字。

巫法师林兴的诈骗被发觉，王继鹏(王昶)把他贬窜到泉州(福建省泉州市)。天象望气师声称:“皇宫将有灾难!”

六月二十五日，王继鹏(王昶)迁居长春宫。

**13** 秋季，七月一日，日蚀。

**14** 后晋（首都开封府）成德战区（总部设镇州〔河北省正定县〕）司令官（节度使）安重荣（最先投降石敬瑭的官员之一，参考九三六年五月），是士卒出身，性情粗鲁莽撞，仗恃自己作战勇敢，态度傲慢，动作凶暴，常对人说："帝王这玩意，只要兵强马壮，谁都可以干！"

安重荣是中国历史上，敢于公开揭穿专制政治奥秘——强权的第一人。这奥秘也正是使中国一直陷于苦难的原因。

成德（总部镇州）战区总部办公厅前，竖有一根数十尺的旗杆，安重荣曾经拿着弓箭，对左右官员说："我能射中旗上的龙头，就一定是真龙天子。"一箭射出，正中目标，于是越发自以为不同凡品。

当初，石敬瑭派安重荣接替秘琼时（参考前年〔九三七〕正月），告诫说："如果秘琼拒绝接受，我会另外命你主持一个战区，不要强行夺取，恐怕引起后患。"安重荣遂认为石敬瑭胆小如鼠，对别人说："秘琼不过一个粗汉而已，皇上还怕他怕成那个样子，何况我身兼将相，兵强马壮！"所呈递的奏章，每有超过他身份的请求，宰相们总是删除或削减。安重荣常愤愤不平，于是集合一些亡命之徒，招兵买马，有夺取政权的野心。石敬瑭得到报告，因义武战区（总部设定州〔河北省定州市〕）司令官（节度使）皇甫遇是安重荣的姻亲，决定先调走皇甫遇。

七月五日，命皇甫遇当昭义战区（总部设潞州〔山西省长治市〕）司令官（义武跟成德相邻，石敬瑭怕他们结合。昭义跟成德不相邻，中间又隔太行山）。

**15** 七月六日，闽国（首都长乐府）皇城北宫失火，宫殿几乎全 180
被烧光。

**16** 七月九日，后晋（首都开封府）监督院（门下省）高级顾问官（左谏议大夫）薛融等审定法令规章完毕（参考去年〔九三八〕七月）。后晋帝（一任高祖）石敬瑭下诏实施。

七月十七日，石敬瑭又下诏说："先前特准公私都可以自由铸钱（参考去年〔九三八〕十一月），可是民间所铸的钱差不多都违法羼杂铅锡，脆弱缺裂，既小又薄，应全面禁止，专由政府主管单位负责铸造。"

西京（河南府，河南省洛阳市）留守长官杨光远（杨檀）上疏指控副立法长（中书侍郎）、二级实质宰相（同平章事）桑维翰，任用官员不公，而又在西京（河南府）开店做生意，跟人民争利。石敬瑭不得已，只好查办。

闰七月三日，外放桑维翰当彰德战区（总部设相州〔河南省安阳市〕）司令官（节度使）兼最高监督长（兼侍中，使相）。

最初，义武战区（总部设定州〔河北省定州市〕）司令官（节度使）王处直的儿子王威，因为逃避王都（刘云郎）的大祸（参考九二一年十月），逃亡到当时的契丹帝国（首都西楼城〔内蒙古巴林左旗〕）。现在，义武（总部定州）统帅正好出缺，辽帝（二任太宗）耶律德光（本年三十八岁）派使节来后晋（首都开封府）传话说："请比照我国（辽国）制度，让王威继承老爹的故土。"石敬瑭婉转说明："依照中原的办法，必须先从州长（刺史）开始，先升民兵司令（团练使），再升警备区司令（防御使），最后才升战区司令官（节度使）。请命王威回国，逐渐升迁。"耶律德光大怒，再派使节前来，质问石敬瑭说："你自战区司令官（节度使）升到皇帝，中间有几级？”石敬瑭恐怕耶律德光纠缠不已，甚至节外生枝，只好再送上厚重贿赂，并且愿意调王处直老哥的孙儿、彰德战区（总部设相州〔河南省安阳市〕）司令官（节度使）王廷胤（参考去年〔九三八〕十一月）当义武战区（总部设定州〔河北省定州市〕）司令官（节度使），尽量满足辽国（首都临潢府）的要求，耶律德光怒气才稍稍平息。

**17** 最初，闽国（首都长乐府）一任帝（惠宗）王延钧（王璘），把老爹王审知的元从亲军，组成拱宸、控鹤两个特别营（都）。后来，二任帝（康宗）王继鹏（王昶）登极，又招募二千名勇士，当作自己的心腹亲军，号称宸卫特别营，薪俸待遇和平常赏赐，都比前述两特别营优厚。有人警告说："两特别营怨愤不平，将要叛乱。"王继鹏（王昶）打算把两特别营隔离，分别派往漳（福建省漳州市）、泉（福建省泉州市）二州，配备给二州州政府。两特别营越发愤怒。王继鹏（王昶）喜爱夜以继日的宴会，强迫文武百官喝酒，命左右侍从特别留意喝醉了的人犯什么过失，堂弟王继隆喝醉了之后，言行失礼，王继鹏（王昶）把他斩首。王继鹏（王昶）猜忌成性，在皇族中不断诛杀。叔父、国务院左最高执行长（左仆射）、二级实质宰相（同平章事）王延羲（王审知第二十八子），假装疯狂，胡言乱语，希望逃脱灾祸。王继鹏（王昶）命他穿上道士衣服，放逐到武夷山（福建省武夷山市西南）里，但不久就召唤他回来，软禁在他自己家宅。

王继鹏（王昶）好几次侮辱拱宸、控鹤两特别营基地司令（拱宸、控鹤军使）、永泰（福建省永泰县）人朱文进、光山（河南省光山县）人连重遇，二人十分怨恨。正巧北宫失火，缉拿纵火犯，竟缉拿不到。王继鹏（王昶）命连重遇率皇家禁卫军及地方州县部队，扫除残余灰烬，每天多达一万人，工作沉重困苦，士卒无法忍受。而王继鹏（王昶）疑心连重遇参与纵火的阴谋，打算把他杀掉，内宫文学侍从官（内学士）陈郯暗中警告连重遇。

闰七月十二日，夜晚，连重遇进宫值班，率两特别营纵火，焚烧长春宫，攻击王继鹏（王昶），派人把王延羲迎接进宫，就在断墙残瓦中向王延羲高呼万岁，再召唤地方州县部队，参与对王继鹏（王昶）的攻击，只有宸卫特别营抵抗，王继鹏（王昶）跟皇后李春燕乃投奔宸卫特别营。战斗延续到天亮（闰七月十三日），变军纵火焚烧宸卫特别营，宸卫特别营溃败，残军一千余人护卫着王继鹏（王昶）及皇后李春燕冲出北关，走到梧桐岭（福建省福州市北），大家逐渐四散逃生。王延羲派侄儿、前汀州（福建省长汀县）州长王继业率军追赶，一直追到王继鹏（王昶）躲藏的村落（王继业，是王延宗的儿子。王延宗，参考九三四年正月）。王继鹏（王昶）是一个神射手，箭不虚发，一连射死几个人。不久追兵大量涌到，王继鹏（王昶）知道无法逃脱，把弓投到地上，对王继业说："你做部属的节操在哪里？"王继业说："领袖没有领袖的品德，部属怎么会有部属的节操！新领袖是我的叔父，旧领袖是我的兄弟，谁亲近？谁疏远？"王继鹏（王昶）不再说话。王继业带着他一块返回长乐府（福建省福州市），走到陀庄（福州市北），把王继鹏（王昶）灌醉，用绳子勒死（年龄不详），连同李春燕及所有皇子和皇弟王继恭等，全部诛杀。宸卫特别营残余部队投奔吴越（首都杭州）。

王延羲自称威武战区（总部设长乐府〔福建省福州市〕）司令官（节度使）、闽王国国王，改名王曦（我们仍称他王延羲），改年号永隆（之前是通文四年，之后是永隆元年）。大赦监狱里的囚犯，对中央及地方官员，分别赏赐。把宸卫特别营谋杀前任帝（二任康宗）王继鹏（王昶）的叛逆行为，向邻近各国告哀，追赠王继鹏（王昶）绰号：圣神英睿文明广武应道大弘孝皇帝，庙号康宗。派商人携带奏章，从小路前往后晋（首都开封府）呈递。但在自己国家，王延羲（王曦）却跟皇帝一样，设置文武百官。命以太子太傅（太子三师之二）名义退休的李真，复出当司空（三公之三）兼副立法长（兼中书侍郎）、二级实质宰相（同平章事）。

连重遇进宫攻击王继鹏（王昶）时，法术师陈守元正在宫里改换衣服，将要逃走，变军把他诛杀（胡三省注："陈守元迷惑闽帝两代，死得太晚。"）。连重遇逮捕蔡守蒙，责备他卖官鬻爵的罪状，斩首（蔡守蒙是奉命贪污，参考前年〔九三七〕六月）。王延羲（王曦）登位后，派使节前往泉州（福建省泉州市）诛杀林兴。

**18** 黄河在博州（山东省聊城市）决口。

**19** 八月三日，后晋帝（一任高祖）石敬瑭任命宰相冯道暂任司徒（守司徒，三公之二）兼最高监督长（兼侍中）。

八月四日，石敬瑭下令宰相联合办公厅（中书）："印信由首相全权掌管（一向由各宰相轮流掌管）。"从此，事情无论大小，全部交给冯道。石敬瑭曾经问他军事方面的意见，冯道说："征战大事，要皇上自己决定，我是一个知识分子，只知道谨慎的遵守历代成规而已。"石敬瑭认为很对。冯道曾经声称有病，请求退休，石敬瑭派郑王石重贵去他家探望，说："你假如明天还不上班，我就亲自前往。"冯道才出来办公。所受的荣耀和宠爱，没有人可以跟他相比。

**20** 八月十一日，后晋帝（一任高祖）石敬瑭任命吴越王（二任文穆王）钱元瓘（钱传瓘）当天下兵马元帅。

**21** 后蜀（首都成都府〔四川省成都市〕）武泰战区（总部设黔州〔重庆市彭水县〕）管辖的溪州（湖南省永顺县）州长彭士愁，引导奖（湖南省新晃县东北）、锦（湖南省麻阳县西南五十公里锦和镇）二州蛮夷一万余人，进攻南楚（首都长沙府）所属的辰（湖南省沅陵县）、澧（湖南省澧县）二州，烧杀掳掠南楚边防部队，派使节前往成都（四川省成都市），向后蜀帝（二任）孟昶（孟仁赞，本年二十一岁）请求支援，孟昶（孟仁赞）认为道路太远，不许。

九月三日，南楚王（三任文昭王）马希范命左静江指挥官（左静江指挥使）刘勍、决胜指挥官（决胜指挥使）廖匡齐（参考九二八年六月），率衡山兵团五千人讨伐彭士愁。

**22** 九月十三日，后晋帝（一任高祖）石敬瑭封后唐许王李从益当郇国公爵，主持后唐皇家的祭祀。李从益年纪还小（本年十岁），李皇后把他接到宫中抚养（石敬瑭的妻子李皇后即后唐晋国长公主，是李从益的长姐），侍奉王淑妃（花见羞）像侍奉自己的娘亲。

**23** 冬季，十月十三日，闽国（首都长乐府）前任帝（二任康宗）王继鹏（王昶）所派的使节郑元弼抵达大梁（后晋首都开封府所在城），呈递王继鹏（王昶）写给宰相的信，说："闽帝国自从应运而生，已有很长的时间，由于北方皇帝宝座，不断的更换，以致东方的帆船，受到阻碍。"于是要求以平等地位，交通来往。后晋帝（一任高祖）石敬瑭对他的傲慢态度，大为愤怒。

十月十五日，石敬瑭下令拒绝王继鹏（王昶）的贡物及福（长乐府，福建省福州市）、建（福建省建瓯市）等州的商团船队前进；又命郑元弼跟进奏官林恩立刻离境。国务院国防部军政司副司长（兵部员外郎）李知损上疏弹劾说：“王继鹏（王昶）超越本分，态度傲慢，应该扣留使节，没收所有财货。”石敬瑭遂下令逮捕郑元弼、林恩，囚禁监狱。

**24** 吴越王国（首都杭州〔浙江省杭州市〕）国王（二任文穆王）钱元瓘（钱传瓘。本年五十三岁）的正妻、恭穆夫人马女士逝世（年五十岁）。马女士，是雄武战区（总部设秦州〔甘肃省秦安县西北〕）司令官（空头官衔。马绰在任时，秦州属前蜀〔首都成都府〕）马绰的女儿。最初，一任王钱镠禁止所有官员养小老婆及养歌女舞女，钱元瓘（钱传瓘）已三十多岁，还没有儿子，马女士特地替他向公公钱镠请求，钱镠大喜说：“我们家的祭祀大事，全靠你主持。”放任钱元瓘（钱传瓘）讨很多小老婆。于是鹿女士生钱弘僔、钱弘倧；许女士生钱弘佐；吴女士生钱弘俶；其他小老婆生钱弘偡、钱弘亿、钱弘仪、钱弘偓、钱弘仰、钱弘信（钱元瓘有十三个儿子）。马女士慈祥仁爱，抚养这些孩子，如同亲生，常在床帐前面放一只大型的银质玩具鹿，教孩子们坐到上面，一块游玩。

**25** 十一月二十一日，辽帝国（首都临潢府〔内蒙古巴林左旗〕）派官员遥折前来后晋（首都开封府），再转往吴越（首都杭州）。

**26** 南楚王（三任文昭王）马希范开始设置天策府及总参议长（护军都尉）、总参谋长（领军司马）等官，由他的一些老弟和其他将领担任。又集合幕僚拓跋恒（元恒）、李弘皋、廖匡图（廖匡齐老哥）、徐仲雅等十八人，称文学侍从官（学士。这是模仿唐王朝二任帝李世民，参考六二一年十月）。

南楚（首都长沙府）讨伐军统帅刘勍等，进攻溪州（湖南省永顺县），守城州长彭士愁战败，放弃城池，逃往山寨继续抵抗，山寨四周都是悬崖绝壁，刘建造高梯，开凿栈道，爬到上面，完成包围。决胜指挥官（决胜指挥使）廖匡齐战死，马希范派人去看他的娘亲吊丧，娘亲没有哭，对使节说："廖家三百余口，都受大王的恩典，得以温饱，全族的人都效力而死，也不能报答，何况只不过牺牲一个儿子，希望大王不要挂念这回事。"马希范认为廖家娘亲贤惠，厚厚的抚恤。

**27** 十二月二十日，后晋（首都开封府）禁止佛教徒建立新庙。

**28** 闽王王延羲（王曦）兴筑新皇宫，迁进去居住（皇宫被焚，参考本年〔九三九〕七月）。

**29** 本年（九三九），南汉帝国（首都兴王府〔广东省广州市〕）副监督长（门下侍郎）、二级实质宰相（同平章事）赵光裔，建议南汉帝（一任高祖）刘岩（本年五十一岁）说："自从马皇后逝世（参考九三四年十二月），还没有派过使节到南楚（首都长沙府），既是亲戚，又是邻居，往日的友谊，不可忘记。"因而推荐监督院（门下省）高级顾问官（谏议大夫）李纾可以前往，刘岩同意；南楚（首都长沙府）也派使节报聘。赵光裔在南汉（首都兴王府）当宰相二十余年，仓库充实，边境升平（赵光裔是南汉的开国宰相，参考九一七年八月，迄今二十三年）。逝世之后，刘岩又命他的儿子、皇家文学侍从院院长（翰林学士承旨）、国务院左秘书长（尚书左丞）赵损当副监督长（门下侍郎）、二级实质宰相（同平章事）。

# 小分裂

- 后晋安重荣叛，安从进叛，杨光远叛，均败死。

- 阿拉伯“最后真正的哈里发”被杀。进入“布未希德”时期。

# 九四〇年 庚子

| | | |
|---|---|---|
| 后晋 | 天福 | 五年 |
| 南唐 | 升元 | 四年 |
| 南楚 | 天福 | 五年 |
| 吴越 | 天福 | 五年 |
| 南汉 | 大有 | 十三年 |
| 南平 | 天福 | 五年 |
| 闽 | 永隆 | 二年 |
| 后蜀 | 广政 | 三年 |
| 辽 | 会同 | 四年 |

**1** 春季，正月，后晋帝国（首都开封府〔河南省开封市〕）皇帝（一任高祖）石敬瑭（本年四十九岁）接见闽国（首都长乐府〔福建省福州市〕）使节郑元弼（参考去年〔九三九〕十月）等，郑元弼说："王继鹏（王昶）只是一个蛮夷首领，不知道礼仪，陛下听到他的赞扬不值得欢喜，听到他的恶言也不值得生气，我奉派担任使节，不能完成任务，情愿接受死刑，来赎王继鹏（王昶）的罪。"石敬瑭怜悯他的处境。

正月五日，石敬瑭命释放郑元弼等人。

**2** 南楚王国（首都长沙府〔湖南省长沙市〕）讨伐军统帅刘勍等，利用大风，发射火箭攻击彭士愁大寨（彭士愁被击退，参考去年〔九三九〕十一月），彭士愁率部众逃入奖（湖南省新晃县东北）、锦（湖南省麻阳县西南锦和镇）二州深山。

正月二十九日，彭士愁派他的儿子彭师暠率各酋长缴出溪（湖南省永顺县）、锦（湖南省麻阳县西南锦和镇）、奖（湖南省新晃县东北）三州印信，向南楚（首都长沙府）投降。

**3** 二月十四日，后晋（首都开封府）北都（太原府，山西省太原市）留守长官、遥兼二级宰相（同平章事，使相）安彦威，进京（首都开封府）朝见。后晋帝（一任高祖）石敬瑭说："我所敬重的只有信义。从前，辽国（首都临潢府）仗义救我。我今天用严守承诺，作为回报，听说他们索取没有个完，你能委曲求全事奉他们，深合我的心意。"安彦威回答说："陛下因为爱护天下苍生，还用谦卑的态度、厚重的礼物事奉他们，我怎么会有委屈。"石敬瑭大为高兴。

**4** 南楚（首都长沙府）讨伐军统帅刘勍，率军返回首都长沙（湖南省长沙市），南楚王（三任文昭王）马希范（本年四十二岁）把溪州（湖南省永顺县）州政府往东南迁到交通方便的地方（湖南省古丈县东北会溪村，称下溪州），上疏后晋政府（首都开封府）推荐任命彭士愁当溪州州长，命刘勍当锦州（湖南省麻阳县西南锦和镇）州长。自此以后，蛮夷各部落都归附南楚（首都长沙府）。

马希范宣称他是东汉王朝伏波将军马援的后裔，用五千斤的铜，铸造一根大柱，高一丈二尺，地下埋植六尺（马援铜柱，参考三三六年十二月注），把誓词刻在铜柱上，竖立在溪州（铜柱竖立在今湖南省永顺县东南芙蓉镇花果山上，至二十一世纪仍在）。 

**5** 南唐帝国（首都金陵府〔江苏省南京市〕）康化战区（总部设池州〔安徽省池州市贵池区〕）司令官（节度使）兼最高立法长（兼中书令）杨琏，晋谒老爹杨溥墓园——平陵回来，一天夜晚，喝得酩酊大醉，死在船上。南唐帝（一任烈祖）李昪（本年五十三岁。昪，音biàn〔音〕）追封杨琏为弘农王（靖王）。

**6** 闽王王延羲（王曦）登上宝座后，立刻变形，骄傲荒淫、恶毒凶暴，猜忌王姓皇族家人，多少年前的旧仇宿怨，都一一报复。他的老弟、建州（福建省建瓯市）州长王延政，屡次写信向他规劝，王延羲（王曦）大怒，回信诟骂，并且派亲信心腹邺翘（邺，姓）到建州（福建省建瓯市）当监军官，派训练司令（教练使）杜汉崇到南镇（福建省古田县）当监军官，二人争着收集王延政的隐私，向王延羲（王曦）打小报告，于是兄弟之间的猜忌仇恨，累积得越发严重。有一天，邺翘跟王延政讨论公事，意见冲突，邺翘大喝说："你是不是要造反！"王延政大怒，打算斩邺翘，邺翘逃奔南镇（福建省古田县），王延政出军进攻，击败驻扎南镇（福建省古田县）的中央卫戍部队，邺翘、杜汉崇逃奔福州（长乐府，福建省福州市）。福州（长乐府）西方边界各地所有中央卫戍部队，全部崩溃。

二月，王延羲（王曦）派禁军司令（统军使）潘师逵、吴行真，率军四万人向王延政攻击。潘师逵扎营建州（福建省建瓯市）城西，吴行真扎营在建州（福建省建瓯市）城南，都沿河筑阵，放火焚烧城外所有房舍。王延政向吴越王国（首都杭州〔浙江省杭州市〕）求救。

二月二十六日，吴越王（二任文穆王）钱元瓘（钱传瓘，本年五十四岁）

派宁国战区（总部设宣州〔安徽省宣城市宣州区〕）司令官（空头官衔。此时宣州属南唐〔首都金陵府〕）、二级实质宰相（同平章事）仰仁诠（仰，姓）及宫内辅导总监（内都监使）薛万忠等，率军四万人南下增援。丞相林鼎劝阻，钱元瓘（钱传瓘）不接受。

三月二日，讨伐军潘师逵派三千人由总带兵官（都军使）蔡弘裔率领出战，建州（福建省建瓯市）王延政派他的将领林汉彻等迎击，在茶山（福建省建瓯市东北十二公里）把蔡弘裔军打败，杀一千余人。

**7** 后晋（首都开封府）安彦威（北都〔太原府〕留守长官）、王建立（邺都〔广晋府〕留守长官）先后请求退休，后晋帝（一任高祖）石敬瑭不许。

三月五日，石敬瑭命归德战区（总部设宋州〔河南省商丘市〕）司令官（节度使）、侍卫军步骑兵总指挥官（侍卫马步都指挥使）、遥兼二级宰相（同平章事，使相）刘知远，当邺都（广晋府，河北省大名县）留守长官；调安彦威当归德（总部宋州）司令官兼最高监督长（兼侍中，使相）。

三月七日，调王建立当昭义战区（总部设潞州〔山西省长治市〕）司令官（节度使），封韩王。因王建立是辽州（山西省左权县）人，特别割辽（山西省左权县）、沁（山西省沁源县）二州隶属昭义（辽州自河东〔总部太原府〕划出，沁州自建雄〔总部晋州〕划出）；调建雄战区（总部设晋州〔山西省临汾市〕）司令官（节度使）李德珫当北都（太原府）留守长官。

山南东道战区（总部设襄州〔湖北省襄阳市〕）司令官（节度使）、遥兼二级宰相（同平章事，使相）安从进，仗恃地势险要，阴谋叛变，强行拦截南楚（首都长沙府）向后晋（首都开封府）进贡的财物，集结亡命之徒，大量制造武器铠甲。元从大营总管理官（元随都押牙）王令谦、大营管理官（押牙）潘知麟，都进言劝阻，安从进把二人斩首。王建立调往潞州（山西省长治市）后，石敬瑭派人问安从进说：“我把青州（平卢战区总部所在州）司令官（节度使）的位置空出来，等你前往，你如果有意，我就下诏。”安从进回答说：“如果把青州（山东省青州市）搬到汉水以南（襄州就在汉水以南），我就到差。”石敬瑭没有责备（不是没有责备，而是不敢责备，石敬瑭跟李从珂齐名，是李嗣源手下两员大将，一向强悍〔参考九三四年五月一日〕，但自从当了汉奸儿皇帝，尊严全失，统御遂难以着力）。

**8** 三月十一日，闽国（首都长乐府）建州（福建省建瓯市）州长王延政，招募敢死队一千余人，于夜晚蹚过河水，暗中进入讨伐军统帅潘师逵军的阵地，利用风势，纵火烧营，城上守军更擂动战鼓高声呐喊呼应，舰队作战司令（战棹都头）建安（建州州政府所在县，福建省建瓯市）人陈诲，格杀潘师逵，潘师逵部众崩溃。

三月十二日，王延政率军出城，打算进攻讨伐军吴行真阵地，还没有蹚过河水，吴行真跟他的将领士卒，已放弃营垒逃走，讨伐军共阵亡一万人，王延政乘胜攻克永平（福建省南平市）、顺昌（福建省顺昌县）二城，自此之后，建州（福建省建瓯市）的军事力量，开始强大。

**9** 夏季，四月，后蜀帝国（首都成都府〔四川省成都市〕）太保（三师之三）兼副监督长（兼门下侍郎）、二级实质宰相（同平章事）赵季良，建议跟另一副监督长（门下侍郎）、二级实质宰相（同平章事）毋昭裔以及副立法长（中书侍郎）、二级实质宰相（同平章事）张业，分别主持中央财政三单位（三司）业务。

四月八日，后蜀帝（二任）孟昶（孟仁赞，本年二十二岁）命赵季良主管国务院财政部（户部，三司之一），毋昭裔主管全国盐铁专卖暨运输总监署（盐铁，三司之二），张业主管全国财政总监署（度支，三司之三）。

十世纪·九四〇年二月至三月

闽·建州王延政兵变

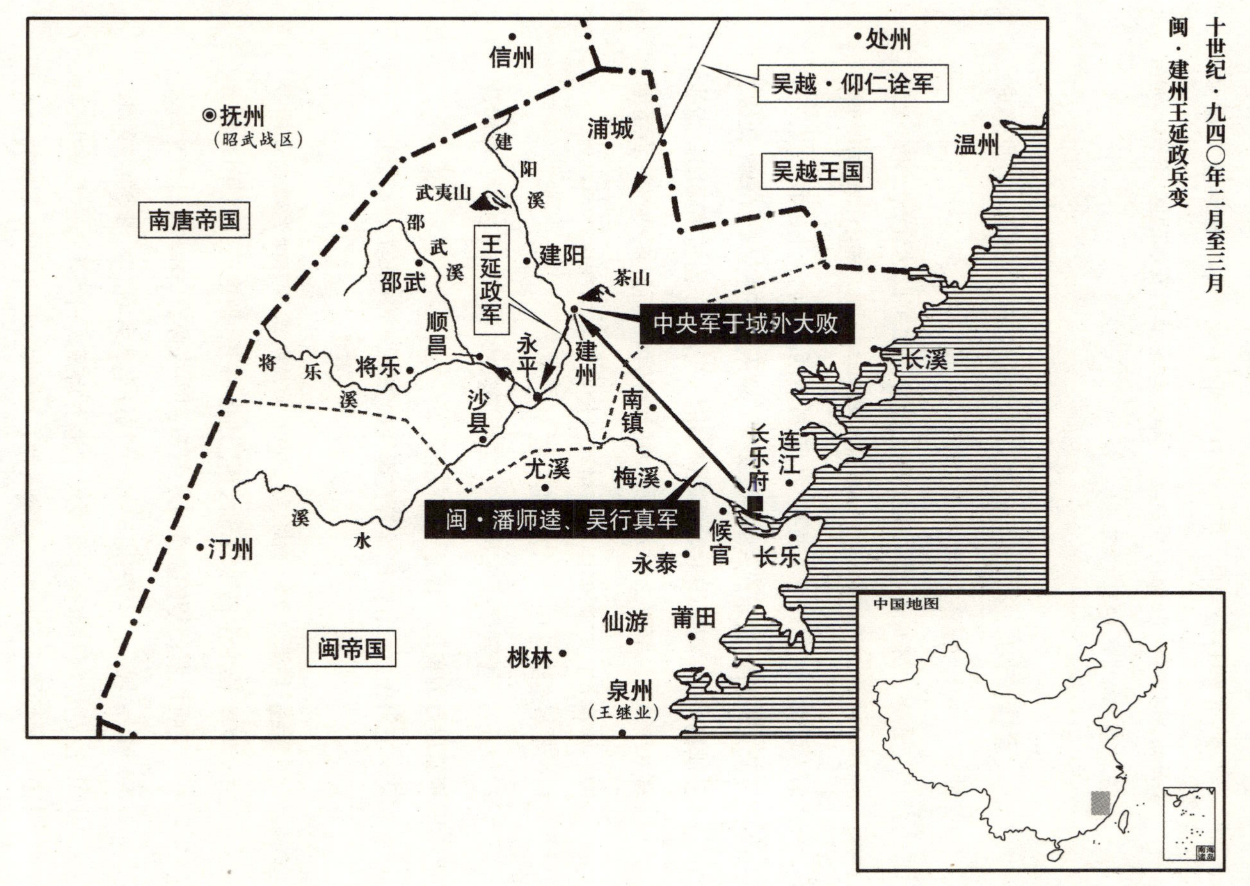

**10** 四月十五日，后晋政府（首都开封府）命前任横海战区（总部设沧州〔河北省沧州市东南〕）司令官（节度使）马全节当安远战区（总部设安州〔湖北省安陆市〕）司令官（节度使）。

**11** 四月二十九日，吴越（首都杭州）世子（王位继承人）钱弘僔逝世（年十六岁），追赠绰号：孝献世子。

吴越（首都杭州）援军统帅仰仁诠等，率军抵达建州（福建省建瓯市），王延政因为已经击退中央讨伐军，特地送上酒肉，犒劳奖赏，请求班师。仰仁诠等不肯接受，在城外西北扎营，王延政恐惧，于是派人到首都长乐府（福建省建瓯市），请求闽王王延羲（王曦）救援。王延羲（王曦）命泉州（福建省泉州市）州长王继业，当特遣兵团总指战官（行营都统），率军二万人增援，并且写信给吴越（首都杭州），责备他们入境侵犯，一面派出轻装备骑兵切断吴越援军的粮食供应，正巧，大雨连绵不止，吴越军粮食吃完。

五月，王延政派军出击，大破吴越（首都杭州）南下援军，俘虏及杀戮以万为单位计算。

五月十八日，仰仁诠等在黑夜掩护下，率军逃走。

**12** 后晋（首都开封府）安远战区（总部设安州〔湖北省安陆市〕）司令官（节度使）李金全的亲信胡汉筠，违抗诏书，拒绝前往京师（首都开封府），又听说贾仁沼的两个儿子打算到中央控告（贾仁沼之死，参考九三七年十一月）。现在，中央任命马全节代替李金全的战区司令官（节度使）职务，胡汉筠对李金全撒谎说：“进奏官派人日夜不停的赶来报告：中央等你一旦离职，就要调查贾仁沼的死因，认定你有谋反的企图。”李金全大为恐惧，胡汉筠顺势劝李金全反抗中央，投奔南唐

（首都金陵府）。李金全同意。

五月二十一日，后晋帝（一任高祖）石敬瑭得到李金全外叛的消息，立即授权新任战区司令官（节度使）马全节，动员汴（开封府，河南省开封市）、洛（河南府，河南省洛阳市）、汝（河南省汝州市）、郑（河南省郑州市）、单（山东省单县）、宋（河南省商丘市）、陈（河南省周口市淮阳区）、蔡（河南省汝南县）、曹（山东省菏泽市定陶区）、濮（山东省鄄城县）、申（河南省信阳市）、唐（河南省唐河县）等州军队，出发讨伐。石敬瑭又命保大战区（总部设鄜州〔陕西省富县〕）司令官（节度使）安审晖当副总指战官（副都统）。安审晖，是安审琦的老哥（安审琦，参考九三五年三月）。

李金全派军法官（推官）张纬，携带投降奏章，前往南唐（首都金陵府）呈递。南唐帝（一任烈祖）李昪（徐知诰）派鄂州（湖北省武汉市）屯垦司令（屯营使）李承裕、段处恭率军三千人，前往迎接。

**13** 南唐帝（一任烈祖）李昪（徐知诰）派礼宾总监（客省使）尚全恭，前去闽国（首都长乐府），调解闽王王延羲（王曦）跟老弟建州（福建省建瓯市）州长王延政间的冲突。

六月，王延政派营门官（牙将）跟婢女，携带誓书、香炉，前往福州（长乐府），跟王延羲（王曦）在老爹王审知坟墓——宣陵（福建省福州市北莲花峰下）前盟誓和解。可是，兄弟互相猜忌仇视，仍跟过去一样。

**14** 六月九日，南唐军（首都金陵府）统帅李承裕等，抵达安州（湖北省安陆市）。当天夜晚，李金全率部属数百人，出城投奔南唐大营，所携带的小老婆、婢女，以及丰富的财产，李承裕把它全部掠夺，据为己有，然后进入安州（湖北省安陆市）据守。

六月十日，后晋（首都开封府）马全节自应山（湖北省广水市）进攻大化镇（广水市西南），跟李承裕在安州（湖北省安陆市）城南会战，大破南唐军。李承裕大掠安州，向南逃走，马全节进入安州。

六月十二日，马全节命安审晖追击，追到黄花谷（安陆市南），南唐将领段处恭阵亡。

六月十三日，安审晖发动第二波攻击，在云梦泽（湖北省云梦县）再击败南唐军，生擒李承裕跟他的部众。南唐将领张建崇据守云梦桥死战，安审晖才撤退。马全节在安州（湖北省安陆市）城下，把李承裕和他的部众一千五百人，全部斩首，而将监军官杜光业等五百零七人，押送大梁（首都开封府所在城）。石敬瑭说：“他们有什么罪！”赏赐马匹、衣服，和其他器物，遣送他们回国（南唐）。

早先，后唐将领卢文进为躲避契丹，投奔南吴（时卢文进也任安远〔总部安州〕司令官，参考九三六年十二月十七日），当时的徐知诰（李昪）派祖全恩率军迎接，告诫祖全恩不可以进安州城，只能在城外扎营，等卢文进出城时，在后面保护送回，决不可剽掠。这一次，派李承裕迎接李金全，告诫他跟四年前告诫祖全恩的完全一样，可是李承裕贪图财富，以致跟后晋军发生战争，而且大败，丧亡四千人。李昪（徐知诰）惋惜痛恨好几天，责备自己告诫时不够严厉。

杜光业等回到南唐（首都金陵府），李昪（徐知诰）因他们违抗命令导致失败，拒绝接受，再把他们押送到淮河以北后晋（首都开封府）国境，写信给石敬瑭说：“是边防军军官贪功，企图乘机占领城池。”又说：“无论军法审判，政府规章，你我两国，都不允许有这种情形发生。”石敬瑭又把他们遣回，使节准备从桐墟（安徽省宿州市西南）渡淮河而南，李昪（徐知诰）派战舰在淮河中游阻截，他们只好仍回后晋（首都开封府）。石敬瑭对这批南唐将领，分别给他们一个官职，

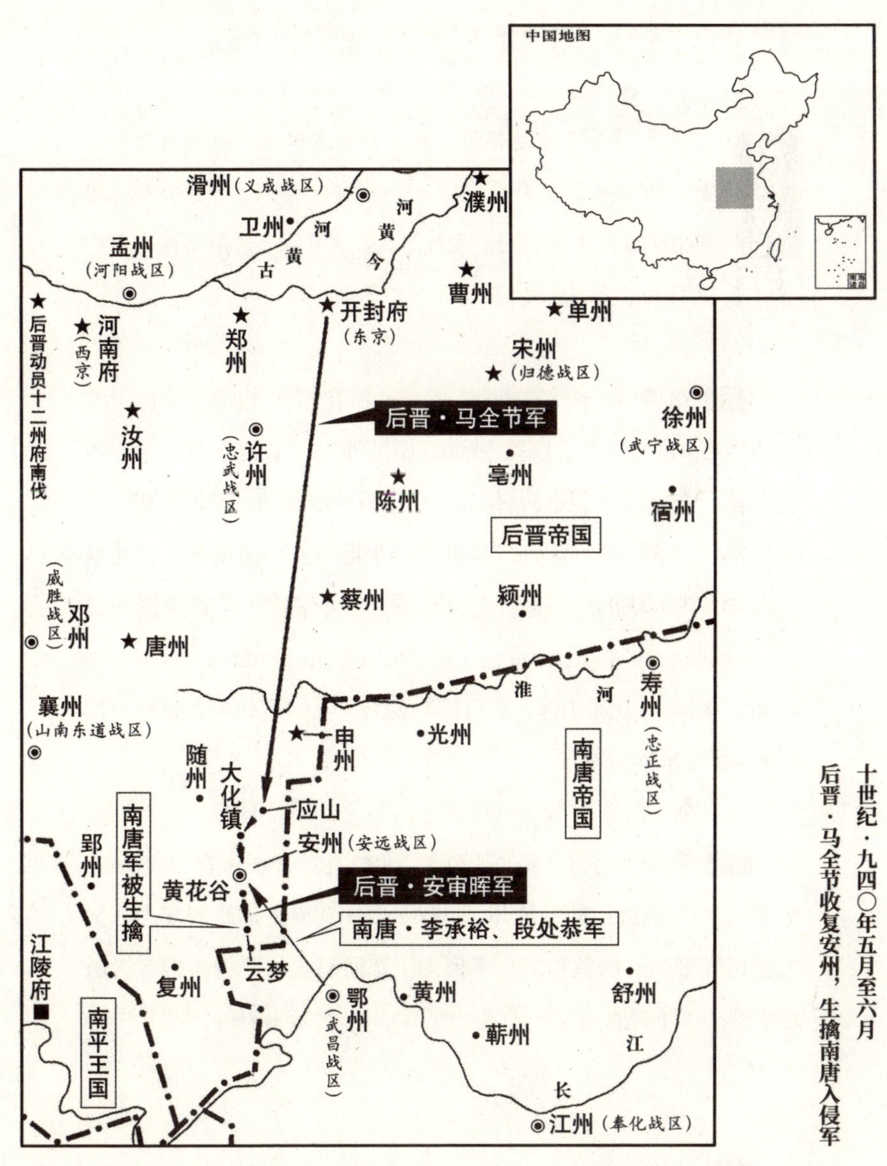


十世纪·九四〇年五月至六月

后晋·马全节收复安州，生擒南唐入侵军

而把士卒改编成显义特别营（显义都），派旧部刘康率领。 

违抗命令的是将领，士卒只知道服从和执行将领的命令，有什么罪？李昪（徐知诰）只须接纳他们，诛杀将领，向邻国道歉，哀悼战士，安抚慰问，就可以了，何必抛弃自己的国民，去帮助敌国！

**15** 南唐帝（一任烈祖）李昪（徐知诰）派宦官前往庐山（江西省九江市南）祭祀，宦官回来，李昪（徐知诰）慰劳他说：“你这一次出差，相当清廉。”宦官说：“我自从接到命令，就改吃素菜，不再吃肉，直到今天。”李昪（徐知诰）说：“你在某一个地方买鱼做汤羹，又在某一天买大块大块的肉下肚，怎么能说一直吃素菜？”宦官惭愧畏服。管理粮仓的官员于年度终了时，呈献盈余一万余石，李昪（徐知诰）说：“粮食进仓和出库，数目都有记载，假如不勒索农民或克扣军需，哪里来的盈余？”

**16** 秋季，七月，闽王王延羲（王曦）在首都长乐府（福建省福州市）西方兴筑城墙，防备建州（福建省建瓯市）老弟王延政的突击。又大量剃度平民当佛教和尚，平民为了逃避沉重的赋税，很多人愿意出家，共计剃度一万一千人（闽中〔福建省〕僧侣本来就很多，参考九二八年十二月）。

**17** 七月二日，后晋帝（一任高祖）石敬瑭赏赐闽国（首都长乐府〔福建省福州市〕）使节郑元弼等绸缎，遣送回国。

安远（总部安州）司令官（节度使）李金全叛逃时，步骑兵副总指挥官（马步副都指挥使）桑千、威和指挥官（威和指挥使）王万金、成彦温，拒绝服从，被李金全诛杀，步骑兵总指挥官（马步都指挥使）庞守荣嘲笑他们愚昧，用以迎合李金全的心意。

七月六日，石敬瑭下诏追赠贾仁沼跟桑千等官位，派使节前去安州（湖北省安陆市），斩庞守荣。

**18** 后晋（首都开封府）降将李金全，抵达金陵（南唐首都，江苏省南京市），南唐帝（一任烈祖）李昪（徐知诰）对他很是冷淡。

八月二十四日（原文误置于七月，据《十国春秋》改），李昪（徐知诰）封皇子、齐王李璟（徐景通）当太子兼天下兵马大元帅，总管军国机要（录尚书事）。

**19** 后晋（首都开封府）太子太师（太子三师之一）退休的范延光，请求回河阳（河南省孟州市）私宅，后晋帝（一任高祖）石敬瑭批准。范延光携带大量贵重财物随行，西京（河南府）留守长官兼河阳战区（总部设孟州〔河南省孟州市〕）司令官（节度使）杨光远（杨檀），对他的财物垂涎三尺，而且考虑到子孙的安全（杨光远是讨伐范延光的统帅，参考九三七年六月），上疏说："范延光是一个叛徒，不在汴（首都开封府）、洛（西京河南府）住家，却迁到外地，恐怕他会逃往敌国，应该早日把他铲除。"石敬瑭不允许。杨光远（杨檀）又请指定范延光定居西京（河南府），石敬瑭同意。于是，就在范延光迁到洛阳（西京河南府所在县）后不久，杨光远（杨檀）派儿子杨承贵，率武装部队包围他的家宅，强逼他自杀。范延光哀号说："天子在上，赏赐我不死铁券（参考前年〔九三八〕九月），承诺永不杀我，你们父子怎么可以这样？"

八月二十六日，杨承贵把钢刀架到范延光脖子上，驱赶他爬上马背，一直挟持到黄河浮桥，把他推到河里淹死（胡三省注："财富之招祸，往往如此，秘琼因财富而杀董温琪全家，范延光也因财富而杀秘琼，杨光远（杨檀）也因财富而杀范延光；最后杨光远（杨檀）也难以逃脱〔参考九四四年闰十二月〕，财富害人，已到这种地步。"）。杨光远（杨檀）上疏说：范延光自动投河而死。石敬瑭知道事情真相是什么，但畏惧杨光远（杨檀）的强悍，不敢追究。只为范延光之死，停止朝会，追赠他太师（三师之一）官衔。

官场中最卑鄙恶毒的手段之一，就是把对手交给他的仇人处置或审判，杨光远（杨檀）一直要求诛杀范延光，石敬瑭并不是不知道，他满可命范延光仍继续留在大梁（河南省开封市），不这样做，反而把范延光全家强行移住正是杨光远（杨檀）的辖区洛阳。石敬瑭对凶手不采取行动，除了不敢外，事实上，他担心的恐怕还是杨光远（杨檀）不肯下手。

范延光这个蠢才应该死，但不应该这样死。

**20** 南唐（首都金陵府）齐王李璟（徐景通）坚决辞让太子。

九月三日，南唐帝（一任烈祖）李昪（徐知诰）批准，但通令全国写报告给李璟（徐景通）时，应遵守报告皇太子的礼节。

**21** 九月五日，后晋政府（首都开封府）任命皇家文学侍从院院长（翰林学士承旨）、国务院财政部副部长（户部侍郎）和凝，当副立法长（中书侍郎）、二级实质宰相（同平章事）。

九月七日，邺都（广晋府，河北省大名县）留守长官刘知远到中央朝见。

九月九日，宰相李崧奏报说："各州仓库所存粮食，超出账面很多。”石敬瑭说：“在法令之外，强向人民征税，跟贪赃枉法同罪。特免仓库官员一死，但应分别等级，严厉惩罚。”

皇家文学侍从官（翰林学士）李澣，轻佻浮躁，常常喝醉，醉后总是失态误事，石敬瑭对他十分讨厌。

九月十四日，撤销皇家文学侍从官（翰林学士）编制，把职务归并给立法官（中书舍人）。李澣，是李涛的老弟（李涛，参考九三七年七月六日）。

西京（河南府）留守长官杨光远（杨檀）进京（首都开封府）朝见。石敬瑭打算乘势把他调到其他战区，于是对杨光远（杨檀）说：“包围邺都（广晋府，河北省大名县）战役，你左右将领们，都建立功劳，还没有赏赐，现在应该教他们出任州长，享受荣耀！”于是遴选他部下的几位将领跟几个军官，派出去当州长。

九月二十二日，石敬瑭调杨光远（杨檀）当平卢战区（总部设青州〔山东省青州市〕）司令官（节度使），封东平王。

**22** 冬季，十月五日，后晋政府（首都开封府）加授吴越王（二任文穆王）钱元瓘（钱传瓘）官衔：天下兵马总元帅（天下兵马都元帅）、国务院总理（尚书令）。

**23** 十月十日，南唐（首都金陵府）大赦，南唐帝（一任烈祖）李昪（徐知诰）下诏规定：中央或地方呈递的奏章，都不准用“睿”“圣”字样，违犯的以十恶之一的“大不敬”论罪（《唐律》十恶，参考六四〇年十二月）。

巫法师孙智永认为有四个星宿聚集在北斗星附近，表示该星宿反映的地区，将有灾难，因之建议李昪（徐知诰）巡察东都（江都府，江苏省扬州市）。

十月十三日，李昪（徐知诰）命皇子、齐王李璟（徐景通）监督国政。光政殿副管理官（光政副使）、畜牧部副部长（太仆少卿）陈觉，因为私仇，上疏诬陷泰州（江苏省泰州市）州长褚仁规贪污残暴。

十月十四日，李昪（徐知诰）免除褚仁规职务，改任护驾野战司令（扈驾都部署）。陈觉自此开始掌握权柄（陈觉进入徐知诰核心，参考九三二年二月，迄今只九年）。

十月十八日，李昪（徐知诰）从首都金陵（江苏省南京市）出发。

十月二十二日，李昪（徐知诰）抵达江都（江苏省扬州市）。

**24** 闽王王延羲（王曦）利用商人前往后晋（首都开封府）之便，上疏后晋帝（一任高祖）石敬瑭，为自己分辩，声称自己并没有称帝（石敬瑭怒斥郑元弼等，参考去年〔九三九〕十月）。

十一月二十三日，石敬瑭任命王延羲（王曦）当威武（总部长乐府）司令官（节度使）兼最高立法长（兼中书令，使相），封闽国王。

**25** 南唐帝（一任烈祖）李昪（徐知诰）打算乘势把首都迁回江都（南吴故都，江苏省扬州市），不巧，河水结冰，粮食运输困难，无法供应，于是西返。

十二月四日，李昪（徐知诰）抵达金陵（江苏省南京市）。

国务院右最高执行长（右仆射）兼副监督长（兼门下侍郎）、二级实质宰相（同平章事）张延翰逝世（年五十七岁）。

**26** 本年（九四〇），南汉帝国（首都兴王府〔广东省广州市〕）副监督长（门下侍郎）、二级实质宰相（同平章事）赵损逝世。南汉帝（一任高祖）刘岩（本年五十二岁）命宁远战区（总部设容州〔广西容县〕）司令官（节度使）南昌（江西省南昌市）人王定保当副立法长（中书侍郎）、二级实质宰相（同平章事），但没有超过一年，王定保也逝世。

**27** 最初，后晋帝（一任高祖）石敬瑭把雁门（山西省代县西北雁门关镇）以北地区，割让给辽帝国（首都临潢府〔内蒙古巴林左旗〕），作为支持他当皇帝的条件（参考九三六年十一月），在那个地区的游牧民族吐谷浑部落，也跟着隶属辽国。辽政府贪婪暴虐，吐谷浑不能忍受，盼望回归中原。成德（总部镇州）司令官（节度使）安重荣再派人前去引诱，于是吐谷浑部落一千余个篷帐，自五台（五台山，位山西省五台县西北）南下投奔。辽国大怒，派使节前来责问石敬瑭为什么收容他们国家的叛徒！

# 九四一年 辛丑

| | | |
|---|---|---|
| 后晋 | 天福 | 六年 |
| 南唐 | 升元 | 五年 |
| 南楚 | 天福 | 六年 |
| 吴越 | 天福 | 六年 |
| 南汉 | 大有 | 十四年 |
| 南平 | 天福 | 六年 |
| 闽 | 永隆 | 三年 |
| 后蜀 | 广政 | 四年 |
| 辽 | 会同 | 五年 |

**1** 春季，正月六日，后晋帝国（首都开封府〔河南省开封市〕）皇帝（一任高祖）石敬瑭（本年五十岁），派贴身随从（供奉官）张澄，率军二千人，搜索为躲避辽帝国（首都临潢府〔内蒙古巴林左旗〕）暴政，而藏匿在并（太原府，山西省太原市）、镇（河北省正定县）、忻（山西省忻州市）、代（山西省代县）四州高山深谷里的吐谷浑人，强行驱逐他们返回已被割让给辽国（首都临潢府）的故土（石敬瑭不但出卖国土，更出卖投奔他、像儿童投奔爹娘一样的国人）。

**2** 闽国（首都长乐府〔福建省福州市〕）建州（福建省建瓯市）州长王延政，兴筑建州城，周围二十华里，向闽王王延羲（王曦）请求设置威武战区，自己当战区司令官（节度使）。王延羲（王曦）认为威武战区总部设在福州（即首都长乐府）为时已久，不应更改（唐王朝于福州置威武战区，参考八九六年九月；迄今四十六年）；乃在建州（福建省建瓯市）另设镇安战区，命王延政当战区司令官（节度使），封富沙王。王延政不喜欢镇安两个字，改称镇武战区。

**3** 二月二日，后晋（首都开封府）在德胜口（澶州州政府所在地，河南省濮阳市）兴筑浮桥（德胜北城在古黄河北岸，德胜南城在古黄河南岸，行人来往，全靠渡船，现在加建浮桥。后来古黄河南移，南北二城合而为一，即今河南省濮阳市）。

彰义战区（总部设泾州〔甘肃省泾川县〕）司令官（节度使）张彦泽，打算杀自己的儿子，机要秘书（掌书记）张式一向受张彦泽器重宠爱，竭力劝阻，张彦泽大怒，拔箭射击张式。左右官员对张式一向都很厌恶，于是乘机谗言陷害，张式大为恐惧，称病辞职出走，张彦泽派军追捕。张式逃到邠州（陕西省彬州市），静难（总部邠州）司令官（节度使）李周奏报中央，石敬瑭为了张彦泽的缘故，下诏把张式贬窜商州（陕西省商洛市商州区）。张彦泽派作战参谋长（行军司马）郑元昭，前往中央索取，警告说："如果不给我张式，恐怕有难以预测的后果。"石敬瑭不得已，下诏把张式交给张彦泽。

二月三日，张式抵达泾州（甘肃省泾川县），张彦泽教人用刀挖进张式的嘴巴，剖开前胸，扒出心脏，再砍断四肢（张式之惨死，跟他有一位美丽的妻子有关。《五代史补》记载，张彦泽杀了张式后，立即掳去他的妻子。我们为张式悲，也为中国人悲）。

河西战区（总部设凉州〔甘肃省武威市〕）兵变，候补司令官（留后）李文谦关闭大门，纵火自焚而死。



**4** 后蜀帝国（首都成都府〔四川省成都市〕）自从建国以来（九三四年），战区司令官（节度使）很多兼任皇家禁卫军将领，或兼任其他职务，全都留在京师（首都成都府），而把战区事务，交给幕僚代替自己裁决，这些幕僚专门贪污敛财，不管民间疾苦，人民投诉无门。后蜀帝（二任）孟昶（孟仁赞，本年二十三岁）知道毛病发生在哪里。

二月二十六日，孟昶（孟仁赞）下诏免除卫圣步骑兵总指挥官（卫圣马步都指挥使）、武德战区（东川战区改，总部设梓州〔四川省三台县〕）司令官（节度使）兼最高立法长（兼中书令）赵廷隐的战区司令官（节度使）职务，免除帝国参谋总部指挥官（枢密使）、武信战区（总部设遂州〔四川省遂宁市〕）司令官（节度使）、二级实质宰相（同平章事）王处回的战区司令官（节度使）职务，免除捧圣控鹤指挥官（捧圣控鹤都指挥使）、保宁战区（总部设阆州〔四川省阆中市〕）司令官（节度使）、二级实质宰相（同平章事）张公铎的战区司令官（节度使）职务，另行加授三人“摄理官”（检校官）官衔。

三月十四日，孟昶（孟仁赞）命皇家文学侍从院长（翰林学士承旨）李昊，代理武德（总部梓州）司令官（节度使），命监督院最高顾问官（散骑常侍）刘英图代理保宁（总部阆州）司令官（节度使），命监督院高级顾问官（谏议大夫）崔銮代理武信（总部遂州）司令官（节度使），命御前监督官（给事中）谢从志代理武泰（总部黔州）司令官（节度使），命建筑部部长（将作监）张谠代理宁江（总部夔州）司令官（节度使）。

**5** 夏季，四月，闽王王延羲（王曦）命他的儿子王亚澄当二级实质宰相（同平章事）、皇家禁卫军统帅（判六军诸卫）。

王延羲（王曦）疑心老弟、汀州（福建省长汀县）州长王延喜，跟王延政秘密勾结，派将军许仁钦率军三千人前往汀州（福建省长汀县），生擒王延喜回来。

**6** 南唐帝国（首都金陵府〔江苏省南京市〕）皇帝（一任烈祖）李昪（徐知诰，本年五十四岁。昪，音biàn〔变〕），任命陈觉跟万年（陕西省西安市东半城）人常梦锡，当宫廷事务副总监（宣徽副使）。

**7** 五月二十二日，后晋（首都开封府）北京（太原府，山西省太原市）留守长官李德琉，派初级营门官（牙校）护送吐谷浑部落酋长白承福到中央朝见。

**8** 南唐帝（一任烈祖）李昪（徐知诰）命皇家礼宾官（通事舍人）欧阳遇，到后晋（首都开封府）请求准许南唐借道派使节前往辽国（首都临潢府），后晋帝（一任高祖）石敬瑭不许。

自从黄巢民变，攻陷唐王朝首都长安（陕西省西安市）以来（参考八八〇年十二月），天下遍地血战，迄今已数十年（前后六十二年），各国终于划定疆界，互相默认对方势力范围，大规模的冲突活动才稍微平息。李昪（徐知诰）登极以后，江淮一带（华东地区）连年丰收，军粮绰绰有余，文武百官纷纷上疏说："陛下中兴唐王朝的大业（李昪以唐王朝李姓皇族的后裔自居），已经成熟。而今北方正在多事，我们应该出动大军，收复旧有疆土。"李昪（徐知诰）说："我从小在军队里长大，深知战争对人民的伤害，实在严重，不忍再提。帮助他们（后晋）的人安居乐业，也就是帮助我们的人安居乐业，还有什么可求！"南汉帝（一任高祖）刘岩派使节到南唐（首都金陵府），建议对南楚王国

（首都长沙府〔湖南省长沙市〕）南北夹攻，瓜分他们的土地，李昪（徐知诰）拒绝。 

**9** 后晋（首都开封府）山南东道战区（总部设襄州〔湖北省襄阳市〕）司令官（节度使）安从进阴谋叛变，派使节前往后蜀（首都成都府），请出军进攻后晋（首都开封府）的金（陕西省安康市）、商（陕西省商洛市商州区）二州，作为声援。

五月二十八日，安从进的使节抵达成都（四川省成都市），后蜀帝（二任）孟昶（孟仁赞）跟文武百官讨论，大家都认为："金（陕西省安康市）、商（陕西省商洛市商州区）二州地势险要，道路遥远，派军太少，无法克服敌人，派军太多，则粮食供应恐怕无以为继。"孟昶（孟仁赞）遂婉言拒绝。安从进又向南平（首都江陵府）求援，荆南（总部江陵府）司令官（节度使）高从诲写信给安从进，分析祸福利害，劝他不要发动，安从进大怒，上疏后晋政府（首都开封府），诬告高从诲谋反。荆南（总部江陵府）作战参谋长（行军司马）王保义建议高从诲把事实真相奏报后晋政府（首都开封府），并且表明愿意出兵帮助讨伐叛逆，高从诲接受。

成德战区（总部设镇州〔河北省正定县〕）司令官（节度使）安重荣，对于向辽国（首都临潢府）称臣一事，深感羞耻。看见辽国使节，一定采用最不礼貌的姿势——叉开双腿坐在那里，信口诟骂；使节出境之后，安重荣有时还会派人追杀。辽国（首都临潢府）责备石敬瑭，石敬瑭只有道歉赔罪。

六月二十九日，安重荣扣押辽国（首都临潢府）使节拽剌（拽，音yè〔页〕），并派骑兵大掠已属辽国（首都临潢府）的幽州（北京市）南境，在博野（河北省蠡县）扎营，上疏说："吐谷浑、东西突厥、浑（铁勒九姓部落之一)、契苾(铁勒九姓部落之一)、沙陀等部落，都率领他们的部众，前来归附，党项部落也派使节前来，缴出辽国给他们的任官令和派遣公文，申诉被蛮夷凌辱的情形。”又说：“自本年(九四一)二月以来，蛮夷下令每个部落，要他们备妥精良的盔甲和优良的战马，打算七月间，南下侵犯我国，我深怕上天不肯保佑，使我跟蛮夷同归于尽，所以愿意集结十万人大军，跟中央共同向辽国发动攻击。辽国所属的朔州战区(当时称顺义战区，总部设朔州〔山西省朔州市〕)副司令官(节度副使)赵崇，已把辽国任命的战区司令官(节度使)刘山，驱逐出境，请求重返中原。凡此等等，我都陆续奏报，而陛下每一次总是命我侍奉辽国，不要由我们这边挑起战端。但天道人心，难以违抗，千载难逢的良机，不可错过，身陷蛮夷的一些战区司令官(指赵德钧、董温琪、沙彦珣、翟璋等)，都伸长脖子，提起脚跟，等待王师，实在可哀可怜，请早日决定。”奏章有数千句，大致都在斥责石敬瑭自居儿皇帝，而把辽国(首都临潢府)皇帝认作老爹，彻底搜刮中原人民的血汗，去谄媚贪得无厌的辽国。又用同样意思写信给政府重要官员，并分送给其他战区司令官，声称：已进入备战状态，定要跟辽国(首都临潢府)决一死战。石敬瑭因安重荣手握重兵，没有克制他的力量，十分忧虑。

当时，邺都(广晋府，河北省大名县)留守长官、侍卫军步骑兵总指挥官(侍卫马步都指挥使)刘知远，正在大梁(首都开封府所在城)。泰宁战区(总部设兖州〔山东省济宁市兖州区〕)司令官(节度使)桑维翰，早知道安重荣有叛变野心，又怕中央不能拒绝安重荣的要求，于是呈递密奏，说：“陛下当初得以逃出晋阳(山西省太原市)那场灾难，进而夺取天下，都是辽国(首都临潢府)的力量，这种恩情，不可以辜负。安重荣仗恃自己的勇敢，对敌人太过轻估。吐谷浑部落借安重荣的手，向仇敌报复，违背国家的利益，不应该听信。我私下观察，辽国（首都临潢府）这几年以来，战马精良，士卒强壮，吞并四面邻国，战无不胜、攻无不克，割裂中原的土地（燕云十六州），集结中原的武器（自晋安寨俘获，参考九三六年闰十一月九日），他们君王的智慧和英勇，实超过常人；他们的臣属上下一团和气，所放牧的牛羊牲畜，都很繁盛，没有天灾发生，决不可以轻率的跟他们抗衡。而且我国新近才遭到挫败（指晋安之役、团柏之役），士气低落，用以面对辽国（首都临潢府）新近战胜的声威，双方相差太远。同时，邦交一旦破裂，我们自当增加军队，防守边塞。军队太少，不足以抵抗敌人的攻击，军队太多，粮食和军用物资无法长期供应。我们出击，他们撤退；我们回到阵地，他们又恢复进攻，我恐怕皇家禁卫军的士卒，将疲于奔命，成德（总部镇州）、义武（总部定州）两战区（后晋最北边疆），再看不到残留下来的人民。现在，全国略为安定，所受的创伤还没有复原，国库空虚，人民穷困，小心翼翼的保守现状，还恐怕难以维持，怎么可以轻举妄动！辽国（首都临潢府）对我国的恩义，并不算轻，承诺和盟誓，都十分明确，他们并没有犯错，作为我们叛盟毁誓的借口，我们反而先向他们挑衅。即令战胜，后患越发严重。万一战败，大事就全付东流。有人抨击每年进贡绸缎，是消耗国家的财力；对于我们的谦恭态度，有人抨击是一种屈辱。有没有想到：战争一旦开始，兵连祸结，死缠活斗，没有停止之期，人力财力，都要枯竭，损失消耗，哪一个严重？尤其是军事行动会带来后遗症，武官功臣仗恃功劳，会过分要求，边远的战区司令和州县长官，会变得骄傲粗暴，中央凋凌、地方坐大，又是哪一种屈辱最重？我希望陛下训练人民，学习战斗技能，培养战士，使人民得到长期休息耕种，等到国家没有内忧，民间有多余的财力，然后严密注视敌人，等他们犯了错误，再采取行动，一旦行动，定要成功。同时，邺都（广晋府，河北省大名县）是富庶的地方，兵力强大，乃帝国的屏障。而今，主帅（留守长官刘知远）前往中央，总部没有人主持，我私下经常想到'慢藏诲盗'（"财宝藏得不隐秘，是引诱别人窃盗。"参考《易经·大传》）、'勇夫重闭'（"即令有勇士把守，门户也要严密关闭。"参考《左传》前五八三年，申公巫臣语）两句成语的含义，敬请陛下不妨前往邺都（广晋府）视察，堵塞奸人的阴谋。"石敬瑭告诉使节转告说："我这些日子来，烦闷忧心，不能果断决定，今天看到你的奏章，好像大梦初醒，你不要担心。"（胡三省注："桑维翰评估利害，分析轻重，是一代高论。"）

**10** 闽王王延羲（王曦）听说镇武（总部设建州〔福建省建瓯市〕）司令官（节度使）王延政写信召唤泉州（福建省泉州市）州长王继业，于是命王继业返回京师（首都长乐府），王继业走到福州（即首都长乐府）郊外，王延羲（王曦）逼他自杀，并派人到泉州诛杀他的儿子（王继业诛杀二任帝王继鹏，参考前年〔九三九〕闰七月）。

最初，王继业当汀州（福建省长汀县）州长时，司徒（三公之二）兼副监督长（兼门下侍郎）、二级实质宰相（同平章事）杨沂丰，当工务参谋官（士曹参军），二人感情亲密，十分友善。王继业被杀之后，有人打小报告，指控杨沂丰共同谋反，杨沂丰正在宫中参加皇家宴会，当场就逮捕下狱，第二天即行斩首，屠杀全族。杨沂丰，是杨涉的堂弟（杨涉曾在唐王朝末年当宰相，参考九〇五年三月），本年八十多岁，人们为他悲哀。自此之后，王姓皇族以及建国元老、旧日功勋前辈，前后相继被杀，人们都不能自保。监督院高级顾问官（谏议大夫）黄峻，带着棺木，前往金銮宝殿规劝，王延羲（王曦）大怒说："老怪物真是发了疯！"贬黄峻当漳州（福建省漳州市）户籍官（司户）。

王延羲（王曦）荒淫奢侈，毫无节制，以致收入不够支出，询问全国钱粮总监（国计使）南安（福建省南安市东丰州镇）人陈匡范有什么办法，陈匡范保证每天提供一万钱，王延羲（王曦）大为高兴，加授陈匡范国务院教育部副部长（礼部侍郎）官衔，陈匡范把商人的营业税提高好几倍。有一次，王延羲（王曦）在宫里大宴文武百官，亲自举杯向陈匡范敬酒说："明珠和美玉，只要用心找，一定可以找到。像陈匡范这样的人中之宝，找也找不到。"可是，陈匡范不久就发现所有的增税加在一起也不能凑够每天一万钱的数目，于是挪用各机关经常费来补足，陈匡范忧愁恐惧，心悸加重，逝世。王延羲（王曦）祭祀馈赠，都十分优厚。不久，各机关索取债款，把陈匡范的借钱文件，奏报王延羲（王曦），王延羲（王曦）大怒，把陈匡范的棺材挖出来剖开，把尸体砍成数段，投掷到水里；任命连江（福建省连江县）人黄绍颇接替他全国钱粮总监（国计使）。黄绍颇建议说："政府不妨规定，凡是想当官的人，除了因父祖有功，子孙依法补官外，平民则可以出钱购买，只要缴钱，政府立即发给任命状，依照官位高低，跟州县户口多寡，来定价格，最少卖一百串，最多卖一千串（出售官爵，是二任帝王继鹏的敛财之道，参考九三七年六月）。"王延羲（王曦）同意。

**11** 南唐帝国（首都金陵府〔江苏省南京市〕）皇帝（一任烈祖）李昪（徐知诰），认为他之所以能篡夺南吴政权，是因为自己独揽南吴政权的缘故，所以他对宰相权力轻重，特别敏感。国务院右最高执行长（右仆射）兼副立法长（兼中书侍郎）、二级实质宰相（同平章事）李建勋，掌握大权的日子很久，李昪（徐知诰）打算把他免职，却不想采取主动。正巧李建勋对某一件事呈递密奏，预忖会被留置宫中，当作参考，想不到没有几天，李昪（徐知诰）竟把它批下，交给有关单位执行。李建勋自己知道密奏上提出的意见，涉及到自己的私心，并不公正，于是暗中把密奏取出来，加以删改。

秋季，七月十日，李昪（徐知诰）下令解除李建勋的一切职务，命他回家休养。

**12** 后晋帝国（首都开封府〔河南省开封市〕）皇帝（一任高祖）石敬瑭对安重荣（成德〔总部镇州〕司令官）的粗暴跋扈，十分不安。

七月十一日，石敬瑭特别任命刘知远（邺都〔广晋府〕留守长官）当北京（太原府）留守长官兼河东战区（总部设太原府〔山西省太原市〕）司令官（节度使），把辽（山西省左权县）、沁（山西省沁源县）仍划归河东（总部太原府。二州划归昭义事，参考去年〔九四〇〕三月），调北京（太原府）留守长官李德琉当邺都（广晋府）留守长官。

刘知远贫贱的时候，在晋阳（太原府所在县）李家当入赘女婿，曾到郊外牧马，因不小心践踏了寺庙的农田，寺庙住持和尚把他捉住，给他一顿苦打。现在，刘知远成了一城之主，抵达晋阳之后，第一件事就是召见当年那个和尚，命他坐下，安抚慰问，送他礼物放回。消息传出，民心欢腾。

**13** 吴越王国（首都杭州〔浙江省杭州市〕）王宫失火，宫殿跟政府机关以及宫库国库，几乎全部焚毁。吴越王（二任文穆王）钱元瓘（钱传瓘，本年五十五岁）惊吓过度，突然精神错乱。南唐帝国（首都金陵府〔江苏省南京市〕）官员纷纷劝告南唐帝（一任烈祖）李昪（徐知诰）乘机发动灭国性攻击。李昪（徐知诰）说：“为什么幸灾乐祸！”派使节前去慰问，并且作物资援助。

**14** 闽王（首都长乐府）王延羲（王曦）自称大闽皇兼威武战区（总部设长乐府〔福建省福州市〕）司令官（节度使），跟老弟、镇武战区（总部设建州〔福建省建瓯市〕）司令官（节度使）王延政，互相攻击，各有胜败，福（首都长乐府）、建（福建省建瓯市）二州之间，白骨遍地，密如野草。镇武战区（总部建州）军事执行官（节度判官）晋江（泉州州政府所在县，福建省泉州市）人潘承祐屡次向王延政请求双方和解，王延政都不接受。王延羲（王曦）的使节来时，王延政就展示他的武装部队，对使节的态度更傲慢狂妄，潘承祐跪在地上，沉痛的规劝，不肯起身，王延政大怒，回头问左右侍从说："执行官（潘承祐）的肉可不可以吃？"潘承祐不顾危险，面色更肃穆，声音更严厉。

王延羲（王曦）猜忌泉州（福建省泉州市）新任州长（接替王继业）王继严（王继裕）深受人民爱戴，调王继严回福州（首都长乐府），把他毒死。

**15** 八月一日，后晋帝（一任高祖）石敬瑭命首都开封特别市市长（开封尹）郑王石重贵当东京（首都开封府）留守长官。

宰相冯道、李崧，屡次推荐天平战区（总部设郓州〔山东省东平县〕）司令官（节度使）兼侍卫军步骑兵副总指挥官（兼侍卫亲军马步副都指挥使）、遥兼二级宰相（同平章事，使相）杜重威，干练而有大才（《孙子兵法》上有"攻其所必救"。《官场摇尾学》则有"荐其所必用"），石敬瑭遂擢升杜重威当侍卫军步骑兵总指挥官（都指挥使），充任随驾御营司令（随驾御营使），接替刘知远，刘知远对冯道、李崧二人，遂十分憎恨。杜重威所到之处，大肆贪赃枉法，人民纷纷逃亡。有一次，杜重威经过街市，对左右官员说："大家都说我把人逼走，街上为什么还有这么多人？"

八月五日，石敬瑭从大梁（河南省开封市）出发。

八月十二日，石敬瑭抵达邺都（广晋府，河北省大名县）。

八月十五日，石敬瑭下诏大赦，又下诏给安重荣（成德〔总部镇州〕司令官），对他安抚沟通，说：“你身是帝国高官，家有年迈老母，为了私愤，不顾后患，背叛领袖，抛弃娘亲。我因辽国（首都临潢府）的帮助，得到天下；你因我的缘故，得到富贵（安重荣在晋阳降石敬瑭，参考九三六年五月），我不敢忘记别人的恩德，你却敢忘，原因何在？而今，我统御全国，还向辽国称臣，你打算用一个战区的力量，对它抵抗，岂不太难。最好三思，不要后悔。”安重荣接到诏书，越发骄傲不可一世。听说山南东道战区（总部设襄州〔湖北省襄阳市〕）司令官（节度使）安从进也打算反抗中央，于是派出密使跟他取得联系。

**16** 吴越王（二任文穆王）钱元瓘（钱传瓘）病重，内宫辅导官（察内都监）章德安为人忠厚，果决能断，钱元瓘（钱传瓘）准备托付他后事，告诉他说：“我儿子弘佐（钱元瓘第六子）年纪还小，应该在王族中遴选一位年纪大的继任王位。”章德安说：“弘佐虽然只是一个少年，但部下们佩服他的英明敏捷，请大王不要挂心！”钱元瓘（钱传瓘）说：“你能好好的辅佐他，我就不再担忧！”章德安，是处州（浙江省丽水市）人。

八月二十四日，钱元瓘（钱传瓘）逝世（年五十五岁）。

最初，钱元瓘（钱传瓘）对内营指挥官（内牙指挥使）戴恽，最是宠爱信任，把军队全交他负责。钱元瓘（钱传瓘）的养子钱弘侑（孙弘侑）的奶娘，是戴恽妻子的亲戚，于是有人检举戴恽阴谋拥护钱弘侑（孙弘侑）继位，章德安遂封锁钱元瓘（钱传瓘）的逝世消息，跟各将领暗中定计，在办公厅埋伏武士。

八月二十五日，戴恽进入总部，伏兵突起，把他捉住，立即斩首，把钱弘侑（孙弘侑）贬作平民，恢复孙姓，押解明州（浙江省宁波市）囚禁。当天（八月二十五日），将领们宣布钱元瓘（钱传瓘）的遗命，代表后晋帝（一任高祖）石敬瑭发布诏书，擢升镇海（总部杭州）、镇东（总部越州）两战区副司令长官（副大使）钱弘佐，当战区司令官（节度使），本年，钱弘佐十四岁。

九月三日，钱弘佐登上吴越王（三任忠献王）宝座，命丞相曹仲达代管政府。军队抱怨赏赐不够公平，紧闭营门，拒绝接受，将领们无法控制。曹仲达亲自前去解释，士卒们才放下武器，下跪叩头。

钱弘佐温和谦让，喜爱读书，对知识分子十分尊敬，亲自主持日常事务，头脑清楚，观察敏锐，常常揭发隐秘的奸邪行为，别人无法蒙蔽。农家有人呈献象征祥瑞的稻穗，钱弘佐问粮仓管理员说：“现在库存的粮食有多少？”管理员说：“足可以吃十年。”钱弘佐说：“那么，军粮十分充足，应该减轻人民的负担！”下令全国免税三年。

**17** 九月四日，后晋（首都开封府）滑州（河南省滑县）奏报中央说：黄河决口。

**18** 后晋帝（一任高祖）石敬瑭因为安重荣（成德〔总部镇州〕司令官）杀戮辽国（首都临潢府）使节，恐怕辽国侵犯边塞。

九月十八日，派安国战区（总部设邢州〔河北省邢台市〕）司令官（节度使）杨彦询，出使辽国（首都临潢府）。杨彦询抵达辽国中央御帐，辽帝（二任太宗）耶律德光（本年四十岁）责问使节死亡情形，杨彦询说：“这就跟普通人家有一个凶恶的儿子一样，爹娘对他无法控制，又有什么办法！”耶律德光的愤怒，才稍稍化解。

**19** 闽国（首都长乐府）大闽皇王延羲（王曦），命他的儿子琅邪王王亚澄当威武战区（总部设长乐府〔福建省福州市〕）司令官（节度使）兼最高立法长（兼中书令），改封长乐王。

**20** 后晋（首都开封府）刘知远（北京〔太原府〕留守长官）派他的亲信将领郭威，声称奉诏书指示，前去游说吐谷浑部落酋长白承福，要他背叛安重荣（成德〔总部镇州〕司令官），回归中央，承诺给他战区司令官高位。郭威回来，报告刘知远说："蛮夷唯利是图，安铁胡（安重荣的乳名）只能给他们一点衣服而已，我们如果争取，必须有重大的利益才行。"刘知远接受，同时再差遣人去警告白承福说："中央已把你们的牧地割让给辽国（首都临潢府）管辖，如果不满意，你们可以另行选择新的牧地，想不到却南下帮助安重荣这个叛徒！安重荣已被天下唾弃，早晚就要消灭，你们应早早决定立场，一旦中央发动攻击，你们就无路可走，北方既回不去，南方也住不下，后悔就来不及。"白承福大为恐惧。

冬季，十月，白承福率领他的部落投奔刘知远，刘知远把他们安置在太原（山西省太原市）东方山区以及岚（山西省岚县）、石（山西省吕梁市离石区）二州之间，上疏任命白承福兼大同战区（总部设云州〔山西省大同市〕）司令官（空头官衔。此时云州属辽国〔首都临潢府〕），而把吐谷浑精锐骑兵部队全收编到自己部下。

最初，安重荣向各战区道发出号召，声称跟吐谷浑、鞑靼、契苾等部落，共同行动。可是不久，白承福投降刘知远，鞑靼、契苾没有反应，安重荣的声势，大大受到挫折。

**21** 闽国（首都长乐府）大闽皇王延羲（王曦）登极称帝（三任景宗），

镇武（总部建州）司令官（节度使）王延政，自称兵马元帅。

二级实质宰相（同平章事）李敏逝世。

**22** 后晋帝（一任高祖）石敬瑭离开大梁（首都开封府所在城，河南省开封市）时，宰相和凝问说：“陛下动身之后，安从进（山南东道〔总部襄州〕司令官）如果叛变，怎么防御？”石敬瑭说：“你的意思怎么样？”和凝建议留下空着姓名的诏书和指令十数张，交给留守长官郑王石重贵，一旦得到安从进叛变消息，立刻把将领姓名填上，派军出去。石敬瑭接受。

十一月，安从进果然叛变，率军进攻邓州（河南省邓州市）；唐州（河南省唐河县）州长武延翰急行奏报中央。郑王石重贵立即派宫廷事务南院总监（宣徽南院使）张从恩、宫廷杂务官（武德使）焦继勋、护圣总指挥官（护圣都指挥使）郭金海、宫廷技工管理官（作坊使）陈思让，率大梁（河南省开封市）中央军，前往叶县（河南省叶县西南），跟申州（河南省信阳市）州长李建崇的地方军会合，南下讨伐。郭金海，是突厥人。陈思让，是幽州（北京市）人。

十一月二十一日，石重贵又命西京（河南府，河南省洛阳市）留守长官高行周当南方军团总野战司令（南面军前都部署），命前匡国战区（总部设同州〔陕西省大荔县〕）司令官（节度使）宋彦筠当副野战司令、张从恩当监军官。又命郭金海当先锋官（先锋使）、陈思让当监军官。宋彦筠，是滑州（河南省滑县）人。

十一月二十四日，石敬瑭命邺都（广晋府）留守长官李德珫，暂任东京（首都开封府）留守长官，召唤郑王石重贵前往邺都（广晋府）。

安从进攻击邓州（河南省邓州市），威胜战区（总部设邓州）司令官（节度使）安审晖据守内城抵抗，安从进不能攻克，撤退。

十一月二十七日，安从进走到花山（河南省唐河县南湖阳镇境），跟张从恩遭遇，安从进想不到中央军会来得这么快，仓猝应战，大败，安从进的儿子、内营总指挥官（牙内都指挥使）安弘义被中央军生擒，安从进率数十名骑兵，逃回襄阳（襄州州政府所在县），登城守卫。

**23** 南唐帝（一任烈祖）李昪（徐知诰）天性节俭，常穿一双蒲叶编织的草鞋，洗脸洗手，都用铁盆，夏天睡觉，使用的是葛蔓造的蚊帐，身边侍候的宫女，都用年纪大的或容貌丑的，所穿的衣服，质料粗糙，式样老旧。但对为国牺牲的人，即令是一个小兵，也发给二年薪俸。分别派使节到各地调查农民的田地，依照肥沃贫瘠的程度，订定赋税的轻重，农民一致认为公正。从此以后，江淮一带（华东地区）无论是征兵、征夫、征税，都以田赋作为基准，直到今天（十一世纪八〇年代），仍然使用。

李昪（徐知诰）对国事十分尽责，白天办不完的事，夜晚接着处理。从江都（江苏省扬州市）回来，不再饮宴作乐，但性情开始暴躁。宦官管理官（内侍，从四品上）王绍颜上疏说："今年（九四一）春天迄今，很多文武百官受到惩罚，无论宫内宫外，都十分疑惧。"李昪（徐知诰）亲笔撰写诏书，解释原因，命王绍颜转告大家。

**24** 十二月一日，后晋帝（一任高祖）石敬瑭把郑王石重贵改封齐王，充任邺都（广晋府，河北省大名县）留守长官。命李德琉实任东京（首都开封府）留守长官。

十二月二日，石敬瑭命高行周主管襄州（湖北省襄阳市）特遣总部（知襄州行府事）。又下诏命荆南（总部江陵府，即南平王国）、湖南（总部长沙府，即南楚王国），同时出军讨伐安从进。荆南（总部江陵府）司令官

（节度使）高从诲（本年五十一岁）派总指挥官（都指挥使）李端率水上战斗部队数千人，前进到南津（湖北省钟祥市汉水西岸渡口）；南楚王（三任文昭王）马希范（本年四十三岁）派天策府总带兵官（天策都军使）张少敌率战舰一百五十艘，进入汉水，协助高行周；两战区都运送粮食，供应中央军需。张少敌，是张佶的儿子（张佶让位给马殷，参考八九六年五月）。

安重荣（成德〔总部镇州〕司令官）得到安从进叛变消息，遂下决心，集结境内所有饥饿民众，多达数万人，南下直向邺都（广晋府，河北省大名县），声称要到中央朝见。最初，安重荣跟深州（河北省深州市）人赵彦之同时当散员指挥官（散员，手中没有军队），二人情意相投，十分亲密。安重荣出任成德（总部镇州）司令官（节度使）后（参考九三七年正月），赵彦之从关西（潼关以西）前来投奔，安重荣待他十分优厚，命赵彦之招兵买马，集结亡命之徒，但心里却对他猜忌。等公开跟中央决裂，只用赵彦之当阵地督战官（排阵使），赵彦之老羞成怒。

石敬瑭听到安重荣终于叛变消息。十二月七日，石敬瑭派护圣等步骑兵三十九个指挥官出击讨伐，命天平（总部郓州）司令官（节度使）杜重威当征剿司令（招讨使）、安国（总部邢州）司令官（节度使）马全节当副征剿司令、前永清（总部贝州）司令官（节度使）王周当步骑兵总纠察官（马步都虞候）。

安从进（根据地襄州）派他的老弟安从贵率军迎接均州（湖北省丹江口市西北）州长蔡行遇，焦继勋拦截，把安从贵击败，生擒安从贵，砍掉两脚，放他回去。

十二月十三日，进攻镇州（河北省正定县）的征剿司令（招讨使）杜重威，跟安重荣在宗城（河北省威县东）西南遭遇，安重荣排列“偃月阵”，中央军发动两次攻击，都无法冲破，杜重威恐惧，打算撤退。

指挥官（指挥使）宛丘（河南省周口市淮阳区）人王重胤说："《兵法》上最忌敌前撤退，安重荣的精兵全部集中在这里，请你分别派出勇士攻击他们的左右两翼，我为你率契丹特种部队，直冲中军，他们一定难以承受。"杜重威听从，于是成德（总部镇州）变军阵势稍稍后退。赵彦之抓住这个机会，卷起军旗，一拍战马，奔向中央军投降；赵彦之的铠甲以及鞍辔，都用银装饰，中央军官兵见财起意，一刀把他杀掉，瓜分他的财产。安重荣听到赵彦之叛变消息，大为恐惧，逃到辎重车辆里躲藏，中央军继续猛烈攻击，成德（总部镇州）变军完全崩溃，中央军杀一万五千人。安重荣收集残兵败将，退保宗城（河北省威县东），中央军进攻，半夜，攻克。安重荣率丨余名骑兵逃回镇州（河北省正定县），登城守卫。正巧，寒流来袭，气温陡降，镇州（河北省正定县）死于战斗及被冻死的有二万余人。

辽国（首都临潢府）听到安重荣叛变消息，才准杨彦询（后晋特使）回国。

十二月十五日，冀州（河北省衡水市冀州区。属永清战区〔总部贝州〕）州长张建武等，攻克安重荣所属的赵州（河北省赵县）。

**25** 南汉帝国（首都兴王府〔广东省广州市〕）皇帝（一任高祖）刘岩（本年五十三岁）患病，有外国和尚认为刘岩所改的刘龚名字（参考九二五年十二月），龚字不吉利，于是刘岩自己造一个"䶮"字，音"俨"，当自己的名字，意思是"龙飞天上"。

**26** 十二月二十五日，后晋政府（首都开封府）命吴越（首都杭州）钱弘佐当镇海（总部杭州）、镇东（总部越州）战区司令官（节度使）兼最高立法长（兼中书令，使相），封吴越国王（三任忠献王）。

# 横挑强邻

# 导读

后晋本是一个卖国政权，石敬瑭先生当儿皇帝的唯一收获，是满门死于刀斧之下，只留下一个老妻和幼侄，仍被放逐龙沙。历史教训虽然如此明显，仍然有赵延寿、杨光远、杜重威之类，努力夺取那个位置。

后晋本可以不亡，却亡于景延广先生的横挑强邻，当时最不重要的事，莫过于应不应向辽国称臣，景延广却急于解决这个最不需要急于解决的问题，政客们的功用就在这里，他能用煽情的诉求蒙蔽心灵，以致全国人民都被他带入血谷。历史教训也是如此明显，可是到了十二世纪的宋王朝，仍然颟顸奋勇的先行动手，向金帝国打出耳光。

利欲熏心的人，不接受历史教训，而接受历史教训的人，又被判定为长他人志气，灭自己威风。

柏杨　一九九二·一〇·一五

目录

十世纪

四〇年代

九四二—九四七年

小分裂

●后晋帝石敬瑭卒，侄石重贵即位，任用景延广，拒向辽称臣●南唐帝李昪、南汉帝刘岩，先后逝世●闽帝王延羲被杀，继任帝王延政降南唐，闽亡●辽灭后晋，掳石重贵。后晋亡●后汉建立，刘知远称帝 225

十世纪

# 四〇年代

九四二—九四七年

## 小分裂

- 后晋帝石敬瑭卒，侄石重贵即位，任用景延广，拒向辽称臣。
- 南唐帝李昪、南汉帝刘岩，先后逝世。
- 闽帝王延羲被杀，继任帝王延政降南唐，闽亡。
- 辽灭后晋，掳石重贵。后晋亡。
- 后汉建立，刘知远称帝。

---

- 基辅大公伊戈尔两次进攻东罗马帝国，君士坦丁七世屈服，答应进贡。
- 日本朱雀天皇出家为僧，让位给村上天皇。
- 法兰西封建军队为领土作战，每年不超过四十日。

# 九四二年 壬寅

| | | |
|---|---|---|
| 后晋 | 天福 | 七年 |
| 南唐 | 升元 | 六年 |
| 南楚 | 天福 | 七年 |
| 吴越 | 天福 | 七年 |
| 南汉 | 大有 | 十五年 |
| | 光天 | 元年 |
| 南平 | 天福 | 七年 |
| 闽 | 永隆 | 四年 |
| 后蜀 | 广政 | 五年 |
| 辽 | 会同 | 六年 |

(中天八国王永乐元年)

**1** 春季，正月二日，后晋帝国（首都开封府〔河南省开封市〕）成德战区（总部设镇州〔河北省正定县〕）守城变军营门官（牙将），从镇州（河北省正定县）西郭水碾门（水力磨坊使用的水洞），引导中央军进城，屠杀变军二万人，生擒变军首领、原战区司令官（节度使）安重荣，斩首。中央征剿司令（招讨使）杜重威找个借口，杀掉那个营门官（牙将），独占所有的功劳。

正月五日，安重荣的人头送到邺都（广晋府，河北省大名县），后晋帝（一任高祖）石敬瑭（本年五十一岁）命刷上油漆，装到木匣里，送往辽国（首都临潢府）。

十世纪·九四一年十二月至九四二年正月 后晋·成德安重荣叛变

中国地图

易州
定州（义武战区）
莫州
泰州
辽帝国
瀛州
太行山脉
成德战区
镇州
祁州
深州
赵州
后晋·张建武军
冀州
安重荣军
安重荣败回
辽州
邢州（安国战区）
贝州（永清战区）
宗城
后晋·马全节军
后晋·王周军
洺州
后晋·杜重威军
博州
磁州
后晋帝国
广晋府（邺都）（石敬瑭驻此）
相州（彰德战区）
古黄河
今黄河

正月八日，镇州（河北省正定县）改名恒州（镇州本来就名恒州，唐王朝时因避十五任帝李恒的“恒”字，于八二〇年改称镇州，迄今一百二十三年，才恢复原名），成德战区（总部恒州）改名顺国战区。

正月十一日，石敬瑭擢升副监督长（门下侍郎）、二级实质宰相（同平章事）赵莹当最高监督长（侍中）；命杜重威当顺国战区（总部设恒州〔河北省正定县〕）司令官（节度使）兼最高监督长（兼侍中，使相）。

安重荣的私人财产，跟恒州（河北省正定县）的粮食以及金库，全被杜重威吞没。石敬瑭虽然知道实情，却不闻不问。杜重威又上疏任命军械供应部副部长（卫尉少卿）范阳（河北省涿州市）人王瑜当副司令官（副使）。王瑜向民间征收沉重的捐税，恒州（河北省正定县）人苦不堪言。

张式的老爹张铎，前往京师（首都开封府）控告张彦泽冤枉杀人（张式惨死事，参考去年〔九四一〕二月）。

正月二十七日，后晋政府命河阳战区（总部设孟州〔河南省孟州市〕）司令官（节度使）王周，当彰义战区（总部设泾州〔甘肃省泾川县〕）司令官（节度使），接替张彦泽的职务。

**2** 闽帝国（首都长乐府〔福建省福州市〕）皇帝（三任景宗）王延羲（王曦），封李女士当皇后，李女士是宰相（同平章事）李真的女儿，性情刚愎，又喜爱饮酒，王延羲（王曦）对她十分宠爱敬畏。

**3** 后晋（首都开封府）彰武战区（总部设延州〔陕西省延安市〕）司令官（节度使）丁审琪，建立一支一千人的私人部队，在辖区里横行霸道，残忍凶暴。军官贺行政跟胡族各部落结合，进攻延州（陕西省延安市）。后晋帝（一任高祖）石敬瑭派曹州（山东省菏泽市定陶区）警备区司令（防御使）何重建，率军增援，匡国（总部同州）、保大（总部鄜州）两战区的援军也继续抵达，勉强保住延州（陕西省延安市）。

二月九日，中央命何重建当彰武（总部延州）候补司令官（留后），调丁审琪返回中央。何重建，是云（山西省大同市）、朔（山西省朔州市）二州间的胡族部落人。

**4** 南唐帝国（首都金陵府〔江苏省南京市〕）左丞相宋齐丘，一再请求交给他实权，南唐帝（一任烈祖）李昪（徐知诰，本年五十五岁。昪，音biàn〔变〕）遂准许他进入宰相联合办公厅（中书）。宋齐丘又要求主管国务院（尚书省），李昪（徐知诰）乃免除最高监督长（侍中）寿王李景遂主管国务院（尚书省）事务，改为主管立法院（中书省）、监督院（门下省），而命宋齐丘主管国务院（尚书省）。但三院（省）另设一个最高主管，由齐王李璟（徐景通）担任，作最后裁决。

宋齐丘到差只几个月，他的亲信属官夏昌图就盗用公款三千串，被人检举，应该处决，宋齐丘下令免除他的死刑。李昪（徐知诰）大怒，下令斩夏昌图。宋齐丘无奈，只好声称有病，请求解除主管国务院事务（罢省事），李昪（徐知诰）批准。

**5** 后晋（首都开封府）彰义战区（总部设泾州〔甘肃省泾川县〕）奏报说："曾派大营管理官（押牙）陈延晖，携带中央大赦文告，前往河西战区（总部设凉州〔甘肃省武威市〕）传达中央德意，河西将领拥护陈延晖当战区司令官（节度使）。"

**6** 三月，闽帝（三任景宗）王延羲（王曦）封他的儿子长乐王王亚澄为闽王。

**7** 后晋（首都开封府）张彦泽任职彰义（总部泾州）司令官（节度使）时，自作主张，出兵攻击胡族部落，全军覆没，只好强行征调民马一千余匹，补充损失。等调回中央时，走到陕州（河南省三门峡市），遇到逃亡将领杨洪，张彦泽借着几分醉意，砍断杨洪的双手双脚，然后再砍下人头。除了这些罪行，继任战区司令官（节度使）王周，又弹劾张彦泽任内犯法乱纪、凶恶残暴的事迹二十六项，而辖区内的居民，逃亡四散的有五千余户。张彦泽既到京师（首都开封府），后晋帝（一任高祖）石敬瑭因他曾立过战功，而张彦泽又跟杨光远（平卢〔总部青州〕司令官）有亲戚关系，所以一概搁置不问。 230

夏季，四月六日，立法院高级顾问官（右谏议大夫）郑受益上疏说：“杨洪所以惨受屠宰酷刑，由于陛下去年（九四一）把张式交给张彦泽，使他达到目的，快意一时，以致他胆大包天，肆意逞凶，毫无畏惧。无论看见的或听见的，没有一个人不咬牙痛恨，只有陛下毫不动心，连一句询问责备的话都不肯出口。善恶不能分别，赏罚没有准则。全国上下都认为陛下接受张彦泽呈献的一百匹骏马，所以放纵他为所欲为。我对陛下这种恶名，感到惋惜。请对张彦泽作公正审判，以洗刷陛下的污点。”奏章呈上后，石敬瑭把它留在宫中。郑受益，是郑从谠的侄儿（郑从谠，参考八七八年九月）。

四月七日，国务院司法部法务司长（刑部郎中）李涛等，齐集在宰相联合办公厅，认真讨论张彦泽的罪行，大家心情沉痛，用语激切。

四月八日，石敬瑭下令：“张彦泽官位降一阶、爵位降一级。张式的父亲和子弟，都任命他们当官。彰义（总部泾州）逃亡住户回来复业的，减轻他们的差役和赋税。”

四月十日，李涛再跟两院（两省〔立法与监督〕）以及总监察署（御史台）官员，到宫门前跪下请愿：认为对张彦泽的处分太轻，请依法交付审判。石敬瑭召见李涛当面解释，李涛双手恭举笏板，跪在阶前，面色严肃，声调高昂，石敬瑭老羞成怒，一叠连声用脏话诟骂，李涛不肯退下，石敬瑭说："我已承诺张彦泽不死。"李涛说："陛下承诺张彦泽不死，固不可食言，可是，范延光的铁券在哪里？"（范延光被诛，参考前年〔九四〇〕八月。）石敬瑭从龙椅上跳起来，一拂衣袖，转身进宫（石敬瑭故意把范延光交给杨光远，借刀杀人，当时已被看穿，李涛此问，直踩痛脚）。

四月十三日，石敬瑭命张彦泽当左龙武（禁军第三军）大将军。

**8** 南汉帝国（首都兴王府〔广东省广州市〕）皇帝（一任高祖）刘岩（刘龑）卧病，因他的儿子秦王刘弘度、晋王刘弘熙都骄傲放荡，随心所欲的为非作歹，只幼子越王刘弘昌孝顺谨慎，有智慧胆识，遂跟国务院右最高执行长（右仆射）兼皇宫西院总监（兼西御院使）王翷商量，打算派刘弘度出任建武战区（总部设邕州〔广西南宁市〕）司令官（节度使），派刘弘熙出任宁远战区（总部设容州〔广西容县〕）司令官（节度使），而封刘弘昌当太子，诏书就要发出，正巧，崇文馆管理官（崇文使）萧益进宫问安，刘岩（刘龑）再问他的意见。萧益说："太子应由嫡长子担任，违反这项法则，一定大乱。"这才停止。

四月二十四日，刘岩（刘龑）逝世（年五十四岁）。

刘岩（刘龑）这个人，口齿伶俐，明察秋毫，擅长使用权术，喜欢吹牛，认为自己很了不起，常把建都中原的皇帝，称为"洛州州长"。岭南（南岭以南）是珍宝奇货聚集的地方，所以生活穷极奢华。刘岩（刘龑）的皇宫金殿，都用黄金、宝玉、珍珠、翡翠等作为装饰。

而他使用的刑罚，尤其残酷狠毒，诸如：水灌鼻孔、割掉舌头、砍下四肢、挖肉刮骨、火烧炭烤、抛到大锅里煮、关在竹笼里蒸等，各种骇人听闻的酷刑。有时在水池中放很多毒蛇，把囚犯投进去，称之为“水牢”。二级实质宰相（同平章事）杨洞潜一再劝阻，刘岩（刘龑）都不接受。刘岩（刘龑）到了晚年，更是猜疑忌恨，认为知识分子都为子孙打算，不肯全心全意效忠，所以专门信任宦官，因此，南汉（首都兴王府）的宦官特别的多（刘岩〔刘龑〕最初接管政权时，重用知识分子，参考九一一年五月）。

知识分子固然都为子孙打算，但为子孙打算跟效忠并不冲突，而且相辅相成。宦官固不必照顾子孙，却不等于他就忠心耿耿。而最近一次的小宦官时代，刘岩（刘龑）还亲眼看到宦官造成的灾难，竟然仍产生这种结论，世界上就是有这样的一种人，下愚不移。

秦王刘弘度（本年二十三岁）继承帝位（二任），改名刘玢，老弟刘弘熙担任辅佐大臣，改年号光天（之前是大有十五年，之后是光天元年），尊娘亲赵昭仪为皇太妃。

**9** 辽帝国（首都临潢府〔内蒙古巴林左旗〕）因后晋（首都开封府）收容逃亡的吐谷浑部落（山西省东北部），派使节前来责备。后晋帝（一任高祖）石敬瑭忧虑，不知道怎么办才好。

五月十六日，石敬瑭开始害病。

五月二十二日，石敬瑭尊太妃刘女士为皇太后。刘太后，是石敬瑭的庶母。

**10** 南唐（首都金陵府）丞相、太保（三师之三）宋齐丘既被免除主管国务院（尚书省）事务，就不再入朝晋见。南唐帝（一任烈祖）李昪（徐知诰）派寿王李景遂前去慰劳，允许他镇守洪州（江西省南昌市），宋齐丘才入朝晋见。李昪（徐知诰）跟宋齐丘一块饮酒，半醉，宋齐丘说："陛下创造中兴大业（李昪〔徐知诰〕以唐王朝李姓皇族后裔自居，参考九三九年二月），是我的力量，陛下为什么忘记！"（把徐知诰的原姓李，跟已灭亡了的唐王朝李姓皇家，强行结合，看来是宋齐丘的主意。）李昪（徐知诰）大怒说："当初，你不过一个四下流浪的知识分子，登门求见（参考九一二年五月）。今天，贵为三公，应该心满意足。可是你却对别人说：我的嘴长得跟姒勾践一样，像是一个鸟喙，难以跟我共享安乐（姒勾践事，参考二六三年十二月），有没有这回事？"宋齐丘说："我确实讲过这句话，只因我当游客的时候，陛下不过一个小官，今天正可以把我杀掉。"第二天，李昪（徐知诰）亲笔写信向宋齐丘道歉说："我这种急躁的个性，你平常早已知道，我们年轻时亲爱相待，老的时候却互相怨恨，怎么可以！"

五月二十五日，李昪（徐知诰）命宋齐丘当镇南战区（总部设洪州〔江西省南昌市〕）司令官（节度使）。

**11** 后晋帝（一任高祖）石敬瑭卧病在床。有一天，宰相冯道单独进见，石敬瑭命最小的儿子石重睿出来，向冯道下跪叩头，又命宦官抱起石重睿，放到冯道怀里，意思是要冯道保护石重睿继承帝位，并在身旁辅导。

六月十三日，石敬瑭逝世（年五十一岁）。

冯道跟天平战区（总部设郓州〔山东省东平县〕）司令官（节度使）、皇家侍卫亲军步骑兵总纠察官（侍卫马步都虞候）景延广商议，认为国家多难，应该由年纪大的君王主持国政，于是拥戴广晋（河北省大名县）特别市市长（广晋尹）、齐王石重贵继位。当天（六月十三日），石重贵（本年二十九岁）登极称帝（二任）。景延广认为这是他的功劳，从此进入决策阶层，禁止京城（首都开封府）人民暗中谈话。 

最初，石敬瑭病重时，下诏征召河东战区（总部设太原府〔山西省太原市〕）司令官（节度使）刘知远前来中央任职，当时尚是齐王的石重贵把它搁置一旁，刘知远因此对石重贵怀恨在心。

六月十五日，石重贵尊刘太后为太皇太后，尊李皇后（石敬瑭正妻）为皇太后。

**12** 闽帝国（首都长乐府）富沙王王延政围攻汀州（福建省长汀县）。闽帝（三任景宗）王延羲（王曦）征调漳（福建省漳州市）、泉（福建省泉州市）二州的军队五千人增援。又派他的将领林守亮进驻尤溪（福建省尤溪县）、大明宫管理官（大明宫使）黄敬忠进驻尤口（尤溪注入闽江处，福建省尤溪县东北尤溪口镇），打算乘虚突袭建州（福建省建瓯市）；帝国钱粮总监（国计使）黄绍颇率步兵八千人，声援上述两军。

**13** 秋季，七月十日，后晋（首都开封府）太皇太后刘女士逝世。

**14** 闽国（首都长乐府）富沙王王延政围攻汀州（福建省长汀县），一连发动四十二拨攻击，都不能攻克，班师而回。他的将领包洪实、陈望，率舰队阻止中央部队追击。

七月十五日，两军在尤口（福建省尤溪县东北尤溪口镇）遭遇，中央军将领黄敬忠战斗前，巫法师警告他时辰未到，于是按兵不动，建州（福建省建瓯市）将领包洪实等遂率军渡河登岸，水陆夹攻，斩黄敬

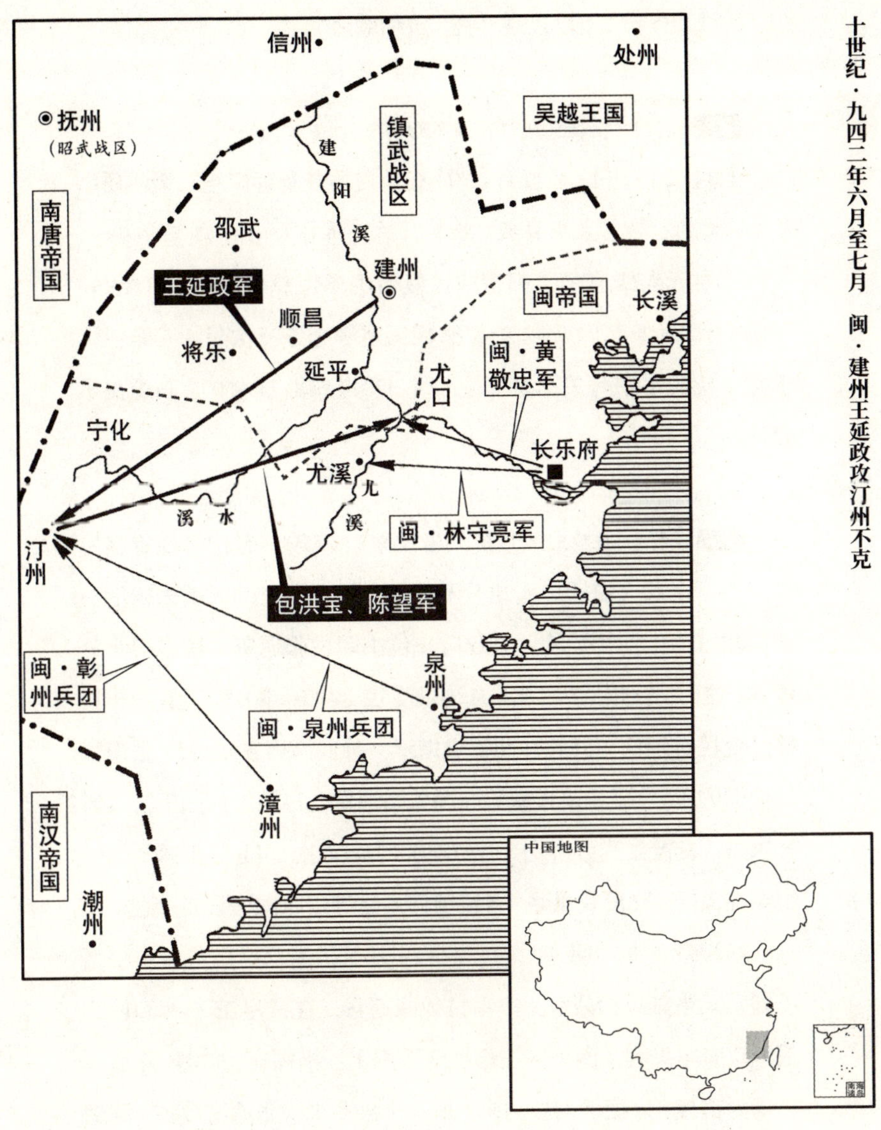


十世纪·九四二年六月至七月　闽·建州王延政攻汀州不克

忠，杀戮及俘虏二千人；林守亮、黄绍颇逃回。 

**15** 七月十八日，后晋（首都开封府）大赦。

七月二十一日，后晋帝（二任）石重贵擢升景延广当二级实质宰相（同平章事），兼皇家侍卫亲军步骑兵总指挥官（兼侍卫马步都指挥使）。

政府元老级官员，都赞成恢复帝国参谋总部指挥官（枢密使）一职（撤销事，参考九三九年四月）。宰相冯道等一连三次呈递奏章，请求把宰相职掌中有关军事部分，划归参谋总部（枢密院），石重贵不允许。

**16** 南汉（首都兴王府）博罗县（广东省博罗县），有位神仙降临民家，他可以跟人说话，人却看不见他，街巷乡里的人前去请他卜卦预测吉凶，往往灵验。县政府一位小职员张遇贤，信奉得十分虔敬。这时，循州（广东省龙川县）遍地变民（博罗县属循州），没有统一指挥，变民首领们一同向神仙祈求指示，神仙高声宣布说："张遇贤当你们的王。"于是，大家共同拥戴张遇贤，称中天八国王，改年号永乐，设置文武百官，向沿海地区剽掠攻击。可是，张遇贤的年纪实在太轻，又没有谋略，各将领只不过进出时向他报备而已。

南汉帝（二任）刘弘度（刘玢）命越王刘弘昌当总指战官（都统）、循王刘弘杲当副总指战官，率军讨伐张遇贤，在钱帛馆（今地不详）会战，政府军失利，两个亲王都被变军围困，指挥官（指挥使）陈道庠等竭力奋战，才把他们救出来。东方州县多半被张遇贤攻占。陈道庠，是端州（广东省肇庆市）人。

**17** 后晋（首都开封府），中央军将领高行周，包围襄州（湖北省襄阳市）将近一年（安从进〔山南东道司令官〕叛，高行周讨伐，参考去年〔九四一〕十一月），不能攻克，而城里粮食已经吃完。奉国军总纠察官（奉国军都虞候）曲周（河北省曲周县东北）人王清，向高行周建议说：“城里盗匪已临危亡关头，我们的军心士气却疲倦衰弱，人民的财力体力更都枯竭，不早早施加压力，还等待什么？”遂跟奉国军总指挥官（奉国都指挥使）元城（邺都广晋府所在县，河北省大名县）人刘词，率军先行攀登城墙。

八月，中央军攻陷襄州（湖北省襄阳市）。变军首领安从进全族自行纵火烧死。

八月十三日，后晋帝（二任）石重贵命赵莹当最高立法长（中书令）。

**18** 闽帝（三任景宗）王延羲（王曦）派使节携带他自己亲笔写的诏书，连同金器九百件、钱币一万串、中央政府空白人事任命状六百四十张，前往建州（福建省建瓯市），请求富沙王王延政同意和解，王延政不肯接受。

八月十五日，王延羲（王曦）在九龙殿摆设筵席，大宴文武百官，侄儿王继柔没有酒量，王延羲（王曦）强迫他喝，王继柔暗中把酒减少一点，王延羲（王曦）大怒，连同礼宾官（客将）一并斩首。

闽政府铸“永隆通宝”大铁钱，一大铁钱当一百铅钱（闽国铸造铅钱，参考九一六年十二月）。

**19** 南汉（首都兴王府）把前任帝（一任高祖）刘岩（刘龑）安葬康陵（位广东省广州市北），绰号天皇大帝，祭庙称高祖。

**20** 南唐帝（一任烈祖）李昪（徐知诰）自从担任南吴（首都江都府）的宰相以来，兴利除弊，大量废除或删除旧法，另订新法（李昪〔徐知诰〕

十世纪·九四一年十一月至九四二年八月　后晋·襄州安从进叛变

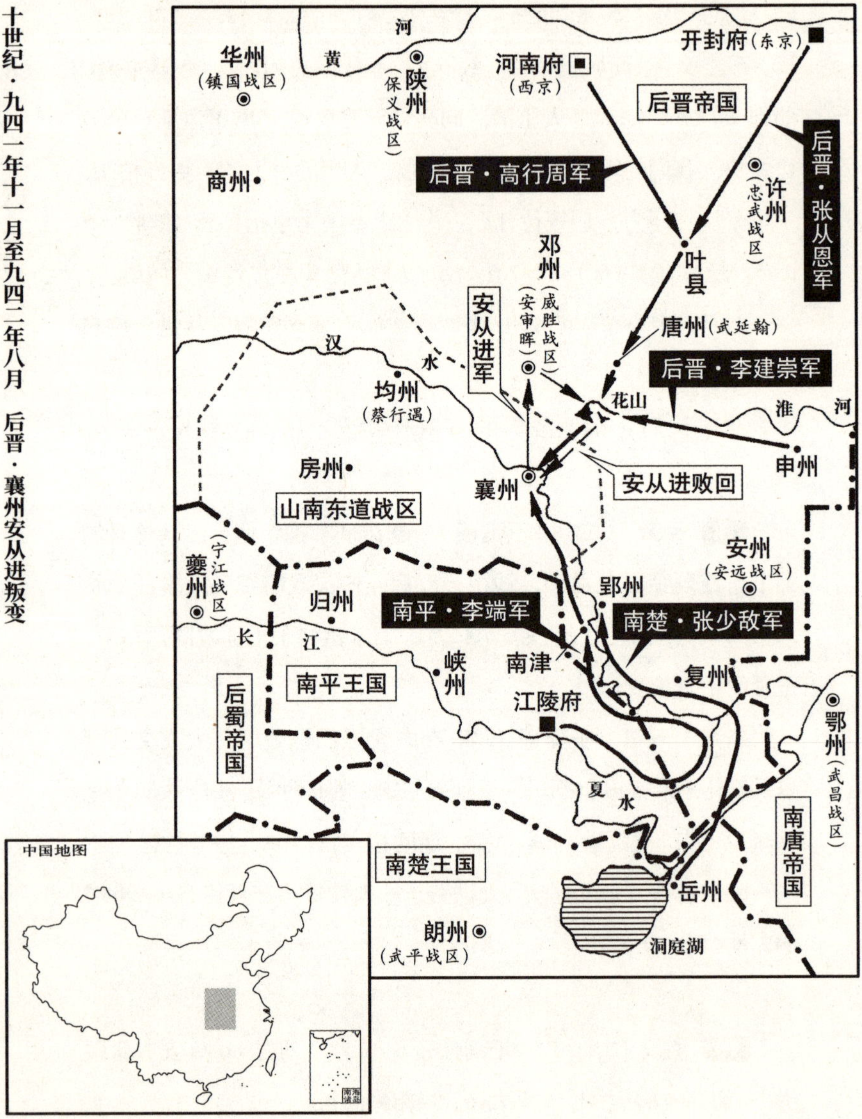

黄河
华州（镇国战区）
陕州（保义战区）
河南府（西京）
开封府（东京）
后晋帝国
后晋·高行周军
后晋·张从恩军
商州
许州（忠武战区）
叶县
邓州（威胜战区）（安审晖）
安从进军
唐州（武延翰）
汉水
均州（蔡行遇）
后晋·李建崇军
花山
淮河
申州
房州
襄州
安从进败回
山南东道战区
夔州（宁江战区）
归州
安州（安远战区）
郢州
南平·李端军
南楚·张少敌军
长江
峡州
南津
复州
南平王国
后蜀帝国
江陵府
鄂州（武昌战区）
夏水
南唐帝国
南楚王国
岳州
洞庭湖
朗州（武平战区）
中国地图
南海诸岛

当宰相，始于九一九年四月）。后来，登极称帝，命司法有关官员及国务院（尚书），编纂《升元法令全书》（《升元条》）三十卷（升元是南唐本年年号）。

九月九日，李昪（徐知浩）下诏实施。

**21** 闽帝（三任景宗）王延羲（王曦）命宰相（同平章事）候官（福建省闽侯县东南侯官村）人余廷英当泉州（福建省泉州市）州长。余廷英贪赃枉法，掠夺民间的女子，对外宣称接到诏书，教他挑选美女，准备送往皇宫。事情被人检举，王延羲（王曦）派监察官（御史）调查审问。余廷英恐惧，急回首都长乐府（福建省福州市）投案，王延羲（王曦）当面查证，对他严厉的斥责，打算把他交付审判。余廷英退出后，呈献"买宴钱"一万串，王延羲（王曦）大为高兴，明天，召见余廷英，对他说："宴席已经买了，你进贡皇后的东西在哪里？"余廷英再向李皇后呈献巨款。王延羲（王曦）乃命余廷英仍回泉州（福建省泉州市）原官。从此之后，各州都另行向皇后进贡。不久，王延羲（王曦）召余廷英回京（首都长乐府），命他恢复宰相职务。

**22** 冬季，十月二十六日，南汉（首都兴王府）变民首领张遇贤，攻陷循州（广东省龙川县），斩州长刘传。

**23** 南楚王国（首都长沙府〔湖南省长沙市〕）国王（三任文昭王）马希范（本年四十四岁），兴筑天策府，房舍梁柱，都豪华绝伦，无论窗框门户、栏杆扶梯，都用黄金璧玉装饰，仅涂抹墙壁的丹砂，就消耗数十万斤。春夏地毯用细竹片编成，秋冬地毯用木棉织成。马希范常跟他的子弟和部属，在里面游玩欢宴（后晋政府封马希范当天策大将军，参考九三九年五月七日）。

24 十一月十日，后晋政府（首都开封府）把前任帝（一任）石敬瑭安葬显陵（位河南省宜阳县西北），绰号圣文章武明德孝皇帝，祭庙称高祖。

先前，黄河南北各州州长，各自贩卖海盐，每年收入十七万钱；又分配给民间“蚕盐”（春季把盐预借给民间，等夏季征收盐价），聚敛民间现钱。关心民生疾苦的官员指出：民间因贩卖私盐而犯法判刑的人太多，不如取消专卖制度，由人民自行买卖，每年依照专卖所得的总数，向人民征收捐税，称“吃盐钱”（食盐钱）。石敬瑭批准。于是，顷刻之间，盐价下跌，每斤只卖十钱。

而今，中央财政三单位管理总监（三司使）董遇，打算提高国库盈余，一时难以改变石敬瑭的决定，于是加重盐商的税额：过路税每斤征收七钱，零售税每斤征收十钱。盐商无法承受，几乎绝迹，政府只好恢复过去专卖制度，但“吃盐钱”却仍然要缴（食盐专卖制度奠定于唐王朝，参考七八〇年七月）。

25 闽国（首都长乐府）盐铁专卖暨运输总监（盐铁使）、国务院右最高执行长（右仆射）李仁遇，是李敏的儿子（李敏，是二任帝康宗王继鹏〔王昶〕皇后的老爹），是现任闽帝（三任景宗）王延羲（王曦）的外甥，年轻美貌，很受王延羲（王曦）的宠爱。

十二月，王延羲（王曦）命李仁遇当国务院左最高执行长（左仆射）兼副立法长（兼中书侍郎），命皇家文学侍从官（翰林学士）、国务院文官部副部长（吏部侍郎）李光准当副立法长（中书侍郎）兼国务院财政部长（兼户部尚书），二人都任二级实质宰相（同平章事）。

王延羲（王曦）荒淫无度，有一次夜间宴会上，李光准喝醉了酒，言语间不合王延羲（王曦）的意，王延羲（王曦）大怒，下令绑到街市斩首，执法官不敢执行，只把李光准囚禁到监狱里。第二天，王延羲（王曦）登殿主持朝会，教李光准复位。当天夜晚，又在宫中宴会，再逮捕皇家文学侍从官（翰林学士）周维岳投入监狱，看守员整理出一张空床招待，说："李相爷昨晚住在这里，部长（尚书）不必担心！"王延羲（王曦）酒醒之后，果然把他释放。另一天，王延羲（王曦）又在宫中摆设筵席，左右服侍的官员，全都喝醉，离席退出，只周维岳一人还在，王延羲（王曦）问说："周维岳身材短小，酒为什么喝得那么多？"左右有人说："酒下肚后，流到另外一条特殊的酒肠里，所以身材不一定要高大。"王延羲（王曦）大为高兴，命武士揪住周维岳摔下台阶，打算剖开肚子，查看那条特殊的酒肠，旁边有人说："杀了周维岳，以后再没有人陪陛下痛饮！"王延羲（王曦）同意，才饶周维岳一命。

**26** 后晋帝（二任）石重贵刚登极的时候，高阶层官员讨论用什么方法向辽帝国（首都临潢府〔内蒙古巴林左旗〕）皇帝（二任太宗）耶律德光（本年四十一岁）上疏称臣告哀，景延广建议不必用奏章，只要写封信就可以了，而且只称"孙"，不称"臣"。李崧反对，说："为了国家而委屈自己，并不算羞耻，陛下如果不肯委屈，最后势必头戴铁盔，身穿铠甲，跟辽国作战，到那时候，后悔已来不及。"但景延广强烈坚持，而冯道没有定见，模棱两可，最后石重贵接受景延广的建议。耶律德光大怒，派使节前来斥责，并且质问说："为什么不先行报准，就擅自继位？"景延广执笔回信，措辞傲慢。

辽国（首都临潢府）卢龙战区（总部设幽州〔北京市〕）司令官（节度使）赵延寿（刘延寿）企图挤掉石重贵，而由自己继任后晋皇帝，屡次游说辽国讨伐后晋（首都开封府），耶律德光同意。

# 九四三年 癸卯

| | | |
|---|---|---|
| 后晋 | 天福 | 八年 |
| 南唐 | 升元 | 七年 |
| | 保大 | 元年 |
| 南楚 | 天福 | 八年 |
| 吴越 | 天福 | 八年 |
| 南汉 | 光天 | 二年 |
| | 应乾 | 元年 |
| | 乾和 | 元年 |
| 南平 | 天福 | 八年 |
| 闽 | 永隆 | 五年 |
| 殷 | 天德 | 元年 |
| 后蜀 | 广政 | 六年 |
| 辽 | 会同 | 七年 |

（中天八国王永乐二年）

1 春季，正月二十四日，后蜀帝国（首都成都府〔四川省成都市〕）皇帝（二任）孟昶（孟仁赞，本年二十五岁），命宫廷事务总监（宣徽使）兼御花园管理官（兼宫苑使）田敬全，遥兼永平战区（总部设雅州〔四川省雅安市〕）司令官（节度使）。田敬全，是一个宦官。孟昶（孟仁赞）引用前蜀帝国时代宦官王承休出任战区司令官（节度使）前例（参考九二四年十二月），作此任命。国人群起抨击。

2 后晋帝国（首都开封府〔河南省开封市〕）皇帝（二任）石重贵（本年

三十岁），听到辽帝国（首都临潢府〔内蒙古巴林左旗〕）将要在军事上有所行动的消息，采取应变措施。

二月十一日，石重贵从邺都（广晋府，河北省大名县）出发南返。

二月十七日，石重贵抵达东京（首都开封府）。但仍继续跟辽国（首都临潢府）保持联络，双方使节仍继续来往，从没有停顿过。

**3** 南唐帝国（首都金陵府〔江苏省南京市〕）宣城王李景达，性情刚强开朗，南唐帝（一任烈祖）李昪（徐知诰，本年五十六岁。昪，音biàn〔变〕）对他十分钟爱，屡次想指定他继承自己的事业，而宰相宋齐丘也非常赞扬他的才干，但李昪（徐知诰）因齐王李璟（徐景通）是嫡长子的缘故，考虑再三，而终于打消这个念头。李璟（徐景通）因此讨厌宋齐丘。

李昪（徐知诰）最小的儿子李景逷（音tì〔替〕）的娘亲种女士，最受李昪（徐知诰）宠爱，嫡长子齐王李璟（徐景通）的娘亲宋皇后，反而很难见李昪（徐知诰）一面。李昪（徐知诰）有一天突然前往李璟（徐景通）的王宫，正遇上李璟（徐景通）在那里弹奏乐器，李昪（徐知诰）怒不可遏，一连责骂了好几天。种女士抓住机会建议说："景逷年龄虽小，但聪明智慧，可以当你的继承人。"李昪（徐知诰）大发雷霆说："儿子有过错，老爹教训他，是件平常的事，国家大计方针，女人怎么可以干预！"立即送出宫外改嫁。

李昪（徐知诰）曾经梦见吞服仙丹，第二天，法术师史守冲呈献秘方，李昪（徐知诰）认为是上帝安排，开始服用，结果身体燥热，性情逐渐变得峻急。左右官员劝阻，李昪（徐知诰）不肯接受。李昪（徐知诰）曾经把药送给宰相李建勋试服，李建勋奏报说："我吃了几天，便觉得舌干唇裂，何况吃那么多！"李昪（徐知诰）说："很久以来，我一直在吃。”文武百官奏报国事，往往激起李昪（徐知诰）暴怒。但如果有人据理力争，理由充分时，李昪（徐知诰）也能收回满脸不高兴，向那人慰问道歉，接受他的建议。

李昪（徐知诰）曾经向道士王栖霞请教，问说：“用什么方法，才能使全国统一、天下太平？”王栖霞回答说：“领袖人物应该先治心、再治身，然后才能治家、治国。而今，陛下仍停留在饥饿则怒、温饱则喜的阶段，谈什么全国统一、天下太平！”宋皇后在帘幕后赞叹，认为是至理名言。李昪（徐知诰）所有的馈赠赏赐，王栖霞都拒绝接受。王栖霞曾经替人焚化呈递上帝的奏章，李昪（徐知诰）打算为他兴筑高台，作为焚化奏章的祭坛，王栖霞推辞说：“国家财政正在困难，哪有闲钱办这件事？等到奏章引火不能燃烧时，再请陛下协助！”（道教徒认为在咒语之后，焚化呈递上帝的奏章，可直达上帝案头。）

国务院国防部畜牧司长（驾部郎中）冯延己，当齐王（李璟）元帅府机要秘书（掌书记），性情乖巧阴险，跟宰相宋齐丘、宫廷事务南院副总监（宣徽南院副使）陈觉，结成一个小圈圈。对于比自己职位高的同事，冯延己就使用计谋把他们赶走。冯延己曾经向副立法长（中书侍郎）孙晟开玩笑说：“你有什么能力，竟然当副立法长（中书侍郎）？”孙晟回答说：“我本是山东（太行山以东）没有见过世面的一介书生（孙晟是密州〔山东省诸城市〕高密〔山东省高密市〕人，劝宣武〔总部汴州〕司令官朱守殷兵变，失败后逃奔南吴。参考九二七年十月），文章不如你（冯延己是十世纪中叶五代时代有名的词人），谈笑风生不如你，拍马摇尾不如你，然而，领袖（李昪）派你跟齐王（李璟）交游，是希望你用仁义对他辅佐，不希望你做一个声色犬马的酒肉朋友！我诚然没有才干，但你的才干，恐怕只能为帝国招来大祸。”冯延己，是歙州（安徽省歙县）人（歙，音shè〔设〕）。

又有一位名魏岑的人，也在齐王（李璟）王府供职。御前监督官

（给事中）常梦锡，屡次上疏指控：陈觉、冯延己、魏岑等都是奸诈邪恶的小人，不应该派到太子宫任职。国务院司法部关卡稽查司司长（司门郎中）兼主管最高法院事务（判大理寺）萧俨，上疏检举陈觉等人奸险邪恶，败坏政府。李昇（徐知诰）也有所醒悟，但一时来不及把他们调差。就在这时候，李昇（徐知诰）背上长出毒疮，但严格保密，不让外人知道，只暗中请御医（太医）治疗，仍像往常一样，主持早朝。

二月二十二日，李昇（徐知诰）病势恶化，御医吴廷绍派亲信召唤齐王李璟（徐景通）进宫侍候，李昇（徐知诰）对李璟（徐景通）说："我之所以吃矿物质道家仙丹，目的为了延年益寿，想不到反而更伤害身体，你应该引以为戒！"当天（二月二十二日）夜晚，逝世（年五十六岁）。李璟（徐景通）保守秘密，不对外透露，只公布以老爹的名义下达的诏书，说："命齐王（李璟）监督国政，大赦。"

孙晟恐怕冯延己等掌握权柄，打算伪造遗诏，命宋皇后临朝，皇家文学侍从官（翰林学士）李贻业说："先帝（李昇）曾经说：'女人干预政治，是混乱的根源。'怎么可能自己去当祸首，这一定是左右奸邪小人的诈术。而且，储君年龄已经够大（本年，李璟二十八岁），品德高尚，闻名远近，你怎么会说出这种亡国的话？如果宣布皇太后临朝的遗诏，我一定当着文武百官的面，把它撕毁。"孙晟畏惧发生争端，这才停止。李贻业，是李蔚的堂曾孙（李蔚，九世纪末唐王朝宰相，参考八七五年六月）。

二月二十八日，李璟（徐景通）才宣布老爹一任帝（烈祖）李昇（徐知诰）的遗诏。李昇（徐知诰）到了晚年，性情变得急躁，左右一些亲近的官员，很多受到责罚。陈觉声称有病，经常一连几个月都不进宫，直到李昇（徐知诰）逝世，遗诏宣布，他才出面。萧俨上疏弹劾说:“陈觉好端端的躲在自己家里，一心一意等候先帝（李昪）死亡，请依罪处刑。”李璟（徐景通）不准。

自从李昪（徐知浩）当南吴帝国的宰相，便禁止把良家子女卖作奴隶或婢女，规定凡是买奴仆婢女的，都要把契约专案呈报政府核准。现在，冯延己跟他的老弟、国务院教育部教育司副司长（礼部员外郎）冯延鲁，都在元帅府供职，撰写遗诏草稿时，加上“准许民间自由买卖儿女”，目的只是为了自己要买年轻美貌的女子当小老婆。萧俨反驳说:“这一定是冯延己等干的丑事，绝不是先帝（李昪）死前的吩咐。从前，冯延鲁当东都（江都府，江苏省扬州市）留守长官府执行官（东都判官），曾经为这件事作过建议。先帝（李昪）询问我的意见，我回答说:‘陛下当南吴宰相时，民间有出卖儿女的，还特别由宰相府拿钱，把可怜的儿女赎回，还给他们的父母，所以无论远近，都归心陛下。而今登极称帝，行为却恰恰相反，使穷人的儿女，供有钱人家驱使，怎么可以？’先帝（李昪）同意我的看法，要把冯延鲁定罪。我认为冯延鲁不过一个蠢汉，不值得责备。先帝（李昪）就把冯延鲁的奏章，斜封起来，抹了三笔，带回皇宫。我请陛下在宫中作一次检查，那份奏章一定还在。”李璟（徐景通）命找出老爹所搁置的奏章，共有一千余件，都是斜封，而且用笔一抹，果然在里面找到冯延鲁的那份奏章。然而，因为遗诏已经颁布，竟不作修正。

**4** 闽帝国（首都长乐府〔福建省福州市〕）富沙王王延政，在建州（福建省建瓯市）登极称帝，国号大殷，大赦，改年号天德（之前是闽永隆五年，之后是殷天德元年）。在将乐县（福建省将乐县）设立镛州，在延平镇（福建省南平市）设立镡州（镡，音tán〔潭〕）。封王后张女士当皇后。命军事执行官（节度判官）潘承祐当国务院文官部长（吏部尚书）、战区巡查官（节度巡官）建阳（福建省南平市建阳区）人杨思恭当国务院国防部长（兵部尚书）。没有多久，又擢升潘承祐当二级实质宰相（同平章事），擢升杨思恭当国务院最高执行长（仆射），主管帝国军政（录军国事）。

王延政身穿皇帝穿的赭色龙袍，登殿处理公务。但平常日子部属晋见参拜以及接待邻国使节，仍用战区司令官（节度使）身份礼仪。

殷国（首都建州）地方狭小，人民贫苦，可是战争不断。杨思恭因狂征暴敛，向民间大肆搜刮，受到宠爱信任。他增加山林、田亩、江河水产等的捐税，连鱼、盐、水果、蔬菜，都要加倍征收。殷国（首都建州）人民给他一个绰号：杨剥皮。

**5** 三月一日，后晋政府（首都开封府）调最高立法长（中书令）赵莹当晋昌战区（总部设京兆府〔陕西省西安市〕）司令官（节度使），遥兼最高立法长（兼中书令，使相）。调晋昌战区（总部设京兆府〔陕西省西安市〕）司令官（节度使）、遥兼最高监督长（兼侍中，使相）桑维翰，返回中央专任最高监督长（侍中）。

**6** 南唐（首都金陵府）齐王李璟（徐景通，本年二十八岁）登极称帝（二任元宗），下诏大赦，改年号保大（之前是升元七年，之后是保大元年）。皇家图书院图书管理官（秘书郎，从六品上）韩熙载，请依照古礼，明年（九四四）才改年号，李璟（徐景通）拒绝（历史上曾因争论是否应在新的一年开始才改年号，而引起诛杀，参考三五五年六月），封宋皇后当皇太后，封齐王妃钟女士当皇后。

李璟（徐景通）虽然登极，但还没有正式出临金銮宝殿主持朝政，而齐王府机要秘书（掌书记）冯延己却不断进宫向他请示，每天多达四次。李璟（徐景通）说："机要秘书（掌书记）有固定的工作职责，你怎么这么烦！"

李璟（徐景通）为人谦虚拘谨，刚登上宝座，对高阶层官员，从不直接呼唤他们的名字，而且时常接见他们讨论国家大事。李建勋对人说："领袖（李璟）忠厚仁爱、胸襟宽大，都超过先帝（李昇）。但性格还没有稳定，假如身旁没有正直君子帮助，恐怕难以守住先帝（李昇）的基业。"

李璟（徐景通）调镇南战区（总部设洪州〔江西省南昌市〕）司令官（节度使）宋齐丘，返京（首都金陵府）当太保（三师之三）兼最高立法长（兼中书令）；调奉化战区（总部设江州〔江西省九江市〕）司令官（节度使）周宗返京（首都金陵府）当最高监督长（侍中）。李璟（徐景通）因为宋齐丘、周宗都是老爹时代的元勋旧部，有很高的声望，所以顺应大家的期许，调回京城（首都金陵府）出任宰相，但国家政务，仍由自己决定。

把寿王李景遂改封燕王、宣城王李景达改封鄂王。

当初，李璟（徐景通）尚是齐王，充任三级实质宰相（知政事）的时候，每有什么过失，幕僚常梦锡总是坦率劝导，李璟（徐景通）虽然还有点老羞成怒，但最后仍是念及他的正直，对他很是尊敬。李璟（徐景通）登极后，应许常梦锡当皇家文学侍从官（翰林学士），可是宋齐丘那一党却讨厌他，指控他擅自批驳诏书，贬出当池州（安徽省池州市贵池区）执行官（判官）。当时，池州有很多从中央贬逐到那里的官员，当地人称为"迁客"，宁国战区（总部设宣州〔安徽省宣城市宣州区〕。池州属宁国战区）司令官（节度使）上蔡（河南省上蔡县）人王彦俦，对他们防守得十分严密，甚至苛刻到使他们无法生活的地步，只有对常梦锡，像他仍在中央一样，十分敬重。

王彦俦岂是真正了解常梦锡的人？只因为他在李璟（徐景通）当齐王时，便当李璟（徐景通）的部属，而贬逐又不是他犯了罪，可预见到他必然仍会被召回中央再任官职，所以敬重而已。

宋齐丘待陈觉一向优厚，李璟（徐景通）也觉得陈觉很有才干，所以对他非常信任。其他像冯延已、冯延鲁、魏岑，虽然是齐王府旧日幕僚，但都攀附新进的陈觉，结合休宁（安徽省休宁县）人查文徽，互相推荐吹嘘，破坏政府法令规章，文武百官给他们一个绰号："五鬼"。冯延鲁自国务院教育部教育司副司长（礼部员外朗）升迁到立法院（中书省）当立法官（中书舍人）兼勤政殿文学侍从官（勤政殿学士）。江州道（首府设江州〔江西省九江市〕）行政长官（观察使）杜昌业听到消息，叹息说："政府所以能支配文武官员，文武官员所以愿意接受政府支配，在于宫职和爵位的运作。如果只要一句话说得合皇上的意，就一下子擢升到显要的地位。那么，以后有功的人，用什么赏赐？"不久，李璟（徐景通）命魏岑跟查文徽同时出任帝国参谋总部副指挥官（枢密副使）。魏岑既然手握权柄，志满气盈，正巧陈觉的娘亲逝世，辞职回家守丧，魏岑抓住这个机会，开始宣扬陈觉的恶行，竭力排斥。

南唐政府（首都金陵府）在濠州（安徽省凤阳县东北临淮关镇）设定远战区。

**7** 南汉帝国（首都兴王府〔广东省广州市〕）皇帝（二任）刘弘度（刘玢）骄傲奢侈，不可一世，从不过问国家大事。老爹一任帝（高祖）刘岩（刘龑）的灵柩还没有下葬，刘弘度（刘玢）就演奏音乐、欢乐饮酒，到了夜晚，还改穿平民衣裳，跟娼妓在一块厮混，教青年男女脱得赤条条的做爱，而由他在一旁津津有味的仔细观看。左右侍从人员有违背他意思的，一律诛杀，所以，没有人敢进言规劝。只有越王刘弘昌跟宦官总管府秘书长（内常侍）番禺（首都兴王府所在县，广东省广州市）人吴怀恩屡次劝阻，刘弘度（刘玢）完全不理，而且对他的一些老弟，十分猜忌，每次举行宴会，都命宦官守卫宫门，文武百官跟皇亲国戚，都得脱下所有衣服，确定没有携带任何武器后，才准进去。晋王刘弘熙打算发动政变，于是呈献大量歌舞女郎，博取刘弘度（刘玢）的喜悦，同时助长刘弘度（刘玢）的罪恶。刘弘度（刘玢）喜爱比赛摔跤，刘弘熙命指挥官（指挥使）陈道庠，介绍大力士刘思潮、谭令禋、林少强、林少良、何昌廷等五人，到晋王府练习这项运动。刘弘度（刘玢）听到消息，大为高兴。

三月八日，刘弘度（刘玢）跟亲王们在长春宫摆设宴席，看大力士们摔跤，直到当天晚上，宴会才结束，刘弘度（刘玢）酩酊大醉。刘弘熙命陈道庠、刘思潮等架住刘弘度（刘玢）的双臂，猛击他的咽喉和前胸，当场格毙（年二十四岁），然后屠杀他左右全体侍从。

第二天（三月九日）早晨，文武百官跟所有亲王，都不敢进宫，越王刘弘昌率全体老弟，到寝殿集合，迎接刘弘熙（本年二十四岁）登极称帝（三任中宗），改名刘晟（我们仍称他刘弘熙），改年号应乾（之前是光天二年，之后是应乾元年）。任命刘弘昌当太尉（三公之一）兼最高立法长（兼中书令）、全国各战区道兵马总元帅（诸道兵马都元帅）、三级实质宰相（知政事）；命循王刘弘杲当副元帅、三级实质宰相（参预政事）。陈道庠跟刘思潮等都受很重的赏赐。

**8** 闽帝国（首都长乐府〔福建省福州市〕）皇帝（三任景宗）王延羲（王

曦）娶首都警卫司令（金吾使）尚保殷的女儿，封作贤妃。尚贤妃美丽绝伦，王延羲（王曦）爱她入迷，当他喝醉的时候，尚贤妃想杀谁他就杀谁，想赦谁他就赦谁。

**9** 夏季，四月一日，日蚀。

**10** 南唐政府（首都金陵府）命副立法长（中书侍郎）、二级实质宰相（同平章事）李建勋，当昭武战区司令官（节度使），总部设抚州（江西省抚州市临川区）。

**11** 殷国（首都建州）将领陈望等，进攻闽国（首都长乐府）首都福州（长乐府，福建省福州市），进入西城外郭，但接着被击败退回。

五月，殷国（首都建州）国务院文官部长（吏部尚书）、二级实质宰相（同平章事）潘承祐上疏，就十项大事，提出警告，他说："兄弟之间互相攻战，伤天害理，此其一。政府对国民搜刮惨苛，征调民夫差役，毫无节制，此其二。强迫国民当兵，暴露荒野，愁怨交集，此其三。杨思恭（杨剥皮）掠夺人民的衣服粮食，使民愤指向皇上，文武百官没有人敢说一句话，此其四。国土狭小，却大量设置州县，增加官员数目，使人民更加穷困，此其五。现在，更抢修道路，运送军粮，将要攻击汀州（福建省长汀县），却不考虑南唐（首都金陵府）、吴越（首都杭州）乘虚奇袭，此其六。搜刮富户的钱财，钱多的给他官做，拖欠的受到惩罚，此其七。延平（福建省南平市）的几个渡口，强征水果、鱼虾、蔬菜、稻米的捐税，收入很少，制造的怨恨却大，此其八。跟南唐（首都金陵府）、吴越（首都杭州）接壤相邻，陛下登极以来，从不曾派出一个使节，此其九。宫殿楼台，豪华奢侈，将浪费罄尽国家财富，此其十。”王延政大怒，下诏免除潘承祐所有官职，严令他返回自己私宅。

**12** 南汉帝（三任中宗）刘弘熙（刘晟）登极后，国内官民议论纷纷，谣言沸腾。循王刘弘杲建议斩刘思潮等，以平息人心不安，刘弘熙（刘晟）不接受。刘思潮等得到消息，遂暗中诬告刘弘杲阴谋背叛，刘弘熙（刘晟）命刘思潮等侦察。有一天，刘弘杲正在家里大宴宾客，刘思潮跟谭令禋率卫兵突袭，斩刘弘杲。于是，刘弘熙（刘晟）计划杀光他所有的老弟，尤其是越王刘弘昌，贤明干练，深受拥护，更使他疑惧（刘弘昌几乎夺嫡，参考去年〔九四二〕四月）。

建武战区（总部设邕州〔广西南宁市〕）司令官（节度使）齐王刘弘弼，因为身居全国最大军事重镇，恐怕招来灾祸，请求辞职回京（首都兴王府）；刘弘熙（刘晟）允许。

**13** 当初，闽帝（三任景宗）王延羲（王曦）未登极前，有一次，参加前任帝（二任）王继鹏（王昶）的宴会，正巧新罗王国（首都金城〔朝鲜半岛庆州市〕）使节呈献宝剑，王继鹏（王昶）举起来给宰相王倓鉴赏，说：“这宝剑用到谁身上？”王倓说：“用到当臣属不忠的人身上。”当时王延羲（王曦）已在阴谋夺取政权，心里一惊，脸色大变。现在，在宫中正大宴文武百官，恰巧又有人呈献宝剑，王延羲（王曦）忽然想起当年那一幕，下令挖出王倓的棺材，砍下尸体上的人头。皇家图书院校勘官（校书郎，正九品上）陈光逸对他的朋友说：“领袖荒淫无道，国家眼看就要灭亡，我将用我的生命，激发领袖省悟。”他的朋友劝止他，他不接受，上疏抨击王延羲（王曦）五十大恶，王延羲（王曦）暴跳如雷，命卫士痛打陈光逸几百皮鞭，还没有打死，又用绳索拴住陈光逸的脖子，吊到大庭树上，吊了很久才气绝。

**14** 秋季，七月十三日，后晋帝国（首都开封府〔河南省开封市〕）皇帝（二任）石重贵下诏说：因年景饥荒，国家经费不够开支，所以派出六十余位特使，分别前往各战区道强行搜刮民间米、麦、杂粮。

**15** 吴越王（三任忠献王）钱弘佐（本年十五岁）登极不久，禁军前卫司令（上统军使）阚璠（音kàn fán〔看凡〕），性情蛮横暴戾，排斥所有他不喜欢的人，钱弘佐对他不能约束，内营最高辅导官（内牙上都监使）章德安，屡次跟阚璠争辩；而右卫最高辅导官（右都监使）李文庆，也不肯攀附阚璠。

七月二十九日，钱弘佐下令贬章德安到处州（浙江省丽水市）、贬李文庆到睦州（浙江省建德市）。于是，阚璠跟右翼禁军司令（右统军使）胡进思，越发专权蛮横。阚璠，是明州（浙江省宁波市）人；李文庆，是睦州（浙江省建德市）人；胡进思，是湖州（浙江省湖州市）人。

**16** 南唐帝（二任元宗）李璟（徐景通）遵照老爹李昪（徐知诰）的意思，命天雄战区（总部设广晋府〔河北省大名县〕）司令官（空头官衔。此时广晋府属后晋〔首都开封府〕）兼最高立法长（兼中书令）、又兼首都金陵（江苏省南京市）特别市市长（金陵尹）的燕王李景遂，当全国各战区道兵马元帅（诸道兵马元帅），改封齐王，住入东宫（太子宫）；又命天平战区（总部设郓州〔山东省东平县〕）司令官（空头官衔。此时郓州属后晋〔首都开封府〕）、暂任最高监督长（守侍中，使相）、东京（江都府，江苏省扬州市）留守长官鄂王李景达，出任副元帅，改封燕王。向中央及地方广为宣布，承诺把皇帝宝座依照长幼的次序传递——兄终弟及；并封长子李弘冀当南昌王。李景遂、李景达坚决辞让，李璟（徐景通）不准。李景遂自行向天发誓，绝不敢充当储君，并把自己的别号，改称退身。

**17** 南汉（首都兴王府）指挥官（指挥使）万景忻，在循州（广东省龙川县）击败变民首领张遇贤（张遇贤聚众起兵，参考去年〔九四二〕七月）。张遇贤向神仙祷告，神仙指示说："攻取虔州（江西省赣州市。此时虔州属南唐〔首都金陵府〕），大事就可以成功。"张遇贤遂率领部众，越过南岭北进，直向虔州（江西省赣州市）。南唐（首都金陵府）百胜战区（总部设虔州〔江西省赣州市〕）司令官（节度使）贾匡浩，没有戒备。张遇贤变民部众十余万人，一连攻陷各县，击败虔州州政府军队，虔州城门白天都得关闭。张遇贤在白云洞（江西省于都县西）兴建皇宫宝殿，设立政府机关，派将领到处剽掠抢夺。贾匡浩，是贾公铎的儿子（贾公铎是蕲州大将，参考八九六年五月）。

**18** 八月九日，南唐帝（二任元宗）李璟（徐景通）封老弟李景遏当保宁王。李璟（徐景通）的娘亲宋太后，十分怨恨种夫人（企图为子李景遏夺嫡，参考本年〔九四三〕二月），打算谋害李景遏，李璟（徐景通）对这位老弟竭力保全。

**19** 后晋（首都开封府）夏州（定难战区总部，陕西省靖边县北白城则村）内营指挥官（牙内指挥使）拓跋崇斌发动兵变，绥州（陕西省绥德县）州长李彝敏打算出军相助，消息走漏。

八月二十五日，李彝敏放弃绥州（陕西省绥德县），会同他的老弟李彝俊等五人，逃奔延州（彰武战区总部，陕西省延安市）。

九月，后晋帝（二任）石重贵尊称娘亲、秦国夫人安女士当皇太妃。安太妃，是代北（山西省北部）人。石重贵对伯母李太后和亲母安太妃，都十分孝顺，常陪同她们进餐，待老弟也十分友爱（石敬瑭共七个儿子，现在只剩下石重睿；侄儿也只石重贵一人出现史册）。

最初，河阳（总部孟州）营门官（牙将）乔荣，在九三六年大变乱中，当赵延寿（刘延寿）的部属，一同被裹挟到辽国（首都临潢府），辽国政府任命他当贸易官（回图使），来往两国，在大梁（河南省开封市）设置贸易局。后来，辽国跟后晋发生摩擦，后晋（首都开封府）宰相景延广说服石重贵逮捕乔荣，投入监狱羁押，而把贸易局仓库里所储存的货物，全部没收。在景延广的坚持下，石重贵下令搜捕所有在后晋（首都开封府）境内做生意的辽国（首都临潢府）商人，全部诛杀，夺取他们的财货。高阶层官员一致认为：辽国对后晋恩重如山，不可以辜负。

九月十三日，后晋政府释放乔荣，慰问解释，又给予赏赐，送他回国。乔荣晋见景延广辞行，景延广态度傲慢，说："回去告诉你的主子，先帝（石敬瑭）是辽国拥上宝座，所以向辽国上疏称臣，当今皇上（石重贵）是我们自己拥上宝座，但仍然向辽国采低姿态，也正是不忘先帝（石敬瑭）当年所订盟约的缘故。身为邻国，甘愿称'孙'，已经够了，没有称'臣'的道理。辽国皇帝（二任耶律德光）不要相信赵延寿（刘延寿）的谎言，轻率的欺侮我们。后晋的武装部队，你亲眼看到，老头子（耶律德光）如果生气，就请他南下，决一死战，孙儿有十万横磨剑（为什么叫"横磨剑"？不知道，应是十世纪时民间口语，可能指开好口的剑而言），在这里等候大驾，有一天被孙儿打败，让天下人耻笑，可别后悔！"乔荣因为丧失所有资产，恐怕回国后受到惩罚，而且也为了留下凭据，作为将来对证，于是请求说："宰相大人的训示，内容丰富，我恐怕不能全记，是不是可以写在纸上！"景延广命文书官员记下他的话交给乔荣。乔荣奏报辽帝（二任太宗）耶律德光（本年四十二岁），耶律德光气得发疯，决定对后晋（首都开封府）发动攻击。后晋派往辽国的使节，辽国一一逮捕，囚禁幽州（辽南京，北京市），不准他们晋见。

后晋（首都开封府）宰相桑维翰不断警告石重贵，应该用谦卑的言辞，向辽国（首都临潢府）道歉，请求原谅，但都被景延广阻止。石重贵因景延广有拥戴他继承宝座的功劳，所以对他的宠爱和信任，超过其他宰相，而景延广又总管皇家禁卫大军，所以其他高阶层人士，不敢跟他争辩。河东战区（总部设太原府〔山西省太原市〕）司令官（节度使）刘知远，知道景延广一定会招致敌人进攻，但畏惧他正受石重贵的宠爱，权势鼎盛，也不敢出口（胡三省注："刘知远不仅仅不敢出口，也是因为怨恨石重贵而不愿开口，而只坐在那里观察谁胜谁败，从中取利。"）只是扩大招兵买马，上疏请准设置兴捷、武节等十余个军，防备辽国（首都临潢府）。

九月十九日，定难战区（总部设夏州〔陕西省靖边县北白城则村〕）司令官（节度使）李彝殷，奏报李彝敏叛乱情形。后晋帝（二任）石重贵下诏把李彝敏押到夏州（陕西省靖边县北白城则村），斩首。

**20** 冬季，十月三日，后晋帝（二任）石重贵娶婶娘、吴国夫人冯女士当皇后。

最初，一任帝石敬瑭深爱幼弟石重胤，遂养作自己的儿子。后来，石敬瑭当邺都（河北省大名县）留守长官（参考九二八年四月），命石重胤娶副留守长官、安喜（定州州政府所在县，河北省定州市）人冯濛的女儿为妻。婚后不久，石重胤逝世，冯女士成了寡妇，容貌娇艳，石重贵看见，大为爱慕。石敬瑭逝世后，灵柩还放在祭堂，石重贵已经跟她上床。文武百官都致词祝贺，石重贵对宰相冯道等说："奉皇太后的命令结婚，你们面前，不应该太热闹！"文武百官退出后，石重贵跟冯皇后在一起饮酒，经过石敬瑭灵柩前面，把酒浇一点到地上，向灵柩致词说："奉皇太后命令结婚，陛下面前，不应该太热闹！"左右侍从都笑出声音，石重贵自己也忍不住失笑，回头对左右说："我今天当新郎官，怎么样？"冯皇后跟左右侍从都捧腹大笑。李太后虽然生气，但也无可奈何。冯皇后既进入中宫，开始干涉帝国行政，她的老哥冯玉当时任职国务院教育部教育司司长（礼部郎中）兼全国盐铁专卖暨运输总监署执行官（盐铁判官）。石重贵越级擢升他当端明殿文学侍从官（端明殿学士）、国务院财政部副部长（户部侍郎），跟他讨论国事。

**21** 南汉帝（三任中宗）刘弘熙（刘晟）命韶王刘弘雅退休（不知道刘弘雅之前出任什么官位）。

**22** 南唐帝（二任元宗）李璟（徐景通）派洪州（江西省南昌市）屯垦兵团总纠察官（洪州营屯都虞候）严恩，率军讨伐变民首领张遇贤，命皇家礼宾官（通事舍人）金陵（江苏省南京市）人边镐当监军官。边镐用虔州（江西省赣州市）人白昌裕当智囊，向张遇贤发动攻击，不断取胜。张遇贤向神仙祷告，而神仙却不再回答，张遇贤的党徒大为恐惧。白昌裕建议边镐派军翻山越岭，砍伐树木，开辟行军小道，在张遇贤的营后出现，发动袭击，张遇贤舍弃部众，投奔别动部队将领（别将）李台。李台知道神仙已不灵验，遂生擒张遇贤，投降，押解到金陵（南唐首都，江苏省南京市）斩首（这位神仙不知道跟张遇贤有什么仇，千方百计把他引导到不归路上。有坐轿资格的朋友，应该特别谨慎，连神仙也会抛下轿子，拔腿开溜）。 

**23** 十一月十三日，南汉帝（三任中宗）刘弘熙（刘晟）到京城（首都兴王府）南郊祭祀天神，大赦，改年号乾和（之前是应乾元年，之后是乾和元年）。

**24** 十一月十四日，吴越王（三任忠献王）钱弘佐娶仰女士当王妃。仰女士，是仰仁诠的女儿（仰仁诠，参考九三三年十二月）。

**25** 最初，后晋一任帝石敬瑭把三百匹战马借给平卢战区（总部设青州〔山东省青州市〕）司令官（节度使）杨光远（杨檀），而今，宰相景延广声称奉皇帝之命，把战马讨回。杨光远（杨檀）大怒，说："这是对我怀疑！"秘密召唤他的儿子单州（山东省单县）州长杨承祚。

十一月十四日，杨承祚声称他的娘亲生病，当天夜晚，打开城门，奔回青州（山东省青州市）。

十一月二十六日，后晋帝（二任）石重贵派左飞龙厩御马管理官（左飞龙使）金城（应州州政府所在县，山西省应县）人何超，暂代单州（山东省单县）州长，一面派寝宫宦官（内班）赏赐杨光远（杨檀）玉带、御马、金银绸缎，让他放心。

十一月二十八日，后晋政府（首都开封府）派皇家侍卫亲军步兵总指挥官（侍卫步军都指挥使）郭谨，率军进驻郓州（山东省东平县）。

**26** 南唐政府（首都金陵府）把一任帝李昪（徐知诰）安葬永陵（江苏省南京市江宁区西南祖堂山），绰号光文肃武孝高皇帝，庙号烈祖。

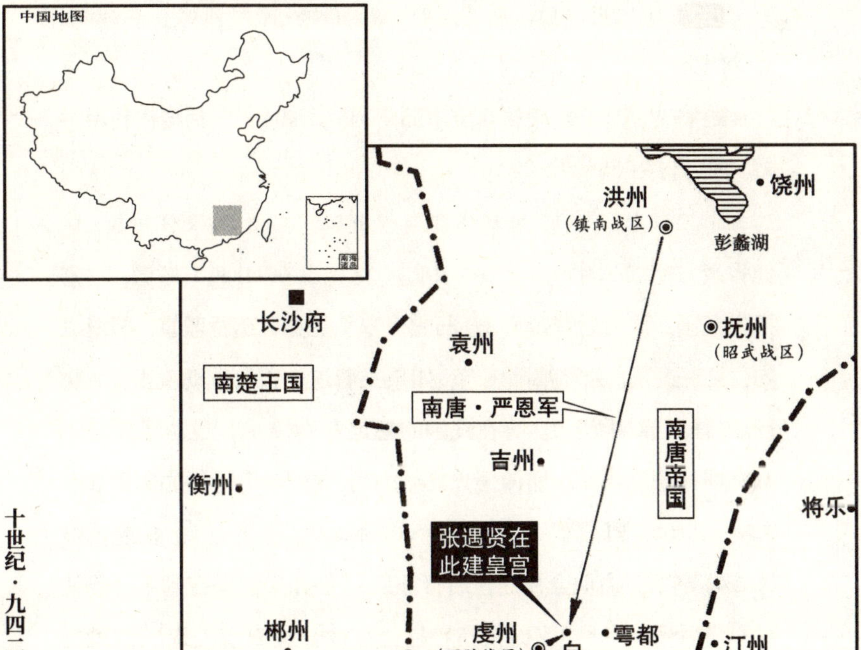

十世纪·九四二年七月至九四三年十月　博罗民变，张遇贤称帝

中国地图

南海诸岛

洪州
（镇南战区）
饶州
彭蠡湖
长沙府
抚州
（昭武战区）
袁州
南楚王国
南唐·严恩军
南唐帝国
吉州
衡州
将乐
张遇贤在此建皇宫
郴州
虔州
（百胜战区）
（贾匡浩）
白云洞
雩都
汀州
闽帝国
南
岭
雄州
连州
韶州
敬州
南汉帝国
英州
循州
齐昌府
潮州
张遇贤变军
斩刺史刘传
兴王府
博罗
祯州
端州

27 十二月一日，后晋政府（首都开封府）派左领军卫（卫军第七军）将军蔡行遇，率军增援郓州（山东省东平县）。平卢（总部青州）司令官（节度使）杨光远（杨檀）派骑兵突击淄州（山东省淄博市），劫持州长翟进宗，押返青州（山东省青州市）。

十二月十日，中央调杨承祚当登州（山东省烟台市蓬莱区）州长，让他省亲方便（登州属平卢战区〔总部青州〕）。杨光远（杨檀）越发骄傲，秘密报告辽国，认为后晋帝（二任）石重贵辜负恩德，违背盟誓，国境之内，又有饥荒，公私都陷困苦，如果乘着这个机会发动攻击，一次行动就能把对手消灭。身在辽国的赵延寿（刘延寿），也劝辽帝（二任太宗）耶律德光出军。耶律德光集结山后（燕山以北）及卢龙战区（总部设幽州〔北京市〕）野战军（全是新近被并入辽国的汉人），共五万人，由赵延寿（刘延寿）率领，命他全权经营后晋，说："你如果能够夺到手，我就封你当后晋皇帝！"又时常指着赵延寿（刘延寿）对汉人说："这就是你们领袖！"赵延寿（刘延寿）深信不疑，因此为辽国（首都临潢府）竭尽全力，筹划征服后晋的策略。

九四三年，赵延寿（刘延寿）应是全世界最乐不可支的人，因为他已明确的取得辽国主子的支持，覆亡他的祖国，而且好事迫在眉睫。

后晋政府（首都开封府）陆续听到这种阴谋，开始采取因应措施。

十二月十二日，派特使兴筑南乐县（河南省南乐县）及德清军（河南省内黄县东南，旧澶州）二县城墙，征调邻近战区道野战军集合戒备。

28 南唐（首都金陵府）最高监督长（侍中）周宗，年纪衰老，谨慎谦恭，只求自保，从不冒犯别人。但最高立法长（中书令）宋齐丘正极力扩张私人势力，广结党徒，千方百计陷害周宗（因周宗劝李昪〔徐知诰〕篡位，抢了宋齐丘的头筹，参考九三四年二月，从此宋齐丘恨周宗入骨）。周宗向南唐帝（二任元宗）李璟（徐景通）哭泣申诉，李璟（徐景通）因此更鄙视宋齐丘，不久，开始跟陈觉疏远，又把宋齐丘贬出京师（首都金陵府）当镇海战区（总部设润州〔江苏省镇江市〕）司令官（节度使），宋齐丘老羞成怒，上疏请准许他前往九华山（安徽省青阳县南）隐居，李璟（徐景通）知道他玩花样，就在接到他第一次奏章时，立即批准，并颁发诏书说："你明天的归隐行动，我从前曾经允许，深刻的了解你从不贪图名利，所以不强迫留你在政府当官。"特别赐绰号九华先生，封青阳公爵，把一县租税作为他的俸禄（宋齐丘曾在九华山隐居，参考九三一年二月）。宋齐丘遂在青阳（安徽省青阳县）大肆兴建高楼大厦，穿的衣服、坐的车马以及所统御的将领和文职官吏，都比照亲王或公爵的编制设立。但他内心那种怀才不遇的愤怒，跟忧愁悲哀，更加强烈。

**29** 孤悬西南群蛮中的宁州（贵州省惠水县）蛮夷酋长莫彦殊，率所属温那州（广西东兰县）等十八个名义州（只有州的名义，没有州的实质），归附南楚王国（首都长沙府〔湖南省长沙市〕），这些州没有州政府，也没有城池，只不过在高冈山坡上，竖立一块石碑而已，只靠中央的声威，维持薄弱的隶属关系。

**30** 本年（九四三），春夏两季大旱，秋冬两季大水，相继成灾。遍地蝗虫，东从东海，西到陇坻（甘肃省陇山山麓），南方越过淮河，直抵长江及两湖（鄱阳湖及洞庭湖），北方到幽（北京市）、蓟（天津市蓟州区）二州，整个广大的华北地区，无论原野、山谷、城郭、房舍，到处都爬满蝗虫，竹叶、树叶，全被啃光，农民已不能生存（后晋建国之初，尚算小康，参考九三七年正月；如今全国赤贫）。而就在这时候，政府还要搜刮民间的粮食（参考本年〔九四三〕七月），搜刮官督促呵责、严厉惨苛，甚至查封捣米的石臼，连一顿饭都不给农民留下，有些穷人被指控隐瞒粮食，甚至判刑处死。有些县长往往因搜刮不到中央指定的数目，上疏弹劾自己，交出印信，离职而去。平民饿死的高达数十万人（可悲），流亡逃难的更不计其数！于是，留守长官、战区司令官（节度使）以及更低一级的将领，分别呈献马匹、金银、绸缎、粮食，帮助中央政府共渡难关。

中央因恒州（镇州，河北省正定县）、定州（河北省定州市），民间正陷惨重饥馑，特别免除强行搜刮。但顺国战区（总部恒州〔镇州〕）司令官（节度使）杜重威（杜重威因二任帝石重贵的“重”字，改名杜威，我们仍称他杜重威）奏报说：军队粮食不够，请依照其他各州办法，允许搜刮。石重贵批准。

**柏杨曰**

二十世纪四十年代中叶，抗日战争胶着，河南省大旱成灾，我亲眼看到政府官吏闯进农家，把藏在破瓦罐里的数掬玉米搜出来，全部抄走。农民一家四口，一语不发，丈夫挑起竹担，前面箩筐坐着婴儿，后面箩筐放着菜刀锅碗和一些破袄破被，憔悴不成人形的妻子，则手牵七八岁孩童，反手锁上早已空无一物的屋门（仍留下一丝眷恋，盼再返故乡，最使人落泪），依依上路，步步回首，向一千公里外，目标荒凉的新疆逃难，枯干的面颊上，两眼茫然，身上没有分文，他们自己也不知道能走多远，更不知道饿死何方，孩子何辜？然而，他们没有一句抱怨，流一滴眼泪。

中国人，你为什么这么卑贱？你为什么不发怒？

杜重威（杜威）采用执行官（判官）王绪的建议，把民间搜刮得几乎连一粒粮食都不留下，共聚敛一百万斛（上天保佑，读者中谁告诉我们“斛”和“升”“石”“斗”之间的关系），杜重威（杜威）上疏说只得到三十万斛，剩下的七十万斛，全运到自己家。又命另一位执行官（判官）李沼向农民借粮，又借满一百万斛，等到明年（九四四）春季，再卖给农民，得钱二百万串，整个战区一片悲苦。定州（河北省定州市）官员打算援引杜重威（杜威）的前例，奏请仿效，义武战区（总部设定州）司令官（节度使）马全节反对，说：“我身兼道政府行政长官（观察使），职责在于使人民温饱安居，怎么狠得下心，效法杜重威（杜威）！”

**31** 南楚王国（首都长沙府〔湖南省长沙市〕）出产金银，而茶叶贩卖的利润，更是丰厚，因此无论政府及民间，都十分富庶（南楚卖茶叶获利，参考九〇八年七月）。南楚王（三任文昭王）马希范（本年四十五岁），豪华奢侈，毫无节制，尤其喜爱自我夸大。曾经铸造特大号的长枪巨矛，用金片包裹，卫士拿到手里，只可以装腔作势，却不能使用。招募富家子弟中健壮的少年，挑选八千人，成立“银枪特别营”。王宫、殿堂、花园以及穿着和使用的物件，都精致贵重，浪费到极点。又兴建九龙殿，用沉香木雕刻八条巨龙，每条龙长度一百余公尺，用黄金珠宝装饰，环抱群柱，互相对称，马希范坐在中间，作为第九条龙；头上所戴便帽（幞头）佩带，长达一丈有余，象征龙角。

在毫无节制的挥霍下，国库不能负担，于是加重人民的赋税。马希范每次派特使巡查农田，凡是查出隐瞒土地，能够增加税收的，就有功劳。最后，农民无法负担重税，纷纷放弃耕种，全家逃亡。马希范说：“只要土地还在那里，何必担心没有粮食！”命屯垦司令（营田使）邓懿文调查弃田，出租给新的移民耕种。于是，此处农民逃到彼处屯垦，彼处农民逃往另一处屯垦，靠着新移民初期的优待，勉强生存。但不停的流动，所有生产事业，都陷于停顿。马希范又鼓励人民出钱购买官位，钱多的官大，钱少的官小，于是，富有的商人挤满政府。地方官员如要调回中央，必须贿赂。人民犯罪时，富家子弟捐钱，强壮青年当兵，都可以免罪，只有穷苦的人或卑弱的人受法律制裁。又设立“告密箱”，鼓励人民写匿名信检举别人谋反叛乱，有的人家甚至全族被杀（告密箱，始创于武曌，参考六八六年三月）。

本年（九四三），马希范采纳文书官（孔目官）周陟的建议，除了正式税捐外，还命大县每年进贡稻米二千斛、中县每年进贡稻米一千斛、小县每年进贡稻米七百斛，没有米可进贡时，可以进贡棉布绸缎。天策府文学侍从官（天策学士）拓跋恒（元恒）上疏说：“殿下生长在深宫之中，凭借父兄已经完成的事业，从不知道种田耕地的艰苦，也从没有听见过战鼓擂动的声音。整天骑马射箭，游戏人生，住雕梁画栋的宫殿，吃碧玉碗盘装的山珍海味，国库积蓄，就要消耗一空，奢侈却更严重，人民困苦，难以生存，强征暴敛，却永不休止。现在，南唐（首都金陵府）是仇敌之国，南汉（首都兴王府）有吞噬我们的野心，南平（首都江陵府）日夜监视我们的行动，西方边陲住在群山洞穴里的蛮夷，等待我们戒备松懈。俗话说：‘脚部寒冷，伤害心脏；人民怨恨，伤害国家。’但愿大王取消强征贡米的命令，诛杀周陟，向各州县道歉。停止一些并不十分紧急的事务，减少土木工程的兴建数量，不要一旦发生祸事，受四方嘲笑。”马希范大怒。后来有一天，拓跋恒（元恒）请求晋见，马希范声称他正在白天睡大觉。拓跋恒（元恒）对大营礼宾官（客将）区弘练说：“大王要狠任性，而又拒绝规劝，我将看到马家千口，漂泊无依！”马希范越发愤怒，终身不再相见。

**32** 闽帝（三任景宗）王延羲（王曦）的女儿出嫁，取出礼金簿查看，发现中央官员中有十二个人没有送钱祝贺，就把他们传唤到金銮宝殿上，一个挨一个鞭打。又指控副总监察官（御史中丞）刘赞没有提出弹劾，也要鞭打，刘赞坚决不受这种侮辱，打算自杀。监督院高级顾问官（谏议大夫）郑元弼提醒王延羲（王曦）说：“古时，刑罪不加到高级知识分子身上，副总监察官（中丞）是中央文武百官的表率，怎么可以随便动用酷刑？”王延羲（王曦）板起面孔说：“你打算效法魏徵是不是（魏徵，参考六四三年正月）？”郑元弼说：“我把陛下当作李世民（唐王朝二任帝），所以才敢效法魏徵。”王延羲（王曦）的怒气才稍稍化解，下令释放刘赞。但刘赞仍然忧愁过度逝世。

# 九四四年 甲辰

| | | |
|---|---|---|
| 后晋 | 天福 | 九年 |
| | 开运 | 元年 |
| 南唐 | 保大 | 二年 |
| 南楚 | 开运 | 元年 |
| 吴越 | 开运 | 元年 |
| 南汉 | 乾和 | 二年 |
| 南平 | 开运 | 元年 |
| 闽 | 永隆 | 六年 |
| 殷 | 天德 | 二年 |
| 后蜀 | 广政 | 七年 |
| 辽 | 会同 | 八年 |

1 春季，正月二日，后晋帝国（首都开封府〔河南省开封市〕）北方边防军将领紧急奏报说："辽国（首都临潢府）前锋官赵延寿（刘延寿）、赵延照，率远征军五万人南下发动攻击，逼近贝州（河北省清河县）。"赵延照，是赵思温的儿子（赵思温，参考九二七年正月）。

先前，后晋（首都开封府）中央政府因为贝州（河北省清河县）位居水陆要道，所以聚集大量粮食草料，足够供应大军数年使用，来防备辽国（首都临潢府）侵略（贝州〔清河郡〕有“北中国仓库”之称，参考七五六年三月二十九日）。中级军官（军校）邵珂，性情凶恶乖张。永清战区（总部设贝州〔河北省清河县〕）司令官（节度使）王令温把他免职，邵珂怨恨在心，秘密派人前往辽国（首都临潢府）说：“贝州（河北省清河县）粮草多而兵力薄弱，容易夺取。”正巧，王令温到中央朝见，宰相命前任复州（湖北省天门市）警备区司令（防御使）吴峦暂代贝州（河北省清河县）州长（吴峦守云州抗辽，参考九三七年二月）。吴峦到差后，对官兵诚恳相待，推心置腹，但没有多久，辽军突然在城下出现。吴峦是一位文官，没有直属部队。邵珂自己请求统军拒抗，愿为国战死。吴峦命邵珂守南门，吴峦自己守东门。辽帝（二任太宗）耶律德光（本年四十三岁）亲攻贝州（河北省清河县），吴峦竭力奋战，把辽军的攻城武器，几乎烧光。

正月六日，辽军第二次攻城，邵珂大开南门，引导辽军进城，吴峦投井自杀。辽军遂占领贝州（河北省清河县），屠杀近一万人。

正月七日，后晋帝（二任）石重贵（本年三十一岁）命归德战区（总部设宋州〔河南省商丘市〕）司令官（节度使）高行周当北方特遣兵团野战司令（北面行营都部署），命河阳战区（总部设孟州〔河南省孟州市〕）司令官（节度使）符彦卿当骑兵左翼督战官（马军左厢排阵使），命右神武（禁军第六军）统军皇甫遇当骑兵右翼督战官（马军右厢排阵使），命保义战区（总部设陕州〔河南省三门峡市〕）司令官（节度使）王周当步兵左翼督战官（步军左厢排阵使），命左羽林（禁军第一军）将军潘环当步兵右翼督战官（步军右厢排阵使）。

河东（总部太原府）奏报说：“辽军（首都临潢府）攻入雁门关（山西省代县西北）。”恒（顺国总部，河北省正定县）、邢（安国总部，河北省邢台市）、沧（横海总部，河北省沧州市东南）三州分别奏报说：辽军涌到。

顺国战区（总部设恒州〔河北省正定县〕）司令官（节度使）杜重威（杜威），派幕僚曹光裔晋见平卢战区（总部设青州〔山东省青州市〕）司令官（节度使）杨光远（杨檀），为他分析祸福。杨光远（杨檀）遂委托曹光裔向中央奏报说："杨承祚弃职逃归（参考去年〔九四三〕十一月），只是为了娘亲患病，既蒙陛下宽恕赦免，全族感激天恩。"中央相信这项说辞，派使节跟曹光裔一起再去青州（山东省青州市）安慰解释。

**2** 南唐帝国（首都金陵府〔江苏省南京市〕）皇帝（二任元宗）李璟（徐景通，本年二十九岁）命最高监督长（侍中）周宗，当镇南战区（总部设洪州〔江西省南昌市〕）司令官（节度使），命国务院左执行长（左仆射）兼副监督长（兼门下侍郎）、二级实质宰相（同平章事）张居咏，当镇海战区（总部设润州〔江苏省镇江市〕）司令官（节度使）。

李璟（徐景通）决定依照顺序，把帝位传给两位老弟齐王李景遂和燕王李景达。皇家文学侍从官（翰林学士）冯延己等遂阴谋隔绝内外上下，乘机夺权。

正月八日，李璟（徐景通）训令说："派齐王景遂参与中央决策，文武百官除了帝国参谋总部副指挥官（枢密副使）魏岑、查文徽，特准进宫面奏外，其他任何人，除非召唤，不准晋见。"政府官员大为惊骇。御前监督官（给事中）萧俨上疏激烈反对，李璟（徐景通）不作批示。皇家侍卫亲军总纠察官（侍卫都虞候）贾崇，到金銮宝殿前请求召见，说："我事奉先帝（李昪〔徐知诰〕）三十年，亲眼看到他接见关系疏远的干部，殷勤诚恳，一点不敢怠慢，可是下面的苦情，仍有不能上达的时候。陛下刚刚登极，用了些什么样的人，竟打算跟文武百官隔绝！我年已老，恐怕不能再看到陛下的龙颜。"

呜咽悲泣，涕泪交流，李璟（徐景通）醒悟，深为感动，立即收回这项训令。

李璟（徐景通）在宫中兴建高楼，召唤侍从官员参观，大家都惊叹赞美。萧俨说：“唯一的遗憾是，楼下少一口井！”李璟（徐景通）问他什么缘故，萧俨回答说：“只因缺少一口井，所以比不上景阳楼（陈帝国亡国之君陈叔宝逃到景阳殿井里躲藏，参考五八九年正月）！”李璟（徐景通）大怒，把萧俨贬到舒州（安徽省潜山市），舒州（安徽省潜山市）行政长官（观察使）孙晟派武装军士严密监视，萧俨斥责他说：“我因为直言直语规劝，才受到惩罚，并不是帝国的叛徒。当初，先帝（李昪〔徐知诰〕）逝世的时候，你几乎危害帝国根基（指建议皇太后主政，参考去年〔九四三〕二月），罪恶岂不比我更重？今天却用这种手段防我！”孙晟无言以对，才撤回军警。

**3** 后晋帝（二任）石重贵特派使节前往辽国送递国书，但辽军已进抵邺都（广晋府，河北省大名县）城外，无法通过，被迫退回。

正月九日，石重贵命皇家侍卫亲军步骑兵总指挥官（侍卫马步都指挥使）景延广，当皇家御营司令官（御营使），命前静难战区（总部设邠州〔陕西省彬州市〕）司令官（节度使）李周当东京（首都开封府）留守长官。当天（正月九日），高行周率前军先行出发。这时候，遣兵调将、发号施令，都由景延广决定，包括宰相在内所有官员，都没有机会参加意见，景延广手握大权，气焰逼人，不可一世，甚至对有些将领乘机侮辱，连石重贵也无法控制。

正月十二日，石重贵从东京（首都开封府）出发北上。

正月十四日，滑州（河南省滑县）奏报说：辽军抵达黎阳（河南省浚县。滑州在古黄河南岸，黎阳在古黄河北岸）。

正月十五日，石重贵抵达澶州（河南省濮阳市）。

辽帝（二任太宗）耶律德光驻防元城（邺都广晋府所在县），赵延寿（刘延寿）驻防南乐（河南省南乐县）。耶律德光命赵延寿（刘延寿）当魏博战区（恢复唐王朝时旧名，总部设广晋府〔河北省大名县〕）司令官（节度使），晋封魏王。

辽军进攻太原（山西省太原市），后晋（首都开封府）河东（总部太原府）司令官（节度使）刘知远会同白承福，集结大军二万人反攻。

正月二十一日，石重贵命刘知远当幽州（北京市）方面特遣兵团征剿司令（幽州道行营招讨使）、杜重威（杜威）当副征剿司令（副使）、马全节当总纠察官（都虞候）。

正月二十三日，石重贵派右武卫（卫军第四军）上将军张彦泽等率军前往黎阳（河南省浚县）抵抗辽军。

**4** 正月二十五日，后蜀帝国（首都成都府〔四川省成都市〕）皇帝（二任）孟昶（孟仁赞，本年二十六岁）恢复中央高级官员遥兼战区司令官制度（取消将相遥兼事，参考九四一年二月）。

**5** 后晋帝（二任）石重贵派翻译官孟守忠，向辽国（首都临潢府）致送国书，请求恢复昔日友好关系。辽帝（二任太宗）耶律德光回信说：“已经造成的创伤，无法更改。”

正月二十八日，后晋（首都开封府）太原（山西省太原市）奏报说：“在秀容（忻州州政府所在县，山西省忻州市）击败辽军将领伟王耶律宛，杀三千人，辽军从鸦鸣谷（山西省寿阳县东北）逃走。”

**6** 殷国（首都建州〔福建省建瓯市〕）铸造大号铁钱——天德通宝，

一个新钱当一百个旧钱（取代“永隆通宝”，参考前年〔九四二〕八月）。

**7** 南唐帝国（首都金陵府〔江苏省南京市〕）皇帝（二任元宗）李璟（徐景通）派使节分别送交他的信件给闽帝（三任景宗）王延羲（王曦）及殷帝王延政，斥责他们兄弟互相残杀。王延羲（王曦）回信引用周王朝周公爵姬旦诛杀兄弟管国国君姬鲜及放逐蔡国国君姬度故事（参考四二六年二月注），以及唐王朝二任帝李世民诛杀老哥李建成、老弟李元吉（参考六二六年六月）故事，作为比照。王延政回信，反过来斥责李璟（徐景通）篡夺杨家帝国（南吴）。李璟（徐景通）大怒，遂跟殷国（首都建州）断绝邦交。

**8** 后晋（首都开封府）所属天平战区（总部设郓州〔山东省东平县〕）副司令官（副使）、代理郓州（山东省东平县）州长颜衎（音kàn〔看〕）派行政执行官（观察判官）窦仪，到京师（首都开封府）奏报说：“博州（山东省聊城市）州长周儒献出城池，向辽军投降，又跟杨光远（杨檀，平卢〔总部青州〕司令官）互派使节来往，引导辽军从马家口（山东省聊城市茌平区东南）渡黄河南下，俘虏左武卫（卫军第三军）将军蔡行遇（派左领军卫〔卫军第七军〕将军蔡行遇驻防郓州，参考去年〔九四三〕十二月）。”窦仪警告景延广说：“辽军如果东渡黄河，跟杨光远（杨檀）结合，河南（黄河以南）就陷于危险。”景延广同意。窦仪，是蓟州（天津市蓟州区）人。

二月一日，石重贵命前保义战区（总部设陕州〔河南省三门陕市〕）司令官（节度使）石赟防守麻家口（河南省范县南）、命前威胜战区（总部设邓州〔河南省邓州市〕）司令官（节度使）何重建据守杨刘镇（山东省东阿县东北姚寨镇）、护圣总指挥官（护圣都指挥使）白再荣据守马家口（山东省聊城市茌平区东南）、西京（河南府，河南省洛阳市）留守长官安彦威据守河阳（河南省孟州市）。没有多久，周儒引导辽军大将耶律麻荅，从马家口（山东省聊城市茌平区东南）东渡黄河，在东岸构筑阵地，进攻郓州（山东省东平县）北方黄河南岸渡口，应接杨光远（杨檀）。耶律麻荅，是辽帝（二任太宗）耶律德光的堂弟。

二月二日，石重贵派皇家侍卫亲军骑兵总指挥官（侍卫马军都指挥使）兼义成战区（总部设滑州〔河南省滑县〕）司令官（节度使）李守贞、神武（卫军第五、六军）统军皇甫遇、陈州（河南省周口市淮阳区）警备区司令（防御使）梁汉璋、怀州（河南省沁阳市）州长薛怀让，率军一万人，沿着黄河水陆并进，向东出发。李守贞，是河阳（河南省孟州市）人。梁汉璋，是应州（山西省应县）人。薛怀让，是太原（山西省太原市）人。

二月三日，辽军把后晋（首都开封府）将领高行周、符彦卿以及先锋指挥官（先锋指挥使）石公霸，包围在戚城（河南省濮阳市北）里。先前，景延广下令各路将领，分别驻守据点，不准互相援救。高行周向中央报告情况危急，景延广却把这份十万火急文书，慢慢的呈递后晋帝（二任）石重贵，石重贵率军亲自前往解围。辽军撤退而去。三位将领向石重贵流泪控诉援军来得太迟，使他们几乎全军覆没。

二月四日，李守贞军抵达马家口（山东省聊城市茌平区东南）。辽军统帅部派步兵一万人兴筑营垒，由游骑兵巡逻保护，野战军主力数万人驻扎黄河西岸，船舰数千艘运送渡河，还没有运完，后晋军突然攻击，辽国骑兵退走，后晋军直接攻向营垒，攻克，辽军大败，骑马奔向黄河，淹死数千人，被俘被杀也数千人。黄河西岸辽军悲号恸哭，无法赴援，拔营而去，自此不敢再向东方深入（杨光远〔杨檀〕外援全断）。

二月八日，定难战区（总部设夏州〔陕西省靖边县北白城则村〕）司令官

(节度使)李彝殷奏报说:他率军四万人自麟州(陕西省神木市)东渡黄河,侵入辽国国境。

二月九日,石重贵命李彝殷当辽国西南方面军征剿司令(契丹西南面招讨使)。

**9** 最初,辽帝国(首都临潢府〔内蒙古巴林左旗〕)皇帝(二任太宗)耶律德光占领贝州(河北省清河县)、博州(山东省聊城市),对居民的态度十分温和,还给有些人一个官职爵位,发给他们官服印信。然而,在马家口(山东省聊城市茌平区东南)跟戚城(河南省濮阳市北)一连串失败后,老羞成怒,对俘虏来的后晋平民,全部斩首,对俘虏来的后晋军人,都用火烧死。因此激起后晋人普遍愤怒,纷纷反抗。

杨光远(杨檀,平卢〔总部青州〕司令官)率军西上,打算跟辽军会师。

二月十五日,石重贵命石赟(时驻防麻家口)派出分遣部队进驻郓州(山东省东平县)阻截。

**10** 后晋帝(二任)石重贵命刘知远(河东〔总部太原府〕司令官)率他所统御的部队,东出土门(河北省石家庄市鹿泉区西南),楔入恒州(河北省正定县)辽军占领区,发动攻击。又命刘知远前进到邢州(河北省邢台市)跟杜重威(杜威,顺国〔总部恒州〕司令官)、马全节(义武〔总部定州〕司令官)会师。但刘知远行军到乐平(山西省昔阳县),逗留不进。

石重贵身穿丧服,刚满一年,就在皇宫中命宫女低声演奏音乐,后来出征,又命左右侍从演奏三弦琵琶,并用羌笛和奏,擂鼓高歌,翩翩起舞,声明说:"这算不上是音乐!"

二月十七日,文武百官联名上疏请求恢复音乐演出,石重贵下诏不准(守丧期间,连婶娘都拉上了床〔参考去年〔九四三〕十月三日〕,还在听不听

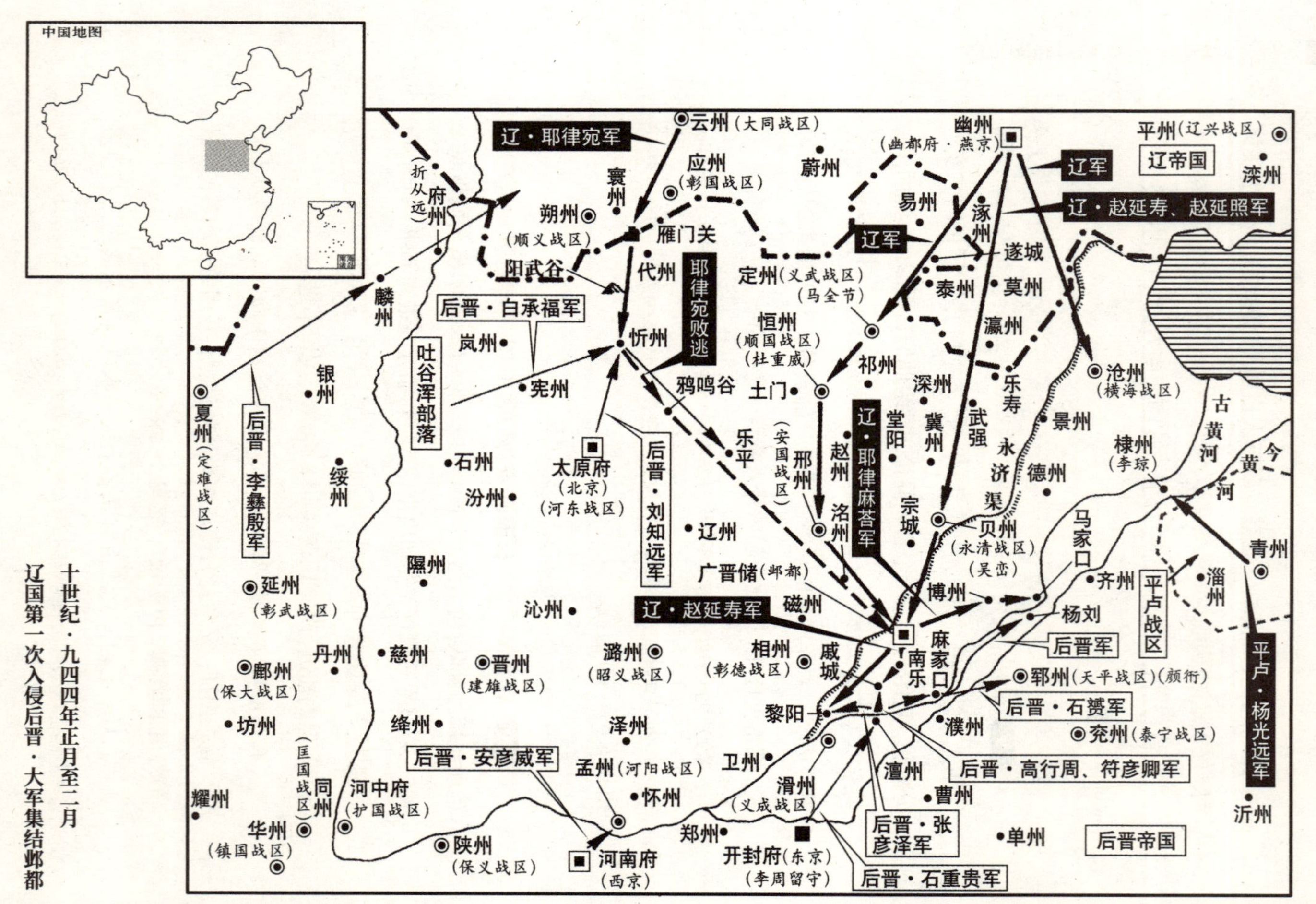

十世纪·九四四年正月至二月
辽国第一次入侵后晋·大军集结邺都

十世纪·九四四年二月

辽国第一次入侵后晋·隔黄河对峙

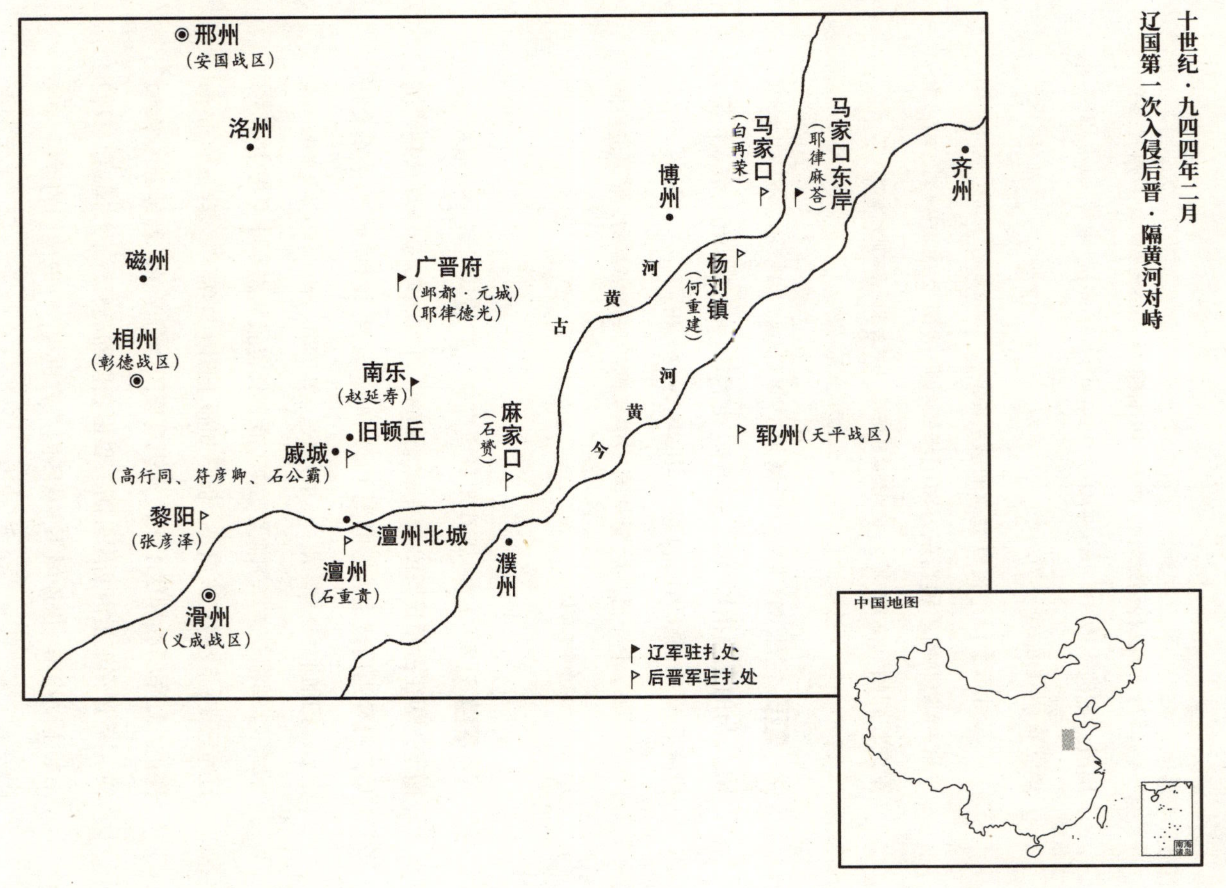

音乐上肉麻当有趣）。 

二月十九日，杨光远（杨檀）包围棣州（山东省惠民县），州长李琼出战，把他击败（棣州属天平战区〔总部郓州〕），杨光远（杨檀）纵火烧营，退回青州（山东省青州市）。

二月二十日，石重贵命前威胜战区（总部设邓州〔河南省邓州市〕）司令官（节度使）何重建当东方军团步骑兵野战司令（东面马步都部署），率军进驻郓州（山东省东平县。何重建原驻杨刘〔山东省东阿县东北姚寨镇〕）。

**11** 后晋（首都开封府）所属阶（甘肃省陇南市武都区东）、成（甘肃省成县）二州的义军指挥官（义军指挥使）王君怀，率部属一千余人叛变，投降后蜀（首都成都府），自愿充当向导夺取二州。

二月二十一日，后蜀帝国（首都成都府〔四川省成都市〕）派军进攻阶州（甘肃省陇南市武都区东）。

**12** 辽军（首都临潢府）实施大谋略，假装从元城（河北省大名县）撤退，却在古顿丘城（原澶州州政府所在县，河南省内黄县东南）埋伏精锐骑兵，打算当后晋主力跟顺国（总部恒州）、义武（总部定州）野战军会师之后，把他们引进埋伏，一举歼灭。（胡三省注："当时有诏，命杜重威、马全节会师。"）邺都（广晋府，河北省大名县）留守长官张从恩不断奏报中央说：辽军已走，我们应该追击。但是却碰上阴雨连绵，军事行动，被迫停止。辽军骑兵埋伏十天，人饥马疲，十分辛苦。赵延寿（刘延寿）说："后晋军沿黄河两岸驻防，畏惧我们的英勇，不敢尾追。我们不如主动出击，进逼城下，从四面八方进攻，夺取他们的浮桥（德胜桥跨古黄河。南北二城靠浮桥相连，此时德胜北城已成澶州州政府所在城），天下就可平定。"辽帝（二任太宗）耶律德光接受。

三月一日，耶律德光亲率辽军十余万，在澶州（河南省濮阳市）北筑阵，东西两翼则包围城池东西两门。后晋守军登上城楼眺望，竟看不见边际。高行周（归德〔总部宋州〕司令官）的前锋部队进驻戚城（河南省濮阳市北）以南，跟辽军交战，从中午到傍晚，有胜有败。耶律德光命他的精锐猛烈进攻后晋军中央阵地，石重贵骑马跃出阵前等待。耶律德光望见后晋军队阵容盛大，对左右官员说："杨光远（杨檀）说后晋士卒已饿死大半，今天怎的还有这么多！"派精锐骑兵向后晋军左右两翼试探进击，后晋军严守阵地，毫不畏缩，万弓齐发，飞箭遮天蔽地；辽军稍微后退，改攻后晋军阵地东翼稍南，无法攻克，苦战到天黑，两国军队死亡数目难以计算，损失惨重。入夜之后，辽军撤退，在三十华里外扎营。

三月三日，耶律德光御帐一位低级军官偷了耶律德光的坐骑，投奔后晋军大营，告诉说：辽军已传递木书——刻到木板上的命令，立刻就会集结，北上回国。但景延广怀疑其中有诈，紧闭营垒，不敢追赶。

**13** 南汉帝国（首都兴王府〔广东省广州市〕）皇帝（三任中宗）刘弘熙（刘晟，本年二十五岁），派最高立法长（中书令）、总元帅（都元帅）、老弟越王刘弘昌，前往海曲（广东省广州市番禺区北亭村）晋谒刘隐（一任帝刘岩〔刘龑〕的老哥）的陵墓（康陵），走到昌华宫（广州市西），再派军队假扮强盗，格杀刘弘昌（刘弘昌几乎成为太子，参考前年〔九四二〕四月）。

**14** 辽帝（二任太宗）耶律德光自澶州（河南省濮阳市）北上，军分两路，东路经过德州（山东省德州市陵城区）、沧州（河北省沧州市东南），西路经过深州（河北省深州市）、冀州（河北省衡水市冀州区），班师回国。所

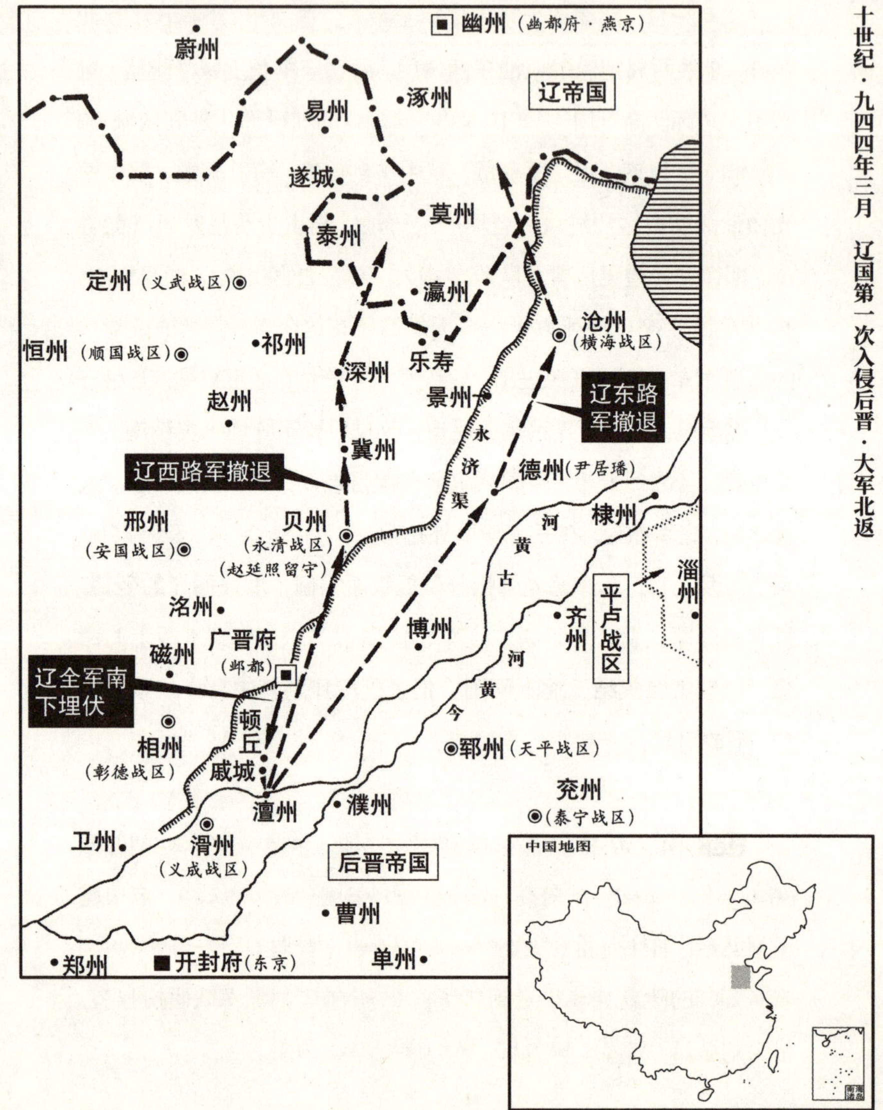


十世纪·九四四年三月　辽国第一次入侵后晋·大军北返

经过的地方，大肆纵火焚烧，劫掠屠杀，广达一千华里的后晋领土，汉人几乎全部死光，财产也几乎全被掠夺。（中国人，你的名字是苦难！）

耶律德光留下赵延照当永清战区（总部设贝州〔河北省清河县〕）候补司令官（留后）。

耶律麻荅攻陷后晋（首都开封府）德州（山东省德州市陵城区），生擒州长尹居璠。

**15** 闽帝国（首都长乐府〔福建省福州市〕）拱宸总指挥官（拱宸都指挥使）朱文进、宫门管理官（阁门使）连重遇，自从把二任帝（康宗）王继鹏（王昶）杀掉后（参考九三九年七月），便一直恐惧有人报复，于是两家男女互相嫁娶，结成坚固阵营。闽帝（三任景宗）王延羲（王曦）性情凶暴，对他所怀疑的人，说杀就杀。有一次到西园（皇宫御花园西苑）游逛，因喝醉了酒，诛杀控鹤指挥官（控鹤指挥使）魏从朗。魏从朗，是朱、连的一党。有一次，王延羲（王曦）又酒醉，吟诵白居易的诗说：“惟有人心相对间，咫尺之情不能料。”——意思是人跟人相处在一起，两颗心虽然距离很近，可是发生什么变化，却难以预料。吟诵之后，举杯向二人敬酒，朱、连起身下跪，流泪叩头说：“我们当一个臣子，侍奉君父，怎么会有别的意图！”王延羲（王曦）没有回答，朱、连二人大为恐惧。

皇后李女士，对王延羲（王曦）宠爱的尚贤妃，妒火中烧，打算除掉王延羲（王曦），而由她的儿子王亚澄继承帝位，于是派密使警告朱、连二人说：“领袖对你们一直心怀怨恨，应该怎么办？”正巧，李女士的老爹李真生病，机会已到。

三月十三日，王延羲（王曦）前往岳父家问候，朱文进、连重遇命控鹤步骑兵基地司令（控鹤马步使）钱达行刺，王延羲（王曦）遂死在马上（年龄不详）。朱连在金銮宝殿召集文武百官，宣告说："太祖昭武皇帝（王审知）创立闽国（事实上是王潮创立福州政权，参考八九三年五月，但到了老弟王审知，才被封闽王，参考九〇九年四月），想不到子孙荒淫残暴，败坏先人艰难建立的事业，上天对王姓家族，已经厌倦，我们应该另行拥护有品德的人继位。"大家都不敢发言。连重遇推举朱文进，朱文进遂登上御座，头戴皇冠、身穿龙袍，连重遇率文武百官，面对朱文进下跪叩头参拜，自己称"臣"。朱文进仍称闽帝（四任），逮捕王姓家族王延喜以下老少五十余人，全部诛杀（王延喜，是王审知的儿子，参考九四一年四月），安葬王延羲（王曦）的尸体，追赠他绰号：睿文广武明圣元德隆道大孝皇帝，庙号景宗。新任皇帝朱文进命连重遇当皇家禁卫军统帅（总六军）。国务院教育部长（礼部尚书）、中央财政三单位主管（判三司）郑元弼，言辞正直，不肯屈服，被免除职务，逐回故乡；郑元弼打算投奔建州（福建省建瓯市）殷帝王延政，朱文进把他诛杀。朱文进下诏释放大批宫女，停止正在兴建中的土木工程，处处跟王延羲（王曦）的施政相反。

殷帝王延政派统军司令（统军使）吴成义率军进攻福州（长乐府，福建省福州市），讨伐朱文进，不能取胜。

闽帝（四任）朱文进命帝国参谋总部指挥官（枢密使）鲍思润当二级实质宰相（同平章事）；命羽林（禁军第一、二军）统军司令（统军使）黄绍颇当泉州（福建省泉州市）州长；命左翼基地司令（左军使）程文纬当漳州（福建省漳州市）州长。汀州（福建省长汀县）州长、同安（福建省厦门市北大同街道）人许文稹，向朱文进献出城池，投降。

**16** 三月十五日，后晋帝（二任）石重贵命河东（总部太原市）、顺国（总部恒州）、义武（总部定州）各战区特遣兵团分别班师。

三月十九日，马全节（义武〔总部定州〕司令官）进攻辽国（首都临潢府）所属的泰州（河北省保定市），攻克（泰州属卢龙战区〔总部幽州〕）。

石重贵下诏征集民兵，每七户抽取士卒一名，由七户共同负担该名士卒的武器跟粮食薪饷。

**17** 后晋（首都开封府）秦州（甘肃省秦安县西北）派军增援后蜀（首都成都府）被包围的阶州（甘肃省陇南市武都区东），穿出黄阶岭（甘肃省陇南市武都区东北），在西平（今地不详）击败后蜀军队。

**18** 南汉帝国（首都兴王府〔广东省广州市〕）命国务院财政部副部长（户部侍郎）陈偓，兼二级实质宰相（同平章事）。

**19** 夏季，四月五日，后晋（首都开封府）沿河巡查司令（缘河巡检使）梁进，率领各州县地方自卫队士卒，再次收复德州（山东省德州市陵城区）。

四月七日，后晋帝（二任）石重贵命归德战区（总部设宋州〔河南省商丘市〕）司令官（节度使）高行周、保义战区（总部设陕州〔河南省三门峡市〕）司令官（节度使）王周，一起留下来镇守澶州（河南省濮阳市）。

四月八日，石重贵从澶州（河南省濮阳市）出发南返。

四月十二日，石重贵回到大梁（首都开封府所在城）。

皇家侍卫亲军步骑兵总指挥官（侍卫马步都指挥使）、天平战区（总部设郓州〔山东省东平县〕）司令官（节度使）、二级实质宰相（同平章事）景延广，引起宰相、将领、高层官员以及全国军民，所有人们的厌恶，石重贵也因他桀骜不驯，深怕发展下去，将来完全失去控制，遂命桑维翰追查他不救戚城（河南省濮阳市北）的责任。

四月十九日，石重贵加授景延广更高官衔：兼最高监督长（兼侍中，使相），出任西京（河南府，河南省洛阳市）留守长官。命归德战区（总部设宋州〔河南省商丘市〕）司令官（节度使）兼最高监督长（兼侍中，使相）高行周接任皇家侍卫亲军步骑兵总指挥官（侍卫马步都指挥使）。景延广忧郁不乐。（胡三省注："小鼻子小眼睛人物，有权时骄傲蛮横，任情使气；失权时则忧郁不乐，万念俱灰，都是正常反应。"）眼见辽国（首都临潢府）强大，才开始忧心国破身亡的危险，只好日夜纵情饮酒。

后晋因辽国入侵，财政更加枯竭，只好再派出三十六名搜刮特使，分别前往各战区道搜刮人民残余的粮食财物，每人都发给一柄"尚方宝剑"，对胆敢拒绝搜刮的平民，立即诛杀。搜刮特使更率领大批官吏士卒，携带铁链、枷锁、脚镣、刀枪、棍棒，闯进民家，平民们男女老幼惊慌恐惧，求生无门，求死无地。州县政府官员更跟他们勾结，狼狈为奸。

中央规定河南府（河南省洛阳市）搜刮现钱二十万串，西京（河南府）留守长官景延广则搜刮到三十七万串，留守长官府执行官（留守判官）卢亿对景延广说："你身兼将相，地位崇高，已到极点，现在国家遭到如此重大的困难，国库空虚，万不得已才向人民搜刮，你又怎么忍心乘机下手，贪取不义之财，将来连累子孙！"景延广感到惭愧，才算停止。

先前，石重贵因杨光远（杨檀，平卢〔总部青州〕司令官）叛变，命泰宁战区（总部设兖州〔山东省济宁市兖州区〕）戒备，战区司令官（节度使）安审信，借着修筑城墙敌楼的名义，强征民间财产，吞下私囊。最高法院院长（大理卿）张仁愿被任命当搜刮特使，抵达兖州（山东省济宁市兖州区），中央规定缴现钱十万串；安审信恰巧不在，张仁愿遂逮捕安审信的仓库官，随便指一个钱囤（音dùn〔顿〕。用竹篾荆条围成的巨缸，大者高跟屋齐，用来存放粮食、金钱等），就超过中央向全战区搜刮的数目。

五月七日，石重贵命皇家侍卫亲军步骑兵总纠察官（侍卫马步军都虞候）、新任泰宁战区（总部设兖州〔山东省济宁市兖州区〕）司令官（节度使）李守贞，率步骑兵二万人讨伐据守青州（山东省青州市）的杨光远（杨檀），又分别派左右神武（禁军第五、六军）统军、洛阳（西京河南府所在县，河南省洛阳市）人潘环、张彦泽等，驻军澶州（河南省濮阳市），防备辽国。

辽国再派救兵增援青州（山东省青州市）；后晋齐州（山东省济南市）警备区司令（防御使）堂阳（河北省新河县）人薛可言拦击，把辽国救兵击败。

五月十五日，石重贵下诏命各州集结的民兵，名武定军，共集结七万余人。当时，兵荒马乱之后，再有这种骚扰，人民无法活命。

五月十六日，邺都（广晋府，河北省大名县）留守长官张从恩上疏说："盘踞贝州（河北省清河县）的辽国将领赵延照，所属部队的士卒，长久留在外地，思乡心切，我们应该火速进攻。"石重贵命张从恩当贝州（河北省清河县）特遣兵团总司令（贝州行营都部署），督促各将领攻击。

五月二十日，张从恩奏报说："赵延照纵火焚烧官舍民宅，大肆剽掠，放弃城池逃走，逃到瀛（河北省河间市）、莫（河北省任丘市鄚州镇）二州之间，仗恃河渠纵横，地势险阻，建立防御工事。"

**20** 闽帝（四任）朱文进派使节前往南唐（首都金陵府）。南唐帝（二任元宗）李璟（徐景通）把使节囚禁，准备对闽国（首都长乐府）兴兵讨伐。不巧，天气酷热，瘟疫流行，这才作罢。

**21** 六月一日，后晋（首都开封府）攻克淄州（山东省淄博市），斩杨光远（杨檀）所派的州长刘翰。

太尉（三公之一）、最高监督长（侍中）冯道，虽然居首席宰相高位，但处理国事，自己从来没有意见，而只揣摩当权者的意见，模棱两可，绝对不做果断的决定（这是中国官场保身固位最厉害的秘密武器，至于谄媚拍马，乃更低层次的做官术）。于是有人提醒石重贵说："冯道是太平盛世时的宰相，而今，国家面对危机，就好像强使参禅的高僧去撒鹰驱狗，博取猎物！"

六月三日，石重贵命冯道当匡国战区（总部设同州〔陕西省大荔县〕）司令官（节度使），遥兼最高监督长（兼侍中，使相）。

**22** 六月五日，南汉帝国（首都兴王府〔广东省广州市〕）皇帝（三任中宗）刘弘熙（刘晟），把齐王刘弘弼软禁私宅。

**23** 有人提醒后晋帝（二任）石重贵说："陛下如果准备抵抗北方蛮夷（辽国），安定天下，非用桑维翰不可。"

六月六日，石重贵下诏恢复帝国参谋总部（枢密院），命桑维翰当最高立法长（中书令）兼帝国参谋总部指挥官（兼枢密使），中央大事小事，全部交他处理。几个月下来，政府稍有条理（撤销帝国参谋总部，参考九三九年四月）。

**24** 黄河在后晋（首都开封府）所属滑州（河南省滑县）决口，洪

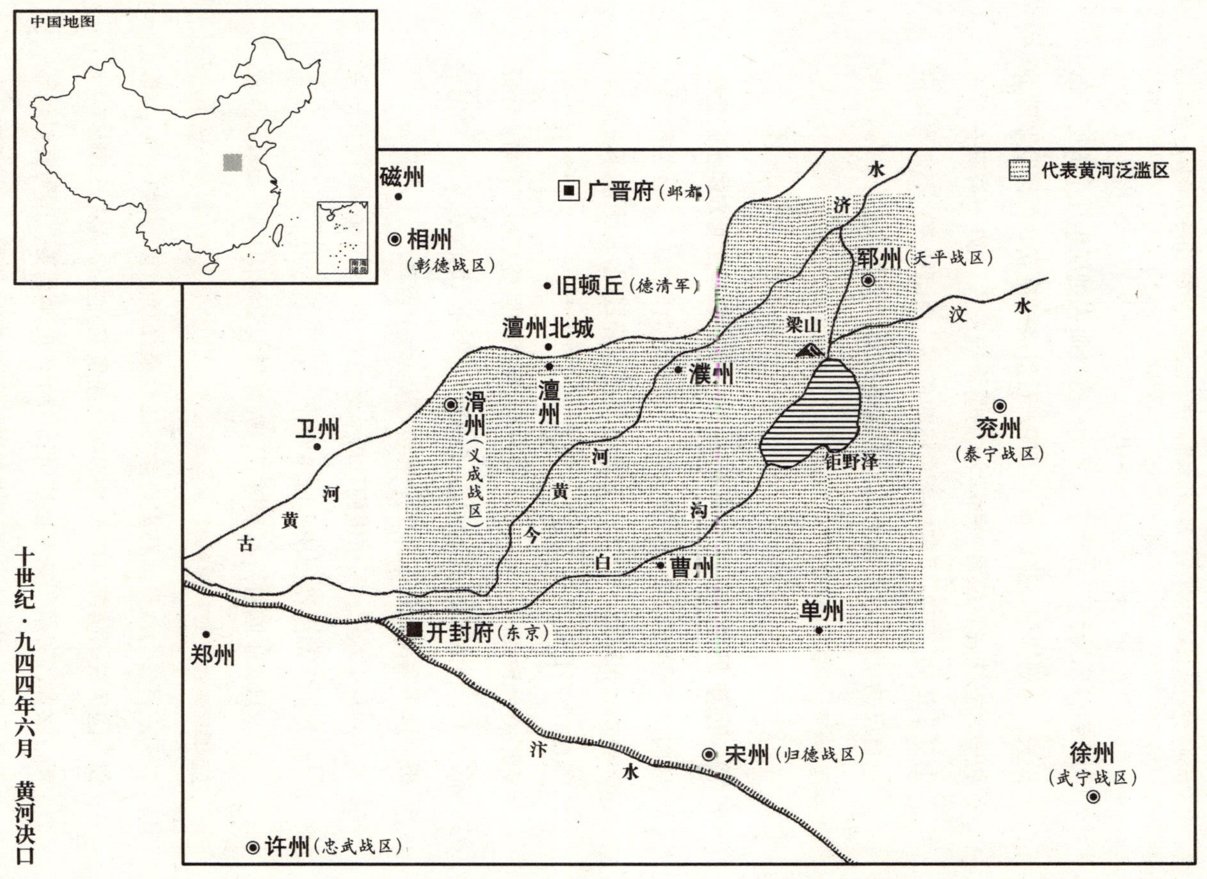


十世纪·九四四年六月　黄河决口

流冲进汴（首都开封府）、曹（山东省菏泽市定陶区）、单（山东省单县）、濮（山东省鄄城县）、郓（山东省东平县）五州境内，环绕梁山（山东省梁山县南）一周，跟汶水合流。后晋帝（二任）石重贵命大量征集几个战区道的民夫，堵塞决口。决口终于堵住，石重贵打算立一个碑歌颂他的功德。立法院立法官（中书舍人）杨昭俭规劝说："陛下与其在石碑上刻字证功，不如颁布措辞哀痛的诏书。用笔赞美，不如写出责备自己的文章。"石重贵认为他说得很对，遂告停止（杨昭俭，参考九三五年三月）。

**25** 最初，后晋（首都开封府）一任帝石敬瑭把北方疆土割让给辽国（首都临潢府），作为贿赂（参考九三六年十一月），因此，府州（陕西省府谷县）州长折从远（折，姓），也跟着城池归降辽国。辽国打算把河西（陕西省北部）所有的汉人迁移到辽国的辽东地区（辽宁省），州民大为震恐（两地航空距离一千三百公里），折从远遂据守险要拒抗。后来，后晋帝（二任）石重贵跟辽国绝交，派使节传令折从远向辽国发动攻击，折从远率军深入辽国国土，一连攻克十余个营寨。

六月十八日，石重贵擢升折从远当府州（陕西省府谷县）民兵司令（团练使）。折从远，是云州（山西省大同市）人。

六月二十四日，石重贵下诏恢复皇家文学侍从官（翰林学士）官位（撤除事，参考九四〇年九月）。

六月二十八日，石重贵命立法院最高顾问官（右散骑常侍）李慎仪当国务院国防部副部长（兵部侍郎）兼皇家文学侍从院长（翰林学士承旨）。又命国务院司法部狱政司长（都官郎中）刘温叟、国务院财政部财务司长（金部郎中）兼皇家诏书撰写官（知制诰）武强（河北省武强县）人徐台符、国务院教育部教育司长（礼部郎中）李澣、国务院教育部礼宾司副司长（主客员外郎）宗城（河北省威县东）人范质，都出任皇家文学侍从官（翰林学士）。刘温叟，是刘岳的儿子（刘岳是后梁皇家文学侍从官，参考九二三年十月十六日）。

秋季，七月一日，石重贵下诏大赦，改年号开运（之前是天福九年，之后是开运元年）。

七月十九日，石重贵命太子太傅（太子三师之二）刘昫当司空（三公之三）兼副监督长（兼门下侍郎）、二级实质宰相（同平章事）。

八月一日，石重贵命河东战区（总部设太原府〔山西省太原市〕）司令官（节度使）刘知远当北方军团总指战官（北面行营都统）；命顺国战区（总部设恒州〔河北省正定县〕）司令官（节度使）杜重威（杜威）当总征剿司令（都招讨使），统率十三位战区司令官（节度使），对辽国严加戒备。

桑维翰曾在前后两位皇帝驾前，两次主持国政，把手握军权的强人杨光远（杨檀）及景延广，外放出京（首都开封府），现在终于得以统一指挥，十五位战区司令官（指北方军团），没有一个人胆敢违背（十五位姓名：河东〔总部太原府〕司令官刘知远、顺国〔恒州〕杜重威〔杜威〕、天平〔郓州〕张从恩、西京〔河南府〕景延广、武宁〔徐州〕赵在礼、建雄〔晋州〕安叔千、前泰宁〔兖州〕安审信、护国〔河中府〕安审琦、河阳〔孟州〕符彦卿、义成〔滑州〕皇甫遇、右神武〔禁军第六军〕统军张彦泽、横海〔沧州〕王廷胤、保义〔陕州〕宋彦筠、前昭信〔金州〕田武、右龙武〔禁军第四军〕统军潘环），当时的人佩服他的胆识和谋略。

朔方战区（总部设灵州〔宁夏灵武市〕）司令官（节度使）冯晖上疏强调年纪并没有太老（本年五十一岁），仍可在战场为国效力，对诏书上没有提到他的姓名，表示遗憾。桑维翰命内宫文学侍从官员（禁直学士）撰写诏书回答说："并不是诏书把你遗忘，实因朔方（总部灵州）是军事重镇，只有你才能镇压，最近曾考虑把你调到内地，但接替你的人，也需要一位奇才！"冯晖接到诏书，大喜。

这时候，军政事务多如牛毛，中央各单位首长跟各地方政府使节，纷纷围绕在桑维翰四周，与他商议讨论，讨教请示，桑维翰反应迅速，随时裁决，看起来好像没有经过思考，有人因此怀疑他有疏忽草率的地方，但是等退出后反复研究，却想不出更好的办法。不过，桑维翰当宰相期间，常常感情用事，别人对他有一顿饭的恩德，他一定报答，但对他有瞪一眼的怨恨，也一定报复，人们也因此降低对他的评价。

辽国（首都临潢府）向后晋（首都开封府）发动攻击时，后晋帝（二任）石重贵命刘知远（河东〔总部太原府〕司令官）率军前往山东（太行山以东）跟其他战区特遣兵团会师，刘知远每次都误期不到。石重贵开始怀疑，对左右亲信说："刘知远很不情愿帮我，一定别有打算。他如果真有天命，为什么不早点动手！"而今，虽然任命刘知远当总指战官（都统），但实际上并没有交给他统帅全权，有关军事上的决策及谋略，都不让他知道。刘知远也发现自己已被疏远，遇到事情，从不自作主张，只是谨谨慎慎、但求自保。郭威（河东〔总部太原府〕文书官）看到刘知远满面忧愁，提醒他说："河东（总部太原府）山川险要，城塞坚固，民间风俗，崇尚武力，又生产大量战马，和平的时候，投入农耕，战争的时候，投入军旅，这是成就一方霸主的雄厚资本，有什么可担心的！"

**26** 闽帝（四任）朱文进自行放弃帝号，改称威武战区（总部设长乐府〔福建省福州市〕）候补司令官（留后），暂时主持闽国（首都长乐府）国政，派使节携带奏章前往开封（河南省开封市），向后晋（首都开封府）称臣。

八月十三日，后晋帝（二任）石重贵任命朱文进当威武战区（总部设长乐府〔福建省福州市〕）司令官（节度使），主持闽国国政。

**27** 八月二十三日，后晋政府（首都开封府）在澶州（河南省濮阳市）设置镇宁战区，把濮州（山东省鄄城县）划入管辖（濮州原属义成战区〔总部滑州〕）。

**28** 最初，南唐（首都金陵府）濠州（安徽省凤阳县东北临淮关镇）州长刘金当初逝世时，儿子刘仁规接替（刘家三代当濠州州长事，参考九二九年八月）。刘仁规逝世时，儿子刘崇俊接替。稍后，一任帝李昪（徐知诰。昪，音biàn〔变〕）在濠州（安徽省凤阳县东北临淮关镇）设置定远战区（参考去年〔九四三〕三月），命刘崇俊当战区司令官（节度使）。正巧清淮战区（总部设寿州〔安徽省寿县〕）司令官（节度使）姚景逝世，刘崇俊用大量金银珠宝贿赂当权大官，请求兼任清淮战区，李昪（徐知诰）假装没有了解他的意思，于是调刘崇俊当清淮战区（总部设寿州〔安徽省寿县〕）司令官（节度使），命楚州（江苏省淮安市）州长刘彦贞当濠州（安徽省凤阳县东北临淮关镇）行政长官（观察使），立即到差；刘崇俊大为后悔。刘彦贞，是刘信的儿子（刘信是南吴大将，参考九一八年七月）。

**29** 九月一日，日蚀。

**30** 九月七日，辽国（首都临潢府）攻击后晋（首都开封府）所属的遂城（河北省保定市徐水区西遂城镇）、乐寿（河北省献县）。后晋深州（河北省深州市）州长康彦进把辽军击退。

**31** 冬季，十月七日，南汉帝（三任中宗）刘弘熙（刘晟）派人前往邕州（广西南宁市）毒死镇王刘弘泽。 

32 殷帝（首都建州）王延政派他的将领陈敬佺，率军三千人进驻尤溪（福建省尤溪县）及古田（福建省古田县）；又派卢进率军二千人进驻长溪（福建省霞浦县）。

闽国（首都长乐府）所属泉州（福建省泉州市）编制外指挥官、桃林（福建省永春县）人留从效，对他的同事王忠顺、董思安、张汉思说："朱文进屠灭王家皇族，派他亲信将领分别盘踞各州。我们世世代代受王姓家族深恩大德，却手臂相连，拥护乱臣贼子。万一富沙王（殷帝王延政）攻下福州（长乐府，福建省福州市），我们即令一死，在九泉之下，也会满面羞愧。"大家承认他的话很对。

十一月，留从效等各自集结军中他们的朋友党羽，到留从效家里饮酒，留从效捏造一个假情报，宣称："富沙王（殷帝王延政）已扫平福州（长乐府，福建省福州市），有秘密诏书要我们讨伐黄绍颇（泉州州长）。我观察各位容貌，都不是长期贫贱的人。听我的话，荣华富贵，就在眼前；不然，大祸临头。"大家欢呼跳跃，手拿木棍，翻墙进去，生擒黄绍颇，斩首。留从效携带州印，前往王继勋家，请求王继勋主持州政府大计。留从效则自称平贼联军司令（平贼统军使），把黄绍颇的人头装到木匣里，派副作战司令（副兵马使）临淮（江苏省盱眙县淮河北岸）人陈洪进送往建州（殷首都，福建省建瓯市）。陈洪进北上，走到尤溪（福建省尤溪县），闽军数千人挡住去路，陈洪进向他们呼喊说："正义之师已经诛杀朱文进，我日夜赶路，前往建州（福建省建瓯市）迎接继位的君王，你们这些家伙待在这里干什么？"举起黄绍颇的人头教他们看，闽军遂一哄而散，几位将领则跟着陈洪进，一块前往建州（福建省建瓯市）。殷帝王延政任命王继勋当最高监督长（侍中，使相）兼泉州（福建省泉州市）州长，并任命留从效、王忠顺、董思安、朱洪进都当总指挥官（都指挥使）。漳州（福建省漳州市）将领程谟得到消息，也诛杀州长程文纬，拥护王继成暂时主持州政府。王继勋、王继成，都是王延政的侄儿。朱文进屠灭王姓家族时，二人因血统疏远，得以免死（王继勋，是王延美的儿子〔王延美，参考九二二年四月〕；王继成世系不详）。

朱文进所属汀州（福建省长汀县）州长许文稹，上疏向王延政投降。

十二月十五日，后晋帝（二任）石重贵命朱文进遥兼二级宰相（同平章事，使相），封闽国王。

**33** 后晋（首都开封府）中央讨伐军统帅李守贞（泰宁〔总部兖州〕司令官）包围青州（山东省青州市），已经很久（参考本年〔九四四〕五月），城里粮食吃完，居民一半以上饿死，可是辽国（首都临潢府）救兵始终不来（辽国最后一次援军，被薛可言击退，参考本年〔九四四〕五月），变军首领杨光远（杨檀）遥向北方下跪，用头叩地，哀号说："皇上，皇上（耶律德光），你耽误了光远！"

杨光远（杨檀）之叩头哀号镜头，可列入吉尼斯世界纪录。卖国贼狼狈下场时，求告主子的丑态，跃然纸上！古今中外，全都一样。既可耻，又可悲。

杨光远（杨檀）的儿子杨承勋、杨承祚、杨承信，都劝老爹投降，希望全族得以逃生。杨光远（杨檀）拒绝，说："我从前在代北（山西省北部）时，曾经用纸钱祭祀天池（山西省宁武县西南三十公里管涔山上），纸钱竟然沉入水底，人们都说我会当皇帝（民间这类传说很多，我小时候就听大人说：看见麻雀走路〔麻雀都是跳跃前进〕，就会当皇帝），我们应再拖延一阵！”

十二月十九日，杨承勋逮捕力劝杨光远（杨檀）叛离中央的军事执行官（节度判官）丘涛等，斩首（这就是抬轿人的危险），把他们的人头送给李守贞，纵火焚烧官舍民宅，命兵士大声呼喊，把老爹强行押出总部，送到私宅，然后上疏给后晋帝（二任）石重贵，等候定罪，大开城门，欢迎中央讨伐军进城。

**34** 被封为闽国王的朱文进听到黄绍颇被杀消息，大为恐惧，用大量金钱招募士卒二万人，派禁军司令（统军使）林守谅、宫廷礼宾总监（内客省使）李廷锷率领，进攻泉州（福建省泉州市），战鼓声震动五百华里。（胡三省注：“福州〔长乐府〕与泉州相距不足四百华里，史学家过度夸张，形容声势壮大而已。”）殷帝王延政派大将杜进率军二万人增援泉州（福建省泉州市），留从效出城迎战，大破闽军，斩林守谅，生擒李廷锷。王延政又派禁军司令（统军使）吴成义率战舰一千艘，顺闽江而下，进攻福州（长乐府，福建省福州市），朱文进派他的子弟到吴越王国（首都杭州〔浙江省杭州市〕）充当人质，请求救援。

当初，南唐（首都金陵府）皇家文学侍从官（翰林待诏）臧循，跟帝国参谋总部副指挥官（枢密副使）查文徽，同州同县（二人是歙州休宁县〔安徽省休宁县〕人）。臧循曾经当过商人，对福建（福建省）山川形势，十分熟悉，替查文徽规划夺取建州（福建省建瓯市）的策略。查文徽上疏建议出兵进攻王延政，中央官员多数反对。但南唐帝（二任元宗）李璟（徐景通）仍任命查文徽当江西（江西省）安抚特使，沿着边境视察，评估军事行动的可能性。查文徽抵达信州（江西省上饶市）后，就上疏保证一定可以成功。李璟（徐景通）遂命洪州（江西省南昌市）屯垦兵团总纠察官（营屯都虞候）边镐，当特遣兵团征剿司令部总纠察官（行营招讨诸军都虞候），率军追随查文徽，向殷国（首都建州）发动攻击。查文徽自建阳（福建省南平市建阳区）出发，进驻盖竹（建阳区东南十二公里）；听到泉（福建省泉州市）、漳（福建省漳州市）、汀（福建省长汀县）三州，都归降殷国（首都建州），殷国将领张汉卿又率大军八千人自镛州（福建省将乐县）出发迎战，即将到达，查文徽大为恐惧，退回建阳（福建省南平市建阳区）固守。这时，臧循进驻邵武（福建省邵武市），邵武居民暗中引导殷军奇袭，击破臧循军，生擒臧循，押解到建州（福建省建瓯市），斩首。

**35** 后晋（首都开封府）中央政府认为杨光远（杨檀）罪大恶极，可是他的儿子却率众投降，不便公开斩首，于是命讨伐军统帅李守贞相机处理。

闰十二月五日，李守贞进青州（山东省青州市）城，派人到杨宅把杨光远（杨檀）用手扼死，奏报说他一病不起（《五代史记·杨光远传》：李守贞派皇家礼宾副总监〔客省副使〕何延祚前往杨光远〔杨檀〕家行刑，何延祚到时，杨光远〔杨檀〕正在马厩照料马匹，何延祚派一位将领进去告诉他说：“天子的使节就在门口，打算回京〔首都开封府〕奏报天子，可是两手却空无一物！”杨光远〔杨檀〕说：“这是什么意思？”将领说：“需要携带大王的人头！”杨光远〔杨檀〕骂说：“我有什么罪？从前，我献出晋安寨，投降契丹〔参考九三六年闰十一月〕，使你们石家世代都当天子，我也应该终身荣华富贵才对，石家反而负心到这个地步！”遂被诛杀。《五代史补》：后晋中央因归德〔总部宋州〕司令官李守贞跟杨光远〔杨檀〕之间有仇，所以派李守贞讨伐。最初，杨光远〔杨檀〕叛变文告传到中央，全国震惊，当时文武百官正在早朝，一位官员大声说：“杨光远〔杨檀〕想图谋大事，我不相信。杨光远〔杨檀〕一头秃疮，他老婆又是一个跛脚，自古以来，可有秃头天子、瘸子皇后？”人心稍定）。 

闰十二月十八日，石重贵任命为老爹服丧的杨承勋当汝州（河南省汝州市）警备区司令（防御使）。

**36** 殷国（首都建州）进攻福州（长乐府，福建省福州市）的舰队司令吴成义，听到南唐（首都金陵府）军压境，使用诈术，派人告诉福州（长乐府，福建省福州市）守城军民说：“南唐（首都金陵府）帮助我们讨伐叛逆，大军已经入境！”守城军民越发恐惧。

闰十二月二十七日，闽国王朱文进派二级实质宰相（同平章事）李光准等，携带皇家玉玺国宝，送到建州（福建省建瓯市）呈献殷帝王延政。

闰十二月二十九日，福州（长乐府）南城总管（福州南廊承旨）林仁翰对他的部属说：“我们几代都侍奉王姓家族，而今却受叛徒（朱文进）摆布，富沙王（王延政）来到，我们有什么脸面晋见！”遂率领他的党羽三十人，全副武装，突袭连重遇私宅。连重遇正集结军队，严密戒备。三十人望见，勇气霎时消灭，有些人拔腿溜掉。林仁翰举起长矛，直往前闯，一矛刺死连重遇，砍下人头教部众观看，说：“富沙王（王延政）就要驾到，你们全族都会被灭！而今连重遇已经送命，为什么不立即捉拿朱文进赎罪！”大家踊跃欢呼，在后跟随，遂攻入皇宫，斩朱文进，欢迎殷军统帅吴成义进城，把连、朱两颗人头装入木匣，送往建州（福建省建瓯市）。

**37** 辽帝国（首都临潢府〔内蒙古巴林左旗〕）对后晋（首都开封府）发动第二次大规模总攻，命卢龙战区（总部设幽州〔北京市〕）司令官（节度使）赵延寿（刘延寿）率军先行出动。辽军前锋抵达邢州（河北省邢台市），被

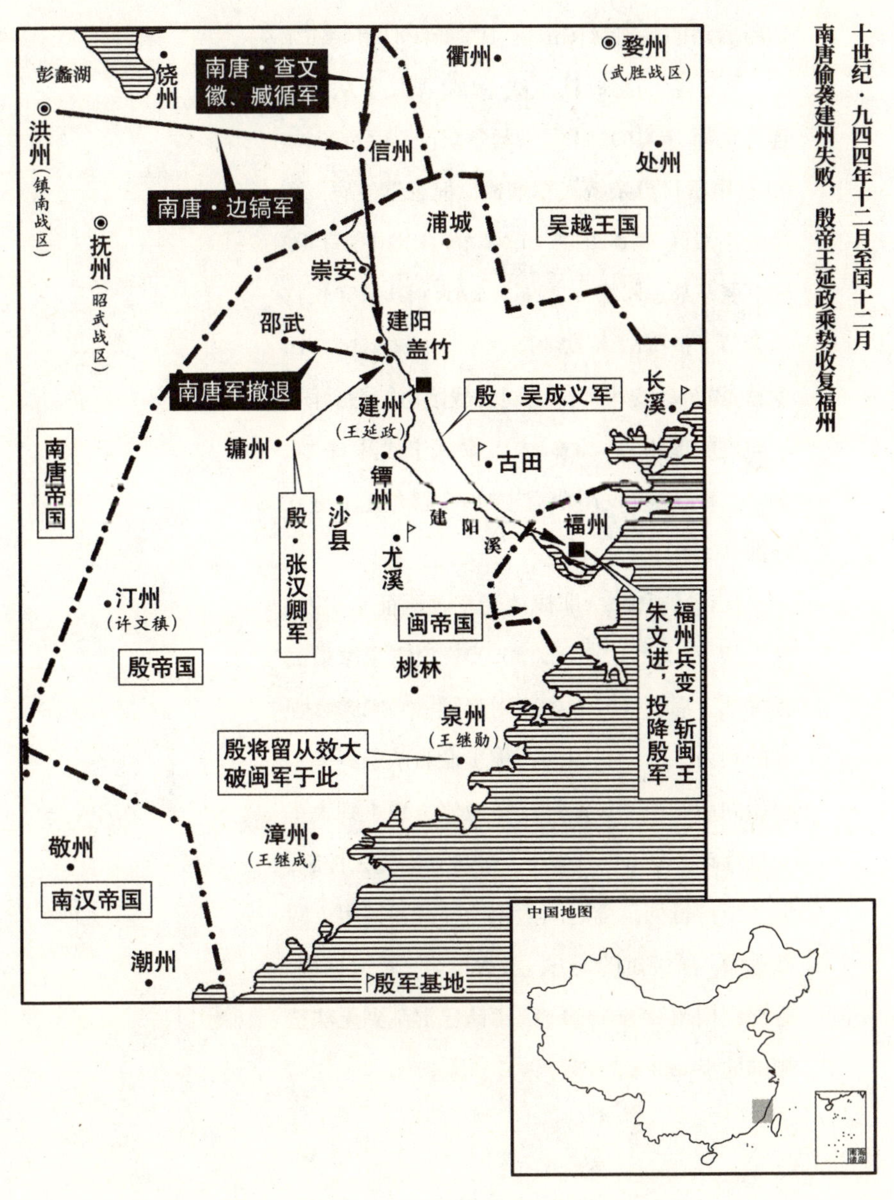


十世纪·九四四年十二月至闰十二月
南唐偷袭建州失败，殷帝王延政乘势收复福州

切断后路的后晋顺国战区（总部设恒州〔河北省正定县〕）司令官（节度使）杜重威（杜威）派使节从小路奔往京师（首都开封府）报告紧急状况。后晋帝（二任）石重贵打算亲统大军增援，但忽然生病，乃命天平战区（总部设郓州〔山东省东平县〕）司令官（节度使）张从恩、邺都（广晋府，河北省大名县）留守长官马全节、护国战区（总部设河中府〔山西省永济市〕）司令官（节度使）安审琦，会同各战区道特遣兵团，一同进驻邢州（河北省邢台市）；命武宁战区（总部设徐州〔江苏省徐州市〕）司令官（节度使）赵在礼，进驻邺都（广晋府）。

辽帝（二任太宗）耶律德光率领远征军主力，继续南下，在元氏（河北省元氏县）设立皇家最高指挥部。后晋（首都开封府）对辽国（首都临潢府）强大的兵力，大为畏惧，石重贵命张从恩等率军稍微向后撤退，以避开辽军锐气，想不到大军一旦移动，在恐怖气氛下，情势立刻失去控制，无法维持行列，霎时间大家抛弃武器铠甲，四散逃命，所经过的地方，放火焚烧，杀人掠货，等退到相州（河南省安阳市），部队已混乱到无法整顿的地步（溉水之役重演，参考三八三年十月）。

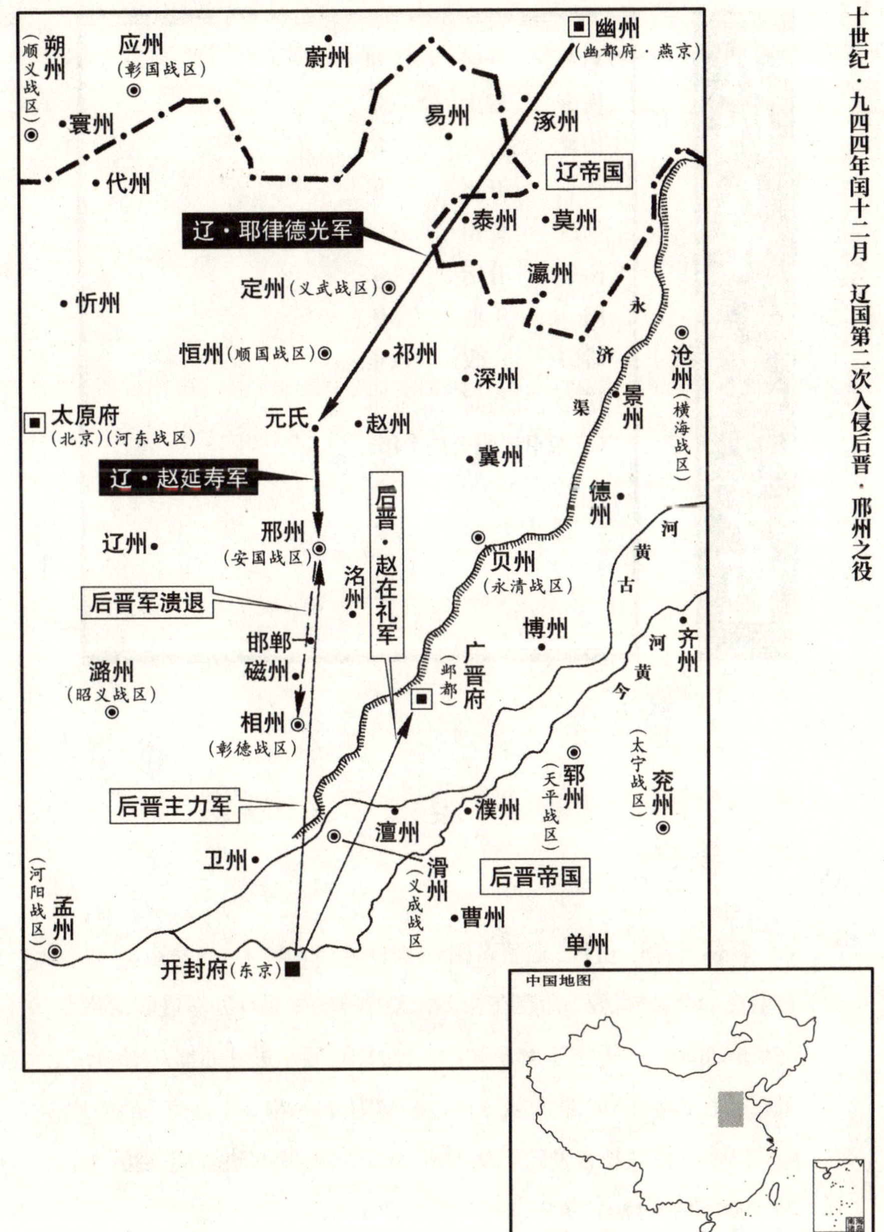


十世纪·九四四年闰十二月 辽国第二次入侵后晋·邢州之役

# 九四五年 乙巳

后晋　开运　二年
南唐　保大　三年
南楚　开运　二年
越　开运　二年
南汉　乾和　三年
南平　开运　二年
闽　天德　三年
后蜀　广政　八年
辽　会同　九年
（皇帝卓严明天福十年）

1 春季，正月，后晋帝国（首都开封府〔河南省开封市〕）皇帝（二任）石重贵（本年三十二岁），命赵在礼（武宁〔总部徐州〕司令官）回军进驻澶州（河南省濮阳市），命马全节（邺都〔广晋府〕留守长官）回军进驻邺都（广晋府）；派右神武（禁军第六军）统军张彦泽进驻黎阳（河南省浚县）。西京（河南府，河南省洛阳市）留守长官景延广从滑州（河南省滑县）率军进驻胡梁渡（河南省滑县东北古黄河渡口）防守。

正月三日，张从恩（天平〔总部郓州〕司令官）奏报说："辽军进逼邢州（河北省邢台市）！”石重贵命滑州（河南省滑县）、邺都（广晋府，河北省大名县）二城驻军，再向前推进，阻止辽军南下。义成战区（总部设滑州〔河南省滑县〕）司令官（节度使）皇甫遇率军自滑州（河南省滑县）直向邢州（河北省邢台市）增援。辽军向邢（河北省邢台市）、洺（河北省邯郸市永年区东南广府镇）、磁（河北省磁县）三州发动攻击，屠杀掳掠，汉人几乎被一扫而光。辽军遂进入邺都（广晋府）边境。

正月十五日，张从恩、马全节、安审琦集结所有部众数万人，在相州（河南省安阳市）北安阳水（卫河支流安阳河）以南列阵。皇甫遇会同濮州（山东省鄄城县）州长慕容彦超，率数千名骑兵，向北侦察辽军行踪，挺进到邺县（河北省临漳县西南邺城镇），准备北渡漳水，想不到辽军数万人突然出现，并立刻攻击，皇甫遇等且战且退，退到榆林店（河北省临漳县西南二十公里），辽军更大量涌到，二位将领互相警告说：“我们如果再退一步，就会全军覆没，一人不留。”于是停止，原地筑阵，自中午到下午二时，血战一百余回合，双方伤亡都十分惨重。皇甫遇坐骑倒毙，改作步战，仆人杜知敏把自己的马交给皇甫遇，皇甫遇跳上马背，再杀入战场，很久之后，战况稍微缓和，回头一看，杜知敏已被辽军俘虏，皇甫遇说：“杜知敏是忠义之士，不可遗弃！”跟慕容彦超一提缰绳，跃马杀入敌阵，把杜知敏夺回。霎时间，辽国生力军投入战场，二位将领说：“我们势难逃脱，只有一死报国。”

天色逐渐黑下来，驻扎相州（河南省安阳市）北安阳水（安阳河）南的后晋（首都开封府）大营将领，对皇甫遇等北上侦察敌阵，久久不回，感到忧虑，安审琦说：“皇甫遇音信全无，一定被辽军围困！”话还没有说完，一个骑兵斥候报告说：皇甫遇等正被数万辽军团团围住。安审琦急率骑兵出动，打算救援，张从恩说：“斥候的话未必可信。而且，假定辽军真有那么多，恐怕我们全部投入，也抵挡不住，你去有什么用！”安审琦说：“成功失败，全靠天意，即令不能完成任务，也当有祸同当。假使敌人不继续南下，我们坐在这里眼睁睁看着皇甫大帅被俘，还有什么脸面去见天子（石重贵）！”遂渡河（安阳河）前进。辽军遥遥望见沙尘飞扬，立即解围撤退。皇甫遇等才得生还，会合援军将领，同回相州（河南省安阳市），军中对皇甫遇、慕容彦超的勇敢，深为动容。慕容彦超本是吐谷浑部落（山西省东北部）人，跟刘知远（河东〔总部太原府〕司令官）同一个娘亲。

辽军继续向后撤退，部众惊扰，互相呼喊说：“后晋大军全到！”当时，辽帝（二任太宗）耶律德光（本年四十四岁）驻扎邯郸（河北省邯郸市），得到撤退消息，立刻向北逃走，当天（正月十五日）夜晚，不敢扎营住宿，第二天（正月十六日）就逃到鼓城（河北省晋州市）。当天夜晚，张从恩等高级将领举行军事会议，说：“辽国动员全部兵力，投入战场。我们军队数量太少，城里粮食，支持不了十天，万一有奸细把我们的弱点报告敌人，敌人出动大军包围，我们可就死定，不如率军西去黎阳仓（河南省浚县），南靠黄河，严阵以待，万无一失。”讨论还没有结果，张从恩已率他的部队先行开拔，其他战区特遣兵团跟着撤退，霎时间大军崩溃，邢州（河北省邢台市）撤退时的狼狈惨状（参考去年〔九四四〕闰十二月），再次演出。

张从恩留步兵五百人守安阳桥（安阳河桥），当夜（仍是正月十六日），四更时分（凌晨三时），代理相州（河南省安阳市）州长符彦伦对各将领及参谋人员说：“今天晚上情势混乱，人心惊惶，五百个筋疲力尽的士卒，怎么能守得住桥！”命他们进城守备。等到天亮（正月十七日），登城眺望，辽军数万人已在安阳水北岸列阵。符彦伦命城上守军纷纷举起旌旗，擂鼓呐喊，大声传递号令，辽军猜不透守军实力。到了上午八时左右，辽军将领赵延寿（刘延寿）会同辽军指挥官（惕隐），率部众渡安阳水，绕过相州（河南省安阳市）不攻，径行南下。后晋帝（二任）石重贵命右神武（禁军第六军）统军张彦泽率军直向相州（河南省安阳市）。赵延寿（刘延寿）等抵达汤阴（河南省汤阴县），得到消息。

正月十七日，赵延寿（刘延寿）撤退。后晋将领马全节等驻扎黎阳（河南省浚县），手握大军，但不敢追赶。赵延寿（刘延寿）在相州（河南省安阳市）城外展示他强大的武装骑兵部队，看起来即将攻城。符彦伦说："这个瘪三，他就要逃走！"派武装士卒五百人，在城北设下埋伏。辽军果然后退。

石重贵命天平战区（总部设郓州〔山东省东平县〕）司令官（节度使）张从恩，暂代东京（首都开封府）留守长官。

正月二十三日，振武战区（总部设朔州〔山西省朔州市〕）司令官（空头官衔。此时朔州属辽国〔首都临潢府〕）折从远，当时驻扎府州（陕西省府谷县），反击辽军，包围胜州（内蒙古托克托县），乘势进攻朔州（山西省朔州市）。

后晋帝（二任）石重贵病势稍轻，河北（黄河以北）一带纷纷奏报情况紧急，向中央求援，石重贵说："这不是睡大觉的时候！"调兵遣将，准备出征。

石重贵下令把民兵武定军（参考去年〔九四四〕五月），改称天威军。

北方军团副征剿司令（北面副招讨使）马全节等奏报说："根据投降过来的人告知，蛮虏的军队并不太多，现在各部落参战的军人，正纷纷回乡，我们应该迅速发动大规模攻击，直袭幽州（北京市）。"石重贵认为有理，于是动员各战区道所有军队。

正月二十五日，石重贵下诏准备御驾亲征。

十世纪·九四五年正月　辽国第二次入侵后晋·邺县之战

中国地图

邢州
（安国战区）
宗城
漳
水
辽军
洛水
洛州
渠
济
永
邯郸
（耶律德光）
肥乡
磁州
广晋府
（邺都）
邺县
榆林店
后晋军边
战边走
洹
水
魏
县
安
阳
水
相州
（彰德战区）
（张从恩、马全节、
安审琦）
南乐
后晋·皇甫遇军
汤阴
旧顿丘
临河
澶州北城
古
黄
河
黎阳
（张彦泽）
澶州（镇宁战区）
（赵在礼）
胡梁渡（景延广）
滑州（义成战区）

正月二十八日，石重贵从大梁（首都开封府所在城）出发。

**2** 闽帝国（首都长乐府〔福建省福州市〕）残留下来的遗老遗少，共同迎接殷帝王延政，请求还都福州（长乐府），并改回闽帝国的国号（王延政同意了没有，交代不清，依据形势判断，王延政不会拒绝）。王延政因为南唐帝国（首都金陵府〔江苏省南京市〕）的大军仍在压境，没有时间还都，于是派侄儿、副监督长（门下侍郎）、二级实质宰相（同平章事）王继昌，统御南都（长乐府，福建省福州市）各军，镇守福州（长乐府，福建省福州市）。命飞捷指挥官（飞捷指挥使）黄仁讽当卫戍司令（镇遏使），率军守卫。

林仁翰返抵建州（福建省建瓯市），闽帝（五任）王延政对他的态度很是冷淡，赏赐也很轻微，林仁翰从来不提他的功劳（林仁翰斩四任帝朱文进，参考去年〔九四四〕闰十二月）。

王延政征调南都（长乐府，福建省福州市）皇家侍卫亲军部队，跟拱宸、控鹤两特别营武装战士一万五千人，增援建州（福建省建瓯市），抵抗南唐军入侵。

**3** 二月一日，后晋帝（二任）石重贵抵达滑州（河南省滑县）。

二月五日，石重贵命安审琦进驻邺都（广晋府，河北省大名县）。

二月七日，石重贵从滑州（河南省滑县）出发前进。

二月八日，石重贵抵达澶州（河南省濮阳市）。

二月十二日，马全节等各路兵马，依照次序北上。刘知远（河东〔总部太原府〕司令官）听到消息，说：“后晋民穷财尽，保护自己还恐怕力量不够，却竟然不分青红皂白，向强大的邻邦挑衅，即令胜利，后患也是无穷，何况不能胜利！”

辽军自恒州（河北省正定县）撤退，经过祁州（河北省无极县）城下时，由老弱残兵驱赶一群牛羊，缓缓而行，州长下邳（江苏省睢宁县北古邳镇）人沈斌派军出去攻击，辽军的精锐骑兵突然出现，夺取城门，守城军队被隔城外，无法回城。赵延寿（刘延寿）知道守军已没有多余的兵力，于是率辽军猛烈攻城，沈斌在城楼固守，赵延寿（刘延寿）向他呼喊说："沈州长，你是我的老友，俗话说：'面对祸害，选择最轻的！'为什么不早早投降！"沈斌说："你们父子一时迷失，身陷蛮虏（赵延寿〔刘延寿〕跟老爹赵德钧〔赵行实〕先求当汉奸，后来更投敌，参考九三六年闰十一月），怎么忍心引导成群狗羊，残害祖国？不但毫不惭愧，反而得意洋洋、面有骄色，为什么会这个样子！等到宝弓折断，羽箭用完，我宁愿为国一死，也不会效法你的汉奸行径。"第二天，城池陷落，沈斌自杀。

沈斌恐怕到死都不会明白赵延寿（刘延寿）为什么"不但毫不惭愧，反而得意洋洋、面有骄色。其实他应该明白的，那正是人渣的嘴脸！赵延寿（刘延寿）没有乘机讲出一篇掷地有金石声的大道理，已是很客气的了。

二月十九日，石重贵命北方军团总征剿司令（北面行营都招讨使）杜重威（杜威），率本战区兵马（杜重威〔杜威〕是顺国〔总部恒州〕司令官），跟北上大军马全节等会师前进。

端明殿文学侍从官（端明殿学士）、国务院财政部副部长（户部侍郎）冯玉，以及宫廷事务北院总监（宣徽北院使）、暂任皇家侍卫亲军步骑兵总纠察官（权侍卫马步都虞候）太原（山西省太原市）人李彦韬（非九二八年九月被处死的盗墓贼李彦韬〔温韬〕），都仗恃石重贵对他们的恩宠，专权横行，对最高立法长（中书令）桑维翰十分憎恨，不断陷害。石重贵打算免除桑维翰的职务，幸而李崧、刘昫再三劝阻，才算罢手。桑维翰发觉这项威胁，建议任命冯玉当帝国参谋总部副指挥官（枢密副使），冯玉大不高兴。

二月二十九日，石重贵从宫中直接发布人事命令，任命冯玉当国务院财政部长（户部尚书）、帝国参谋总部指挥官（枢密使），用以分割桑维翰的权柄。李彦韬少年的时候，伺候过阎宝，当阎宝的奴仆（阎宝是后梁保义〔总部邢州〕司令官，降后唐。参考九一六年八月），后来转投尚是军官的石敬瑭帐下当差。石敬瑭叛变时，由太原（山西省太原市）南下，把李彦韬留下来伺候石重贵，遂成为石重贵的心腹（石重贵留守太原，参考九三六年闰十一月），从此备受石重贵的宠爱。李彦韬心思纤细，性情灵巧，跟一些同样得宠的侍从或姬妾，互相勾结，蒙蔽石重贵的耳目。石重贵对他完全信任，甚至对将相的升降任免，都事先听取他的意见。李彦韬常对人说："真不知道政府雇用那么多文官干什么？必须开始淘汰，循序渐进，最后总要全部免职。"

**4** 南唐（首都金陵府）远征军统帅查文徽，上疏南唐帝（二任元宗）李璟（徐景通，本年三十岁），请求增援。李璟（徐景通）派天威总纠察官（天威都虞候）何敬洙当建州（福建省建瓯市）特遣兵团征剿司令部步骑兵总指挥官（行营招讨马步都指挥使），命将军祖全恩当援军司令（应援使），命姚凤当总辅导官（都监），率数千人，于会合后进攻建州（福建省建瓯市），从崇安（福建省武夷山市）进驻赤岭（武夷山市西南）。闽帝（五任）王延政派国务院最高执行长（仆射）杨思恭（杨剥皮）、禁军司令（统军使）陈望，率士卒一万人抵抗，陈望在水南列阵，十有余天不跟南唐军接触，南唐军不敢进逼。杨思恭（杨剥皮）声称奉王延政之命，督促

十世纪·九四五年正月至三月　辽国第二次入侵后晋·大军北返

中国地图
南海诸岛
燕山山脉
归化州
虎北口
儒州
檀州
奉圣州（武定战区）
可汗州
顺州
蓟州
云州（大同战区）
朔州（顺义战区）
幽州（幽都府·燕京）
应州（彰国战区）
蔚州
辽帝国
寰州
易州
涿州
代州
遂城
满城
泰州
莫州
忻州
定州（义武战区）
瀛州
恒州（顺国战区）
祁州（沈斌）
沧州（横海战区）
太原府（北京）（河东战区）
鼓城
深州
赵州
景州
元氏
冀州
棣州
辽·耶律德光军
德州
贝州（永清战区）
黄河
辽州
邢州（安国战区）
济渠
古黄河
今黄河
永
洺州
邯郸
博州
齐州
潞州（昭义战区）
磁州
相州（彰德战区）
广晋府（邺都）
后晋帝国
汤阴
郓州（天平战区）
后晋·张从恩等军后撤，大溃
黎阳
濮州
兖州（太宁战区）
卫州
后晋·石重贵军
澶州（镇宁战区）
滑州（义成战区）
孟州（河阳战区）
曹州
★辽将赵延寿剽掠至此
郑州
开封府（东京）
单州

陈望出战，陈望说:“南唐军队都是精锐，将领们又深懂军事。我们国家的安危，就看这次战役，除非有绝对的胜算，不可行动。”杨思恭（杨剥皮）咆哮说:“南唐大军深入国境，皇上（王延政）心中忧虑，晚上连眼都合不住，把帝国命脉，完全交到将军之手。而今，南唐军不过数千人，你却握有一万余人的强大兵力，不乘着敌人的阵营还没有安定，把他们击走，万一南唐军因为恐惧过度而自己撤退，你有什么面目再见皇上！”陈望不得已，率军蹚水过河，发动攻击。南唐援军司令（应援使）祖全恩等集结主力正面迎战，另派奇兵袭击闽军背后，大破闽军，陈望战死，杨思恭（杨剥皮）仅逃出一命。

王延政大为恐惧，登城固守，征调董思安、王忠顺，命他们率泉州（福建省泉州市）部队五千人，增援建州（福建省建瓯市），分别驻守险要。

**5** 最初，后晋（首都开封府）一任帝石敬瑭在澶州故城（河南省内黄县东南）设德清军（澶州州城之迁，参考九三八年十一月）。后来，辽军（首都临潢府）入侵，澶州（河南省濮阳市）跟邺都（广晋府，河北省大名县）之间，所有城池垒寨，都被攻陷。中央认为澶州、邺都（广晋府）二地距离一百五十华里（航空距离七十公里），应该在中途另建一城，作为南北接应，后晋帝（二任）石重贵批准。

三月二日，在顿丘（河南省内黄县东南）兴建德清军城，把德清、南乐（河南省南乐县）两地居民迁到军城，加强防务。

**6** 最初，闽国（首都建州）光州（河南省潢川县）人李仁达，当元从（建国功臣）指挥官（元从指挥使）十五年之久，没有升迁，三任帝王延羲（王曦）在位时（九三九年至九四四年），背叛王延羲（王曦），逃往建州（福建省建瓯市），殷帝王延政用他当将领。后来，朱文进诛杀王延羲（参考去年〔九四四〕三月），李仁达再背叛王延政，逃回福州（长乐府，福建省福州市），呈献夺取建州（福建省建瓯市）的策略。朱文进嫌他反复无常，贬到福清（福建省福清市）安置。先前，浦城（福建省浦城县）人陈继珣，也背叛王延政，逃到福州（长乐府，福建省福州市），向王延羲（王曦）呈献夺取建州（福建省建瓯市）的策略，王延羲（王曦）命他当皇家图书院编撰官（著作郎）。现在，福州（长乐府，福建省福州市）归降王延政，两个人都感到不安。

镇守福州（长乐府，福建省福州市）的王继昌，懦弱愚昧，只喜爱喝酒，不知道体恤将士，将士们心里都很怨恨。李仁达暗中进入福州（长乐府，福建省福州市），游说卫戍司令（镇遏使）黄仁讽说："南唐大军乘胜进攻，建州（福建省建瓯市）不过一座孤城，危险万状。富沙王（王延政）连建州（福建省建瓯市）都保不住，怎么能保住福州（长乐府，福建省福州市）！从前，王潮兄弟不过光山（河南省光山县）一介小民，夺取福建（福建省），易如反掌。我们应抓住天下大乱的机会，为自己追求荣华富贵，用不着担心不如他们！"黄仁讽同意。当天夜晚，李仁达等率武装部队袭击总部，格杀王继昌跟吴成义。

李仁达打算自称皇帝，却恐怕大家心里不服，雪峰寺（今地不详）和尚卓严明，一向受信徒敬重，于是声言说："这位高僧眼里有两个瞳仁，而且双手过膝，真是天子相貌。"率领群众前去迎接。

三月三日，卓严明登极称帝，李仁达解下他身上的袈裟，给他戴上皇冠，披上龙袍，率领文武百官，面朝北方，向他叩头参拜，但仍称天福十年（显然还不知道后晋已改年号，本年应称开运二年），派使节携带奏章，前往开封（河南省开封市），向后晋（首都开封府）称臣。

王延政得到报告，立即屠杀黄仁讽全家，命禁军司令（统军使）张汉真，率水军五千人，会合漳（福建省漳州市）、泉（福建省泉州市）二州军队，讨伐卓严明。

**7** 三月九日，后晋（首都开封府）顺国战区（总部设恒州〔河北省正定县〕）司令官（节度使）杜重威（杜威）等各路兵马，在定州（河北省定州市）集结，后晋帝（二任）石重贵命贴身随从（供奉官）萧处钧，暂代祁州（河北省无极县）州长。

三月十四日，后晋大军向辽军阵地发动总攻，辽国（首都临潢府）任命的泰州（河北省保定市）州长晋廷谦献出城池投降（去年〔九四四〕三月十九日马全节已攻克泰州，或之后再度易手）。

三月十八日，后晋大军进入满城（河北省保定市满城区），俘虏辽国（首都临潢府）酋长没拉，以及他的士卒二千人。

三月十九日，后晋攻克遂城（河北省保定市徐水区西遂城镇），辽国将领赵延寿（刘延寿）部属有投降过来的士卒说："辽帝（二任太宗）耶律德光北返，已走到虎北口（北京市密云区东北古北口镇），听见后晋攻陷泰州（河北省保定市），立刻转回，再次挥军南下，骑兵有八万余人，估计明天（三月二十日）晚上就到，最好立刻戒备。"杜重威（杜威）等大为恐惧。

三月二十日，后晋军急退保泰州（河北省保定市）。

三月二十二日，辽军抵达泰州（河北省保定市）。

三月二十三日，后晋大军继续向南撤退，辽军在后尾追。后晋大军撤退到阳城（河北省顺平县东南二十公里）。

三月二十四日，辽军大量涌到，后晋军迎战，把辽军击退，向北追赶十余华里，辽军越过白沟（河北省海河支流）逃走。

三月二十六日，后晋军结成战斗队形，继续向南撤退，而辽军从四面八方再度涌到，黑压压如同群山，后晋各路兵马竭力拒战。当天（三月二十六日），只撤退十余华里，人困马饥。

三月二十七日，后晋军退到白团卫村（河北省顺平县东南），埋设木栅，修筑营垒。辽军把他们重重包围，派军到营垒后切断后晋大军的粮食供应。当天（三月二十七日）夜晚，东北忽然刮起强风，房屋倒塌，树木摧折，营内挖掘水井，好不容易挖到地下水面，即行崩溃，人马干渴难忍，士卒取出湿泥，用布包起，绞出水汁下肚。等到天亮（三月二十八日），风更强烈。辽帝（二任太宗）耶律德光坐在奚部落特制的巨型车——“大奚车”里，向他的部众宣告说：“后晋军队就剩下这一小撮人，去给我全部生擒活捉，再南下夺取大梁（后晋首都开封府所在城）！”于是铁甲骑兵（铁鹞）把后晋军营重重围住，下马拔除木栅鹿角，扫平地面，然后引导步骑兵主力杀入大营，挥舞刀剑等肉搏时用的短小武器，格杀后晋士卒，又顺着风，纵火烧营，助长声势。后晋军士卒被困在里面，愤怒已达沸点，大声号叫说：“总征剿司令（杜重威〔杜威〕）为什么不出战？让我们白白送死！”各将领也要求出战，杜重威（杜威）说：“等风势稍小一点，观察情况，再作决定！”马步总辅导官（马步都监）李守贞说：“敌人人多，我们人少，风沙遮蔽之下，谁也不知道对方到底有多少人，拼死战斗，才有获胜可能，这场暴风正为了救我们的性命才起，等一下风停沙住，我们会死得一人不剩。”遂即大喊说：“各路兵马，一齐攻击！”又对杜重威（杜威）说：“大帅你好好守住大营，我率中军决一死战！”骑兵左翼总督战司令（马军左厢都排阵使）张彦泽召集各将领听取意见，大家异口同声说：“敌人正站在上风，最好等到风势回转，再出动迎战。”张彦泽也认为正确。各将领退出后，骑兵右

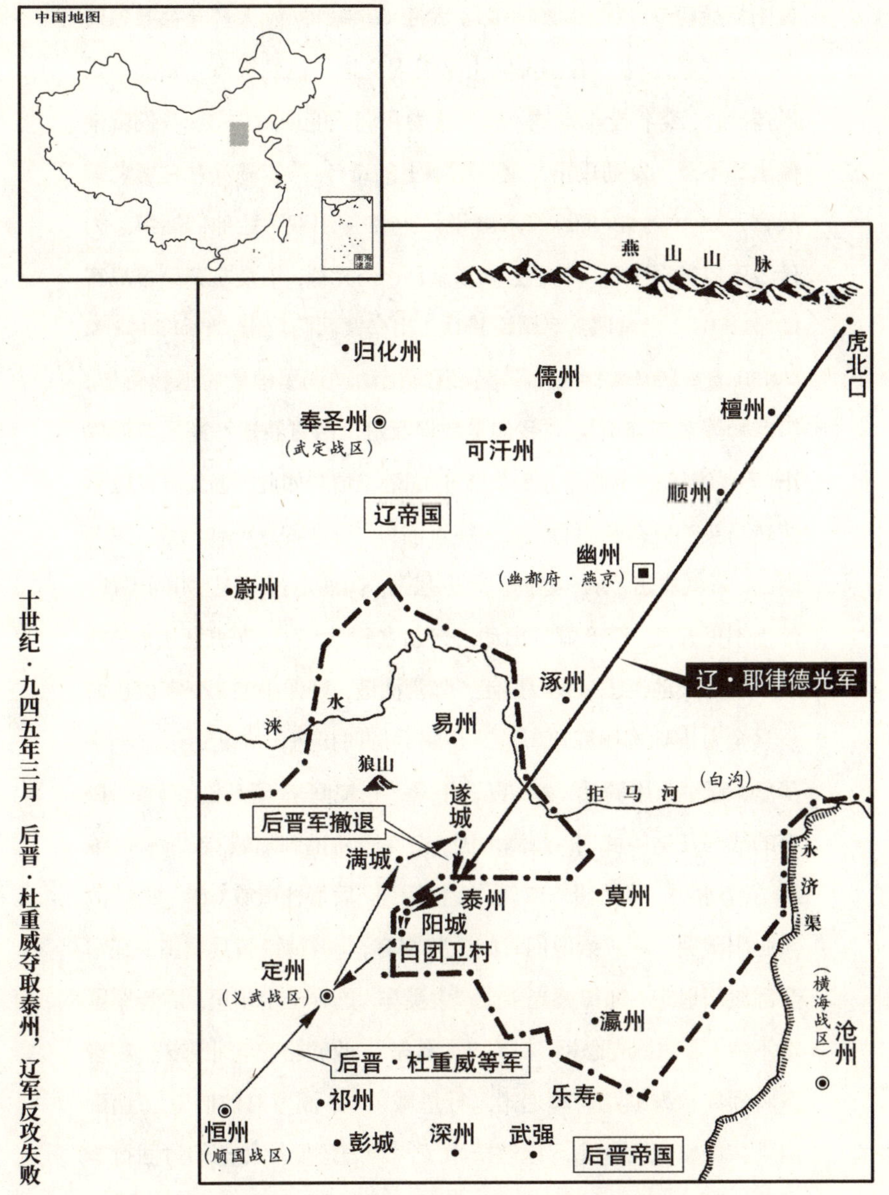


十世纪·九四五年三月 后晋·杜重威夺取泰州，辽军反攻失败

翼副督战司令（马军右厢副排阵使）、太原（山西省太原市）人药元福单独留下，对张彦泽说："我们部队士卒饥渴交迫，已到极点，如果等到风停沙住，势将全部被掳。敌人认为我们不能迎风作战，我们就偏偏出其不意，发动攻击，这是军事上的奇计。"步骑兵左右翼总督战官（马步左右厢都排阵使）符彦卿说："与其伸出双手让他们捆绑，为什么不以身报国！"于是会同张彦泽、药元福，以及左翼总督战官（左厢都排阵使）皇甫遇，率精锐骑兵，出垒寨西门攻击（当时正刮东北风，出西门也是为了争顺风之势），各将领继续出动。辽军稍稍后退数百步。符彦卿等对李守贞说："我们是敌退我进、敌进我退？还是发动攻击，一直向前，不胜不止？"李守贞说："情势如此，怎么可以轻易拨转马头？只有长驱直入，一往直前！"符彦卿等一勒马缰，飞奔而去，各就攻击位置，这时，风更强劲，抛沙走石，白昼如同黑夜，伸手不见五指。符彦卿等出动一万余名骑兵，对辽军疯狂进攻，呼号声震动天地，辽军大败逃走，阵营溃散，好像山崩。李守贞也命步兵全力拔除木栅鹿角出战，步骑兵同时挺进，向北追杀二十余华里。辽军铁甲骑兵（铁鹞）既已下马，仓惶间来不及跳上马背，抛弃的战马及铠甲武器，遮满地面。散兵败将逃到阳城（河北省顺平县东南）东南水边，稍稍喘一口气，重整行列。后晋杜重威（杜威）说："敌人心胆破裂，不应给他们时间重整军容。"派精锐骑兵攻击，辽军全部渡河退走。耶律德光乘坐"大奚车"逃奔十余华里，后晋军紧追不舍，耶律德光恐惧，抛弃"大奚车"，改骑骆驼向北逃去。后晋各将领要求继续急行军追击，杜重威（杜威）高声对他们说："遇到盗匪，侥幸保住性命，已够庆幸了，难道还要拉住他们讨回行李铺盖！"李守贞说："两天以来，人马干渴得要死，现在喝了个饱，双脚都肿，难以追赶，不如全军平安撤退！"于是退守定州（河北省定州市)。耶律德光逃回幽州(北京市),残兵败将稍微集合,因战场失败,对出征酋长各打数百刑棍,只赵延寿(刘延寿)免受责罚。

三月二十九日,后晋(首都开封府)各路人马自定州(河北省定州市)班师返防。后晋帝(二任)石重贵命把泰州(河北省保定市)划归义武战区(总部定州)。

夏季,四月十六日,石重贵从澶州(河南省濮阳市)出发。

四月十九日,石重贵返抵大梁(河南省开封市)。

四月二十四日,命在邺都(广晋府,河北省大名县)恢复设置天雄战区(广晋府仍称邺都)。

**8** 闽国(首都建州)中央讨伐军统帅张汉真抵达福州(长乐府,福建省福州市),攻击东关。黄仁讽听到全家被屠,大开城门,全力出战,大破讨伐军,生擒张汉真,押解入城,斩首。

身为皇帝的卓严明,没有其他谋略,只会在金銮宝殿上喷水念咒,布灰撒豆,焚香作法而已。又派使节到莆田(福建省莆田市)迎接仍留故里的老爹,尊为太上皇。

李仁达既拥护卓严明登上皇帝宝座,自己担任皇家禁卫军统帅(判六军诸卫事),命黄仁讽驻防西门、陈继珣驻防北门。有一天,黄仁讽跟陈继珣闲谈,黄仁讽说:“人之所以称之为人,在于人有‘忠’‘信’‘仁’‘义’。我从前曾在富沙王(王延政)手下立功,中途叛他而去,这是不忠。人家把侄儿(王继昌)托付给我,而我串通别人(李仁达)把他谋杀,这是不信。最近跟建州(福建省建瓯市)中央讨伐军作战,杀的都是乡里故人,这是不仁。抛妻弃子,使人把他们当作猪羊一样,宰割杀戮,这是不义。我这个人没有一点可取之处,即令是死,也九泉含愧。”捶胸痛哭。陈继珣警告他说:“大丈夫追求功名，哪里顾得了妻子儿女，应该把这件事放到脑后，不要引祸上身。”但李仁达仍得到消息，于是命人告发黄仁讽、陈继珣阴谋叛变，一起斩首。从此，兵权全部集中李仁达。 

**9** 五月一日，后晋帝（二任）石重贵下诏大赦。

顺国战区（总部设恒州〔河北省正定县〕）司令官（节度使）杜重威（杜威），长期镇守恒州（河北省正定县），贪婪残忍，仗恃自己是皇亲国戚（杜重威〔杜威〕的妻子是石敬瑭的妹妹宋国长公主），所作所为，很多违犯国法。每次都用加强边防名义，向官民强行征收金钱绸缎，全部收归私有。富裕人家只要有珍宝、美女、骏马，他一定夺取，或诬陷对方有罪，诛杀后吞没他们的家产和男女家人。但性情十分怯弱，辽军有时只有数十名骑兵，入境侦察，杜重威（杜威）早就关闭城门，登上城楼备战。辽军有时只有几名骑兵，驱逐所掳掠的汉人几千几百，经过城下，汉人向城上哀呼，杜重威（杜威）只是眼如铜铃、伸长脖子凝视，根本无意出击拯救。辽军深知杜重威（杜威）胆小如鼠，更毫无忌惮，以致战区所属各城，多数被辽军屠灭，杜重威（杜威）从没有派出过一个救兵。于是，千里平原，铺满白骨，像杂草一样，一望无际。汉人都被杀光，所有村落都成废墟。

杜重威（杜威）看到自己辖区日益败坏残破，民众对他怨恨入骨，又畏惧辽国（首都临潢府）的强大，不知道什么时候大军会再突然出现，于是不断上疏给石重贵，请求朝见，石重贵不允许。杜重威（杜威）索性放弃职守，强回京师（首都开封府），中央政府文武百官听到消息，大为惊惶恐惧。桑维翰奏报石重贵说：“杜重威（杜威）坚决反抗中央命令，擅自离开边陲重镇，平常他总是仗恃元勋，认为中央应对他事事姑息包容。等到战争爆发，他却没有守土抗敌的决心。陛下应该趁着这个机会，解除他所有职务，废作平民，才能免除后患。”石重贵大不高兴。桑维翰只好让步，说：“陛下如果不忍把他罢黜，那么，不妨就在京师（首都开封府）附近，找一个小一点的战区给他，不要把重要的军事据点给他。”石重贵说：“杜重威（杜威）是我最亲爱的姑父，决对不会背叛，只是我姑妈宋国长公主想跟他见一面罢了，你不要怀疑。”桑维翰自此不敢再讨论国家大事，声称脚病，请求辞职。

五月十一日，杜重威（杜威）到达大梁（首都开封府所在城）。

**10** 五月十二日，福州（长乐府，福建省福州市）皇家禁卫军统帅（判六军诸卫事）李仁达，举行盛大阅兵，请和尚皇帝卓严明御驾亲临主持。仪式进行中，李仁达事先埋伏的军士，突然跳上阅兵台，刺死卓严明。李仁达假装大惊失色，拔腿逃走，部众共同拦截，把他扶到卓严明的座位上。李仁达不敢称帝，只自称威武战区（总部设长乐府〔福建省福州市〕）候补司令官（留后），使用南唐（首都金陵府）的保大年号（本年保大三年），上疏向南唐称臣；但也向后晋（首都开封府）进贡。同时，诛杀卓严明的老爹。南唐任命李仁达遥兼二级宰相（同平章事，使相）、威武战区（总部设长乐府〔福建省福州市〕）司令官（节度使），赐名李弘义（我们仍称他李仁达），编入皇族家谱。但李仁达（李弘义）也派使节前往吴越（首都杭州）建立友好关系。

**11** 五月二十四日，后晋（首都开封府）顺国（总部恒州）司令官（节度使）杜重威（杜威）向后晋帝（二任）石重贵呈献私人财产：武装骑兵卫士四千人，包括他们的铠甲跟兵器。

五月二十五日，杜重威（杜威）再呈献粟米十万斛、饲草二十万捆，但都放在恒州（河北省正定县）。 

杜重威（杜威）所呈献的东西，即令不假，也都是向平民敲诈勒索而来（参考前年〔九四三〕十二月）。现在仓惶离开恒州（河北省正定县），一时无法运走，缴出来而已。

石重贵命把骑兵编入扈圣特别营，步兵编入护国特别营。可是杜重威（杜威）又请求调回继续充当自己的卫士，只薪饷、赏赐开始改由政府供给。杜重威（杜威）又透过宋国长公主向石重贵表示愿当天雄战区（总部设广晋府〔河北省大名县〕）司令官（节度使），石重贵允许（杜重威〔杜威〕把这个感情丰富的内侄，玩弄于十个手指之上，直到两年后石重贵泪洒中度桥故垒，参考后年〔九四七〕正月）。

**12** 南唐（首都金陵府）远征军包围闽国（首都建州）首都建州（福建省建瓯市），不断击破增援而来的泉州（福建省泉州市）兵团（董思安、王忠顺增援，参考本年〔九四五〕二月）。

闽国所属汀州（福建省长汀县）州长许文稹，在汀州（福建省长汀县）击败南唐远征军，生擒南唐将领时厚卿。

**13** 六月九日，后晋政府（首都开封府）任命杜重威（杜威）当天雄战区（总部设广晋府〔河北省大名县〕）司令官（节度使）。

**14** 辽国（首都临潢府）一连两年大规模侵入后晋。后晋固然受到严重创伤，军民奔命，筋疲力尽，边疆地带居民，更被大量屠杀，血流遍地。而辽国人和他们赖以为生的牲畜，也大量死亡，国人悲苦厌战。皇太后述律平对她的皇帝儿子（二任太宗）耶律德光说：“用汉人当胡人的领袖，可不可以？”耶律德光说：“不可以。”述律平说：“可是，你却想当汉人的主子！”耶律德光：“只因为石家辜负恩德，天理不容。”述律平说：“你即令夺到后晋土地，也不能久住，万一发生差错，后悔已来不及。”对文武百官说：“汉人怎么可能一直昏昏大睡！自古以来，只听说汉人向胡人求和，没有听说胡人向汉人求和。汉人如果能回心转意，我们为什么拒绝！”

后晋（首都开封府）桑维翰屡次劝后晋帝（二任）石重贵向辽国求和，以解救国难。石重贵命首都开封防卫军将领张晖当贴身随从（供奉官），携带奏章前往辽国，措辞谦卑，请求原谅。耶律德光说：“教景延广、桑维翰亲自前来，并且割让义武（总部定州）、顺国（总部恒州）两战区给我，就可以和解。”后晋政府认为辽国口气怨愤，没有和解诚意，于是停止。后来，耶律德光进入大梁（参考后年〔九四七〕正月），对李崧等说：“那一次，如果后晋再派使节前来，南北就不会发生战争。”

**15** 秋季，七月，闽国（首都建州）有人告密说：福州（长乐府，福建省福州市）增援部队（参考本年〔九四五〕正月），阴谋叛变。闽帝（五任）王延政命福州（长乐府）部队缴出武器，送他们回去，然后在半途设下埋伏，全部屠杀，死八千余人，把他们身上的肉割下做成肉干，带回建州（福建省建瓯市）吞吃。

南唐（首都金陵府）将领边镐攻克镡州（福建省南平市），查文徽的党羽魏岑、冯延己、冯延鲁等，认为大军出征以来，不断传来捷报，所以都热烈鼓励这次军事行动。并利用机会横征暴敛，但国库也为之枯竭。洪（江西省南昌市）、饶（江西省鄱阳县）、抚（江西省抚州市临川区）、信（江西省上饶市）各州人民，尤其悲苦。

王延政派使节前往杭州（浙江省杭州市），向吴越（首都杭州）称臣，请求降作附庸国，出兵援救（吴越和闽国，自通婚之后，便一直和好，参考九一六年十二月）。

**16** 南楚王国（首都长沙府〔湖南省长沙市〕）国王（三任文昭王）马希范（本年四十七岁）的老弟、静江战区（总部设桂州〔广西桂林市〕）司令官（节度使）兼最高监督长（兼侍中，使相），代理朗州（湖南省常德市）州长的马希杲，深受人民爱戴，马希范大不高兴，派人秘密监视。马希杲恐惧，声称有病，请求辞职调回京师（首都长沙府），马希范不准，却派医生前去诊治，乘机把马希杲毒死（马希范一直忌恨马希杲，参考九三六年四月）。

**17** 八月一日，日蚀。

**18** 八月三日，后晋（首都开封府）国务院右最高执行长（右仆射）兼副立法长（兼中书侍郎）、二级实质宰相（同平章事）和凝，免除兼职，只留本职。后晋帝（二任）石重贵命帝国参谋总部指挥官（枢密使）、国务院财政部长（户部尚书）冯玉：副立法长（中书侍郎）、二级实质宰相（同平章事）；中央事务不论大小，全交冯玉决定。

石重贵自从阳城（河北省顺平县东南）之役击败辽军之后，就认为自己有雄才大略，天下已经太平，再没有什么事让他烦心忧虑的了，越发骄傲奢侈，各地方政府进贡的奇货珍宝，全部归入宫库，大肆制造只供赏玩的物品，兴筑及扩建新的和旧的亭台楼阁，后宫庭院，更装饰一新，豪华壮丽，最近的几个王朝，都望尘莫及。还特别设置一个织造工厂，专门织造地毯，织工好几百人，一年才

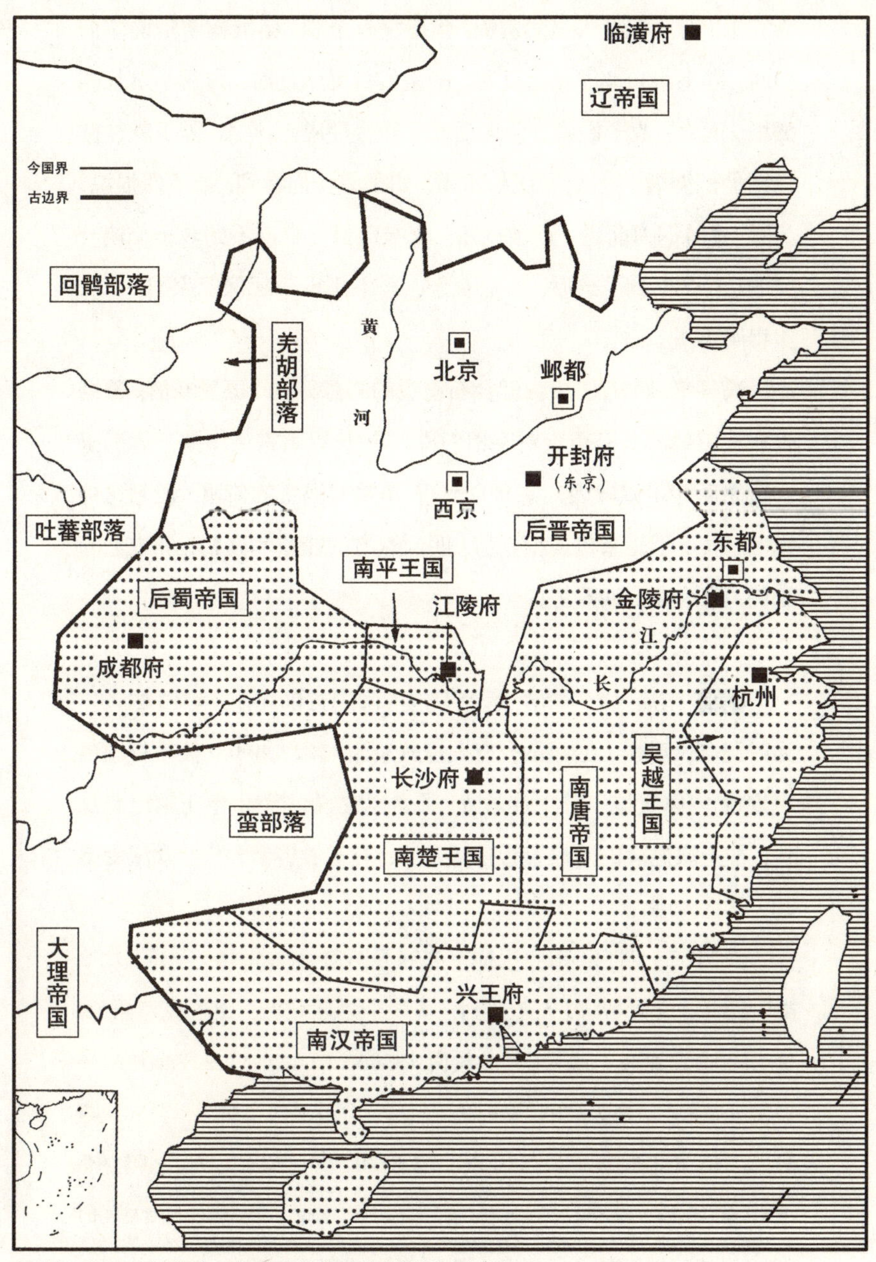


十世纪·九四五年八月　南唐及吴越瓜分闽国·七国并立

告完工。对于演艺人员的赏赐，丝毫没有节制。桑维翰劝阻说："前些时，陛下亲自率军抵抗辽军，战士们身受重伤时，赏赐不过几匹绸缎。而今，戏子们只要一句话或一声笑使陛下满意，陛下就往往赏赐他们绸缎、金钱、锦袍、银带，如果战士们看到，能不怨恨说：'我们冒着钢刀前进，筋被砍断，骨被砍折，难道不如戏子一谈一笑的功劳？'到了最后，军心瓦解，陛下跟谁一起保卫家国？"石重贵听不进去。

冯玉绝顶聪明，最会迎合石重贵的心意，因此更受宠信，曾经害病在家休养，石重贵对宰相们说："州长以上官员出缺，等冯玉上班之后才可以发表人事命令。"石重贵对冯玉的倚重，已到这种程度。冯玉于是乘机揽权弄势，四面八方的贿赂和礼物，涌进他的家门，政治遂更加败坏。

**19** 南唐（首都金陵府）远征军包围闽国首都建州（福建省建瓯市），为时已久，建州人心离散，有人提醒泉州（福建省泉州市）援军将领董思安说："你应该早早决定去留！"董思安说："我事奉王家已有几代，在王家危险的时候背叛他，天下还有谁收容我？"部众深受感动，没有人逃亡。

八月二十四日，南唐远征军先锋开路官（先锋桥道使）上元（首都金陵府所在县，江苏省南京市）人王建封，第一个攀墙登城，遂攻克建州（福建省建瓯市）。闽帝（五任）王延政投降（闽帝国立国十三年〔九三三至九四五〕而亡。唐王朝末年，王潮进入福建〔参考八九三年五月〕，传王审知、王延翰、王延钧、王继鹏、王延羲、王延政，历时五十三年。跟北齐高欢后裔、南汉刘岩后裔一样，王审知本是忠孝传家，却被权力搞得变成一窝畜牲，害人害己，令人扼腕）。泉州（福建省泉州市）援军将领王忠顺阵亡，董思安整顿部队，逃回泉州（福建省泉州市）。

十世纪·九四五年二月至八月 南唐消灭闽国

最初，南唐军来时，建州（福建省建瓯市）人不堪王家皇族的内乱，跟杨思恭（杨剥皮）的残暴搜刮，争先恐后去砍伐树木、开山辟道，迎接南唐（首都金陵府）解放。后来，南唐攻克建州（福建省建瓯市），却放纵士卒大肆烧杀劫掠，纵火焚毁宫殿及民宅，一夜之间，全城化成灰烬。城陷的当天（八月二十四日）夜晚，天降大雨，气温突然变冷，冻死的一个接连一个，建州（福建省建瓯市）人民大失所望。但南唐帝（二任元宗）李璟（徐景通）因远征军灭国有功，一律不再追究。

**20** 南汉帝国（首都兴王府〔广东省广州市〕）皇帝（三任中宗）刘弘熙（刘晟，本年二十六岁）诛杀老弟、韶王刘弘雅。

**21** 九月，闽国汀州（福建省长汀县）州长许文稹、泉州（福建省泉州市）州长王继勋、漳州（福建省漳州市）州长王继成，先后献出城池，投降南唐（首都金陵府）。南唐在建州（福建省建瓯市）设永安战区（原称镇武战区，参考九四一年正月）。

**22** 九月三日，后晋帝（二任）石重贵命西京（河南府，河南省洛阳市）留守长官兼最高监督长（兼侍中，使相）景延广充当北方军团副征剿司令（北面行营副招讨使）。

宫廷总管（殿中监）王钦祚暂代恒州（河北省正定县）州长，因军中缺粮，石重贵命搜刮及收买民间粮食。杜重威（杜威）在恒州（河北省正定县）尚有存粮十余万斛，王钦祚把它全都登记在账册上，奏报中央。杜重威（杜威）大怒若狂，上疏忿忿指摘说：“我犯了什么罪，王钦祚没收我的粟米（小民犯了什么罪，被搜刮特使掠夺得一粒米不剩）！”中央为此特命王钦祚交还；并对杜重威（杜威）厚厚赏赐，作为补偿。

九月十五日，在曹州（山东省菏泽市定陶区）设威信战区（曹州原直属东京〔首都开封府〕留守长官部）。

石重贵派皇家侍卫亲军步骑兵总指挥官（侍卫马步都指挥使）李守贞，进驻澶州（河南省濮阳市）。

九月二十二日，石重贵派彰德战区（总部设相州〔河南省安阳市〕）司令官（节度使）张彦泽进驻恒州（河北省正定县）。

**23** 南汉帝（三任中宗）刘弘熙（刘晟）诛杀当年帮凶刘思潮、林少强、林少良、何昌廷（参考前年〔九四三〕三月）。因国务院左最高执行长（左仆射）王翷，曾经跟一任帝刘岩（刘龑）讨论过由刘弘昌继承帝位（参考九四二年四月），于是贬王翷当英州（广东省英德市）州长，走到中途，刘弘熙（刘晟）命他自杀。自此之后，内外官员都战战兢兢，不敢保证自己的安全。

**24** 冬季，十月三十日，后晋（首都开封府）在陈州（河南省周口市淮阳区）设镇安战区（陈州原属忠武战区〔总部许州〕）。

**25** 南唐（首都金陵府）宋太后逝世，绰号元敬太后。

**26** 闽国亡国之君王延政被押解到金陵（南唐首都，江苏省南京市），南唐帝（二任元宗）李璟（徐景通）任命他当羽林（禁军第一、二军）大将军。斩杨思恭（杨剥皮）以向建州（福建省建瓯市）人民赎罪，调百胜战区（总部设虔州〔江西省赣州市〕）司令官（节度使）王崇文当永安战区（总部设建州〔福建省建瓯市〕）司令官（节度使）。王崇文处世宽厚，法令简单严明，建州（福建省建瓯市）人民得以安定。

**27** 最初，高骊王国（首都开京〔朝鲜半岛开城市〕）国王（一任高祖）王建，武力吞并朝鲜半岛所有其他国家，国势强盛（参考九三六年十二月），遂透过胡人和尚袜啰，告诉后晋一任帝石敬瑭说：“渤海王国（首都上京龙泉府〔黑龙江省宁安市西南东京城镇〕）是我的亲戚，国王被辽国（首都临潢府）俘虏，我愿跟后晋政府，联合出击，使他们复国（契丹消灭渤海事，参考九二六年七月）。”石敬瑭不作回答。现在，石重贵跟辽国结仇，袜啰再次提及这回事。石重贵打算教高骊侵扰辽国东部，吸引他们的兵力。正巧，王建逝世，儿子王武暂时主持国政，上疏后晋政府（首都开封府）报告噩耗。

十一月五日，石重贵命王武当大义军基地司令（大义军使），封高骊王；派皇家礼宾官（通事舍人）郭仁遇出使高骊（首都开京），告知后晋政府的意思，希望对辽国采取军事行动。郭仁遇抵达高骊（首都开京），发现他们的兵力薄弱，微不足道，从前袜啰的话，都是王建的夸大荒诞之词，事实上不敢跟辽国对抗。郭仁遇回国后，后晋政府向王武询问真相，王武东拉西扯，找了很多其他理由来自圆其说。

**28** 十一月二十二日，吴越王（三任忠献王）钱弘佐（本年十七岁），诛杀内宫最高辅导官（内都监使）杜昭达。

十一月二十六日，钱弘佐再诛杀内营禁军司令（内牙上统军使）、明州（浙江省宁波市）州长阚璠（阚，音kàn〔看〕）。

杜昭达，是杜建徽的孙儿（杜建徽是一任王钱镠的创业功臣，参考九〇二年八月），跟阚璠争相贪赃枉法。钱塘（杭州州政府所在县）富商程昭悦用金钱珍宝结交杜、阚，透过二人的关系，程昭悦终于接近权力中心钱弘佐，充当左右侍从。程昭悦绝顶聪明，性情狡狯，又工于谄媚，钱弘佐十分欣赏，宠爱他超过其他旧日的将领，阚璠心里不能平衡，程昭悦得到消息，前去向阚璠道歉赔罪，阚璠责备他很久，最后说："我本想把你杀掉，你既然能改过自新，我也不再放在心里。"程昭悦大为恐惧，暗中计划除去阚璠。

阚璠专权独断，而又刚愎任性，政府官员中很多人对他厌恶，程昭悦打算把阚璠贬出中央；又恐怕他发觉内幕，于是秘密告诉右翼禁军司令（右统军使）胡进思说："我准备任命你以及阚璠，都当本州州长，使阚璠不致起疑，可不可以？"胡进思承诺，中央遂命阚璠当明州（浙江省宁波市）州长，胡进思当湖州（浙江省湖州市）州长。阚璠大怒说："把我赶出中央，是抛弃我！"胡进思说："我们这些老兵，当一个大州州长，应该心满意足了，不去上任，还想什么？"阚璠乃接受安排，不久，程昭悦用其他理由，留住胡进思不去到差。

内外步骑兵总禁军司令（内外马步都统军使）钱仁俊的娘亲，是杜昭达的姑妈（钱仁俊，参考九三二年三月，是钱镠第八子钱传瓘的儿子）。程昭悦因之诬陷说：阚璠、杜昭达阴谋拥护钱仁俊政变。于是，钱弘佐逮捕阚杜下狱，苦刑拷打，二人只好自动招认谋反。阚璠、杜昭达遂被斩首，钱弘佐下令免除钱仁俊官职，押送东宫软禁。程昭悦负责追查阚杜党羽，凡是权力或地位跟自己差不多和他平常忌恨的官员，有一百余人之多，不是被诛杀，就是被贬出中央，国人畏惧，不敢正眼相看。胡进思忠厚稳重，沉默寡言，程昭悦认为他有点呆痴，所以只让他一人活命。

程昭悦逮捕钱仁俊从前的部属慎温其，命他证明钱仁俊的罪行，使用各式各样的酷刑，而慎温其坚持不肯屈服。钱弘佐对他的忠心十分嘉许，擢升他到中央政府当官。慎温其，是衢州（浙江省衢州市）人。

十二月三日，后晋政府（首都开封府）加授吴越王（三任忠献王）钱弘佐官衔：东南地区兵马总元帅（东南面兵马都元帅）。



29 十二月九日，后晋帝（二任）石重贵任命前立法官（中书舍人）广晋（河北省大名县）人殷鹏当御前监督官（给事中）、帝国参谋总部常任文学侍从官（枢密直学士）。殷鹏，是冯玉的一党。中央每次人事变动，冯玉都跟殷鹏商量，因此说情行贿的人，塞满殷鹏的家门。

最初，石重贵病还没有痊愈时（参考本年〔九四五〕正月二十三日），遇到正月一日元旦大典，帝国参谋总部指挥官（枢密使）、最高立法长（中书令）桑维翰，派女仆进宫向李太后（后唐晋国长公主）请安，顺口问说："皇弟（石重睿）最近读书没有？"石重贵听到报告，告诉冯玉，冯玉乘势陷害，指出桑维翰有罢黜石重贵、拥立石重睿的企图，石重贵大起疑心（石重睿原是皇位继承人，参考九四二年五月）。而李守贞也一向憎恨桑维翰。于是，冯玉、李彦韬，跟李守贞联合设计，认为最高立法长（中书令）、代理首都开封特别市市长（行开封尹）赵莹，性情温和，容易控制，于是共同向石重贵推荐赵莹接替桑维翰。

十二月二十五日，石重贵下令免除桑维翰中央官职，专任首都开封特别市市长（开封尹）；另擢升赵莹当最高立法长（中书令）、擢升李崧当帝国参谋总部指挥官（枢密使）、暂任最高监督长（守侍中）。桑维翰遂声称脚部有病，很少进宫朝会，也拒绝接见朋友宾客。有人对冯玉说："桑维翰是帝国元老，现在既然解除他的军权，纵然不留在宰相位置上，也应该给他一个军事重镇，为什么让他当首都市长（尹），去管那些琐碎事务？"冯玉说："不给他一个军事重镇，是怕他叛变！"那人说："一个手无寸铁的知识分子，怎么能叛变？"冯玉说："纵然他自己不叛变，也怕他煽动别人叛变！"（桑维翰煽动石敬瑭叛变，参考九三六年五月。）

**30** 南楚王国（首都长沙府〔湖南省长沙市〕）湘阴（湖南省湘阴县）隐士戴偃，所写的诗，很多讽刺当时政治社会现象，南楚王（三任文昭王）马希范把他逮捕囚禁。天策府副总带兵官（天策副都军使）丁思瑾上疏苦苦规劝，马希范大怒，免除丁思瑾所有官爵。

**31** 南唐（首都金陵府）齐王李景达的部属谢仲宣，建议李景达说："宋齐丘，是先帝（一任李昪〔徐知诰〕）当平民时的至交好友，现在把他遗弃在山林荒野之间（参考前年〔九四三〕十二月），大家都觉得很是遗憾。"李景达转告南唐帝（二任元宗）李璟（徐景通）说："宋齐丘早有盛名，用不用他都无所谓，但何必把他驱逐到山林荒野，反而使他声名更高！"李璟（徐景通）乃派使节前往青阳（安徽省青阳县），召唤宋齐丘回京（首都金陵府）。

# 九四六年 丙午

| | | |
|---|---|---|
| 后晋 | 开运 | 三年 |
| 南唐 | 保大 | 四年 |
| 南楚 | 开运 | 三年 |
| 吴越 | 开运 | 三年 |
| 南汉 | 乾和 | 四年 |
| 南平 | 开运 | 三年 |
| 后蜀 | 广政 | 九年 |
| 辽 | 会同 | 十年 |

**1** 春季，正月，南唐帝国（首都金陵府〔江苏省南京市〕）皇帝（二任元宗）李璟（徐景通，本年三十一岁）任命宋齐丘当太傅（三师之二）兼最高立法长（兼中书令）。但是只到金銮宝殿参加朝会，并没有实权。李璟（徐景通）又命昭武战区（总部设抚州〔江西省抚州市临川区〕）司令官（节度使）李建勋当国务院右最高执行长（右仆射）兼副监督长（兼门下侍郎），跟副立法长（中书侍郎）冯延己，同时兼二级实质宰相（同平章事）。李建勋有丰富的行政经验，但性情懦弱怕事，很少决断。冯延己擅长写

作，却狡猾谄媚，喜欢高谈阔论，到处交朋结党。（胡三省注："李建勋只因在官场太久，才会有丰富的行政经验；至于懦弱怕事，优柔寡断，也正因为在官场太久，才学会伶巧避祸。像冯延己所作所为，正是年轻人的常态，说话多而做事少，广结党羽，满足私欲。这两种人，都不适宜居宰相高位。"）国务院工程部河川司司长（水部郎中）高越，上疏检举冯延己兄弟的罪行，李璟（徐景通）大怒，把高越贬作蕲州（湖北省蕲春县）工务官（司士）。

最初，李璟（徐景通）在皇宫中设置宫廷机要署（宣政院），命皇家文学侍从官（翰林学士）、御前监督官（给事中）常梦锡主持，专门处理机密大事，跟副立法长（中书侍郎）严续，二人忠心耿耿、正直无私。李璟（徐景通）对常梦锡说："国家高级官员中，只有严续无党无派，但他缺少才干，恐怕应付不了外界的包围，你应该协助他。"然而不久，常梦锡在宫廷机要署（宣政院）里的官职被免除，严续也被外放到池州（安徽省池州市贵池区）当行政长官（观察使）。常梦锡遂声称有病，每天大量饮酒，不再过问政事。严续，是严可求的儿子（严可求，参考九〇五年九月）。

**2** 二月一日，日蚀。

**3** 后晋帝国（首都开封府〔河南省开封市〕）晋昌战区（总部京兆府〔陕西省西安市〕）司令官（节度使）兼最高监督长（兼侍中，使相）赵在礼，经历过十个军事重镇（赵在礼天雄〔兴唐府〕兵变起家，参考九二六年二月。二十年间，曾调横海〔总部沧州〕、泰宁〔总部兖州〕、匡国〔总部同州〕、天平〔总部郓州〕、忠武〔总部许州〕、武宁〔总部徐州〕、归德〔总部宋州〕、晋昌〔总部京兆府〕），所到之处，横征暴敛，家产之富，在全国所有战区司令官（节度使）中，位居第一。后晋帝（二任）石重贵（本年三十三岁）对他的财产，垂涎三尺。

三月十九日，石重贵为皇子、镇宁战区（总部设澶州〔河南省濮阳市〕）司令官（节度使）石延煦，迎娶赵在礼的女儿。赵在礼陪嫁高达十万串钱，皇家费用更多出数倍。石延煦跟老弟石延宝，都是石敬瑭的孙儿，石重贵收养作自己的儿子。 330

**4** 南唐（首都金陵府）泉州（福建省泉州市）州长王继勋写信给威武战区（总部设长乐府〔福建省福州市〕）司令官（节度使）李仁达（李弘义），请求建立友好关系。李仁达（李弘义）认为泉州（福建省泉州市）原是威武（总部长乐府）的辖区，王继勋应用部属的礼节相见才对，而竟以平等身份相待，不禁大怒。

夏季，四月，李仁达（李弘义）派他的老弟李弘通率军一万人，南下讨伐。

**5** 最初，后晋（首都开封府）朔方战区（总部设灵州〔宁夏灵武市〕）司令官（节度使）冯晖，把党项部落（黄河河套地区）酋长拓跋彦超软禁城里，虽日常生活丰富豪华，却不准出城（参考九三九年正月），所以党项各部落不敢侵犯。后来，冯晖在调走之前，把拓跋彦超释放。

前彰武战区（总部设延州〔陕西省延安市〕）司令官（节度使）王令温，奉命接替冯晖，不知道体恤安抚羌、胡民族，完全用治理汉人的方法治理他们，羌胡民族积压太多的怨恨愤怒，于是纷纷叛变，争相烧杀劫掠。拓跋彦超、石存、也厮褒三大部落，联军进攻灵州（宁夏灵武市），格杀王令温的老弟王令周。

四月十日，王令温上疏请求紧急救援。

**6** 南唐（首都金陵府）泉州（福建省泉州市）总指挥官（都指挥使）留

从效告诉州长王继勋说："李弘通的兵力强大，士卒们认为你赏罚不公，不肯作战，你应该离开州长这个位置，回去闭门思过！"于是罢黜王继勋，送回他的家宅。由留从效接替主持州政府军政，出军迎战，大破李弘通军。上疏南唐帝（二任元宗）李璟（徐景通）报告事情经过，李璟（徐景通）乃命留从效当泉州（福建省泉州市）州长，调王继勋返回金陵（江苏省南京市），另派军增援泉州。又调漳州（福建省漳州市）州长王继成当和州（安徽省和县）州长，调汀州（福建省长汀县）州长许文稹当蕲州（湖北省蕲春县）州长。

**7** 后晋（首都开封府）定州（河北省定州市）西北二百华里，有座狼山（河北省易县西南狼牙山），附近居民在狼山上兴筑城堡，逃避辽国侵扰。城堡里建有佛堂，由尼姑孙深意主持，用法术迷惑善男信女，所作预言，往往应验，远近群众没有人不虔敬信奉。中山（定州州政府所在城）人孙方简，跟老弟孙行友，自称是孙深意的侄儿，不吃肉、不饮酒，事奉孙深意十分细心周到。孙深意逝世后，孙方简继续施法，声称孙深意"并没有死亡，而只是坐化"（坐着断气，灵魂升天，坐姿不倒）。把她的坐姿遗体，刻意化妆，事奉她像她仍在世时一样，徒众一天比一天增多。

正巧，后晋（首都开封府）跟辽国（首都临潢府）邦交恶化，北方边疆的赋税差役，十分沉重，以致盗匪到处都是，农民无法耕种。孙方简、孙行友遂集结乡里中健壮魁梧的青年子弟，登上狼山，据守寺庙，整修城堡，武装自卫。辽军南下时，孙方简率民兵埋伏攻击，掳获很多辽国的武器、牛马和其他军用物资，民众前往投奔，要求保护的，一天多过一天。久而久之，多到一千余家，遂全体当起强盗。孙方简等恐怕州县政府讨伐，乃向中央归降，中央也想靠他们阻挡辽军，因之任命孙方简当东北地区募兵指挥官（东北招收指挥使）。孙方简经常进入辽境剽掠，格杀抢劫，收获丰富。可是，不久，孙方简等不断向中央提出要求，中央只有一点小事不能使他满意，他就全寨归降辽国，当辽军的向导，南下掠夺。当时，河北（黄河以北）发生大饥荒，人民饿死的往往以万为单位计算。兖（山东省济宁市兖州区）、郓（山东省东平县）、沧（河北省沧州市东南）、贝（河北省清河县）等州之间，变民盗匪，风起云涌，政府完全失去控制。

天雄战区（总部设广晋府〔河北省大名县〕）司令官（节度使）杜重威（杜威），派元从将领刘延翰到沿边购买战马，孙方简把他生擒，呈献辽国（首都临潢府），刘延翰逃回。

六月三日，刘延翰抵达大梁（首都开封府所在城），警告说：“孙方简想趁我国饥荒凶年，引导辽军入侵，我们最好戒备。”

**8** 最初，后晋（首都开封府）朔方战区（总部设灵州〔宁夏灵武市〕）司令官（节度使）冯晖在职的时候，羌胡民族对他都尊敬信赖，可是中央要他买马（后晋买马，参考九二九年四月），一年之久，才买到五千匹，遂对他有点猜疑，于是调他到静难（总部邠州）、保义（总部陕州），最后并调他回京（首都开封府）当皇家侍卫亲军步兵总指挥官（侍卫步军都指挥使），遥兼河阳战区（总部设孟州〔河南省孟州市〕）司令官（节度使）。冯晖知道中央对他已有成见（冯晖曾被特别留任朔方，参考前年〔九四四〕八月，迄今两年未满，调差三次），非常后悔轻易离开灵武（灵州州政府所在城），于是用大量财宝结交冯玉、李彦韬，请求再调回朔方（总部灵州），中央也因羌胡民族不断骚动，正束手无策。

六月七日，后晋政府再命冯晖当朔方战区（总部设灵州〔宁夏灵武市〕）司令官（节度使），率关西（潼关以西）军队，进击羌胡民族，命威州（甘肃省环县）州长药元福当特遣兵团步骑兵总指挥官（行营马步军都指挥使）。

**9** 六月二十四日，后晋（首都开封府）义武（总部定州）奏报说："辽国（首都临潢府）大军突然压境。"后晋帝（二任）石重贵命天平（总部郓州）司令官（节度使）、皇家侍卫亲军步骑兵总指挥官（侍卫马步都指挥使）李守贞，当北方军团总司令（北面行营都部署）；命义成（总部滑州）司令官（节度使）皇甫遇，当副总司令；命彰德（总部相州）司令官（节度使）张彦泽当皇家侍卫亲军骑兵总指挥官（马军都指挥使）兼总纠察官（兼都虞候），命义武（总部定州）司令官（节度使）蓟县（幽州州政府所在县，北京市）人李殷，当皇家侍卫亲军步兵总指挥官（步军都指挥使）兼总督战官（兼都排阵使）。派护圣指挥官（护圣指挥使）临清（河北省临西县）人王彦超、太原（山西省太原市）人白延遇，率他们十个营的部众，开往邢州（河北省邢台市）。当时，皇家侍卫亲军骑兵总指挥官（马军都指挥使）、镇安战区（总部设陈州〔河南省周口市淮阳区〕）司令官（节度使）李彦韬，正受宠信，专权任性，根本没有把李守贞看到眼里。李守贞在外，无论做什么事，不管大小，李彦韬全都知道，李守贞表面上对李彦韬毕恭毕敬，但心里把他恨入骨髓。

**10** 最初，南唐帝国（首都金陵府〔江苏省南京市〕）远征军攻克建州（福建省建瓯市。参考去年〔九四五〕八月），打算乘胜夺取福州（长乐府，福建省福州市），南唐帝（二任元宗）李璟（徐景通）不许。帝国参谋总部指挥官（枢密使）陈觉，请求亲自前去游说李仁达（李弘义），声称一定可以使他放弃割据，入京（首都金陵府）朝见。太傅（三师之二）宋齐丘称赞陈觉有才干而又反应敏捷、擅长辩论，可以不动刀枪，坐在这里接待李仁达（李弘义），李璟（徐景通）同意，先封李仁达（李弘义）的娘亲跟妻子，都当国级（比郡级高）夫人，四个老弟，也都升官，然后，任命陈觉当福州（不再称闽国时代名称“长乐府”）宣慰特使（宣谕使），赏赐李仁达（李弘义）大量金银绸缎。李仁达（李弘义）知道陈觉的阴谋，所以跟陈觉晤面时，脸色言辞，都很倨傲，接待礼节也很冷淡，陈觉发现气氛不对劲，竟不敢提到请他入朝这件事，空手而回。

**11** 秋季，七月，黄河在杨刘（山东省东阿县东北姚寨镇）决口，向西冲入莘县（山东省莘县），洪流宽四十华里，倾泻到朝城（山东省莘县西南朝城镇）之后，再向北流。

**12** 后晋（首都开封府）一个从幽州（北京市）来到京师（首都开封府）的人，告诉后晋中央官员说：“赵延寿（刘延寿）（辽国卢龙〔总部幽州〕司令官）有意回归祖国！”帝国参谋总部指挥官（枢密使）李崧、冯玉，深信不疑，命天雄战区（总部设广晋府〔河北省大名县〕）司令官（节度使）杜重威（杜威）写信给赵延寿（刘延寿），详细说明中央的欢迎之意，承诺送给他巨额财富。洺州（河北省邯郸市永年区东南广府镇）将领赵行实（非赵延寿〔刘延寿〕的养父赵德钧〔赵行实〕），曾经当过赵延寿（刘延寿）的部属，中央就派他携带信件，暗中前去送递。赵延寿（刘延寿）回信说：“长久滞留异域，思念祖国，务请出动大军接应，我当脱身南下。”措辞诚恳亲切，中央官员看到，十分感动，于是命赵行实再去晋见赵延寿（刘延寿），约定会师日期。

八月，李守贞上疏说：“率军越过长城（战国时代燕王国长城，在河北省固安县南）北方，跟辽军一千余骑兵遭遇，辗转战斗四十华里，格杀他们的酋长解里，把残余敌人逼到河水淹死的，尤其是多。”

八月九日，后晋帝（二任）石重贵命李守贞迅速南返，进驻澶州（河南省濮阳市）。

石重贵跟辽帝国（首都临潢府〔内蒙古巴林左旗〕）断绝邦交之后，好几次召唤吐谷浑酋长白承福前来京师（首都开封府）朝见，欢宴赏赐，十分荣耀优厚（白承福投奔刘知远，参考九四一年十月）。白承福追随石重贵出征，曾在澶州（河南省濮阳市）跟辽军激战，后来配备张从恩大军，驻防滑州（河南省滑县）。正巧，这一年气候酷热，白承福把他的部众调回太原（山西省太原市），在岚（山西省岚县）、石（山西省吕梁市离石区）二州一带放牧。部众经常违犯国法，河东（总部太原府）司令官（节度使）刘知远不肯宽容，一律处罚。吐谷浑部众一方面知道中央的力量微弱，一方面又畏惧刘知远的执法严厉，于是商量一起逃回旧日牧地（山西省东北部）。一个名叫白可久的吐谷浑人，地位仅次于白承福，率领他的部众先逃往辽国（首都临潢府），辽国任命他当云州（山西省大同市）行政长官（观察使），用来引诱白承福。

刘知远跟郭威（河东〔总部太原府〕文书官）商量说：“现在，天下多事，把这种人留在太原（山西省太原市），实是心腹大患，不如彻底铲除。”白承福家十分富有，马槽都用银做成，郭威劝刘知远动手，好借口没收他的家产，作为军饷，刘知远怦然心动，呈递秘密奏章说：“吐谷浑反复无常，难保不发生变化，请把他们迁到内地。”石重贵派特使到太原（山西省太原市）调发吐谷浑部众一千九百人，安置河阳（总部孟州）各州。刘知远等吐谷浑军开拔后，派郭威引诱白承福等进太原城定居，然后诬告白承福等五家叛变，率军包围，无论妇女儿童，共四百口，全部诛杀，财产也全都没收。石重贵下诏褒奖刘知远。吐谷浑部落经过这次残酷重创，遂逐渐微弱。

濮州（山东省鄄城县）州长慕容彦超，被控违法向人民征收赋税，以及擅自用政府储存的粮食五百斛，制造酒曲，卖给居民酿酒，然后再征收酒税。宫廷事务北院总监（宣徽北院使）李彦韬跟慕容彦超一向不和睦，于是检举这件事，依法应判死刑，李彦韬催促冯玉立即执行。刘知远上疏援救，宰相李崧也说："慕容彦超犯的这些罪，全国所有的战区司令官（节度使），每人都有，如果用法律制裁，恐怕人人恐慌！"

八月十六日，石重贵下诏赦免慕容彦超，只剥夺所有官职爵位，流窜房州（湖北省房县）。

**13** 南唐（首都金陵府）陈觉自福州（福建省福州市）回来，走到剑州（镡州改，福建省南平市），对自己碰了一鼻子灰，感到羞辱，于是假传南唐帝（二任元宗）李璟（徐景通）的诏书，派侍卫官顾忠前去正式征召李仁达（李弘义）进京（首都金陵府）朝见，而自称暂时管理福州总部军政，擅自调发汀（福建省长汀县）、建（福建省建瓯市）、抚（江西省抚州市临川区）、信（江西省上饶市）四州民兵及中央驻防军，命永安（总部建州）总监军官冯延鲁当统帅，全副武装，直向福州（福建省福州市），强迎李仁达（李弘义）上道。冯延鲁先写信给李仁达（李弘义），为他分析祸福得失。李仁达（李弘义）复信向冯延鲁挑战，并派舰队司令（楼船指挥使）杨崇保，率舰队迎击。陈觉命剑州（福建省南平市）州长陈诲任沿江战舰指挥官（缘江战棹指挥使），上疏说："福州（福建省福州市）孤立无援，情势危急，早晚就可攻破。"南唐帝李璟（徐景通）认为陈觉擅自发号施令，大怒，但大多数官员都认为："大军已抵达城下，不可以中途停止，中央应该增援，帮助他成功。"

八月十九日，冯延鲁在候官（福建省闽侯县东南侯官村）击败杨崇保。

八月二十日，陈觉、冯延鲁乘胜进攻福州（福建省福州市）西关。李仁达（李弘义）出战，大破南唐军，生擒南唐左神威军指挥官杨匡邺。

李璟（徐景通）骑虎难下，命永安战区（总部设建州〔福建省建瓯市〕）司令官（节度使）王崇文，当东南方面军总征剿司令（东南面都招讨使）；命漳（福建省漳州市）、泉（福建省泉州市）二州安抚特使、监督院高级顾问官（谏议大夫）魏岑，当东方军团总监军官（东面监军使）；命冯延鲁当南方军团总监军官（南面监军使），会师进击福州（福建省福州市），攻陷外城。

李仁达（李弘义）退守内城。

**14** 后晋（首都开封府）新任朔方（总部灵州）司令官（节度使）冯晖上任，率军渡过旱海（沙漠地带），抵达辉德（宁夏灵武市东南），粮食已经吃完，党项部落酋长拓跋彦超大军数万人，分成三个梯队，扼守险要道路，控制水源，严阵以待，冯晖军中士卒大为恐惧。冯晖送很多贵重礼物给拓跋彦超，请求和好，拓跋彦超接受，可是从早晨拖到中午，使节来往三四趟，党项部落仍不撤退。药元福警告冯晖说："蛮虏知道我们既饥又渴，所以假装和解，实际上是把我们困住，如果拖到夜晚，我们就全成了俘虏。现在，蛮虏部众固然很多，但精锐却少，都靠着西山列阵。其他那些步兵，不会有什么威胁。请你下令紧急备战，严阵以待，我率骑兵先行攻击西山蛮虏精锐，如果稍有胜利，立刻举起黄旗，你就全军增援杀入，一定把他们击破。"乃率骑兵出发，用短兵器肉搏苦斗。拓跋彦超稍微后退，药元福马上举起黄旗，冯晖率主力冲锋，拓跋彦超大败。第二天，冯晖进入灵州（宁夏灵武市）。

**15** 九月，辽帝国（首都临潢府〔内蒙古巴林左旗〕）军队三万人，进攻后晋（首都开封府）河东（总部太原府）。

九月五日，刘知远（河东〔总部太原府〕司令官）在阳武谷（山西省原平市西北）把辽军击败，杀七千人。

**16** 南汉帝国（首都兴王府〔广东省广州市〕）刘思潮等被诛杀（参考去年〔九四五〕九月）之后，陈道庠内心忧恐（他跟刘思潮同是凶手，参考九四三年三月）。特进（文散官第二级，正二品）邓伸送他一部《汉纪》（荀悦著），陈道庠问什么缘故，邓伸说："你这个呆蛮子，这部书上有杀韩信和把彭越剁成肉酱的事（参考前一九六年正月及三月），你要细细的读！"南汉帝（三任中宗）刘弘熙（刘晟，本年二十七岁）听到消息，把陈道庠、邓伸二人，以及他们的家族，全部斩首。

**17** 福州（福建省福州市）李仁达（李弘义）自称威武战区（总部设福州）候补司令官（留后）、暂管闽国事务，改名李弘达（我们仍称他原名李仁达），派使节携带奏章，前往后晋（首都开封府）称臣。

九月七日，后晋政府（首都开封府）任命李仁达（李弘达）当威武（总部福州）司令官（节度使）、遥兼二级宰相（同平章事，使相），总管闽国事务。

**18** 后晋（首都开封府）归德（总部相州）司令官（节度使）张彦泽奏报说："我在定州（河北省定州市）之北击败辽军；又在泰州（河北省保定市满城区）再击败辽军，杀二千人。"

**19** 九月十四日，福州（福建省福州市）守城军督战官（排阵使）马捷，引导南唐军（首都金陵府）自马牧山（福州市西北）砍寨而入，冲到善化门桥（福州市西）。李仁达（李弘达）的部属、总指挥官（都指挥使）丁彦贞，率军一百人抗拒。李仁达（李弘达）退到善化门（福州西城门）据守，外城和第二道城，都被南唐军（首都金陵府）占领。

李仁达（李弘达）再改名李达（因吴越王钱弘佐有一个“弘”字，李仁达投降之前，先行避讳），派使节携带奏章，向吴越（首都杭州）称臣，请求派军援救。

**20** 南楚王国（首都长沙府〔湖南省长沙市〕）国王（三任文昭王）马希范（本年四十八岁），知道后晋帝（二任）石重贵奢侈浪费，生活靡烂，所以不断呈献珍玩，求当总元帅（都元帅）。

九月十七日，石重贵命马希范当全国各战区道兵马总元帅（诸道兵马都元帅）。

**21** 九月二十九日，黄河在澶州（河南省濮阳市）所属临黄县（河南省范县）决口。

**22** 辽国（首都临潢府）再设下陷阱，命瀛州（河北省河间市）州长刘延祚写信给后晋（首都开封府）乐寿（河北省献县）监军官（监军使）王峦，表示愿献出城池归降，并且说：“城里驻防的辽军，不满一千人，请中央出动轻装备骑兵奇袭，自己愿作内应。今年秋季之后，雨水特多，自瓦桥关（河北省雄县）以北，到处积水，无边无际，辽帝（二任耶律德光）已先行回国，即令听到关南（瓦桥关以南）发生变化，距离既远，也远水难救近火。”王峦跟天雄战区（总部设广晋府〔河北省大名县〕）司令官（节度使）兼最高立法长（兼中书令，使相）杜重威（杜威），屡次上疏请求利用这次机会，收复瀛（河北省河间市）、莫（河北省任丘市北鄚州镇）二州。深州（河北省深州市）州长慕容迁更呈献《瀛莫图》。宰相冯玉、李崧，都深信不疑，计划动员大军北上，迎接赵延寿（刘延寿）、刘延

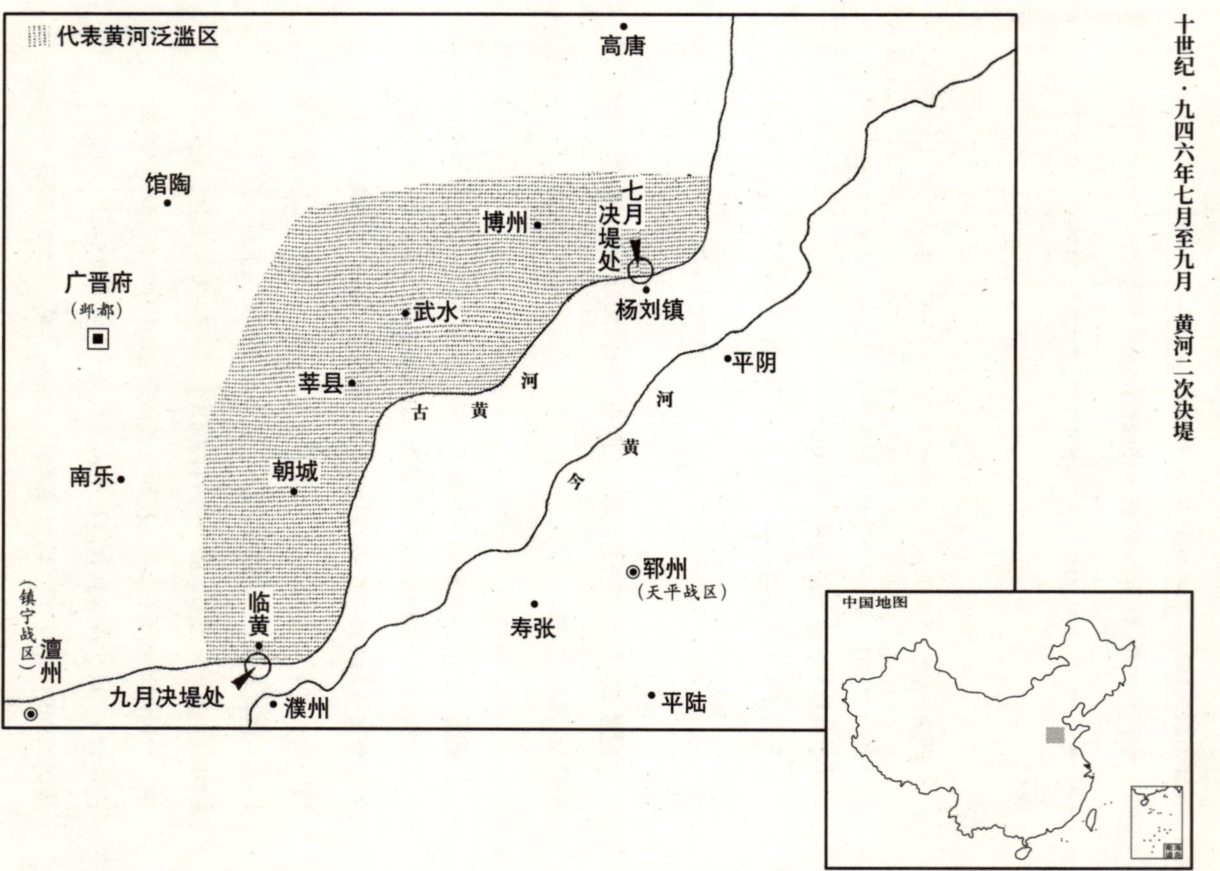


十世纪·九四六年七月至九月 黄河二次决堤

祚起义来归。

先前，皇家侍卫亲军步骑兵总指挥官（侍卫马步都指挥使）、天平战区（总部设郓州〔山东省东平县〕）司令官（节度使）李守贞，率军经过广晋（河北省大名县）时，杜重威（杜威）殷勤而优厚的接待他，送给他的金银、绸缎、铠甲、武器，动不动就以万为单位计算，李守贞因此跟杜重威（杜威）感情亲密。李守贞去京师（首都开封府）朝见，后晋帝（二任）石重贵慰劳说："你是帝国将领，听说常用私人钱财赏赐战士！"李守贞回答说："这都是杜重威（杜威）尽忠报国，送给我金银绸缎，我怎么敢埋没他的功劳！"发誓说："陛下如果有一天决定出征，我愿意跟杜重威（杜威）同心合力，肃清沙漠！"石重贵因此对杜重威（杜威）的印象，更为深刻。

石重贵决定对辽国（首都临潢府）发动一次全面性和决定性的进攻，跟冯玉、李崧商量，准备命杜重威（杜威）当元帅、李守贞当副元帅。最高立法长（中书令）赵莹私下告诉冯玉、李崧说："杜重威（杜威）是皇亲国戚，身兼将相，地位已很尊贵，然而他的欲望仍不能满足，常觉得谁对他都有亏欠，怎么可以再交给他军权！倘若在北方有军事行动，不如单独托付李守贞才好。"冯玉、李崧不听。

冬季，十月十四日，石重贵任命杜重威（杜威）当北方军团总指挥官（北面行营都指挥使），命李守贞当兵马总辅导官（兵马都监），命泰宁（总部兖州）司令官（节度使）安审琦当左右翼总指挥官（左右厢都指挥使），命武宁（总部徐州）司令官（节度使）符彦卿当骑兵左翼总指挥官（马军左厢都指挥使），命义成（总部滑州）司令官（节度使）皇甫遇当骑兵右翼总指挥官（马军右厢都指挥使），命永清（总部贝州）司令官（节度使）梁汉璋当骑兵总督战官（马军都排阵使），命前威胜（总部邓州）司令官（节度使）宋彦筠当步兵左翼总指挥官（步军左厢都指挥使），命奉国特别营左翼总指挥官（奉国左厢都指挥使）王饶当步兵右翼总指挥官（步军右厢都指挥使），命洺州（河北省邯郸市永年区东南广府镇）民兵司令（团练使）薛怀让当先锋总指挥官（先锋都指挥使）。下诏宣告天下："政府这次动员大军，目的在扫平狡猾的蛮虏，先夺取瀛（河北省河间市）、莫（河北省任丘市北鄚州镇），平定关南（瓦桥关以南），再收复幽燕（河北省北部），扫荡塞北！"特别宣示说："有人擒获蛮虏首领（耶律德光）的，升他当一级战区司令官（节度使），赏钱一万串，赏绢（生丝厚绸）一万匹，赏银一万两。"当时，从六月开始下雨，到现在十月，一直没有停止（水灾已经形成），部队行军跟粮食辎重供应，都十分艰难。

**23** 南唐（首都金陵府）漳州（福建省漳州市）将领林赞尧叛变，格杀总监军官（监军使）周承义及剑州（福建省南平市）州长陈诲。泉州（福建省泉州市）州长留从效出军驱逐林赞尧，派泉州初级将领（裨将）董思安暂代漳州（福建省漳州市）州长。南唐帝（二任元宗）李璟（徐景通）命董思安实任漳州（福建省漳州市）州长，董思安因老爹名董章，"漳""章"同音，所以推辞不肯接受。李璟（徐景通）特地把漳州改名南州，派董思安及留从效，率州政府军，联合进攻据守福州（福建省福州市）的李仁达（李达）。

十月二十三日，南唐（首都金陵府）各路兵马把福州（福建省福州市）四面围住。

福州李仁达（李达）的使节，抵达钱塘（吴越首都杭州州政府所在县），吴越王（三任忠献王）钱弘佐（本年十八岁）召集御前军事会议，大家都说："道路遥远，而又崎岖难行，恐怕无法援救！"只有内宫最高辅导官（内都监使）临安（浙江省杭州市临安区）人水丘昭券（水丘，复姓）认为应该出兵。钱弘佐说："唇亡齿寒，我既然是天下兵马元帅，却连邻居的灾难都不能解除，元帅还有什么用？你们难道只管自己吃得饱、睡得好，坐在那里一动也不动！”

十月二十五日，钱弘佐派禁军司令（统军使）张筠、赵承泰，率士卒三万人，海陆两路增援福州（福建省福州市）。

先前，吴越（首都杭州）招兵买马，没有什么人投效，钱弘佐下令强迫征召，声明说：“凡是强迫征召来的士卒，粮食赏赐，都减少一半。”第二天，投效青年大批涌到。钱弘佐命水丘昭券主持这次军事行动。水丘昭券畏惧程昭悦的权势，坚持让给他负责（程昭悦，参考去年〔九四五〕十一月）。钱弘佐遂命程昭悦负责援军整个后勤事宜，而把参谋作业交给元德昭。元德昭，是元仔倡（危仔倡）的儿子（危仔倡奔吴越，改姓元，参考九〇九年七月）。

钱弘佐考虑铸造铁钱，用来提高官兵们的薪饷和奖金，他的老弟、内营总纠察官（牙内都虞候）钱弘亿劝阻说：“铁钱有八项害处：第一，新钱发行后，旧钱一定流入邻国。第二，新钱只能在我国流通，不能在别国流通，商人势必拒绝使用，贸易势必停顿，货物将十分缺乏。第三，政府禁止制造铜器的法令，十分严厉，民间还要暗中制造，何况家家都有饭锅，村村都有犁耙锄头，犯法的人一定遍地都是。第四，闽国因铸造铁钱（参考九四二年八月），引起社会混乱，终于亡国，不应该向他们学习。第五，我们国库本来非常充实，却向外人表示我们很穷。第六，官员的薪俸跟赏赐，都有常规，无缘无故提高，势将引导他们兴起无底洞的野心。第七，变法改制，如果发生弊端，不可能马上恢复旧规。第八，‘钱’是大王的姓，如果改变，实在不是一个好预兆。”钱弘佐才停止行动。

**24** 后晋（首都开封府）北伐军正副统帅杜重威（杜威）、李守贞，在广晋（河北省大名县）会师后，继续向北推进，杜重威（杜威）不断请他的妻子、宋国长公主（后晋帝〔二任〕石重贵的姑妈）进宫，向石重贵请求增兵，警告说：“大军深入敌人国土，必须有足够数量的兵力。”因此，所有皇家禁卫军，都握在杜重威（杜威）的手中，京师（首都开封府）几乎成为真空。

十一月十日，石重贵命李守贞暂时主管幽州（北京市）特遣总部（权知幽州行府事）。

十一月十二日，杜重威（杜威）等抵达瀛州（河北省河间市），发现城门大开，城里一片寂静，没有一人，杜重威（杜威）等不敢贸然再进。而这时候接到情报说：辽国（首都临潢府）将领高谟翰早已率军出城撤走，杜重威（杜威）派将领梁汉璋率骑兵二千人追击，在南阳务（河北省肃宁县东北）追上，战败，梁汉璋身死（年四十九岁）。杜重威（杜威）得到消息，急率军沿着来时的路线撤退。这时，束城（河北省河间市东北束城镇）等几个县都反正归降祖国；杜重威（杜威）等却纵火焚烧人民的房屋，抛弃老幼，而只掠夺他们的妇女，踉跄而回。

**25** 十一月二十二日，吴越（首都杭州）救兵抵达福州（福建省福州市），自罾蒲（罾，音zēng〔曾〕。福州市东南）以南进入州城。南唐军（首都金陵府）占领东武门，福州首领李仁达（李达）会合吴越军（首都杭州）极力抵抗，失利。从此，福州陷于包围，跟外界音讯完全断绝，城中越发危急。南唐帝（二任元宗）李璟（徐景通）派信州（江西省上饶市）州长王建封，增援守城部队。当时，王崇文名义上虽是元帅，但陈觉、冯延鲁、魏岑，谁都不肯放手，留从效跟王建封又傲慢倔强，不接受指挥，只知道争功夺权，无论进攻或撤退，都不互相照应。所以将士们离心离德，军事上毫无进展，福州也一直不能攻克。

李璟（徐景通）命江州（江西省九江市）行政长官（观察使）杜昌业当国务院文官部长（吏部尚书）兼管国务院业务（判省事）。先前，杜昌业当国务院国防部长（兵部尚书）时，曾兼管国务院业务（判省事），后来出任江州（江西省九江市）行政长官（观察使）。现在再回国务院，查阅档案，抚案叹息说："没有几年，国库竟消耗一半，怎么能够长久！"

**26** 辽帝（二任太宗）耶律德光（本年四十五岁）动员全国大军，第三次向后晋（首都开封府）发动攻击，自易（河北省易县）、定（河北省定州市）二州出发，直向恒州（河北省正定县），后晋北伐军（首都开封府）撤退到武强（河北省武强县）才听到消息，打算穿过冀（河北省衡水市冀州区）、贝（河北省清河县）二州南下。而彰德（总部相州）司令官（节度使）张彦泽，当时正驻防恒州（河北省正定县），率军前来会师，强调辽军已露出弱点，可以击破，于是杜重威（杜威）等改变计划，直向恒州（河北省正定县），命张彦泽当前锋司令。

十一月二十七日，杜重威（杜威）等抵达中度桥（河北省正定县东南滹沱河桥），辽军早已把桥占领，张彦泽率骑兵攻击，辽军烧毁桥梁，退到北岸。后晋军跟辽军夹滹沱河对峙。

最初，辽军看见后晋大军涌到，夺桥之战又被击败，恐怕后晋军乘胜渡滹沱河跟恒州（河北省正定县）守军呼应，曾讨论继续向北撤退，但后来后晋军安营扎寨，作持久准备，辽军才决定停留。

**27** 后蜀帝国（首都成都府〔四川省成都市〕）施州（湖北省恩施市）州长田行皋兵变，后蜀帝（二任）孟昶（孟仁赞，本年二十八岁）派宫廷随从（供奉官）耿彦珣率军讨伐。

**28** 后晋（首都开封府）北伐军统帅杜重威（杜威），虽然是尊贵的皇亲，又是帝国的上将，但生性懦弱畏怯。所统率的部属，都是战区司令官（节度使），这些高级将领每天忙着笑脸逢迎，饮酒取乐，很少讨论军事行动（对马海峡战役之前，俄国波罗的海舰队东调，万里长征，经大西洋、印度洋、南海、东海，漫长的航程中，总司令在旗舰上只发令维持队形，却从没有召集各舰长举行过军事会议。恃宠颟顸，是败事之母，中外华洋皆然）。

磁州（河北省磁县）州长兼北方军团运输司令（兼北面转运使）李谷，告诉杜重威（杜威）及李守贞说："大军距恒州（河北省正定县）只有几尺，烟火互相可以望得见，如果用'三股木'（三根木棍，绳子束住中间，两端分叉而立，状如现代人使用的三条腿活动小凳，只没有凳面而已），大量投置河底，铺上细柴杂草，再用土塞平，便桥立刻就会建成。然后跟城里守军秘密约定，举火呼应，招募敢死队，于夜晚砍进敌营，内外夹攻，辽军势必逃走！"将领们认为这是一条好的策略，只杜重威（杜威）坚决反对，派李谷南下怀（河南省沁阳市）、孟（河南省孟州市）二州督运军粮。

辽军主力正面紧对后晋军大营，暗中派将领萧翰、翻译官（通事）刘重进率骑兵一百人以及一些老弱残兵，沿着西山，绕到后晋军背后，切断补给线及退路。后晋军派出的砍柴士卒，都被生擒活捉，偶尔有逃回来的，也异口同声夸张敌人的众多和强大，军心惊恐。萧翰等到达栾城（河北省石家庄市栾城区），城里后晋守军一千余人，根本不认为辽军会到，措手不及，狼狈投降。辽军俘虏后晋平民，都在脸上刺青："奉令不杀。"释放他们南下逃生。运送粮草的车夫在路上遇到辽军，都心胆俱裂，抛弃车辆，四散逃亡。萧翰，是辽帝（二任太宗）耶律德光的舅父。

十二月一日，李谷亲笔书写密奏，指出大军情势危急，建议石重贵御驾前去滑州（河南省滑县），命高行周、符彦卿率军保护，并应另派军队进驻澶州（河南省濮阳市）、孟州（河南省孟州市），防备辽军强渡黄河。奏章写毕，派将领关勋骑马飞奔送往京师（首都开封府）呈递。

十二月三日，石重贵才知道北伐大军已退到中度桥（河北省正定县东南滹沱河桥）。当天（十二月三日）夜晚，关勋到达。

十二月四日，杜重威（杜威）上疏请求增援，此时京师（首都开封府）兵力已经枯竭，石重贵命皇宫守卫数百人，前往战地。石重贵又征调黄河以北各州以及滑（河南省滑县）、孟（河南省孟州市）、泽（山西省晋城市）、潞（山西省长治市）等州粮食草料五十万（五十万什么，说不清楚），运往北伐军大营，督促催迫，十分紧急严酷，到处像滚水沸腾。

十二月五日，杜重威（杜威）又派侍从官张祚等，到中央报告紧急情况。张祚等返回大营途中，被辽军擒获，从此中央跟大军之间，联络中断，音信不通。

这时，京师（首都开封府）所有禁卫及警备部队，都派到战场，开封（河南省开封市）几乎成一座空城，人心恐慌，不知道怎么办才好，首都开封特别市市长（开封尹）桑维翰看出国家存亡已到最后关头，请求晋见石重贵奏报国事，可是石重贵正在御花园专心调理猎鹰，推辞不肯接见。桑维翰又晋见宰相，宰相们认为他小题大做，言过其实，不以为然。桑维翰退出后，对他的亲友叹息说："石家祖庙的祭祀，就要中止！"

石重贵打算御驾亲征，李彦韬劝阻，才算作罢，这时，符彦卿虽任职北伐军大营（骑兵左翼总指挥官），但石重贵却把他留下来，命他驻防荆州口（今地不详）。

十二月六日，石重贵又命归德战区（总部设宋州〔河南省商丘市〕）司令官（节度使）高行周当北方军团总司令，命符彦卿当副总司令，一同驻防澶州（河南省濮阳市），命西京（河南府，河南省洛阳市]）留守长官景延广驻防河阳（总部孟州），扩大声势。

奉国总指挥官（奉国都指挥使）王清报告杜重威（杜威）说："大军距恒州（河北省正定县）只有五华里，我们苦守在这里（中度桥）干什么？营垒孤悬桥头，粮食又要吃完，势将从内部崩溃。我愿率步兵二千人，充当前锋，夺取中度桥（河北省正定县东南滹沱河桥），杀开一条血路。大帅则率各路人马在后跟进，只要能够进城，就不再有危险。"杜重威（杜威）允许，派王清跟宋彦筠一起出动。王清猛烈攻击，辽军无法支持，稍稍后退，各将领请求大军继进，杜重威（杜威）不准。宋彦筠被辽军击败，跳到水里游泳到岸上，才逃出一命。只剩下王清一支孤军，已越过滹沱河，抵达北岸，奋勇苦战，互相都有伤亡，不断向杜重威（杜威）请求派军增援，杜重威（杜威）竟然连一名骑兵都不肯派。王清向他的部属哀号说："帝国上将，手握重兵，坐在那里观看我们受困，而不肯援救，一定怀有二心，我们只有以死报国！"部众感动，没有人后退，直到天晚，战斗不停。辽军投入新生力部队，王清跟他的两千名步兵，全被格杀（王清年五十三岁）。各路兵马亲眼看到这场悲剧，士气崩溃。王清，是洺州（河北省邯郸市永年区东南广府镇）人。

十二月八日，辽军把后晋北伐军大营，遥遥包围，断绝跟外界的音信和交通，大营粮食就要吃完。正副统帅杜重威（杜威）、李守贞，以及步兵左翼总指挥官（步军左厢都指挥使）宋彦筠，一致同意向辽军投降。杜重威（杜威）暗中派心腹前去辽军中央御帐，约定赏赐。辽帝（二任太宗）耶律德光承诺支持杜重威（杜威）当后晋皇帝，强调说："赵延寿（刘延寿）的威望一向不够，恐怕后晋人不服。杜重威（杜威）真的来归，就教他干。"杜重威（杜威）大喜，遂决定投降（十世

十世纪·九四六年十月至十二月　辽国第三次入侵后晋·两军中度桥对峙

中国地图
南海诸岛
辽·耶律德光军
幽州
（幽都府·燕京）
蔚州
辽帝国
应州（彰国战区）
朔州
（顺义战区）
寰州
涿州
易州
（郭璘）
拒马河（白沟）
瓦桥关
莫州
代州（王晖）
阳武谷
泰州
南阳务
东城
沧州
（横海战区）
定州
（义武战区）
滹
沱
河
忻州
瀛州
祁州
恒州（顺国战区）
乐寿
中度桥
武强
深州
景州
太原府（北京）
（河东战区）
赵州
冀州
后晋·杜重威军
德州
辽州
邢州
（安国战区）
贝州
（永清战区）
后晋帝国
洺州
沁州
博州
齐州
磁州
永济渠
广晋府
（邺都）
潞州
（昭义战区）
今黄河
相州
（彰德战区）
澶州
（镇宁战区）
郓州
（天平战区）
泽州
滑州（义成战区）
濮州
兖州
（太宁战区）
卫州
古黄河
后晋·高行周、
符彦卿军
孟州
（河阳战区）
曹州
（威信战区）
单州
后晋·景延广军
开封府
（东京）
河南府（西京）
★急征粮食之州

纪三〇及四〇年代，真是一个汉奸茂盛的季节，自石敬瑭以降，大猪小猪落玉盘，纷纷向外国主子献祭。虽然铁证如山，当汉奸的没有一人有好下场，但仍有人纵身一跳，只不过愚蠢和私欲纠缠在一起，化解不开而已）。 

十二月十日，杜重威（杜威）设下埋伏，召集全体将领，拿出早已写好的投降书传阅，命大家签名。将领们霎时间呆在那里，全场寂静，没有一个人敢说话，只有服从指示。杜重威（杜威）派宫门管理官（阁门使）高勋前往辽军中央御帐呈递，耶律德光下诏褒扬接受。当天（十二月十日），杜重威（杜威）下令全体官兵出营列阵，官兵们欢呼跳跃，认为将要发动攻击。杜重威（杜威）亲自向大家解释说："我们的粮食已经吃完，走投无路，只有和你们另找出路！"命全军交出武器，脱下盔甲，官兵们悲伤哀恸，哭声震动四野。杜重威（杜威）、李守贞则在部队中宣扬说："领袖（石重贵）昏庸残暴，不信任忠良，只信任奸诈邪恶的小人，却对我们百般怀疑猜忌！"听到的人，都咬牙切齿。耶律德光派赵延寿（刘延寿）携带土红色龙袍到后晋（首都开封府）大营，慰问投降过来的后晋官兵，对他们说："南方所有的东西，都归你们所有。"杜重威（杜威）率所有高级将领，亲到马前迎接，赵延寿（刘延寿）把土红色龙袍穿到杜重威（杜威）身上，让后晋官兵瞻仰，其实这一切都是戏弄。耶律德光下诏任命杜重威（杜威）当太傅（三师之二），李守贞当司徒（三公之二）。杜重威（杜威）引导耶律德光到恒州（河北省正定县）城下，告诉顺国（总部恒州）司令官（节度使）王周自己投降情况，王周也出来投降。

十二月十二日，耶律德光进入恒州（河北省正定县），派军袭击代州（山西省代县），州长王晖献出城池投降。先前，辽军屡次进攻易州（河北省易县），州长郭璘固守抵抗，耶律德光每次经过城下，对着城池叹息说："我有能力扫平天下，却被他一个人堵住！"杜重威（杜威）投降后，耶律德光派翻译官（通事）耿崇美去易州（河北省易县）号召投降，守城军队跟居民纷纷出降，郭璘不能控制，被耿崇美格杀。郭璘，是邢州（河北省邢台市）人。义武（总部定州）司令官（节度使）李殷、安国（总部邢州）候补司令官（留后）方太，也都投降。耶律德光命孙方简当义武（总部定州）司令官（节度使）、耶律麻荅当安国（总部邢州）司令官（节度使）、皇家礼宾副总监（客省副使）马崇祚暂代恒州（河北省正定县）州长。

辽国（首都临潢府）皇家文学侍从院院长（翰林承旨）、国务院文官部长（吏部尚书）张砺，向耶律德光建议说："而今，辽国已夺取天下（广义的天下指中国，狭义的天下指中原），文武高级官员应该用汉人充当，不应该用辽国人或陛下左右亲信。假定处理不当，民心一定不服，虽然夺取到手，最后仍会失掉。"耶律德光不接受，率军自邢（河北省邢台市）、相（河南省安阳市）二州南下，杜重威（杜威）率领已交出武器的后晋北伐军，在后尾随。耶律德光派彰德（总部相州）司令官（节度使）张彦泽率骑兵二千人，先行占领大梁（后晋首都开封府所在城），安抚官民，并命翻译官（通事）傅住儿当总辅导官（都监）。

杜重威（杜威）投降时，皇甫遇并没有参与计划。耶律德光本要派他率军先进大梁（后晋首都开封府所在城），皇甫遇推辞，退出后，对他的亲信说："我身为将相，事情败坏到这种程度，不能死节，难道还忍心再去对付故主？"行军到平棘（赵州州政府所在县，河北省赵县），对侍从说："我已好几天不进饮食，还有什么脸面再往南走！"自己扼喉而死。

张彦泽急行军奔驰南下，于深夜渡过白马津（河南省滑县西古黄河渡口）。

十二月十六日，后晋帝（二任）石重贵才得到杜重威（杜威）投降辽军消息，犹如晴天霹雳，当天（十二月十六日）夜晚，又听说张彦泽已抵达滑州（河南省滑县），紧急召见李崧、冯玉、李彦韬进宫讨论因应事宜，打算下诏命河东（总部太原府）司令官（节度使）刘知远出军入援京师（太原开封间航空距离四百公里，中隔太行山及黄河，即令刘知远出兵，也来不及）。

十二月十七日，天还没有亮，张彦泽已抵达封丘门（开封府北面西门），砍破城门，杀进京师。李彦韬率仅有的禁军五百人迎战，当然无法阻止。张彦泽在明德门（皇宫南门）外设指挥部，全城惊恐骚动。石重贵在宫中放火，亲自拿佩剑驱赶后宫小老婆群宫女等十余人，打算投入火窟，但被皇家侍卫亲军将领薛超强行阻止。就在这时候，张彦泽自宽仁门（皇宫东门）传进辽帝（二任太宗）耶律德光写给李太后（后唐晋国长公主）的安抚信件，并且征召桑维翰、景延广前往晋见，石重贵才教把火焰扑灭，把皇宫城门全部打开。石重贵独自坐在御花园里，跟皇后妃嫔聚在一起，相对哭泣，召见皇家文学侍从官（翰林学士）范质撰写投降书，自称："孙儿、臣石重贵，因大祸临头，以致神志昏乱，皇家命运已尽，上天注定灭亡。而今跟太后（李女士）及妻子冯氏，率领石家全族，迁到荒郊野外，双臂捆绑，等候定罪。派我的儿子、镇宁（总部澶州）司令官（节度使）石延煦、威信（总部曹州）司令官（节度使）石延宝，呈递国宝一颗、金印三枚，出城迎接。"李太后也上疏自称"媳妇李氏"。

辽军先遣部队总辅导官（都监）傅住儿进宫宣读耶律德光的诏书，石重贵脱下黄袍，穿上素色衣服，下跪叩头，听候宣读，左右侍从都掩住面孔哭泣。石重贵派人召唤张彦泽，打算跟他讨论事情，张彦泽说："我没有脸面再见陛下！"石重贵再派人召唤，张彦泽只露齿而笑，不作回应。

有人警告桑维翰赶快逃走，桑维翰说：“我是帝国高级官员，往哪里逃？”坐在家里等候情势发展。张彦泽用石重贵的命令传见桑维翰，桑维翰走到天街（皇宫南门外大街），遇到李崧，二人停住马蹄寒暄，话还没有说完，一位军官向桑维翰作揖，请他直接前往皇家侍卫亲军司令部（侍卫司）。桑维翰知道难逃一死，回头对李崧说：“帝国所有的政治军事，都是你当权时才有巨大改变，如今帝国覆亡，却要我负责，这是怎么回事？”李崧满脸羞愧。张彦泽态度傲慢，踞坐在高位上，凝视着桑维翰。桑维翰责备他说：“去年（九四五），我在罪人行列中，提拔你主持重要战区，再交给你兵权（命张彦泽当彰德〔总部相州〕司令官〔节度使〕，参考去年〔九四五〕九月），你怎么忘恩负义到这种程度！”张彦泽无法回答，派军看守桑维翰。

宫廷事务总监（宣徽使）孟承诲，一向靠着伶巧谄媚，深受石重贵的宠爱。现在，石重贵召唤孟承诲，打算跟他商讨如何因应当前情势，孟承诲躲起来，不肯见面。张彦泽把他逮捕诛杀。

张彦泽放纵士卒大肆剽掠，贫民乘机暴动，争先恐后闯进富贵人家，杀光他们的家人，夺取全部财宝，两天之后，才算停止，京师（首都开封府）已成为一座空城。但张彦泽居住的地方，却金银财宝，堆积如山，他自认为对辽国立下大功，日夜饮酒，寻求欢乐，出门的时候，总有几百名骑兵前呼后拥，所有的旗帜上都题“赤心为主”四个大字，见到的人都忍不住失笑。军士捕捉居民，带到面前，张彦泽从不查问犯了什么罪，只瞪大眼睛，伸出中指，军士就立即把那人押出，拦腰砍断（中指，表示从中间下刀，小分裂时代一种酷刑）。张彦泽一向跟宫门管理官（閤门使）高勋互相敌视，于是乘着有点酒意，直闯高家，屠杀他的叔父及老弟，把尸首堆到门口示众。无论官员平民，都恐惧得发抖。 

立法官（中书舍人）李涛对人说："我与其逃亡天涯海角仍难免一死，不如先去见他。"乃递上名片晋谒，说："上疏请杀太尉（张彦泽）的人李涛，特来请求一死。"（李涛请杀张彦泽，参考九四二年四月。）张彦泽大为高兴，接见他说："你今天害怕了吧？"李涛说："我今天害怕的程度，跟大帅当年害怕的程度一样。当初，高祖（后晋一任帝石敬瑭）如果采纳我的建议，怎么会有今天的事。"张彦泽大笑，命人斟酒相敬，李涛等杯斟满，一口下肚，告辞而去，旁若无人。

十二月十八日，张彦泽把石重贵押解到首都开封特别市政府，一刻也不准停留，皇宫里一片哭声。石重贵跟李太后、冯皇后，乘坐小轿，宫女宦官十余人则徒步跟随，看见的人，都忍不住涕泪交流，石重贵把宫库中金银珍宝留下，全部带走，张彦泽派人暗示他说："辽国皇帝就要进住，这些东西可是难以隐瞒！"石重贵只好全部归还，也分出一部分送给张彦泽，张彦泽挑选尤其名贵的珍宝留下，然后把其他宝物加封，等待耶律德光。张彦泽派控鹤指挥官（控鹤指挥使）李筠，率军看守石重贵，隔绝内外，水泄不通（后晋自九三六年立国，至本年〔九四六〕灭亡，共十一年）。石重贵的姑妈乌氏公主（石敬瑭第十一妹），贿赂守门官，得以进去跟石重贵诀别，姑侄相抱哭泣，乌氏公主回去后，上吊自杀。石重贵跟李太后每次上疏耶律德光，都先把奏章给张彦泽过目，然后才敢发出。

石重贵派人向宫库索取几段（四匹为一段）绸缎，管库官拒绝，说："这已不是你的财产！"石重贵又向李崧要一点酒，李崧也用其他原因推辞，石重贵又想跟李彦韬见一面，李彦韬也推辞不肯前去。石重贵面对人情炎凉，无限惆怅。冯玉则用心谄媚张彦泽，请求派他把传国御玺送去呈献，希望耶律德光留下印象，仍用他出任高官。石重贵的小老婆楚国夫人丁女士，是石延煦的娘亲，生得天姿国色。张彦泽派人指名索取，李太后稍微有点迟疑，没有马上交出，张彦泽就破口大骂，立刻把她抢走。

当天（十二月十八日）夜晚，张彦泽诛杀桑维翰（年四十九岁），然后把绳子绕到他脖子上，奏报耶律德光说：桑维翰上吊自杀。耶律德光说："我无心杀桑维翰，为什么会这样！"命对遗族优厚抚恤。

高行周、符彦卿，都前往辽军中央御帐投降。耶律德光因阳城战役被符彦卿击败（参考去年〔九四五〕三月），向他责备，符彦卿说："当时只知道为后晋皇家尽力，今天是生是死，由你决定。"耶律德光大笑，把他们释放。

十二月二十三日，后晋皇子石延煦、石延宝从辽军中央御帐返回京师（首都开封府），耶律德光赐给他们一纸亲手书写的诏书，并且派侍从官解里告诉石重贵说："孙儿不必忧虑，总要给你一个吃饭的地方！"石重贵心情稍稍平安，上疏叩谢不杀之恩。

辽政府因后晋呈献的皇家御玺，刻工粗糙，并不精致，而且无论形状及印文，都跟史书记载的不一样，怀疑不是真物，下诏给石重贵，命他呈献真物。石重贵奏报说："只因王从珂（李从珂）举火自焚（石家父子称李从珂为王从珂，表示不承认他是后唐合法皇帝。自焚事，参考九三六年闰十一月），旧日的传国宝，不知道失落何方，想是一同化作灰烬。现在呈献的传国宝，是先帝（石敬瑭）刻制（参考九三八年七月），文武百官，全都知道，我到今天，还怎么敢加以藏匿！"辽国才不再追究。

石重贵听说耶律德光将要渡黄河南下，打算跟李太后一起出京（首都开封府）迎接。张彦泽先行奏报，耶律德光拒绝。主管单位又计划命石重贵脱光上身，口含璧玉，手牵绵羊，高阶层官员则抬着棺木，前往郊外恭迎；先把礼仪秩序单奏报耶律德光过目，耶律德光说："我派奇兵袭取大梁（开封府所在城），不是前去接受投降。"也不允许。于是下诏命后晋文武百官安心守住岗位，一切依旧，政府仍用后晋制度。有关官员又要具备法驾迎接耶律德光（法驾，参考九〇七年三月），耶律德光回答说："我正全副武装指挥作战，祭祀部（太常）用的那一套，没有时间实施。"全都拒绝。

先前，耶律德光抵达相州（河南省安阳市）时，立即派军直向河阳（总部孟州）逮捕景延广，景延广仓惶间来不及逃走，被押解到封丘（河南省封丘县），耶律德光见到他，质问说："破坏两国友谊，使两国君王翻脸，都是你从中挑拨，现在，你的十万'横磨剑'（参考九四三年九月）在哪里？"并召唤乔荣，使他们对质，共十条之多，景延广起初全部否认，誓言从没有说过那些幼稚的话，后来乔荣拿出当年官方记录给他看（参考九四三年九月），景延广才不得不承认，每承认一件事，就交给他一个筹码，等交给他第八个筹码时，景延广跪下来把脸贴着地面，自知他犯下滔天大罪，请求处死。耶律德光下令用铁链锁住手臂。

十二月三十日（除夕），后晋文武百官住宿封禅寺（寺在开封东城。准备明天下午出城欢迎耶律德光）。

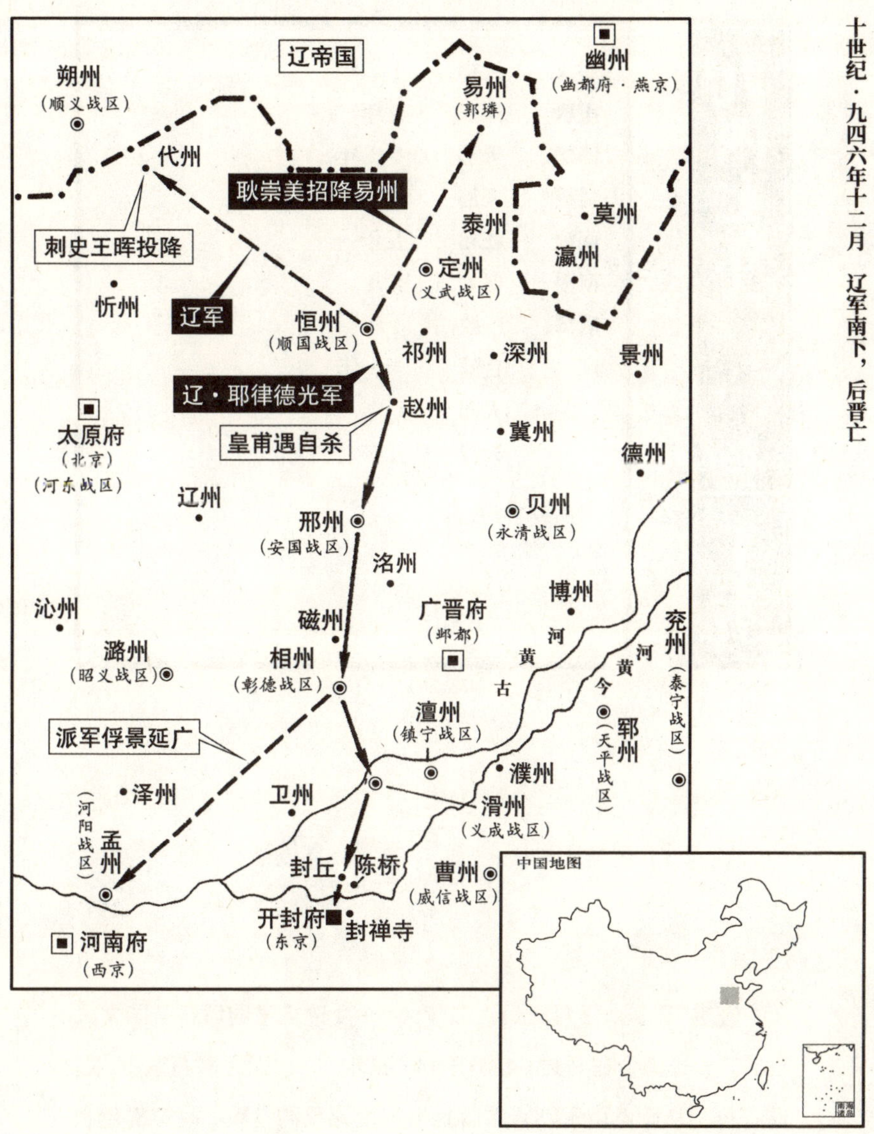


十世纪·九四六年十二月　辽军南下，后晋亡

# 九四七年 丁未

| | | |
|---|---|---|
| 后汉 | 天福 | 十二年 |
| 南唐 | 保大 | 五年 |
| 南楚 | 天福 | 十二年 |
| 吴越 | 天福 | 十二年 |
| 南汉 | 乾和 | 五年 |
| 南平 | 保大 | 五年 |
| 后蜀 | 广政 | 十年 |
| 辽 | 会同 | 十一年 |
| | 大同 | 元年 |
| | 天禄 | 元年 |

1 春季，正月一日，去年（九四六）覆亡了的后晋帝国文武百官，一齐集合在开封（河南省开封市）城北，向亡国之君石重贵，遥遥辞行，从此君臣永别。然后脱下祝贺元旦的官服，改穿素色衣裳以及戴素色纱帽，迎接辽帝国（首都临潢府〔内蒙古巴林左旗〕）皇帝（二任太宗）耶律德光（本年四十六岁），大家在道路两旁纷纷跪下，前额碰地，趴在那里，等候定罪。耶律德光头戴貂皮帽，身穿貂皮袍，内

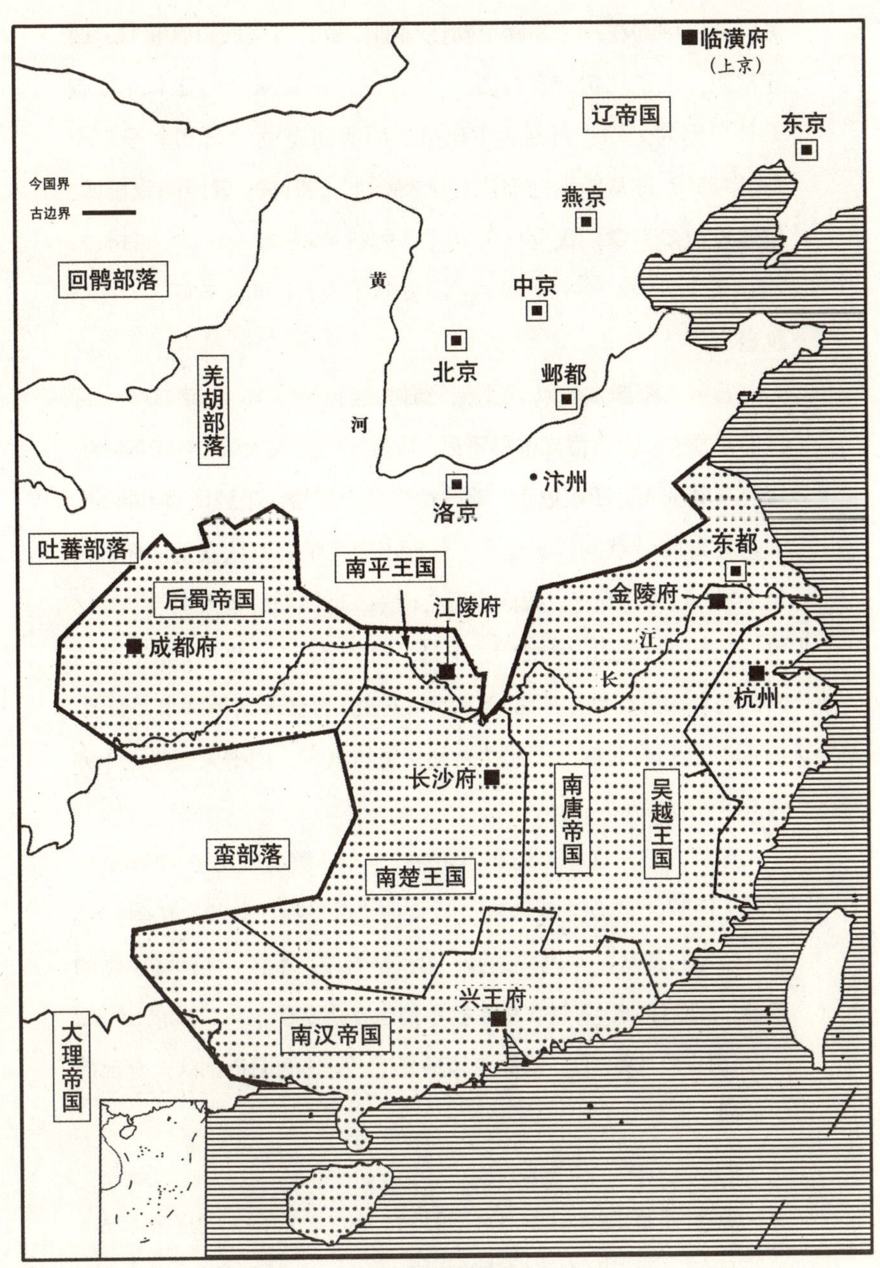


十世纪·九四七年正月　辽灭后晋，入据中原·六国并立

裹轻便铁甲，在一个高岗上勒住马缰，命后晋文武百官起身，改穿常服，说了几句安慰的话，这时，左卫（卫军第一军）上将军安叔千独自出列，用契丹话大声禀报，耶律德光说："你可就是那个'没字碑'？你从前镇守邢州（河北省邢台市）的时候，曾经向我投诚，呈递过很多奏章，我没有忘记。"（安叔千相貌堂堂，一表人才，但不识字，人格卑贱，时人给他一个绰号："没字碑"。）安叔千大喜，叩头欢呼，一蹦一跳退出。

石重贵跟李太后以下皇族，到封丘门（首都开封府北面西门）外，迎接耶律德光，耶律德光推辞不见，从封丘门进入大梁（开封府所在城），居民震骇惊叫，四散逃走，耶律德光登上城楼，派翻译官（通事）向大家宣布说："我同样也是人，你们不要害怕，不久我就使你们恢复生机，过太平日子，我根本无心南来，是你们后晋人引导我到这里！"走到明德门（皇城南门），下马，向皇宫行礼，然后进宫；命他的帝国参谋总部副指挥官（枢密副使）刘密，暂任开封特别市市长（权开封尹事）。傍晚时候，耶律德光又从皇宫出来，把中央御帐设于赤冈（河南省开封市东北）。

正月二日，辽军逮捕郑州（河南省郑州市）警备区司令（防御使）杨承勋，押解大梁（开封府所在地），斥责他"杀父叛辽"（参考九四四年十二月），命左右侍从把他剁成肉酱，由士卒吞吃。不久，任命杨承勋的老弟、右羽林（禁军第二军）将军杨承信当平卢战区（总部设青州〔山东省青州市〕）司令官（节度使），把他老爹杨光远（杨檀）的旧日部队，全部拨交给他。

**2** 后晋（首都开封府）宫门管理官（阁门使）高勋，向辽帝（二任太宗）耶律德光控诉张彦泽屠杀他的家人（参考去年〔九四六〕十二月十七日），耶律德光对张彦泽在京城（开封府）大肆抢劫的暴行，也十分愤怒，遂逮捕张彦泽，连同他派的总辅导官（都监）傅住儿，一起用铁链锁住手臂。耶律德光询问文武百官的意见说：“应不应该处死？”大家异口同声回答：“应该处死！”居民也纷纷写状控诉张彦泽所犯的罪恶。

正月三日，张彦泽、傅住儿被押解到京师（开封府）北城斩首，耶律德光命高勋监刑。张彦泽从前所诛杀的官员们的子孙，都身披重孝，手扶哀杖，在刑场哭号，向他百般辱骂，用哀杖把他打倒在地。高勋命砍断双腕，脱下手铐，剜出他的心脏，用来祭祀亡魂，街市小民争着敲破他的头骨，掏出脑髓，一块一块割下他身上的肉吞吃。

在社会秩序及内省道德的约束下，无耻之徒制造出来的灾难，往往可以控制。一旦社会秩序混乱，内省道德丧失，无耻之徒害人害己的程度，就会升级。张彦泽在对张式的肆酷上，显示他良知的刹车已完全失灵，财富和权力越大，下坡的车速也越快，最后虽然祭出“赤心为主”奇招，也无法不栽入深谷。多少年来，每当有人上演“赤心为主”节目时，都不禁想起他们的祖师爷张彦泽，也想起耶律德光。耶律德光至少做了一件使我们尊敬的事，他不因张彦泽曾干过“赤心为主”勾当，就跳进张彦泽的圈套，受他摆布，包庇他的罪行！

辽军押解景延广回国，从开封（河南省开封市）出发。

正月四日，住宿陈桥（河南省封丘县东南），夜晚，景延广等待看守他的卫兵稍不留意，自己双手扼住咽喉，气绝而死（年五十六岁）。

景延广辅佐两任皇帝（石敬瑭、石重贵），掌握全国军权，可以说是后晋帝国的元勋功臣，然而他完全不了解治国的方法，更没有治国的远见，面对强敌，只会口出狂言，终于国亡家破，千州万县，成为废墟，正如《书经》所说："口舌引起羞辱！"岂非就指的是他。

柏杨曰

看见景延广的名字，就看见一个帝国的灭亡和一个统治家族被押解到酷寒的冰天雪地，永远从地球上消失的场景；也听见华北大平原上万马奔腾、排山倒海的两国大军，短兵冲锋，浴血肉搏，震动大地的杀声号声。千载以下，伏案执笔，觉得壮士仍在呐喊，老弱仍在哭泣！冤有头、债有主，一切灾难来自景延广，他大言不惭的横挑强邻，只不过为了他个人的政治野心。

景延广反对后晋向辽国称臣，义正词严，事实上它仅是一纸包装。帝国已经垂危，景延广所努力的却是为自己搜括粮食；战争已经爆发，景延广宣称的十万横磨剑，并没有丝毫准备；敌军已经压境，景延广更没有殉国的念头，唯一的念头只有逃跑；被逮捕时，景延广的豪气全无，等到一一拆穿谎言，正需要再一次义正词严时，他却用脸碰地，以至最后自杀；景延广并不是不肯投降，不过惧怕辽国对他动用酷刑。总之，景延广心目中只有自己的利益。

景延广是一个比张彦泽更可怖的人物，张彦泽的包装"赤心为主"亮相时，大家都知道那不过是骗人骗己的小把戏，哑然失笑，而景延广的包装"为国争格""民族大义"亮相时，却引起不少爱国人士的共鸣。大多数人能拆穿张彦泽的包装，却很难不迷失在景延广的包装之中。我们必须有一种警觉，不管你什么包装，只要是大

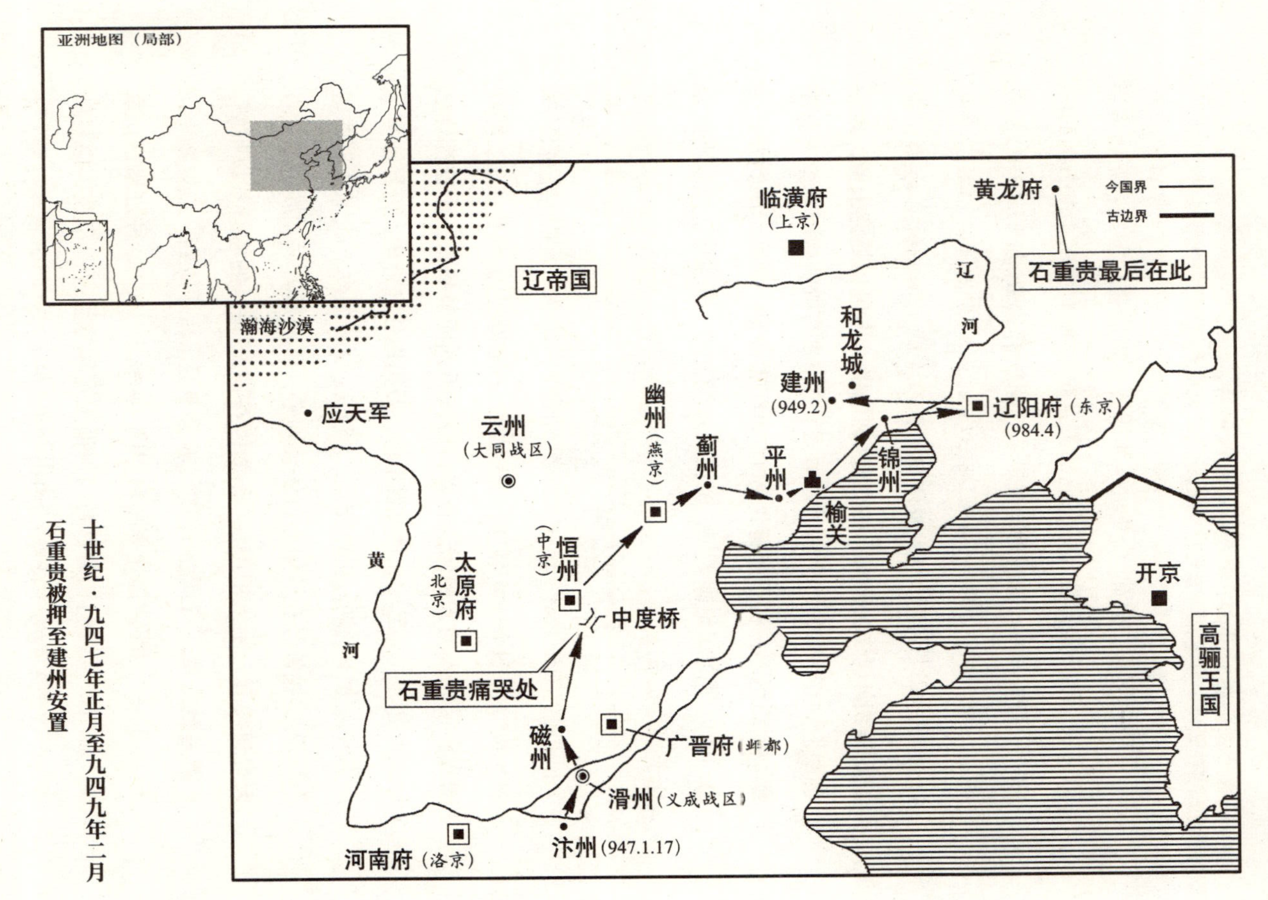


十世纪·九四七年正月至九四九年二月

石重贵被押至建州安置

言不惭的横挑强邻，都是一个危险陷阱。 

正月五日，辽帝（二任太宗）耶律德光封后晋亡国之君石重贵当负义侯，准备安置在辽国东北部黄龙府（吉林省农安县。位于开封府东北航空距离一千四百公里）。黄龙府，就是慕容家族群燕帝国（大分裂时代）的龙城（和龙城，现辽宁省朝阳市，参考三四五年正月。农安、朝阳两地航空距离三百公里，《资治通鉴》有误）。耶律德光派使节告诉李太后（后唐晋国长公主）说："听说石重贵不听娘亲的话，才到这种地步。你可以随意去留，请不必跟他同行。"李太后（后唐晋国长公主）说："石重贵侍奉我，十分孝顺。他的错误，在于违背先帝（石敬瑭）的旨意，断绝两国的友好关系。而今幸而蒙皇家天恩，饶他不死，保全一家生命。娘亲不依靠儿子，又依靠谁！"

正月七日，辽军把石重贵跟石家男女，迁移到开封封禅寺，派大同战区（总部设云州〔山西省大同市〕）司令官（节度使）兼最高监督长（兼侍中，使相）河内（河南省沁阳市）人崔廷勋，率武装卫士看管监视。耶律德光常常派人前去慰问，石重贵每次听到使节到来，全家都忧愁恐惧。当时，一连几十天大雪不停，石重贵住在寺里，外界没有一点供应，上下老幼，饥寒交迫。李太后（后唐晋国长公主）派人对寺里和尚说："我曾经在这里办过法会施舍、供应数万名和尚进餐，今天难道没有一个人记得！"和尚回答说："蛮虏的心意难以推测，不敢呈献饮食。"石重贵暗中乞求看守卫士，才得到一点食物。当天（正月七日），耶律德光率军自赤冈（河南省开封市东北）住进皇宫。京城（首都开封府）各门和皇宫各门都换上辽军守卫，士卒夜以继日的戒备，双手不敢放下武器；依照辽国风俗，在宫门宰杀一条狗，寸寸分尸；又在宫廷竖立一根竹竿，悬挂羊皮，用以克制邪恶。耶律德光对后晋文武百官说:“从今以后,不再制造武器铠甲,不再购买军用马匹;还要减轻田赋捐税、节省开支,天下非太平不可。”撤销东京及开封特别市(开封府)编制(辽国另有东京,设于辽阳府〔辽宁省辽阳市〕),降回从前的称谓:汴州(河南省开封市),撤销市长(尹),改称警备区司令(防御使)。

正月九日,耶律德光改穿汉族衣服,改戴汉族帽子,文武百官照常上班办公。赵延寿(刘延寿)、张砺,共同推荐李崧才干,正巧,威胜战区(总部设邓州〔河南省邓州市〕)司令官(节度使)冯道,从他的总部所在地邓州(河南省邓州市),进京(汴州)朝见。耶律德光从前听说过二人姓名,对他们非常礼遇敬重。不久,命李崧当太子太师(太子三师之一)兼帝国参谋总部指挥官(枢密使),命冯道当太傅(三师之二),在帝国参谋总部(枢密院)办公,准备随时贡献意见。

耶律德光派使节携带他的诏书,分别送给后晋帝国所属的各战区道,后晋各战区道司令官(藩镇)及行政长官(观察使)都纷纷上疏称“臣”,耶律德光无论召见谁,没有一个人敢不飞马进京(汴州)。只有彰义战区(总部设泾州〔甘肃省泾川县〕)司令官(节度使)史匡威,据守泾州(甘肃省泾川县),不接受命令。史匡威,是史建瑭的儿子(史建瑭,参考九二一年九月)。雄武战区(总部设秦州〔甘肃省秦安县西北〕)司令官(节度使)何重建斩耶律德光所派的使节,率同他管辖的秦(甘肃省秦安县西北)、阶(甘肃省陇南市武都区东)、成(甘肃省成县)三州,投降后蜀帝国(首都成都府〔四川省成都市〕)。

**3** 最初,后晋北伐军统帅杜重威(杜威)率全军向辽军投降时,辽帝(二任太宗)耶律德光收缴他们所有武器跟铠甲,约有几百万件,存放恒州(河北省正定县),另派人驱赶战马几万匹,回到辽国；命杜重威（杜威）率领赤手空拳的后晋军，跟随辽军南下；走到黄河，耶律德光面对那么庞大的降兵降将，恐怕万一叛变，将难以收拾，准备派辽国骑兵三面包围冲杀，把后晋军逼得自动跳河淹死。有人劝阻说："后晋军队，散布别地方的，仍然很多，他们如果听到投降的官兵全被处死，一定拒抗命令，制造灾难，不如暂且安抚他们，从容考虑对策。"耶律德光乃命杜重威（杜威）率降军驻扎陈桥（河南省封丘县东南）。不巧，遇上大雪不停，政府又没有补给供应，官兵们饥饿寒冷交迫，都怨恨杜重威（杜威），互相聚在一起哭泣流泪。杜重威（杜威）每次出去，路边的人都对他诟骂。

耶律德光始终认为后晋降兵降将是一项隐忧，仍打算全部屠杀。赵延寿（刘延寿）提醒他说："皇上亲自冒着飞箭流石，夺取后晋江山，是准备自己占领？还是要让给别人？"耶律德光脸色大变，严肃的说："我动员全国的军队南征，五年之久，头不脱盔，身不卸甲，好不容易才夺取到手，难道会让给别人？"赵延寿（刘延寿）说："后晋之南，还有南唐（首都金陵府），后晋之西，还有后蜀（首都成都府），互相当作仇敌，皇上是不是知道？"耶律德光说："知道。"赵延寿（刘延寿）说："后晋版图，东到沂（山东省临沂市）、密（山东省诸城市），西到秦（甘肃省秦安县西北）、凤（陕西省凤县），边界长达数千华里，跟南唐（首都金陵府）、后蜀（首都成都府）疆土相接，必须驻军防守。南方天气潮湿闷热，辽国军民无法居住。有一天，皇上圣驾北返，这么辽阔的疆土，竟没有军队守卫，南唐（首都金陵府）、后蜀（首都成都府）势必联合起来，乘虚入侵，这样的话，皇上的战果，岂不是白白送给别人！"耶律德光说："我没有想这么多，现在，应该怎么办？"赵延寿（刘延寿）说："驻扎陈桥（河南省封丘县东南）的降军，不妨派到南方边疆，则南唐、后蜀就不能对我们奈何。"耶律德光说："我从前在上党（潞州州政府所在县，山西省长治市）时，有过错误的决定：把后唐降军全部交给石敬瑭（参考九三六年闰十一月），以致他的儿子用来跟我翻脸成仇，北来挑战，经过多少年辛苦，才勉强胜利。而今，有幸再落到我手里，不利用这个机会彻底消灭，怎么可以再把他们留下来，制造无穷后患！”赵延寿（刘延寿）说：“从前，交兵给石敬瑭，由他带到河南（黄河以南）时，没有把他们的妻子儿女留作人质，所以带来后患，而今，如果把降兵降将的家属，都集中到恒（河北省正定县）、定（河北省定州市）、云（山西省大同市）、朔（山西省朔州市）一带，每年分两个梯次，轮流派到南方驻防，就用不着担心发生变化，这是上等策略。”耶律德光大为高兴说：“好极，全听你处理。”因此，陈桥（河南省封丘县东南）一场屠杀，才得以避免，分别遣送回营。

耶律德光下令斩右金吾卫（卫军第十二军）大将军李彦绅及宦官秦继旻，为老哥东丹王耶律突欲（李赞华）死于二人之手报仇（参考九三六年闰十一月），把二人的家产赏赐给耶律突欲（李赞华）的儿子永康王耶律兀欲。耶律兀欲一只眼已盲，性情豪放，喜爱施舍。

**4** 正月十七日，后晋亡国之君石重贵跟李太后（石重贵的伯母，后唐晋国长公主）、安太妃（石重贵的娘亲）、冯皇后（石重贵的妻子）以及老弟石重睿，皇子石延煦、石延宝，一起启程，向北方放逐，追随前往的宫女宦官，共一百余人。辽军命三百名骑兵护送，耶律德光又命后晋最高立法长（中书令）赵莹、帝国参谋总部指挥官（枢密使）冯玉、骑兵总指挥官（马军都指挥使）李彦韬，跟石家男女同行。

石重贵上路后，供应缺乏，三餐饮食不继，有时候跟李太后（后唐晋国长公主）竟然没有一点东西可吃，旧有官员没有一个人敢来晋见。只有磁州（河北省磁县）州长李谷在路旁迎接，跟石重贵同时流下眼泪。李谷说："我没有尽到责任，辜负陛下。"把所携带的东西，全部呈献（李谷被逐出中央，《宋史·李谷传》记载在九四五年秋季）。

石重贵走到中度桥（河北省正定县东南滹沱河桥），看见杜重威（杜威）遗留下来的北伐军大营，叹息说："苍天，我家有什么地方对不起你，竟被你这个贼子摧毁！"放声大哭而去。

**5** 正月二十七日，后蜀帝国（首都成都府〔四川省成都市〕）皇帝（二任）孟昶（孟仁赞，本年二十九岁）命左千牛卫（卫军第十五军）上将军李继勋，当秦州（甘肃省秦安县西北）宣慰特使（迎接归降的何重建）。

**6** 辽帝（二任太宗）耶律德光命前燕京（幽州，北京市）留守长官刘晞，当西京（河南府，河南省洛阳市）留守长官。又命永康王耶律兀欲的老弟耶律留珪当义成战区（总部设滑州〔河南省滑县〕）司令官（节度使），皇族耶律郎五当镇宁（总部设澶州〔河南省濮阳市〕）司令官（节度使），耶律兀欲的姐夫潘聿撚当横海战区（总部设沧州〔河北省沧州市东南〕）司令官（节度使），赵延寿（刘延寿）的儿子赵匡赞当护国战区（总部设河中府〔山西省永济市〕）司令官（节度使），又命汉人将领张彦超当雄武战区（总部设秦州〔甘肃省秦安县西北〕）司令官（节度使），史佺当彰义战区（总部设泾州〔甘肃省泾川县〕）司令官（节度使），皇家礼宾副总监（客省副使）刘晏僧当忠武战区（总部设许州〔河南省许昌市〕）司令官（节度使），前护国（总部河中府）司令官（节度使）侯益当凤翔战区（总部设凤翔府〔陕西省宝鸡市凤翔区〕）司令官（节度使），又命暂代凤翔特别市长（权知府事）焦继勋当保大战区（总部设鄜州〔陕西省富县〕）司令官（节度使）。刘晞，是涿州（河北省涿州市）人。这个时候，辽国声势如日中天。不久，何重建投降后蜀（张彦超落空），史匡威拒绝接受命令（史佺落空），辽国气焰稍稍顿挫。

晋昌战区（总部设京兆府〔陕西省西安市〕）司令官（节度使）赵在礼进京（汴州）朝见耶律德光，留在长安（京兆府所在县）的初级将领（裨将）发动兵变，战区副司令官（节度副使）建州（福建省建瓯市）人李肃讨伐，诛杀变军；军政总部得以平安。

后晋亡国之君石重贵跟辽国断绝邦交时，匡国战区（总部设同州〔陕西省大荔县〕）司令官（节度使）刘继勋正充任宫廷事务北院总监（宣徽北院使），相当深入的参与密谋。现在，耶律德光进入汴州（河南省开封市），刘继勋到中央朝见，耶律德光责备他，当时冯道正在金銮殿上，刘继勋急指冯道说："冯道居首相高位，跟景延广共同商定大计，我的官职卑微，怎么敢发言！"耶律德光说："这位老先生不是惹是生非的人，你不要胡扯乱拉！"下令用铁链锁住刘继勋的手臂，打算押送黄龙府（吉林省农安县）。

赵在礼走到洛阳（西京河南府所在县，河南省洛阳市），对人说："耶律德光曾经说：李存勖（后唐一任帝）之所以横死，是由于我发动兵变之故（皇甫晖据兴唐府叛变，推赵在礼为主，参考九二六年二月），我这次进京（汴州），十分使人忧虑。"耶律德光派辽国将领述轧、奚部落（滦河上游）酋长（奚王）拽剌、故渤海王国（首都龙泉府）将领高谟翰，驻防洛阳。赵在礼到总部晋见，在庭院中下跪叩头，拽剌等不但没有谦卑礼让，反而态度傲慢，大模大样坐在那里全部接受。

正月二十九日，赵在礼继续东下，走到郑州（河南省郑州市），听见刘继勋被铁链锁住手臂消息，大惊失色，夜晚，在马房上吊而死（年六十六岁）。耶律德光得到赵在礼自杀消息，才把刘继勋释放。刘继勋忧愤而死。

刘晞虽是汉人，但在辽国（首都临潢府）曾任帝国参谋总部指挥官（枢密使）、二级实质宰相（同平章事），抵达洛阳（河南省洛阳市）后，诟骂奚部落酋长（奚王）拽剌说：“赵在礼是中原高级官员，你不过北方一个部落酋长罢了，怎么敢如此傲慢！”罚他站在庭院中，摧挫他的气焰。因此，洛阳（河南省洛阳市）的人心稍稍安定。

耶律德光大肆接受四方的进贡和礼物，疯狂的饮酒取乐，常对汉人官员说：“中原的事情，我全都知道；辽国的事情，你们却一点也不清楚。”

赵延寿（刘延寿）建议发给辽军官兵薪饷粮食以及草料，耶律德光说：“我们国家从来不用这种办法。”于是放纵辽军骑兵向四方出动，声言“牧马”，实际上是大肆剽掠，称之为“打草谷”。于是，中原人年轻力壮的横死于刀剑利刃之下，老弱妇女儿童饿死在田野山谷之中，近自两京（东京汴州、西京河南府），远到郑（河南省郑州市）、滑（河南省滑县）、曹（山东省菏泽市定陶区）、濮（山东省鄄城县）诸州，数百华里之间，农民的家产和牲畜，几乎搜刮一空。

耶律德光对主管中央财政三单位管理总监（判三司）刘昫说：“辽国大军三十万，既消灭后晋，应该有优厚的赏赐，快去筹款！”这时国库枯竭，刘昫不知道从哪里着手，于是派军在京城（汴州，河南省开封市）逐家搜刮金钱绸缎，包括宰相、大将在内，没有人可以幸免。再派出搜刮特使好几十人，分别前往各州搜刮及借贷，对胆敢藏匿财产或拒抗缴出的人，一律诛杀，人民无法活命。其实耶律德光得到这些财物后，并没有发给他的部属，都存在宫库，准备运送回国，供自己挥霍。于是从中央到地方，一片怨恨愤怒，发现辽军才是真正的灾难之源，人们遂兴起把他们驱逐出境的念头。

**7** 最初，后晋亡国之君石重贵，跟河东（总部太原府）司令官（节度使）、最高立法长（中书令，使相）、北平王刘知远，互相猜忌（参考

十世纪·九四七年正月
辽军四出『打草谷』，数百里无人烟

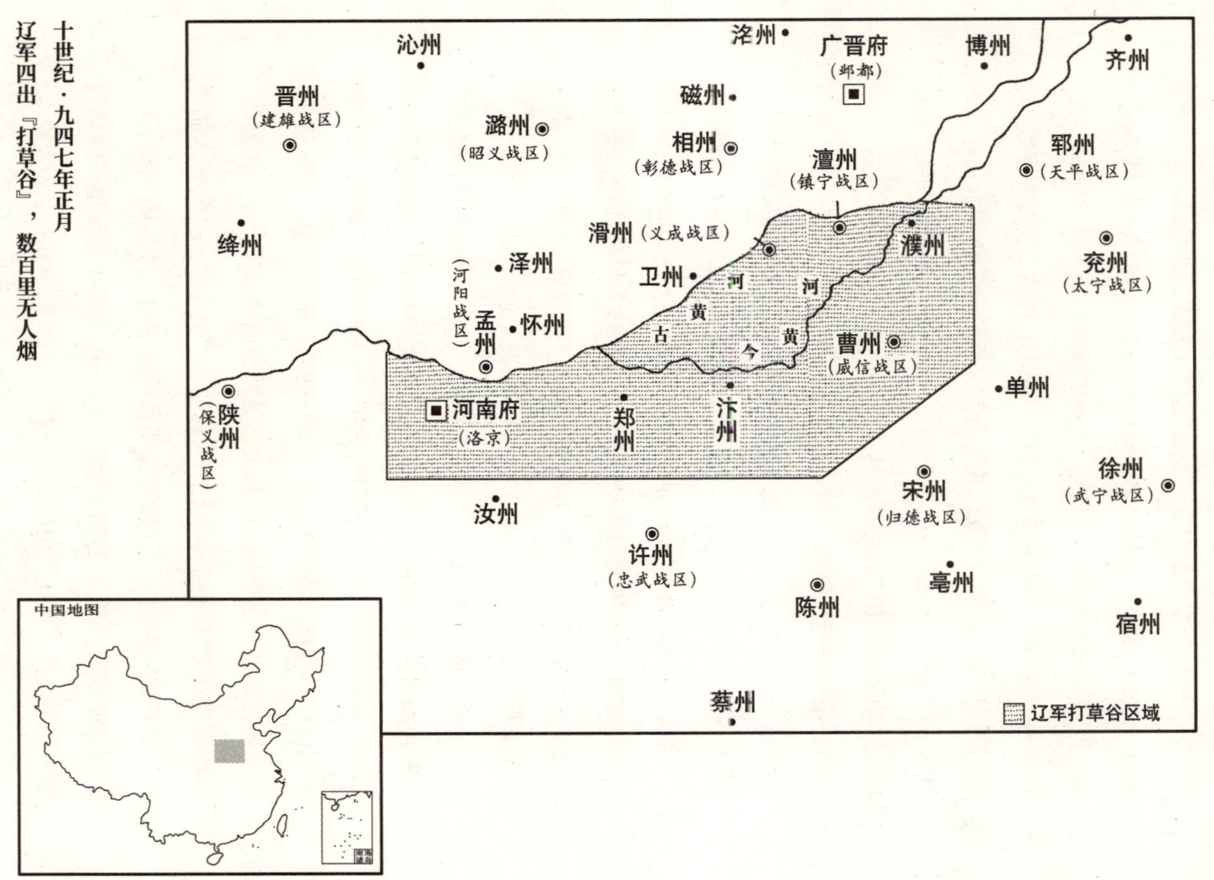

九四四年八月）。石重贵虽然任命刘知远当北方军团总指战官（北面行营都统），只不过是个尊贵的虚名，所有的军事行动，全不让刘知远参与，但刘知远却利用这个虚名，大量招兵买马。阳城（河北省顺平县东南）战役（参考前年〔九四五〕三月）之后，各战区特遣兵团离散的士卒，投奔河东（总部太原府）的多达数千人，又吞没吐谷浑酋长白承福的财富（参考前年〔九四六〕八月），于是河东（总部太原府）的富庶和强大，远超过其他战区，步骑兵总数高达五万人。

石重贵跟辽国结仇，刘知远知道石重贵身处危境，但他从没有说过一句话劝阻。辽国大军屡次深入心脏地带，刘知远也从没有想到拦腰狙击或入援勤王。后来，听到辽军进入汴州（河南省开封市）消息，刘知远才派军分别防御四周边界，防备辽军入侵，并派大营礼宾官（客将）安阳（相州州政府所在县，河南省安阳市）人王峻，携带三份奏章，前往汴州（河南省开封市）晋见辽帝（二任太宗）耶律德光，第一份奏章祝贺辽军进入京师（汴州）。第二份奏章说明太原（山西省太原市）汉人及其他族人混杂居住，是边防重镇，不敢轻率的离开。第三份奏章说明本应即时进贡，但正巧辽国将领刘九一率军自土门（河北省石家庄市鹿泉区西南）西上，已越过太行山，进驻南川（太原市之南），城里军民忧愁恐惧，等陛下把这支军队调回，道路一通，就可进贡。耶律德光颁发诏书褒扬；当有关官员撰写诏书草稿，呈请批准时，耶律德光在刘知远姓名之上，亲自加一“儿”字，并赏赐木制手杖。依照辽国习惯，对高阶层官员优待礼遇时，才赏赐木制手杖，如同中原政府赏赐茶几手杖之类，只有伟王耶律宛以皇叔的尊贵地位，才得到一件。刘知远又派北都（太原府）副留守长官、太原（山西省太原市）人白文珂，进京（汴州）呈献珍贵绸缎和良驹名马。耶律德光知道刘知远心怀观望，不肯前来，所以在白文珂回去的时候，派人告诉他转告刘知远说："你既不事奉南方（中原政权），又不事奉北方（辽国），打算等待什么？"蕃汉联合部队指挥部文书官（蕃汉孔目官）郭威告诉刘知远说："蛮虏对我们怀恨已深，王峻说过：辽国人贪婪残暴，失去人心，决不可能长期盘踞中原。"有人建议刘知远主动出军攻击。刘知远说："军事行动，有缓有急，应该随时变化。现在辽国刚降服晋国十万大军，以强势的力量，控制京师（汴州），在发生其他变化之前，岂可以轻举妄动？观察他们的行为，只在搜刮后晋的财富，一旦到再没有什么可搜刮的时候，势必北返。何况天已入春，冰雪开始消融，绝不可能继续停留。最好是等他们撤退，然后出军讨伐，才能万无一失。"

昭义战区（总部设潞州〔山西省长治市〕）司令官（节度使）张从恩，因辖区紧接怀州（河南省沁阳市）、洛阳（河南省洛阳市），打算到汴州（河南省开封市）朝见耶律德光，派使节跟刘知远商量。刘知远说："我这地方不过一个小角落而已，怎么敢跟全国对抗？你最好先去，我随后就到。"张从恩认为很对。张从恩的执行官（判官）高防劝阻说："你是后晋的皇亲（《旧五代史·张从训传》：石重贵的前妻张皇后，是张从恩老哥张从训的长女），不可以轻易的改变节操。"张从恩不听。左骁卫（卫军第五军）大将军王守恩，跟张从恩是儿女姻家，这时住在上党（潞州州政府所在县），张从恩命战区副司令官（副使）赵行迁代理候补司令官（知留后），命王守恩暂任巡查司令（权巡检使），会合高防，共同辅佐赵行迁，遂动身启程。王守恩，是王建立的儿子（王建立受后唐二任帝李嗣源宠任，参考九二八年二月）。

**8** 南平王国（首都江陵府〔湖北省江陵县〕）国王（二任文献王）兼荆南战区（总部江陵府）司令官（节度使）高从诲（本年五十七岁），派使节到汴州

（河南省开封市）向辽帝（二任太宗）耶律德光进贡，耶律德光派使节送来名马馈赠。高从诲也派使节前去太原（山西省太原市），劝刘知远登极称帝。

**9** 南唐帝国（首都金陵府〔江苏省南京市〕）皇帝（二任元宗）李璟（徐景通，本年三十二岁）封齐王李景遂当皇太弟；把燕王李景达改封齐王兼全国各战区道兵马元帅（领诸道兵马元帅）；把皇子南昌王李弘冀改封燕王兼全国各战区道兵马副元帅。

李景遂曾经跟太弟宫官员聚会欢宴，太弟宫政务署副署长（赞善大夫）元城（河北省大名县）人张易，乘机提出若干规劝的话，李景遂正跟客人拿着一个璧玉酒杯，传看着把玩欣赏，没有理他。张易发怒说："殿下重视宝物，轻视知识分子！"夺过璧玉酒杯，摔到地上，摔得粉碎，大家面无人色，李景遂马上停止嬉笑，向张易道歉，并且待张易越发优厚。

李景达性情刚强正直，李璟（徐景通）跟皇族近臣饮酒欢宴，冯延己、冯延鲁、魏岑、陈觉之类，厚颜无耻的竭力谄媚；有的还借着饮酒高声吵闹，李景达每次都厉声喝止，并用重话向李璟（徐景通）规劝，警告李璟（徐景通）不要接近马屁精。冯延己知道：二位皇弟分别晋封皇太弟和齐王，都不出于自己的建议，于是希望靠几句空话，使他们误认为出于自己的建议。有一次，在东宫（太弟宫）设筵，冯延己假装喝醉，用手摸着李景达的脊背说："你不可以忘记我！"李景达大怒，一拂衣袖，进宫奏报李璟（徐景通），请把冯延己斩首。李璟（徐景通）从中调解，才算罢手。张易警告李景达说："一群小人交相陷害，是祸福的关键。殿下既没有力量把他们排除，却不断当面摧挫羞辱，促使他们因恐惧而反扑，恐怕什么事都做得出来。”从此之后，皇宫每次游玩宴会，李景达很多时候都声称有病，不去参加。

李璟（徐景通）派使节前去汴州（河南省开封市），祝贺辽国消灭后晋，并请求准许使节前往长安（陕西省西安市）修复唐王朝皇帝们的陵墓（李璟〔徐景通〕和老爹李昪〔徐知诰〕以唐王朝李姓皇家后裔自居）。辽帝（二任太宗）耶律德光不许，但仍派遣使节往南唐报聘（南吴〔南唐前身〕与契丹〔辽国原称〕互派使节，始于九三七年，参考该年五月）。

后晋密州（山东省诸城市）州长皇甫晖、棣州（山东省惠民县）州长王建，为了逃避辽国大军的蹂躏，分别率领部众，南下投奔南唐（首都金陵府），淮河北岸（原属后晋）变民首领，也很多接受南唐政府的命令。南唐国务院工程部山林司副司长（虞部员外郎）韩熙载上疏指出：“陛下打算恢复李姓皇家祖宗（唐王朝）的旧有勋业，现在正是时候。如果蛮虏的首领北归，中原另出首领，就不易实现。”可是南唐（首都金陵府）大军正被吸引在福州（福建省福州市）城外，没有余力用在北方，高级官员认为是一项重大遗憾，李璟（徐景通）也十分懊悔。

**10** 辽帝（二任太宗）耶律德光把后晋的文武百官召集到皇宫庭院，问说：“辽国疆域广大，有好几万里，仅大酋长就有二十七人。汉族的风俗习惯，跟我们完全不同，我想选择一个人当你们的君王，各位有什么意见？”文武百官异口同声说：“天无二日、民无二主，不论汉族或其他民族，都拥护陛下当皇帝。”这种话重复说了两遍。耶律德光表示终于被说服，于是宣布：“你们既渴望我当主人，那么，现在应做的事，应先办哪一件？”文武百官说：“君王最初登极治理天下，应该大赦。”

二月一日，耶律德光头戴通天冠、身穿赤红色纱袍，登上金銮宝殿，在中庭设置皇家乐团及皇家仪队。文武百官朝见祝贺，汉人穿传统官服，胡人则穿胡人衣裳，站在汉人文武百官两班之间（文官站东侧，武官站西侧，胡官居中）。下诏称本年（九四七）为“大辽会同十年”，大赦，诏书训令说：“自今以后，战区司令官（节度使）、州长，不准设置常备部队，不准购买马匹。”

赵延寿（刘延寿）发现耶律德光违背誓言，心里闷闷不乐（同样闷闷不乐的，还有杜重威），命宰相李崧向耶律德光传话说：“我已不敢希望当皇帝，但愿当皇太子。”李崧万不得已，只好转奏，耶律德光说：“我跟燕王（赵延寿）的关系，即令割我的肉，只要对他有益，我也愿意。可是，我听说皇太子却必须是皇帝的儿子才行，岂是燕王（赵延寿）所能当的！”于是命擢升赵延寿（刘延寿）的官职。当时，辽国把恒州（河北省正定县）定为中京，皇家文学侍从院院长（翰林承旨）张砺撰写诏书草稿，命燕王赵延寿（刘延寿）当中京（恒州，河北省正定县）留守长官、大丞相、总管军国机要（录尚书事）、全国各军区最高统帅（都督中外诸军事），原有的帝国参谋总部指挥官（枢密使）职务，仍然保持。耶律德光拿起笔来抹掉“总管军国机要（录尚书事）、全国各军区最高统帅（都督中外诸军事）”，其他一律同意。

**11** 二月六日，后蜀（首都成都府）秦州（甘肃省秦安县西北）宣慰特使李继勋，跟兴州（陕西省略阳县）州长刘景，进攻固镇（甘肃省徽县），攻克。新归降的雄武（总部秦州）司令官（节度使）何重建请中央派军会同阶（甘肃省陇南市武都区东）、成（甘肃省成县）二州部队，联合据守散关（陕西省宝鸡市西南），进攻凤州（陕西省凤县）。

二月十日，后蜀帝（二任）孟昶（孟仁赞）调发山南（秦岭以南）军队三千七百人，配属何重建。

**12** 孤立的河东（总部太原府）司令官（节度使）刘知远，听到何重建投降后蜀（首都成都府）消息，叹息说："蛮虏迫害欺凌，中原没有君王，军事重镇归附邻国。我是帝国的守土高官，实在惭愧！"于是将领、参谋、佐理官员等，都劝刘知远称帝，向四方发号施令，观察各战区道的态度。刘知远拒绝。听到后晋帝（二任）石重贵被押解北上，遂对外宣布打算派奇兵从井陉关（河北省石家庄市鹿泉区西）拦截，把石重贵迎回晋阳（太原府所在县）。

二月十一日，刘知远命武节总指挥官（武节都指挥使）荥泽（河南省荥阳市东北广武镇）人史弘肇，在足球场集合各路兵马，宣告东征出发日期。官兵们异口同声说："辽国（首都临潢府）攻陷京城（汴州），俘虏皇上，以致全国没有君王作主。当全国君王的，不是我们的大王（后晋封刘知远当北平王）是谁？应该先登极称帝，名正言顺，然后出动。"接着不停的高喊"万岁"。刘知远说："蛮虏的声势，仍很强大，我们的军威还不够先声夺人，必须先行建立功业，当兵的懂得什么！"命左右出面制止。

二月十三日，作战参谋长（行军司马）潞城（山西省长治市潞城区）人张彦威等，一连三次上书刘知远，请他登极称帝，刘知远迟疑不敢决定，郭威跟大营总管理官（都押牙）冠氏（山东省冠县）人杨邠，进去游说刘知远说："现在，无论远近，军心民意，都盼望这样，正是上天安排，如果不利用这个机会建立中央，却谦卑辞让，拒绝高位，恐怕人心转变，一旦转变，反而会成为灾害。"刘知远点头。

耶律德光派他的将领刘愿当保义（总部设陕州〔河南省三门峡市〕）副司令官（副使），刘愿凶暴残忍，陕州（河南省三门峡市）人民无法忍受，奉国作战司令（奉国都头）王晏，跟指挥官（指挥使）赵晖和另一作战司令（都头）侯章，商量说："而今，蛮虏扰乱中原，正是我们发愤图强的时候。河东（总部太原府）刘知远的威名和恩德，再远的地方都对他景仰，我们如果诛杀刘愿，把陕州城池呈献给他，作为天下倡导，夺取荣华富贵，易如反掌。”赵晖等同意，于是王晏会同几个勇士，于夜晚翻过内城（牙城）城墙，进入帅府，打开军械库，拿出武器分发给大家。

二月十四日，凌晨，王晏等砍下刘愿的人头，悬挂总部辕门，诛杀辽国所派的监军官，拥护赵晖当候补司令官（留后）。王晏，是徐州（江苏省徐州市）人。赵晖，是澶州（河南省濮阳市）人。侯章，是太原（山西省太原市）人。

二月十五日，刘知远（本年五十三岁）在太原（山西省太原市）登极称帝（刘知远于二月十五日称帝，六月十五日才改国号。所以四个月之间，既没有改国号，又没有改年号，名实相符的是后晋三任帝，但仍从俗称他后汉帝，否则，漫长的历史，会被这些泡沫事迹，弄得更复杂）。自称他不忍心改变后晋的年号，但又厌恶“开运”这两个字，乃把本年（九四七）改作天福十二年（年号制度的缺点，又多一例证。假如电台节目主持人问：“天福十二年的前一年是哪一年？”如果回答“天福十一年”，那就连老本都会输掉，因为历史上从没有天福十一年，也没有天福十年）。

二月十六日，刘知远下诏说：“各战区道替辽国搜刮金钱绸缎，一律停止。汉人在胁迫下充当使节的，应来皇帝所在地（太原府）报到，辽国人充当使节的，就在当地诛杀。”

**13** 后蜀（首都成都府）雄武（总部秦州）司令官（节度使）何重建，派御花园管理官（宫苑使）崔延琛率军进攻凤州（陕西省凤县），不能攻克，退回固镇（甘肃省徽县）据守。

**14** 二月十八日，后汉帝（一任高祖）刘知远，亲自率军东征，

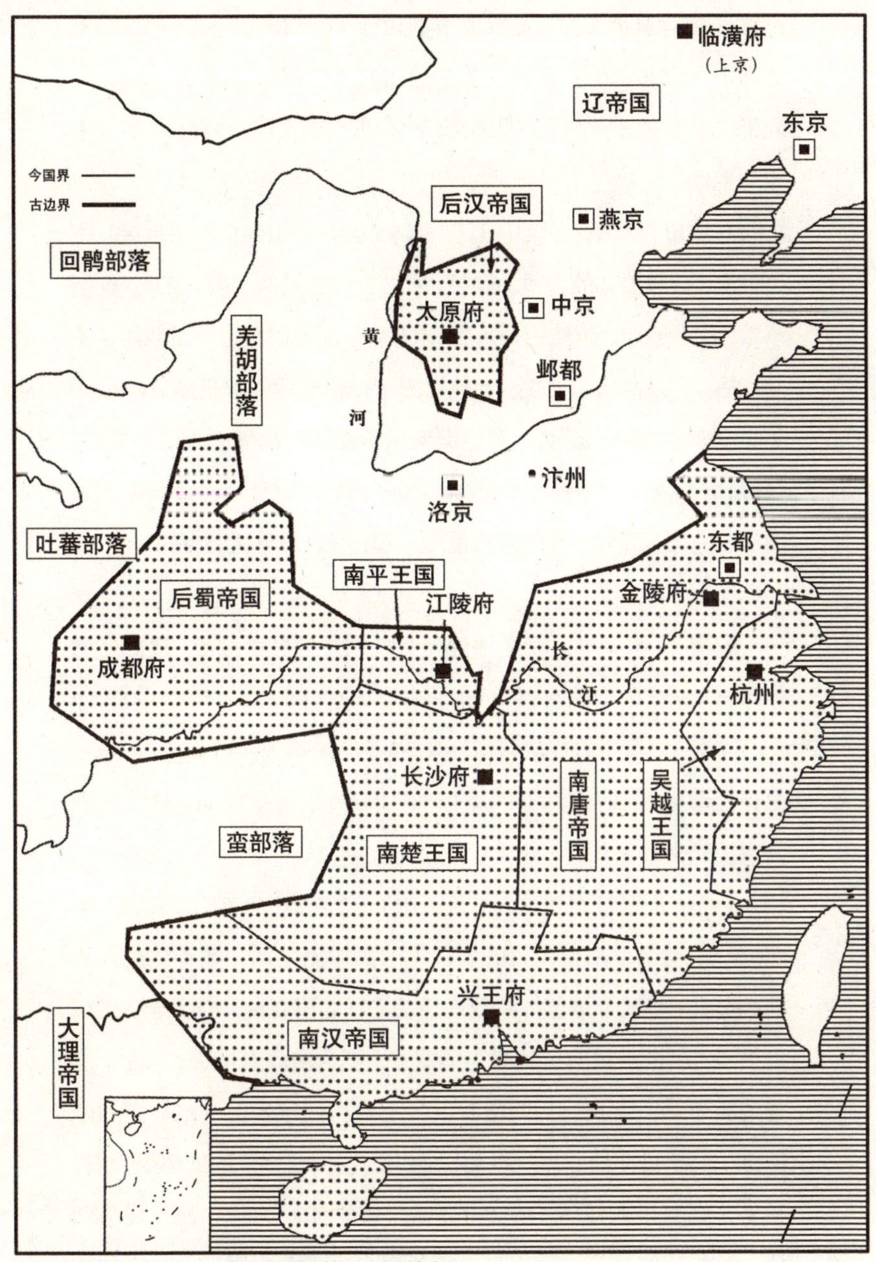


十世纪·九四七年二月　刘知远建后汉·七国并立

声称迎接后晋帝（二任）石重贵跟李太后（后唐晋国长公主）。东征军抵达寿阳（山西省寿阳县），听到石重贵已于几天前经过恒州（河北省正定县）北上，于是留下一部分军队在承天军（山西省平定县东北娘子关镇），而率主力返回。



石重贵一家出塞之后，辽国（首都临潢府）任由他们自生自灭，不再供应，随从放逐的官员、宫女，都出去自己采摘水果、菜蔬，挖割草根、树叶煮吃。抵达锦州（辽宁省锦州市），辽国命石重贵跟他的妻子冯皇后，以及其他小老婆，前往辽国一任帝耶律阿保机墓（木叶山，内蒙古奈曼旗北）前叩头祭奠。石重贵无法承受这项屈辱，流泪哭泣说："薛超害了我！"（薛超阻止他纵火自焚，参考去年〔九四六〕十二月。）冯皇后暗中命左右搜求毒药，准备跟石重贵一起自杀，没有达到目的。

**15** 辽帝（二任太宗）耶律德光听说刘知远登极称帝，遂即任命翻译官（通事）耿崇美当昭义战区（总部设潞州〔山西省长治市〕）司令官（节度使），命高唐英当彰德战区（总部设相州〔河南省安阳市〕）司令官（节度使），命崔廷勋当河阳战区（总部设孟州〔河南省孟州市〕）司令官（节度使），分别负责控制交通要道。

当初，后晋征召民兵，号称天威军（参考九四四年五月），实施军事训练一年有余，来自乡村的农民不习惯军旅生活，竟不能投入战场，派上用场，于是全部解散，但规定每七家农民，仍要继续缴钱十千，而原来由民间自备的铠甲武器，则全由政府接收。可是，那些地痞无赖，尝到当兵的滋味，多不肯再回家乡继续过耕田的辛苦日子，于是流浪四方，以劫掠为生，高山深林，到处都是强盗。后来，辽军进入汴州（河南省开封市），放纵他们的骑兵公开烧杀剽劫——打草谷；耶律德光又大量任用皇家子弟，跟自己的亲信侍从，去当战区司令官（节度使）、州长；他们根本不了解政府事务，汉人中的地痞无赖，多数投效在他们手下，教导他们肆意作威作福、聚敛钱财货物，人民无法活命。于是全国各地到处都是变民，人数多的高达几万，人数少的也不下几千几百，占领州县、杀戮剽掠官吏平民。滏阳（磁州州政府所在县，河北省磁县）变民首领梁晖，手下有几百人，向后汉帝（一任高祖）刘知远写信，请求投降，刘知远接受。磁州（河北省磁县）州长李谷秘密上疏给刘知远，建议命梁晖袭击相州（河南省安阳市）。梁晖侦察到辽国新任的彰德（总部相州）司令官（节度使）高唐英还没有到差，相州（河南省安阳市）军械库里满存武器，而又没有什么防备措施，决定发动突袭。

二月二十一日，夜晚，梁晖派勇士翻墙入城，打开城门，迎接他的部众进去，格杀驻防的辽军数百人，辽军将领突围逃走。梁晖遂占领城池，自称候补司令官（留后），上疏刘知远奏报夺城经过。

二月二十二日，刘知远从承天军（山西省平定县东北娘子关镇）返抵晋阳（首都太原府所在县），跟高阶层官员讨论向民间征收财产，用来赏赐将士，刘知远的妻子李女士劝阻说：“你以河东（总部太原府）作基础，创立帝国大业，对人民还没有看出有什么恩德，却先剥夺他们谋生的工具，不是新登极的皇帝救国救民的本意。现在宫中所有的储藏，应该全部拿出，作为犒劳，虽然不够优厚，但大家不会口出怨言。”刘知远说：“太好了！”立即停止征收作业，把宫中所有财物都拿出来发给将士。全体军民，一片欢腾。李女士，是晋阳（山西省太原市）人。

**16** 吴越王国（首都杭州〔浙江省杭州市〕）内宫总辅导官（内都监）程昭悦，大量结交朋友，招徕宾客，储存很多武器，跟江湖法术师来往密切。吴越王（三任忠献王）钱弘佐（本年十九岁）打算把他杀掉，吩咐水丘昭券说："你今天晚上率武装士卒一千人，包围程昭悦家院。"水丘昭券说："程昭悦不过大王家里一个奴才罢了，如果犯罪的话，应该公开惩罚，不应该三更半夜，暗中下手。"钱弘佐说："对！"遂命内营指挥官（内牙指挥使）诸温，守候到程昭悦从外面回家走到家门口时，把他逮捕，押往总部。

二月二十三日，把程昭悦斩首，释放已囚禁两年之久的钱仁俊（参考前年〔九四五〕十一月）。

**17** 后汉（首都太原府）武节总指挥官（武节都指挥使）史弘肇，进攻代州（山西省代县），攻克，斩州长王晖。

故后晋建雄战区（总部设晋州〔山西省临汾市〕）候补司令官（留后）刘在明，前往汴州（河南省开封市）朝见辽帝（二任太宗）耶律德光，命副司令官（节度副使）骆从朗代理晋州（山西省临汾市）州长。后汉帝（一任高祖）刘知远派使节张晏洪等前去晋州（山西省临汾市），告诉他自己登极称帝这件事，骆从朗把他们一起逮捕囚禁。战区大将药可俦格杀骆从朗，推举张晏洪暂任候补司令官（权留后）。

二月二十四日，张晏洪派使节奏报刘知远。

当初，耶律德光派立法院高级顾问官（右谏议大夫）赵熙，出使晋州（山西省临汾市），搜刮民间金钱绸缎，督促惨急。骆从朗被杀后，变民一起动手，砍死赵熙。

耶律德光采取安抚手段，下诏给陕州（河南省三门峡市）变军首领赵晖，命赵晖当保义战区（总部设陕州〔河南省三门峡市）候补司令官（留后）。赵晖把送递诏书的辽国使节斩首，把诏书焚毁，派行政秘书（支使）河间（河北省河间市）人赵矩，携带奏章前去晋阳（后汉首都太原府所在县，山西省太原市）。耶律德光派他的大将高谟翰攻击赵晖，不能取胜。刘知远接见赵矩，大为高兴，说："你们据守咽喉之地，却归附于我，平定天下，还有什么困难。"赵矩顺势劝刘知远率军南下，以符合人民的盼望，刘知远同意。

二月二十五日，刘知远任命赵晖当保义战区（总部设陕州〔河南省三门峡市〕）司令官（节度使），命侯章当镇国战区（总部设华州〔陕西省渭南市华州区〕）司令官（节度使），命保义（总部陕州）步骑兵总指挥官（马步都指挥使）王晏当绛州（山西省新绛县）警备区司令（防御使）兼保义（总部陕州）步骑兵副指挥官。（胡三省注："王晏先前已是总指挥官，立功之后，不升反降，恐怕有误。"）

辽国任命的昭义（总部潞州）执行官（判官）高防，跟巡查司令（巡检使）王守恩密谋，派指挥官（指挥使）李万超，在光天化日之下，率部众大声呐喊，冲进总部，斩候补司令官（留后）赵行迁，推举王守恩暂代昭义（总部潞州）候补司令官（留后）。王守恩诛杀耶律德光派来的使节，率领战区全体军民，投降刘知远。

辽国（首都临潢府）任命的镇宁战区（总部设澶州〔河南省濮阳市〕）司令官（节度使）耶律郎五，性情残忍凶暴，澶州（河南省濮阳市）人民苦不堪言。变民首领王琼率部众一千余人，发动夜袭，占领南城（即德胜南城），向北渡过黄河浮桥，放纵士卒大肆剽掠，把耶律郎五包围在内城（牙城）里面。耶律德光听到消息，大为恐惧，立刻命天平（总部郓州）司令官（节度使）李守贞、天雄（总部广晋府）司令官（节度使）杜重威（杜威），各回自己的岗位；同时派军援救澶州（河南省濮阳市），因此也开始没有兴趣在黄河以南久留。变民首领王琼撤退到郊区，派老弟王超携带奏章，向新称帝的刘知远求援。

二月二十七日，刘知远重重的赏赐王超，命他回去。可是王琼已经战败，被辽军诛杀。

**18** 后蜀帝（二任）孟昶（孟仁赞）命雄武（总部秦州）司令官（节度使）何重建，遥兼二级宰相（同平章事，使相）。

**19** 辽国（首都临潢府）所属延州（陕西省延安市）总参谋官（录事参军）高允权，是高万金的儿子（高万金，参考九一八年四月）。彰武战区（总部设延州）司令官（节度使）周密，昏聩平庸，只知道贪污，于是兵变爆发，向他攻击，周密兵败，退守东城。大家认为高允权几代都当延州（陕西省延安市）统帅（自高万兴开始，参考九〇九年四月），于是推举高允权出任候补司令官（留后），据守西城，跟周密对峙。周密，是应州（山西省应县）人。

丹州（陕西省宜川县）总指挥官（都指挥使）高彦珣，诛杀辽国所任命的州长，自己兼州政府工作。

**20** 辽国（首都临潢府）述律皇太后（述律平），派使节携带国内出产的美酒、菜蔬、肉干、水果到汴州（河南省开封市），送给她儿子、辽帝（二任太宗）耶律德光，祝贺他消灭后晋的伟大功业。耶律德光在永福殿大宴文武百官，每次举起酒杯，都站起来才喝，声明说：“太后赏赐，不敢坐着喝。”

**21** 后唐的王淑妃（花见羞）跟她的养子、郇公爵李从益，住家洛阳（西京河南府所在县，河南省洛阳市）。辽国大将赵延寿（刘延寿）的妻子是后唐二任帝李嗣源（邈佶烈）的女儿（燕国长公主，参考九二六年九月）。王淑妃（花见羞）前去大梁（汴州州政府所在城）参加婚礼（王淑妃（花见羞）是燕国长公主的庶母，李从益是燕国长公主的胞弟）。辽帝（二任太宗）耶律德光见到王淑妃（花见羞），下跪叩头说：“我的嫂嫂！”禁军统军刘遂凝，透过王淑妃（花见羞）请擢升他独当一面（刘遂凝是刘鄩的儿子。王淑妃（花见羞）一直顾念旧日恩情，但也应是刘家对她确有恩情。参考九二八年二月注）。耶律德光遂封李从益当许王，兼威信战区（总部设曹州〔山东省菏泽市定陶区〕）司令官（节度使），任命刘遂凝当安远战区（总部设安州〔湖北省安陆市〕。后晋一任帝石敬瑭撤销安远战区，辽国复置）司令官（节度使）。王淑妃（花见羞）认为李从益年纪还小，竭力辞让，不去到差，仍回洛阳（河南省洛阳市）居住。

耶律德光命张砺当国务院右最高执行长（右仆射）兼副监督长（兼门下侍郎）、二级实质宰相（同平章事），命国务院左最高执行长（左仆射）和凝兼副立法长（兼中书侍郎）、二级实质宰相（同平章事）。司空（三公之三）兼副监督长（兼门下侍郎）、二级实质宰相（同平章事）刘昫，因眼睛有病，请求辞职。耶律德光批准，改任太保（三师之三）。

东方变民风起云涌，宋（河南省商丘市）、亳（安徽省亳州市）、密（山东省诸城市）三州先后落入变民之手。耶律德光对左右官员说："我不知道中原人难以统治到这种程度（中原人同时也不知道契丹人凶暴野蛮到这种程度）！"立即命泰宁（总部兖州）司令官（节度使）安审琦、武宁（总部徐州）司令官（节度使）符彦卿等返回任所（以前用契丹人杀中原人，现在改用中原人杀中原人），仍依惯例，派辽军护送。

符彦卿走到埇桥（安徽省宿州市），变民首领李仁恕率部众好几万人，正进攻徐州（江苏省徐州市），战况激烈。符彦卿在数十名骑兵保护下，抵达城下，扬起马鞭，打算向变民讲几句话，变民首领李仁恕发动奇袭，派勇士突然抓住符彦卿的坐骑，叫说："我们跟随大帅进城！"符彦卿的儿子符昭序是守城主将，从城上用绳索缒下军官陈守习，向变民军呼喊说："大帅身陷虎口，就算大帅帮助你们攻城，也攻不下。"变民军发现胁持不能成功，于是在符彦卿马前叩头，请求赦免。符彦卿跟他们立下重誓，变民军才解围而去。

三月一日，耶律德光身穿朱红袍，登上崇元殿，文武百官进宫朝见。

**22** 三月三日，后汉帝（一任高祖）刘知远派使节携带诏书，分往各地招安因恐惧辽军奸杀烧掠而逃亡到高山深谷避难的农民，鼓励他们返回家园。

三月六日，延州（陕西省延安市）变军首领高允权呈递奏章，向刘知远投降，刘知远命高允权释放周密。周密遂放弃城池，投奔刘知远。

三月七日，丹州（陕西省宜川县）首领高彦珣呈献城池，投降刘知远。

**23** 后蜀（首都成都府）皇家文学侍从院院长（翰林承旨）李昊，警告帝国参谋总部指挥官（枢密使）王处回说："敌人夺回固镇（甘肃省徽县），则通往兴州（陕西省略阳县）的道路被切断，一旦情况紧急，我们就无法增援秦州（甘肃省秦安县西北），我建议命山南西道（总部兴元府）司令官（节度使）孙汉韶，率军急攻凤州（陕西省凤县）。"

三月八日，后蜀帝（二任）孟昶（孟仁赞）下诏孙汉韶前去凤州（陕西省凤县）特遣兵团报到。

**24** 辽帝（二任太宗）耶律德光再度召见文武百官，向大家解释说："天气渐渐热起来，难以长期停留，打算暂时回到北方，探望太后，我会留一位最亲信的人在这里当战区司令官（节度使）。"文武百官请把述律太后迎接到南方来，耶律德光说："太后的家族庞大，像千年老柏树，盘根错节，不可以移动。”耶律德光打算把所有的文武官员，一股脑带回北方，有人提醒他说：“把整个国家政府官员一起带走，恐怕人心动摇，不如先带走一批，剩下的以后陆续动身。”耶律德光下诏，命负有实际行政任务的人，跟随北上，其他人则留在大梁（河南省开封市）。再下诏恢复宣武战区（总部设汴州〔河南省开封市〕。撤销宣武事，参考九三八年十月），任命萧翰当司令官（节度使）。萧翰，是述律太后老哥的儿子，他的妹妹则是耶律德光的皇后。萧翰是第一个用“萧”代替“述律”做他的姓的人，从此，辽国皇后这一族，都改姓萧。

**25** 吴越王国（首都杭州〔浙江省杭州市〕）再派舰队，命将领余安率领，沿东海岸南下，增援福州（福建省福州市。吴越军被困，参考去年〔九四六〕十一月）。

三月十四日，吴越（首都杭州）援军舰队抵达白虾浦（福建省福州市南），海岸一片泥泞，必须先铺上一层竹席，才可以走动。南唐（首都金陵府）围城军驻扎城南的，集中力量发箭，竹席无法铺设。统帅冯延鲁说：“守军所以不肯投降，就是在等这批援军，一直僵持到现在，没有战斗，我们的士气恐怕一天比一天低落，不如让他们上岸，全体屠杀，城池就用不着再攻，自会投降。”初级将领（裨将）孟坚说：“吴越（首都杭州）军队来到，为时已久，进不能进、退不能退，乞求决一死战也得不到。如果放任他们登陆，一定向我们拼命，势不可当，怎么能全体杀光？”冯延鲁不接受，说：“我会亲率大军出击！”想不到吴越军队一旦登陆，大声呐喊，勇猛攻击，冯延鲁无法抵挡，抛下大军，单人匹马逃走，孟坚战死疆场。吴越军乘胜追击，城里守军也乘势出动夹攻，南唐（首都金陵府）围城军大败，城南各营全部逃走，吴越军紧追，南唐统帅王崇文率总部常备队三百人抵挡，主力军则在王崇文身后集结，吴越军才停止追击，退回。南唐大营有人传出消息说："吴越军队打算放弃福州（福建省福州市），把李仁达（李达）的部众，全部迁回钱唐（吴越首都杭州州政府所在县）。"东南翼守将刘洪进等，报告副征剿司令（招讨副使）王建封，建议设下埋伏，等吴越军一旦全部撤退，就进城占领。泉州（福建省泉州市）州长留从效不愿福州（福建省福州市）落入别人之手，而王建封对陈觉等的专横，也十分愤怒，不愿看到他们成功。二人都说："我们已被击败，哪有力量再跟人争夺城池？"当天夜晚，纵火焚烧大营，逃走。城北各军看见，也跟着崩溃。冯延鲁拔出佩刀自杀，被左右亲信侍从拯救，没有丧命。南唐军被杀二万余人，损失辎重武器数十万件，国库消耗一空。

吴越（首都杭州）援军司令余安率军进入福州（福建省福州市），李仁达（李达）把所有的军队全都交给他。

留从效率军返回泉州（福建省泉州市），告诉南唐（首都金陵府）驻军将领说："泉州（福建省泉州市）跟福州（福建省福州市）世世都是仇敌，南方是岭南（南岭以南，南汉帝国），滨海乃烟瘴蛮荒地带，地势险要，土壤贫瘠，连年以来，又不断出兵作战，耕田纺织，全都停顿，政府冬季征收，夏季聚敛，也仅只能照顾自己，怎么敢劳动大军长期驻防！"摆设筵席，给他们送行，驻军将领不得已，率军返国。南唐帝（二任元宗）李璟（徐景通）束手无策，只好加授留从效中央官衔：摄理太傅（检校太傅，三师之二）。

**26** 三月十七日，辽帝（二任太宗）耶律德光从大梁（汴州州政府所在城，河南省开封市）出发，后晋政府各单位官员被裹挟北去的有好几千人，禁卫各军官兵也有好几千人，而宫女、宦官则有好几百人。把国库、宫库所有的金银珍宝，搜刮罄尽，装到车上随行；留下的，只不过一些乐器跟仪仗而已。当天（三月十七日）夜晚，住宿赤冈（河南省开封市东北），耶律德光看到所有村落一片荒凉，空无一人，命有关官员发出好几百张文告，要各地方政府招抚逃亡的人民，可是他却不禁止辽军官兵奸杀烧掠。

三月二十一日，耶律德光在白马（滑州州政府所在县）渡黄河北上，对宫廷事务总监（宣徽使）高勋说："我在我国的时候，认为射箭打猎是一件乐事，到中原后真使人烦闷，现在得以回去，死也没有遗恨！"

**27** 后蜀（首都成都府）北征军统帅孙汉韶，率军二万人，进攻凤州（陕西省凤县），驻扎固镇（甘肃省徽县），派出一部分军队扼守散关（陕西省宝鸡市西南），断绝辽国援军来路。

**28** 吴越（首都杭州）援救福州（福建省福州市）统帅张筠、余安，班师回到钱唐（杭州州政府所在县）。吴越王（三任忠献王）钱弘佐，派东南安抚特使鲍修让率军驻防福州，命东府（越州，浙江省绍兴市）安抚特使钱弘倧出任丞相。

**29** 三月二十五日，后汉帝（一任高祖）刘知远命皇弟、北京（首都太原府）皇家侍卫亲军步骑兵总指挥官（马步都指挥使）刘崇，代理首都太原（山西省太原市）特别市市长（行太原尹），主管总部事务。

**30** 三月二十六日，辽帝（二任太宗）耶律德光准备进攻相州（河南省安阳市），变民首领梁晖投降，耶律德光赦免他的罪行，允诺任命他当警备区司令（防御使）。但梁晖怀疑这是一个骗局，改变主意，登城据守，耶律德光大怒若狂。

夏季，四月四日，天还没有亮，耶律德光下令蕃汉各军发动猛烈攻击，到了早饭时候，攻克，屠杀所有男人，掳掠所有妇女随大军北上，辽军官兵把中原人的婴儿抛到空中，下面用刀尖承接，当作最大的游戏娱乐。耶律德光命他稍早才任命的彰德（总部相州）司令官（节度使）高唐英立即到差。高唐英在城里巡查，发现巨大的相州城里，只剩下男女七百余人。后来，接任的战区司令官（节度使）王继弘，收集城中骷髅掩埋，共有十余万副。

有人向耶律德光告密说：磁州（河北省磁县）州长李谷准备献出城池，投降后汉帝（一任高祖）刘知远，耶律德光逮捕李谷审讯，李谷誓不承认，耶律德光伸手到车里，作出要拿出查获的真赃实据模样。李谷知道耶律德光耍诈，乘机请求说："陛下定有文件在手，请公开显示。"经过六次审讯，李谷的言辞气势，不稍屈服，才把他释放。

**31** 后汉帝（一任高祖）刘知远命他的堂弟、北京（首都太原府）骑兵总指挥官（马军都指挥使）刘信，兼任义成战区（总部设滑州〔河南省滑县〕）司令官（节度使），充当皇家侍卫亲军骑兵总指挥官（侍卫马军都指挥使）；命武节总指挥官（武节都指挥使）史弘肇，兼任忠武战区（总部设许州〔河南省许昌市〕）司令官（节度使），充当皇家侍卫亲军步兵总指挥官（步军都指挥使）；命右翼大营总管理官（右都押牙）杨邠，暂任帝国参谋总部指挥官（权枢密使）；命蕃汉兵马总文书官（蕃汉兵马都孔目官）郭威，暂任帝国参谋总部副指挥官（权副枢密使）；命军政两长官（二使）总文书官（二使〔节度使及观察使〕都孔目官）南乐（河南省南乐县）人王章，暂任中央财政三单位管理总监（权三司使）。

四月八日，刘知远封妻子魏国夫人李女士当皇后。

32 辽帝（二任太宗）耶律德光所经过的城乡村镇，全成一片废墟，举目荒凉，对蕃汉官员说：“把中原破坏成这个样子，都是燕王（赵延寿）的罪行。”也回头对张砺说：“你也出了不少力。”

中国五千年历史，至少有一点是非常明显的：当奸细、当卖国贼，没有一个人有好下场，不一定非家破人亡，也不一定非像秦桧那样长跪。而是，即令他再为主子卖命，在主子眼中，他仍是一个奸细、一个卖国贼，无法得到尊敬。

33 四月九日，后汉帝（一任高祖）刘知远命河东（总部太原府）军事执行官（节度判官）长安（京兆府〔陕西省西安市〕西半城）人苏逢吉、行政执行官（观察判官）苏禹珪，当副立法长（中书侍郎）、二级实质宰相（同平章事）。苏禹珪，是密州（山东省诸城市）人。

振武（总部朔州）司令官（空头官衔。此时朔州属辽国〔首都临潢府〕）兼府州（陕西省府谷县）民兵司令（团练使）折从远，到太原（山西省太原市）朝见，改名折从阮（“远”字犯了刘知远的讳）。刘知远大为高兴，特在府州（陕西省府谷县）设立永安战区，命折从阮（折从远）当司令官（仍兼振武，表示荣宠）。又命河东（总部太原府）左翼大营总管理官（左都押牙）刘铢当河阳（总部孟州）司令官（节度使）。刘铢，是陕州（河南省三门峡市）人。

辽国所派昭义（总部潞州）司令官（节度使）耿崇美，驻军泽州（山西省晋城市），打算攻击潞州（山西省长治市）。

四月十日，刘知远命史弘肇率步骑兵一万人，向潞州（山西省长治市）增援。

四月十一日，刘知远命王守恩当昭义（总部潞州）司令官（节度使）、高允权当彰武（总部延州）司令官（节度使），又命岢岚军（山西省岢岚县）基地司令（岢岚军使）郑谦当忻州（山西省忻州市）州长兼彰国（总部应州）司令官（空头官衔。此时应州属辽国〔首都临潢府〕），再兼忻（山西省忻州市）、代（山西省代县）二州义勇军野战司令（兼忻代二州义军都部署）。

四月十二日，刘知远命黄河巡查司令（缘河巡检使）阎万进当岚州（山西省岚县）州长遥兼振武（总部朔州）司令官（空头官衔），以及兼岚（山西省岚县）、宪（山西省娄烦县）二州义勇军军政总监官（兼岚宪二州义军都制置使）。刘知远得到辽帝（二任太宗）耶律德光北返消息，打算接收黄河以南地区，所以派史弘肇当前锋，又派郑谦、阎万进向北推进，牵制辽军行动。阎万进，是太原（山西省太原市）人。

**34** 辽帝（二任太宗）耶律德光派数十艘船只运送从后晋掳获的铠甲武器，将要由汴州（河南省开封市）逆黄河西上，转运回国，命宁国（总部宣州）总纠察官（空头官衔。此时宣州属南唐〔首都金陵府〕）、榆次（山西省晋中市榆次区）人武行德，率官兵一千余人护送到河阴（河南省郑州市西北桃花峪）。武行德跟将士们商量说：“我们受蛮虏控制，势将远离家乡，人生终有一死，为什么当异域之鬼！蛮虏决不可能长期留在中原，不如把他们赶走，固守河阳（河南省孟州市），等到真命天子出现，再向他归降，岂不是良策！”大家一致赞成。武行德就把所护送的铠甲武器分发大家，合力诛杀辽国所派的总监军官（监军使）。正巧，辽国任命的河阳（总部孟州）司令官（节度使）崔廷勋率军护送昭义（总部潞州）司令官（节度使）耿崇美前往潞州（山西省长治市）到差，武行德乘着孟州（河南省孟州市）城防空虚，乘机发动突击，占领河阳（孟州州政府所在县），大家推举他当河阳（总部孟州）总司令（都部署）。武行德把奏章装到蜡丸里，派他的老弟武行友携带，前往晋阳（后汉首都太原府所在县）。

耶律德光派武定（总部设奉圣州〔河北省涿鹿县〕）司令官（节度使）方太前往洛阳（西京河南府所在县，河南省洛阳市）视察，走到郑州（河南省郑州市）。驻防郑州的卫戍部队，强迫方太自封郑王。后梁密王后裔朱乙（后梁一任帝朱全忠〔朱温〕老哥朱存的儿子朱友伦，死后追封密王，朱乙可能是朱友伦的儿子），为了逃避国亡家破的灾祸，削发出家为僧，嵩山（中岳，河南省登封市北）变民首领张遇俘虏他，拥护他当皇帝，把嵩岳庙神像穿戴的皇冠龙袍扒下来，戴到他头上，披到他身上，然后率变民军一万余人，袭击郑州（河南省郑州市），方太把他们击退。但方太认为辽国仍然强大，恐怕事情难以成功，企图说服卫戍部队，随他一起西上，卫戍部队拒绝，方太遂单人匹马，从西门逃走，奔向洛阳。卫戍部队被方太遗弃，反过来奏报耶律德光，诬陷方太胁迫他们叛变，方太派他的儿子方师朗北上解释，辽国将领耶律麻荅诛杀方师朗，方太无法表明自己心迹。这时候，各路变民军进攻洛阳（西京河南府所在县，河南省洛阳市），辽国任命的留守长官刘晞放弃城池，投奔许州（河南省许昌市）；方太遂住进留守长官府执行职务，跟巡查司令（巡检使）潘环合作反击，把变民军击退。张遇遂诛杀朱乙，投降方太。这时，伊阙（洛阳市南）变民首领也自称皇帝，在城南郊外，登上天坛，集结部众誓师，打算进入洛阳，方太迎战，也把他们击退。

方太打算主动的前去晋阳（山西省太原市），河阳（总部孟州）变军首领武行德派人引诱他说：“我不过一个初级军官，大帅从前曾经镇守此地（《资治通鉴》没有记载），现在统帅座位还空在这里，等待你的领导！”方太相信，前去河阳（总部孟州），被武行德诛杀。 

**35** 辽国（首都临潢府）宣武（总部汴州）司令官（节度使）萧翰，派高谟翰率武装部队护送刘晞自许州（河南省许昌市）返回洛阳（河南省洛阳市），刘晞怀疑潘环煽动士卒赶他逃亡，命高谟翰斩潘环。

**36** 四月十三日，河阳（总部孟州）变军使节武行友抵达晋阳（后汉首都太原府所在县）。

四月十五日，史弘肇奏报说：“派先锋官（先锋将）马诲向辽军进击，杀一千余人。”这时，辽国任命的昭义（总部潞州）司令官（节度使）耿崇美，在河阳（总部孟州）司令官（节度使）崔廷勋护送下，走到泽州（山西省晋城市），听说史弘肇的军队已入潞州（山西省长治市），不敢继续前进，撤退南下。史弘肇命马诲追击，大破崔廷勋军。耿崇美、崔廷勋，跟奚部落（滦河上游）酋长（奚王）拽剌，一起退到怀州（河南省沁阳市）固守。

四月十六日，刘知远任命武行德当河阳战区（总部设孟州〔河南省孟州市〕）司令官（节度使）。

耶律德光听到河阳（总部孟州）陷落消息，叹息说：“我犯了三大错误，难怪天下背叛！其一，向各战区道搜刮金钱粮食。其二，纵容辽国军队奸杀烧掠——打草谷。其三，不早送各战区司令官（节度使）返回任所。”

**37** 南唐帝（二任元宗）李璟（徐景通）认为：假传圣旨，以致军事失败，都是陈觉、冯延鲁的罪行（参考去年〔九四六〕八月）。

四月十七日，李璟（徐景通）下诏赦免其他将领，只考虑诛杀陈、冯二人，向中外赎罪。副总监察官（御史中丞）江文蔚在金銮宝殿面奏时，弹劾冯延己、魏岑说：“陛下登极以来，最亲信的部属，不过冯延己、冯延鲁、魏岑跟陈觉四个人而已。他们阴险狡诈，玩弄权术，蒙蔽陛下的耳目，排斥忠良，引用一群卑鄙龌龊的小人。对于忠言直谏的人，加以排斥，对于私下批评时政的人，加以刑罚，他们四人上下勾结，平民敢怒而不敢言，路上相逢，只敢用眼神互相示意。现在陈觉、冯延鲁虽然被定罪，但冯延己、魏岑仍然在位，根本不铲除，枝干还会再生。罪恶相同，处分却不一样，人民将会感到疑惑。”又说：“陛下所听到的和所看到的，只是那几个人，所以虽然每天接见文武百官，仍不能避免身陷孤立。”又说：“他们那批人在地方控制军队，在中央控制政府。”又说：“魏岑、陈觉、冯延己、冯延鲁等，四人之间，也互相斗争，他前进，我后退，他从东来，我向西躲。天生五种材料（金木水火土），国家的权力，竟成了小人们互相斗争时的工具。”又说：“帝国的军事行动，由魏岑决定。国库公帑的开支，也只要魏岑一句话。”李璟（徐景通）认为江文蔚过分夸张，大怒，把他贬作江州（江西省九江市）工务官（司士参军）。

陈觉、冯延鲁被戴上脚镣手铐，自前线押到首都金陵（江苏省南京市）。宋齐丘因曾经推荐陈觉出使福州（参考去年〔九四六〕六月），上疏请求定罪。

李璟（徐景通）下诏流放陈觉到蕲州（湖北省蕲春县）、流放冯延鲁到舒州（安徽省潜山市）。皇家诏书撰写官（知制诰）会稽（浙江省绍兴市）人徐铉、国史馆编撰官（史馆修撰）韩熙载上疏说：“陈觉、冯延鲁罪大恶极，死有余辜。可是宋齐丘、冯延己为他们求情，陛下竟赦免他们一死。擅自发动战争如果不予定罪，则边疆一定发生国际纠纷。败军辱国的人仍准他活在人世，则疆场之上，恐怕再没有人肯为国牺牲。请陛下公开行刑，重振军威。”李璟（徐景通）不接受，但仍把副立法长（中书侍郎）、二级实质宰相（同平章事）冯延己免职，调他当太弟少保（太弟三少之三），把魏岑贬作太弟宫图书馆长（太子洗马）。韩熙载不断指控宋齐丘一党一定会惹起大祸。宋齐丘则弹劾韩熙载酗酒猖狂，李璟（徐景通）贬韩熙载当和州（安徽省和县）工务参谋官（司士参军）。

**38** 四月二十日，故后晋任命的凤州（陕西省凤县）警备区司令（防御使）石奉頵，献出城池，投降后蜀（首都成都府）。石奉頵，是后晋皇族。

**39** 辽帝（二任太宗）耶律德光抵达临城（河北省临城县），生病，发起高烧；走到栾城（河北省石家庄市栾城区），病情恶化，不能忍受酷热，把冰块堆到胸部、腹部和四肢上。耶律德光还一面把冰块含到口里，咀嚼吞食。

四月二十一日，耶律德光一行走到杀胡林（河北省石家庄市栾城区北），逝世（年四十六岁）。辽国官员剖开他的肚子，用好几斗食盐填满，把尸首运回。中原人称“帝肉干”（列入“猪肉干”“羊肉干”群）。

赵延寿（刘延寿）痛恨耶律德光负约背信，听到耶律德光死讯，对别人说：“我不再返回龙沙（燕山以北）！”当天（四月二十一日），赵延寿（刘延寿）率军进入恒州（河北省正定县）。大军忽然调动，情势紧张，辽国永康王耶律兀欲（耶律德光的老哥耶律突欲的儿子，耶律突欲被剥夺继承权事，参考九二六年九月）和南院王、北院王，立刻反应，各率他们的直属部队，前后相继，也进入恒州（河北省正定县）。赵延寿（刘延寿）打算阻止，又恐怕失去辽国强大的后援，考虑的结果，仍迎接他们进城。

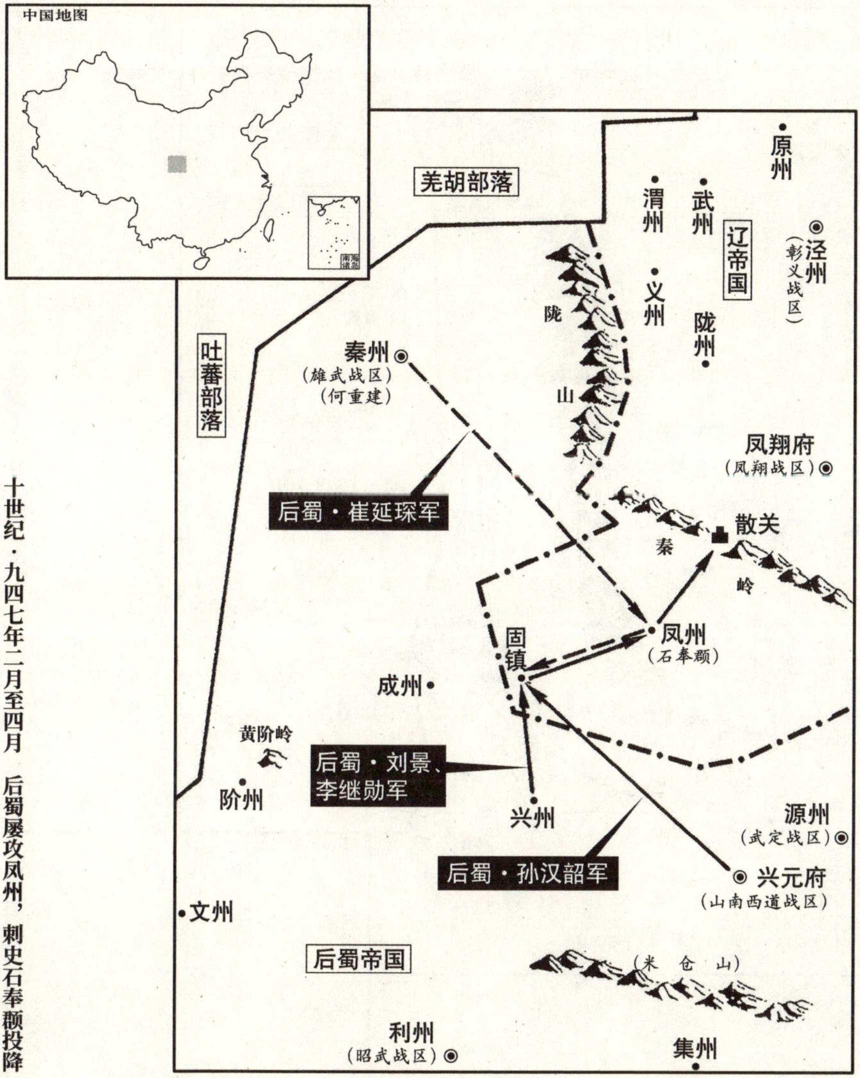

十世纪·九四七年二月至四月　后蜀屡攻凤州，刺史石奉頵投降

中国地图
南海诸岛
羌胡部落
原州
渭州
武州
辽帝国
泾州
（彰义战区）
义州
陇州
陇山
吐蕃部落
秦州
（雄武战区）
（何重建）
凤翔府
（凤翔战区）
后蜀·崔延琛军
散关
秦岭
固镇
凤州
（石奉頵）
成州
黄阶岭
阶州
后蜀·刘景、李继勋军
兴州
源州
（武定战区）
后蜀·孙汉韶军
兴元府
（山南西道战区）
文州
后蜀帝国
（米仓山）
利州
（昭武战区）
集州

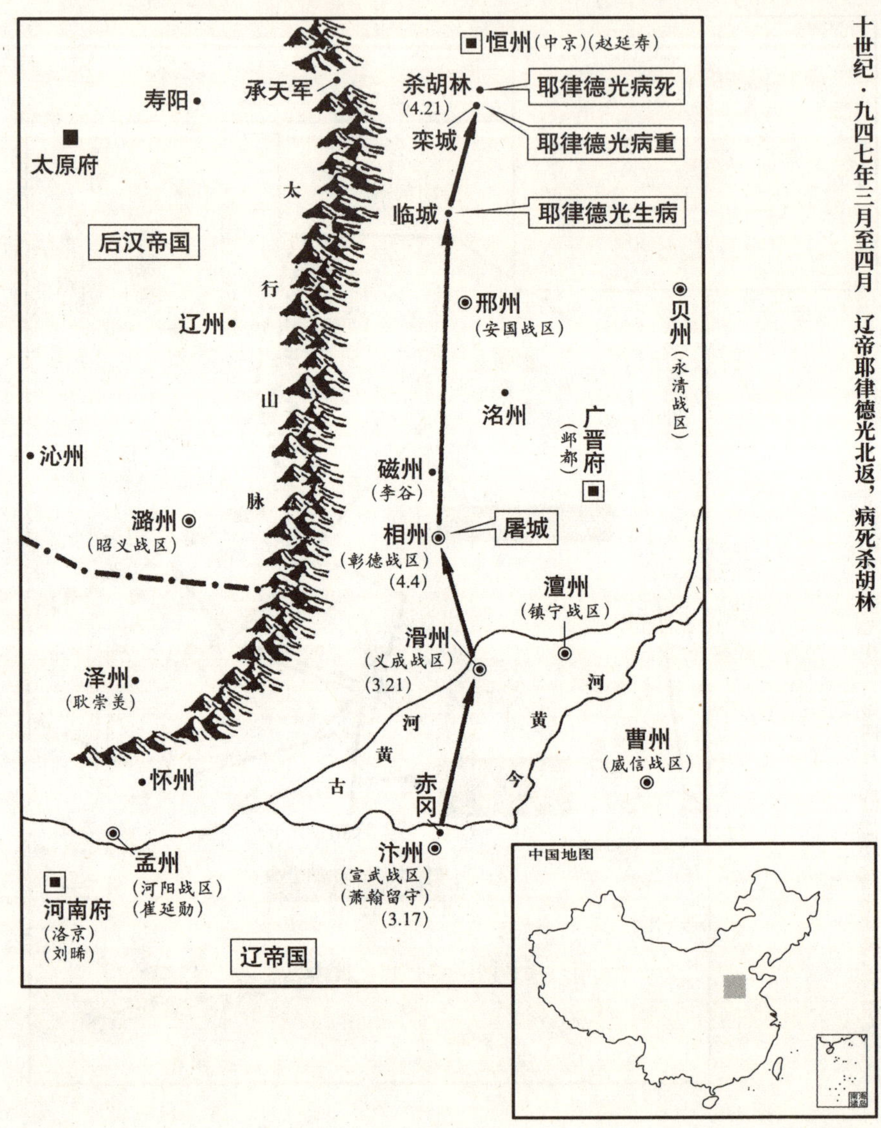


十世纪·九四七年三月至四月　辽帝耶律德光北返，病死杀胡林

事实上，这时候辽国将领已秘密决定拥护耶律兀欲继承帝位，耶律兀欲已登上鼓楼，接受叔父堂兄们的叩头朝拜。可是赵延寿（刘延寿）一点都不知道，却自称奉耶律德光遗诏，命自己暂时主持南朝军国大事（权知南朝军国事），下令把这项遗诏转告各战区道；并且指示，对耶律兀欲的供应，跟对其他将领的供应一样，不必特别优待，耶律兀欲怀恨在心。恒州（河北省正定县）所有城门和仓库的钥匙，都由耶律兀欲保管，赵延寿（刘延寿）派人前往索取，耶律兀欲拒绝交出。

耶律德光的灵柩抵达首都临潢（内蒙古巴林左旗），娘亲述律太后（述律平）一声不哭，说："等到各部落平安无事，我再葬你。"（述律平已预感到她的统治将面对挑战。）

**40** 后汉帝（一任高祖）刘知远自寿阳（山西省寿阳县）回来的时候（参考本年〔九四二〕二月十八日），留下卫戍部队一千人驻防承天军（山西省平定县东北娘子关镇）。卫戍部队听说辽军北还，松懈下来，没有戒备，辽军突然发动袭击，卫戍部队惊恐溃散。辽军纵火焚烧城池街市，一天之内，告警的狼烟烽火，有一百多次，传向太原（山西省太原市）。刘知远说："蛮虏就要撤退，这是虚张声势！"派皇家侍卫亲军将领叶仁鲁率步骑兵三千人出击，正遇上辽军到野外剽掠，大营空虚，叶仁鲁攻击，大破辽军。

四月二十二日，后汉军（首都太原府）克复承天军（山西省平定县东北娘子关镇）。

冀州（河北省衡水市冀州区）变民诛杀辽国（首都临潢府）任命的州长何行通，推举奴工营指挥官（牢城指挥使）张廷翰代理州长。张廷翰，是冀州（河北省衡水市冀州区）人，符习的外甥（符习，后唐一任帝李存勖时名将，参考九二四年十月）。 

**41** 辽国恒州（河北省正定县）有人建议赵延寿（刘延寿）说：“辽国各部落酋长连日以来，不断聚会商议，事情必有变化。现在，汉人官兵不下一万人，应该先下手发动！”赵延寿（刘延寿）犹豫不敢决定。

四月二十七日，赵延寿（刘延寿）下令，定下月（五）一日，在贵宾招待馆（待贤馆）登位办公，并接受文武百官朝贺。规定的仪式是：宰相、帝国参谋总部指挥官（枢密使）在台阶上下跪叩头，战区司令官（节度使）以下官员，在台阶下下跪叩头。宰相李崧认为辽国方面可能另有意见，反应如何，难以推测，一再劝告赵延寿（刘延寿）不要举行仪式，这才停止。

五月一日，辽国（首都临潢府）永康王耶律兀欲布置下天罗地网，邀请赵延寿（刘延寿）跟张砺、和凝、李崧、冯道等，在他下榻的地方饮酒欢宴。耶律兀欲的妻子一向把赵延寿（刘延寿）当作胞兄一样看待，酒席欢笑间，耶律兀欲从容的对赵延寿（刘延寿）说：“小妹刚从辽国来到，你要不要见她？”赵延寿（刘延寿）高高兴兴跟他一块进去。过了很久，耶律兀欲独自出来，对张砺等宣布说：“燕王（赵延寿）阴谋叛变，已用铁链锁住手臂。”解释说：“先帝（耶律德光）在汴州（河南省开封市）时，曾交给我一个木签，允许我主管南朝军国大事，最近逝世时，并没有别的遗诏，燕王（赵延寿）却自称主管南朝，哪有这个道理！”于是下令：“赵延寿（刘延寿）的亲友党羽，一律赦免，不加追究。”第二天（五月二日），耶律兀欲到贵宾招待馆（待贤馆）接受蕃汉文武官员晋谒祝贺，笑着对张砺等说：“燕王（赵延寿）真的在这里举行登位典礼，我派铁甲骑兵包围，恐怕连你们也难逃一劫。”几天之后，耶律兀欲在总部集合蕃汉官员，宣布二任帝（太宗）耶律德光遗诏，大略说：“永康王（耶律兀欲）是大圣皇帝（一任帝耶律阿保机）的嫡孙，人皇王（耶律突欲）的长子，又深受皇太后（述律平）钟爱，人民对他更是归心，应在中京（恒州，河北省正定县）登极称帝。”于是举行丧礼，改穿丧服。然后立刻再换上吉服，接见文武百官，不再哀悼；歌舞狂欢，笑声乐声一直没有停止。

**42** 五月七日，后汉帝（一任高祖）刘知远擢升绛州（山西省新绛县）警备区司令（防御使）王晏当建雄战区（总部设晋州〔山西省临汾市〕）司令官（节度使）。

刘知远召集文武官员，讨论进军中原策略，各将领都建议从井陉（太行山八陉之五，河北省石家庄市鹿泉区西）出军，夺取恒（河北省正定县）、魏（广晋府，河北省大名县）二州，先行扫平河北平原，则黄河以南自会臣服。刘知远则打算从石会关（山西省榆社县西）直向上党（潞州州政府所在县）。郭威说：“蛮虏的头目虽然死亡，但辽军的战斗力仍然很强，分别据守坚固的城池。我们如果直向河北平原，兵力太少，道路弯曲盘旋，里程遥远，沿途又没有别的支援，如果蛮虏联合起来反击，我们立即陷于进退两难，前进则辽军挡住去路，后退则敌人切断归途，薪饷粮食，完全断绝，这是非常危险的策略。上党（山西省长治市）一带，山路崎岖危险，寸步难行，粮食缺乏，人民极度衰弱贫苦，对大军根本无法供应，也不可以考虑。最近，陕州（河南省三门峡市）和晋州（山西省临汾市）两个战区，相继归降，我们大军从这两个地方出击，绝对安全，万无一失，用不了二十天，洛阳（河南省洛阳市）、汴州（河南省开封市）就可平定。”刘知远说：“你说得对。”苏逢吉等说：“史弘肇军已进驻上党（山西省长治市），辽国各路人马相继逃走，不如从天井（山西省晋城市南）出击，立刻就控制孟津（河南省洛阳市孟津区）渡口，要简单得多。”天文台长（司天监）奏报说：“太岁在午（事关天文，一点不懂），大军不可以直接南下（南下则是法术师所称的‘逆太岁’，就要有祸事发生）。应该偏西而行，穿过晋（山西省临汾市）绛（山西省新绛县），前往陕州（河南省三门峡市）。”刘知远接受。

五月七日，刘知远下诏说：十二日从北京（山西省太原市）出发，公告各战区道一体知悉。

五月十日，刘知远命太原特别市市长（太原尹）刘崇当北京（太原府）留守长官，命赵州（河北省赵县）州长李存瓌当副留守长官，命河东（总部太原府）幕僚真定（河北省正定县）人李骧当太原特别市副市长（少尹），命营门官（牙将）太原（山西省太原市）人蔚进当皇家侍卫亲军步骑兵指挥官（马步指挥使），担任刘崇的辅佐。李存瓌，是后唐一任帝李存勖的堂弟（参考九三二年六月）。

**43** 同一天（五月十日），辽国（首都临潢府）任命的西京（河南府，河南省洛阳市）留守长官刘晞，发现大势已去，放弃洛阳（河南府所在县），逃往大梁（河南省开封市）。

**44** 南楚王国（首都长沙府〔湖南省长沙市〕）武安（总部长沙府）副司令官（节度副使）、天策府防卫司令（天策府都尉）、遥兼镇南战区（总部设洪州〔江西省南昌市〕）司令官（空头官衔。此时洪州属南唐（首都金陵府））马希广，是现任王（三任文昭王）马希范的胞弟，性情谨慎温顺，马希范对他十分疼爱，命他主管内外各单位。

五月八日，夜晚，马希范突然逝世（年四十九岁），将领们讨论继任人选，总指挥官（都指挥使）张少敌、大营总管理官（都押牙）袁友恭，认为武平战区（总部设朗州〔湖南省常德市〕）司令官（节度使）、代理朗州（湖南省常德市）州长马希萼，在马希范所有老弟中，年龄最大，因之建议拥护马希萼。常备部队总指挥官（长直都指挥使）刘彦瑫、天策府文学侍从官（天策府学士）李弘皋、邓懿文以及内宅守门官（小门使）杨涤，都拥护马希广。张少敌警告说："希萼年龄最大，又性情刚烈，绝对不会居老弟之下，事理十分明显。一定要拥护希广的话，应该考虑周全，如何控制希萼，使他口服心服，没有反应才可以。不然的话，国家立即陷于危险。"刘彦瑫等不接受。天策府文学侍从官（天策府学士）拓跋恒（元恒）说："三十五郎（马希广）虽主管军国大事，但三十郎（马希萼）却身为兄长，最好先派使节礼貌的把王位让给他，不然的话，争执一定爆发。"刘彦瑫等坚持说："今天军政大权都握在手里，上天赐给你，你拒绝接受，一旦别人得到，我们去哪里找容身之地！"马希广生性懦弱，不能决定。

五月十一日，刘彦瑫等宣布执行马希范的遗命，拥护马希广（年龄不详）继位（四任王）。张少敌退出后，叹息说："大祸莫非从此就要临头？"跟拓跋恒（元恒）都声称有病，不再出家门。

**45** 五月十二日，后汉帝（一任高祖）刘知远从太原（山西省太原市）出发，穿过阴地关（山西省灵石县西南南关镇），直向晋（山西省临汾市）、绛（山西省新绛县）二州。

五月十三日，史弘肇奏报说：攻克泽州（山西省晋城市）。开始时，史弘肇进攻泽州（山西省晋城市），辽国任命的州长翟令奇严密防守，无法攻破。刘知远因史弘肇军队太少，打算把他调回，苏逢吉、杨邠说："今天的形势是：陕（保义总部，河南省三门峡市）、晋（建雄总部，山西省临汾市）、孟（河阳总部，河南省孟州市）都已归附，辽国任命的两位战区司令官（节度使）崔廷勋、耿崇美，早晚都会逃走，如果调回史弘肇，则黄河以南人心一定动摇，蛮虏的声势就会再度壮大。”刘知远犹豫不敢决定，派人去问史弘肇的意见，史弘肇说：“大军来到这里，势如破竹，只可前进，不可后退。”跟苏逢吉等的判断一样，刘知远接受。史弘肇派部将李万超游说翟令奇，翟令奇投降，史弘肇命李万超暂代泽州（山西省晋城市）州长。

崔廷勋、耿崇美、奚部落（滦河上游）酋长（奚王）拽剌，集结所有兵力，逼近河阳（孟州州政府所在县）。张遇率部众数千人增援，在南阪（河南省沁阳市北十公里，太行山南麓）会战，张遇战败被杀。武行德出战，也被击败，急退回闭门固守。拽剌打算进攻，崔廷勋说：“而今，北方大军已经开拔，夺取这个孤城，有什么用？而且，杀一个人还觉得残忍，何况屠一个城！”稍后听到史弘肇已占领泽州（山西省晋城市），于是解除河阳（河南省孟州市）包围，回到怀州（河南省沁阳市）继续固守。史弘肇军节节进逼，就要到达，崔廷勋等遂率军向北逃走，经过卫州（河南省卫辉市），大肆劫掠而去，留在黄河以南的辽军也陆续撤退，史弘肇率军跟武行德会师。史弘肇这个人，沉默寡言，冷静刚强，很少说话，军纪严厉，官兵们只要有一点违反命令，立刻用铁锤击杀。行军途中，凡是践踏农田以及把马拴到树上的，一律斩首（拴马到树上，马会啃树皮，树没有皮就会枯死），官兵战战兢兢，没有人敢违反命令，所以所向无敌。刘知远从晋阳（首都太原府所在县，山西省太原市）安闲从容的走到洛阳（河南省洛阳市）、汴州（河南省开封市），没有一件武器沾上血迹，都是史弘肇的功劳。刘知远因此对他十分倚靠喜爱。

五月十七日，刘知远抵达霍邑（山西省霍州市），派使节前去河中（山西省永济市），向护国（总部河中府）司令官（节度使）赵匡赞沟通，并告诉他辽国（首都临潢府）已把他老爹赵延寿（刘延寿）囚禁。

**46** 辽国（首都临潢府）汴州（河南省开封市）皇城滋德宫，有后晋时代宫女五十余人，辽国任命的宣武（总部汴州）司令官（节度使）萧翰，想自己霸占，命守宫宦官张环交出，张环拒绝，萧翰派军砍开宫门，把她们抢走，生擒张环，用烧红的铁条炙灼，最后，张环的肚子被烧烂，肠胃溃烂而死。

最初，萧翰听到后汉帝（一任高祖）刘知远南下消息，就打算放弃汴州（河南省开封市）撤回本土，但又恐怕中原一旦无主，将爆发大乱，可能使他无法从容不迫的脱身。这时，后唐二任帝李嗣源的幼子、许王李从益，跟庶母王淑妃（花见羞），住在洛阳（河南省洛阳市）。萧翰派高谟翰前去迎接，假传辽国皇帝的诏书："命李从益主持南朝军国事务，调萧翰前往恒州（河北省正定县）。"王淑妃（花见羞）带着李从益躲到徽陵（李嗣源墓，河南省洛阳市境）藏棺的地下室，萧翰派骑兵搜捕，王淑妃（花见羞）不得已，才带着李从益出来，被送到大梁（河南省开封市），萧翰封李从益当皇帝（史书记载不明，不知道是哪国哪朝的皇帝），然后率领各酋长叩头朝见。任命国务院教育部长（礼部尚书）王松、副总监察官（御史中丞）赵远当宰相，又任命前宫廷事务总监（宣徽使）鄄城（山东省鄄城县）人翟光邺当帝国参谋总部指挥官（枢密使）、左金吾（卫军第十一军）大将军王景崇当宫廷事务总监（宣徽使），又任命北来指挥官（北来指挥使）刘祚暂任皇家侍卫亲军总指挥官（权侍卫亲军都指挥使），充当京师（首都汴州）巡查官（在京巡检）。王松，是王徽的儿子（王徽在唐王朝二十一任帝李儇时任职，参考八八二年十二月）。

文武百官晋见王淑妃（花见羞），王淑妃（花见羞）哭泣说："我们母子孤单卑弱到这种地步，却被各位拥护到高位，是存心陷害我们全家！”萧翰留幽州（北京市）野战部队一千人，驻守汴州（河南省开封市）各个城门，并充当李从益的卫士。

五月十八日，萧翰及刘晞向他们所封的皇帝李从益告辞，李从益在北郊设宴饯行，派人前去宋州（河南省商丘市）召唤归德战区（总部设宋州〔河南省商丘市〕）司令官（节度使）高行周，又派人到孟州（河南省孟州市）召唤河阳战区（总部设孟州〔河南省孟州市〕）司令官（节度使）武行德，二人都没有反应，王淑妃（花见羞）大为恐惧，召集高阶层官员商议说："我们母子被萧翰逼迫，自应承担灭亡。可是各位先生并没有罪，请早早迎接新君，自己谋求平安，不要把我们母子挂在心上！"大家被她的话感动，都不忍心背叛离去，有人建议说："现在集结各营兵力，应不少于五千人，跟辽军同心合力守城，只要能支持一个月，北方援救一定赶到。"王淑妃（花见羞）说："我们母子不过亡国残生，怎么敢跟人家争夺天下！不幸到了今天这个地步，是生是死，等候别人决定。如果新君王洞察内情，应该知道我没有罪，如果再做别的打算，势将把灾难延伸到别人身上，全城一片焦土，又有什么益处？"大家仍考虑守城，中央财政三单位管理总监（三司使）文安（河北省文安县）人刘审交说："我是燕地（河北省北部）人，怎能不为燕地（河北省北部）军队打算，可是事情有时候会无可奈何。汴州（河南省开封市）在大乱之后，政府民间，财源全部枯竭，活着的人，还剩下几个？如果再被包围一个月，简直再没有人生存，希望各位不要再出主意，完全听候太妃指示。"乃用赵远、翟光邺的建议，李从益改称梁王，主管军国大事，派使节呈递奏章，向刘知远称臣，欢迎早日驾临京师（首都开封府），母子二人迁出皇宫，回到私宅。

五月二十日，刘知远抵达晋州（山西省临汾市）。

**47** 辽帝（三任世宗）耶律兀欲，因前任帝（二任太宗）耶律德光在国内还有皇子，自己以侄儿的身份继承帝位，又没有祖母述律太后的命令，而擅自登上宝座，内心恐惧。

当初，一任帝（太祖）耶律阿保机在渤海王国（首都龙泉府）境内逝世，述律太后曾屠杀酋长跟将领好几百人（参考九二六年二月），现在，耶律德光又死在国境以外，众酋长跟将领畏惧述律太后往事重演，这才商量拥护耶律兀欲，在大军森严的戒备下回国。

耶律兀欲命安国战区（总部设邢州〔河北省邢台市〕）司令官（节度使）耶律麻荅当中京（恒州，河北省正定县）留守长官，命前武州（河北省张家口市宣化区）州长高奉明当安国战区（总部设邢州〔河北省邢台市〕）司令官（节度使）。而把裹挟北上的后晋文武百官以及士卒，一律留在恒州（河北省正定县），只命皇家文学侍从官（翰林学士）徐台符、李澣跟全体宫女、宦官、皇家剧团（教坊），跟随自己北上。

五月二十一日，耶律兀欲自真定（恒州州政府所在县）出发。

**48** 后汉帝（一任高祖）刘知远称帝时，辽国任命的绛州（山西省新绛县）州长李从朗，跟辽军将领成霸卿等，守城抵抗。刘知远派西南方面军征剿司令（西南面招讨使）、护国（总部河中府）司令官（节度使）白文珂攻城，不能攻克。刘知远亲到城下，命各军在四周布阵，但不攻击，只向李从朗等分析利害。

五月二十四日，李从朗献出城池，投降。刘知远派亲信将领分别守护各个城门，严禁士卒进城，命初级将领（偏将）薛琼当警备区司令（防御使）。

五月二十七日，刘知远抵达陕州（河南省三门峡市），保义（总部陕州）司令官（节度使）赵晖，亲自出来牵着刘知远的马缰进城。

五月二十八日，刘知远抵达石壕（以杜甫《石壕吏》一诗闻名，三门峡市东硖石乡），汴州（河南省开封市）已有人前来迎驾。

**49** 六月一日，辽国（首都临潢府）宣武（总部汴州）司令官（节度使）萧翰继续向北撤退，抵达恒州（河北省正定县），会同中京（恒州）留守长官耶律麻荅，用骑兵包围宰相张砺的住宅。张砺正患病在身，仍不得不出来见面，萧翰斥责他的罪状说："你为什么告诉先帝（二任耶律德光）说胡人不能当战区司令官（节度使。参考去年〔九四六〕十二月十二日）？我当我的宣武（总部汴州）司令官（节度使），又是国舅，你在宰相联合办公厅（中书），怎么竟敢下命令给我？先帝（耶律德光）留我镇守汴州（河南省开封市），命我住进皇宫，你为什么坚决反对！你又在先帝（耶律德光）面前陷害我跟解里（耶律麻荅乳名），说解里喜爱掠夺财产，我喜爱掠夺女人！我定要杀你！"下令用铁链锁住张砺的手臂。张砺大声反驳说："这都是有关国家治乱的大事，我确说过这种话。要杀就杀，锁什么锁？"耶律麻荅认为即令是再尊贵的官员，也不可以随便杀人，竭力阻止，萧翰才把张砺释放。当天（六月一日）夜晚，张砺悲愤而死。

河阳（总部孟州）司令官（节度使）崔廷勋晋见耶律麻荅，用细碎步一直跑到耶律麻荅面前叩头，起身后，再下跪双手捧上酒杯呈献，耶律麻荅坐在那里倨傲的接受。

**50** 六月二日，后汉帝（一任高祖）刘知远抵达新安（河南省新安县），西京（河南府，河南省洛阳市）留守长官府全体官员，齐来迎接。

**51** 吴越王国（首都杭州〔浙江省杭州市〕）国王（三任忠献王）钱弘佐

逝世（年十九岁）。遗令命丞相钱弘倧当镇海（总部杭州）、镇东（总部越州）二战区司令官（节度使）兼最高监督长（兼侍中，使相）。

**52** 六月三日，后汉帝（一任高祖）刘知远抵达洛阳（西京河南府所在县，河南省洛阳市），下榻皇宫。汴州（河南省开封市）文武百官携带奏章前来迎接。刘知远下诏宣布说，凡是接受辽国（首都临潢府）任命的官员，都要放心。把所有辽国颁发的任命状，聚集在一起，烧成灰烬。

赵远因“远”字犯刘知远的讳，改名赵上交（参考九三三年十一月二十五日）。

刘知远派郑州（河南省郑州市）警备区司令（防御使）郭从义，先往大梁（汴州州政府所在城，河南省开封市）清扫宫殿，密令诛杀王淑妃（花见羞）跟李从益。王淑妃（花见羞）临死时，哭泣说：“我儿被辽国强逼，有什么罪？为什么不留他一条命，每年寒食（九月九日）时，盛一碗麦饭，祭祀他爹（后唐二任帝李嗣源）的陵墓！”（李从益死时十七岁。唐王朝末年，平民才用麦饭祭墓，王淑妃（花见羞）自居平民，心情至哀。）听到的人，都悲伤泪下。

六月五日，刘知远从洛阳（河南省洛阳市）出发，帝国参谋总部（枢密院）官员魏仁浦，自辽国（首都临潢府）逃亡回来，在巩县（河南省巩义市）晋见刘知远。郭威询问他辽国的军事及政治情况，魏仁浦记忆力强，而又观察入微，郭威对他十分欣赏信任。魏仁浦，是卫州（河南省卫辉市）人。

六月八日，汴州（河南省开封市）文武百官，在宰相窦贞固率领下，前往荥阳（河南省荥阳市）迎接刘知远。

六月十一日，刘知远抵达大梁（河南省开封市），后晋各战区道相继前来投降。 

53 六月十三日，吴越（首都杭州）国王（四任忠逊王）钱弘倧（本年二十岁）登位。

54 六月十五日，后汉帝（一任高祖）刘知远下诏大赦，承诺凡辽国任命的战区司令官（节度使），以及文官武将，都应安心工作，新政府不作任何改变。在汴州再设东京（汴州则升格为开封府，首都当自太原府迁此），把国号改称汉（史称后汉，以别于西汉、玄汉、东汉、蜀汉、成汉、南汉），继续用后晋的"天福"年号（天福十二年），诏书上说："我不忍心忘记后晋！"恢复平卢（总部青州）、山南东道（总部襄州）、安远（总部安州）三战区（后晋时，因杨光远叛，撤销平卢；因安从进叛，撤销山南东道；因李金全叛，撤销安远。但辽国已先行恢复安远，参考本年〔九四七〕二月）。

六月十九日，刘知远任命北京（太原府，山西省太原市）留守长官刘崇当河东（总部太原府）司令官（节度使），遥兼二级宰相（同平章事，使相）。

55 辽国（首都临潢府）述律太后听到孙儿耶律兀欲，没有她的允许，就自行登极称帝，勃然大怒，出动军队，拒绝他回国。耶律兀欲用伟王耶律宛当前锋官，在石桥（内蒙古巴林右旗南）跟祖母的军队遭遇。最初，后晋皇家侍卫亲军骑兵总指挥官（侍卫马军都指挥使）李彦韬，随从后晋亡国之君石重贵北迁（参考本年〔九四七〕正月），发配到述律太后手下当差，述律太后命他当督战官（排阵使），李彦韬阵前叛变，向伟王耶律宛投降，述律太后军遂大败，耶律兀欲把这位老祖母囚禁在祖父耶律阿保机的墓园（木叶山，内蒙古奈曼旗北）。改年号天禄（之前是大同元年，之后是天禄元年）。自称天授皇帝，命高勋当帝国

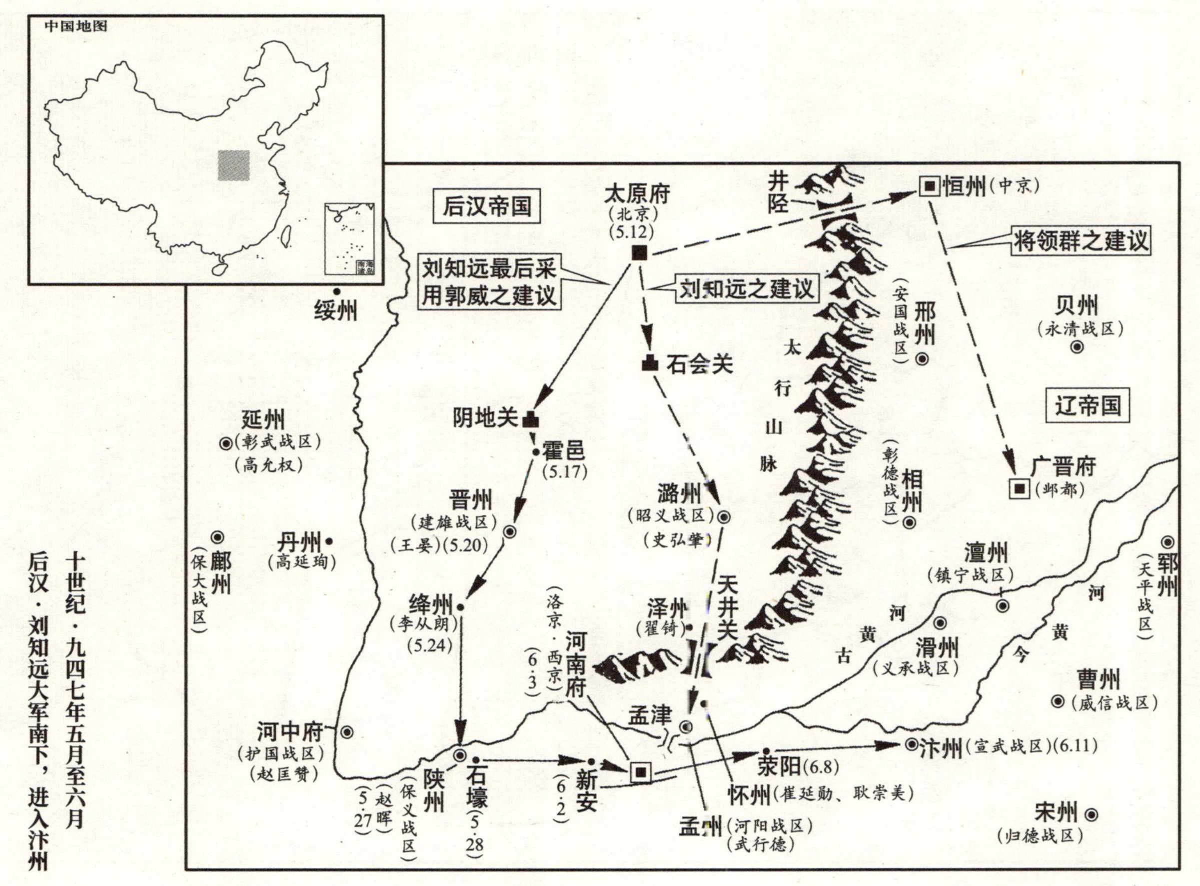


十世纪·九四七年五月至六月
后汉·刘知远大军南下，进入汴州

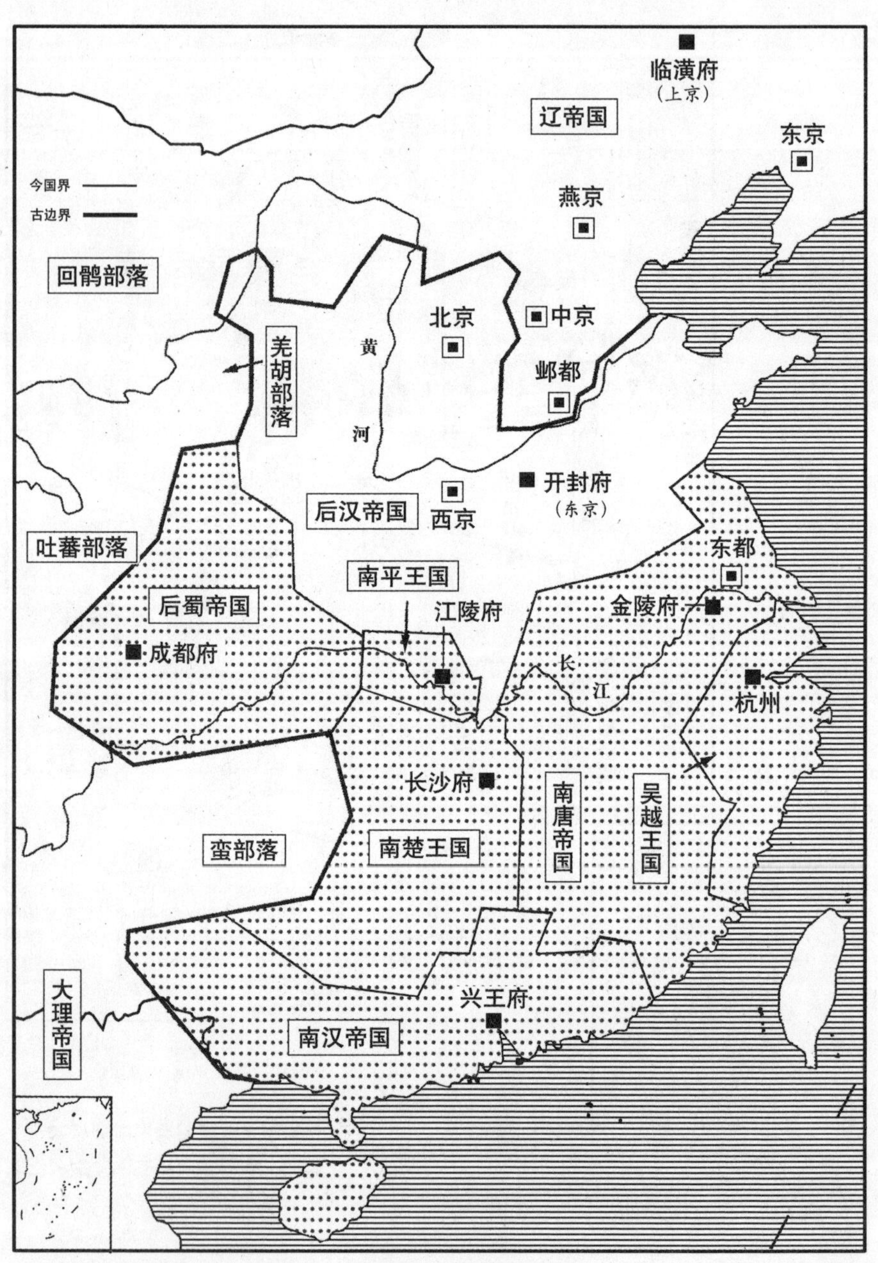


十世纪·九四七年六月　辽军北撤，后汉迁都开封·七国并立

参谋总部指挥官（枢密使）。

耶律兀欲羡慕汉文化，喜爱汉人风俗习惯，大量任命汉族官员担任官职。而他自己则沉迷在醇酒美女之中，瞧不起各部队酋长。因此贵族们开始不服，各部落不断发生叛变，耶律兀欲南征北讨，好几年之久，没有时间南下侵略中原。

**56** 最初，辽国（首都临潢府）二任帝耶律德光命奉国总指挥官（奉国都指挥使）南宫（河北省南宫市）人王继弘、总纠察官（都虞候）樊晖，率私人部队驻防相州（河南省安阳市）。彰德（总部相州）司令官（节度使）高唐英，对二人十分礼遇优待，二人部属都是徒手，没有铠甲武器，高唐英发给他们铠甲武器，倚靠信任，好像是至亲老友。高唐英听到刘知远南下消息，就献出城池，请求归降，使节还没有回来，王继弘、樊晖已谋杀高唐英。王继弘自称候补司令官（留后），派使节奏报刘知远说：高唐英反复无常。刘知远就任命王继弘当彰德（总部相州）候补司令官（留后）。

六月二十七日，刘知远又任命樊晖当磁州（河北省磁县）州长。

辽国任命的安国（总部邢州）司令官（节度使）高奉明，听到高唐英被杀，相州归降后汉（首都开封府）消息，心里恐惧，请中京（恒州，河北省正定县）留守长官耶律麻荅，任命步骑兵总指挥官（马步都指挥使）刘铎，当战区副司令官（节度副使），主管总部军政，然后高奉明自己则弃职投奔恒州（河北省正定县），躲避迫在眉睫的大祸。

**57** 后汉帝（一任高祖）刘知远派使节通知南平（首都江陵府）荆南（总部江陵府）司令官（节度使）高从诲，高从诲上疏祝贺，并顺便请求割让郢州（湖北省钟祥市），刘知远拒绝。于是等刘知远再派加官特使

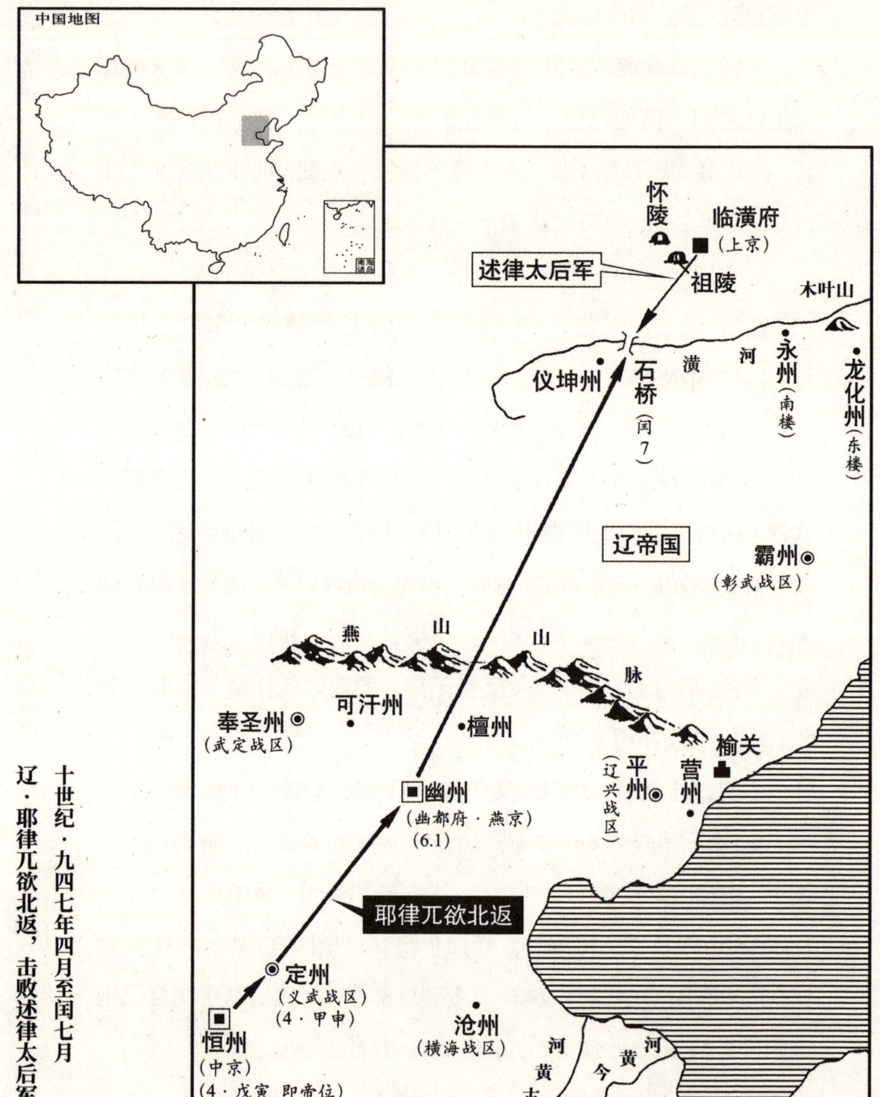


十世纪·九四七年四月至闰七月

辽·耶律兀欲北返，击败述律太后军

(加恩使)时，高从诲不准入境。

**58** 南唐帝(二任元宗)李璟(徐景通)听到辽国二任帝耶律德光逝世，跟萧翰放弃大梁(河南省开封市)北去消息，下诏说："思念万里中原，乃是李姓皇家(唐王朝)的故土！"命左、右卫圣统军、忠武(总部许州)司令官(空头官衔。此时许州属后汉〔首都开封府〕)李金全当北方军团征剿司令(北面行营招讨使)，策划收回北方(李金全叛后晋，参考九四〇年四月)。但不久听到后汉帝(一任高祖)刘知远已进入大梁(河南省开封市)消息，遂不敢进军。

**59** 秋季，七月十一日，后汉帝(一任高祖)刘知远命马希广当天策上将军、武安战区(总部设长沙府〔湖南省长沙市〕)司令官(节度使)、江南各战区道总指战官(江南诸道都统)兼最高立法长(兼中书令，使相)，封楚王(南楚王。四任)。

**60** 后汉(首都开封府)民间传言说：赵延寿(刘延寿)已经死亡。郭威建议刘知远说："护国(总部河中府)司令官(节度使)赵匡赞(赵延寿〔刘延寿〕的儿子)，是辽国所任命(参考本年〔九四七〕正月)，现仍留在河中(山西省永济市)，中央应派使节前往祭奠哀悼，然后起用他，并调到其他战区，他既然已经无家可归，一定感谢皇上恩德，接受命令。"刘知远同意。正巧，辽国任命的邺都(广晋府，河北省大名县)留守长官、天雄战区(总部设广晋府〔河北省大名县〕)司令官(节度使)兼最高立法长(兼中书令，使相)杜重威(杜威)以及天平战区(总部设郓州〔山东省东平县〕)司令官(节度使)兼最高监督长(兼侍中，使相)李守贞，都上疏刘知远归降，杜重威更请求调往其他战区。归德战区(总部设宋州〔河南省商丘市〕)

司令官（节度使）兼最高立法长（兼中书令，使相）高行周，进京（首都开封府）朝见。

七月十三日，刘知远下诏：调杜重威当归德（北部宋州）司令官（节度使），调高行周当天雄（总部广晋府）司令官（节度使），调李守贞当护国（总部河中府）司令官（节度使）兼最高立法长（兼中书令，使相），调赵匡赞当晋昌（总部京兆府）司令官（节度使）。

事实上，赵延寿（刘延寿）两年后（九四九）才在辽国（首都临潢府）逝世。

**61** 吴越王（四任忠逊王）钱弘倧命他的老弟台州（浙江省临海市）州长钱弘俶（音chù〔处〕），当三级实质宰相（同参相府事）。

威武（总部福州）司令官（节度使）李仁达（李达）命他的老弟李弘通（李通）代理候补司令官（知留后），而自己亲自前往钱唐（首都杭州州政府所在县）晋见钱弘倧，钱弘倧代表皇帝（不知道哪个皇帝，说不清楚）加授李仁达（李达）兼最高监督长（兼侍中，使相），又命他改名李孺赟。不久，李仁达（李孺赟）忽然后悔不该进京（首都杭州），而且对前途更大为恐惧，于是用二十棵金笱跟其他各种财宝，贿赂内营禁军司令（内牙统军使）胡进思，请求返回福州（福建省福州市）。胡进思代他求情，钱弘倧批准。

**62** 后汉（首都开封府）杜重威因为曾投降辽军，背叛过祖国，心里一直猜疑畏惧，所以请求调职，不过是一种表态。中央命令忽然颁发，杜重威立刻拒绝接受，派他的儿子杜弘璲前去恒州（河北省正定县）晋见耶律麻荅充当人质，请求援救。当时，赵延寿（刘延寿）的幽州（北京市）亲兵二千人，仍驻恒州（河北省正定县），指挥官（指挥使）张琏是他们的指挥官，杜重威请求派他们协防，耶律麻荅另派将领杨衮，率辽军一千五百人，连同幽州（北京市）亲兵，一同增援。

闰七月十八日，刘知远下诏剥夺杜重威所有官职爵位，派高行周当征剿司令（招讨使），镇宁（总部澶州）司令官（节度使）慕容彦超（刘知远的亲弟）当副征剿司令，讨伐杜重威。

闰七月十九日，刘知远命帝国参谋总部暂任指挥官（权枢密使）杨邠、帝国参谋总部暂任副指挥官（枢密副使）郭威、中央财政三单位管理署暂任总监（权三司使）王章，全转为实任。当时，兵荒马乱之后，政府民间储藏积蓄，全都一空。由河东（总部太原府）南下的各路兵马，跟后晋政府留下的各路野战军，合在一起，供应突然增加好几倍。王章奏报刘知远请停止一切不急的事务，节省不必要的开支，而将所有收入，全部移作军费，勉强可以支持。

闰七月二十八日，刘知远命兴建宫廷皇家祖庙，一百世都不撤除的祭室两座：一是刘邦（西汉王朝一任帝）、二是刘秀（东汉王朝一任帝）。又兴建近亲祭室四座，分别追赠尊贵的绰号（刘知远的老爹刘琠称显祖章圣皇帝，祖父刘僎称翼祖昭献皇帝，曾祖父刘昂称德祖恭僖皇帝，高祖父刘湍称文祖明元皇帝）；共有六座。

**63** 辽国（首都临潢府）中京（恒州，河北省正定县）留守长官耶律麻荅贪婪狡猾，凶暴残忍，探听民家藏有金银财宝或美貌妇女的，一定抢夺到手。又到乡村搜捕善良农民，指控他们是强盗匪徒，然后撕裂他们脸皮、挖出眼珠、砍断手腕，有的更用火炭把他们烤死烧死，完全使用恐怖手段镇压。耶律麻荅走到哪里，行刑工具也带到哪里，卧室和办公室以及其他常去的地方，前后左右都悬挂着人的肝、胆、手、脚，他在中间饮食起居，一点感觉都没有，跟平常一样，依然谈笑风生。出入都穿黄色衣服、坐皇家御轿，用只有皇帝才可以用的东西，有人提醒他，他说："这种事只有汉人才大惊小怪，契丹人可不管这一套。"又因宰相员额不够分配，于是以留守长官身份，用正式公文，任命冯道主管弘文馆、李崧主管国史馆、和凝主管集贤馆、刘昫主管宰相联合办公厅（中书）。行为的僭越和狂妄，已到这种地步。然而，辽国人犯法，他也照样惩罚，不加宽容。所以社会秩序还勉强可以维持，市场不受骚扰。但他十分恐惧汉人逃亡，下令辽国守门官："汉人只要有窥探城门的，立即砍头呈献。"

耶律麻荅派使节到洺州（河北省邯郸市永年区东南广府镇）抢运物资，洺州警备区司令（防御使）薛怀让，听到刘知远进入大梁（河南省开封市）消息，遂诛杀耶律麻荅所派的使节，率全州向刘知远投降。后汉帝（一任高祖）刘知远派郭从义率军一万人，会合薛怀让，进攻刘铎据守的邢州（河北省邢台市）。刘铎向耶律麻荅请求派军援救，耶律麻荅派将领杨安，跟前义武（总部定州）司令官（节度使）李殷，率骑兵一千人进攻，薛怀让登城守卫。杨安放纵士卒奸杀烧掠，邢（河北省邢台市）、洺（河北省邯郸市永年区东南广府镇）二州人民，再受重创。

辽国留在恒州（河北省正定县）的正规军，不满两千人，耶律麻荅却命主管单位缴纳一万四千人的粮食，剩下来的一万二千人的供应物资，全收作私有。他对汉族士卒一直猜忌怀疑，认为没有什么用处，所以开始裁减，克扣他们的粮饷，转发给辽军，于是汉族士卒人人怨愤，听说刘知远进入大梁（河南省开封市），大家都兴起回归的念头。前颍州（安徽省阜阳市）警备区司令（防御使）何福进、控鹤指挥官（控鹤指挥使）太原（山西省太原市）人李荣，暗中集结军中勇士好几十人，计划兵变，但又畏惧辽军战斗力仍然强大，犹豫不决。就在这时候，杨衮、杨安率军出击（杨衮攻广晋府、杨安攻洺州），驻防恒州（河北省正定县）的辽国军队，只剩下八百人，何福进等认为时机已经成熟，约定用佛寺钟声作为信号。

闰七月二十九日，辽帝（三任世宗）耶律兀欲派骑兵到恒州（河北省正定县），召唤前威胜（总部邓州）司令官（节度使）兼最高立法长（兼中书令，使相）冯道、帝国参谋总部指挥官（枢密使）李崧、国务院左最高执行长（左仆射）和凝等，前来木叶山（内蒙古奈曼旗北）参加前任帝（二任）耶律德光的葬礼。冯道等还没有动身，正吃饭的时候，佛寺传出钟声，汉人官兵暴动，抢夺守门辽军的武器，反击辽军，格杀十几个人，突入留守长官府。李荣先夺取军械库，召集汉人官兵跟街头市民，把铠甲刀枪发给他们，纵火焚烧长官府大门，跟辽军作战。李荣号召各将领同心合力，护圣左翼总指挥官（护圣左厢都指挥使）、恩州（广东省恩平市）民兵司令（空头官衔。此时恩州属南汉〔首都兴王府〕）白再荣，怀疑成功的可能性，逃到另一个房间躲藏，变军用刀刺破幕障，抓住他的手臂拉出，白再荣不得已，只好跟大家一起行动。各将领相继增援后，火势蔓延，浓烟冲天，战鼓声及呐喊声震动天地，耶律麻荅等大吃一惊，急行装载家属跟平常掠夺的金钱财宝，退到北城自保。可是汉人只在零星作战，没有统一指挥，贪婪狡猾的人乘机打家劫舍，懦弱胆小的人乘机逃走，或躲藏起来不敢出面。

八月一日，辽军从内城（牙城）北门进城，声势再度振作，汉人被屠杀二千余人。前磁州（河北省磁县）州长李谷，恐怕事情失败，请冯道、李崧、和凝到战场慰问及鼓励战士，战士们看到冯道等前来，士气兴旺，争相奋起。这时天渐黄昏，有乡下农民好几千人，涌到城外喊叫喧哗，打算夺取辽军的宝物、妇女，辽军恐惧，放弃恒州（河北省正定县），向北逃走。耶律麻荅、刘晞、崔廷勋投奔定州

（河北省定州市），跟义武（总部定州）司令官（节度使）耶律忠会合。耶律忠，就是耶律郎五（耶律郎五激起澶州兵变，参考本年〔九四七〕二月二十五日）。

冯道等分别去四处安抚民众，大家推举他当战区司令官（节度使），冯道说："我是一个知识分子，只会奏报国事而已，你们应该选择一位将领当候补司令官（留后）。"当时，李荣的功劳最大，但白再荣的官位在李荣之上，于是由白再荣暂代候补司令官（权知留后），撰写奏章报告后汉帝（一任高祖）刘知远，并且求救。刘知远派皇宫左厩御马管理官（左飞龙使）李彦从率军增援。

白再荣贪婪而且愚昧，对各将领心存猜忌，奉国军带兵官（奉国军主）华池（甘肃省华池县）人王饶，恐怕自己的部队被白再荣吞并，对外宣称得了脚病，行走不便，驻军东门楼，划地自守。天文台长（司天监）赵延乂，跟二人都有深厚的友情，来往劝解，总算没有发生冲突。

白再荣认为李崧、和凝久居宰相高位，家庭一定富有，于是派军包围二人的家宅。李崧、和凝发现情势严重，马上献出全部家产，可是白再荣想到二人将来可能报复，打算把二人杀掉灭口。李谷急往晋见白再荣，责备他说："国家破亡，皇上（后晋二任帝石重贵）被人侮辱，你们这些人手握军权，不去救援，而今只不过驱逐一个蛮夷将领，居民死的几乎多到三千人，难道是你一个人的力量？才逃脱一死，就要谋杀宰相，新皇帝（刘知远）如果对各位擅自诛杀高官问罪，你用什么话回答！"白再荣恐惧，这才罢手。白再荣又打算搜刮民间财产，供应军需。李谷又竭力劝阻，总算停止。曾经替耶律麻荅做过事的汉人，白再荣都把他们逮捕，榨取财富。白再荣贪污暴虐，声名狼藉。恒州（河北省正定县）人赠他一个绰号：白麻荅。

杨衮抵达邢州（河北省邢台市），听说耶律麻荅被汉人驱逐，当天即向北撤退；杨安也逃走，李殷则率军投降后汉。



**64** 八月九日，后汉帝（一任高祖）刘知远命薛怀让当安国战区（总部邢州）司令官（节度使）。辽国任命的司令官（节度使）刘铎，听到耶律麻荅逃走，献出邢州（河北省邢台市）投降，薛怀让声称检阅巡查，率军自洺州（河北省邯郸市永年区东南广府镇）直向邢州（河北省邢台市），刘铎大开城门欢迎，薛怀让遂斩刘铎，上疏奏报他攻克邢州（河北省邢台市）。中央政府虽然知道内情，但故意不闻不问。

八月十日，刘知远命顺国战区（总部设恒州〔河北省正定县〕）改回原名成德战区，恒州改回原名镇州（改顺国、恒州事，参考九四二年正月）。

八月十四日，刘知远命白再荣（白麻荅）当成德（总部镇州）候补司令官（留后）。过了一年（九四八），查明真相，才命何福进当曹州（山东省菏泽市定陶区）警备区司令（防御使），命李荣当博州（山东省聊城市）州长。

刘知远下令："只要是抢劫偷盗，不论多少，一律死刑。"当时，四面八方全是变民和盗匪，政府感到事态严重，所以加重刑法，派出特使到各地追逐搜捕。苏逢吉亲自起草诏书，主要内容是说："所有盗贼本人，以及他前后左右的邻居，连同一'保'居民（"保"，比"乡"、"镇"较低的地方行政区，有时大村有数"保"，有时一"保"包括数小村，"保"设"保长"），全族处斩。"同僚们认为："盗贼本人都不犯灭族之罪，何况四邻和同一个'保'的居民！"但苏逢吉坚持，最后迫不得已，仅只涂掉"全族"二字。于是发生巡捕官（捕贼使者）张令柔屠杀平阴（山东省平阴县）十七个村庄居民惨事（读史至此，悲不胜悲）。

苏逢吉用法苛刻、喜爱杀人，任职河东（总部太原府）执行官（判官）时，刘知远曾命他"净狱"——对羁押的被告立刻结案，全部释放，以此向上天求福。苏逢吉却把被告全部屠杀，回来报告说净狱已毕。后来擢升宰相，中央政府草草创立，刘知远把军事交给杨邠、郭威，而把行政工作交给苏逢吉和苏禹珪。二位苏姓宰相所作裁决，全凭自己心意，从不管法律规章，虽然政务仍可以推动，但对人事上的任免升降，则全看二人高兴或不高兴。刘知远对他们正倚赖信任，所以没有人敢稍加指摘。苏逢吉尤其贪赃枉法，机警巧诈，他公开贪污索贿，没有丝毫顾忌。继母逝世，他拒绝为她改穿丧服；庶兄（同父异母老哥）从外地来，没有告诉苏逢吉，却先见自己的儿子，苏逢吉大怒，秘密拜托郭威，随便找一件事栽到庶兄身上，把他乱棍打死。

**65** 南楚王（四任）马希广的庶弟、天策府左参谋长（天策左司马）马希崇，性情阴险狡诈，暗中写信给老哥、武平（总部朗州）司令官（节度使）马希萼，斥责："刘彦瑫违背先王（一任王马殷）的遗令（参考九三〇年十一月），竟然罢黜老哥，拥护老弟。"希望激起马希萼的愤怒。马希萼从朗州（湖南省常德市）回首都长沙（湖南省长沙市）奔丧。

八月二十四日，马希萼走到趺石（湖南省长沙市西北十五公里。趺，音fū〔夫〕）。刘彦瑫报告马希广，派侍卫总指挥官（侍从都指挥使）周廷诲等率舰队逆水而上迎接。命武平（总部朗州）随行将士都脱下盔甲，才准入城。把马希萼招待在碧湘宫下榻，改穿丧服，排入守灵行列，不准他进宫跟老弟马希广见面。三任王马希范安葬后，马希萼请求返朗州（湖南省常德市）任所，周廷诲劝马希广乘机斩马希萼，马希广说："我怎么忍心杀我老哥，宁愿把潭（首都长沙府）、朗（湖南省常德市）分成两国，分别治理！"对马希萼赏赐优厚，送回朗州（湖南省常德市）。马希崇常替马希萼侦察马希广，马希广的一言一行，全都报告马希萼，自愿做马希萼的内应。

**66** 辽国（首都临潢府）消灭后晋时，曾驱赶战马二万匹回国（参考去年〔九四六〕正月），所以后汉（首都开封府）建国后，缺少战马，后汉帝（一任高祖）刘知远派人到没有受过剽掠兵变的黄河以南各战区道，用市价向民间购买马匹。

**67** 后汉帝（一任高祖）刘知远下诏任命钱弘倧当东南地区兵马总元帅（东南兵马都元帅），镇海（总部杭州）、镇东（总部越州）二战区司令官（节度使）兼最高立法长（兼中书令，使相），封吴越王。

**68** 南平（首都江陵府）荆南（总部江陵府）司令官（节度使）高从诲听到杜重威兵变消息，出动舰队水兵士卒数千人，袭击襄州（湖北省襄阳市）。后汉（首都开封府）山南东道（总部襄州）司令官（节度使）安审琦把他们击退。高从诲又进攻郢州（湖北省钟祥市），州长尹实再把他们击退。高从诲遂跟后汉（首都开封府）断绝关系，归附南唐（首都金陵府）、后蜀（首都成都府）。

最初，荆南战区（总部设江陵府〔湖北省江陵县〕）介于南楚（首都长沙府）、南汉（首都兴王府）、闽国（首都长乐府）之间（胡三省注：“应指过境向中原政府进贡的三个地区而言。”），疆土狭小，兵力衰弱，一任王（武信王）高季兴（高季昌）在世时，各战区道向中央进贡，只要经过辖境，他就掠夺他们的金银财宝。等到激起众怒，各战区道写信指责，甚至派军攻击，万不得已，只好再把掠夺的东西吐出，丝毫不觉得羞愧。高从诲继位后，后唐、后晋、辽国、后汉先后相继的控制中原，而南汉（首都兴王府）、闽国（首都长乐府）、南吴（首都江都府）、后蜀（首都成都府）的首领都称皇帝，高从诲贪图他们的赏赐，只要对方接受，他就向他们称“臣”。各国都看不起他，叫他“高无赖”。

69 南唐帝（二任元宗）李璟（徐景通）命太傅（三师之二）兼最高立法长（兼中书令）宋齐丘当镇南战区（总部设洪州〔江西省南昌市〕）司令官（节度使）。

70 南汉帝国（首都兴王府〔广东省广州市〕）皇帝（三任中宗）刘弘熙（刘晟，本年二十八岁），恐怕他的老弟们将来篡夺他儿子的宝座，于是一连串诛杀齐王刘弘弼、贵王刘弘道、定王刘弘益、辨王刘弘济、同王刘弘简、益王刘弘建、恩王刘弘伟、宜王刘弘照，全家男子杀尽之后，把他们的女儿送进皇宫，收作自己的小老婆。又在京师（首都兴王府）附近兴建离宫一千余间，用珠宝装饰；同时也架设油锅、铁床、刮骨、挖肚等酷刑刑场，号称“生地狱”。有一次，刘弘熙（刘晟）酩酊大醉，开玩笑把瓜放到音乐师（名尚玉楼）头上，试验自己的剑法，一剑挥出去，砍下音乐师的人头。

71 当初，后汉帝（一任高祖）刘知远跟国务院文官部长（吏部尚书）窦贞固，都在后晋一任帝石敬瑭手下做事，互相敬重。现在，刘知远称帝，打算命窦贞固当宰相，问苏逢吉说：“除了窦贞固，下一个人选应该是谁？”苏逢吉跟皇家文学侍从官（翰林学士）李涛，感情最好，遂乘势推荐，说：“从前，李涛曾经要求诛杀张彦泽（参考九四二年四月），陛下在太原（山西省太原市）时，很是敬佩，他可当宰相。”

这时候，高行周、慕容彦超共同讨伐邺都（广晋府，河北省大名县）变军首领杜重威。慕容彦超主张攻城，高行周则主张密密包围，使对方无法支持，自行倒毙。高行周的女儿是杜重威的儿媳，慕容彦超遂宣扬说：“高行周因为爱他的女儿，所以照顾叛贼，不肯进攻。”因此两位统帅不能和睦，刘知远恐怕发生其他变化，打算亲自统军讨伐，但犹豫没有决定。就在这时，李涛上疏建议刘知远御驾亲征，刘知远大为高兴，认为李涛有宰相的见识。

九月十三日，刘知远擢升苏逢吉当国务院左最高执行长（左仆射）兼副监督长（兼门下侍郎）、苏禹珪当国务院右最高执行长（右仆射）兼副立法长（兼中书侍郎）、窦贞固当司空（三公之三）兼副监督长（兼门下侍郎）、李涛当国务院财政部长（户部尚书）兼副立法长（兼中书侍郎），四人同时都加授二级实质宰相（同平章事）。

九月二十七日，刘知远下诏亲往澶（河南省濮阳市）、魏（广晋府，河北省大名县）前线劳军；命太子刘承训当东京（首都开封府）留守长官。

冯道、李崧、和凝，从镇州（河北省正定县）返回大梁（首都开封府所在城）。

九月二十八日，刘知远命李崧当太子太傅（太子三师之二）、和凝当太子太保（太子三师之三）。

九月二十九日，刘知远从大梁（首都开封府所在城）动身。

晋昌战区（总部设京兆府〔陕西省西安市〕）司令官（节度使）赵匡赞，恐怕刘知远对他不可能长久包容。

冬季，十月，赵匡赞派使节前往后蜀（首都成都府）投降，请后蜀（首都成都府）从终南山（秦岭）出军迎接。

十月十七日，刘知远抵达邺都（广晋府，河北省大名县）城下，下榻高行周大营，高行周奏报说："城里粮食还没有吃完，急着攻城，只不过使士卒们白白送命，还不见得攻克。不如稍拖一段时间，他们粮食吃完，自然崩溃。"刘知远同意。但慕容彦超仗恃自己是刘知远的同母胞弟（参考前年〔九四五〕正月），不断找借口欺凌高行周，高行周向宰相们流泪哭诉，甚至双手掬起粪土，塞到自己嘴里，表示含垢忍辱，有口难言。苏逢吉、杨邠秘密奏报刘知远。刘知远深知错在慕容彦超，但还是教苏逢吉、杨邠为他们调解讲和。又把慕容彦超召唤到寝帐中，加以责备，并且命他到高行周大营道歉。 

杜重威曾经声言，刘知远驾到，他就投降。刘知远派御前监督官（给事中）陈观进城沟通，杜重威却紧闭城门拒绝，可是眼看粮食枯竭，将士们很多逃出投降。慕容彦超坚持强攻，刘知远接受。

十月二十五日，刘知远亲自督战，命各将领攻城，自凌晨四时苦战到上午八时，士卒受伤的一万余人，战死的一千余人（死一人则伤十人，依此比例类推，战端不宜轻开），而城无法攻克，慕容彦超这才不敢再多说话。

最初，辽国（首都临潢府）萧翰留下幽州（北京市）野战军一千五百人协防大梁（河南省开封市）。刘知远进入大梁（河南省开封市）时，有人检举他们打算叛变，刘知远把他们集合在薄台（繁台，在大梁城内）之下，全体屠杀。现在，刘知远率军包围邺都（广晋府），张琏率幽州（北京市）亲兵二千人协助杜重威防守（参考本年〔九四七〕七月），刘知远屡次派人向他们安抚招降，并且承诺赦免一死。张琏说："薄台（繁台）那一千五百名战士，犯了什么罪而全部杀戮？我们只有守城抵抗，直到死亡。"因此后汉军攻城攻了很久，不能攻克。

十一月六日，内殿侍从官（内殿直）韩训呈献攻城武器，刘知远说："守城仗恃的是万众一心，人心一旦瓦解，城池也就跟着瓦解，用它干什么？"

杜重威叛变时，行政执行官（观察判官）金乡（山东省金乡县）人王敏，不停哭泣劝阻，杜重威不肯听从。现在，力量及粮食，双双枯竭。

十一月二十四日，杜重威派王敏携带奏章出降。

十一月二十五日，杜重威的儿子杜弘琏到大营晋见刘知远。

十一月二十六日，杜重威的妻子石女士到大营晋见刘知远。石女士，是后晋的宋国长公主（参考九三七年六月），刘知远仍送她回城。

十一月二十七日，杜重威大开城门出降，城里居民已饿死十分之七八，勉强仍活着的人，也肉皮包骨，瘦得不成人形。张琏事先得到刘知远的保证，刘知远下诏把他们送回乡里。但是等他们出来投降，刘知远又下诏诛杀张琏等将领及中级军官好几十人，而释放士卒北归，这批幽州（北京市）亲兵将要出后汉边境时，大肆剽掠才去。

郭威建议诛杀杜重威的营门官（牙将）一百余人，并没收杜重威的家产，用来赏赐将士，刘知远批准。但仍任命杜重威当太傅（三师之二）兼最高立法长（兼中书令），封楚国公爵。杜重威每次进出，路上行人都用碎瓦片向他投掷，破口大骂。

刘知远杀幽州（北京市）无辜官兵一千五百人，不仁。欺骗张琏，把他斩首，不信。杜重威罪大恶极而竟然赦免，刑罚不当。仁爱才可以团结民众，守信才可以发号施令，刑罚用来惩治奸恶。失去三项治国的动力，又怎么治国！后汉政府的寿命不长，原因在此。

高行周因慕容彦超是镇宁战区（总部设澶州〔河南省濮阳市〕）司令官（节度使），所以坚辞邺都（广晋府，河北省大名县）留守长官职务（广晋府、澶州航空距离六十公里，高行周恐惧慕容彦超惹是生非，乘机陷害）。

十一月二十九日，刘知远调忠武（总部许州）司令官（节度使）史弘肇当归德（总部宋州）司令官（节度使）兼皇家侍卫亲军步骑兵总指挥官（兼侍卫马步都指挥使）；调义成（总部滑州）司令官（节度使）刘信当忠武（总部许州）司令官（节度使）兼皇家侍卫亲军步骑兵副总指挥官（兼侍卫马步副都指挥使）；调慕容彦超当天平（总部郓州）司令官（广晋府、郓州航空距离一百二十公里，稍远一点）。三人同时都遥兼二级宰相（同平章事，使相）。 

**72** 吴越王（四任忠逊王）钱弘倧举行盛大的舰队检阅，赏赐多过从前的两倍。内营禁军司令（内牙统军使）胡进思一再劝阻，钱弘倧勃然大怒，把手中的笔投到水里说："我的财富跟士卒共享，难道还有上限！"

**73** 十二月六日，后汉帝（一任高祖）刘知远从邺都（广晋府）启程回京（首都开封府）。

**74** 后蜀帝（二任）孟昶（孟仁赞）派雄武（总部秦州）大营总管理官（都押牙）吴崇恽，带着帝国参谋总部指挥官（枢密使）王处回的信件，游说凤翔（总部凤翔府）司令官（节度使）侯益归附。

十二月十日，孟昶（孟仁赞）任命山南西道（总部兴元府）司令官（节度使）兼最高立法长（兼中书令，使相）张虔钊当北方军团征剿安抚司令（北面行营招讨安抚使）、雄武（总部秦州）司令官（节度使）何重建当副手（张虔钊降后蜀，参考九三四年四月。何重建降后蜀，参考本年〔九四七〕正月）；又任命宫廷事务总监（宣徽使）韩保贞当总纠察官（都虞候），共集结北征军五万人，张虔钊从散关（陕西省宝鸡市西南）出击，何重建从陇州（陕西省陇县）出击，夹攻凤翔（陕西省宝鸡市凤翔区）。奉銮肃卫总纠察官（都虞候）李廷珪率官兵二万人，从子午谷（河南省宁陕县北）出击，遥遥呼应赵匡赞（晋昌〔总部京兆府〕司令官）。其他各路人马从首都成都（四川省成都市）出发，旌旗连绵好几十华里。

**75** 十二月十一日，后汉（首都开封府）皇子、首都开封特别市市长（开封尹）刘承训逝世（年二十六岁）。刘承训孝顺友爱，忠诚敦厚，做事干练，人们对他的去世，十分惋惜。

十二月十三日，刘知远返抵大梁（首都开封府所在城）。

**76** 吴越（首都杭州）威武（总部福州）司令官（节度使）李仁达（李孺赟）跟中央驻军司令鲍修让不和睦，阴谋袭杀鲍修让，再投降南唐（首都金陵府）。鲍修让发觉，率军攻击总部。当天，斩李仁达（李孺赟），屠灭他的全族。

刘裘曾警告刘牢之，说："有一件事绝对不可以做的，就是叛变，你几年前叛王恭，近些日子叛司马元显，现在又要叛桓玄。一个人一连三次谋反，怎么还能立足天地之间？"（参考四〇二年三月）而李仁达却更破纪录，自九四五年起，两年之间，叛王继昌、叛卓严明、叛南唐、叛吴越，把叛变当作儿戏，无他，只是太相信自己的智慧谋略。

**77** 十二月十五日，后汉帝（一任高祖）刘知远追封皇子刘承训为魏王。

**78** 后汉（首都开封府）凤翔（总部凤翔府）司令官（节度使）侯益，投降后蜀（首都成都府），命吴崇恽携带官兵名册、粮食等储藏账簿，先回成都。然后，侯益联合赵匡赞（晋昌〔总部京兆府〕司令官）一同上疏，请后蜀政府（首都成都府）出军夺取关中（陕西省中部）。

**79** 十二月二十九日，吴越（首都杭州）驻防福州（福建省福州市）

的将领鲍修让，用驿马车把李仁达（李孺赟）的人头送到钱唐（首都杭州州政府所在县）。吴越王（四任忠逊王）钱弘倧命丞相、山阴（浙江省绍兴市）人吴程，代理威武（总部福州）司令官（节度使）。

钱弘倧性情刚强严厉，前任王（三任忠献王）钱弘佐在位时，对各将领百般宽大包容，以致有时候反而身不由主。钱弘倧看到眼里，愤愤不平。登位之后，先后诛杀杭州（浙江省杭州市）、越州（浙江省绍兴市）三名违法官员。内营禁军司令（内牙统军使）胡进思仗恃他迎立钱弘倧的功劳，干涉政府行政，钱弘倧心怀厌恶，打算命胡进思当一个州长，胡进思不肯接受。胡进思有什么意见或建议，钱弘倧好几次都当面驳斥。胡进思回家，摆设前任王（三任忠献王）钱弘佐的灵位，披散头发恸哭。民间有人杀牛，官吏审问追查谁买他私宰的牛肉，滥肆逮捕的结果，把他们承认购买牛肉的数量，加在一起，竟多达将近一千斤。钱弘倧问胡进思说："最大的牛，有多少斤？"胡进思回答说："不过三百斤。"钱弘倧说："那么，官吏在那里诬陷良民。"下令定那个官吏的罪。胡进思赞扬钱弘倧英明，钱弘倧说："你怎么知道？"胡进思结结巴巴说："我从军之前，曾当过屠夫。"但胡进思认为钱弘倧一向知道他出身卑微，却故意问他，当面羞辱，所以越发痛恨愤怒。胡进思曾建议命李仁达（李孺赟）返回福州（参考去年〔九四六〕七月），等到李仁达（李孺赟）叛变，钱弘倧责备他，胡进思更加惊恐。钱弘倧跟另一名内营指挥官（内牙指挥使）何承训，暗中计划把胡进思排出中央，也暗中跟王宫最高辅导官（内都监使）水丘昭券商量。水丘昭券认为胡进思党羽很多，难以克制，不如继续包容，钱弘倧犹豫不决，何承训恐怕夜长梦多，密谋可能泄漏，于是，反而把密谋告诉胡进思。

十二月三十日，夜晚，钱弘倧设宴招待文武百官，胡进思怀疑钱弘倧利用宴会对自己动手，遂跟他的同党发动政变，率领亲兵一百人，全副武装，手拿武器，进宫闯到天策堂，晋见钱弘倧，说："我这个老奴才没有犯罪，为什么对我暗算？"钱弘倧大声叱呵，命胡进思退出，胡进思不退，钱弘倧左右侍从中拿有武器的都非常愤怒，但钱弘倧对突发事件惊恐过度，一时说不出话，急逃进义和院。胡进思下令关闭义和院大门，假传钱弘倧的命令，布告中外，说："我忽然中风，不能继续主政，特把王位传给三级实质宰相（同参相府事）钱弘俶（音chù〔处〕）。"胡进思率各将领前往钱弘俶的家宅，迎接钱弘俶，然后召见丞相元德昭。元德昭到后，站在帘幕外面，不肯行礼，说："等候晋见亲王。"胡进思急出来掀起帘幕，元德昭才下跪叩头。

胡进思假传钱弘倧的命令，代表皇帝（恐怕连他自己也不知道代表哪个皇帝）发布人事命令，加授钱弘俶当镇海（总部杭州）、镇东（总部越州）两战区司令官（节度使）兼最高监督长（兼侍中，使相）。钱弘俶说："你如果允许保全我老哥（钱弘倧）的性命，我才敢继位。不然的话，我宁愿退出，决不阻挡贤才上进之路。"胡进思允许。钱弘俶（本年十九岁）才升座办公。

胡进思诛杀水丘昭券跟御前侍卫（进侍）鹿光铉。鹿光铉，是钱弘倧的舅父。胡进思的妻子说："别的人还可以杀，水丘昭券是一位正人君子，为什么害死他！"

**80** 本年（九四七），南唐帝（二任元宗）李璟（徐景通）命羽林（禁军第一、二军）大将军王延政（闽帝国的亡国之君）当安化战区（总部设饶州〔江西省鄱阳县〕）司令官（节度使），封鄱阳王，镇守饶州（江西省鄱阳县）。

# 高平之战

# 导读

凡是称得上战役的战争，都是一种生死对决，不但可能影响一个国家或一个政权的兴亡，甚至可能影响历史发展的方向和人类的命运。高平战役的规模并不大，但这次战役却奠立了以中原地区为基础，传统的大一统观念，在极端混乱衰弱的谷底，开始复苏。

十世纪四〇年代，是中国人最悲惨可耻的十年，既被外族军队屠杀，又被本国军队屠杀，然后更被割据军阀交互屠杀，而汉奸卖国贼在这十年中也最盛行，很多人都以当汉奸卖国贼为荣。本册正逢上这个年代。

高平战役之后，我们才终于看到一线的和平曙光。

柏杨　一九九二·一一·一五

# 目录


十世纪

四〇年代

九四八—九四九年

小分裂

●后汉赵思绾叛、李守贞叛、王景崇叛（总称“三叛”），均败死

435

十世纪

五〇年代

九五〇—九五四年

小分裂

●后汉二任帝刘承祐诛杀大臣，郭成叛，斩刘承祐，建后周，刘崇继任后汉三任帝●辽国兵变，杀三任帝耶律兀欲，侄耶律述律继任四任帝●南楚内乱，被南唐灭亡

487

# 十世纪四〇年代

九四八—九四九年

◉ 后汉赵思绾叛、李守贞叛、王景崇叛（总称“三叛”），均败死。

# 九四八年 戊申

| | | |
|---|---|---|
| 后汉 | 天福 | 十三年 |
| | 乾祐 | 元年 |
| 南唐 | 保大 | 六年 |
| 南楚 | 乾祐 | 元年 |
| 吴越 | 乾祐 | 元年 |
| 南汉 | 乾和 | 六年 |
| 南平 | 乾祐 | 元年 |
| 后蜀 | 广政 | 十一年 |
| 辽 | 天禄 | 二年 |

**1** 春季，正月五日，后汉帝国（首都开封府〔河南省开封市〕）皇帝（一任高祖）刘知远（本年五十四岁），下诏大赦，改年号乾祐（之前是天福十三年，之后是乾祐元年）。

刘知远因赵匡赞（晋昌〔总部京兆府〕司令官）、侯益（凤翔〔总部凤翔府〕司令官）投降后蜀（首都成都府），联合入侵，十分忧心。正巧，回鹘部落（住甘肃省中西部）向后汉进贡的使节，向后汉政府（首都开封府）控告受到党项部落（黄河河套地区）的阻挠（本世纪〔十〕三〇年代以来，党项一直劫掠东来的进贡使节，参考九三二年正月），请求派军肃清。刘知远派左卫（卫军第一军）大将军王景崇、将军齐藏珍，率禁军数千人对付党项，并顺势经营关西（潼关以西）。晋昌（总部京兆府）军事执行官（节度判官）李恕，长期当赵延寿（刘延寿）的幕僚，赵延寿（刘延寿）派他辅佐儿子赵匡赞。赵匡赞将要投奔后蜀时（参考去年〔九四七〕十月），李恕劝阻说："燕王（赵延寿）北入蛮荒，岂是心甘情愿（赵延寿被锁，参考去年〔九四七〕五月）？后汉政府新近成立，正在全力招徕安抚。你如果承认错误，回归中央，保管享受荣华富贵。投奔后蜀（首都成都府），不是最好办法。古人说：'马蹄那样小的水坑，容不下一尺长的鲤鱼。'（"蹄涔不容尺鲤"，刘曜评赵染语，见《晋书·刘聪载记》）你会后悔无穷。"赵匡赞乃派李恕携带奏章，前往开封（河南省开封市）呈递，请求准他前来中央朝见。王景崇等还没有到京兆（陕西省西安市），而李恕已到开封（河南省开封市），刘知远问李恕说："赵匡赞为什么投降后蜀（首都成都府）？"李恕回答："赵匡赞自认为接受蛮虏（辽国）首领的任命，老爹（赵延寿）又身在蛮虏政府任职，唯恐陛下一时没有留意，所以归附后蜀（首都成都府），只求暂逃一死，我认为中央定会保全安抚，所以派我前来哀求。"刘知远说："赵匡赞父子，本来就是我们自己人，不幸身陷蛮虏巢穴。而今，赵延寿（刘延寿）坠落陷阱，我又怎么忍心再害赵匡赞！"批准赵匡赞到中央朝见。这时候，侯益也改变立场，请求于二月四日刘知远生日那天，到京师（首都开封府）祝贺。王景崇等大军出发前夕，刘知远把王景崇召唤到卧室，嘱咐说："赵匡赞、侯益心里真正的想法，我们并不知道。你到那里，二人如果已经启程前来京师（首都开封府），则不作追究，二人如果仍拖延观望，你应见机行事。"

正月九日，刘知远改名刘暠（我们仍称他刘知远），命前威胜（总部邓州）司令官（节度使）冯道当太师（三师之一）。

**2** 正月十二日，吴越王国（首都杭州〔浙江省杭州市〕）国王（五任忠懿王）钱弘俶（本年二十岁。俶，音chù〔处〕），把被罢黜的前任王（四任忠逊王）钱弘倧，迁出王宫，迁到衣锦军（浙江省杭州市临安区）私宅，派匡武作战司令（匡武都头）薛温，率亲军保护。暗中告诫他说："假使有非常处分，绝对不是我的意思，我要你抗拒到死。"

**3** 后汉帝（一任高祖）刘知远自从长子、魏王刘承训逝世（参考去年〔九四七〕十二月），悲痛过度。

正月十四日，刘知远终于病倒。

赵匡赞（晋昌〔总部京兆府〕司令官）不等到李恕回来报告，就离开长安（京兆府所在县）东行。

正月二十六日，赵匡赞抵达京师（首都开封府）。

王景崇等到了长安（陕西省西安市），听说后蜀（首都成都府）军队已进入秦川（渭河南北两岸，土地肥沃，俗称"秦川八百里"，跟关西、关中同义）。王景崇因禁军太少，于是调发晋昌战区（总部设京兆府〔陕西省西安市〕）野战部队及赵匡赞警备部队共一千余人，前往阻截。王景崇恐怕赵匡赞的警备部队士卒逃散，打算在他们脸上刺青。先略微露一点风声，作为试探，一位名叫赵思绾的军官首先响应，愿意在自己脸上开始，作为表率，王景崇大为高兴。将军齐藏珍暗中警告王景崇说："赵思绾凶恶横暴，难以控制，不如把他杀掉。"王景崇不接受。赵思绾，是邺都（广晋府，河北省大名县）人。

**4** 后蜀帝国（首都成都府〔四川省成都市〕）奉銮肃卫总纠察官（都虞候）李廷珪（参考去年〔九四七〕十二月）率军将要挺进到长安（陕西省西安市），听说赵匡赞（晋昌〔总部京兆府〕司令官）反悔，已前往后汉首都开封朝见（赵匡赞降后蜀，参考去年〔九四七〕十月），打算撤退。王景崇出军堵截，在子午谷（陕西省宁陕县北）击败李廷珪军。后蜀另一统帅张虔钊前进到宝鸡（陕西省宝鸡市），将领们议论纷纷，意见不能一致，遂逗留原地。侯益（凤翔（总部凤翔部）司令官）听到李廷珪撤退消息，立刻紧闭城门，拒绝后蜀军入城，张虔钊人单势孤，夜晚率军逃走。王景崇集结凤翔（陕西省宝鸡市凤翔区）、陇（陕西省陇县）、邠（陕西省彬州市）、泾（甘肃省泾川县）、鄜（陕西省富县）、坊（陕西省黄陵县）各州府军队追赶，在散关（陕西省宝鸡市西南）击败后蜀军，生擒将士四百人（后蜀派李廷珪迎赵匡赞，派张虔钊迎侯益，参考去年〔九四七〕十二月）。

**5** 正月二十七日，后汉帝（一任高祖）刘知远病势沉重，奄奄一息，杨邠对皇家侍卫亲军骑兵总指挥官（侍卫马军都指挥使）、遥兼忠武战区（总部设许州〔河南省许昌市〕）司令官（节度使）刘信（刘知远的堂弟），怀疑猜忌，命他立即动身前往任所到差。刘信请求面见刘知远辞行，杨邠不准，刘信大哭，泪下如雨，悲恸而去。

刘知远召见苏逢吉、杨邠、史弘肇、郭威四位心腹干部进宫接受遗诏，说：“我力气已尽，呼吸困难，不能多说话，承祐年纪还小，后事依靠你们。”又说：“紧防杜重威！”当天（正月二十七日），在万岁殿逝世（年五十四岁），苏逢吉等封锁消息，不对外发布。

正月三十日，用刘知远的名义下诏，说：“杜重威父子，在我生病的时候，诽谤议论，煽惑群众，动摇军心。应将杜重威以及他的儿子杜弘璋、杜弘琏、杜弘璨，一律斩首。后晋公主石女士（杜重威妻子）跟其他远近亲族，不加追究。”把杜重威的尸体，拖到街市上，砍下四肢示众。居民们抢着割他的肉吞吃，行刑官无法禁止，一会工夫，肉被割尽，只剩一副白骨。

二月一日，再用刘知远名义下诏，封皇子、左卫（卫军第一军）大将军、皇宫总扈从官（大内都点检）刘承祐当周王，兼二级实质宰相（同平章事）。不久，发布刘知远逝世消息，宣读遗诏，命刘承祐继承帝位（二任隐帝）。刘承祐本年十八岁。

**6** 后蜀（首都成都府）宫廷事务总监（宣徽使）韩保贞、庞福诚，率军自陇州（陕西省陇县）撤退回国（韩保贞跟张虔钊等同时出击，参考去年〔九四七〕十二月），裹挟何重建（雄武〔总部秦州〕司令官）同行西上。当天，韩保贞等到达秦州（甘肃省秦安县西北），派军分别据守所有城门及交通要道，何重建自此定居后蜀。

**7** 二月七日，后汉帝刘承祐尊娘亲皇后李女士当皇太后。

中央知道成德（总部镇州）候补司令官（留后）白再荣（白麻荅），不是将帅材料。

二月十日，刘承祐命前建雄战区（总部设晋州〔山西省临汾市〕）候补司令官（留后）刘在明前去接任。

二月十三日，刘承祐下诏大赦。

**8** 吴越（首都杭州）内营指挥官（内牙指挥使）何承训，建议吴越王（五任忠懿王）钱弘俶诛杀胡进思跟他的党羽，钱弘俶对他的反复无常态度，十分厌恶（何承训向胡进思出卖前任王钱弘倧，参考去年〔九四七〕十二月），同时也恐怕招来大祸。

二月十五日，钱弘俶下令逮捕何承训，斩首。

内营禁军司令（内牙统军使）胡进思屡次请求诛杀废王（四任忠逊王）钱弘倧，永绝后患，钱弘俶不准。胡进思假传钱弘俶的密令，命看守卫士长薛温就近下手，薛温说：“我到差的那天，没有听见这话，不敢轻举妄动。”胡进思在他的党徒中挑选敢死勇士方安等二人，于夜晚跳墙进去，被软禁的钱弘倧发觉，紧闭房门抵抗，大声呼喊“救命”，薛温听见，率部众赶到，把方安二人格杀在庭院之中，然后进宫禀告钱弘俶，钱弘俶大吃一惊，说：“保全我老哥性命，都靠你的力量。”

钱弘俶对胡进思既畏惧又猜忌，但总是委曲求全，百般忍让。胡进思心里也深受忧愁和恐惧的煎熬，不久，背上生疮，逝世。钱弘倧因此得以保住性命。

**9** 后汉帝（二任隐帝）刘承祐下诏命王景崇兼凤翔（总部凤翔府）巡查司令（巡检使），王景崇率军抵达凤翔（陕西省宝鸡市凤翔区），侯益（凤翔（总部凤翔府）司令官）还没有启程，王景崇派他所率的禁军分别守住各个城门。有人劝王景崇诛杀侯益，可是王景崇考虑到他接受的是老皇帝刘知远在世时下达的密旨，新嗣位的小皇帝刘承祐并不知道，可能怀疑他擅自行凶；因此犹豫很久，不敢决定。侯益用不了多少时间，就得到消息，也不向王景崇报告，自行出走。王景崇大为后悔，自己诟骂自己。

二月十八日，侯益抵达京师（首都开封府），刘承祐问说：“你为什么招引后蜀（首都成都府）军队？”侯益说：“我打算把他们引诱进来诛杀！”刘承祐嗤之以鼻。

**10** 后蜀（首都成都府）张虔钊自恨没有为他新投降的帝国立下功劳。

二月二十三日，张虔钊回到兴州（陕西省略阳县），懊恼愤恨而死。

（胡三省注：“张虔钊是一个不知道是非、不知道利钝，只知道急着立功的人，观察攻王都据守的定州〔参考九二八年六月〕、李从珂据守的凤翔〔参考九三四年三月十六日〕，都因为急于求胜，反而导致失败，就可了解。”）

**11** 后汉（首都开封府）皇家侍卫亲军步骑兵总指挥官（侍卫马步都指挥使）、二级实质宰相（同平章事）史弘肇，娘亲逝世，但丧服只穿了几天，便自己走出家门到金殿朝见。

三月七日，后汉帝（二任隐帝）刘承祐下诏起用史弘肇，命他复职办公，并加授：兼最高监督长（兼侍中）。

侯益家产富有，大肆贿赂当权高官及宰相史弘肇等，于是中央高级官员争相称赞侯益的美德。

三月十七日，刘承祐命侯益兼最高立法长（兼中书令），代理首都开封特别市长（行开封尹）。

后汉政府把广晋府（河北省大名县）改称大名府（仍保留邺都称号。大名府之名，始于唐王朝叛将田悦，参考七八二年十一月）、晋昌战区（总部设京兆府〔陕西省西安市〕）改称永兴战区。

侯益在中央对王景崇竭力破坏诋毁，指控他一意孤行，霸道蛮横。王景崇听到侯益已出任代理首都开封特别市长（行开封尹）消息，知道事情已发生变化，心情恶劣，对中央由失望而转为怨恨。正巧，刘承祐派宫廷随从（供奉官）王益去凤翔（陕西省宝鸡市凤翔区）征调赵匡赞的警备部队（牙兵）前来中央，赵思绾等十分恐惧，王景崇遂从中挑拨，用话刺激。走到中途，赵思绾对他的同党常彦卿说：“小太尉（赵匡赞）已落到他们手里，我们到了京师（首都开封府），不过死在一起，怎么办？”常彦卿说：“随机应变，不必多说。”

三月二十四日，赵思绾等走到长安（陕西省西安市），永兴战区（总

十世纪·九四七年十二月至九四八年二月

后蜀第一次入援凤翔失败

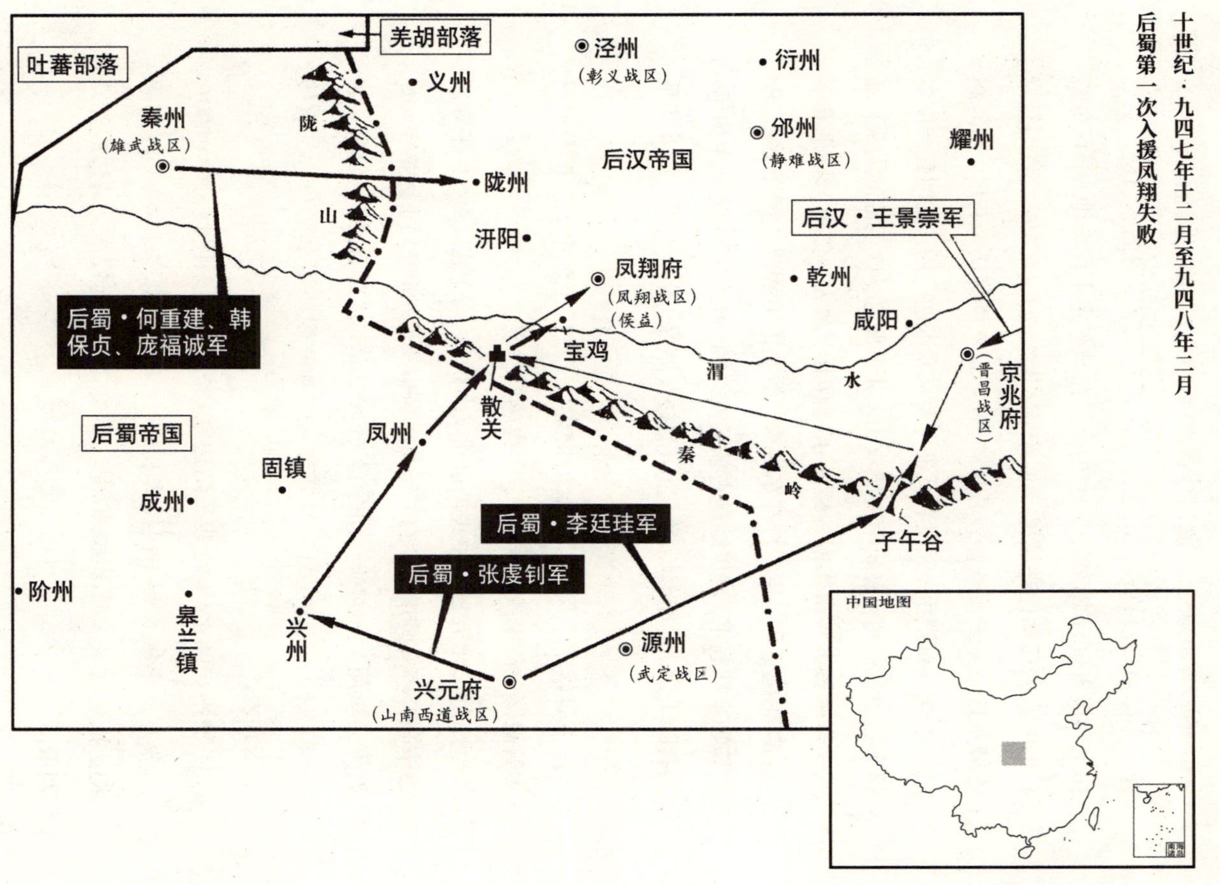

部设京兆府〔陕西省西安市〕）副司令官（节度副使）安友规、巡查司令（巡检）乔守温出城迎接钦差大臣王益，在郊外宾馆设置酒席招待。赵思绾上前报告说："壕寨司令（壕寨使）已在城东定下住宿地方，可是官兵们的家属却都住在城里（赵匡赞镇守长安时，官兵家属定居），我们打算进城各自回家去接家眷到城东同住。"安友规等认为有理。当时赵思绾等既没有铠甲，又没有武器，大家涌进西门后，发现有一位本州军官坐在门旁，赵思绾突然攻击，夺下佩剑，砍下他的人头；部众大声呐喊，手拿木棍，格杀守门卫士十余人，然后分别据守各门。赵思绾进入总部，打开军械库，取出铠甲武器，发给大家。安友规等全都逃走，赵思绾遂占领长安（陕西省西安市），集合城里少年，共有四千余人，整修城墙，重筑敌楼及城垛，十天时间，战斗体系完成。 

王景崇暗示凤翔（陕西省宝鸡市凤翔区）官民上疏中央，推荐自己主管战区总部军政（知军府事），中央感到忧虑。

三月二十五日，中央调静难（总部邠州）司令官（节度使）王守恩当永兴（总部京兆府）司令官（节度使）；调保义（总部陕州）司令官（节度使）赵晖当凤翔（总部凤翔府）司令官（节度使）；二人都遥兼二级宰相（同平章事，使相）。又命王景崇当静难（总部邠州）候补司令官（留后），直接前去到差。

虢州（河南省灵宝市）戏子靖边庭（靖，姓），格杀民兵司令（团练使）田令方，裹挟本州州民投奔长安（京兆府所在县，陕西省西安市）赵思绾。抵达潼关（陕西省潼关县）时，潼关守将出兵攻击，靖边庭部众溃散。

**12** 当初，辽帝国（首都临潢府〔内蒙古巴林左旗〕）皇帝（三任世宗）耶律兀欲（本年三十一岁）返回北方时，走到定州（河北省定州市），擢升义武（总部定州）副司令官（节度副使）耶律忠（耶律郎五）当司令官（节度使），而调原司令官（节度使）孙方简当大同（总部云州）司令官（孙方简是变民首领，参考前年〔九四六〕四月）。孙方简大怒，而且恐怕一旦到京师（首都临潢府）朝见，可能受到留置，所以一直迁延推拖，不办理移交，终于率领他的部众三千人，退入狼山（河北省易县西南狼牙山）旧日根据地，控制险要。辽军进攻，不能攻克。不久，孙方简派使节向后汉政府（首都开封府）投降，后汉帝（二任隐帝）刘承祐恢复他原来官职（义武〔总部定州〕司令官），用来抵御辽国。

耶律忠（耶律郎五）自从得到邺都（河北省大名县）被后汉（首都开封府）夺去的消息（杜重威降后汉，参考去年〔九四七〕十一月），就一直恐惧汉人叛变。后汉帝（二任隐帝）刘承祐命成德（总部镇州）候补司令官（留后）刘在明当幽州（北京市）地区步骑兵野战司令（幽州道马步都部署），率军夺取定州（河北省定州市）；刘在明还没有出发，耶律忠（耶律郎五）跟耶律麻荅（辽国原中京〔恒州〕留守长官）等已纵火焚烧定州，大肆劫掠，放弃城池，裹挟全城男女北去。孙方简得到消息，率军数百人自狼山（河北省易县西南狼牙山）重回定州（河北省定州市）。上疏刘承祐，命老弟孙行友当易州（河北省易县）州长、孙方遇当泰州（河北省保定市满城区）州长。每次辽国南侵，孙家兄弟都出兵狙击，辽军对他们相当畏惧。后晋末年沦陷给辽国的一些州县，逐渐被后汉收回。

三月二十七日，刘承祐擢升刘在明实任战区司令官（节度使）。

**13** 辽国（首都临潢府）耶律麻荅回国，辽帝（三任世宗）耶律兀欲责备他损兵折将、丧地辱国。耶律麻荅不服，抗辩说：“这都是中央任用汉人当官，才把天下搞乱（二任帝耶律德光听张砺建议，任用汉人，参考前年〔九四六〕十二月)。”耶律兀欲大怒，用毒酒把他毒死。 

**14** 后汉（首府开封府）宰相苏逢吉等，经常擢升政府官员，有空缺时，也都一一补充。帝国参谋总部指挥官（枢密使）杨邠认为文职官员毫无用处，不过白白浪费国家经费，所以对苏逢吉等的奏章，往往搁置，甚至批驳，苏逢吉等大不高兴。

副立法长（中书侍郎）兼国务院财政部长（兼户部尚书）、二级实质宰相（同平章事）李涛，上疏建议说：“而今，关西（潼关以西）烽火连天，最紧急的事莫过于抵抗外来的侵略。帝国参谋总部两位指挥官（枢密使杨邠、郭威），都是协助先帝（一任刘知远）创立基业的功臣，官职虽然尊贵，可是家庭并不富有，最好是派他们当一级战区的司令官。帝国军事秘密，都在陛下眼底，很容易裁定。苏逢吉、苏禹珪于先帝（一任刘知远）在位时就担任重要职务，可以信赖。”杨邠、郭威听到消息，晋见李太后哭泣陈情，说：“我们追随先帝（刘知远）在艰难中辛苦奋斗，而今，皇上听信别人的谗言，打算把我们抛弃到外地。何况，关西（潼关以西）正有战事，我们又怎能忍心只贪图自己享受，而不管帝国安危，如果认为我们确实不能胜任现在官职，也请准许留到先帝（刘知远）下葬之后。”李太后大怒，斥责刘承祐说：“对帝国有功的旧日干部，怎么可以轻易听别人的话，逐出中央？”刘承祐说：“这都是宰相们的主张。”遂质问宰相，李涛说：“这份奏章，是我个人的主意，别人从没有参加意见。”

三月二十八日，刘承祐解除李涛的宰相职务，严令返回私宅。

**15** 当天（三月二十八日），静难（总部邠州，王守恩）、彰义（总部泾州，史匡威）、匡国（总部同州，张彦威）、镇国（总部华州，扈从珂）四战区奏报说："护国（总部河中府）司令官（节度使）兼最高立法长（兼中书令，使相）李守贞，以及永兴（总部京兆府）、凤翔（总部凤翔府）两战区，同时叛变。"

最初，李守贞听见杜重威被杀，大为恐惧，暗中准备反抗。而且自认为他在后晋曾担任上将高位，又有战功（指平定杨光远〔杨檀〕，参考九四四年十二月），一向喜爱施舍，深受官兵爱戴。后汉政府成立还没有多久，刘承祐年纪还小，而且刚刚登极，掌握中央权柄的高级官员，都是些晚生后进之辈，所以李守贞对中央多少有点轻视。遂招降纳叛，豢养敢死勇士，修筑城池，整理盔甲武器，日夜不停。又派人携带藏在蜡丸里的密函，从小路前往辽国（首都临潢府）联络，但屡次都被边防官员查获。

浚仪（首都开封府所在县，河南省开封市）人赵修己，精通占卜。李守贞当义成（总部滑州）司令官（节度使）时，任命他当户籍官（司户参军），以后一直追随李守贞任职（李守贞于九四四年镇守滑州，以后调泰宁〔总部兖州〕、天平〔总部郓州〕、归德〔总部宋州〕，最后调护国〔总部河中府〕），警告李守贞说："人心和天命都还没有成熟，千万不可以轻举妄动！"不止一次地痛切劝阻，李守贞全听不进去，赵修己于是声称有病，辞职返回故乡。佛教和尚总伦，用法术博取李守贞的宠爱欢心，声称李守贞一定可以当上皇帝，李守贞深信不疑。李守贞曾经在一次将领宴会上，拉满弓弦，瞄准墙上悬挂的《舔掌虎图》，说："如果我命中有非比寻常的大福，当射中老虎的舌头。"一箭射出，正中虎舌，左右一致祝贺，李守贞越发自命不凡。

就在这时候，占领长安（陕西省西安市）的变军首领赵思绾，向李守贞上疏，呈献皇帝御衣，李守贞认为人心天命，已经合一，遂自称秦王，派勇将平陆（山西省平陆县）人王继勋（非闽国皇族王继勋），率军进驻潼关（陕西省潼关县），命赵思绾当晋昌（总部京兆府）司令官（后汉改晋昌作永兴，李守贞不予承认）。 

同州（陕西省大荔县）、河中（山西省永济市）之间，距离最近（五十华里），匡国（总部同州）司令官（节度使）张彦威，平常就一直注视李守贞的动向，上疏建议应先行戒备，后汉帝（二任隐帝）刘承祐调义成（总部滑州）骑兵总指挥官（滑州马军都指挥使）罗金山，率军进驻同州（陕西省大荔县）协防。所以李守贞起兵时，同州（陕西省大荔县）没有被他吞并。罗金山，是云州（山西省大同市）人。

定难战区（总部设夏州〔陕西省靖边县北白城则村〕）司令官（节度使）李彝殷派军驻扎边境，上疏说："三年以前，羌族部落酋长啘毋（音yè wú〔夜无〕），格杀绥州（陕西省绥德县）州长李仁裕（绥州属定难战区），叛变逃亡，请准许我出军讨伐。"庆州（甘肃省庆阳市）州政府上疏说："请中央增援，以防羌族攻击。"刘承祐下诏说："天文台（司天）奏报，本年（九四八）之内，谁先发动战争，对谁不利。"劝他们停止行动。

夏季，四月二日，保义战区（总部设陕州〔河南省三门峡市〕）总辅导官（都监）王玉奏报说：克复潼关（陕西省潼关县）。

**16** 后汉帝（二任隐帝）刘承祐跟左右侍从商议，因为娘亲李太后认为李涛挑拨离间，十分愤怒，打算对被排斥的帝国参谋总部两位指挥官（枢密使）再加擢升，用以表明是李涛的主张，不是皇家的意思。左右侍从对两位苏姓宰相（苏逢吉、苏禹珪）的专横，也深恶痛绝，打算剥夺他们的权力，所以一致赞成刘承祐的主张。

四月三日，刘承祐发布人事任命状，命帝国参谋总部指挥官（枢密使）杨邠，当副立法长（中书侍郎）兼国务院文官部长（兼吏部尚书）、二级实质宰相（同平章事），仍保持帝国参谋总部指挥官（枢密使）原职；擢升帝国参谋总部副指挥官（枢密副使）郭威当指挥官（枢密使）。又加授中央财政三单位管理总监（三司使）王章，兼二级实质宰相（同平章事）。

凡是宰相联合办公厅（中书）颁发任官状以及各院部的奏章，刘承祐都指定杨邠考虑斟酌。于是其他三位宰相（窦贞固、苏逢吉、苏禹珪）一点事也没有，政事完全由杨邠裁决。杨邠没有点头，就没有一个人敢去执行，于是行政工作不是停顿，就是滞留不前。三位宰相每次推荐进用的人才，奏报上去，如果不是出于杨邠的意思，即令一个县级的秘书官（簿）或警察官（尉），都不会批准。杨邠从来不喜欢知识分子，常说："国家仓库充实、军队强大，才是最重要的事。至于文学、音乐，哪里值得放在心上！"一则因为痛恨二苏排斥自己（指李涛上疏），再则也因为过去任命官吏，太过浮滥，受到人们指责，打算矫正积弊，所以对任命官职一事，百般刁难，以致有些知识分子从后汉兴起，直到被逐出中原（九五一年正月），都得不到一官半职。凡是因父兄而取得做官资格，或从低阶层逐渐升迁到高阶层的，这两种管道，完全不通。这固然由于杨邠愚昧，可是当时人追根溯源，也归罪于二位苏姓宰相过去私心太重，处理不公，才引起这项反弹。

**17** 后汉帝（二任隐帝）刘承祐命镇宁（总部澶州）司令官（节度使）郭从义当永兴（总部京兆府）地区特遣兵团总司令（永兴行营都部署），率皇家侍卫亲军讨伐赵思绾。

四月九日，再命保义（总部陕州）司令官（节度使）白文珂当河中（山西省永济市）地区特遣兵团野战司令（河中行营都部署），又命皇家礼宾总监（内客省使）王峻当总辅导官（都监）。

四月十二日，撤除李守贞（护国〔总部河中府〕司令官）所有官爵，命白文珂等会师讨伐。

四月十六日，命宁江战区（总部设夔州〔重庆市奉节县〕）司令官（空头官衔。此时夔州属后蜀〔首都成都府〕）、皇家侍卫亲军步兵总指挥官（侍卫亲军都指挥使）尚洪迁当西方军团总纠察官（西面行营都虞候）。

王景崇迁延推拖，不去邠州（陕西省彬州市）到差，反而加强集结训练凤翔（总部凤翔府）青年壮丁，对外宣称将要讨伐赵思绾；并以静难（总部邠州）司令官（节度使）身份，用军令征调战区部队会师（王景崇企图结合两战区的力量，做自己的政治资本）。

**18** 辽帝国（首都临潢府〔内蒙古巴林左旗〕）皇帝（三任世宗）耶律兀欲，前往辽阳（东京，辽宁省辽阳市），后晋亡国之君石重贵、李太后（后唐晋国长公主）、冯皇后晋见。有一个名叫萧禅奴利的，是耶律兀欲妻子萧皇后的老哥，听说石重贵有一位还未出嫁的女儿，向石重贵索取，石重贵以年纪还小作为推辞。过了几天，耶律兀欲派人骑快马前来，把他女儿强行夺去，赐给萧禅奴利。

**19** 后汉（首都开封府）王景崇写信给后蜀（首都成都府）凤州（陕西省凤县）州长徐彦，建议开放边境，自由贸易。

四月壬戌日（四月庚辰朔，没有壬戌），后蜀帝（二任）孟昶（孟仁赞，本年三十岁）劝王景崇归降。

**20** 辽帝（二任世宗）耶律兀欲曾把后晋皇家文学侍从官（翰林学士）徐台符，留在幽州（北京市。徐台符随耶律兀欲北返，参考去年〔九四七〕五月）。现在，徐台符逃回后汉。

**21** 五月十七日，后汉（首都开封府）滑州（河南省滑县）奏报说：黄河在鱼池（河南省滑县东南古黄河北岸）决口。

**22** 六月一日，日蚀。

**23** 六月四日，后汉帝（二任隐帝）刘承祐命奉国军左翼总纠察官（奉国左厢都虞候）刘词，当河中（山西省永济市）地区特遣兵团步骑兵总纠察官（河中行营马步都虞候）。

六月八日，王景崇派使节到后蜀（首都成都府）投降，同时也接受李守贞的任官和封爵。

**24** 南平王国（首都江陵府）国王（二任文献王）高从诲（高无赖，本年五十八岁）跟后汉（首都开封府）断绝关系（参考去年〔九四七〕八月）后，北方的商人旅客，都不能入境，境内贫苦穷困，物资缺乏，一片萧条，只好上疏后汉帝（二任隐帝）刘承祐，承认错误，请求宽恕，并愿继续进贡。刘承祐派使节前去安抚。

**25** 后汉（首都开封府）西方军团总纠察官（西面行营都虞候）尚洪迁，攻击长安（陕西省西安市），重伤而死。

秋季，七月，后汉帝（二任隐帝）刘承祐命国务院工程部副部长（工部侍郎）李谷当西南方面军运输总监（西南面行营都转运使）。

七月十三日，刘承祐加授帝国参谋总部指挥官（枢密使）郭威：二级实质宰相（同平章事）。

**26** 后蜀（首都成都府）司空（三公之三）兼副立法长（兼中书侍郎）、

二级实质宰相（同平章事）张业，生活豪华奢侈，常用最低廉的价格，强行购买别人的田地住宅，把政府通缉的逃犯藏匿在自己家里；而且私设监狱，囚禁欠他钱的债务人，有的长达好几年，有的甚至饿死冻死在里面。他的儿子、国务院摄理左最高执行长（检校左仆射）张继昭，喜爱击剑，曾经跟佛教和尚归信，一同造访击剑专家。右翼匡圣总指挥官（右匡圣都指挥使）孙汉韶跟张业有怨，于是密告张业、张继昭阴谋叛变；而皇家文学侍从院院长（翰林承旨）李昊、奉圣控鹤步骑兵总指挥官（奉圣控鹤马步都指挥使）安思谦，再乘机从中陷害，遂构成大狱。

七月十七日，张业进宫朝见，后蜀帝（二任）孟昶（孟仁赞）命勇士就在宰相联合办公厅把他诛杀。下诏暴露他的罪恶，没收他的家产及人口，男当奴、女当婢。

帝国参谋总部指挥官（枢密使）、保宁（总部阆州）司令官（节度使）、兼最高监督长（兼侍中）王处回，也专权横行、贪污放纵，出卖政府官职、制造冤狱，各地向政府进贡，都先送给王处回，然后才呈献宫库，所以家产有百万之巨。儿子王德钧，也骄傲蛮横，不可一世。张业死后，孟昶（孟仁赞）不忍心再杀王处回，于是命他回家休养，王处回恐慌，呈请辞职。孟昶（孟仁赞）调他当武德（总部梓州）司令官（节度使）兼最高立法长（兼中书令，使相）。

孟昶（孟仁赞）打算任命皇宫日用品供应总监（普丰库使）高延昭、宫廷茶酒管理官（茶酒库使）王昭远，当帝国参谋总部指挥官（枢密使），但二人的名望地位不够，于是先任命二人当奏章管理官（通奏使），代管帝国参谋总部（知枢密院事）。王昭远，是成都（四川省成都市）人，幼年时出家当小和尚，跟随师傅到过孟家，当时还是蜀王的孟知祥喜欢他的聪明智慧，反应敏捷，就教他还俗，派到孟昶（孟仁赞）身边当差。到了现在，孟昶（孟仁赞）命他负责机密事务，国库金银绸缎，随他的意取用支出，不再记账。

**27** 七月二十一日，后汉（首都开封府）命郭从义当永兴（总部京兆府）司令官（节度使），命白文珂兼代管河中（山西省永济市）特遣市政府（兼知河中行府事）。

**28** 后蜀帝（二任）孟昶（孟仁赞）命皇家文学侍从院院长（翰林承旨）、国务院左秘书长（尚书左丞）李昊，当副监督长（门下侍郎）兼国务院财政部长（兼户部尚书）；命皇家文学侍从官（翰林学士）、国务院国防部副部长（兵部侍郎）徐光溥，当副立法长（中书侍郎）兼国务院教育部长（兼礼部尚书）；命二人都兼二级实质宰相（同平章事）。

奉圣控鹤步骑兵总指挥官（奉圣控鹤马步都指挥使）安思谦，打算把元老宿将全部排除，于是暗中诬告卫圣总指挥官（卫圣都指挥使）兼最高立法长（兼中书令）赵廷隐谋反，企图夺下他的官位，遂在夜晚出兵包围赵廷隐的私宅。正巧，山南西道（总部兴元府）司令官（节度使）李廷珪，正在京师（首都成都府）朝见，向孟昶（孟仁赞）誓言保证赵廷隐清白无辜，赵廷隐才免一死。赵廷隐乃声称有病，坚决解除军职。

七月二十七日，孟昶（孟仁赞）批准。

**29** 后汉（首都开封府）凤翔（总部凤翔府）司令官（节度使）赵晖，抵达长安（京兆府所在县，陕西省西安市）。

七月二十八日，赵晖上疏说：“王景崇叛变的迹象，更为明显，请准许出军攻击。”

最初，一任帝刘知远镇守河东（总部太原府），老弟刘崇当步骑兵总指挥官（马步都指挥使），跟蕃汉总文书官（蕃汉都孔目官）郭威争权夺利，种下怨恨。后来，郭威当权，刘崇（现任河东〔总部太原府〕司令官）十分忧虑，军事执行官（节度判官）郑珙，建议刘崇充实武力自保，刘崇接受。郑珙，是青州（山东省青州市）人。

八月四日，刘崇上疏请准增设四个指挥官（指挥使），从此招兵买马，收容四方亡命之徒，制造及整修铠甲武器，充实仓库，把应呈缴中央的田赋捐税，都截留下来，声称一切都是为了防备辽国（首都临潢府）南侵；中央命令，很多都不接受。

自从护国（总部河中府）、永兴（总部京兆府）、凤翔（总部凤翔府）三战区反抗中央，中央陆续派军讨伐。昭义（总部潞州）司令官（节度使）常思进驻潼关（陕西省潼关县）、保义（总部陕州）司令官（节度使）白文珂进驻同州（陕西省大荔县）、凤翔（总部凤翔府）司令官（节度使）赵晖进驻咸阳（陕西省咸阳市）。只有永兴（总部京兆府）司令官（节度使）郭从义、保义（总部陕州）总辅导官（都监）王峻的大营，逼近长安（陕西省西安市），可是二人互相厌恶，势如水火，自春天到秋天，一味观望，不肯发动攻击。后汉帝（二任隐帝）刘承祐十分忧虑，打算派高阶层重量级官员到前方督战。

八月六日，刘承祐命郭威当西方军团慰问安抚特使（西面军前招慰安抚使），各路人马，都归郭威节制。

郭威出发之前，向太师（三师之一）冯道请益，冯道说：“李守贞自认为是沙场老将，深受士卒们拥护。希望你不要吝啬国家的财物，对士卒应大肆赏赐，就能摧毁他的仗恃。”郭威接受，自此，官兵开始归心郭威。

刘承祐下诏催促白文珂进逼河中（山西省永济市），赵晖进逼凤翔（陕西省宝鸡市凤翔区）。

**30** 八月八日，后蜀帝（二任）孟昶（孟仁赞）任命赵廷隐当太傅（三师之二），封宋王，国家发生大事时，派人前往赵廷隐私宅请教。

八月十二日，后蜀（首都成都府）把凤翔战区（总部凤翔府）改名岐阳战区。

八月十三日，任命王景崇当岐阳战区（总部设凤翔府〔陕西省宝鸡市凤翔区〕）司令官（节度使），遥兼二级宰相（同平章事，使相）。

**31** 八月十九日，后汉帝（二任隐帝）刘承祐，命钱弘俶当东南地区兵马总元帅（东南兵马都元帅）、镇海（总部杭州）、镇东（总部越州）两战区司令官（节度使）兼最高立法长（兼中书令，使相），封吴越国王（五任忠懿王）。

**32** 后汉（首都开封府）郭威召开军事会议，跟各将领讨论攻击行动，大家都建议先行夺取长安（陕西省西安市）、凤翔（陕西省宝鸡市凤翔区）。镇国（总部华州）司令官（节度使）扈从珂说："三个叛徒东西联合，推举李守贞当领袖，李守贞亡，其他两人，就会自动瓦解，如果放弃近在眼前的河中（山西省永济市），进攻遥远的长安、凤翔，万一王景崇、赵思绾在前面堵住，李守贞在后面牵制，我们可是陷于危险之境。"郭威同意。于是郭威自陕州（河南省三门峡市），白文珂及宁江（总部夔州）司令官（空头官衔。此时夔州属后蜀〔首都成都府〕）、皇家侍卫亲军步兵总指挥官（侍卫步军都指挥使）刘词自同州（陕西省大荔县），昭义（总部潞州）司令官（节度使）常思自潼关（陕西省潼关县），三路人马，攻击河中（山西省永济市）。郭威对士卒照顾安抚，同甘共苦，一点小功也赏赐，一点小伤也亲自探视，不管对错，只要有所指控或陈述，郭威都全神贯注，面色温和，用心倾听。有什么过失冒犯，郭威从不动怒，或有什么小错，也从不责备，由此军心归附郭威。

当初，李守贞认为禁军全都做过他的部属、受过他的恩惠。而且兵骄将悍，早受不了后汉（首都开封府）严厉的军法约束，相信只要抵达城下，一定敲门请求投降，坐在那里就可以等待奇迹。想不到士卒们最近才受到郭威的好处，已忘掉李守贞昔日的恩德。

八月二十三日，郭威所率禁军抵达城下，军旗飘扬，战鼓激昂，士卒跃马欢呼，李守贞看到眼里，脸色苍白。

白文珂攻陷河中（山西省永济市）西关城（城在黄河西岸，保护河桥），在黄河西岸扎营，常思驻扎河中（山西省永济市）城南，郭威驻扎河中（山西省永济市）城西。不久，郭威认为常思不是一个有才干的将领，命他返回本战区（昭义〔总部潞州〕）。

将领打算攻城，郭威说："李守贞是前朝（后晋）老将，擅长作战，对士卒有恩，屡次建立战功。何况河中（山西省永济市）城临黄河，城墙城楼都很坚固，不可以轻视，他有城池保护，我们向上仰攻，岂不是把官兵驱逐到滚水烈火之中！勇气有盛有衰、战斗有缓有急、时间有适宜有不适宜、事情有优先有延后。不如筑起长墙，把他团团围住，我们严密看守，连天空飞鸟，地下走兽，都不能通过。我们安闲的守在外面，清洗武器，放牧战马，坐吃从远方转运而来的粮食，穿得暖、吃得饱，还足足有余。等到城里粮食吃完，公私资产耗尽，然后使用云梯冲木，进攻城门，一面传播中央文告，向他们招降。城里将士们势将各自脱身逃命，父子都不能照顾，何况乌合之众！对付赵思绾、王景崇，只要分出一部分兵力，就能把他们牵制住，不必烦心。"乃征调各州民夫二万余人，命白文珂等率领，挖掘深壕，修筑长墙，互相连接，排列军队，把河中（山西省永济市）包围。郭威又对将领们说："李守贞以前畏惧高祖（一任

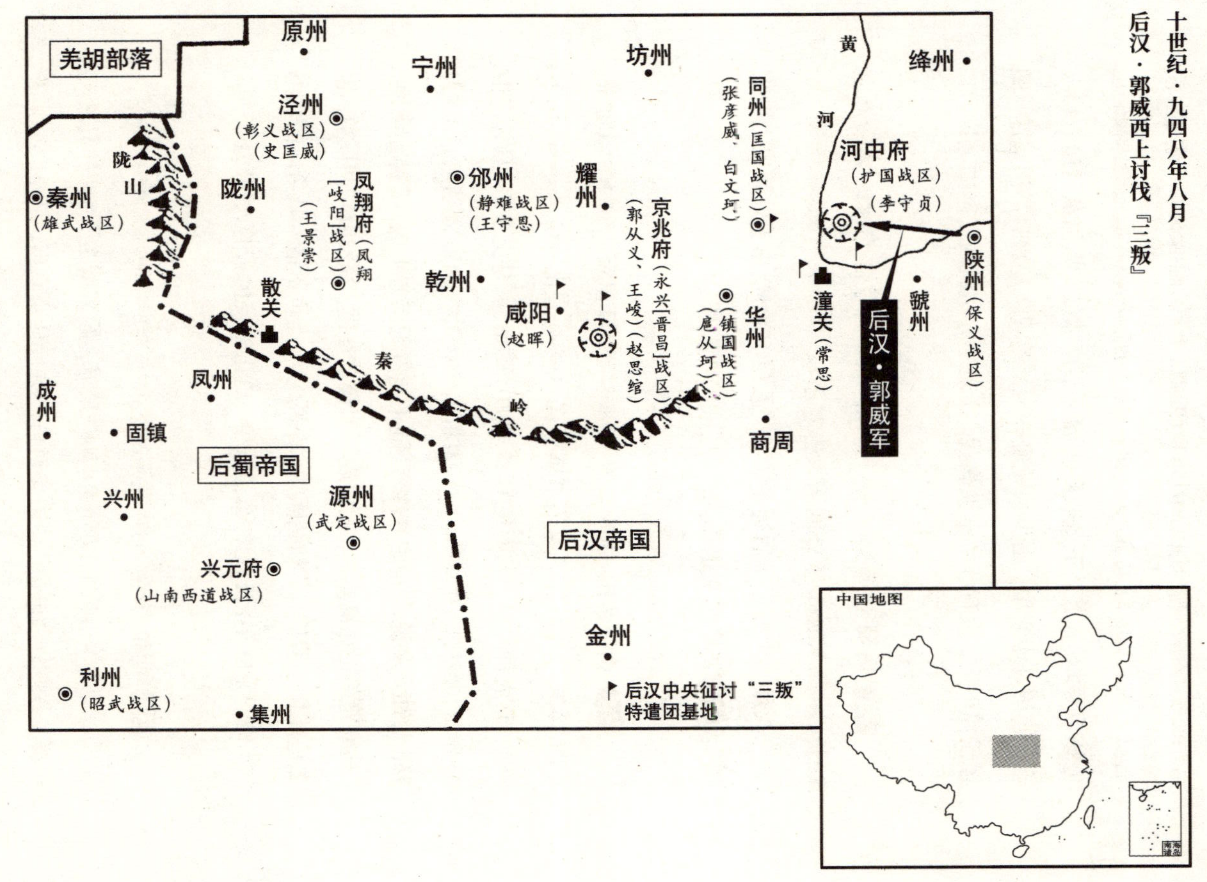

十世纪·九四八年八月
后汉·郭威西上讨伐『三叛』
羌胡部落
原州
宁州
坊州
同州（匡国战区）（张彦威、白文珂）
黄河
绛州
河中府（护国战区）（李宁贞）
陕州（保义战区）
虢州
后汉·郭威军
潼关（常思）
泾州（彰义战区）（史匡威）
陇山
秦州（雄武战区）
陇州
凤翔府（凤翔[岐阳]战区）（王景崇）
邠州（静难战区）（王守恩）
耀州
京兆府（永兴[晋昌]战区）（郭从义、王峻）（赵思绾）
华州（镇国战区）（扈从珂）
乾州
咸阳（赵晖）
散关
秦岭
商周
成州
凤州
固镇
后蜀帝国
兴州
源州（武定战区）
后汉帝国
兴元府（山南西道战区）
金州
利州（昭武战区）
集州
后汉中央征讨“三叛”特遣团基地
中国地图

帝刘知远），不敢胡思乱想。因为我们刚从太原（山西省太原市）崛起，没有立过大功，成过大事，对我们并瞧不起，所以才敢叛变，我们正应该以静制动。”乃下令收藏军旗，不再擂鼓，只沿黄河设立烽火台，连绵几十华里，由步兵轮班守卫，派舰队及水兵沿河巡逻，城里偷渡的人，没有一个不被擒获，于是李守贞就成了网中之物。

**33** 后蜀（首都成都府）武德（总部梓州）司令官（节度使）兼最高立法长（兼中书令，使相）王处回请求告老还乡。

八月二十五日，后蜀帝（二任）孟昶（孟仁赞）命王处回以太子太傅（太子三师之二）名义退休。

**34** 南汉帝国（首都兴王府〔广东省广州市〕）皇帝（三任中宗）刘弘熙（刘晟，本年二十九岁）派皇家诏书撰写官（知制诰）宣化（邕州州政府所在县，广西南宁市）人钟允章，向南楚（首都长沙府）求婚，南楚王（四任）马希广拒绝（南楚、南汉在上一代当权时，曾结为姻亲，参考九一五年八月）。刘弘熙（刘晟）大怒，对钟允章说：“马家（南楚）还能不能侵犯南方土地？”钟允章说：“马家兄弟正在窝里斗，搞得连国家覆亡在即，都没有时间拯救，怎么还能伤害我们！”刘弘熙（刘晟）说：“一点也不错，马希广懦怯小气，他的军队早已忘记什么是战争，这正是我扩张的大好时机。”

**35** 南楚（首都长沙市）武平战区（总部设朗州〔湖南省常德市〕）司令官（节度使）马希萼，向后汉（首都开封府）请求，愿跟南楚王（四任）马希广一样，各自分别进贡，请中央对自己另行任命官爵。马希广采用天策府内营总管理官（天策府内都押牙）欧弘练、进奏官张仲荀的建议，用贵重的财宝贿赂后汉宰相，要他们拒绝马希萼的请求。

九月七日，后汉帝（二任隐帝）刘承祐下诏给马希萼及马希广，劝告二人："兄弟骨肉之间，应该和睦，马希萼进贡，应该附属在马希广名下奏报。"马希萼不接受。

**36** 后蜀（首都成都府）援助王景崇（岐阳〔总部凤翔府〕司令官）的远征军，进驻散关（陕西省宝鸡市西南）；后汉（首都开封府）赵晖（凤翔〔总部凤翔府〕司令官）派总辅导官（都监）李彦从发动袭击，大破后蜀军，后蜀军撤退逃走。

后蜀帝（二任）孟昶（孟仁赞）因张业、王处回当权时，很多事情壅塞停滞，受到蒙蔽。

九月十四日，开始设立"投诉信箱"（即铜柜，参考六八六年三月），后来改为"机要信箱"。

**37** 王景崇（后蜀岐阳〔总部凤翔府〕司令官）把侯益（后汉首都开封特别市长〔开封尹〕）满门七十余口，全部屠杀。侯益的儿子、前天平（总部郓州）作战参谋长（行军司马）侯仁矩，惨剧发生前恰巧出门在外，得以躲过一死。

九月十五日，后汉帝（二任隐帝）刘承祐命侯仁矩当隰州（山西省隰县）州长。侯仁矩的儿子侯延广，还在怀抱中吃奶，乳母刘女士把自己亲生的儿子送去处斩，抱着侯延广逃亡，沿途乞讨，好不容易挨到大梁（河南省开封市），找到侯益家。

李守贞（护国〔总部河中府〕变军首领）屡次出击，打算突破包围，都被击败退回，派人携带蜡丸密函分别向南唐（首都金陵府）、后蜀（首都成都府）、辽国（首都临潢府）求救，但都被后汉巡逻士卒生擒。而城里粮食眼看就要吃完，饿死的人一天一天增加，李守贞满脸忧虑，无法掩饰，召见智囊佛教和尚总伦盘问，总伦说：“大王命中注定要当天子，不是人力所能改变。只是这个辖区恰巧应有灾难，等到情势更为危险，路已走到尽头，只剩下单人匹马之日，也正是大王凌风而起之时。”李守贞仍深信不疑。

冬季，十月，王景崇派他的儿子王德让、赵思绾派他的儿子赵怀乂，到成都（后蜀首都，四川省成都市）晋见后蜀帝（二任）孟昶（孟仁赞）。

十月三日，王景崇派军出凤翔（陕西省宝鸡市凤翔区）西门，赵晖把他们击破，乘势夺取西关城，王景崇退守大城，赵晖挖掘长壕围困，不断出军挑战，王景崇紧闭城门不出。赵晖秘密派一千余人，身穿铠甲、手拿武器，高举后蜀（首都成都府）军旗，沿着南山而下，命各军传言说：“后蜀（首都成都府）大军抵达！”王景崇果然派军数千人出来迎接，赵晖发动埋伏突击，全部歼灭。王景崇从此不敢再派军出城。

后蜀帝（二任）孟昶（孟仁赞）派山南西道（总部兴元府）司令官（节度使）安思谦，率领大军援救凤翔（陕西省宝鸡市凤翔区），国务院左最高执行长（左仆射）兼副监督长（兼门下侍郎）、二级实质宰相（同平章事）毋昭裔（毋，音wú〔无〕），上疏劝阻说：“我曾经看到后唐帝李存勖，贪心不足，西出征讨。也曾经看到前蜀帝王衍（王宗衍）打算北上秦州（甘肃省秦安县西北），政府中所有官员，都上疏劝阻，却没有听进一句，结果成什么事？这两位皇帝，可作为鉴戒（李存勖灭前蜀事，参考九二五年十一月；王宗衍北上秦州事，参考九二五年九、十月）！”孟昶（孟仁赞）不理，又派雄武（总部秦州）司令官（节度使）韩保贞，率军从汧阳（陕西省千阳县）出击，牵制后汉（首都开封府）兵力（汧阳是陇州〔陕西省陇县〕属城，而陇州属凤翔战区〔总部凤翔府〕，当是王景崇降后蜀后，后蜀军占领陇州）。

王景崇派前义成（总部滑州）司令官（节度使）酸枣（河南省原阳县东北）

人李彦舜等，迎接后蜀（首都成都府）增援部队。

十月二十一日，后蜀（首都成都府）将领安思谦进入后汉国土，后汉军扎营宝鸡（陕西省宝鸡市）。安思谦派眉州（四川省眉山市）州长申贵，率军二千人直向模壁（陕西省宝鸡市西南），在竹林中设下伏兵。

十月二十二日，凌晨，申贵率数百名战士直逼宝鸡（陕西省宝鸡市）后汉军营大门，后汉军队出营攻击，遇到埋伏，大败。后蜀军追赶，攻破后汉宝鸡大寨。但后蜀军撤退后，后汉军重回阵地。

十月二十四日，安思谦前进到渭水，后汉派五千人增援宝鸡大营，安思谦恐惧，对他的部众说："我们的粮食太少，敌人又太强，最好另作打算。"

十月二十六日，安思谦退回凤州（陕西省凤县），不久，再退回兴元（陕西省汉中市）。申贵，是潞州（山西省长治市）人。

**38** 南平（首都江陵府）荆南（总部江陵府）司令官（节度使）、南平王（二任文献王）高从诲（高无赖）卧病，命他的儿子、副司令官（节度副使）高保融主管内外军事（判内外兵马事）。

十月二十八日，高从诲（高无赖）逝世（年五十八岁）。高保融任候补司令官（留后）。

**39** 后汉（首都开封府）彰武（总部延州）司令官（节度使）高允权，跟定难（总部夏州）司令官（节度使）李彝殷结怨。李守贞（护国〔总部河中府〕变军首领）秘密向李彝殷求援，派军进驻延（陕西省延安市）、丹（陕西省宜川县）二州边境，稍后，中央大军包围河中（山西省永济市），李守贞才撤退。

十月二十九日，高允权向中央指控李彝殷私通叛逆，李彝殷上疏分辩，中央命他们和解。

十世纪·九四八年十月　后蜀第二次入援凤翔失败

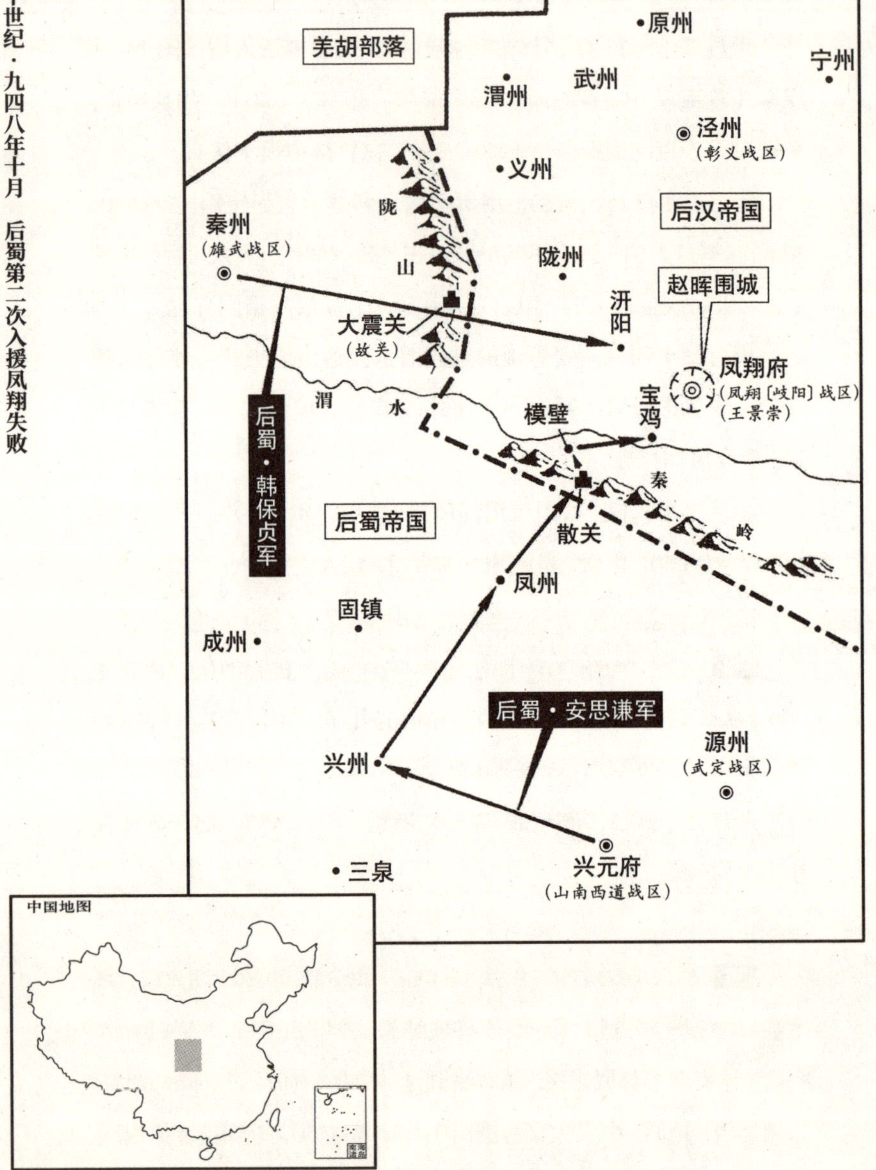

**40** 最初，后汉一任帝刘知远进入大梁（河南省开封市），太师（三师之一）冯道、太子太傅（太子三师之二）李崧，仍留在真定（恒州州政府所在县，河北省正定县），刘知远把冯道在大梁的家宅赏赐给苏禹珪、把李崧在大梁的家宅赏赐给苏逢吉。李崧家里收藏的金银珍宝，连同洛阳（西京河南府所在县，河南省洛阳市）的别墅，苏逢吉全部吞没。后来，李崧回归后汉，了解自己孤立无援和危机四伏，所以事奉后汉当权官员，一直战战兢兢，恭敬谦卑，常借口自己有病，闭门不出。可是他的两个弟弟李屿、李㠖（音yǐ〔乙〕），跟苏逢吉的子弟们，都在同一单位供职，有时乘着几分醉意，口出怨言说："夺取我们的房屋家产！"苏逢吉十分憎恶。不久，李崧把两京（东京开封府及西京河南府）房地产契约，呈献苏逢吉，苏逢吉越发不高兴。而皇家文学侍从官（翰林学士）陶谷，先前受过李崧推荐提拔，现在反而暗中对李崧陷害。

后汉政府（首都开封府）执法严厉野蛮，而皇家侍卫亲军总指挥官（侍卫都指挥使）史弘肇尤其凶暴，他宠爱信任文书官（孔目官）解晖，凡被囚禁军法监狱的被告，都交给解晖随意苦刑逼供，没有一个人不自动诬服。等到三战区兵变，人心激动，民间往往传出各种谣言，互相惊扰。史弘肇手握禁军，负责巡查京师（首都开封府），对被逮捕的人，既不问他犯罪的轻重，也不管法律如何规定，更不再向上级请示，一律诛杀。有的用刀插入口腔搅动、有的割下舌头、有的抽筋、有的打断小腿，没有一天不用酷刑，虽然盗匪绝迹，但冤死的也太多，没有人敢控诉申辩。

李屿的仆人葛延遇，替李屿经营贸易，经常中饱，李屿鞭打他一顿，索回所吞没的财货，十分无情。葛延遇跟苏逢吉的仆人李澄，准备告发李屿谋反，苏逢吉得到消息，诱导他们行动，于是召唤李崧到自己家，然后移送皇家侍卫亲军监狱。李屿遂自诬（其中经过多少苦刑拷打）说：“会同老哥李崧、老弟李嶬、外甥王凝以及男仆书童共二十人，阴谋于安葬先帝（一任帝刘知远）的那天暴动，纵火焚烧京城（首都开封府），反抗中央。又派人携带蜡丸密书到河中（山西省永济市），勾结李守贞。又派人北上，请求辽国（首都临潢府）出兵。”等到把口供奏报后汉帝（二任隐帝）刘承祐时，苏逢吉认为二十人暴动不足服人，乃提笔改成“五十人”。

十一月九日，刘承祐下诏诛杀李崧兄弟跟家属和口供上所提到的人，尸首都陈列街市；并厚赏葛延遇等，当时的人无不为李崧呼冤。自此以后，官吏人家对奴仆开始畏惧，往往反受奴仆控制。

有一天，皇家图书院图书管理官（秘书郎）真定（河北省正定县）人李昉，拜访陶谷。陶谷问说：“你跟李崧可是一家，关系远近？”李昉说：“他是我的远房堂叔。”陶谷说：“李崧滔天大祸，我也尽了一份之力。”李昉听到，刹那间一身大汗。陶谷，是邠州（陕西省彬州市）人；本来姓唐，因为“唐”字跟后晋一任帝石敬瑭的“瑭”字同音，为了避讳，才改姓陶。

史弘肇尤其憎恶知识分子，常说：“这些家伙自以为识几个字，就瞧不起人，总是把我们叫作‘跑腿的’，难以忍受。”史弘肇遥兼归德（总部宋州）司令官（节度使），委派心腹杨乙负责征收田赋捐税，杨乙仗势欺人、凶狠横暴，整个战区，畏惧杨乙犹如畏惧史弘肇，副司令官（副使）以下，远远望见就下跪叩头，但杨乙并没有把他们看到眼里，平均每月都要聚敛一万串钱运交史弘肇，官民悲苦，无法承受。

**41** 最初，沈丘（安徽省临泉县）人舒元、嵩山（中岳，河南省登封市北）道士杨讷，都以游客的身份，投奔李守贞。现在，李守贞被后汉中央军围攻，命舒元改名朱元、杨讷改名李平，携带求救信件，从小路前往南唐（首都金陵府）。南唐监督院高级顾问官（谏议大夫）查文徽、国务院国防部副部长（兵部侍郎）魏岑，建议出军呼应。

南唐帝（二任元宗）李璟（徐景通，本年三十三岁）命北方军团征剿司令（北面行营招讨使）李金全，率军增援河中（山西省永济市），命清淮（总部寿州）司令官（节度使）刘彦贞当副手，又命查文徽当总监军官（监军使）、魏岑当淮河巡查司令（沿淮巡检使），进驻沂州（山东省临沂市）边境。李金全跟将领们正在聚餐，斥候飞奔报告说：后汉军队好几百人，正在溪水北岸集结，全是老弱残兵，请求突击。李金全下令说："胆敢主张过河的，斩首！"等到傍晚，后汉埋伏的军队从四面八方走出来，战鼓声传到十几华里以外。李金全说："刚才岂可跟他们交锋！"当时，南唐军心厌战，没有斗志，而河中（山西省永济市）又远在西方天涯地角（沂州〔山东省临沂市〕、河中〔山西省永济市〕，航空距离七百三十公里），力量无法到达。

十一月二十一日，南唐（首都金陵府）远征军退守海州（江苏省连云港市）。

李璟（徐景通）写信向后汉帝（二任隐帝）刘承祐道歉，请恢复两国贸易，并且请赦免李守贞。刘承祐不作答复。

**42** 十一月二十七日，后汉帝（二任隐帝）刘承祐，把老爹、前任帝（一任）刘知远安葬睿陵（河南省登封市东南），绰号睿文圣武昭肃孝皇帝，庙号高祖。

**43** 十二月三日，后汉帝（二任隐帝）刘承祐任命南平王（三任贞懿王）高保融（本年二十九岁）当荆南（总部江陵府）司令官（节度使）、遥兼二级宰相（同平章事，使相）。 

**44** 十二月七日，南汉帝国（首都兴王府〔广东省广州市〕）皇帝（三任中宗）刘弘熙（刘晟）命宦官总管府秘书长（内常侍）吴怀恩当开府仪同三司（文散官第二级，从一品）兼西北方面军征剿司令（西北面招讨使），率军进攻南楚（首都长沙府），首先攻击贺州（广西贺州市）。南楚王（四任）马希广派决胜指挥官（决胜指挥使）徐知新等，率军五千人南下赴援，还没有走到，南汉已把贺州（广西贺州市）攻陷，而且在城外挖掘一个巨大陷阱，上面用带叶的竹枝，编架遮盖，再铺一层薄土，下面设置机关，从陷阱里凿穿一个穴道，直通城壕。徐知新等抵达后，挥军攻城，南汉军到穴道中发动机关，南楚官兵全都跌下陷阱（一个可以容纳五千人的陷阱，不可思议）。南汉军出军攻击，南楚援军死亡以千为单位计算。徐知新等逃回，马希广把他们斩首。南汉远征军再攻陷昭州（广西平乐县）。

**45** 后蜀（首都成都府）王景崇（岐阳〔总部凤翔府〕司令官）不断上疏后蜀帝（二任）孟昶（孟仁赞），请求紧急支援，孟昶（孟仁赞）命山南西道（总部兴元府）司令官（节度使）安思谦，再次出军相救。

十二月八日，安思谦自兴元（陕西省汉中市）率军北上，进驻凤州（陕西省凤县），请中央先运粮食四十万斛（迄今我们仍不知道一斛是几斗，或几斛是一斗），他才可以开出国境。孟昶（孟仁赞）说：“看安思谦的意思，怎么肯为我开疆拓土！”但仍然命兴州（陕西省略阳县）、兴元（陕西省汉中市）粮食，拨出数万斛，运到前线。

十二月十四日，安思谦进驻散关（陕西省宝鸡市西南），派步骑兵基地司令（马步使）高彦俦、眉州（四川省眉山市）州长申贵，攻击后汉所属

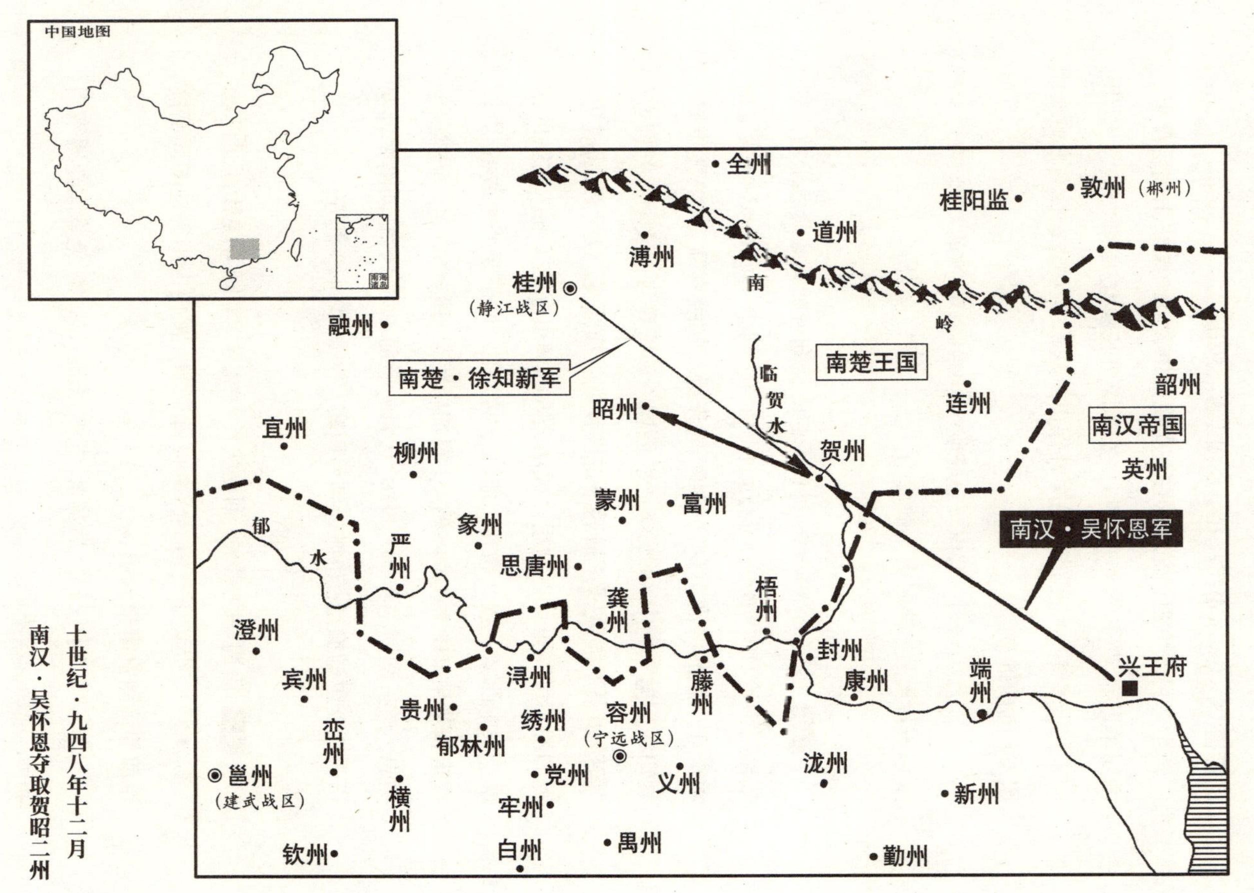


十世纪·九四八年十二月

南汉·吴怀恩夺取贺昭二州

的箭筈（音kuò〔阔〕）安都寨（陕西省千阳县南），攻破。

十二月十六日，安思谦在玉女潭（陕西省宝鸡市西南）击败后汉军，后汉军退守宝鸡（陕西省宝鸡市），安思谦进驻模壁（宝鸡市西南）。秦州（甘肃省秦安县西北）派出的西路军韩保贞，从新关（陕西省陇县西北固关镇）出发，向前推进。

十二月十八日，韩保贞进驻陇州（陕西省陇县）神前（今地不详），后汉军不肯出战，韩保贞不敢攻击。

**46** 后汉（首都开封府）讨伐军赵晖，向统帅郭威紧急求救，郭威自河中（山西省永济市）亲自西上。当时，河中（山西省永济市）变军首领李守贞派战区副司令官（副使）周光逊、初级将领（裨将）王继勋、聂知遇，据守河中（山西省永济市）西城，郭威警告白文珂、刘词说："盗贼如果不能突围，最后一定被我们生擒活捉。万一突围成功，我们就不可能再呆在这里，成功失败的契机在这上面。盗贼的精锐，集中西城，我一离开，他们一定突围，你们要严密戒备。"郭威走到华州（陕西省渭南市华州区），得到后蜀军因粮食吃完，全部退走消息，遂折回河中（山西省永济市）大营。后蜀（首都成都府）西路军韩保贞得知安思谦撤退，也撤退到弓川寨（甘肃省张家川县）据守。

**47** 后蜀（首都成都府）副立法长（中书侍郎）兼国务院教育部长（兼礼部尚书）、二级实质宰相（同平章事）徐光溥，被控告用香艳的词汇挑逗前蜀帝国安康长公主。

十二月二十三日，后蜀帝（二任）孟昶（孟仁赞）免除徐光溥宰相职务，但仍保留本职。

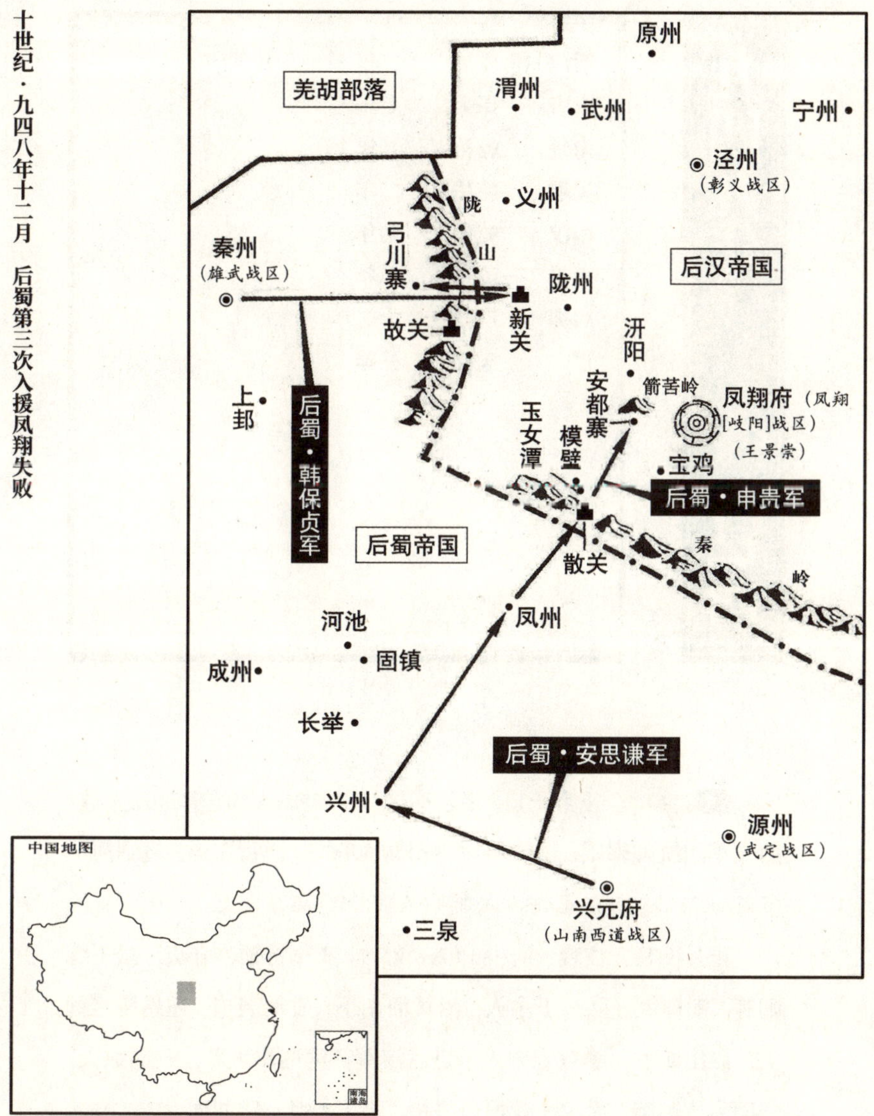


十世纪·九四八年十二月　后蜀第三次入援凤翔失败

# 九四九年

# 己酉

| 后汉 | 乾祐 | 二年 |
| --- | --- | --- |
| 南唐 | 保大 | 七年 |
| 南楚 | 乾祐 | 二年 |
| 吴越 | 乾祐 | 二年 |
| 南汉 | 乾和 | 七年 |
| 南平 | 乾祐 | 二年 |
| 后蜀 | 广政 | 十二年 |
| 辽 | 天禄 | 三年 |

**1** 春季，正月一日，后汉帝国（首都开封府〔河南省开封市〕）大赦。西方军团统帅郭威，自华州（陕西省渭南市华州区）急行东返，将到河中（山西省永济市），白文珂（护国〔总部河中府〕司令官）离营迎接。

正月四日，夜晚，河中（山西省永济市）变军首领李守贞，派王继勋等，率精锐部队一千余人，沿黄河南下，发动袭击，在悬崖绝壁上，砍出阶坎，攀登上去，杀进后汉军黄河西岸大营，一面纵火、一面大声呐喊，后汉大营惶恐失措，陷于混乱。只刘词（护国〔总部河中府〕总纠察官）神色轻松，下令说：“小小蟊贼，不值得大惊小怪！”率部众迎击。皇家礼宾总监（客省使）阎晋卿说：“盗匪的铠甲都由黄纸做成，火光一照，非常容易辨认。无奈的是，大家没有斗志！”

初级将领（裨将）李韬说：“天下哪有太平无事时，拿君王的俸禄，有紧急情况时，却不拼命的道理！”挥动长矛冲锋，大家在后追随。河中（山西省永济市）军队撤退，死七百人，勇将王继勋身负重伤，仅逃出一命。

正月五日，郭威抵达河中（山西省永济市），刘词迎到马前，请求定罪。郭威发给厚重的犒赏，说：“我忧愁的正是这件事，如果不是老哥死斗，几乎被敌人讥笑。然而，盗匪的伎俩也只这样而已。”阎晋卿，是忻州（山西省忻州市）人。

李守贞准备攻击后汉军（首都开封府）河西大营时，先派人到附近村庄卖酒，有时还让人记账，甚至完全免费奉送；以致担任巡逻的骑兵，很多人喝醉，因此河中（山西省永济市）突击队能够暗中杀进大营，使大营几乎失守。郭威乃下令：“官兵除非出席正式犒赏宴会，不准私下喝酒。”他最喜爱的将领李审，早晨曾喝少量的酒，郭威震怒，说：“你是我的手下，却第一个违犯军令，我怎么号令别人！”立刻斩首示众。

**2** 正月十日，后蜀帝国（首都成都府〔四川省成都市〕）山南西道战区（总部设兴元府〔陕西省汉中市〕）司令官（节度使）安思谦，退守凤州（陕西省凤县），上疏自请处分，后蜀帝（二任）孟昶（孟仁赞，本年三十一岁）宽恕他，不追究责任。

**3** 后汉帝（二任隐帝）刘承祐（本年十九岁）下诏命静州（陕西省米脂县西）归属定难战区（总部设夏州〔陕西省靖边县北白城则村〕）。

二月辛未日（二月乙亥朔，没有辛未），定难（总部夏州）司令官（节度使）李彝殷上疏谢恩。李彝殷看到中原战乱不停，对中央心存轻视，态度也逐渐傲慢，每逢有人叛变，他就暗中帮助，收取贵重的贿赂。中央知道这些事，但无可奈何，只有用更多的恩惠笼络。 

**4** 后汉（首都开封府）淮河以北各地的变民，多数向南唐帝国（首都金陵府〔江苏省南京市〕）投降，南唐帝（二任元宗）李璟（徐景通，本年三十四岁）派神卫总纠察官（神卫都虞候）皇甫晖等（皇甫晖裹挟赵在礼兵变，引起李存勖杀身之祸，参考九二六年二月；后奔南唐，参考前年〔九四七〕正月），率军一万人，前往海（江苏省连云港市）、泗（江苏省盱眙县淮河北岸）二州招安。后汉所属蒙城（安徽省蒙城县）防守司令（镇将）咸师朗（咸，姓）等，向皇甫晖投降，而武宁（总部徐州）将领成德钦，在峒峿镇（江苏省新沂市南）击败南唐军，杀六百人，皇甫晖等退回。

**5** 故后晋李太后晋见辽帝国（首都临潢府〔内蒙古巴林左旗〕）皇帝（三任世宗）耶律兀欲（本年三十二岁），请求在汉人城寨的附近，拨付土地，由他们自己耕田种桑，维持生活。耶律兀欲允许，于是把李太后以及亡国之君石重贵，一起迁到建州（辽宁省朝阳市西南），还没有走到，石重贵的娘亲安太妃就死在路上，遗嘱说："务必把我火化，把骨灰撒向南方，或许我的魂魄，还可以回归中原。"到了建州（辽宁省朝阳市西南）之后，分配到土地五十余顷（五百余亩），石重贵命随从们播种耕田，供应自己的食粮。不久，亲王耶律述律派骑兵强行把石重贵最宠爱的小老婆赵女士、聂女士，强夺而去。耶律述律，是辽国前任帝（二任太宗）耶律德光的儿子。

**6** 三月十六日，后汉政府（首都开封府）命归德（总部宋州）内营指挥官（牙内指挥使）史德珫，遥兼忠州（重庆市忠县）州长（空头官衔。此时

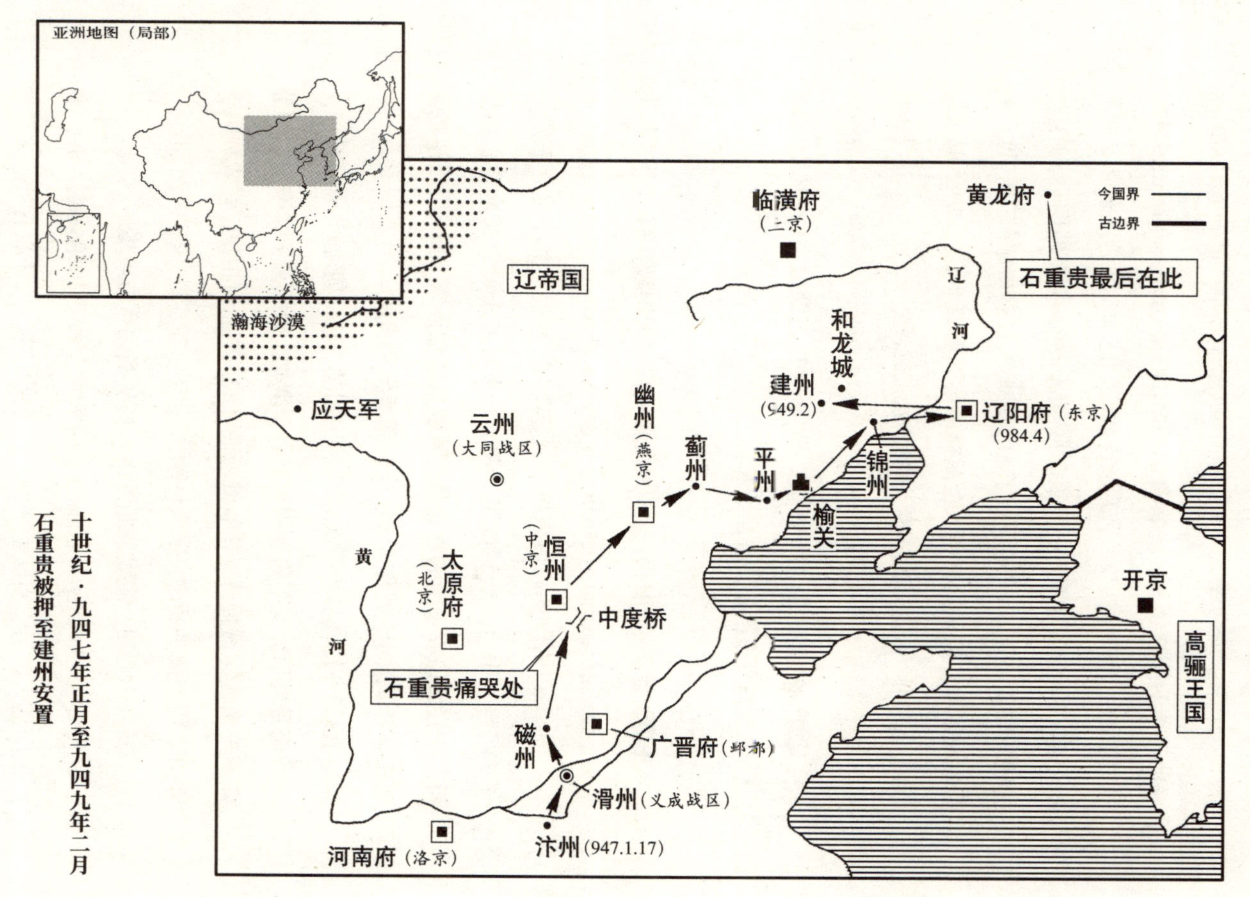


十世纪·九四七年正月至九四九年二月

石重贵被押至建州安置

忠州属后蜀〔首都成都府〕)。史德珫，是史弘肇的儿子，喜爱读书，不高兴他老爹的所作所为。一群参加考试的知识分子，集结在考试院门口请愿，大声呼喊喧闹，苏逢吉把他们逮捕，移送皇家侍卫亲军司令部(侍卫司)，打算让史弘肇痛打他们一顿，再在他们脸上刺青。史德珫警告老爹说："知识分子无法无天，自有司法部门审问，不是军法的事。这只是有些人企图抹黑你的形象而已。"史弘肇认为很对，立刻除下他们的脚镣手铐释放。

**7** 南楚王国(首都长沙府〔湖南省长沙市〕)将领徐进，在风阳山(今地不详)击败蛮夷部落，杀五千人。

**8** 夏季，四月九日，太白金星在白天出现，有一个人仰头观看，被巡逻兵逮捕，史弘肇下令腰斩。

河中(山西省永济市)城里粮食就要吃完，居民饿死十分之五六。

四月三十日，变军首领李守贞派步兵五千余人，携带长梯战桥，分五道猛攻长围的西北角，郭威派总辅导官(都监)吴虔裕拦腰痛击，变军败走，死伤大半，攻坚武器全都丧失。

五月三日，李守贞再次突围，又被击败，部将魏延朗、郑宾被俘。

五月九日，变军将领周光逊、王继勋、聂知遇等，率他们的部众一千余人出城投降。其他将领投降的，也前后相继，郭威利用李守贞众叛亲离的机会，采取行动。

五月十七日，郭威督促各路人马从四面八方攻城。

长安(京兆府所在县，陕西省西安市)变军首领赵思绾爱吃人肝，曾经挖出活人的肝，当面切成细丝，等到切完，人还没有死。又喜爱一面喝酒、一面吞吃人胆，对人说："吃活人胆一千个，就天下无敌！”后来，城里粮食吃完，就掳掠妇女、幼童，充当军粮，每天计算数目发给，逢到犒赏摆设酒席时，就跟屠宰猪羊一样，每次都要屠宰好几百人。但赵思绾终于走到绝路，束手无策。后汉（首都开封府）郭从义（永兴〔总部京兆府〕司令官）派人引诱他软化立场。

最初，赵思绾少年时候，曾想到左骁卫（卫军第五军）上将军退休的李肃家里当一名奴仆。李肃拒绝，说：“这个人眼神邪乱，说话荒谬，总有一天会成为叛徒。”李肃的妻子张女士，是张全义（张宗奭）的女儿（张全义再造洛阳，参考八八七年六月），说：“你今天排斥他，以后他会报复。”乃馈赠给他很多金银绸缎，送他到别处再找工作。去年（九四八），赵思绾夺取长安（陕西省西安市）时，李肃正巧赋闲住在长安。赵思绾好几次到李肃私宅晋见，叩头行礼，跟从前一样，李肃说：“这个小子屡次上门，看样子可能教我出来当官——使我蒙受羞辱。”打算自杀。张女士说：“与其自杀，不如劝他回归中央！”正巧，赵思绾向李肃请教：用什么方法才可以保护自己。李肃乃跟执行官（判官）程让能，游说赵思绾说：“你跟中央本来没有任何冲突，只不过怕死而已。现在中央在三地用兵，都不太顺利。如果这个时候回心转意，中央一定大为高兴，自然不会让你失去富贵，比坐在这里等死要好！”赵思绾接受，派使节前往京师（首都开封府）请求投降。

五月二十二日，后汉政府任命赵思绾当镇国（总部华州）候补司令官（留后），命总指挥官（都指挥使）常彦卿当虢州（河南省灵宝市）州长，不必到中央朝见，直接前去上任。

**9** 吴越王国（首都杭州〔浙江省杭州市〕）内营总指挥官（内牙都指挥使）钭滔（钭，姓），是胡进思的党徒。有人控告他谋反，口供牵连到丞相钱弘亿。吴越王（五任忠懿王）钱弘俶（本年二十一岁）不打算穷追猛打，仅把钭滔贬到处州（浙江省丽水市）。

**10** 六月一日，日蚀。

**11** 秋季，七月三日，赵思绾脱下铠甲，出长安（京兆府所在县，陕西省西安市）城，接受后汉帝（二任隐帝）刘承祐的诏书，郭从义派军把守南门，又把赵思绾等送回城里。赵思绾要求发回警备部队跟铠甲武器，郭从义也命交还。可是赵思绾拖延推辞，乘机更大肆搜刮财富，出发日期改了三次。郭从义等满腹怀疑，秘密报告郭威，请准予采取行动，郭威允许。

七月十一日，郭从义跟总辅导官（都监）、宫廷事务南院总监（宣徽南院使）王峻，手按马缰，缓缓进城，下榻总部宾馆，召见赵思绾饮酒送别，就在宴席上生擒赵思绾，连同原始祸首常彦卿（参考去年〔九四八〕三月）以及他们的老爹老哥、私人部队三百人，全部押到市场斩首。

七月十三日，郭威继续进攻河中（山西省永济市），攻克外城。李守贞收拾残兵败将，退守内城（子城），将领们请求急攻，郭威说："小鸟陷到绝境，还要啄人，何况一支军队！在干枯了的河床里抓鱼，没有什么好急的。"

七月二十一日，李守贞跟他的妻子及儿子李崇勋等，纵火自焚而死。郭威进城，捕获他的儿子李崇玉等，跟他所任命的丞相靖峹（靖，姓）、孙愿、帝国参谋总部指挥官（枢密使）刘芮、国师总伦等，押解大梁（首都开封府所在城），在街头上分尸磔死。征召赵修己当皇家文学侍从院天文官（翰林天文。酬庸他屡次劝阻李守贞，参考去年〔九四八〕三月）。

郭威阅读李守贞的来往文件，查到有些中央当权官员和有些战区司令官写给李守贞的信，措辞荒谬叛逆，郭威本想奏报中央，皇家图书院图书管理官（秘书郎）榆次（山西省晋中市榆次区）人王溥劝阻说："魑魅魍魉，遇到黑夜，争着出现，可是，一见阳光，自然消失。希望你一把火把它烧掉，使那些反叛之徒安心。"郭威采纳。

三场兵变的灾祸，全都平息（事实上，凤翔王景崇还在抵抗），后汉帝（二任隐帝）刘承祐逐渐骄傲放肆，跟左右宦官们轻佻的亲昵在一起，皇宫飞龙御马厩管理官（飞龙使）瑕丘（兖州州政府所在县，山东省济宁市兖州区）人后匡赞（后，姓）、宫廷茶酒管理官（茶酒使）太原（山西省太原市）人郭允明，都因谄媚摇尾，得到刘承祐的宠信，刘承祐喜爱跟他们说些暧昧的和粗俗的话，李太后屡次告诫，刘承祐全不在意。

七月二十二日，祭祀部长（太常卿）张昭上疏建议刘承祐："请亲近儒家知识分子，学习经典及圣人教训。"刘承祐不理。张昭，即张昭远，因为一任帝刘知远姓名中有一"远"字，为了避讳，改名张昭。

七月二十七日，刘承祐任命永兴战区（总部设京兆府〔陕西省西安市〕）司令官（节度使）郭从义遥兼二级宰相（同平章事，使相）。调镇国战区（总部设华州〔陕西省渭南市华州区〕）司令官（节度使）扈从珂当护国战区（总部设河中府〔山西省永济市〕）司令官（节度使），命护国（总部河中府）特遣兵团步骑兵总纠察官（河中行营马步都虞候）刘词当镇国战区（总部的华州〔陕西省渭南市华州区〕）司令官（节度使）。

**12** 南唐帝（二任元宗）李璟（徐景通）再用魏岑（魏岑流放蕲州，参考前年〔九四七〕四月），而国务院文官部考选司司长（吏部郎中）会稽（浙江省绍兴市）人钟谟、国务院秘书官（尚书员外郎）李德明，当初都以口舌伶俐、反应迅速，得到欣赏，后来终于参与国家大政；二人仗势欺人、轻狂浮躁，虽然没有跟魏岑结成一党，但国人对他们三人同样厌恶。国务院财政部税务司副司长（户部员外郎）范冲敏，性情耿介正直，指使天威总纠察官（天威都虞候）王建封上疏，对于历任当权高官，一一抨击，请求改用正直的知识分子。李璟（徐景通）认为王建封是一个武官，手握禁军大权，不应该干预国家大政，怒不可遏，把王建封流窜池州（安徽省池州市贵池区），还没有走到贬所，就把他诛杀。范冲敏则押解街市斩首。

李璟（徐景通）听到河中（山西省永济市）陷落，遂命朱元（舒元）当国务院国防部畜牧司副司长（驾部员外郎），命皇家文学初级侍从官（待诏文理院）李平（杨讷）当国务院秘书官（尚书员外郎。二人替李守贞到南唐求救，参考去年〔九四八〕十一月）。

**13** 吴越王（五任忠懿王）钱弘俶，命丞相钱弘亿主管明州（浙江省宁波市）。

**14** 后汉（首都开封府）西京（河南府，河南省洛阳市）留守长官、遥兼二级宰相（同平章事，使相）王守恩，性情贪婪卑鄙，专门聚敛财富。民间家有丧事，不缴钱就不允许灵柩出城，至于到公共厕所拉屎以及讨饭的乞丐，都要纳税；有时索性怂恿部下去偷盗别人的财产。曾经一家有钱人娶亲，大宴宾客，王守恩跟几位戏子一拥而去，充当贺客，讨到几锭银子的赏钱才走。

八月十三日，郭威自河中（山西省永济市）班师回京（首都开封府），路过洛阳（西京河南府所在县，河南省洛阳市），王守恩自认为自己位高望重，身兼将相，所以坐在小轿上出来迎接，郭威大怒，认为王守恩故意端出架子，对自己怠慢，推辞说正在洗澡，拒绝接见，而用宰相联合办公厅（中书）名义，写一张便条，命保义（总部陕州）司令官（节度使）、遥兼二级宰相（同平章事，使相）白文珂代替王守恩当西京（河南府）留守长官，白文珂不敢不接受。王守恩这时候仍坐在客厅，部下报告他说："新留守长官已上任办公了！"王守恩大吃一惊，仓惶而回，发现一家大小数百人已被赶出留守长官府，正在大街上狼狈不堪。中央不闻不问，而只正式任命白文珂遥兼最高监督长（兼侍中，使相），充任西京（河南府）留守长官。

自古以来，所有混乱覆亡的国家，他们的法律制度，一定先被破坏，然后才陷于混乱，归于覆亡，情势必然如此，五代就是这样。白文珂、王守恩，都是后汉政府（首都开封府）高阶层官员，而郭威竟然以帝国参谋总部指挥官（枢密使）一纸便条，对他们就可任免，好像调动一个站岗的士兵。当时，郭威并没有叛离君王的野心，他之所以如此做，不过习以为常。因之白文珂不敢违背，王守恩不敢拒绝。郭威也不怕被人怀疑，中央政府也置之不问。岂不是国家纪律和社会秩序，都被破坏到极点的缘故？

有眼光的政治家，决不应忽略这些细微的事，而应在一开头的时候，就把它阻止，怎么能不警惕！

王守恩抵达大梁（河南省开封市），恐怕受到处罚，到处贿赂，对当权的高官，更大量呈献金银财宝。于是中央念及王守恩首先献出潞州（山西省长治市）归降刘知远（参考前年〔九四七〕二月）的功劳，特别赦免，而只诛杀他手下掌权的几个人。

**15** 南楚王国（首都长沙府〔湖南省长沙市〕）武平战区（总部朗州）司令官（节度使）马希萼集结境内所有青年勇士，号称静江军，制造战舰七百艘，打算进攻潭州（长沙府，湖南省长沙市），妻子苑女士劝阻说："兄弟相争，打胜打败，都被人嗤笑！"马希萼听不进去，率军南下，直向长沙。

马希广得到消息，说："马希萼是我的老哥，不可以跟他争夺，自应该把王国让给他！"刘彦瑫、李弘皋坚决反对，乃命岳州（湖南省岳阳市）州长王赟当野战司令及舰队指挥官（都部署战棹指挥使），命刘彦瑫当监军官。

八月十八日，王赟在仆射洲（长沙市西湘水江中小岛）大破马希萼的静江军，俘获战舰三百艘。王赟穷追马希萼，眼看就要追上，马希广派使节命他班师，说："不要伤害我老哥。"王赟遂退回。王赟，是王环的儿子（王环，南楚名将，参考九一四年四月）。马希萼从赤沙湖（湖南省南县南，古洞庭湖西北）坐一只小船逃回朗州（湖南省常德市）。苑女士哭泣说："大祸就要来临，我不忍心看见。"投井而死。

**16** 八月二十七日，后汉（首都开封府）郭威抵达大梁（河南省开封市），进宫朝见，后汉帝（二任隐帝）刘承祐慰问辛劳，赏赐金钱、绸缎、衣服、玉带、鞍马，郭威推辞说："我接到命令，整整一年有余，才攻克一个城池，有什么功劳可言！而且我率领大军驻扎外地，京师（首都开封府）治安的维持，以及对前方的供应，使军中的粮食从不缺乏，都是各位当政长官的贡献，我怎么敢单独接受这项赐予？请普遍加赏。"于是政府商议增加赏赐对象，包括全国各战区司令官，郭威仍然推辞，说："杨邠的官位在我之上，却不兼战区职务，而我在皇上身边任职，又与史弘肇不同。"（杨邠、郭威官位一样，都是参谋总部指挥官〔枢密使〕及二级实质宰相〔同平章事〕，唯杨邠资深。“枢密使”本在宫内办公，史弘肇虽手握禁军，但在宫外办公。）

九月二日，中央普遍颁赏给宰相、参谋总部指挥官（枢密使）、宫廷事务总监（宣徽使）、中央财政三单位管理总监（三司使）、皇家侍卫亲军总指挥官（侍卫使）等共九人，赏赐的东西跟郭威的一模一样（宰相三人：窦贞固、苏逢吉、苏禹珪。参谋总部指挥官〔枢密使〕二人：杨邠、郭威。宫廷事务总监〔宣徽使〕二人：王峻、吴虔裕。中央财政三单位管理总监〔三司使〕一人：王章。皇家侍卫亲军指挥官〔侍卫使〕一人：史弘肇）。刘承祐打算特别对郭威重赏，郭威再推辞说：“运用智慧，施展谋略，出于中央。遣兵调将，粮秣供应，仰赖各战区道。暴露沙场，白刃肉搏，全靠将士。结果功劳却归我一人，我怎么能够承当！”

九月五日，中央命郭威兼最高监督长（兼侍中），命史弘肇兼最高立法长（兼中书令）。

九月十一日，加授窦贞固司徒（三公之二）、苏逢吉司空（三公之三）、苏禹珪国务院左最高执行长（左仆射）、杨邠国务院右最高执行长（右仆射）。高阶层官员们商议，认为中央掌握权柄官员都有特别恩赐，恐怕各战区道抱怨。

九月十五日，又加授天雄（总部大名府）司令官（节度使）高行周暂任太师（守太师，三师之一）、山南东道（总部襄州）司令官（节度使）安审琦暂任太傅（守太傅，三师之二）、泰宁（总部兖州）司令官（节度使）符彦卿暂任太保（守太保，三师之三）。又命河东（总部太原府）司令官（节度使）刘崇兼最高立法长（兼中书令，使相）。

九月十九日，对忠武（总部许州）司令官（节度使）刘信、天平（总部郓州）司令官（节度使）慕容彦超、平卢（总部青州）司令官（节度使）刘铢，一律加授兼最高监督长（兼侍中，使相）。

九月二十一日，对朔方（总部灵州）司令官（节度使）冯晖、定难（总部夏州）司令官（节度使）李彝殷，一律加授兼最高立法长（兼中书令，使相）。

冬季，十月三日，对义武（总部定州）司令官（节度使）孙方简、武宁（总部徐州）司令官（节度使）刘赟，一律加授遥兼二级宰相（同平章事，使相）。

十月十三日，加授吴越王（五任忠懿王）钱弘俶当国务院总理（尚书令，使相），南楚王（四任）马希广当太尉（三公之一）。

十月十七日，加授南平王（三任贞懿王）高保融（本年三十岁）兼最高监督长（兼侍中，使相）。

当时的人评论说："郭威不愿独揽功劳，而推恩给别人，诚是一件美事。但是，国家的官职爵位，因一个人的功劳而遍赏天下，岂不是太滥！"

**17** 吴越王（五任忠懿王）钱弘俶招募流民开荒垦田，免除田赋捐税，因此国境以内没有一块废弃的土地。有人建议调查漏报户口的成年男子，课征税收，并推荐自己负责这项工作。钱弘俶把他逮捕，押到首都杭州（浙江省杭州市）城门，给一顿棍打。国人大为喜悦。

**18** 南楚（首都长沙府）静江战区（总部桂州）司令官（节度使）马希瞻，因两位老哥马希萼、马希广争斗日益扩大，屡次派使节前去劝阻，没有人接受。马希瞻知道马家终要覆灭，忧虑过度，背上生出大疮。

十月十八日，马希瞻逝世。

**19** 辽帝国（首都临潢府〔内蒙古巴林左旗〕）大军侵入后汉（首都开封

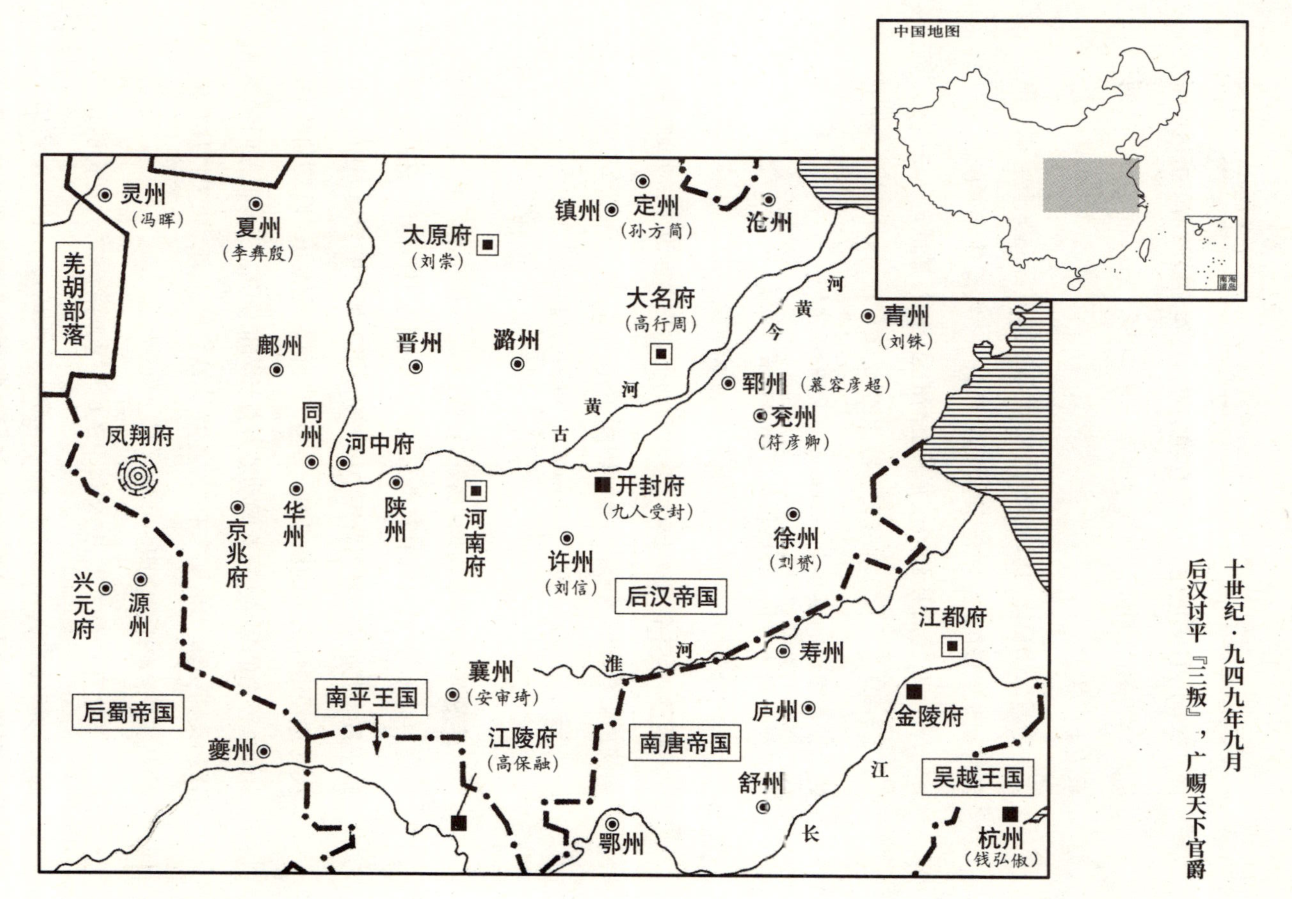


十世纪·九四九年九月

后汉讨平『三叛』，广赐天下官爵

府）黄河以北领土，所经过的地方大肆烧杀掳掠；后汉各战区司令官（节度使）和各州州长，分别登城防守。辽军游骑兵南下抵达贝州（河北省清河县）及邺都（大名府，河北省大名县）北境，后汉帝（二任隐帝）刘承祐十分忧虑。

十月二十日，刘承祐命帝国参谋总部指挥官（枢密使）郭威，率各将领北上抵御，命宫廷事务总监（宣徽使）王峻充任监军官。

十一月，辽军听到后汉军渡黄河消息，即行撤退。

十一月十二日，郭威大军抵达邺都（大名府，河北省大名县），命王峻分别派军直向镇（河北省正定县）、定（河北省定州市）。

十一月十九日，郭威抵达邢州（河北省邢台市）。

**20** 南唐军（首都金陵府）渡淮河北上，攻击后汉（首都开封府）所属的正阳（西正阳，安徽省颍上县东南淮河西岸）。

十二月，后汉颍州（安徽省阜阳市）将领白福迎战，击败南唐军。

**21** 后汉（首都开封府）杨邠处理政事，专挑小节。最初，邢州（河北省邢台市）人周璨当卫军（不知道第几军）将军，退役后没有依靠，跟随王景崇西征，王景崇背叛中央，遂充当王景崇的智囊。因此，中央对退役退休人员的重要性，作全盘检讨。杨邠上疏说："前朝（后晋政府）任命的官员，喜欢煽动地方首长为非作歹，应该把他们全部送到京师（首都开封府）。"不久，这些人从各地涌到，每天拦住宰相的马头，请求任命官职。

十二月二十二日，杨邠再上疏说："前朝（后晋政府）任命的官员应分别居住两京（东京开封府、西京河南府），等到官员有缺额时，再由他们递补。"很多人因此流离失所，杨邠遂再上疏说："这些人来往搬迁，由政府供给三餐及住宿处所。”结果，这些人挤破了官署大门，引起民心骚动，最后被迫停止。

凤翔（陕西省宝鸡市凤翔区）围城军统帅赵晖，发动猛烈攻击。周璨对王景崇说：“你从前跟李守贞、赵思绾互相呼应，现在，二人已死，后蜀（首都成都府）那些小子，绝不可靠，不如归降。”王景崇说：“好极，我要仔细想想。”过了几天，围城军攻城更为猛烈，王景崇对他的同党说：“事情已到穷途末路，我必须采取紧急措施。”命他的部将公孙辇、张思练说：“赵晖的精锐部队，大多集中城北，明天五更（清晨五时）之前，你二人纵火焚烧东门，假装投降，但不要让他们进城。我跟周璨率警备部队，直出北门攻击赵晖的主力，即令失败而死，也比束手就擒要好。”大家一致听命。

十二月二十四日，天还没有亮，公孙辇、张思练火烧东门，向围城军请求投降，而总部大火也同时烧起，二人派人探视，王景崇已跟家人自焚而死。周璨也向中央投降。

十二月二十八日，后汉密州（山东省诸城市）州长王万敢，攻击南唐（首都金陵府）海州（江苏省连云港市）荻水镇（江苏省连云港市赣榆区东北），把该镇全部摧毁。

**22** 本月（十二月），南汉帝国（首都兴王府〔广东省广州市〕）皇帝（三任中宗）刘弘熙（刘晟，本年三十岁）前去英州（广东省英德市）。

**23** 本年（九四九），南唐（首都金陵府）泉州（福建省泉州市）州长留从效的老哥、南州（福建省漳州市）副司令官（副使）留从愿，用毒酒把州长董思安毒死，而由自己接替，南唐帝（二任元帝）李璟（徐景通）不能控制，只好在泉州设清源战区，命留从效当司令官（节度使）。

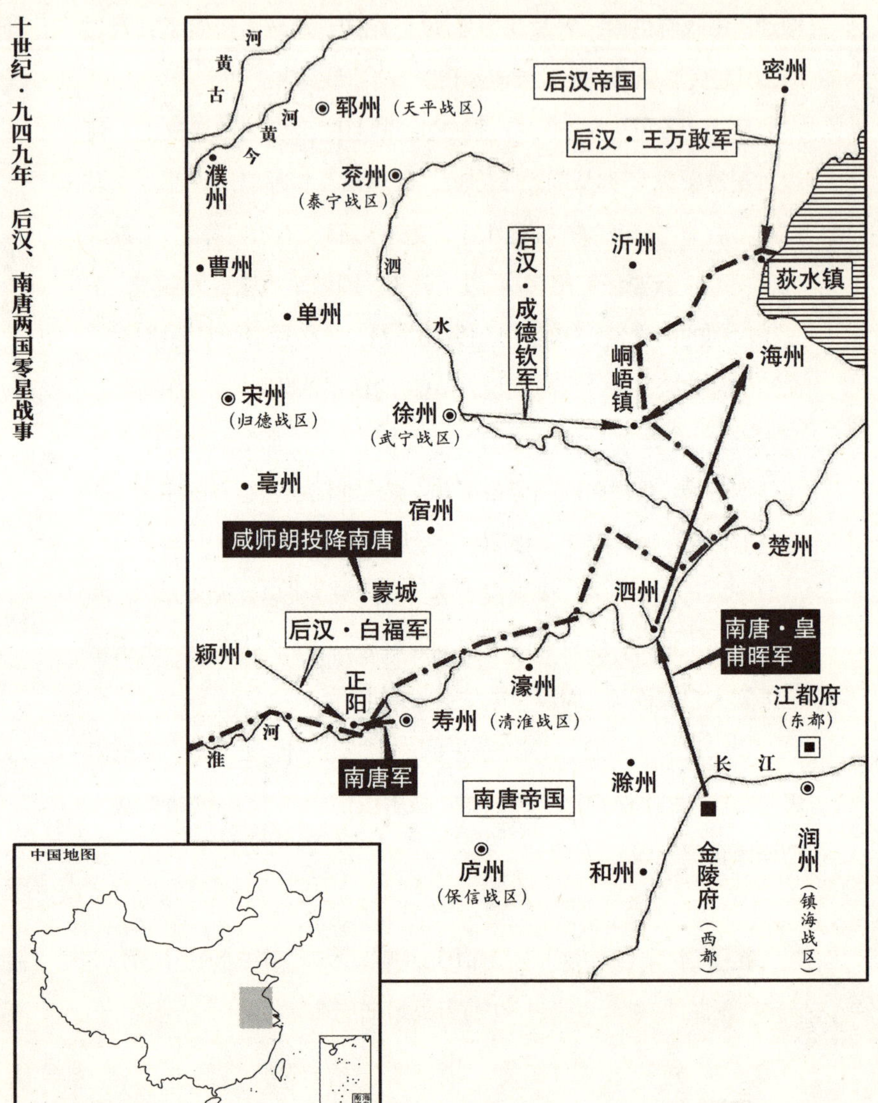


十世纪·九四九年 后汉、南唐两国零星战事

十世纪

# 五〇年代

九五〇—九五四年

## 小分裂

- 后汉二任帝刘承祐诛杀大臣，郭威叛，斩刘承祐，建后周，刘崇继任后汉三任帝。
- 辽国兵变，杀三任帝耶律兀欲，侄耶律述律继任四任帝。
- 南楚内乱，被南唐灭亡。

---

- 日尔曼鄂图一世大帝征意大利，娶美女阿德蕾德为妻。
- 英格兰鼓励人民出海经商，凡商人用自己船舶载自己货物到大海航行三次，可封国王侍从（贵族最低级）。

# 九五〇年 庚戌

| | | |
|---|---|---|
| 后汉 | 乾祐 | 三年 |
| 南唐 | 保大 | 八年 |
| 南楚 | 乾祐 | 三年 |
| 吴越 | 乾祐 | 三年 |
| 南汉 | 乾和 | 八年 |
| 南平 | 乾祐 | 三年 |
| 后蜀 | 广政 | 十三年 |
| 辽 | 天禄 | 四年 |

1 春季，正月九日，后汉帝国（首都开封府〔河南省开封市〕）加授凤翔（总部凤翔府）司令官（节度使）赵晖兼最高监督长（兼侍中，使相）。

密州（山东省诸城市）州长王万敢，请求增援进攻南唐（首都金陵府）。后汉帝（二任隐帝）刘承祐（本年二十岁）命前沂州（山东省临沂市）州长郭琼当东方军团野战司令（东路行营都部署），率禁军及齐州（山东省济南市）民兵增援。

进抵邢州（河北省邢台市）的郭威（参考去年〔九四九〕十月），建议再向北推进到辽国（首都临潢府）边界集结军队，刘承祐下诏制止。

正月二十八日，中央派使节前往河中（山西省永济市）、凤翔（陕西省宝鸡市凤翔区），埋葬战死及饿死的尸体遗骸，当时，一位和尚已经埋葬了二十万具（可悲）。

**2** 南唐帝国（首都金陵府〔江苏省南京市〕）皇帝（二任元宗）李璟（徐景通，本年三十五岁）听到后汉（首都开封府）已经讨平三城叛乱，下令撤销李金全的北方军团征剿司令（北面行营招讨使。李金全任命事，参考前年〔九四八〕十一月）。

清淮（总部寿州）司令官（节度使）刘彦贞，拼命贪赃枉法，聚敛财富，用来贿赂当权官员，所以当权官员对他都称赞备至，在寿州（安徽省寿县）好多年，恐怕被调走，打算在边境制造一点紧张情势，来巩固自己的职位，于是上疏中央，声称后汉（首都开封府）将大规模南伐。

二月，李璟（徐景通）命东都（江都府，江苏省扬州市）留守长官、燕王李弘冀当润（江苏省镇江市）、宣（安徽省宣城市宣州区）二州军区总司令（润宣二州大都督），镇守润州（江苏省镇江市），调宁国（总部设宣州）司令官（节度使）周宗当东都（江都府，江苏省扬州市）留守长官。

**3** 后汉政府（首都开封府）打算调动各战区司令官（藩镇），正巧他们纷纷请求到京师（首都开封府）参加嘉庆节——给后汉帝（二任隐帝）刘承祐生日祝寿，中央一律批准。

二月六日，郭威视察北方边防完毕，南返。

**4** 吴越王国（首都杭州〔浙江省杭州市〕）所属福州（福建省福州市）的

居民中，有人前往南唐（首都金陵府）建州（福建省建瓯市），向南唐永安战区（总部建州）候补司令官（留后）查文徽报告说：吴越（首都杭州）驻防福州（福建省福州市）的部队已放弃城池逃走，建议查文徽前去接收。查文徽完全相信，于是派剑州（福建省南平市）州长陈诲，率舰队顺闽江东下，查文徽则率步骑兵随后进发。想不到天降大雨，闽江暴涨，水流奔腾，陈诲舰队一夜之间，航行七百华里，直抵福州城下，击败守城军，生擒吴越将领马先进等。

二月十二日，查文徽抵达福州（福建省福州市）。吴越（首都杭州）威武（总部福州）代理司令官（知威武军）吴程，假装投降，派几百人出城欢迎，陈诲说："闽地（福建省）人民大多奸诈，不可轻易相信，最好是先行扎营，再作商量。"查文徽说："稍微迟疑，就可能发生变化，不如抓住这个机会，夺取城池。"率军直前。陈诲则率舰艇紧泊江岸，擂动战鼓，严加戒备，但查文徽却没有一点警觉，吴程派军出击，南唐军大败，查文徽翻身落马，被福州（福建省福州市）军队生擒，官兵死一万人，只陈诲军队安全撤回剑州（福建省南平市）。吴程把查文徽押解到钱唐（首都杭州州政府所在县），吴越王（五任忠懿王）钱弘俶（本年二十二岁）先向皇家祖庙献俘，然后释放。

**5** 二月十九日，后汉（首都开封府）汝州（河南省汝州市）警备区司令（防御使）刘审交逝世（年七十四岁）。官民派代表到京师（首都开封府）上疏，陈述刘审交任内种种仁政，请求安葬汝州（河南省汝州市），使州民有幸洒扫他的坟墓。后汉帝（二任隐帝）刘承祐批准。州民们相聚哀哭，把刘审交安葬，建立一个祠堂，过年过节时，前往祭祀。太师（三师之一）冯道说："我曾经当过刘审交的部属（刘守光称桀燕帝时，命刘审交当国务院国防部长〔兵部尚书〕，时冯道当参谋官〔参军〕），观察他当官施政，并没有什么特别超过别人的地方，既不能减少人民的赋税，也不能免除人民的差役，只不过处事公平、操守廉洁、心肠慈悲而已。别人也可以做到，却没有去做，只刘先生去做，所以人们对他敬爱到如此程度。假使天下所有州长都这样做，还怕赶不上刘先生那么深得民心！”

**6** 二月二十六日，吴越（首都杭州）丞相、昭化（总部慎州）司令官（空头官衔。此时慎州属辽国〔首都临潢府〕）、遥兼二级宰相（同平章事，使相）杜建徽逝世（年八十八岁）。

**7** 二月二十七日，后汉帝（二任隐帝）刘承祐命前永兴（总部京兆府）司令官（节度使）赵匡赞当左骁卫（卫军第五军）上将军（赵匡赞进京，参考前年〔九四八〕正月）。

三月九日，嘉庆节——刘承祐生日大庆，邺都（大名府，河北省大名县）留守长官高行周、天平（总部郓州）司令官（节度使）慕容彦超、泰宁（总部兖州）司令官（节度使）符彦卿、昭义（总部潞州）司令官（节度使）常思、安远（总部安州）司令官（节度使）杨信、安国（总部邢州）司令官（节度使）薛怀让、成德（总部镇州）司令官（节度使）武行德、彰德（总部相州）司令官（节度使）郭谨、保大（总部鄜州）候补司令官（留后）王饶，先后进京（首都开封府）朝见祝贺。

三月十七日，刘承祐下诏在西汉一任帝刘邦墓——长陵、东汉一任帝刘秀墓——原陵，分别修建寝庙，按时祭祀（长陵，今陕西省咸阳市东北二十公里；原陵，今河南省洛阳市孟津区东北铁谢村）。但有关官员认为费用太多，把这项诏书搁置一旁，直到后汉覆亡（九七九年），两座陵墓都没有一滴酒祭奠（一任帝刘知远自认是两汉王朝苗裔，兴建皇家祖庙，参考九四七年闰七月)。 

三月二十五日，调高行周当天平(总部郓州)司令官(节度使)、符彦卿当平卢(总部青州)司令官(节度使)。

三月二十七日，调慕容彦超当泰宁(总部兖州)司令官(节度使)。

永安(总部府州)司令官(节度使)折从阮(折从远)全族到京师(首都开封府)朝见。

夏季，四月一日，调薛怀让当匡国(总部同州)司令官。

四月三日，调折从阮(折从远)当威胜(总部邓州)司令官(节度使)。

四月五日，调杨信当保大(总部鄜州)司令官(节度使)、调镇国(总部华州)司令官(节度使)刘词当安国(总部邢州)司令官(节度使)、调永清(总部贝州)司令官(节度使)王令温当安远(总部安州)司令官(节度使)。

李守贞反抗中央时，保大(总部鄜州)司令官(节度使)王饶暗中跟他勾结，李守贞被消灭后，大家认为王饶一定被解除职务，安置在闲散位置上，可是后来他到京师(首都开封府)朝见，大量贿赂史弘肇，竟调护国(总部河中府)司令官(节度使)，听到的人无不大为惊骇(惊骇王饶不但没有置于闲散，反而由三级战区擢升一级战区)。

杨邠请求解除帝国参谋总部指挥官(枢密使)职务，刘承祐派人劝止。宫廷事务北院总监(宣徽北院使)吴虔裕在旁边说："参谋总部(枢密)是皇家机要重地，很难长期留在那里，应该让晚生后辈轮流着做，杨公(杨邠)辞去这项职务是对的。"刘承祐听到，大不高兴。

四月十四日，刘承祐命吴虔裕出任郑州(河南省郑州市)警备区司令(防御使)。

**8** 后汉政府(首都开封府)因辽国(首都临潢府)近来不断南侵，

在黄河以北横冲直撞，如入无人之境，各战区一味防守，没有一个人敢挺身出来作战，当权官员讨论派郭威镇守邺都（大名府，河北省大名县），负责督促各将领抵抗。史弘肇打算教郭威仍兼帝国参谋总部指挥官（领枢密使），苏逢吉指出没有这种先例，史弘肇说："兼帝国参谋总部指挥官（领枢密使）可以相机行事，受到各路人马畏惧尊敬，才能发号施令。"刘承祐最后接受史弘肇的意见。史弘肇抱怨苏逢吉反对，苏逢吉说："中央控制地方，是理所当然，而今反而由地方控制中央，是不是可以！"

四月十五日，刘承祐命郭威当邺都（大名府，河北省大名县）留守长官兼天雄战区（总部设大名府〔河北省大名县〕）司令官（节度使），而帝国参谋总部指挥官（枢密使）职务仍然保持。刘承祐下诏：河北（黄河以北）各战区的武器、铠甲、钱粮，只要郭威用公文索取，就应马上照办。第二天（四月十六日），高阶层官员聚集宰相窦贞固家宴会，史弘肇举起大杯向郭威敬酒，厉声说："昨天御前会议，竟有人唱反调，今天为老弟饮这一盅！"苏逢吉、杨邠也举杯敬酒说："这是国家大事，应该允许有不同意见，不可以挂在心上！"史弘肇又厉声说："捍卫国家，保护人民，都靠长枪大剑，笔有什么用？"王章（中央财政三单位管理总监〔三司使〕）抗议说："没有笔，金银绸缎从哪里来？"自此，将相之间，开始互相憎恨。

四月十六日，刘承祐下诏撤销永安战区（总部设府州〔陕西省府谷县〕。辖州划归河东〔总部太原府〕。设置永安战区，参考九四七年四月九日）。

四月二十五日，刘承祐命左监门卫（卫军第十三军）将军郭荣，当贵州（广西贵港市）州长（空头官衔。此时贵州属南汉〔首都兴王府〕）兼天雄（总部大名府）内营总指挥官（牙内都指挥使）。郭荣，本姓柴，老爹柴守礼，是郭威妻子的老哥，郭威还没有儿子时，收养柴荣做自己的儿子。

五月二日，刘承祐命府州（陕西省府谷县）蕃汉步骑兵总指挥官（府州蕃汉马步都指挥使）折德扆，当府州民兵司令（团练使）。折德扆，是折从阮（折从远）的儿子。

五月三日，郭威向刘承祐辞行，叮咛说：“皇太后跟随先帝（一任帝刘知远），为时已久，经历过多少天下大事，陛下正年轻力壮，遇到什么困惑，应该报告皇太后，遵照她的指示行事。总而言之，亲近正直忠良，远离邪恶奸佞，什么是善，什么是恶，要特别谨慎区分。苏逢吉、杨邠、史弘肇，都是先帝（一任帝刘知远）的老部下，尽忠报国，希望陛下推心置腹、信任不移，绝对不会有差池过失。至于疆场战争，我愿竭尽所能，希望不辜负陛下的驱使。”刘承祐脸色端庄严肃，恭敬接受。郭威抵达邺都（大名府，河北省大名县），因为河北（黄河以北地区）民生困乏贫苦，下令边防军将领，只要紧守疆场，提高警觉戒备，不准出来掳掠。辽国（首都临潢府）入侵，则坚壁清野，严阵以待。

五月四日，刘承祐训令：“警备区司令（防御使）、民兵司令（团练使），除非战争爆发，平常日子里，公文不可以直接呈报中央，应该先呈报行政长官（观察使）研究，再行上奏。”

五月九日，刘承祐命皇弟、山南西道（总部兴元府）司令官（空头官衔。此时兴元府属后蜀〔首都成都府〕）刘承勋当首都开封特别市市长（开封尹），加授兼最高立法长（兼中书令）；实际上刘承勋因身患残障而又年幼，从没有离开过皇宫。

平卢（总部青州）司令官（节度使）刘铢，贪婪凶恶，又性情暴躁，中央想把他调到京师（首都开封府），恐怕他拒绝接受，正巧，沂（山东省临沂市）、密（山东省诸城市）两州进击南唐（首都金陵府），中央派沂州（山东省临沂市）州长郭琼，率军进驻青州（山东省青州市）。刘铢不安，摆设筵席，请郭琼饮酒，却在帐下埋伏士卒，打算当场杀害。郭琼知道他的阴谋，把左右侍从全部摒除，大大方方赴宴，脸上没有一丝恐惧颜色，刘铢不敢发动。郭琼遂乘势分析是非祸福，刘铢心服口服，所以诏书颁下，刘铢立刻动身回京（首都开封府）。

五月十三日，刘铢进宫朝见。

五月十四日，刘承祐命郭琼当颍州（安徽省阜阳市）民兵司令（团练使）。

五月十六日，中央财政三单位管理总监（三司使）王章，设筵宴请中央高阶层官员，酒喝到将要烂醉的时候，大家用手势当作酒令。史弘肇不懂这种玩法，皇家礼宾总监（客省使）阎晋卿坐在史弘肇身旁，屡次解释给史弘肇听这项游戏规则。苏逢吉开他玩笑说："身旁有姓阎的人，何必担心被罚酒！"史弘肇的妻子阎氏，本是酒家娼妓，认为苏逢吉在讥笑他，暴跳如雷，用脏话诟骂苏逢吉。苏逢吉沉默不讲话，史弘肇打算动手殴打，苏逢吉起身避开。史弘肇索取佩剑，准备追杀，杨邠哭泣着阻止说："苏先生是当朝宰相，你如果杀了他，把皇上放到什么地方，你要好好想一想！"史弘肇上马而去，杨邠跟他并骑而行，直送到他家门才回。从此，将相之间，如同水火，互不相容。刘承祐派宫廷事务总监（宣徽使）王峻摆酒给他们和解，也无法办到。苏逢吉打算出去主持一个战区，用以躲开史弘肇，但不久就自动打消这个念头，说："只要离开中央，史弘肇一张便条，我就粉碎。"王章也心情落寞，请求外放，杨邠、史弘肇坚决阻止。

闰五月，皇宫中屡次有怪事发生。

闰五月二十七日，狂风大作，摧毁房舍、拔起树木，暴雨不止，平地水深一尺有余。郑门（开封府西面南数第一门，通郑州要道）门板被风吹到半空，飞十几步才落地，震死六七个人。刘承祐召见天文台长（司天监）赵延乂，问他用什么方法才能祈福解祸，赵延乂回答说："我的正式工作是天象历法，至于祈福解祸，从没有学过。不过，帝王们真想祈福解祸的话，最好是进德修业。"赵延乂回去，刘承祐又派人去问："怎么进德修业？"赵延乂说："请读《贞观政要》（唐王朝二任帝李世民语录），效法施行。"

**9** 六月，黄河在郑州（河南省郑州市）决口。

**10** 南楚（首都长沙府）马希萼（武平〔总部朗州〕司令官）战败之后（参考去年〔九四九〕八月），写信引诱辰州（湖南省沅陵县）、溆州（湖南省洪江市西北黔城镇）以及梅山（湖南省新化县西雪峰山）等地蛮夷，共同进攻长沙（湖南省长沙市）。蛮夷部落一直听说首都长沙财富堆积如山，接到信件后，大喜过望，争相出军会师，先攻益阳（湖南省益阳市）。南楚王（四任）马希广派指挥官（指挥使）陈璠抵御，在淹溪（湖南省益阳市东北）会战，陈璠兵败，战死。

**11** 秋季，七月，南唐（首都金陵府）把俘虏马先进等人归还吴越（首都杭州），请求交换查文徽（马先进及查文徽，参考本年〔九五〇〕二月）。

**12** 南楚王（首都长沙府）马希萼又派蛮夷部落军进攻迪田（湖南省湘乡市北）。

八月三日，蛮夷夷部落攻陷迪田（湖南省湘乡市北），格杀守将张延嗣。马希广再派指挥官（指挥使）黄处超增援，黄处超也兵败身死。首都长沙（湖南省长沙市）人民震恐，马希广再派内营指挥官（牙内指挥

十世纪·九五〇年六月至八月

南楚内战·马希萼诱多地部族攻益阳

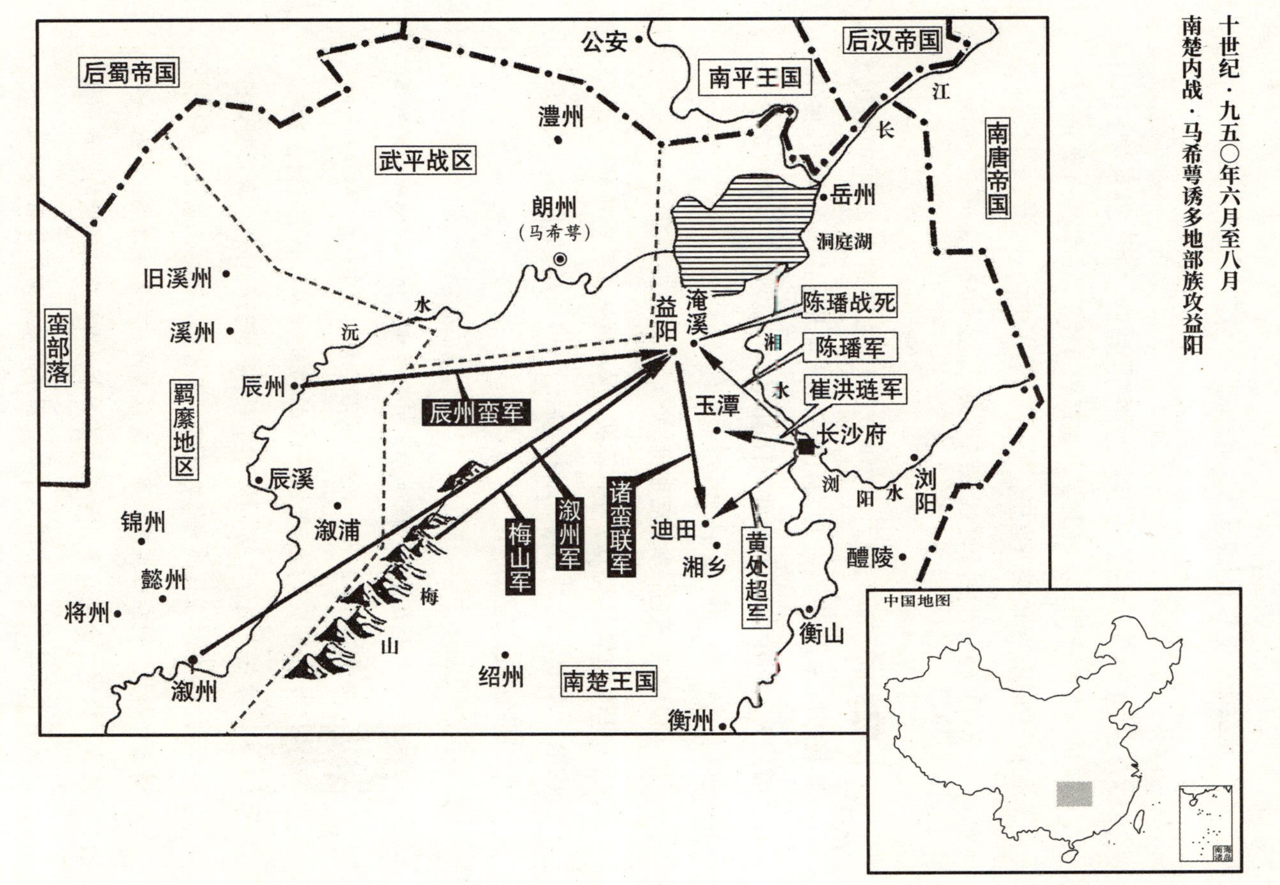

使）崔洪琏率军七千人进驻玉潭（湖南省宁乡市）。 

**13** 八月五日，后蜀帝国（首都成都府〔四川省成都市〕）皇帝（二任）孟昶（孟仁赞，本年三十二岁）封皇弟孟仁毅当夔王、孟仁贽当雅王、孟仁裕当彭王、孟仁操当嘉王。

八月十四日，封皇子孟玄喆当秦王、孟玄珏当褒王。

**14** 故后晋李太后（后唐晋国长公主）身在建州（辽宁省朝阳市西南），卧病床榻，没有医生，也没有药品，跟侄儿、亡国之君石重贵仰首望天，号啕大哭，指名咒骂杜重威、李守贞说："我死也饶不了你们！"

八月二十三日，李太后逝世。

直到本世纪（十）五〇年代末期，汉人有从辽国（首都临潢府）回来内地（中原）的，说："石重贵跟冯皇后还活得很好，但他的侍从死的死、逃的逃，已超过一半。"

石重贵的亡国生涯，引人唏嘘。然而，使我们感兴趣的是，几乎每一则记载，从石重贵初过中度桥（参考九四七年正月），到李太后逝世建州（辽宁省朝阳市西南），母子只对杜重威、李守贞痛恨入骨，从没有一个字检讨到自己。真正制定横挑强邻决策的"爱国英雄"景延广，石重贵母子对他也没有半句话谴责！而且，包括杜重威、李守贞在内的一群官场混混，没有一个来自外太空，全是石重贵母子亲自任命，而又宠信不疑的，母子俩并没有半句话责备自己用人不当。国事危急，桑维翰紧急求见，石重贵却镇定如常，专心调鹰（参考九四六年十二月），他也从不懊悔。

一个平庸的人物，失败之后，并不是不会检讨，而只是，检讨的结果一定都是别人的错，自己反而成了受害的白雪公主。石重贵母子不过一个榜样。

**15** 南楚（首都长沙府）马希萼上疏后汉帝（二任隐帝）刘承祐，请求在京师（首都开封府）另行设置驻京办事处（进奏务）。

九月十七日，刘承祐下诏说：南楚（首都长沙府）已有驻京办事处（进奏务），不宜另设。同时也下诏给南楚王（四任）马希广，劝他兄弟和睦。

马希萼认为后汉政府（首都开封府）偏袒马希广，大怒，改派使节向南唐（首都金陵府）投降称臣，请派军会师进攻长沙（南楚首都，湖南省长沙市）。南唐帝国（首都金陵府〔江苏省南京市〕）加授马希萼遥兼二级宰相（同平章事，使相），把鄂州（湖北省武汉市）本年（九五〇）的田赋捐税，全部赏赐给马希萼，派楚州（江苏省淮安市）州长何敬洙率军增援马希萼。

冬季，十月十二日，马希广派使节上疏后汉政府（首都开封府），紧急求援，说："荆南（南平）、岭南（南汉）、江南（南唐）联合一起，打算瓜分湖南（南楚），请调发大军进驻澧州（湖南省澧县），切断江南（南唐）、荆南（南平）增援朗州（湖南省常德市）的通路。"

**16** 十月十三日，后汉帝（二任隐帝）刘承祐命吴越王（五任忠懿王）钱弘俶当全国各战区道兵马元帅。

**17** 南楚王（四任）马希广因为朗州（湖南省常德市）跟蛮夷入侵，将领们屡战屡败，脸上的忧虑，无法掩饰。刘彦瑫对马希广说："朗

十世纪·九五〇年十月 南楚内战·中央水陆二军夹攻朗州，大败

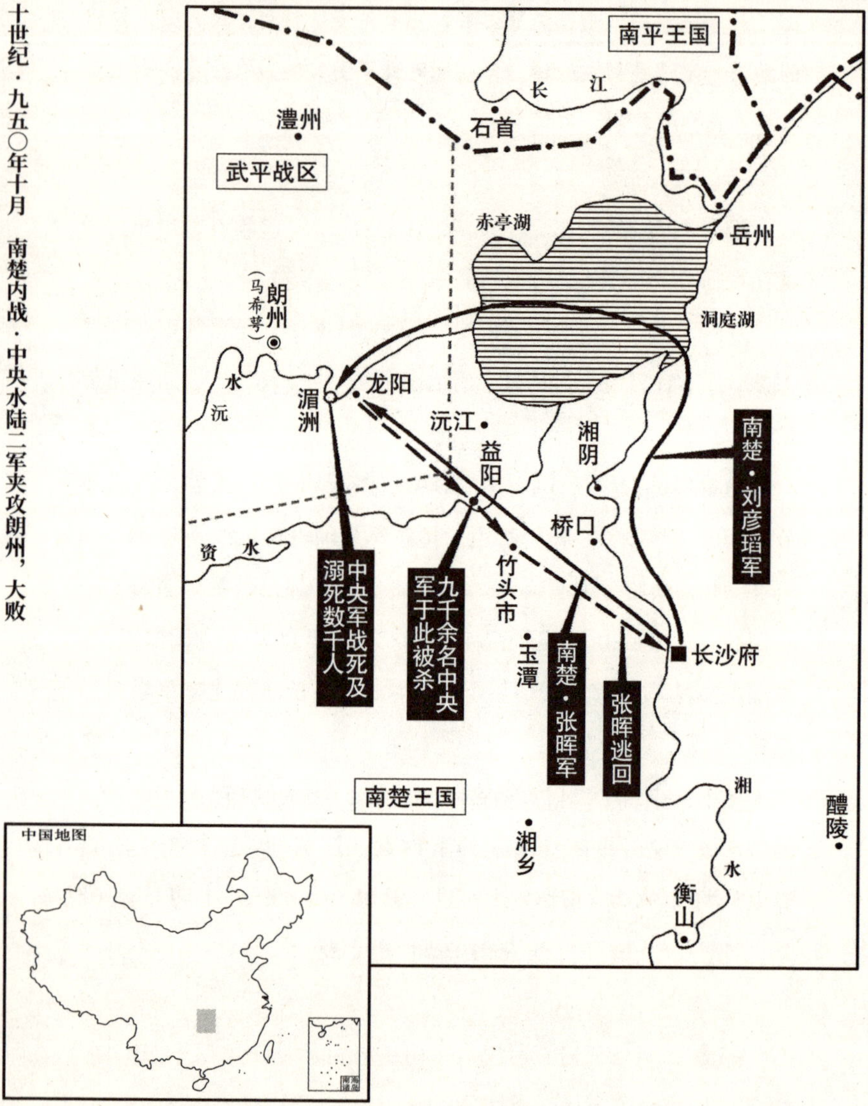

南平王国

长江

石首

澧州

武平战区

赤亭湖

岳州

朗州（马希萼）

洞庭湖

沅水

湄洲

龙阳

沅江

益阳

湘阴

南楚·刘彦瑫军

资水

桥口

中央军战死及溺死数千人

九千余名中央军于此被杀

竹头市

长沙府

玉潭

南楚·张晖军

张晖逃回

南楚王国

湘水

醴陵

湘乡

衡山

中国地图

州（湖南省常德市）军队不满一万人，战马不满一千匹，而我们的精兵有十万之多，为什么担心不能取胜？请交给我战士一万余人、战舰一百五十艘，一直杀到朗州（湖南省常德市），生擒马希萼，解除大王的忧虑。”马希广大为高兴，任命刘彦瑫当舰队司令（战棹都指挥使）、朗州特遣兵团总指战官（朗州行营都统）。刘彦瑫率军进入朗州州境，所过的地方，父老们争先恐后献出牛羊美酒犒劳，并且说：“人们不愿跟随叛徒作乱，盼望王府大军，已盼望很久。”刘彦瑫信以为真，给他们大量赏赐，可是等到舰队一过，朗州民兵立刻把竹竿投到水里，阻断后退之路。当天，马希萼派朗州军队跟蛮夷部落共六千人、战舰一百艘，逆水而上，在湄州（湖南省汉寿县西沅江中沙洲）会战。刘彦瑫顺风纵火，打算焚烧朗州战舰，万料不到风势突然倒转，反而焚烧自己。刘彦瑫急行撤退，而江路已被阻断，官兵战死跟溺死的达数千人。马希广接到报告，哭泣流泪，不知道做什么才好。马希广平常很少赏赐，现在，拿出大量金钱绸缎，以博取士卒们的喜悦。

有人检举天策府左参谋长（天策左司马）马希崇谣言惑众，叛乱证据十分明确，请求判处死刑（马希崇替马希萼当内应，参考九四七年八月）。马希广说：“我如果害死老弟，有什么脸面在地下再见老爹（一任王马殷）！”

骑兵指挥官（马军指挥使）张晖率军从另外一条道路，直向朗州（湖南省常德市），挺进到龙阳（湖南省汉寿县），听到刘彦瑫兵败，退守益阳（湖南省益阳市），马希萼派指挥官（指挥使）朱进忠等，率精锐部队三千人，向益阳（湖南省益阳市）猛攻。张晖对益阳守军说：“我率领我的部队出城，绕到盗匪背后，你们留在城里等我的消息，然后内外夹攻。”然而，张晖出城后，却从竹头市（湖南省益阳市东南）逃回首都长沙。朗州军队知道益阳城里没有主将，发动急攻，守军九千余人全被屠杀。

**18** 吴越王（五任忠懿王）钱弘俶，把俘虏查文徽归还南唐（首都金陵府），查文徽得了喉病，不能说话，遂以国务院工程部长（工部尚书）名义退休。

**19** 十一月一日，日蚀。

**20** 后蜀（首都成都府）太师（三师之一）、最高立法长（中书令）、宋王（忠武王）赵廷隐逝世。

**21** 南楚王（四任）马希广派他的部属孟骈前去劝马希萼说：“你忘掉父兄两代世仇，甘心勾结南唐（首都金陵府），跟当年袁谭向曹操求救（参考二〇三年八月），有什么差别？”马希萼打算把他斩首，孟骈说：“自古以来，两国交战，使节来往其间，我如果怕死，怎么肯到这里！我的话并不是只对潭州（马希广）好，也实是为你设想。”马希萼把他释放，命他回去报告马希广说：“大义已经断绝，除非死在地下，不能再见。”朱进忠建议马希萼亲自率军进攻潭州（长沙府，湖南省长沙市）。

十一月八日，马希萼留他的儿子马光赞守朗州城（湖南省常德市），动员所有军队，直向长沙（湖南省长沙市）。马希萼自称顺天王。

**22** 后汉帝（二任隐帝）刘承祐命皇家侍卫亲军步兵总指挥官（侍卫步军都指挥使）、宁江战区（总部设夔州〔重庆市奉节县〕）司令官（空头官衔。

此时夔州属后蜀〔首都成都府〕）王殷，率军进驻澶州（河南省濮阳市），防备辽国（首都临潢府）南侵。王殷，是瀛州（河北省河间市）人。

后汉政府讨论派军支援南楚王（四任）马希广，命安远（总部安州）司令官（节度使）王令温当野战司令（都部署），南下增援潭州（长沙府，湖南省长沙市）。但不久发生政变，大军没有出动。

**23** 后汉帝（二任隐帝）刘承祐自从登上宝座后，帝国参谋总部指挥官（枢密使）、国务院右最高执行长（右仆射）、二级实质宰相（同平章事）杨邠，一直总揽中央大权。帝国参谋总部指挥官（枢密使）兼最高监督长（兼侍中）郭威，负责军事。归德（总部宋州）司令官（节度使）、皇家侍卫亲军总指挥官（侍卫亲军都指挥使）兼最高立法长（兼中书令）史弘肇，负责皇家警卫。中央财政三单位管理总监（三司使）、二级实质宰相（同平章事）王章，负责财政。杨邠很能秉公尽忠，退朝之后，在家里不接受任何人关说请托，虽然不拒绝四方馈送的贿赂，但多余的一律缴归国库。史弘肇维持京城（首都开封府）治安，道路上遗失的东西，没有人敢捡。当时，正是辽国（首都临潢府）对后晋发动灭国扫荡之后，政府民间，全都困难贫苦，王章寻找被忽视遗漏了的小利，紧缩开支，竭力充实库藏；又正遇上三战区联合反叛（三战区：护国〔总部河中府〕、永兴〔总部京兆府〕、凤翔〔总部凤翔府〕），中央出动大军多年，而供应不缺。乱事平息后，大量赏赐之外，还有盈余。因为这三个人的力量，帝国得以粗略安定。

然而，王章征收赋税的手段，却刻薄峻急。旧有制度，民间缴纳田赋，每斛之外，多缴二升，称"雀鼠耗"，王章下令多缴二斗，称"省耗"。过去，八十钱称"一串"（唐王朝时，一百钱称"一串"，末期以降，八十钱称"一串"），现在，王章下令：平民向政府缴钱时八十钱一串，政府发给平民时，七十七钱一串，称“省陌”。严禁贩卖私盐、私矾、私酒，即令贩卖一粒盐、一块矾、一滴酒，一律斩首，人人愁苦怨恨。王章尤其不喜欢文官，常说：“这些垃圾，握着手教他打算盘，他都弄不清楚，有什么用！”文官应领的粮食，王章全用军队不肯要的发给，承办人已经提高它们的价格，王章更加提高。 

知识贫乏的人，不一定反知识，但反知识的人，却一定知识贫乏。王章、史弘肇不过历史上千万见证人中的两个见证。有人说：知识丰富的人也会同样反知识，不过这种人只是看起来知识丰富，或者在他那个范围窄狭的茶杯世界里，略能折腾几下而已。前者心里充满对知识的嫉妒，反知识只是狐狸反酸葡萄；后者则一直恐惧别人吸收太多知识后，拆穿他的肤浅，对威权不再驯服，就大大的妨碍了他的英明领导。

刘承祐左右一些受宠信的小人物，渐渐掌权，李太后的娘家人，也干涉政治，杨邠等一再压制。李太后有一位老友的儿子，请求候补一个军官位置，史弘肇大怒，把他斩首。

宫廷杂务官（武德使）李业，是李太后的老弟（李太后兄弟姐妹七人，李业年纪最幼），一任帝刘知远命他管理宫内财务。刘承祐登极后，李业尤其受到宠爱。正巧，宫廷事务总监（宣徽使）出缺，李业想得到这个位置，刘承祐、李太后也暗示宰相保荐。但杨邠、史弘肇认为皇宫官员的升迁，有一定次序，皇亲国戚不可以越级出任，才打消原意。宫廷礼宾总监（内客省使）阎晋卿，依照编制及资历，应升任宫廷事务总监（宣徽使），可是久久升不上去；帝国参谋总部执行官（枢密承旨）聂文进、宫廷飞龙御马厩管理官（飞龙使）后匡赞、皇家文学侍从院茶酒管理官（翰林茶酒使）郭允明，都受刘承祐宠爱，也因很久没有升官，众口一声，怨恨宰相。聂文进，是太原（山西省太原市）人。刘铢从青州（山东省青州市）任上离职，回到京师（刘铢原任平卢〔总部青州〕司令官，参考本年〔九五〇〕五月），只出席朝会，很久没有给他一个官做，也常遥指着宰相联合办公厅，破口大骂。

刘承祐刚刚服完了三年的丧服，开始听乐队演奏，赏赐给戏子们锦袍玉带，戏子们晋见史弘肇叩谢。史弘肇大怒说："战士们在边疆苦战，没有一丝赏赐，你们有什么功劳，得到这些财物！"一一夺回，送还国库。刘承祐打算封他最爱的耿夫人当皇后，杨邠认为刘承祐刚除下丧服，似嫌太快；耿夫人不久逝世，刘承祐又想用皇后的仪式把她安葬，杨邠也不同意。而刘承祐年龄越发成长（本年刘承祐二十岁，正是大学二年级学生年纪），厌恶高官们总是对他压制。杨邠、史弘肇曾在刘承祐面前讨论事情，刘承祐说："应该仔细研究，免得别人说闲话！"杨邠说："陛下只要闭嘴就好了，有我们在这里。"这种情形累积得一多，刘承祐心里开始愤愤不平。刘承祐左右侍从遂抓住机会，暗中向刘承祐打小报告说："杨邠那些人专权横行，总有一天会发生事情。"刘承祐相信，而且有几天夜晚，听到宫廷技工管理署（作坊）兵工厂炼铁场锻铁炼钢的声音，怀疑将要发生紧急情况，通宵达旦，不能合眼。司空（三公之三）、二级实质宰相（同平章事）苏逢吉跟史弘肇之间，既已结怨，知道李业等憎恨史弘肇，为了借刀杀人，所以屡次用话刺激李业。刘承祐遂跟李业、聂文进、后匡赞、郭允明，阴谋诛杀杨邠等，计议既然决定，进宫奏报李太后。李太后说："这种事情怎么可以轻举妄动，应该跟宰相们再作讨论。"李业当时正在旁边，说："先帝（一任帝刘知远）曾经说过：政府大事，不可以征求知识分子的意见，知识分子胆小如鼠，畏首畏尾，最是误人。”李太后再强调自己的话，刘承祐大发雷霆，说：“国家大事，你们女人不懂！”衣袖一甩，扬长出宫。

十一月十二日，李业等把这项政变计划告诉阎晋卿，阎晋卿恐怕政变失败，急往晋见史弘肇告密，史弘肇端架子，借口有别的事情，拒绝接见。

十一月十三日，凌晨，杨邠等进宫参加朝会，武装战士好几十人从广政殿杀出，把杨邠、史弘肇、王章，砍死在东厢之下。聂文进紧急召集宰相及文武百官到崇元殿列班朝见，宣读诏书说：“杨邠等阴谋造反，已经伏诛，当跟你们共同庆贺。”又召集各军将领到万岁殿大庭，刘承祐亲自向他们解释，强调说：“杨邠等把我当成一个小娃，我今天才总算真正做你们的领袖，你们再不必担心飞来横祸。”大家叩头谢恩退出。刘承祐然后又召集卸任战区司令官（节度使）跟州长等进殿安抚。同时，分别派使节率领骑兵逮捕杨邠等的亲戚、朋友、侍从，全部诛杀。

史弘肇跟皇家侍卫亲军步兵总指挥官（侍卫步军都指挥使）王殷，感情敦睦，杨邠等被杀后，刘承祐派宫廷随从（供奉官）孟业，携带密诏，前往澶州（河南省濮阳市）和邺都（大名府，河北省大名县），命镇宁（总部澶州）司令官（节度使）李洪义诛杀王殷，命邺都（大名府，河北省大名县）特遣兵团骑兵总指挥官（邺都行营马军都指挥使）郭崇威、步兵总指挥官（步军都指挥使）真定（河北省正定县）人曹威，诛杀郭威跟监军官兼宫廷事务总监（宣徽使）王峻。李洪义，是李太后的老弟。刘承祐又紧急召集天平（总部郓州）司令官（节度使）高行周、平卢（总部青州）司令官（节度使）符彦卿、永兴（总部京兆府）司令官（节度使）郭从义、泰宁（总部兖州）司令官（节度使）慕容彦超、匡国（总部同州）司令官（节度使）薛怀让、郑州（河南省郑州市）警备区司令（防御使）吴虔裕、陈州（河南省周口市淮阳区）

州长李谷等，火速进京（首都开封府）。同时任命苏逢吉暂代帝国参谋总部指挥官（权知枢密院事）、前平卢（总部青州）司令官（节度使）刘铢暂代首都开封特别市市长（权知开封府）、皇家侍卫亲军骑兵总指挥官（侍卫马军都指挥使）李洪建暂管皇家侍卫亲军司令部（权判侍卫司事）、宫廷礼宾总监（内客省使）阎晋卿暂任皇家侍卫亲军骑兵总指挥官（权侍卫马军都指挥使）。李洪建，是李业的老哥。

当时，京师（首都开封府）内外，人心惊骇震恐，苏逢吉虽然厌恶史弘肇，但并没有参与李业等这项大屠杀秘密计划，听到政变爆发，呆在那里，私下对人说："事情太仓猝，领袖只要有一句话问我，不致到如此地步。"李业等命刘铢屠杀郭威、王峻满门，刘铢手段残酷恶毒，没有一个女人和儿童能刀下逃生。刘承祐又命李洪建诛杀王殷满门，李洪建只派人看守，仍供应他们饮食。

十月十四日，中央使节孟业抵达澶州（河南省濮阳市），李洪义懦弱恐惧，认为王殷已经得到京师（首都开封府）消息，早有准备，不敢发动，反而带着孟业晋见王殷，王殷立刻逮捕孟业囚禁，派副指挥官（副使）陈光穗把密诏拿给郭威，郭威召集参谋总部官员（枢密吏）魏仁浦，请他阅读，问说："怎么办？"魏仁浦说："你是帝国的栋梁，功劳名望，一向显赫，而又手握强兵，镇守重镇，一旦被小人陷害，大祸临头，绝对不是几句话就可化解。事情已到这种地步，不应该坐在这里等死！"郭威乃召集郭崇威、曹威以及其他部将，告诉他们杨邠等被冤杀，跟密诏内容，说："我跟杨史诸公，披荆斩棘，追随先帝（一任帝刘知远），夺取天下，又受托孤重任，竭尽能力，保护国家。而今，杨史诸公已死，我怎么忍心独自偷生！你们应接受诏书，砍下我的人头，回奏天子（刘承祐），或许可以不连累大家。"郭崇威等都哭泣说："天子年纪太轻，这一定是左右邪恶小人的阴谋诡计，假如他们当权，国家怎么能够太平！我愿追随大帅前往中央投案，扫荡鼠狼之辈，肃清政府，不可死在一个单人匹马的使节之手，蒙受千年恶名。”皇家文学侍从院天文官（翰林天文）赵修己对郭威说：“白白送死有什么意义，不如顺从大家的愿望，率军南下，这是上天替你开路！”（赵修己曾劝阻李守贞起兵，参考前年〔九四八〕四月。）郭威遂留他的义子郭荣（柴荣）镇守邺都（大名府，河北省大名县），命郭崇威率骑兵当先锋出发。

十一月十五日，郭威率主力部队继续南下。

慕容彦超（泰宁〔总部兖州〕司令官）正在进餐，接到诏书，立刻丢下碗筷，飞骑快马，奔进京师（首都开封府），刘承祐把军事全部交给他负责。

十一月十六日，吴虔裕（郑州警备区司令）抵达京师（首都开封府）。

刘承祐听到郭威起兵南下消息，召集御前会议，讨论出军抵御。前首都开封特别市市长（开封尹）侯益说：“邺都（大名府，河北省大名县）野战部队官兵们的家属，都留在京师（首都开封府），我们不可以轻率的出城作战，最好是紧闭城门，先摧挫他们的锐气，然后教他们的娘亲妻子，登上城墙呼唤她们的儿子、丈夫，用不着战争，就可把他们生擒活捉。”慕容彦超说：“侯益老了，一脑子懦夫想法。”刘承祐遂派侯益、阎晋卿、吴虔裕、前保大（总部鄜州）司令官（节度使）张彦超，率禁军直向澶州（河南省濮阳市）。可是，就在当天（十一月十六日），郭威抢先一步进入澶州（河南省濮阳市），李洪义开城迎接；王殷晋见郭威，悲伤恸哭，率他的部队加入战斗序列，渡黄河（流经濮阳市中心的古黄河）南下。刘承祐派宦官鸯脱，侦察郭威大军，郭威把他生擒，把奏章放到鸯脱衣领里，命他回去奏报刘承祐说：“我数日前奉到诏书，伸长脖子，等候诛杀。可是郭崇威等不忍下手，一致认为是陛下左右那些贪权不止的人，谗言陷害，逼迫我南下前往宫门听候审判。我希望死而不能死，而力量又不能控制部属。大概几天之后，就会抵达宫前。陛下如果认为我真的有罪，我怎么敢逃避处罚！如果真的有人暗中陷害，也希望能把他们交到军营，使大家称心快意！届时，我又怎么敢不安抚各路人马，退回邺都（大名府）。”

十一月十七日，郭威直向滑州（河南省滑县）。

十一月十八日，义成（总部滑州）司令官（节度使）宋延渥迎接郭威进城。宋延渥，是洛阳（河南省洛阳市）人，妻子是后晋一任帝石敬瑭的女儿永宁公主。郭威用滑州（河南省滑县）库存钱财，犒劳大军，向部众解释说：“听说侯益率领各路人马，正向北前进，如果战场相遇，发生冲突，跟我进京（首都开封府）朝见的本意，完全相反，如果放弃抵抗，一定被他们屠杀。我打算成全你们的功名，不如仍依照密诏行事，我虽死也没有遗恨。”大家异口同声说：“国家辜负你，你不辜负国家，所以万众合力，好像报自己的私仇。侯益那些东西，有什么办法！”王峻接着向大家宣布说：“我接到大帅（郭威）指令，攻克京师（首都开封府）的时候，允许你们抢劫十天！”大家跳跃欢呼。

当天（十一月十八日），鸯脱逃抵大梁（首都开封府所在城，河南省开封市）。先前，刘承祐打算亲自前往澶州（河南省濮阳市）督战，听到郭威已到澶州（河南省濮阳市），才打消念头。现在，见到鸯脱衣领中的奏章，脸上掩不住懊悔恐惧，私下对宰相窦贞固说：“先前那件事，确实太草率！”李业等请求掏空国库犒劳各军，苏禹珪不太赞成，李业在刘承祐面前，向苏禹珪下跪叩头，说：“请你为了皇上，不要爱惜国库！”于是下令赏赐禁军每人二十串，地方部队每人十串，身在反抗军中的将士家属，也照样发给，并要他们写信告知家人，引诱他们逃回。

十一月十九日，郭威主力抵达封丘（河南省封丘县），民心惶恐，李太后哭泣说：“不用李涛的建议调杨邠、郭威出京，难怪覆亡（李涛建议调杨邠、郭威出京，参考前年〔九四八〕三月）。”慕容彦超仗恃自己骁勇，对刘承祐说：“在我看起来，郭威那些叛徒，好像一群蛇虫，我一定替皇上生擒他们的头目。”退出后，看到聂文进，询问反抗军数目跟军官们的姓名，听了之后，有点害怕，自言自语说：“应该说是大贼，不可轻视！”刘承祐再派左神武（禁军第五军）统军袁䶮、前威胜（总部邓州）司令官（节度使）刘重进等，率禁军跟侯益等会师，进驻赤冈（河南省开封市东北）。袁䶮，是袁象先（李绍安）的儿子（袁象先〔李绍安〕，是后梁一任帝朱全忠〔朱温〕的外甥。参考九一三年二月）。慕容彦超率大军进驻七里店（河南省开封市北十公里）。

十一月二十日，中央及反抗两支大军，在刘子陂（七里店东北）接触，刘承祐打算亲自出来劳军，李太后说：“郭威是我们家旧人，除非是死亡临身，何至于到这种地步。你只要按兵不动，严守城池，马上送去诏书解释，观察他的意向，如果态度恭顺，真有充分的理由，君王和臣属之间的形象，还可以维持，千万不可以轻率出城。”刘承祐听不进去，当时，护驾军的阵容，十分盛大，李太后派使节告诫聂文进说：“千万小心！”聂文进回答说：“有我在，就是一百个郭威，照样活捉！”直到夜晚，两军仍在僵持，没有热战，刘承祐回宫。慕容彦超慷慨激昂，大声叫说：“陛下明天如果在宫里闲着，不妨再次出城，看我大破盗匪。实际上我不必出马，只不过大喝一声，驱赶他们四散归营！”

十一月二十一日，刘承祐要再出城，李太后竭力阻止，刘承祐不理。两军列阵，各就战斗位置。郭威警告他的部众说：“我这次前来，只为诛杀一小撮邪恶小人，不敢跟天子作对，你们万不可先动。”僵持了很久，慕容彦超率轻装备骑兵发动攻击，郭崇威跟前博州（山东省聊城市）州长李荣，率骑兵迎战。慕容彦超骑的马突然栽倒，几乎被反抗军生擒，慕容彦超心胆俱裂，急率军脱离战场，部下一百余人战死，各路人马士气崩溃，开始有人悄悄投降反抗军。侯益、吴虔裕、张彦超、袁巍、刘重进，都暗中去反抗军大营晋见郭威，郭威命他们各自回去，又对宋延渥说：“皇上的情势危急，你是皇家近亲（恐怕有误，宋延渥应跟后晋皇家是近亲），应该用你战区警备部队去保护，并且顺便请皇上找一个空隙前来我的大营。”宋延渥还没有走到御帐，散兵游勇四下逃跑奔驰，已乱成一团，宋延渥不敢前进，退回。等到天黑，中央军大多数都投降反抗军。慕容彦超看情形不对，率侍从骑兵十余人，抛弃刘承祐，自己奔回兖州（泰宁战区总部所在，山东省济宁市兖州区）。

当天（十一月二十一日）夜晚，刘承祐单人匹马跟三位宰相（窦贞固、苏逢吉、苏禹珪）及随从官员数十人，住在七里寨。大军彻底瓦解，所有的人都四散逃走。

十一月二十二日凌晨，郭威望见刘承祐的皇家旗帜飘扬在高坡之上，翻身下马，脱下头盔，前去投奔追随，可是赶到的时候，刘承祐已经离开（史笔假到这种程度，使人作呕）。刘承祐拨转马头，想回皇宫，走到玄化门（开封府北面最东门），刘铢守在门口，问刘承祐左右侍从说：“人马都到哪里去了？”不等回答，就下令向他们发箭射击，刘承祐惊恐，一提马缰，向西北逃走，走到赵村（河南省开封市西南三公里），反抗军追上，刘承祐下马躲到民家，被乱兵诛杀（年二十岁）；苏逢吉、阎晋卿、郭允明都自杀。聂文进脱身逃走，反抗军士卒追赶捕获，斩首。李业逃奔陕州（投靠老哥李洪信），后匡赞逃奔兖州（投靠慕容彦超）。郭威听到刘承祐横死消息，哀号恸哭说：“是我这个老头的错！”

郭威抵达玄化门，刘铢再下令射击，箭如雨下。郭威只好改从迎春门（开封府东面最北城门，古称曹门，前往曹州〔山东省菏泽市定陶区〕必经之门）进城，派前曹州（山东省菏泽市定陶区）警备区司令（防御使）何福进率军据守明德门。反抗军大肆剽掠，四面八方，烟火冲天。官兵们闯进前义成（总部滑州）司令官（节度使）白再荣（白麻荅）私宅，生擒白再荣（白麻荅），掠夺他的全部财产，过了一会，对白再荣（白麻荅）说：“我们过去曾是你的部属，辛苦奔走，侍奉左右，想不到今天忽然把你侮辱到这种地步，还有什么脸再看到你！”遂斩白再荣（白麻荅），砍下人头而去（白再荣敛财手段惨毒，参考九四七年八月）。

国务院文官部副部长（吏部侍郎）张允，家产之富，以万作单位计算，但是性情吝啬，纵是自己的妻子，也不信任，经常把所有库房的钥匙，拴在内衣裤带上，走起路来，好像女人佩戴首饰一样，叮叮当当作响。当天（十一月二十二日）夜晚，反抗军进城剽掠时，他躲到佛殿方格形状、绘有彩色图案的天花板上，可是躲藏的人太多，天花板支持不住，塌了下来，乱兵找到，剥下他的衣服（当然是为了钥匙），张允遂被冻死。

最初，宫廷技工管理官（作坊使）贾延徽很受刘承祐的宠信，跟魏仁浦是邻居，贾延徽打算吞并魏仁浦的住宅，来开拓自己的庭院，所以屡次在刘承祐面前诬陷魏仁浦，魏仁浦几乎入狱丧生。现在，有人生擒贾延徽交给魏仁浦，要他随意处理。魏仁浦拒绝说：“利用兵荒马乱的机会，报复私仇，我不做这种事。”郭威听到，对魏仁浦更加敬重。

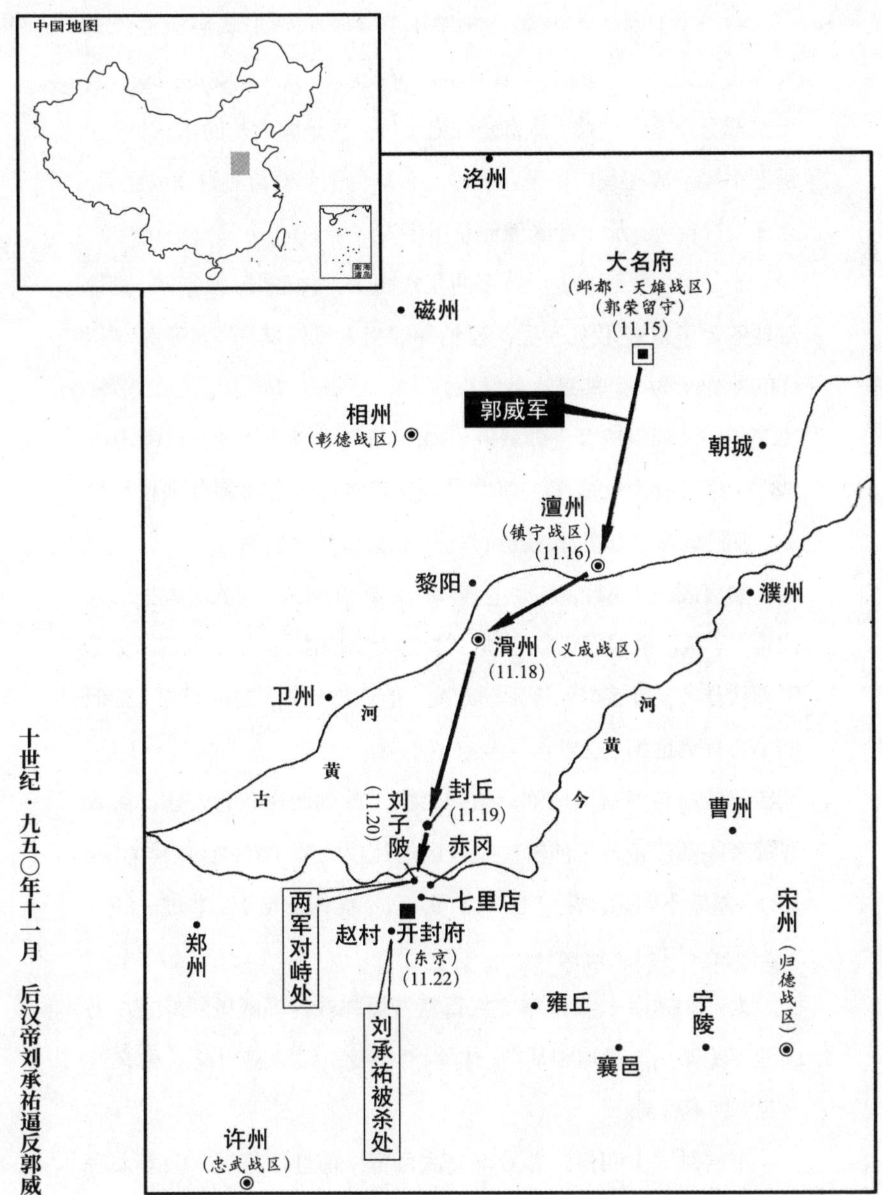


十世纪·九五〇年十一月 后汉帝刘承祐逼反郭威

右千牛卫（卫军第十六军）大将军枣强（河北省枣强县）人赵凤说："郭大帅出动大军，为的是肃清君王身旁的邪恶小人，安定国家！宵小鼠辈竟敢这么放肆，简直是强盗土匪，岂是郭大帅的本意！"于是把小凳子放在巷口，坐在那里，手拿弓箭，对抢到这里的乱兵，立即发箭射死，那个社区靠他获得平安。

十一月二十三日，反抗军捕获刘铢、李洪建，囚禁监狱。刘铢对他的妻子说："我死了后，恐怕你要当人家奴婢！"妻子说："以你的所作所为，当然是这种结果。"

王殷、郭崇威警告郭威说："如果不马上制止抢劫，京师（首都开封府）今天晚上就成了一座空城！"郭威乃命各将领分别执行禁令，不服从的立刻斩首，直到黄昏，社会秩序才告恢复。

窦贞固、苏禹珪，从七里寨（即七里店）逃回来，郭威派人把二人找到，不久，请他们仍复原职。窦贞固当宰相，正碰上杨邠、史弘肇弄权作威，接着李业等发动政变，他守口如瓶，态度严谨，跟他们小心翼翼地相处，以求保全。

郭威命有关官员把刘承祐的灵柩，放到西宫。有人建议仿效曹魏帝国四任帝曹髦前例，用公爵的礼仪安葬（曹髦事，参考二六〇年五月），郭威不同意，说："仓猝之间，我不能保护皇上，罪过已经够大，何况又对皇上贬谪！"

太师（三师之一）冯道率文武百官晋见郭威，郭威见到冯道，仍向他下跪叩头，冯道跟从前一样坦然接受，缓缓慰问说："你来这一趟，真不容易。"

十一月二十四日，郭威率文武百官，前往明德门，向李太后叩头请安，奏报说："军国事务繁重，请早日指定新君！"李太后下令说："郭允明叛逆，谋害皇上（《资治通鉴》认为刘承祐死于乱兵，《旧五代史·汉书·隐帝本纪》认为是郭允明动手。李太后承认郭允明行凶，最符合皇家利益），政府不能无主。河东（总部太原府）司令官（节度使）刘崇、忠武（总部许州）司令官（节度使）刘信，都是高祖（一任帝刘知远）的老弟。武宁（总部徐州）司令官（节度使）刘赟、首都开封特别市市长（开封尹）刘勋（刘承勋），都是高祖（一任帝刘知远）的儿子。请文武百官共同商议，择定适当人选。”刘赟，本是刘崇的儿子，刘知远十分喜爱，收养过来当作自己的儿子。郭威、王峻进万岁宫晋见李太后，建议由刘勋（刘承勋）继位，李太后说：“刘勋（刘承勋）长期以来，身患残疾，不能起床（参考本年〔九五〇〕五月九日）。”郭威出来告诉各将领，大家要求亲眼观察，李太后命左右侍从抬出病床给各将领看，大家才相信是真。于是郭威跟王峻商量拥戴刘赟登极。

十一月二十六日，郭威领导文武百官上疏，拥护刘赟继承大统。李太后命有关单位选定黄道吉日，准备皇帝特用的车队仪仗——法驾，前去迎接刘赟。郭威奏请派太师（三师之一）冯道，及帝国参谋总部常设文学侍从官（枢密直学士）王度、皇家图书院院长（秘书监）赵上交（赵远），前往徐州（江苏省徐州市）奉迎。

郭威讨伐三战区叛乱时（参考前年〔九四八〕八月），每次接到中央诏书，发现对军事方面的指示，都十分中肯，因而向使节说：“撰写诏书的是谁？”使节回答：“是皇家文学侍从官（翰林学士）范质。”郭威说：“真是宰相的器宇！”进京（首都开封府）之后，把范质找到，十分欢喜。当时，天已降大雪，郭威解下自己穿的紫袍，披到范质肩上。命他撰写李太后的训令，以及拟定迎接新皇帝的仪式，在短短时间里，反复讨论，一经定稿，都非常恰当。

最初，刘承祐派宫廷随从主管（供奉官押班）阳曲（山西省阳曲县）人张永德，送生日礼物给昭义（总部潞州）司令官（节度使）常思。张永德，是郭威的女婿。就在这时候，发生政变，杨邠等被杀，刘承祐下密诏命常思诛杀张永德。常思常听说郭威有很多地方不同别人，所以只把张永德囚禁起来，观察变化。等到郭威攻克大梁（河南省开封市），常思才把张永德释放，向他道歉。 

十一月二十七日，郭威率文武百官上疏李太后说："皇上（刘赟）抵达京师（首都开封府），至少也要十天，请太后临朝主持政府。"

**24** 先前，南楚（首都长沙府）变军首领马希萼，派蛮夷部落包围玉潭（湖南省宁乡市。参考本年〔九五〇〕六月），朱进忠率军会师，南楚王（四任）马希广派援军将领崔洪琏增援，兵败，逃回长沙（湖南省长沙市）。马希萼率军继进，攻击岳州（湖南省岳阳市），州长王赟抵抗，围攻五天，不能攻克。马希萼派人对王赟说："你难道不是马家的部属？不服从我，难道打算侍奉别人？当人的臣属却怀二心，岂不侮辱自己祖先！"王赟说："我的老爹王环，是先王（一任王马殷）的部将，曾经六次击破淮南大军（南吴、南唐政权的前身，原是唐王朝的淮南战区），今天，大王兄弟内斗，互不相容，我常怕淮南（南唐）坐收渔人之利，一旦使我们这些后裔子弟向淮南（南唐）称臣，那才是侮辱祖先。大王假如能够消除怨恨，停止内战，兄弟和睦跟当初一样，我怎么敢不竭尽忠心侍奉大王兄弟，怎么敢有二心！"马希萼惭愧，率军撤退。

十一月二十八日，马希萼抵达湘阴（湖南省湘阴县），纵火焚烧，大肆剽掠而过。最后，抵达长沙（湖南省长沙市），在湘水西岸扎营，步兵和蛮夷部落则在岳麓山（湖南省长沙市湘水西岸）扎营。朱进忠从玉潭（湖南省宁乡市）率军南下会合。

马希广派刘彦瑫召唤舰队司令（水军指挥使）许可琼，率战舰五百艘，进泊长沙（湖南省长沙市）城北码头，首尾相接，一直连续到城南码头，任命马希崇当监军官；又派骑兵指挥官（马军指挥使）李彦温率骑兵进驻驼口（浏阳河注入湘江处，长沙市稍北），控制湘阴（湖南省湘阴县）通道；命步兵指挥官（步军指挥使）韩礼，率二千人进驻杨柳桥（湖南省长沙市西），切断湘水西岸通道。许可琼，是许德勋的儿子（许德勋是南楚良将，参考九一四年四月）。

**25** 十一月二十九日，后汉（首都开封府）李太后出席早朝，主持会报。任命王峻当帝国参谋总部指挥官（枢密使）、袁羲当宫廷事务南院总监（宣徽南院使）、王殷当皇家侍卫亲军步骑兵总指挥官（侍卫马步军都指挥使）、郭崇威当皇家侍卫亲军骑兵总指挥官（侍卫马军都指挥使）、曹威当皇家侍卫亲军步兵总指挥官（侍卫步军都指挥使）、陈州（河南省周口市淮阳区）州长李谷暂时主持中央财政三单位管理署（权判三司）。

刘铢、李洪建和他们的党徒，都绑到街市斩首，人头悬挂高竿，但赦免他们的家属。郭威对高阶层官员说："刘铢屠杀我满门，我再屠杀他满门，反复报仇，什么时候终结？"因此好几家都得以保全。王殷屡次替李洪建求情，郭威不准。后匡赞逃到兖州（山东省济宁市兖州区），泰宁（总部兖州）司令官（节度使）慕容彦超把他逮捕，呈献郭威。李业逃到陕州（河南省三门峡市），他的老哥、保义（总部陕州）司令官（节度使）李洪信不敢收留。李业带着大量财富，打算逃往晋阳（投奔另一兄长李崇），好不容易走到绛州（山西省新绛县），强盗把他杀掉，抢走他所有的钱财。

**26** 后蜀（首都成都府）施州（湖北省恩施市）州长田行皋，投奔南平（首都江陵府），南平王（三任贞懿王）高保融说："他连祖国都可以背叛，怎么可能效忠我！"逮捕他送还后蜀（首都成都府），斩首（田行皋叛后蜀，参考九四六年十一月）。

**27** 后汉（首都开封府）镇州（成德总部，河北省正定县）、邢州（安国总部，河北省邢台市）奏报说："辽帝（三任世宗）耶律兀欲（本年三十三岁），率骑兵数万人侵入边境，包围内丘（河北省内丘县），一连五天，不能攻克，死伤很重。不料驻军五百人背叛，响应辽军，引导辽军入城，大肆屠杀。辽军现在又攻陷饶阳（河北省饶阳县）。"李太后命郭威率大军迎战，中央行政暂时交给窦贞固、苏禹珪、王峻，军事暂时交给王殷。

十二月一日，郭威由大梁（河南省开封市）出发。

十二月四日，郭威任命皇家文学侍从官（翰林学士）、国务院财政部副部长（户部侍郎）范质，当帝国参谋总部副指挥官（枢密副使）。

**28** 最初，辰州（湖南省沅陵县）酋长彭师暠，投降南楚（参考九四〇年正月）。南楚（首都长沙府）官员对他的粗犷和正直，十分厌恶，只有南楚王（四任）马希广对他偏爱，命他当强弓指挥官（强弩指挥使），兼辰州（湖南省沅陵县）州长。彭师暠感激之余，常愿为马希广牺牲性命。现在，朱进忠会合蛮夷部落，共七千余人，攻抵长沙（湖南省长沙市），在湘江西岸扎营，彭师暠登城眺望，报告马希广说："朗州（湖南省常德市）突然打了一次胜仗，一定骄傲，而内部又有蛮夷军队，号令不一，容易把他攻破。请交给我步兵三千人，从巴溪（长沙市西北）渡过湘江，进入岳麓山（湖南省长沙市湘水西岸）背后，转到西岸敌营后面埋伏，大王再命许可琼率战舰从正面渡过湘江，前后夹击，一定可以把他们击破。前锋部队失败，主力自不敢轻率前进。”马希广打算接受。当时，马希萼已派出间谍，承诺给许可琼很大的利益——瓜分南楚王国（首都长沙府），分别治理，许可琼已决心叛变，对马希广说：“彭师暠跟梅山（湖南省新化县西雪峰山）蛮夷本是同类，怎么可以相信！我许家世代当南楚将领（许可琼的老爹许德勋，是南楚名将），不会辜负大王，马希萼有什么折腾的！”马希广才停止。

马希萼稍后率战舰四百余艘，停泊湘江西岸。马希广命所有将领都接受许可琼指挥，每天还赏赐许可琼纹银五百两，马希广好几次前往统帅大营举行军事会议，许可琼经常关闭营垒，不让官兵知道朗州（湖南省常德市）的军事行动。马希广叹息说：“这才是真正的将军，我忧虑什么！”许可琼有时候利用夜晚，坐轻快小艇，声称巡查江防，实际上却登陆湘江西岸，跟马希萼会面，承诺作为内应。一天早上，彭师暠看到许可琼，对许可琼怒目而视，大声呵责，甩了一下衣袖，进宫见马希广说：“许可琼将要叛国，人人都知道，只大王不知道，请早日把他除掉，不要留下祸根。”马希广说：“他是许德勋的儿子，怎么会做出那种事！”彭师暠退出后，叹息说：“大王仁慈而优柔寡断，败亡就在眼前。”

潭州（长沙府，湖南省长沙市）大雪，平地雪厚四尺，潭（长沙府）朗（湖南省常德市）两军长时间对峙，没有交战。马希广相信巫法师跟佛教和尚的话，在湘江东岸雕塑一个巨鬼，举手作阻挡敌军的模样。又在高楼上另外再竖一像，用手遥指湘江西岸，双目愤怒的向西直视。命和尚们日夜不停的诵读佛经，马希广也穿上袈裟，膜拜求福。

十二月十一日，朗州（湖南省常德市）步兵指挥官（步军指挥使）武陵（朗州州政府所在县）人何敬真等，率蛮夷部落三千人，驻扎杨柳桥

（湖南省长沙市西），望见潭州（长沙府，湖南省长沙市）步兵指挥官（步军指挥使）韩礼军营中旌旗凌乱，说："他们军心恐慌，容易击破。"朗州（湖南省常德市）人雷晖穿上潭州（长沙府）的军服，暗中进入韩礼阵地，拔剑直刺韩礼，没有刺中，但军营大为骚动，何敬真立即乘乱发动攻击，韩礼军队崩溃，韩礼身负重伤逃走，回家而死。朗州（湖南省常德市）水陆大军抓住机会向长沙（湖南省长沙市）发动总攻。潭州（首都长沙府）步兵指挥官（步兵指挥使）吴宏、内宅守门官（小门使）杨涤，互相激励说："一死报国，正是时候。"各率部属迎战；吴宏出清泰门，战斗不利；杨涤出长乐门，自上午八时战斗到中午十二时，朗州（湖南省常德市）军队稍稍后退。而许可琼、刘彦瑫按兵不动。杨涤士卒们饥渴疲倦，退回进餐，只剩下彭师暠在城东北角抵抗。蛮夷部落在城东纵火烧城，城上守军呼唤许可琼救援，就在这紧急时刻，许可琼率领全军投降马希萼，长沙遂告陷落。蛮夷部落跟朗州（湖南省常德市）军进城，大肆剽掠三天，杀官屠民，焚烧庐舍，从一任王马殷登位以来所兴建的宫殿（参考九二七年八月），全都化成灰烬，积存的珍宝财货，也都被蛮夷劫走。李彦温望见长沙城（湖南省长沙市）大火烧起，自驼口（浏阳河注入湘江处）率军返回救援，朗州（湖南省常德市）军队已登长沙城抵抗。李彦温进攻清泰门，不能攻克，于是会同刘彦瑫，各率一千余人，保护三任王马希范的儿子以及现任王（四任）马希广的儿子，逃往袁州（江西省宜春市），转奔南唐（首都金陵府）。张晖也投降马希萼。左作战参谋长（左司马）马希崇率将领们晋见马希萼，请他登位称王。吴宏满袖都是鲜血，看到马希萼说："不幸被许可琼出卖，今天被杀，对得起先王（一任王马殷）。"彭师暠把长矛投到地上，大声求死。马希萼叹息说："真是铁男子！"都保住性命。

十二月十二日，马希崇迎接马希萼到总部办公，封锁城门，搜索马希广，马希广遂跟机要秘书（掌书记）李弘皋、老弟李弘节、总参谋长（都军判官）唐昭胤、邓懿文、杨涤等，全被逮捕。马希萼质问马希广说："继承老爹、老哥的大业，怎么可以没有长幼的顺序？"马希广说："只不过将领们拥护，中央（中原政权）任命罢了。"马希萼把他们全都囚禁。

十二月十三日，马希萼命内外巡查侍卫军指挥官（内外巡检侍卫指挥使）刘宾，禁止纵火劫掠。

十二月十四日，马希萼自称南楚王（五任恭孝王）、天策上将军，及武安（总部长沙府）、武平（总部朗州）、静江（总部桂州）、宁远（总部容州）四战区司令官（节度使），命马希崇当副司令官（副使），主管总部军政；政府重要官职，都由朗州（湖南省常德市）人担任。把李弘皋、李弘节、唐昭胤、杨涤，剁成碎块，由大家吞吃，只把邓懿文绑赴街市斩首（当初李弘皋等抬轿情形，参考九四七年五月）。

十二月十五日，马希萼征求将领们的意见，说："马希广是一个胆小之辈，只不过被左右官员控制。我打算饶他一命，是不是可以？"将领们默不作声。只有朱进忠，曾经受过马希广的棍打，于是回答说："大王血战三年，才得到长沙（湖南省长沙市），一个王国不能容纳两个国王，有一天你会后悔。"当天（十二月十五日），马希萼下令马希广自杀（年龄不详）。马希广临死时，还朗诵佛经，彭师暠把他的尸首埋葬在浏阳门（长沙府东门）之外。

**29** 后汉（首都开封府）武宁（总部徐州）司令官（节度使）刘赟，留大营右翼总管理官（右都押牙）巩廷美、元从总教练官（元从都教练使）杨温，共同镇守徐州（江苏省徐州市），自己则由冯道陪同西上，沿途设

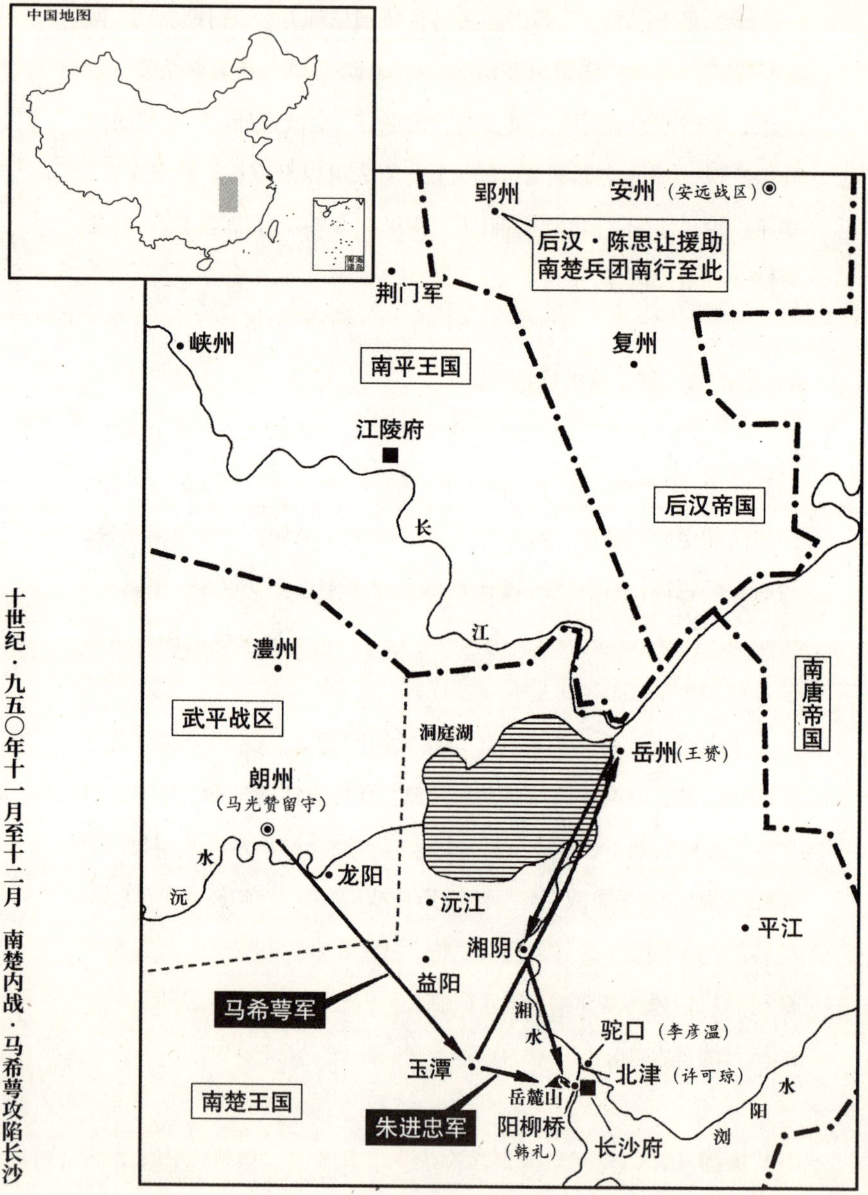
中国地图
南海诸岛
郢州
安州（安远战区）
后汉·陈思让援助
南楚兵团南行至此
荆门军
峡州
南平王国
复州
江陵府
长
江
后汉帝国
澧州
武平战区
洞庭湖
南唐帝国
岳州（王赟）
朗州
（马光赞留守）
水
沅
龙阳
沅江
平江
湘阴
益阳
马希萼军
湘
水
驼口（李彦温）
北津（许可琼）
玉潭
南楚王国
岳麓山
朱进忠军
阳柳桥
（韩礼）
长沙府
水
阳
浏

十世纪·九五〇年十一月至十二月　南楚内战·马希萼攻陷长沙

仪仗队及卫队，警备森严，跟帝王出巡一模一样，左右侍从齐喊万岁！郭威率军抵达滑州（河南省滑县），休息几天，刘赟派使节前来慰劳，可是宣读诏书的时候，将领们左看右看，不肯下跪，窃窃私语说："我们这些人攻陷京城（首都开封府），屠杀居民，是一项可怕的大罪，如果再出现姓刘的当皇帝，我们的子孙还能留在世上？"

十二月十六日，郭威听到这件事，立刻率军继续前进，直向澶州（河南省濮阳市）。

十二月十八日，郭威派苏禹珪前往宋州（河南省商丘市）迎接刘赟。

**30** 南楚王（五任恭孝王）马希萼派他的儿子马光赞，当武平（总部朗州）候补司令官（留后），命何敬真当朗州（湖南省常德市）内营总指挥官（牙内都指挥使），率军驻防。马希萼召唤拓跋恒（元恒），打算请他继任公职，拓跋恒（元恒）声称有病，不肯答应（拓跋恒退隐，参考九四七年五月）。

**31** 十二月十九日，后汉郭威北渡黄河，下榻澶州（河南省濮阳市）宾馆。

十二月二十日，凌晨，大军将要开拔，将士数千人忽然大声喧哗呐喊，郭威下令关闭馆门，将士翻过院墙，或爬到屋顶上跳下，到房中晋见说："天子应该由大帅来做，全军官兵跟刘家已结下深仇，决不可以再由他们登上宝座！"有人撕裂黄色旗帜，当作龙袍，披到郭威身上，拥上来扶到上座，高呼"万岁"，声震天地，于是簇拥着郭威南下。郭威乃奏报李太后，请求准许他继续祭祀后汉刘姓皇家的祖庙，保证事奉李太后犹如侍奉自己的娘亲。

十二月二十三日，郭威抵达韦城（河南省滑县东南），发表文告，安抚大梁（首都开封府所在城，河南省开封市）官民，告以昨日离开黄河，一路上军纪严明，秋毫不犯，要求大家安心，不要惊疑忧虑。

十二月二十五日，郭威抵达七里店（河南省开封市北十公里），窦贞固率文武百官出城迎接晋见，遂敦劝他登极称帝。郭威在皋门村（开封城北门外）扎营。

武宁（总部徐州）司令官（节度使）刘赟，已抵达宋州（河南省商丘市）。王峻、王殷，得到澶州（河南省濮阳市）兵变消息，立刻派皇家侍卫亲军骑兵总指挥官（侍卫马军都指挥使）郭崇威，率骑兵七百人前往拦截刘赟，又派前申州（河南省信阳市）州长马铎，率军前往许州（河南省许昌市）巡逻。郭崇威突然出现在宋州（河南省商丘市），在宾馆门前列阵备战，刘赟大为震惊，紧闭大门，上楼询问究竟，郭崇威在楼下回答说："澶州（河南省濮阳市）兵变，郭大帅恐怕陛下误会，所以派我前来加强侍卫，没有别的意思。"刘赟召唤郭崇威进去，郭崇威不敢进去。冯道出来跟郭崇威密谈，郭崇威才上楼晋见刘赟，刘赟握住郭崇威的手，流下眼泪；郭崇威以郭威的名义，慰问安抚。停了一会，郭崇威退出，当时，护圣指挥官（护圣指挥使）张令超，率部队担任刘赟的护卫，武宁（总部徐州）执行官（判官）董裔告诉刘赟说："观察郭崇威的眼神举止，一定另有阴谋，道路传言，郭威已当上皇帝，而陛下仍深入敌人势力范围，不肯停止，大祸恐怕就要来临。我建议立刻召见张令超，向他分析利害祸福，要他今夜用武力胁持郭崇威，剥夺他的兵权。明天，大肆掠夺睢阳（宋州州政府所在县）金银财宝，招兵买马，向北投奔晋阳（山西省太原市。投靠亲生老爹、河东〔总部太原府〕司令官刘崇）。郭威刚刚得到京师（首都开封府），决没有时间追赶，这是上策中的上策。"刘赟犹豫不敢决定。当天（十二月二十五日）夜晚，郭崇威暗中说服张令超，张令超率领部众归附郭崇威。刘赟大为恐惧。

郭威写信给刘赟说，在各军逼迫下，不得不如此；现在，召唤冯道先回中央，而另留赵上交（赵远）、王度二人，侍奉左右。冯道辞行时，刘赟说："我此次西上，所仗恃的，只因先生是在任三十年的资深宰相（冯道于九二七年出任后唐二任帝李嗣源的宰相，迄今二十四年），所以心情坦荡，没有一点疑虑。现在，我的卫队都被郭崇威调走，情势危急，我应该怎么办？"冯道默默不说一句话。大营礼宾官（客将）贾贞几次用眼瞄着冯道，打算把他诛杀。刘赟说："你们不要鲁莽，这不关冯先生的事。"郭崇威把刘赟强行押送到别馆，诛杀他的心腹董裔、贾贞等几个人。

十二月二十六日，李太后训令，罢黜刘赟，贬作湘阴公爵。

马铎率军进入许州（河南省许昌市）。忠武（总部许州）司令官（节度使）刘信惊恐过度，自杀。

十二月二十七日，李太后训令，命最高监督长（侍中）郭威监督国政。文武百官前后相继上疏请郭威登极称帝。

十二月二十九日，郭威大营有几位步兵将领喝醉了酒，大声喊叫说，在澶州（河南省濮阳市）的时候，骑兵扶立天子，现在，步兵也要扶立天子。郭威把他们斩首。

**32** 南汉帝国（首都兴王府〔广东省广州市〕）皇帝（三任中宗）刘弘熙（刘晟，本年三十一岁）命宫女卢琼仙、黄琼芝，当最高女监督长（女侍中），头戴乌纱帽，身穿正式官服，参与国事。皇族以及元老功臣，几乎杀光，只宦官林延遇等掌握权柄（事实上，早在一任帝刘岩时，便已宠信宦官，参考九四二年四月）。

# 九五一年 辛亥

| | | |
|---|---|---|
| 后汉 | 乾祐 | 四年 |
| 后周 | 广顺 | 元年 |
| 南唐 | 保大 | 九年 |
| 南楚 | 广顺 | 元年 |
| 吴越 | 广顺 | 元年 |
| 南汉 | 乾和 | 九年 |
| 南平 | 广顺 | 元年 |
| 后蜀 | 广政 | 十四年 |
| 辽 | 天禄 | 五年 |
| | 应历 | 元年 |

1 春季，正月五日，后汉帝国（首都开封府〔河南省开封市〕）李太后下令把传国御玺交给监督国政的郭威，郭威（本年四十八岁）自皋门（开封城北门）进宫，在崇元殿登极称帝，下诏说："我是周王朝皇家的苗裔、虢国国君的后代，国号定名为周（史称后周，以别于周、北周、南周）。"改年号广顺（之前是后汉乾祐四年，之后是后周广顺元年），大赦（自后梁亡于后唐〔参考九二三年十月〕之后，中原先后经历后唐、后晋、后汉，皇族都是沙陀人。而郭威是汉人，中原政权又回到汉人之手）。对已死的杨邠、史

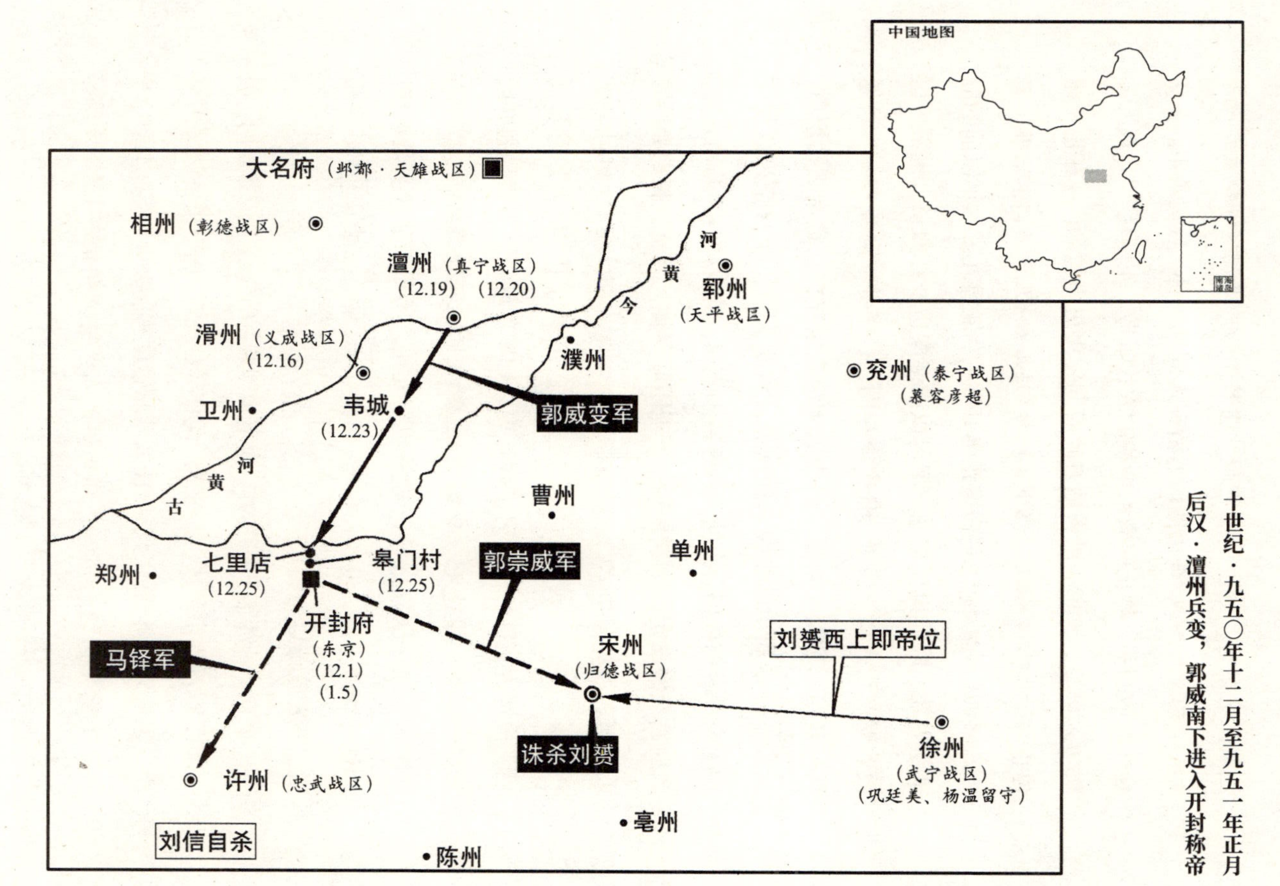


十世纪·九五〇年十二月至九五一年正月
后汉·澶州兵变，郭威南下进入开封称帝

弘肇、王章等，分别追赠官职，遗骸由政府收葬（杨邠等被杀，参考去年〔九五〇〕十一月），查访他们遗留在人间的子孙，分别录用。下令仓库验收官员，禁止向缴粮纳税的农民征收“雀鼠耗”“省耗”（参考去年〔九五〇〕十一月），过去地方政府向中央进贡盈余，现在也一律停止（后唐二任帝李嗣源时，一度下令减少地方进贡，参考九二六年四月二十八日；到了以后各朝代，又再增加）；犯窃盗跟强奸罪的，依照九三六年以前的旧刑法处罚；除非谋反叛逆，不可以连亲族也一并诛杀，也不可以没收财产和人口。后唐一任帝李存勖、二任帝李嗣源（邈佶烈）、后晋一任帝石敬瑭的坟墓，各设置十户人家守护，负责洒扫祭奠。后汉一任帝刘知远墓园管理官员、宫女人数，年月祭祀以及守护人家，一切依旧。当初，后唐帝国衰落，治安败坏，遍地强盗，政府官员嫌法定的刑罚太轻，不能阻吓歹徒，于是，制定更严厉的条文，凡是偷布三匹，或官员贪赃三匹以上的，一律斩首（后唐严刑，参考九三四年六月二十九日）。后晋政府于本世纪（十）九四〇年前后，放宽为五匹以上。男子跟有夫之妇发生奸情，不管是强奸或和奸，男女一律处死（妇女被强奸而仍被处死刑，世界上再野蛮的民族都不会有这种法律）。后汉规定，偷一枚钱也要处死；所犯的罪并不是叛逆，也往往诛杀全族，没收人口当奴（参考九四七年八月十四日）。郭威登极后，首先改革这些弊端。

最初，杨邠鉴于开国功臣或皇亲国戚，出任战区道首长时，很多不了解行政事务，于是定出一项补救办法，在中央各院部跟军中，遴选人员外放，分别担任大营总管理官（都押牙）、文书官（孔目官）、宾客招待员（内知客）。可是这些人仗恃他们是中央直接选派，都很骄傲专横，战区司令官（节度使）对他们无法节制。现在，一律撤销。

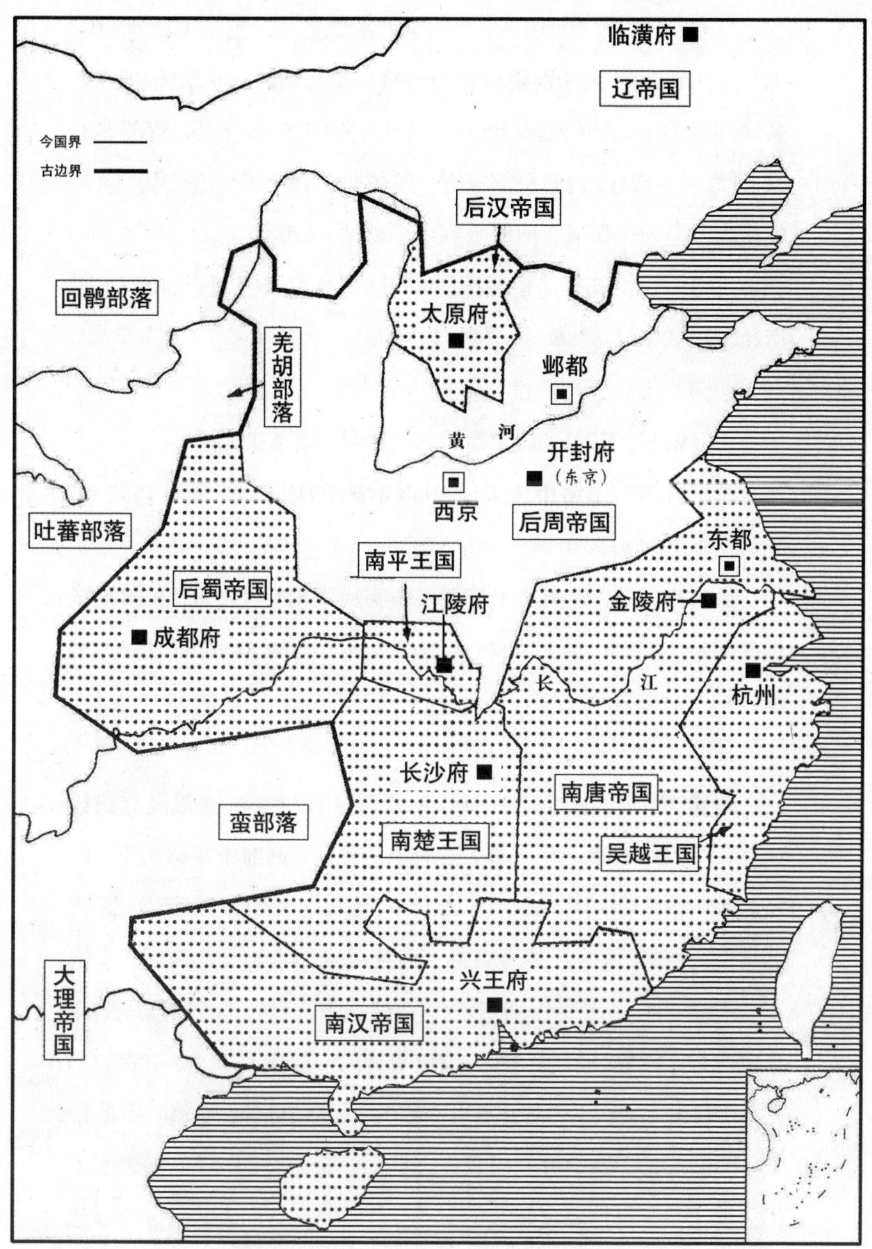


十世纪·九五一年正月　郭威建后周帝国，后汉迁都太原·八国并立

后周帝（一任太祖）郭威命史弘肇的亲信管家、上党（潞州州政府所在县，山西省长治市）人李崇矩查访史弘肇有没有亲族。李崇矩说：“史弘肇的老弟史弘福仍活在世上。”最初，史弘肇命李崇矩管理他的家产账册，所以得到他全部家财，现在把家财全部交给史弘福。郭威认为他是一个贤才，把他派到皇子郭荣（柴荣）帐下。

正月六日，郭威命前复州（湖北省天门市）警备区司令（防御使）王彦超暂代武宁（总部徐州）司令官（节度使）。

后汉李太后迁到西宫居住。

正月七日，郭威呈献李太后尊贵封号：昭圣皇太后。

首都开封特别市市长（开封尹）兼最高立法长（兼中书令）刘勋（刘承勋）逝世（刘勋身患残疾，参考去年〔九五〇〕十一月二十四日）。

正月十一日，郭威命王峻兼二级实质宰相（同平章事），又命军械供应部长（卫尉卿）刘皞（身份不详）主持后汉二任帝刘承祐的丧礼（刘勋死，刘知远已没有后代）。

**2** 最初，后汉河东（总部太原府）司令官（节度使）兼最高立法长（兼中书令，使相）刘崇，听到刘承祐被杀消息，立刻准备发兵南下。可是后来听说奉迎刘赟（参考去年〔九五〇〕十一月二十六日）继承帝位，又改变主意，说：“我的儿子当皇帝，我还要求什么！”太原特别市副市长（太原少尹）李骧警告刘崇说：“观察郭威的用心，最后他还是要自己夺取。你最好紧急行军，越过太行山，据守孟津（河南省洛阳市孟津区东黄河渡口），等徐州大公子（刘赟）登极，然后班师，则郭威不敢行动。不然的话，恐怕被他出卖。”刘崇大怒，说：“你这个腐烂透了的白痴书生，竟打算离间我们父子！”命左右拖出去斩首。李骧悲愤说：“我身怀治国救民的大才，却向一个蠢货贡献谋略，理应一死。家里只剩下老妻一人，愿跟她一起毙命。”刘崇允许，遂连同他的妻子诛杀。然后上疏奏报中央，表示自己赤胆忠心。不久，刘赟被贬为公爵，刘崇派使节进京（首都开封府），请求保全刘赟性命，送往太原（山西省太原市）。后周帝（一任太祖）郭威下诏说：“刘赟最近逗留宋州（河南省商丘市），现在正派人接来京师（首都开封府），一定会安置一个恰当的处所，你不要忧虑。你如果能同心合力辅佐，当封你王爵，永远镇守河东（总部太原府）。”

徐州（江苏省徐州市）守将巩廷美、杨温得到刘赟失位消息，声称奉刘赟的妻子董女士之命，紧闭城门据守，等候河东（总部太原府）援军。郭威命刘赟写信召唤他们投降，巩廷美、杨温打算投降，但又怕投降后被杀。郭威再写信给刘赟说：“体念那些尽心他们主人的人，十分敬佩他们的忠义，怎么会对他们责备！等新任战区司令官（节度使）到差，当命他们出任州长，盼你再一次把这种情形转告。”

**3** 辽帝国（首都临潢府〔内蒙古巴林左旗〕）去年（九五〇）南下进攻内丘（河北省内丘县）时（参考去年〔九五〇〕十一月），死伤惨重，又碰上月蚀，军中发生很多妖异的事情。辽帝（三任世宗）耶律兀欲（本年三十四岁）恐惧，不敢再向南深入，率军撤退，派使节到后汉（首都开封府）要求和解。正巧，后汉帝（二任隐帝）刘承祐被杀，郭威建立后周帝国，安国（总部邢州）司令官（节度使）刘词把使节送到大梁（河南省开封市）。郭威派左千牛卫（卫军第十五军）将军朱宪，前往辽国报聘，顺便解释新政权建立的原因，赠送他们金器、玉带。

**4** 后周帝（一任太祖）郭威认为邺都（大名府，河北省大名县）控制河北（黄河以北），是扼阻辽军（首都临潢府）南下要冲，打算用最信任的心腹官员镇守。

正月十三日，命宁江（总部夔州）司令官（空头官衔。此时夔州属后蜀〔首都成都府〕）、皇家侍卫亲军总指挥官（侍卫亲军都指挥使）王殷，当邺都（大名府）留守长官、天雄（总部大名府）司令官（节度使）、遥兼二级宰相（同平章事，使相），仍主管皇家侍卫亲军，并将皇家侍卫亲军司令部（侍卫司）迁到邺都（大名府，河北省大名县）。

正月十四日，郭威率领文武百官前往西宫，向后汉二任帝刘承祐灵柩祭悼，改穿丧服，一切都用皇帝的仪式。

慕容彦超（泰宁〔总部兖州〕司令官）派使节向郭威进贡，郭威恐怕他怀疑恐惧，特别下诏安慰他，说："你老哥（后汉一任帝刘知远）的大业，已到这种地步，一言难尽。还望老弟（慕容彦超）扶持我，共同安抚万民。"

正月十六日，终于诛杀软禁在宋州（河南省商丘市）的刘赟。

**5** 当天（正月十六日），后汉河东（总部太原府）司令官（节度使）刘崇（本年五十七岁），登极称帝（三任世祖），仍用乾祐年号，疆土只有太原府（山西省太原市）、汾（山西省汾阳市）、忻（山西省忻州市）、代（山西省代县）、岚（山西省岚县）、宪（山西省娄烦县）、隆（山西省祁县）、蔚（河北省蔚县）、沁（山西省沁源县）、辽（山西省左权县）、麟（陕西省神木市）、石（山西省吕梁市离石区）十二州土地（今山西省中部）。命军事执行官（节度判官）郑珙当副立法长（中书侍郎），命行政执行官（观察判官）荥阳（河南省荥阳市）人赵华当国务院财政部副部长（户部侍郎），都兼二级实质宰相（同平章事）。命次子刘承钧当皇家侍卫亲军总指挥官（侍卫亲军都指挥使）、首都太原特别市市长（太原尹），命战区副司令官（节度副使）李存瓌当代州（山西省代县）

警备区司令（防御使），命初级将领（裨将）武安（河北省武安市）人张元徽当皇家侍卫亲军步骑兵总指挥官（马步军都指挥使），命陈光裕当宫廷事务总监（宣徽使）。

刘崇对李存瓌、张元徽说：“只因为高祖（一任帝刘知远）的皇家大业，一夕之间，跌得粉碎，万不得已，才登极称帝。仔细看一下，我算什么天子？你们又算什么战区司令官（节度使）？”因此，不兴建皇家祖庙，祭祀时跟普通人家一样；宰相薪俸每月只一百串钱，战区司令官（节度使）薪俸每月只三十串钱；其他官吏，多少有点津贴而已，所以国境之内，很少廉洁的官吏。

皇家礼宾总监（客省使）河南（东京河南府所在县，河南省洛阳市）人李光美曾当过宰相联合办公厅接待官（直省官），对于政府各部门事务和惯例，十分熟悉，所以，迁都太原（山西省太原市）后的后汉政府（首都太原府）文物制度，都出于李光美之手。

刘崇得到刘赟被杀消息，哭泣说：“我不听忠臣的话，才到今天这个结果。”为李骧兴筑一座祠堂，逢年过节前往祭祀。

**6** 正月十七日，后周（首都开封府）任命太师（三师之一）冯道当最高立法长（中书令）。加授窦贞固当最高监督长（侍中）、苏禹珪当司空（三公之三）。

暂代武宁（总部徐州）司令官（节度使）王彦超奏报说：“派使节携带诏书前往徐州（江苏省徐州市），巩廷美等仍犹豫不肯开门。”郭威下令攻击。

郭威对王峻说：“我出身贫寒，尝遍人间艰苦，又正遇上这个丧亡战乱的时代，忽然成了帝王，怎么敢厚待自己、虐待小民！”命王峻阻止各方进贡美味珍品。

正月十八日，郭威下诏，完全禁止各方进贡。大略说："享受山珍海味的只不过我一个人，可是受伤害的却是全国人民。"又说："堆积在主管单位库房里面，反而没有一点用处。"又说："我生长在军营之中，没有受过教育，不知道如何治理国家。文武官员如果有利于国家的建议，就用'亲启密奏'呈上，直率的有什么写什么，不要管它文句通不通、辞藻美不美！"郭威把苏逢吉的家产赏赐给王峻。王峻说："这是苏逢吉所以屠杀李崧满门的原因（参考九四八年十一月）！"推辞不肯接受。

**7** 最初，辽帝（三任世宗）耶律兀欲由中原北返（参考九四七年五月），横海（总部沧州）司令官（节度使）潘聿撚放弃城池，跟随撤退，耶律兀欲命他当西南方面军征剿司令（西南路招讨使）。后汉帝（三任世宗）刘崇登极，耶律兀欲命潘聿撚写信给刘承钧。刘崇教刘承钧撰写复信，说："本国皇帝死亡，由我继承帝位，希望能援引后晋（指石敬瑭）前例，请求辽国（首都临潢府）援助。"耶律兀欲大喜过望。刘崇派军进驻阴地（山西省灵石县西南南关镇）、黄泽（山西省左权县东南峻极关南）、团柏（山西省祁县东南）。

正月二十五日，刘崇任命刘承钧当征剿司令（招讨使），会同副征剿司令（副招讨使）白从晖、总辅导官（都监）李存瓌，率步骑兵混合部队一万人，进攻晋州（山西省临汾市）。白从晖，是吐谷浑（山西省东北部）人。

**8** 后周（首都开封府）将领郭崇威改名郭崇，曹威改名曹英（"威"字犯了郭威的讳，我们仍称他们旧名）。

二月五日，后周帝（一任太祖）郭威命皇子、天雄（总部大名府）内营总指挥官（牙内都指挥使）郭荣（柴荣），当镇宁（总部澶州）司令官（节度使），遴选中央官员做他的幕僚：中央监察官（侍御史）王敏当军事执行官（节度判官）、立法院初级立法官（右补阙）崔颂当行政执行官（观察判官）、皇家图书院校勘官（校书郎）王朴当机要秘书（掌书记）。崔颂，是崔协的儿子（崔协在后唐二任帝李嗣源时，曾任宰相。参考九二七年正月）。王朴，是东平（山东省东平县）人。

**9** 二月六日，后汉（首都太原府）五路大军，向后周（首都开封府）所属的晋州（山西省临汾市）发动攻击，后周（首都开封府）建雄（总部晋州）司令官（节度使）王晏，紧闭城门，不出来应战，刘承钧认为他胆怯，下令攀登，士卒密如蚂蚁一样爬上城墙，王晏伏兵迎战，后汉军死伤一千余人。刘承钧派副作战司令（副兵马使）安元宝，纵火焚烧晋州（山西省临汾市）西城，安元宝却向后周军投降。刘承钧乃改变目的，进攻隰州（山西省隰县。隰，音xí〔习〕）。

二月十一日，后周隰州（山西省隰县）州长许迁派步兵总指挥官（步军都指挥使）孙继业，在长寿村（山西省石楼县东）迎击，生擒后汉将领程筠等，斩首。不久，后汉军开始攻城，好几天都无法攻克，死伤累累，终于撤退。许迁，是郓州（山东省东平县）人。

**10** 二月十二日，南楚王国（首都长沙府〔湖南省长沙市〕）国王（五任恭孝王）马希萼派机要秘书（掌书记）刘光辅，向南唐（首都金陵府）进贡（马希萼降南唐，参考去年〔九五〇〕九月）。

**11** 后周帝（一任太祖）郭威把皇宫里几十件宝石玉器拿出来，在庭院里打碎，说："对一个帝王来说，要这些东西干什么？听说

十世纪·九五一年正月至二月

后汉南攻晋隰二州不克

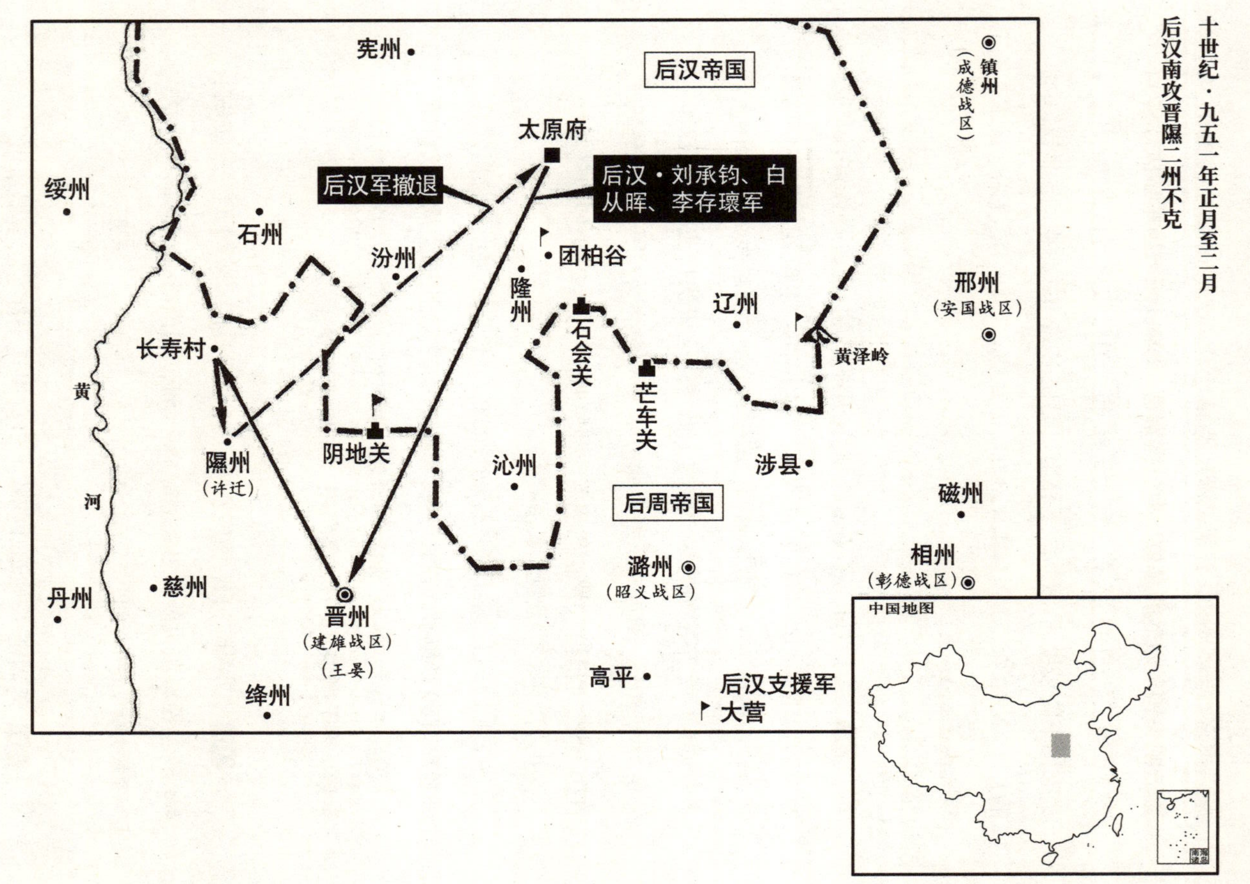

刘承祐跟他心爱的人，每天在宫里欢乐游戏，珠宝珍玩，不离身边，这件事刚过了不久，应该当作鉴戒！”告诉左右侍从，从今以后，赏心悦目的珠宝，不准进宫（郭威此举，类似南齐帝国一任帝萧道成，参考四八二年三月）。

**12** 二月十五日，辽帝（三任世宗）耶律兀欲派他的部下袅骨支（袅，音niǎo〔鸟〕）跟朱宪，一同出使后周（首都开封府），祝贺郭威登极称帝。

二月十六日，郭威下令：前朝官员不必一定集中两京（东京开封府、西京河南府），可各随自己的意思，到外州外县定居（杨邠强制“前资官”集中管理，参考前年〔九四九〕十一月）。

**13** 后周（首都开封府）援军统帅陈思让，还没有抵达南楚（首都长沙府），而马希萼已攻陷长沙（马希广向后汉求救，参考去年〔九五〇〕十月，后汉曾派王令温出兵，因政变而中止。《宋史 · 陈思让传》：后汉政府派陈思让到安郢一带，试图南下），乃在郢州（湖北省钟祥市）扎营。郭威下令撤回。

二月二十五日，郭威派国务院左秘书长（尚书左丞）田敏，出使辽国（首都临潢府）。

**14** 后汉帝（三任世宗）刘崇派皇家礼宾官（通事舍人）李辩出使辽国（首都临潢府），请求军事援助。

**15** 后周帝（一任太祖）郭威加授泰宁（总部兖州）司令官（节度使）慕容彦超中央官职：最高立法长（中书令，使相）；派皇家文学侍从官（翰林学士）鱼崇谅，前往兖州（山东省济宁市兖州区）传达旨意。鱼崇谅，就是鱼崇远（避后汉一任帝刘知远的讳。鱼崇远，参考九三二年四月）。慕容彦超上疏谢恩。

三月一日，郭威下诏回答慕容彦超说："只因为前朝（后汉）失去民心，年轻的领袖（刘承祐）听信谗言，仓猝之间，召唤你来京师（首都开封府），你飞骑奔驰，只在中途住一个夜晚便到，拯救国家灾难，不顾自己生命；听到君王召唤，不等到车马准备好便立刻动身。直到天意灭绝后汉，梁苑（首都开封府所在地）郊外，大军崩溃，投降的将领和战败的部队，相继回归，只你拨转马头，直回龟阴（兖州在龟山〔山东省蒙阴县南〕西）。无论为了君王或为了时局，都有始有终；真是所谓：'危乱时显现忠臣的节操，强风时看出劲草的心志。'（这是唐王朝二任帝李世民分别赞扬萧瑀、尧君素之语，参考六三五年十一月、六三八年二月。）如果当臣属的都能这个样子，则当君王的谁不想用他！至于你提到我在河东（总部太原府）仍是臣属之时（郭威当刘知远的文书官时，慕容彦超已是战区司令官），以及我在浚郊（浚仪〔首都开封府所在县〕郊外）扫除灾难之际，因没有接到我的指示，所以无从派人到我这里晋见。我认为事奉领袖的方式，不一定如此。假如你在后汉时对后汉就三心二意，又怎么敢肯定你对后周的效忠！为了这些而心生畏惧，岂不忧虑过度。你只要诚恳相待、安抚居民，体念帝国，事奉我如同事奉从前的君王，不但万民平安，连帝国都对你依赖。只希望你做文武百官的表率，中央从来没有想到调动你的职位。出自肺腑的忠言，说到这里。"

**16** 南唐帝国（首都金陵府〔江苏省南京市〕）任命南楚王（五任恭孝王）马希萼当天策上将军及武安（总部长沙府）、武平（总部朗州）、静江（总部桂州）、宁远（总部容州）四战区司令官（节度使）兼最高立法长（兼中书令，使相)，封楚王(南楚王)。派国务院右最高执行长(右仆射)孙忌(孙晟)、皇家礼宾总监(客省使)姚凤，当封爵特使(册礼使)。

**17** 三月五日，后周(首都开封府)派前淄州(山东省淄博市)州长陈思让，率军驻防磁州(河北省磁县)，控制黄泽(山西省左权县东南峻极关南)隘口。

**18** 南楚王(五任恭孝王)马希萼登上王位之后，心满意足，想起从前当臣属时的宿仇旧恨，索性随心所欲的想怎么报复，就怎么报复，大肆杀戮。夜以继日的荒淫纵酒，把统帅府及总部的事情，全交给马希崇；而马希崇再交给自己的部属，于是行政司法，一片混乱。国库已被乱兵抢劫一空，只好靠民间财物犒赏官兵，甚至关闭民家大门，在里面仔细搜刮抢劫，但官兵仍然怨恨，认为赏赐不均。包括从朗州(湖南省常德市)追随马希萼来的将领，也都大不高兴，生出二心。

机要秘书(掌书记)刘光辅到南唐(首都金陵府)进贡时，南唐帝(二任元宗)李璟(徐景通，本年三十六岁)待他十分礼遇，刘光辅密奏说："南楚(首都长沙府)人民疲惫，君王骄傲，可以图谋。"李璟(徐景通)乃命屯垦兵团总纠察官(营屯都虞候)边镐，当信州(江西省上饶市)州长，率军进驻袁州(江西省宜春市)，暗中计划入侵。

内宅守门官(小门使)谢彦颙，本是马希萼的家奴，靠着面目姣好，供马希萼鸡奸，非常受到宠爱，甚至跟马希萼的妻子、小老婆混杂坐在一起。谢彦颙仗恃这项宠爱，横行霸道，有时候还跟马希崇并肩相坐，抚拍马希崇的肩背，马希崇心里怀恨。依照规矩，王府或统帅部宴会时，内宅守门官(小门使)都要手拿武器，站在门外，可是马希萼却命谢彦颙入座，有时位置还在各位将领之上，各将领都感到羞耻。

马希萼因王府被火烧光（参考去年〔九五〇〕十二月十一日），下令朗州（湖南省常德市）静江指挥官（指挥使）王逵、副指挥官（副使）周行逢，率他们的部队一千余人修建，工作辛苦，又没有赏赐，士卒十分怨恨，私下说：“囚犯赦免了死罪，才改做苦工，我们追随大王，冒着万死一生的危险，夺取长沙（湖南省长沙市），犯了什么罪，每天被看管起来当差！大王却从早到晚喝酒高歌，哪里知道我们的艰苦！”王逵、周行逢听到消息，互相商议说：“大家怨毒已深，不早作打算，大祸会找到我们！”

三月十一日凌晨，王逵、周行逢率领他们的徒手部队，拿起长柄斧头、木棍，逃回朗州（湖南省常德市）。这时候马希萼酩酊大醉，左右侍从不敢把他唤醒。

三月十二日，左右侍从才向他报告，马希萼派湖南指挥官（湖南指挥使）唐师翥，率一千余人追击，一直追到朗州（湖南省常德市）。王逵等乘他们长途跋涉，筋疲力尽，伏兵攻击，追兵士卒几乎死伤净光，唐师翥脱身逃回。

王逵等罢黜候补司令官（留后）马光赞（马希萼的儿子，参考去年〔九五〇〕十二月），拥护马希萼的侄儿马光惠代理州长。马光惠，是马希振的儿子（马希振是一任王马殷的嫡长子，早死），不久推举马光惠当战区司令官（节度使），王逵等跟何敬真以及联军指挥官（诸军指挥使）张倣，主持总部决策。马希萼向南唐政府（首都金陵府）奏报，南唐帝（二任元宗）李璟（徐景通）派使节携带大批贵重礼物到朗州（湖南省常德市）征召王逵等，王逵等留下赏赐，送回使节，不理会诏书，李璟（徐景通）也不敢查问追究。

**19** 后周（首都开封府）王彦超（武宁〔总部徐州〕司令官）奏报说：攻克徐州（江苏省徐州市），诛杀巩廷美等。

**20** 后汉（首都太原府）使节李辩抵达辽国（首都临潢府），辽帝（三任世宗）耶律兀欲命拽剌梅里报聘。

**21** 三月十五日，后周帝（一任太祖）郭威下令：“我们跟南唐（首都金陵府）本来无仇无怨，沿着淮河各战区道（包括武宁〔总部徐州〕、归德〔总部宋州〕、忠武〔总部许州〕），应严守边疆，不准军民擅自进入他们的国境。但对于商人旅客来往，不可禁止。”

三月十八日，潞州（山西省长治市）押送在涉县（河北省涉县）所俘虏的后汉（首都太原府）将领士卒二百六十余人，郭威命赏赐他们上衣、长裤、头巾、鞋子，释放回国。

**22** 后周帝（一任太祖）郭威加授吴越王（五任忠懿王）钱弘俶（本年二十三岁）中央官位：全国各战区道兵马总元帅（诸道兵马都元帅）。

**23** 夏季，四月一日，后周（首都开封府）沿淮河北岸各战区道及各州奏报说：“淮河以南（南唐疆域）饥民，北渡淮河买米，没有奉到命令前，不敢干涉。”郭威下诏说：“他们境内的人民，跟我们境内的人民，有什么不同？应命州县、渡口、关卡，不要禁止。”

**24** 后蜀帝国（首都成都府〔四川省成都市〕）奏章管理官（通奏使）高延昭坚辞帝国参谋总部代理指挥官（知枢密院）。

四月十六日，后蜀帝（二任）孟昶（孟仁赞，本年三十三岁）命前云安（重庆市云阳县西北云安镇）食盐专卖总监（榷盐使）太原（山西省太原市）人伊审徵当奏章管理官（通奏使），代理帝国参谋总部指挥官（知枢密院事）。伊审徵，是一任帝孟知祥妹妹褒国公主的儿子，小的时候跟孟昶（孟仁赞）在一起玩耍游戏，感情亲密，主管帝国参谋总部（枢密院）后，事情不论大小，孟昶（孟仁赞）都问他的意见。伊审徵也以强国富民作为自己的责任；但是他贪污受贿、生活奢侈、性情邪恶，跟宦官王昭远内外勾结，后蜀国势自此逐渐衰退。

**25** 吴越王国（首都杭州〔浙江省杭州市〕）国王（五任忠懿王）钱弘俶，把被罢黜的前任王（四任忠逊王）钱弘倧（被罢黜事，参考九四七年十二月），自衣锦军（浙江省杭州市临安区）迁移到东府（越州，浙江省绍兴市），特别为他兴建王宫房舍，开辟花园苗圃，使他喜悦，逢年过节，都有丰富的礼敬。

**26** 辽帝（三任世宗）耶律兀欲派使节到后汉（首都太原府）告诉说："后周（首都开封府）的使节田敏曾经来过！"规定后汉每年向辽国进贡钱十万串（当年，石敬瑭承诺给契丹的条件则是每年进贡绸缎三十万匹，参考九三六年十一月）。后汉帝（三任世祖）刘崇派使节郑珙携带重金报聘，向耶律兀欲叩谢，自称："侄皇帝致书于叔天授皇帝。"请求辽国对自己册封。

**27** 五月八日，后周（首都开封府）派左金吾卫（卫军第十一军）将军姚汉英等，出使辽国（首都临潢府），辽国把他们扣留。（胡三省注："辽国向后汉示好。"）

**28** 五月十日，后汉（首都太原府）国务院教育部副部长（礼部侍郎）、二级实质宰相（同平章事）郑珙，在辽国（首都临潢府）逝世（《晋阳见闻录》：郑珙到达辽国上京〔首都临潢府〕，辽帝恩礼周厚。郑珙很能喝酒，但挡不住恶意的猛灌，等到宴会结束，只好用轿子把他抬回，一夜之间，两肋溃烂，死在篷帐之中，把尸首抬返后汉）。

宴会上常有一种人，总是逼迫不会喝酒的人勉强喝酒，或逼迫已经喝醉了的人继续喝酒，自己则在一旁愉快的观察对方的痛苦之状，暗中欣喜，美其名为“敬”。实际上他唯一的目的只是要对方公开丢丑，或预期对方酒醉后闯下一点什么大祸。

我一向不能喝酒，所以每逢这种场面，宁可翻脸绝交，也决不沾唇。有人担心这样会丧失很多友情，不然，凡逼迫别人喝酒的人，只不过酒肉之交，其中找不出英雄豪杰，绝对不是朋友，朋友决不让朋友丢丑，甚至丢命。

**29** 五月十三日，后周（首都开封府）义武（总部定州）司令官（节度使）孙方简，为了避后周帝（一任太祖）郭威的老爹（郭简）的讳，改名孙方谏（我们仍用他的旧名）。

定难（总部夏州）司令官（节度使）李彝殷派使节前往后汉首都太原（山西省太原市），呈递奏章。

六月十一日，郭威命帝国参谋总部指挥官（枢密使）、二级实质宰相（同平章事）王峻，当国务院左最高执行长（左仆射）兼副监督长（兼门下侍郎）；命帝国参谋总部副指挥官（枢密副使）、国务院国防部副部长（兵部侍郎）范质，当国务院财政部副部长（户部侍郎）；命主管中央财政三单位（判三司）李谷当副立法长（中书侍郎）；以上三人均兼二级实质宰相（同平章事），李谷仍主管中央财政三单位管理署（判三司）。命司徒（三公之二）兼最高监督长（兼侍中）窦贞固、司空（三公之三）兼副立法长（兼中书侍郎）二级实质宰相（同平章事）苏禹珪，一同解除兼职，只留本职。

六月二十三日，郭威命范质代理帝国参谋总部指挥官（参知枢密院事）。

六月二十七日，郭威命宫廷事务北院总监（宣徽北院使）翟光邺兼帝国参谋总部副指挥官（兼枢密副使）。

最初，郭威讨伐河中（山西省永济市）李守贞时（参考九四八年八月），人心已经对他归附。李谷当运输司令（转运使），郭威好几次用暗示的言语试探，李谷回答时只强调当臣属的应该效忠尽节，郭威当时虽有点失望，但对他却十分尊重，所以称帝后，首先任用他当宰相。当时，帝国新建，四方多事，王峻日夜相继，竭尽忠心，他认为是对的，总全力去做，对武装部队的整顿及训练，有很大贡献。范质聪明又反应迅速，记忆又好，做人行事，完全遵照正常秩序。李谷沉着坚强、器宇宏大，富有谋略，在郭威面前讨论国事时，言辞气势，慷慨雄伟，能很恰当的使用比喻，引导郭威的心意。

**30** 南楚（首都长沙府）武平（总部朗州）司令官（节度使）马光惠，愚蠢懦弱，而又酗酒，得不到将领的拥护。王逵、周行逢、何敬真商议，认为辰州（湖南省沅陵县）州长庐陵（江西省吉安市）人刘言作战骁勇，很受蛮夷部落爱戴，打算迎接他当战区副司令官（副使）。刘言知道王逵等难以控制，说："但是，我如果不去，他们会对我进攻！"乃单身匹马到了朗州（湖南省常德市），大家罢黜马光惠，送往南唐（首都金陵府），推举刘言暂任武平（总部朗州）候补司令官（权留后），请求南唐（首都金陵府）发布皇家任命状，南唐拒绝。王逵等遂转向后周（首都开封府）归服称臣。

**31** 吴越王（五任忠懿王）钱弘俶，因前内外步骑兵总禁军司令（内外马步都统军使）钱仁俊，根本没有罪，下令恢复他的官爵（钱仁俊冤狱，参考九四五年十一月）。

**32** 辽国（首都临潢府）派燕王耶律述轧等，册封后汉帝（三任世祖）刘崇当大汉神武皇帝，擢升王妃当皇后。刘崇改名刘旻（我们仍称他原名刘崇）。

秋季，七月，刘崇（刘旻）派皇家文学侍从官（翰林学士）博兴（山东省博兴县）人卫融等，前往辽国谢恩，并请求会师讨伐后周（首都开封府）。

**33** 八月二日（原文“壬戌”，据《旧五代史》改），后周（首都开封府）把后汉二任帝刘承祐，埋葬颖陵（河南省禹州市。距被杀已八个月），绰号隐帝。

义武（总部定州）司令官（节度使）孙方简（孙方谏）进京（首都开封府）朝见。

八月二十三日，调孙方简（孙方谏）当镇国（总部华州）司令官（节度使），擢升他的老弟、易州（河北省易县）州长孙行友当义武（总部定州）候补司令官（留后）。又调建雄（总部晋州）司令官（节度使）王晏当武宁（总部徐州）司令官（节度使），调武宁（总部徐州）司令官（节度使）王彦超当建雄（总部晋州）司令官（节度使）。



八月二十九日，郭威追封亡妻柴女士当皇后（柴女士早逝，不死于刘铢之手）。

**34** 九月，后汉帝（三任世祖）刘崇（刘旻），派征剿司令（招讨使）李存瓌率骑兵部队，自团柏（山西省祁县东南）南下，侵入后周（首都开封府）疆域。辽帝（三任世宗）耶律兀欲打算率军会师，在九十九泉（内蒙古卓资县北）跟各酋长举行军事会议。各部落都不想南下，而耶律兀欲强迫他们开拔。

九月四日，行军到新州（河北省涿鹿县）西方火神淀（涿鹿县西）。燕王耶律述轧及伟王耶律宛（可能是“明王耶律安瑞”之误）的儿子太宁王耶律沤僧（耶律察割）发动政变，格杀耶律兀欲（年三十四岁），拥护耶律述轧登极。二任帝（太宗）耶律德光的儿子齐王耶律述律逃到南山躲避，各部落遂拥护耶律述律进攻耶律述轧跟耶律沤僧（耶律察割），连同他们的族人跟同党，全部诛杀，部众推举耶律述律（本年二十一岁）登极称帝（四任穆宗），改年号应历（之前是天禄五年，之后是应历元年）。从火神淀（涿鹿县西）进入幽州（北京市），派使节告知后汉（首都太原府），后汉帝（三任世祖）刘崇（刘旻）派帝国参谋总部常设文学侍从官（枢密直学士）上党（山西省长治市）人王得中前往辽国（首都临潢府），祝贺新帝登位，仍用叔父的礼节事奉耶律述律，并请求派军协助进攻后周（首都开封府）晋州（山西省临汾市）。

耶律述律年纪还轻，只喜欢游逛玩耍，不喜欢处理国事，每天夜晚都喝得酩酊大醉，直到天亮才睡，中午才醒，国人给他一个绰号：睡王。后来，改名耶律明（我们仍用原名）。

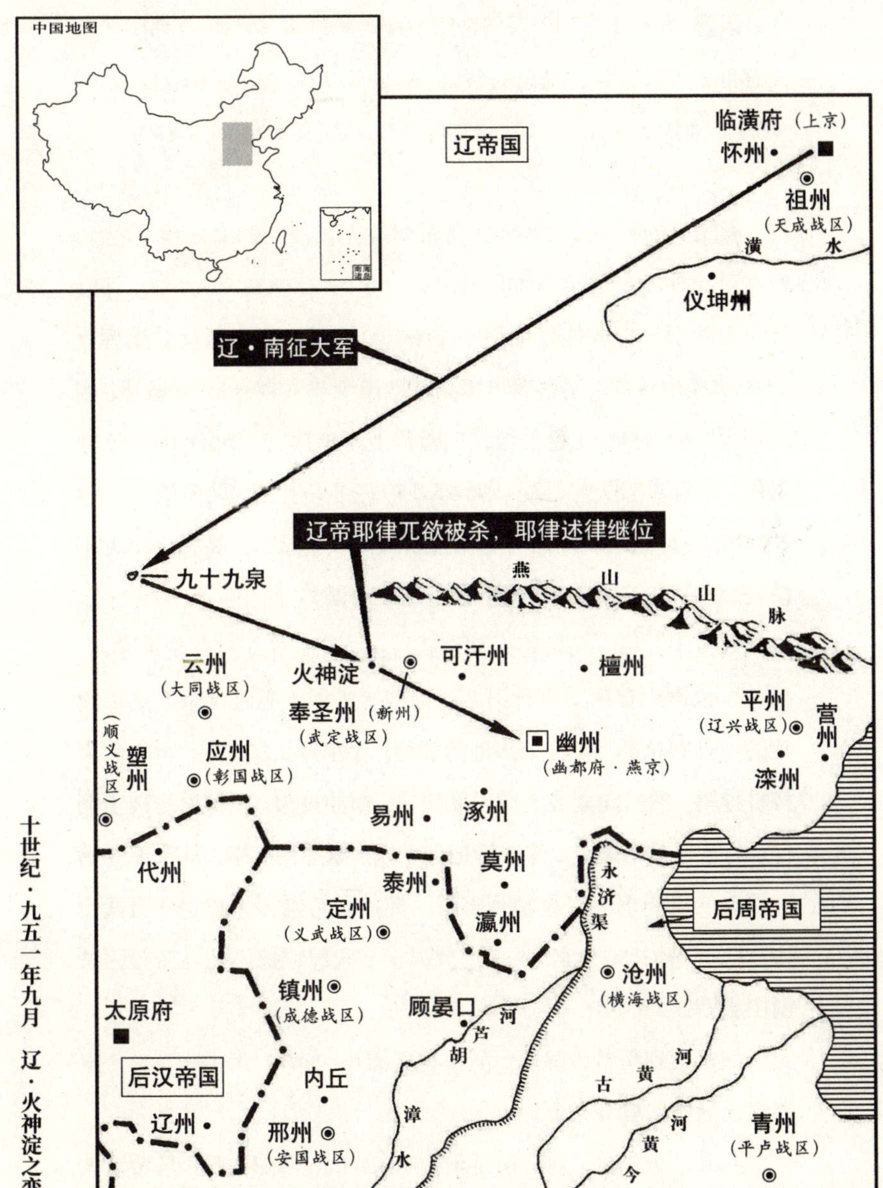


十世纪·九五一年九月　辽·火神淀之变

**35** 九月十三日，后蜀帝国（首都成都府〔四川省成都市〕）命国务院文官部长（吏部尚书）、副总监察官（御史中丞）范仁恕，当副立法长（中书侍郎）、兼国务院文官部长（兼吏部尚书）、二级实质宰相（同平章事）。 

**36** 南楚王（五任恭孝王）马希萼攻克长沙（湖南省长沙市）之后，对许可琼并没有赏赐（许可琼出卖马希广，参考去年〔九五〇〕十二月），怀疑许可琼怨恨，外放他当蒙州（广西蒙山县）州长。派步骑兵总指挥官（马步都指挥使）徐威、左右翼步骑兵基地司令（左右军马步使）陈敬迁、舰队司令（水军都指挥使）鲁公绾、内营侍卫军指挥官（牙内侍卫指挥使）陆孟俊，率直属部队在长沙（湖南省长沙市）西北角扎营，防备朗州（湖南省常德市）方面进攻。马希萼对出征官兵，从不慰劳，将领士卒无不愤怒，暗中准备兵变。马希崇知道这项阴谋。

九月十九日，马希萼大宴文武百官，徐威等却没有受到邀请，马希崇也声称有病，不肯出席。徐威等先派人驱赶十余匹动辄踢咬的劣马到总部，自己则率他的党徒，手拿斧头、木棍，声称前来打桩拴马，然后向宴会大厅发动突击，横冲直撞，大家纷纷被击倒地。马希萼翻墙逃走，徐威等把他生擒。逮捕谢彦颙，从头部开始一块肉一块肉割下，直割到脚跟。拥护马希崇（本年四十岁）当武安（总部长沙府）候补司令官（留后），放纵士卒大肆剽掠。把马希萼囚禁衡山县（湖南省衡山县）。

刘言听到马希崇继位，派军直向潭州（长沙府，湖南省长沙市），宣称讨伐马希崇篡夺大罪。

九月二十三日，刘言在益阳（湖南省益阳市）西郊扎营，马希崇大为恐惧。

九月二十四日，马希崇派军二千人迎战，一面派使节前往朗州（湖南省常德市）请求和解，允许和平共存。刘言的机要秘书（掌书记）桂林（桂州州政府所在城）人李观象告诉刘言说："马希萼部下的将领，仍有很多人留在长沙（湖南省长沙市），他们决不可能跟你成为邻居。不如下达军令给马希崇，教他先砍下那些将领的人头，然后夺取长沙（湖南省长沙市），一次兼并！"刘言听从。马希崇心胆已碎，接到刘言的通知后，立刻逮捕马希萼的旧部：大军总参谋长（都军判官）杨仲敏、机要秘书（掌书记）刘光辅、内营指挥官（牙内指挥使）魏师进、内营总管理官（都押牙）黄勍等十余人，斩首。派前辰阳（湖南省辰溪县）县长李翊，专程送往朗州（湖南省常德市），但抵达朗州后，人头已经腐烂，分不清面目。刘言跟王逵等坚持认为不是杨仲敏等的人头，破口大骂斥责，李翊惶恐自杀。

马希崇继承王位之后，同样的任性喝酒、荒淫放荡，处理事情偏私不公，说的话虚骄狂妄，人心不服。

当初，马希萼攻克长沙（参考去年〔九五〇〕十二月），辰州（湖南省沅陵县）蛮夷酋长彭师暠，虽然免除一死，但仍在脊背上给他一顿棍打，贬作平民。马希崇认为，彭师暠一定怀恨在心，所以把马希萼送到衡山（湖南省衡山县），想让彭师暠把他杀掉。彭师暠说："你打算教我当一个谋杀领袖的凶手！"反而对马希萼更谨慎恭顺。

九月二十七日，马希萼抵达衡山（湖南省衡山县），衡山指挥官（衡山指挥使）廖偃，是廖匡图的儿子（廖匡图战死，参考九三九年十一月），跟他的叔父、战区巡查官（节度巡官）廖匡凝商量说："我们家世代接受马家的恩惠，现在马希萼年纪最长，却被罢黜，看情形难逃大祸，我们为什么不辅佐他复位！"于是征集佃农及乡里子弟，全部充当士卒，跟彭师暠共同拥护马希萼当衡山王，把县政府官舍，当作特遣行宫，横拦湘江，建立栅栏，用竹子编成战舰（竹子怎么编成战舰，不懂)。马希萼任命彭师暠当武清(总部衡山县)司令官(当是廖家弟兄临时设置的战区),招兵买马,几天下来,多达一万余人,很多州县响应。马希萼派执行官(判官)刘虚己前往南唐(首都金陵府)求援。

徐威等发现马希崇所作所为,决没有前途,而又畏惧朗州(湖南省常德市)及衡山(湖南省衡山县)的逼迫,恐怕有一天,自己跟他同死,于是打算诛杀马希崇来自救。马希崇察觉到情况有变,大为恐惧,秘密派大营礼宾官(客将)范守牧,携带奏章,请求南唐(首都金陵府)出兵保护。南唐帝(二任元宗)李璟(徐景通)下令边镐自袁州(江西省宜春市)率一万人大军,直向长沙(湖南省长沙市)。

**37** 冬季,十月三日,后周(首都开封府)潞州(山西省长治市)巡查官(巡检)陈思让,在虒亭(山西省襄垣县西北虒亭镇)击败后汉(首都太原府)军队。

**38** 南唐(首都金陵府)边镐率军进入南楚(首都长沙府)醴陵(湖南省醴陵市)。

十月五日,南楚王(六任)马希崇派使节前去醴陵(湖南省醴陵市)犒劳南唐大军。

十月十四日,马希崇派天策府文学侍从官(天策府学士)拓跋恒(元恒)带投降奏章,晋见边镐,拓跋恒叹息说:“我长寿不死,竟替小娃呈递降表!”

十月十五日,马希崇率领所有老弟和侄儿,迎接边镐,看到远远扬起的尘土,就跪下叩头,边镐下马,转述李璟(徐景通)的命令,安慰鼓励。

十月十六日,马希崇等紧随在边镐马后,进入长沙(湖南省长沙

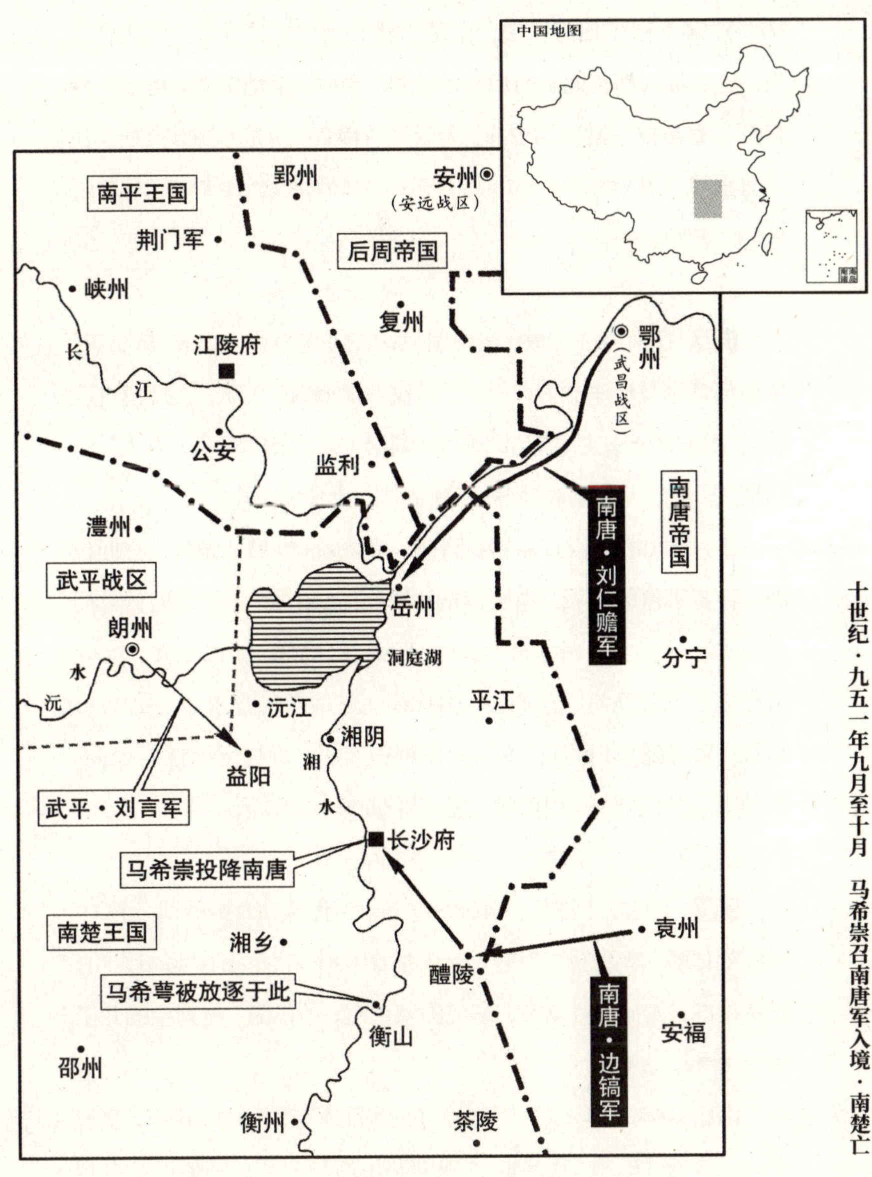


十世纪·九五一年九月至十月　马希崇召南唐军入境·南楚亡

市），边镐下榻浏阳门城楼，南楚（首都长沙府）文武百官全体集合祝贺，边镐每人都赏赐一份厚重的礼物。当时，遍地饥荒，边镐下令打开马家当权时紧闭的仓库，大量发放粮食，南楚（首都长沙府）人民十分喜悦（南楚王国立国四十五年，自马殷在长沙建立政治实体〔参考九〇七年四月〕，到本年亡于世仇之手）。

**39** 辽国（首都临潢府）派彰国（总部应州）司令官（节度使）萧禹厥，率奚部落军及辽军五万人，会合后汉（首都太原府）军队，大规模进攻后周（首都开封府）。后汉帝（三任世祖）刘崇（刘旻）亲自率军二万人，自阴地关（山西省灵石县西南南关镇）直向晋州（山西省临汾市）。

十月十九日，汉辽联军在晋州（山西省临汾市）城北筑阵，三面包围，日夜不停的攻城，游骑兵抵达绛州（山西省新绛县）。这时候，后周建雄（总部晋州）旧司令官（节度使）王晏已经离任，新司令官（节度使）王彦超还没有到差，巡查司令（巡检使）王万敢暂代晋州（山西省临汾市）州长，跟龙捷总指挥官（龙捷都指挥使）史彦超、虎捷指挥官（虎捷指挥使）何徽，共同守城。史彦超，是云州（山西省大同市）人。

**40** 十月二十五日，南唐（首都金陵府）武昌（总部鄂州）司令官（节度使）刘仁赡，率战舰二百艘攻克南楚（首都长沙府）岳州（湖南省岳阳市），安抚接纳，人民一片欢欣，忘记国家覆亡。刘仁赡，是刘金的儿子（刘金，参考九〇五年九月）。

南唐（首都金陵府）文武百官进宫祝贺征服南楚（首都长沙府），皇家生活记录官（起居郎）高远说："我们利用南楚内乱，把他们掠夺到手，很是容易，可是观察我们将领们的才能，恐怕很难守得住。"高远，是幽州（北京市）人。以司徒（三公之二）名义退休的李建勋说：

"我们的灾难，莫非就从这次胜利开始！"

南唐帝（二任元宗）李璟（徐景通）自登极以来，从来没有亲自到南郊祭祀过天神，有关官员特作请求，李璟（徐景通）说："等到全国统一，再去致祭，请天神包容。"这次一出兵就消灭了南楚，李璟（徐景通）认为对世界各国，只要稍稍用心，同样也可以一次扫平。宫廷宴会上，魏岑（参考前年〔九四九〕七月）说："我少年时曾经到过元城（邺都所在县，河北省大名县），喜爱那里的风土人情，等陛下底定中原，请命我当魏博（总部邺都）司令官（节度使）！"李璟（徐景通）一口答应，魏岑立刻下来叩头谢恩。南唐（首都金陵府）领袖的骄傲，臣属的谄佞，到了这种地步。

**41** 被放逐衡山（湖南省衡山县）的马希萼，希望南唐（首都金陵府）仍命他当长沙（湖南省长沙市。南楚既亡，故都长沙府当改回原名潭州）的统帅，但潭州人民对马希萼痛恨入骨，联名请求指派边镐镇守，于是南唐帝（二任元宗）李璟（徐景通）乃任命边镐当武安战区（总部设潭州〔湖南省长沙市〕）司令官（节度使）。

**42** 后周（首都开封府）宰相王峻有位老友申师厚，曾当过兖州（山东省济宁市兖州区）营门官（牙将），离职以后，饥寒交迫，在路上看到王峻，拦住马头叩见。正巧，河西（总部凉州）候补司令官（留后）折逋嘉施（折逋，复姓）上疏中央政府，请求派遣正式统帅。后周帝（一任太祖）郭威认为凉州（甘肃省武威市）远在西方蛮荒绝域，不会有人想去，曾在太子宫卫士营军官和宫廷随从中，征求志愿人，一个月有余，没有人应募，王峻遂把申师厚推荐给郭威。

十月二十九日，郭威命申师厚当河西（总部凉州）司令官（节度使）。

43 南唐（首都金陵府）边镐催促亡国之君马希崇率领他的家族，移住京师（首都金陵府），马姓家族聚集一起，相对哭泣，打算用重贿收买边镐，由边镐上疏请求仍准他们马姓家族留在长沙（湖南省长沙市）。边镐轻蔑的笑一下说：“我们国家（南唐）跟你们马姓家族，世代仇敌，前后长达六十年（马殷最初追随孙儒攻杨行密，参考八八七年十一月，迄今六十五年），我们从来没有图谋你们的念头（南吴〔南唐前身〕、南楚和解，参考九二八年五月）。而今，你们兄弟关起门来窝里斗，穷途末路，向我们投降，如果再有三心二意，恐怕会发生意料之外的灾难。”马希崇张口结舌，无法回答。

十一月三日，马姓全族跟文武部属一千余人，一面号啕大哭，一面上船。送行的人也号啕大哭，哭声震动山谷。

南楚之亡、马家之覆，可以浓缩成一部卡通。这个坚强的王国，没有人能使它瓦解，除非自己人在内部先下毒手。早在九二八年，眼光锐敏的许德勋就指出“马驹争槽”危机，作出预言。试看马希广、马希萼、马希崇等坐轿大爷，以及刘彦瑫、李弘皋、许可琼等抬轿大爷，一个个眉飞色舞、慷慨高歌，各有各的凛然大义，不要说退一步，就是连往旁边让一步都不行，宁可以死，也不团结，于是，把一个钢铁江山，生生砸碎，然后死的死、散的散，只留下一片声震山谷的哭声，供后人凭吊。这时候如果像电影那样可以倒带，时光流转到当年，恐怕没有人愿意重演。

南楚马家不过一颗沙粒，从沙粒看世界，凡灭亡之国、倾覆之家，似乎都是这种模式。历史教训，庸才永不会接受，但冷静旁观者的许德勋，根据政治生态法则，远在二十五年之前，就看出那列隆隆震耳的权力火车，奔向何方。

**44** 后周帝（一任太祖）郭威因辽军（首都临潢府）跟后汉军（首都太原府）仍扎营在晋州（山西省临汾市）城下，决意采取行动。

十一月六日，郭威命宰相王峻当特遣兵团总司令（行营都部署），率军增援，命各军全面服从王峻号令，王峻有充分授权可作紧急应变措施，并且可以自己遴选文武官员。

十一月七日，王峻由京师（首都开封府）出发，郭威到城西亲自为他饯行。

**45** 南楚残余势力：静江（总部桂州）副司令官（副使）、代理桂州（广西桂林市）州长马希隐，是一任王（武穆王）马殷最小的儿子。马希广、马希萼兄弟争权内战时，南汉帝国（首都兴王府〔广东省广州市〕）皇帝（三任中宗）刘弘熙（刘晟，本年三十二岁）派宦官总管（内侍）吴怀恩，当西北方面军征剿司令（西北招讨使），率军进驻边境，寻找机会攻击。马希广派指挥官（指挥使）彭彦晖率军进驻龙峒（广西桂林市西南），加强戒备。马希萼被放逐衡山（湖南省衡山县）后，擢升彭彦晖当桂州（广西桂林市）总辅导官（都监）、内外巡查司令（在城外内巡检使），主管战区总部（判军府事）；马希隐大不高兴，暗中派人通知蒙州（广西蒙山县）州长许可琼。许可琼正畏惧南汉（首都兴王府）的逼迫，遂放弃蒙州（广西蒙山县），率军直向桂州（广西桂林市）。进城后攻击彭彦晖，彭彦晖战败，逃回衡山（湖南省衡山县），许可琼则驻扎桂州（广西桂林市）。南汉（首都兴王府）吴怀恩遂占领蒙州（广西蒙山县），向前推进，掠夺土地，静江战区（总部桂州）各属州惊恐骚动，马希隐、许可琼不知道如何是好，只有相对哭泣，拼命喝酒。

刘弘熙（刘晟）写信给马希隐，说："武穆王（一任王马殷）占领古代楚王国全境（过分夸张，南楚不过古代楚王国五分之一），富强安乐五十余年，只因为三十五舅（马希广）跟三十舅（马希萼），兄弟火并，自相屠杀（南汉一任帝刘岩娶马殷的女儿，参考九一五年八月，所以刘弘熙呼马希广等为舅父），把先王辛苦创立的大业，呈献仇敌（南唐）。现在，听说南唐（首都金陵府）军队已占领长沙（南楚首都，湖南省长沙市），私下揣测，桂州（广西桂林市）当为他们下一个目标。我们两国几世以来，友谊深厚，再加上婚姻关系，面对如此危急情况，怎么能忍心不救！我已动员大军，水陆并进，当使相公舅（马希隐）永远拥有军权，统治一方。"马希隐接到信，跟幕僚们商议投降事宜。行政秘书（支使）潘玄珪坚决反对。

十一月八日，南汉（首都兴王府）吴怀恩率军突然抵达城下。马希隐、许可琼率部众于夜晚砍开城门，投奔全州（广西全州县）；桂州（广西桂林市）溃散。吴怀恩遂乘胜率军一连攻占宜（广西河池市宜州区）、连（广东省连州市）、梧（广西梧州市）、严（广西来宾市）、富（广西昭平县）、昭（广西平乐县。但昭州已于九四八年十二月攻克，此处疑是融州〔广西融水县〕之误）、柳（广西柳州市）、龚（广西平南县）、象（广西象州县）等州。自此，南汉（首都兴王府）开始拥有岭南（南岭以南）全部土地。

46 十一月十三日，南唐（首都金陵府）边镐派先锋指挥官（先锋指挥使）李承戬（音jiǎn〔剪〕）率军直向衡山（湖南省衡山县），催促马希萼进京（首都金陵府）朝见。

十一月二十二日，马希萼连同僚佐、将领以及武装部队一万余人，自潭州（湖南省长沙市）登舟东下。

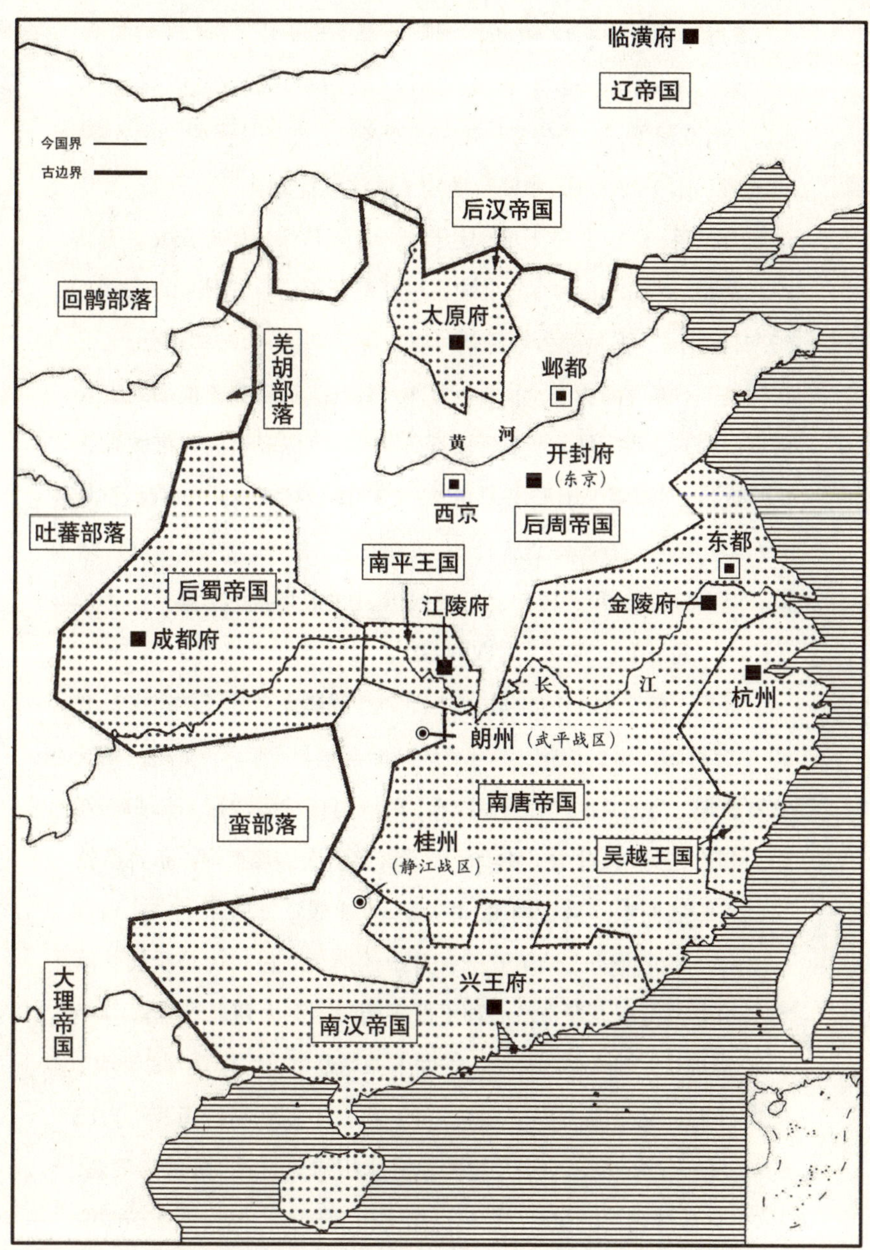


十世纪·九五一年十月　南唐灭南楚·七国并立

**47** 后周（首都开封府）援军统帅王峻，在陕州（河南省三门峡市）停留十天，后周帝（一任太祖）郭威因后汉（首都太原府）进攻晋州（山西省临汾市），情况紧急，担心失守，考虑御驾亲征，准备从泽州（山西省晋城市）进军，跟王峻会师，派使节通知王峻这项计划。

十二月一日，郭威下诏，定于十二月三日亲自率军出发。使节到达陕州（河南省三门峡市），王峻透过使节奏报说：“晋州（山西省临汾市）城池坚固，不是那么轻易就可以攻破。刘崇（后汉三任帝）士气正在旺盛，不能硬碰力争。我所以驻军在这里，就是要等他们的士气衰退，并不是我胆怯。陛下登极不久，决不可以轻易离开京城（首都开封府），大驾如果一出汜水关（河南省荥阳市西北汜水镇西），慕容彦超（泰宁〔总部兖州〕司令官）率军进入汴州（开封府，河南省开封市），大事就告结束。”郭威听到，用手打自己耳光说：“几乎败坏我的大事！”

十二月三日，郭威下令取消亲征。

最初，泰宁（总部兖州）司令官（节度使）兼最高立法长（兼中书令，使相）慕容彦超，听到徐州（江苏省徐州市）陷落消息（巩廷美等被杀），越发惊疑恐惧，乃招兵买马，囤积粮食，暗中写信给后汉帝（三任世祖）刘崇（刘旻），都被后周（首都开封府）巡逻官吏生擒信差奏报。慕容彦超又派人假装商贩，前去南唐（首都金陵府）求援。郭威派皇家礼宾官（通事舍人）郑好谦前去劝解安抚，并跟他指天立誓。可是反而使慕容彦超更觉得事态严重，心理不能平衡。屡派大营总管理官（都押牙）郑麟前往京师（首都开封府），表面上诚恳恭敬，实际上观察形势，见机行事。又呈献天平（总部郓州）司令官（节度使）高行周写给自己的信，信上尽是抨击中央及愿跟慕容彦超结交的话，郭威失笑说：“这是慕容彦超捣的鬼！”把信送给高行周过目，高行周上疏叩谢知遇之恩。不久，慕容彦超叛变的形迹，更加显露。

十二月九日，郭威派宫门管理官（阁门使）张凝率军前往郓州（山东省东平县）巡查，预先作防御准备。

十二月十三日，王峻抵达绛州（山西省新绛县）。

十二月十八日，王峻率大军继向晋州（山西省临汾市），晋州南方有一个地方名蒙阬（山西省曲沃县西北），地势最为险要，王峻担心后汉（首都太原府）派军据守。当天（十二月十八日），得到报告：前锋已过蒙阬（山西省曲沃县西北），大喜说："我的大功告成！"

慕容彦超上疏请求准他到京师（首都开封府）朝见，郭威知道他在那里耍诈，立刻批准。果然，慕容彦超再上疏说辖区内盗匪遍地，不敢离开。

**48** 后汉帝（三任世祖）刘崇（刘旻）进攻晋州（山西省临汾市），已五十余天，不能攻克。又逢上大雪纷飞，居民纷纷聚集山寨，武装自保，荒野一望无际，没有东西可以劫掠，军中严重缺粮。而辽军（首都临潢府）更盼望早日班师，听说王峻主力已到蒙阬（山西省曲沃县西北），遂纵火烧营，连夜逃走。王峻进入晋州（山西省临汾市），各将领请求立刻追击，王峻犹豫不敢决定。第二天，才派特遣兵团骑兵总指挥官（行营马军都指挥使）仇弘超、总督战官（都排阵使）药元福、左翼督战官（左厢排阵使）陈思让、康延沼率骑兵追击，直追到霍邑（山西省霍州市），挥军攻击。后汉官兵坠崖堕谷的很多，死伤惨重。霍邑（山西省霍州市）道路狭窄，康延沼懦弱，怕有埋伏，不敢急进，后汉军才渡汾水而去。药元福说："刘崇动员他全国的兵力，又带着辽国（首都临潢府）的骑兵而来，目的要吞并晋（山西省临汾市）、绛（山西省新绛县）二州，而今，气力已尽，狼狈逃回，如果不抓住这个机会把他们翦除，后患一定无穷。"可是各将领不打算前进，王峻也派使节阻止，

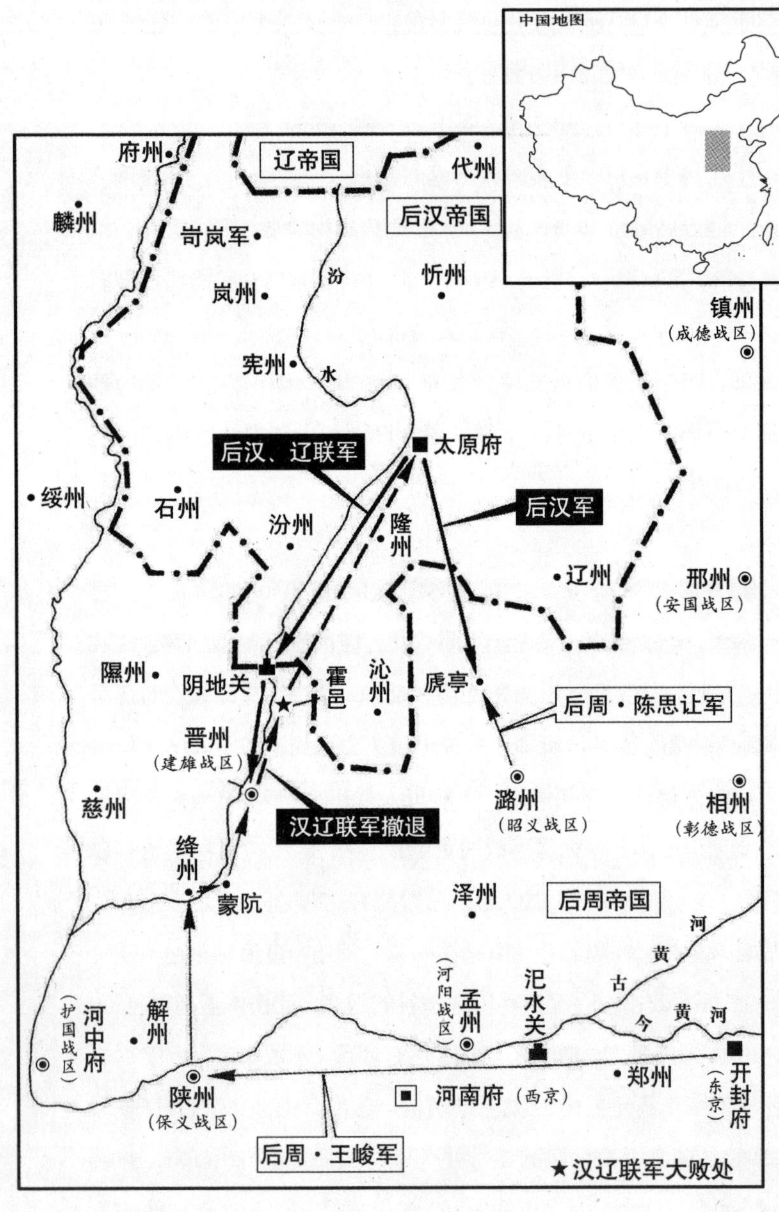


十世纪·九五一年十月至十二月　后汉再围晋州失败

大军遂班师。辽军退到晋阳（山西省太原市），人员马匹，损失十分之三四，大军统帅萧禹厥深以没有功劳为耻，把责任推到一名大酋长身上，把大酋长钉到木板上，抬到街市示众，十余天后，才把他斩首。经过这次挫败，刘崇（刘旻）终于打消复国的念头。后汉现在的疆土（山西省中部），十分贫瘠，人民穷苦，对内供应军队，对外又供应辽国（首都临潢府），赋税沉重，人民无法活命，很多人投奔后周（首都开封府）。

**49** 南唐帝（二任元宗）李璟（徐景通）命镇南战区（总部设洪州〔江西省南昌市〕）司令官（节度使）兼最高立法长（兼中书令，使相）宋齐丘当太傅（三师之二）。命降王马希萼当江南西道（首府洪州）行政长官（观察使），镇守洪州（江西省南昌市），仍封楚王。命马希崇当永泰（总部舒州）司令官（节度使），镇守舒州（安徽省潜山市）；湖南（南楚故土，湖南省）文武官员，地位高的任命当州长、将军、部长、总监，地位低的，也依照次序，分别任命当官。李璟（徐景通）嘉许廖偃、彭师暠的忠义，任命廖偃当金殿左厢常备官（左殿直军使）兼莱州（山东省莱州市）州长（空头官衔。此时莱州属后周〔首都开封府〕），命彭师暠当金殿常备军总纠察官（殿直都虞候），赏赐优厚。南楚各州长都到南唐（首都金陵府）朝见，只永州（湖南省永州市）州长王赟最后才到，李璟（徐景通）把他毒死。

**50** 南汉帝（三任中宗）刘弘熙（刘晟）派宦官总管府主任秘书（内侍省丞）潘崇彻、将军谢贯，率军进攻郴州（湖南省郴州市），南唐（首都金陵府）边镐派军救援，在义章（湖南省宜章县）会战，潘崇彻把南唐援军击败，遂攻克郴州（湖南省郴州市）。边镐请求中央遴派全（广西全州县）、

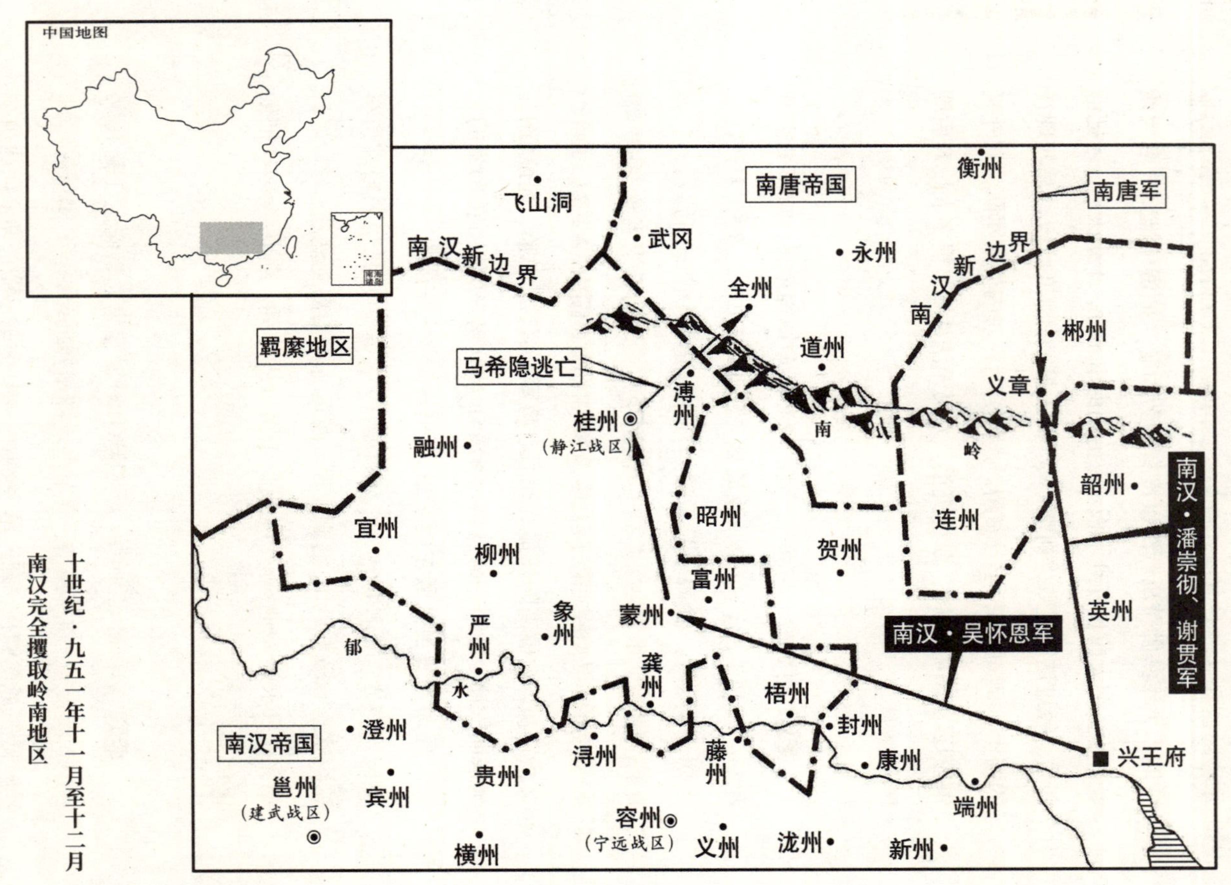


十世纪·九五一年十一月至十二月
南汉完全攫取岭南地区

道（湖南省道县）二州州长，防备南汉（首都兴王府）北进。

十二月二十九日，李璟（徐景通）命廖偃当道州（湖南省道县）州长、命黑云指挥官（黑云指挥使）张峦当全州（广西全州县）州长。

本年（九五一），李璟（徐景通）命亡国之君（闽国末任帝）、安化（总部饶州）司令官（节度使）、鄱阳王王延政，当山南西道（总部设兴元府〔陕西省汉中市〕）司令官（空头官衔。此时兴元府属后蜀〔首都成都府〕），改封光山王。

最初，蒙城（安徽省蒙城县）防守司令（镇将）咸师朗率部队投奔南唐（参考前年〔九四九〕二月），李璟（徐景通）把他的部队改编为奉节特别营（奉节都），跟随边镐出征南楚王国。南唐把湖南（南楚故土，湖南省）境内所有金银、绸缎、珠宝、珍玩、粮食，以至船舶、舰艘、亭台、楼阁、鲜花和水果中最好的，全部运回首都金陵（江苏省南京市），派国务院司法部狱政司司长（都官郎中）杨继勋等，征收田赋捐税，供应南唐占领军。杨继勋等手段苛刻，湖南（南楚故土，湖南省）人民大失所望。特遣兵团粮食总监（行营粮料使）王绍颜又减发士兵们的粮食和赏赐，奉节指挥官（奉节指挥使）孙朗、曹进愤怒，说："从前，我们追随咸师朗归降南唐（首都金陵府），南唐待我们，哪有今天待南楚将士们这么优厚！而今，我们有功，不但不加薪，反而削减。不如格杀王绍颜、边镐，割据湖南（湖南省），归附中原（后周），荣华富贵，可以到手。"

# 九五二年 壬子

| | | |
|---|---|---|
| 后汉 | 乾祐 | 五年 |
| 后周 | 广顺 | 二年 |
| 南唐 | 保大 | 十年 |
| 吴越 | 广顺 | 二年 |
| 南汉 | 乾和 | 十年 |
| 南平 | 广顺 | 二年 |
| 后蜀 | 广政 | 十五年 |
| 辽 | 应历 | 二年 |

**1** 春季，正月三日，夜晚，南唐（首都金陵府〔江苏省南京市〕）潭州（湖南省长沙市）兵变，奉节指挥官（奉节指挥使）孙朗、曹进，率领他们的部队，把大量干草堆到总部大门，打算纵火焚烧，偏偏干草潮湿，一时燃不起来。边镐（武安〔总部潭州〕司令官）发觉，派军格斗，下令擂动战鼓、吹起号角，孙朗、曹进等误认为天要破晓，遂砍开城门，投奔朗州（湖南省常德市）。朗州（湖南省常德市）指挥官（指挥使）王逵问孙朗说："我从前追随武穆王（南楚一任王马殷），跟淮南（南唐前身是南吴，南吴前身是唐王朝的淮南战区）作战，屡战屡胜，淮南军队好对付得很，我现在打算用朗州（湖南省常德市）一州的兵力，收复湖南（南楚故

土，湖南省)，有没有希望？”孙朗说：“我在金陵（南唐首都，江苏省南京市）住了好几年，仔细观察他们行事，政府没有贤能的人才，军中没有优良的将领，君王分不出谁是忠诚之士和谁是马屁精，赏罚更不公平。这种情况，不亡国就很幸运了，哪还有能力并吞别人！我愿当你的先锋，夺取湖南（南楚故土，湖南省），如同捡起一根小草！”王逵大为高兴，待他特别优厚。

**2** 正月五日，后周帝国（首都开封府〔河南省开封市〕）征调开封府（河南省开封市）民夫五万人，修筑大梁（首都开封府所在城）城墙，十天完成。

泰宁（总部兖州）司令官（节度使）慕容彦超征调乡村民兵进城，引导泗水（于江苏省淮安市淮阴区西南注入淮河）注入护城壕，积极备战。又发给将领们很多军旗，命他们招募盗匪到邻境剽掠，每个地方都奏报慕容彦超叛变。

正月七日，后周帝（一任太祖）郭威（本年四十九岁）下令：沂（山东省临沂市）、密（山东省诸城市）二州不再隶属泰宁战区（用以削弱慕容彦超的实力）。命皇家侍卫亲军步兵总指挥官（侍卫步军都指挥使）、昭武（总部利州）司令官（空头官衔。此时利州属后蜀〔首都成都府〕）曹威（曹英）当总司令（都部署），讨伐慕容彦超。又命齐州（山东省济南市）警备区司令（防御使）史延超当副总司令（副部署）、皇城管理官（皇城使）河内（河南省沁阳市）人向训当总辅导官（都监）、陈州（河南省周口市淮阳区）警备区司令（防御使）药元福当特遣兵团步骑兵总纠察官（行营马步都虞候）。郭威因药元福是四朝老将（药元福历任后唐、后晋、后汉、后周；参考九四五年三月二十七日），命曹威（曹英）、向训二人不可以用军礼接见，而应当作父亲辈尊敬。

南唐帝（二任元宗）李璟（徐景通，本年三十七岁）派军五千人，进驻下邳（江苏省睢宁县北古邳镇），应援慕容彦超。得到后周（首都开封府）大军就要抵达消息，退守沭阳（江苏省沭阳县）。后周（首都开封府）徐州（江苏省徐州市）巡查司令（巡检使）张令彬进击，大败南唐援军，屠杀以及淹死的，共一千余人，生擒南唐将领燕敬权。

最初，慕容彦超认为后周政府（首都开封府）刚建立不久，容易摧毁，所以北方召引后汉（首都太原府）、辽国（首都临潢府），南方诱导南唐（首都金陵府），怂恿他们入侵边疆，使后周（首都开封府）疲于奔命，然后抓住机会行动。可是，不久，后汉、辽国从晋州（山西省临汾市）退走（参考去年〔九五一〕十二月），南唐军队又在沭阳（江苏省沭阳县）被击败，慕容彦超的声势，受到顿挫。

永兴（总部京兆府）司令官（节度使）李洪信，了解自己是后汉皇亲（李太后的堂弟），心里恐惧不安。城里军队不满一千人，王峻进驻陕州（河南省三门峡市）时，用增援晋州（山西省临汾市）作为借口，征调数百人而去。后来，后汉（首都太原府）围城军撤退，中央派禁军一千余人，进驻长安（京兆府所在县，陕西省西安市）。李洪信害怕，遂进京（首都开封府）朝见。

正月十五日，王峻由晋州（山西省临汾市）凯旋回京（首都开封府）朝见。

曹威（曹英）等抵达兖州（山东省济宁市兖州区），兴筑长墙。慕容彦超屡次出战，药元福都把他击败，慕容彦超遂再不敢出城。十余天后，长墙合围，攻击开始。

最初，慕容彦超将要叛变时，执行官（判官）崔周度劝阻说：“鲁国，是诗书之国，民性仁慈懦弱，自从姬伯禽（周王朝鲁国第一任国君）受封以来，不能称霸，但用礼义自守，却维持最久（因慕容彦超割据的地盘包括古鲁国疆域，崔周度遂作此比喻）。你跟皇上（郭威）之间，并没有私仇，为什么要惶惶不安！何况，皇上不断向你解释慰问，假如能

十世纪·九五二年正月　后周·泰宁慕容彦超叛变，曹英围攻兖州

黄河
古黄河
今黄河
邢州（安国战区）
太名府（邺都）
相州（彰德战区）
澶州（镇宁战区）
郓州（天平战区）
青州（平卢战区）
泰山
密州
泰宁战区
滑州（义成战区）
兖州
曲阜
龟山
沂州
曹州
单州
开封府（东京）
后周·曹英军
泗水
海州
宋州（归德战区）
徐州（武宁战区）
沭阳
后周·张令彬军
下邳
陈州
宿州
楚州
后周帝国
泗州
白水塘
江都府（东都）
蔡州
颍州
濠州
漕渠
南唐军
淮河
寿州（清淮战区）
光州
滁州
润州（镇海战区）
庐州（保信战区）
金陵府（西都）
和州
南唐帝国
长江
宣州（宁国战区）
中国地图

撤除战备，回心转意，坐在这里，比泰山还要安稳。难道你真的看不见杜重威（参考九四八年正月）、安从进（参考九四二年八月）、李守贞（参考九四九年七月）最后成什么事！”慕容彦超大怒（他不是看不见，而是拒绝看，脑袋被驴踢过的人总是用大怒代替眼睛）。后来，中央包围城池，慕容彦超搜刮民间财富，供应军队，很多人被发现藏匿财产而判处死刑。前陕州（河南省三门峡市）军务秘书长（司马）阎弘鲁，是阎宝的儿子（阎宝是后梁大将，归降后唐，参考九一六年八月），畏惧慕容彦超的凶暴，自动呈献出全部家产，慕容彦超认为他仍然有所隐藏，命崔周度搜查他的家宅，崔周度告诉阎弘鲁说：“你的生死，决定于你的财产是多是少，最好不要吝啬。”阎弘鲁向他的妻子、小老婆叩头哭泣说：“请拿出所有的东西，救我一命。”妻子、小老婆哭着回答说：“已经一文不剩。”崔周度回报慕容彦超，慕容彦超不肯相信，逮捕阎弘鲁跟他的妻子、小老婆下狱。有一位奶娘扒土的时候，扒出一条金臂链，呈献慕容彦超，希望救赎她主人一命，想不到却成为藏匿的证据，慕容彦超说：“我猜得果然没错，没有拿出来的一定更多。”苦刑拷打阎弘鲁夫妇跟小老婆，阎弘鲁全身肌肉溃烂而死。慕容彦超认为崔周度包庇罪人，绑赴街市斩首。

**3** 后汉帝国（首都太原府〔山西省太原市〕）派军进攻后周（首都开封府）的府州（陕西省府谷县）。府州警备区司令（防御使）折德扆把他们击败，杀二千余人。

二月十四日，折德扆奏报说，攻克后汉岢岚军（山西省岢岚县），派军驻防。

二月十八日，后周帝（一任太祖）郭威，释放南唐（首都金陵府）将领燕敬权等回南唐，告诉南唐帝（二任元宗）李璟（徐景通）说：“叛徒，任何国家都会痛恨，想不到贵国却帮助叛徒，岂不是失策！”李璟（徐景通）大感惭愧，调查国内所俘虏的汉人，以礼相待，送他们北返。南唐（首都金陵府）有些官员仍然呈献夺取中原的策略，立法官（中书舍人）韩熙载说：“郭威建立帝国的时间虽短，但统治已经牢固，我们如果轻易出军，只有害处，没有好处。”（韩熙载原是主战派，参考九四七年正月。）

**4** 南唐帝国（首都金陵府〔江苏省南京市〕）自一任帝李昪（徐知诰。昪，音biàn〔变〕）以来，常派使节由海路北上，跟辽国（首都临潢府）建立邦交，打算跟辽国合作，共同夺取中原。所以互相馈赠礼物，并誓言情同兄弟（李昪〔徐知诰〕结交辽国〔契丹〕，参考九三七年五月）。然而，辽国（首都临潢府）只不过贪图南唐（首都金陵府）的财货，仅用一些虚话应付，并不打算真去行动。

南唐帝（二任元宗）李璟（徐景通）喜爱文学，所以高级知识分子韩熙载、冯延己、冯延鲁、江文蔚、潘佑、徐铉等，都做到很好的官位。潘佑，是幽州（北京市）人。当时（十世纪中叶）南唐（首都金陵府）文风之盛，高于其他各国，然而并没有考试制度，知识分子差不多都因为上疏讨论国事，而被任命当官（早在弘农封国〔南吴前身〕时代，便已恢复考试，参考九〇九年四月；当是后来撤销）。现在，李璟（徐景通）才命皇家文学侍从官（翰林学士）江文蔚，负责中央大考，进士庐陵（江西省吉安市）人王克贞等三人被录取，李璟（徐景通）问江文蔚说：“我们选拔人才，比起前朝（唐王朝）怎么样？”江文蔚回答说：“前朝（唐王朝）公平考试录取和私下交易内定的人，各占一半，我则一本大公。”李璟（徐景通）大为高兴。但立法官（中书舍人）张纬，却是唐王朝时代考试及格的，听到这些话，怀恨在心。同时，当权官员全都没有经过考试，遂一起阻挠，刚恢复的考试制度，又被停止。

**5** 三月十二日，后周政府（首都开封府）任命宫廷礼宾总监（内客省使）、恩州（广东恩平市）民兵司令（空头官衔。此时恩州属南汉〔首都兴王府〕）、晋阳（山西省太原市）人郑仁晦，当帝国参谋总部副指挥官（枢密副使）。

三月十八日，改威胜战区（总部设邓州〔河南省邓州市〕）为武胜战区（避讳郭威的“威”）。

**6** 南唐帝（二任元宗）李璟（徐景通）命太弟太保（太弟三师之三）、昭义（总部潞州）司令官（空头官衔。此时潞州属后周〔首都开封府〕）冯延己当国务院左最高执行长（左仆射），命前镇海（总部润州）司令官（节度使）徐景运当副立法长（中书侍郎）以及国务院右最高执行长（右仆射）孙晟，都兼二级实质宰相（同平章事）。金銮宝殿上诏书宣读后，国务院财政部长（户部尚书）常梦锡在大庭广众中大声调侃说：“诏书很好，但江文蔚的奏章更好！”（江文蔚弹劾冯延己、魏岑，参考九四七年四月。）孙晟一向看不起冯延己，对人说：“黄金杯、白玉盘，竟然装狗屎。”

冯延己向李璟（徐景通）建议说：“因为陛下亲自处理日常事务的缘故，宰相们没有办法发挥他们的才能，国家所以不能治理，原因在此。”李璟（徐景通）乃把国家政务全部交给冯延己，而自己只审查他处理的结果。不久，冯延己不能把全部时间投入工作，政府事务都依靠助理，武装部队事务则全听信边防将领；过了一阵，国事混乱，几乎陷于停顿，李璟（徐景通）才再度亲自批阅文件。

最高法院院长（大理卿）萧俨厌恶冯延己的为人，呈递很多次弹劾奏章。正巧，萧俨误判一个人死罪，钟谟、李德明决心铲除萧俨。冯延己说：“萧俨误杀一个妇女，各位认为他应该抵死。萧俨是皇家九部部长之一（卿），是不是也可以误杀？”单独上疏说：“萧俨一向正直，有很好名声，而今被指控的罪状，早已经过赦免，应该从宽发落。”萧俨得免一死；人们也因此对冯延己赞许。

不久，徐景运免职，转任太子少傅（太子三少之二）。

**7** 夏季，四月一日，日蚀。

**8** 后周（首都开封府）讨伐军将领曹威（曹英）等进攻兖州（山东省济宁市兖州区），很久没有攻克。

四月三十日，后周帝（一任太祖）郭威下诏亲征，命李谷暂任东京（首都开封府）留守长官，兼主管首都开封特别市政府（兼判开封府），命郑仁诲暂任皇宫总护卫（权大内都点检），又命皇家侍卫亲军骑兵总指挥官（侍卫马军都指挥使）郭崇威（郭崇）任京师（首都开封府）总护卫（在京都点检）。

**9** 南唐帝（二任元宗）李璟（徐景通）吞并南楚王国之后，派他的将领李建期进驻益阳（湖南省益阳市），准备夺取朗州（湖南省常德市）；命代理全州（广西全州县）州长张峦，兼桂州（广西桂林市）征剿司令（招讨使），准备夺取桂州（广西桂林市）；但两路人马，很久没有进展。李璟（徐景通）对冯延己、孙晟说：“湖南（南楚故土，湖南省）人民希望我解除南楚政府的暴政，让他们获得休息，可是我并没有抚治他们的伤痛，反而滥用武力，这不符合他们渴望休息的心意，我打算撤回桂州（广西桂林市）的军队，调回益阳（湖南省益阳市）的驻防部众，就把人事任命状正式颁给刘言（武平〔总部朗州〕暂代候补司令官），你们认为如何？”孙晟完全同意。但冯延己反对，说：“我们派出一个初级将领（指边镐），就消灭一个王国，远近无不震惊，可是忽然之间，三分疆土，丧失其中之二（南楚三大重镇：朗州、潭州、桂州。今南唐只得到潭州），别人会把我们看扁！请把任务交给边防军将领，由他们相机行事。”李璟乃派禁军司令（统军使）侯训，率军五千人，取道吉州（江西省吉安市），直向全州（广西全州县）跟张峦会师，进攻桂州（广西桂林市）。南汉（首都兴王府）在山谷中设下埋伏，张峦等刚刚抵达城下，筋疲力尽，伏兵从四面八方杀来，城里守军再杀出夹击，南唐军大败，侯训阵亡，张峦率残兵败将数百人，逃回全州（广西全州县）。

**10** 五月五日，后周帝（一任太祖）郭威从大梁（河南省开封市）出发亲征。

五月十三日，郭威大军抵达兖州（山东省济宁市兖州区）。

五月十四日，郭威派人到城下向慕容彦超招降，城上守军破口大骂。

五月十五日，郭威下令总攻。

先前，巫法师向慕容彦超信口开河说：“土星正运行在角星与亢星之间，角星、亢星是兖州的对口星，上天将对兖州（山东省济宁市兖州区）降下大福。”（事关天文，完全不懂。原文：“镇星行至角亢，角亢，兖州之分，其下有福。”）慕容彦超特别兴建一个祠堂，焚香祷告，命民间一律竖立黄旗。慕容彦超性情贪婪而又吝啬，中央军攻城，情势危急，慕容彦超还在那里埋藏他用酷刑勒索的金银珍宝，于是军心涣散，人无斗志，官兵们前后相继出城投降。

五月二十日，中央军攻克城池，慕容彦超正在土星祠祷告，率领亲军奋力抵抗，不能取胜，于是纵火焚烧土星祠，连同妻子儿女，一同投井而死，他的儿子慕容继勋逃出城外，被追捕生擒，诛杀。中央军大肆劫掠，城里死的将近一万人。当初，慕容彦超将要叛变，曾招募很多盗匪，集合帐下，多达二千余人，都是绿林好汉，粗犷慓悍，但毕竟不替他卖力。

郭威打算把兖州（山东省济宁市兖州区）文武百官全部诛杀，皇家文学侍从官（翰林学士）窦仪晋见宰相冯道、范质，再一起晋见郭威，说："他们都是受到胁迫的人！"才获得赦免。

五月二十二日，郭威命端明殿文学侍从官（端明殿学士）颜衎，暂代兖州（山东省济宁市兖州区）州长，赦免泰宁战区（总部兖州）所有慕容彦超的党徒，逃亡藏匿的，限期一个月以内自首，之前已被诛杀的，赦免他们的亲友。

五月二十八日，撤销泰宁战区（总部兖州），降为兖州（山东省济宁市兖州区）警备区。

**11** 南唐（首都金陵府）以司徒（三公之二）名义退休的李建勋逝世，临死时，告诫他的家人说："时局已经如此，我能够正常死亡，真是幸运，千万不要替我起坟，也不要为我立碑，安葬之后，任由农家在上面耕田种桑，免得有一天成为别人挖墓的指示牌！"后来，南唐灭亡（参考九七五年十一月，距今二十三年），高坟大冢，都被盗墓贼挖掘，只李建勋的墓，没有人知道葬在哪里（国事日非，智者无力，可哀）。

**12** 六月一日，后周帝（一任太祖）郭威前往曲阜（山东省曲阜市）晋谒孔丘庙。祭奠已毕，将要下跪叩头，左右侍从说："孔丘，不过封建国君之下的一个臣属，陛下以皇帝之尊，不应下跪叩头！"（在抬高主子身价，贬黜别人地位上，马屁精的理论特别之多。）郭威说："孔丘是百代帝王的教师，怎么敢不尊敬！"遂下跪叩头，也向孔丘墓下跪叩头，下令整修孔丘庙，禁止在孔林（孔丘家族墓地）砍伐木柴。郭威访问孔丘、颜渊的后代，分别命他们当曲阜（山东省曲阜市）县长或秘书官（主簿）。

六月二日，郭威从兖州（山东省济宁市兖州区）出发。

**13** 六月十一日，吴越王国（首都杭州〔浙江省杭州市〕）国王（五任忠懿王）钱弘俶（本年二十四岁）的娘亲顺德太夫人吴女士逝世。

**14** 六月十三日，后蜀帝国（首都成都府〔四川省成都市〕）大水成灾，灌进首都成都，淹没和冲走一千余家，淹死五千余人，毁坏皇家祖庙（太庙）四个室。

六月十四日，后蜀（首都成都府）大赦，赈济水灾受害人家。

**15** 六月十五日，后周帝（一任太祖）郭威返抵大梁（首都开封府所在城）。

朔方（总部灵州）司令官（节度使）、兼最高立法长（兼中书令，使相）陈留王冯晖逝世（年六十岁），他的儿子、内营总纠察官（牙内都虞候）冯继业，谋杀他老哥冯继勋，主管总部军政。

太子宾客（正三品）李涛的老弟李澣，在辽国（首都临潢府）当勤政殿文学侍从官（勤政殿学士），跟卢龙（总部幽州）司令官（节度使）萧海真感情笃厚。萧海真，是辽国三任帝（世宗）耶律兀欲的妻弟。李澣游说萧海真归降后周，萧海真欣然答应。李澣遂透过定州（河北省定州市）间谍田重霸，携带写在绢上的奏章，呈递郭威，而且给李涛写信说："辽帝（四任穆宗）耶律述律，不过一个呆瓜（本年，耶律述律二十三岁），只会喝酒宴会，四出游荡，没有远大志向，不能跟从前的君王相比。后周如能采取军事行动，一定可以攻克。不然的话，逼他们和解，也可达到目的。这两项目标，都必须迅速行动，观察现势，他们将来绝对没有力量协助后汉（首都太原府）刘崇（刘旻）。”

六月十八日，田重霸抵达大梁（河南省开封市），可是正好后周内部多事，无法接受。

六月二十七日，郭威任命冯继业当朔方（总部灵州）候补司令官（留后）。

帝国参谋总部指挥官（枢密使）王峻，性情轻狂暴躁，心机很重，好权贪利，喜爱别人拍自己的马屁，认为治理天下是自己的责任。每次奏报事情，郭威允许时，他就大为高兴，郭威有时没有答应，他就很是生气，往往说些刺激难听的话，郭威因为他是贫贱时的老友，而且又是开国功臣，一向知道他的为人，所以每次都特别包容。王峻年纪比郭威大，郭威当皇帝后，仍像平常一样，称他“老哥”，有时呼叫他的别号，王峻因此更为骄傲。帝国参谋总部副指挥官（副使）郑仁诲、皇城管理官（皇城使）向训、恩州（广东省恩平市）民兵司令（空头官衔。此时恩州属南汉〔首都兴王府〕）李重进，都是郭威过去当战区司令官时培养的心腹将领，郭威称帝后，渐渐提拔擢升，王峻心里嫉妒，不断上疏说自己患病，请求解除职务，用以试探郭威的心意。郭威每次都派左右侍从殷勤劝解，王峻对着使节却大发脾气，又写信给各战区司令官，要他们提出保证书（向郭威保证王峻可以胜任繁重工作），各战区把他的信呈报上来，郭威大为惊愕，很久之后，才派左右侍从去慰问勉励，命他恢复办公，并且警告说：“假如你还不来，我就亲自去请。”王峻仍然不理。郭威知道帝国参谋总部常设文学侍从官（枢密直学士）陈观，跟王峻是多年好友，命他前去传达旨意，陈观说：“陛下只要扬言马上就要去他家亲自劝驾，他决不敢不来。”

秋季，七月五日，王峻进宫朝见，郭威慰劳安抚，命他恢复办公。李重进，是沧州（河北省沧州市东南）人，他的娘亲是郭威的妹妹福庆长公主。

宰相李谷不小心失脚滑倒，右臂受到重伤，请假一个多月，郭威认为积压公事太多，催促他进宫办公。李谷奏报说，他臂伤还没有痊愈，不能叩头。

八月十日，郭威命李谷不要到金殿朝见，只要上班办公。

**16** 后蜀（首都成都府）国务院工程部长（工部尚书）、主管武德战区（总部设梓州〔四川省三台县〕）郭延钧，一向轻视辅导官（监押）王承丕，对王承丕的态度傲慢，王承丕准备报复。

八月十八日，左奉圣总指挥官（左奉圣都指挥使）安次（河北省廊坊市）人孙钦，奉命率部队驻防边疆，向王承丕辞行，王承丕邀他一起晋见统帅，孙钦不知道他的阴谋，一同前往，王承丕抵达后，下令左右侍从格杀郭延钧，屠灭他全家，宣称诏书要他接管基地，立即打开公库，犒赏官兵，释放囚犯，征调边防驻军。等到文武百官集合完毕，孙钦对王承丕说：“郭延钧已经伏法，你最好拿出诏书让大家观看。”王承丕说：“我能使你享受富贵，不要问诏书这件事。”孙钦才知道是王承丕叛乱，于是骗他说：“现在内外惊惶不安，我愿率领我的部队，替你巡查镇压。”上马飞奔而出，王承丕在后面连声呼唤，孙钦一步也不敢停，回到大营，把情形向大家宣布，率领他们进入总部，攻击王承丕。王承丕左右还打算抵抗，孙钦厉声喝责，大家都放下武器逃走。遂生擒王承丕，斩首，连同他亲戚朋友的人头，一起送到成都（四川省成都市）示众。

**17** 后周（首都开封府）天平（总部郓州）司令官（节度使）、暂任最高立法长（守中书令，使相）高行周逝世（年六十八岁）。高行周骁勇而义薄云天（高行周曾拒后唐一任帝李存勖之召，参考九一五年七月），功劳高却不骄傲，驱策战马，面对强敌，发号施令，声势犹如风雷；平常日子跟宾客幕僚酒席聚会，又平易近人，人们也因此对他敬重。

**18** 八月二十日，后蜀帝（二任）孟昶（孟仁赞，本年三十四岁）派皇家礼宾总监（客省使）赵季扎，前往梓州（四川省三台县），安慰因王承丕之乱受惊的军民。

**19** 后汉（首都太原府）用法严厉，建国之初，对于贩卖私盐私酒，无论数量多少，一律处死（参考前年〔九五〇〕十一月）。郑州（河南省郑州市）一位居民，用房租向专卖局购买食盐，经过城门的时候，官员认为他带的是私盐，把他逮捕斩首。他的妻子为他申冤。

八月三十日，后周帝（一任太祖）郭威下诏规定，贩卖私盐私酒的，应依照数量多少，分别定罪。

**20** 九月一日，吴越（首都杭州）丞相裴坚逝世（年五十六岁），吴越王（五任忠懿王）钱弘俶擢升台州（浙江省临海市）州长吴延福当三级实质宰相（同参相府事）。

**21** 九月十七日，后周帝（一任太祖）郭威禁止北方边界军民进入辽国（首都临潢府）剽掠。

**22** 辽国（首都临潢府）将领高谟翰率领军队，用苇草编成小船，横渡胡卢河（海河支流滏阳河，流经河北省衡水市），侵入后周（首都开封府），直抵冀州（河北省衡水市冀州区）城下。后周成德（总部镇州）司令官（节度使）何福进派龙捷总指挥官（龙捷都指挥使）刘诚诲等，驻防贝州（河北省清河县）防御。辽军接到报告，立刻率军北逃，再渡胡卢河而去，所裹挟的冀州（河北省衡水市冀州区）青年好几百人，看到政府军赶来，大声呼喊高叫，打算反击辽军，可是政府军不敢接应，辽军遂把这些青年全部屠杀。

**23** 后蜀（首都成都府）山南西道战区（总部设兴元府〔陕西省汉中市〕）司令官（节度使）李廷珪奏报说：后周（首都开封府）军队在关中（陕西省中部）集结，请中央增加援军，加强戒备。后蜀帝（二任）孟昶（孟仁赞）派奉銮肃卫总纠察官（都虞候）赵进，率军前往利州（四川省广元市）。不久，才知道后周（首都开封府）所以聚集人马，只是为防备后汉（首都太原府），才撤退复员。

**24** 南唐（首都金陵府）武安（总部潭州）司令官（节度使）边镐，昏庸懦弱，优柔寡断，自从进入湖南（南楚故土，湖南省），派系林立，各自当家，民心失望。吉水（江西省吉水县）人欧阳广上疏说：“边镐没有担任统帅的能力，一定会断送湖南（南楚故土，湖南省），最好是另外遴选良将，增强军队，挽救迫在眉睫的溃败。”中央没有反应。

南唐帝（二任元宗）李璟（徐景通）命边镐夺取朗州（湖南省常德市），从朗州（湖南省常德市）来潭州（湖南省长沙市）的客人以及其他很多人，都说刘言忠心服从，因此边镐没有戒备。李璟（徐景通）征召刘言前来京城（首都金陵府），刘言不理，对王逵说：“南唐一定会对我们攻击，应该怎么办？”王逵说：“朗州（湖南省常德市）是古武陵郡，有沅江洞庭湖的险要，武装部队有好几万，怎么能双手举起，受别人控制！边镐不会领导，军民不服，一次战役，就可把他活捉。”刘言犹豫不敢决定，周行逢说：“机密大事，必须迅速，稍微迟缓，他们有了防备，就不容易得手。”刘言于是任命王逵、周行逢，以及营门官（牙将）何敬真、张倣、蒲公益、朱全琇、宇文琼、彭万和、潘叔嗣、张文表等十人，分别担任指挥官（指挥使），准备出击。潘叔嗣、张文表，都是朗州（湖南省常德市）人。周行逢有智谋，张文表是一员勇将，能够作战，潘叔嗣果断，三人互相配合，无不成功，感情亲密。

大家打算召唤溆州（湖南省洪江市西北黔城镇）蛮夷酋长苻彦通支援，周行逢说：“蛮夷贪婪，没有信义，前年随马希萼进入潭州（湖南省长沙市），放火劫掠，一点东西都没有遗留（参考前年〔九五〇〕六月）。我们的军队为正义而战，一定战无不胜，怎么用得着那种瘪三，去残暴人民！”才算停止，但也怕苻彦通制造灾难，因为另一酋长、民众自卫队总指挥官（土团都指挥使）刘瑫，各蛮夷对他都很畏惧，于是命刘瑫当西疆卫戍司令（镇遏使），严密防备。

冬季，十月，王逵等分兵好几路，直向长沙（湖南省长沙市），命孙朗、曹进当先锋官（先锋使）。边镐派指挥官（指挥使）郭再诚等率军进驻益阳（湖南省益阳市）阻击。

十月五日，王逵等攻克沅江（湖南省沅江市），生擒后唐总辅导官（都监）刘承遇，南唐初级将领（裨将）李师德率部众五百人投降。

十月九日，王逵等派官兵乘轻快小艇，直向益阳（湖南省益阳市），用巨斧四面八方砍开寨墙，一拥而入，遂把益阳占领，屠杀守军二千人。边镐得到报告，向中央紧急求援。

十月十一日，王逵等又攻克桥口（湖南省长沙市望城区西北乔口镇）及湘阴（湖南省湘阴县）。

十月十二日，王逵等抵达潭州（湖南省长沙市）城下，边镐登城自守。救兵还没有到，城里守军太少，人心惶恐。

十月十三日，夜晚，边镐放弃城池，打开城门逃走，官民霎时溃散，醴陵门（长沙东门，通往醴陵）护城河桥崩塌，一万余人死亡，道州（湖南省道县）州长廖偃也被乱兵格杀。

十月十四日，凌晨，王逵进城，自称武平（总部朗州）副司令官（节度副使），暂管武安（总部潭州）总部军政（权知军府事）。命何敬真当作战参谋长（行军司马）。派何敬真等追击边镐，已来不及，共杀五百人。蒲公益进攻岳州（湖南省岳阳市），南唐岳州州长宋德权逃走，刘言命蒲公益暂代岳州州长。南唐驻防各州的将领，听到长沙（潭州州政府所在县）陷落消息，先后逃走。刘言把南楚王国旧日岭北（南岭以北）的版图，全部恢复，只郴（湖南省郴州市）、连（广东省连州市）二州被南汉（首都兴王府）占领（参考去年〔九五一〕十一月及十二月）。

**25** 辽国（首都临潢府）瀛（河北省河间市）、莫（河北省任丘市北鄚州镇）、幽（燕京，北京市）三州大水成灾，难民逃到后周（首都开封府）散住在河北（黄河以北）各地，乞讨为生的，有好几十万人，辽国州县并不禁止逃亡。后周帝（一任太祖）郭威命难民经过的地方，地方政府负责招待安顿。中原人先前被掳掠而去的，十分之五六，借着这个机会回来。

**26** 十月二十四日，后周（首都开封府）宰相李谷，因受伤的手臂仍没有痊愈，一连递三次奏章，请求辞职，后周帝（一任太祖）郭威派宦官告诉他说：“你所负的责任，十分重要，很难找到适当人选代替。如果事情能够顺利推动，为什么一定要到金銮宝殿朝见？我现在在便殿等候，请来一下。”李谷到金祥殿见面，陈述自己必

十世纪·九五二年十月

武平将王逵攻陷潭州，南唐势力撤出湖南

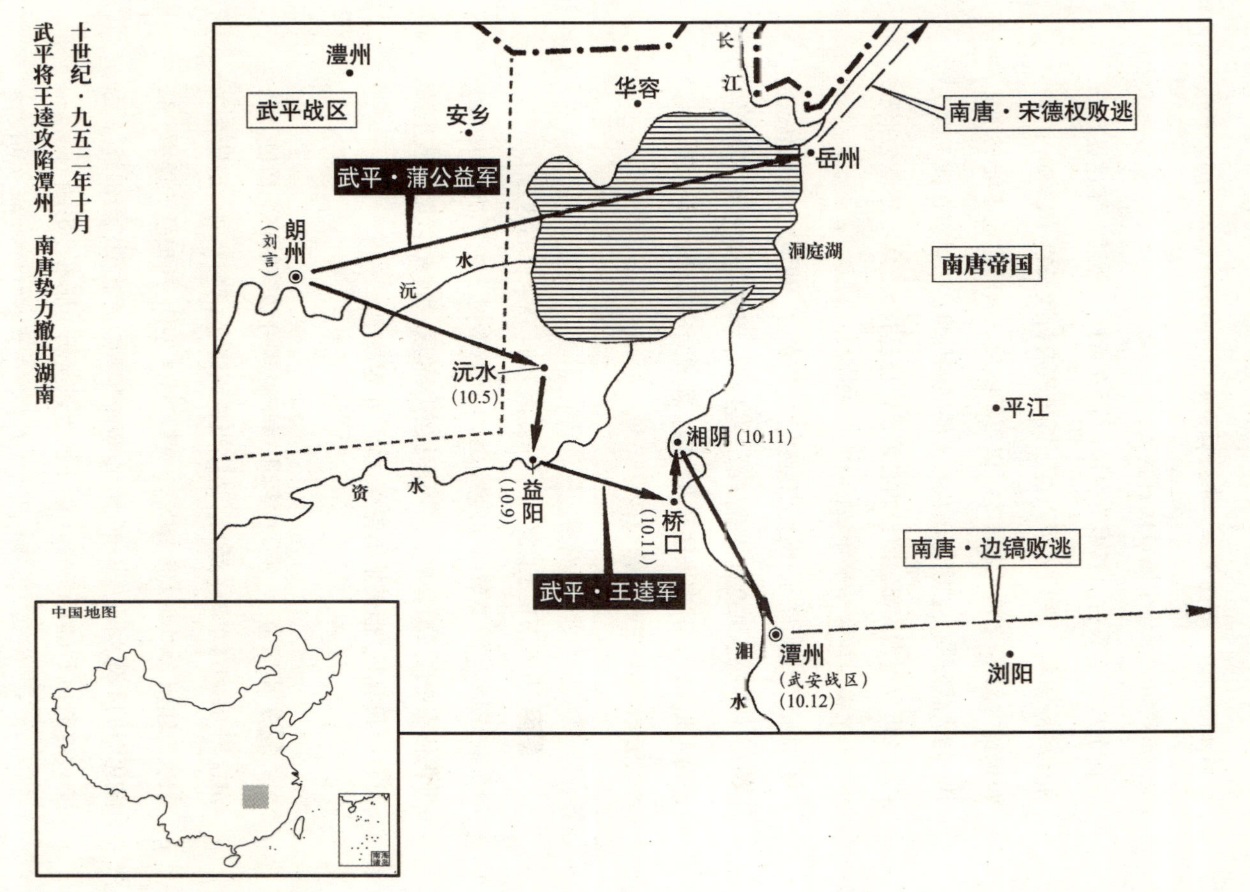

须辞职的理由；郭威不准。李谷万不得已，再到差办公。因不能提笔，郭威命他刻一个图章代替签字。 

十月二十八日，郭威下令说："民众诉讼，必须先经过县政府和州政府审判，然后才可以再上诉道政府行政长官（观察使）审判，如果认为仍不公平，最后才可以告到中央。有的自己不能书写诉状，请人代写的，必须写出代写人的姓名住址。如果实在找不到人代写，可以呈递白纸。控告的必须是跟自己有关的事，不准公报私仇，为了跟自己无关的事兴讼。"

庆州（甘肃省庆阳市）州长郭彦钦，性情贪婪，州境北方野鸡族部落的羊马繁盛，郭彦钦故意制造一些纠纷，希望勒索贿赂，野鸡族部落于是叛变，剽掠来往商人旅客。郭威命宁（甘肃省宁县）、环（威州改名，甘肃省环县）二州联合讨伐。

**27** 占领南楚王国故土——湖南（湖南省）全境的刘言（武平〔总部朗州〕司令官），派使节前往后周（首都开封府）奏报，说："湖南（湖南省）世代侍奉中原（五代各政权），不幸被盗匪邻居（指南唐）攻陷，我虽然没有接到诏书，但仍集结正义之师，平定故国。"

**28** 南唐帝（二任元宗）李璟（徐景通）剥夺边镐的官职爵位，贬窜饶州（江西省鄱阳县）。最初，边镐当总纠察官（都虞候）时，追随查文徽攻克建州（闽首都，福建省建瓯市。参考九四五年八月），所擒获的俘虏，都赦免他们不死，保住生命，建州（福建省建瓯市）人称他"边佛爷"。后来攻克潭州（湖南省长沙市），街上的生意买卖，都不受影响（参考去年〔九五一〕十月），潭州（湖南省长沙市）人称他"边菩萨"；不久他当战区司令官（节度使），行政既没有效率，法律又完全败坏，每天只知道吃斋念经，向神灵膜拜，潭州（湖南省长沙市）人大失所望，称他“边和尚”。

国务院左最高执行长（左仆射）二级实质宰相（同平章事）冯延己、国务院右最高执行长（右仆射）二级实质宰相（同平章事）孙晟，上疏自请处分，李璟（徐景通）一律赦免。孙晟一再请求，李璟（徐景通）遂免除他以及冯延己的宰相职务，仍留本职。

李璟（徐景通）认为，连年以来出军作战，都无功而回，商议停止扩张，使人民休息。有人说：“希望陛下几十年不用兵，帝国可以进入小康之世。”李璟（徐景通）说：“我将终身不用兵，何止几十年！”

李璟（徐景通）想起欧阳广的建言，命他当本县（吉水，江西省吉水县）县长。

**29** 十一月十九日，后周（首都开封府）调保义（总部陕州）司令官（节度使）折从阮（折从远），当静难（总部邠州）司令官（节度使），讨伐野鸡族部落。

十一月二十一日，后周帝（一任太祖）郭威下令：“从现在开始，每年向农家征收的牛皮，减少三分之二。计算方法是：田地十顷，缴牛皮一张，多余的由农家自己使用或贩卖，但不准卖给敌国。”原来，自天下大乱以来，政府一直禁止民间买卖牛皮，规定由政府统一收购。后唐二任帝李嗣源（邈佶烈）在位时，主管单位只用盐补偿。九四〇年前后，后晋一任帝石敬瑭在位时，连盐也不给。后汉法律，买卖私牛皮一寸的，处死。事实上民间不可能不用牛皮。郭威深知其中弊端，现在，采取李谷的建议，分摊在田亩之中，无论政府及民间，都感方便。

**30** 十二月四日，黄河在后周（首都开封府）郑（河南省郑州市）、滑（河南省滑县）二州间决口。后周政府（首都开封府）派员视察，筑堤填塞。 

31 十二月十二日，后周（首都开封府）前静难（总部邠州）司令官（节度使）侯章，呈献“买宴”钱：白银五百两、绸缎一千匹（“买宴”，五代时臣属对帝王的一种直接贿赂，高阶层官员付给皇帝一笔钱，皇帝就设宴请他吃一顿酒席），郭威拒绝接受，说：“地方首长到中央朝见天子，天子理应设宴慰劳，怎么可以等着他们买？从此之后，凡是请求买宴的，一律不准。”

32 湖南（南楚故土，湖南省）王逵率军及洞蛮部落五万人，进攻郴州（湖南省郴州市），南汉（首都兴王府）将领潘崇彻赴援，两军在蠔石（湖南省郴州市境）遭遇。潘崇彻登高眺望，说：“湖南（南楚故土，湖南省）军队疲惫无力，又凌乱不堪，可以击破！”挥军进攻，大破王逵军，横尸八十华里。

33 后周（首都开封府）皇家文学侍从官（翰林学士）徐台符，请求处分诬告李崧的葛延遇及李澄（参考九四八年十月）。宰相冯道认为事情已经过很多次大赦，不应再提。宰相王峻钦佩徐台符的道义，奏报郭威。

十一月二十一日，郭威下令逮捕葛延遇、李澄，斩首。

**34** 湖南（南楚故土，湖南省）刘言上疏后周政府（首都开封府），认为潭州（湖南省长沙市）残破不堪，不能使用，请求把统帅部迁往朗州（湖南省常德市），并且奏报说：一切进贡、卖茶，完全遵照南楚王国时代规定（南楚一任王马殷时，每年向中原政权进贡茶叶二十五万斤，参考九〇八年六月）。

后周政府（首都开封府）批准。

**35** 南唐（首都金陵府）江西道（首府设洪州〔江西省南昌市〕）行政长官（观察使）、楚王马希萼进京（首都金陵府）朝见，南唐帝（二任元宗）李璟（徐景通）留他下来，不放他回洪州（江西省南昌市）。过了几年，马希萼在金陵（江苏省南京市）逝世，绰号恭孝王。

**36** 最初，后周（首都开封府）麟州（陕西省神木市）地方土豪杨信，自称州长，接受后周政府（首都开封府）号令。杨信逝世，儿子杨重训继位，连同城池归降后汉（首都太原府）。本年（九五二），被一群羌族部落包围，再归降后周，向夏（陕西省靖边县北白城则村）、府（陕西省府谷县）二州请求救援。

# 九五三年 癸丑

| | | |
|---|---|---|
| 后汉 | 乾祐 | 六年 |
| 后周 | 广顺 | 三年 |
| 南唐 | 保大 | 十一年 |
| 吴越 | 广顺 | 三年 |
| 南汉 | 乾和 | 十一年 |
| 南平 | 广顺 | 三年 |
| 后蜀 | 广政 | 十六年 |
| 辽 | 应历 | 三年 |

**1** 春季，正月五日，后周帝国（首都开封府〔河南省开封市〕）皇帝（一任太祖）郭威（本年五十岁），命武平（总部朗州）候补司令官（留后）刘言，实任武平（总部朗州）司令官（节度使），兼管武安（总部潭州）、静江（总部桂州）两战区军政，遥兼二级宰相（同平章事，使相）。命王逵当武安（总部潭州）司令官（节度使），命何敬真当静江（总部桂州）司令官（空头官衔。此时桂州属南汉〔首都兴王府〕），命周行逢当武安（总部潭州）作战参谋长（行军司马）。

郭威下诏给折从阮（折从远，静难〔总部邠州〕司令官），说：“野鸡族部落如果改过自新，就任命他们当官，赏赐金银绸缎，如果不肯改过自新，就发动攻击。”

正月十一日，折从阮（折从远）奏报说：“野鸡族部落酋长李万全等愿接受中央命令，对天立下重誓。但其他部落仍不服从，当出兵讨伐。”

从前，屯田垦荒，都在边疆，由驻扎该地的边防军士卒耕种。唐王朝末年，连中原地区都成战场，军营遍地，到处开辟荒田，武装屯垦。后来，又招募比较富有的农民，参与耕种，向他们征粮收税，国务院财政部（户部）特别设立一个机构，统筹管理，不经过州县政府。于是发生严重流弊：一是屯垦区农夫太多，却没有足够的荒田供给耕种，一是包庇奸邪盗匪，州县政府无权过问。后来，军阀混战，朱全忠（朱温）攻击杨行密（杨行愍），在淮河以南，大肆剽掠（参考九〇五年十一月八日），掳获的耕牛，以一千、一万为单位计算，发给东南一带州县农家，由农家每年向政府缴纳租金，从那个时候起，直到现在，已好几十年（四十九年），牛早已死光，可是政府照旧征收租金，农民悲苦难诉；郭威知道这种积弊。正巧宫门管理官（阁门使）、青州（山东省青州市）代理州长（知青州）张凝上疏对时势提出建议，请撤销武装屯垦署（营田务）；李谷也提过同样建议。

正月十四日，郭威下令：“撤除国务院财政部（户部）武装屯垦署（营田务），屯垦区农民一律转给州县政府，纳入正常户籍。农民现在耕作的土地，以及现在使用的房舍、牛马、耕田农具，一律转成他们的私产，撤销所有耕牛租金。”本年（九五三），国务院财政部（户部）户籍簿上增加三万多户。农民既然拥有私产，才有人愿意修理房屋、种植树木，土地的生产量比国有时期高出数倍。有人提出意见说:“屯垦区有些土地，十分肥沃，不如把它卖掉，国库可多收入好几十万串钱。”郭威说:“财富藏在民间，跟藏在国库一样，我要那几十万串钱干什么？”



莱州（山东省莱州市）州长叶仁鲁，是郭威的老部属，贪污绢（生丝厚绸）一万五千匹、钱一千串。

正月十九日，郭威命他自杀，派宦官送给他酒菜，说:“你自己违犯国法，我无可奈何，但我会照顾你的娘亲。”叶仁鲁感动流泪。

郭威对黄河决口，十分忧虑，王峻自动请求亲去视察，郭威允许。镇宁（总部澶州）司令官（节度使）皇子郭荣（柴荣）屡次请求进京（首都开封府）朝见，王峻对郭荣（柴荣）的英明刚正，心存顾忌，所以每次他都从中阻止。

闰正月，郭荣（柴荣）再次请求进京（首都开封府）朝见，正巧王峻前去视察黄河决口，郭威批准。

**2** 辽帝国（首都临潢府〔内蒙古巴林左旗〕）进攻后周（首都开封府）定州（河北省定州市），包围义丰军（河北省安国市），后周定和总指挥官（定和都指挥使）杨弘裕于夜晚攻击辽军大营，大胜，辽军逃走。但接着又进攻镇州（河北省正定县），成德战区（总部镇州）把他们击退。

**3** 闰正月十五日，后周（首都开封府）镇宁（总部澶州）司令官（节度使）郭荣（柴荣）抵达京师（首都开封府）。从前在李守贞手下当骑兵卫士的马全义，随从郭荣（柴荣）前来（李守贞兵变失败自杀，参考九四九年七月二十一日）。后周帝（一任太祖）郭威召见，命他出任殿前指挥官（殿前指挥使），告诉左右侍从说:“马全义尽忠他的长官，从前，在河中（山西省永济市）时（李守贞叛变，参考九四八年三月），马全乂屡次打败我们，你们应该效法他。”王峻正在视察黄河，听到郭荣（柴荣）进京（首都开封府）消息，立刻动身返回。

闰正月十七日，王峻抵达大梁（首都开封府所在城）。

彰武（总部延州）司令官（节度使）高允权逝世，他的儿子、内营指挥官（牙内指挥使）高绍基，密谋继承老爹的职位，于是对外宣称老爹患病卧床，上疏任命自己主管总部（知军府事）。行政执行官（观察判官）李彬恳切劝阻，高绍基大怒，斩李彬。

闰正月三十日，高绍基以老爹名义，奏报说：李彬叛变，已受国法制裁。

王峻一再请求兼任战区司令官（节度使），郭威不得已，命王峻兼任平卢（总部青州）司令官（节度使）。

高绍基不断奏报各蛮夷部落侵犯边界，希望中央命他承袭老爹的位置。郭威派亲王住宅管理官（六宅使）张仁谦，前去延州（陕西省延安市）视察，高绍基无法隐瞒，才发布老爹死讯。

闰正月二十七日，折从阮（折从远，静难〔总部邠州〕司令官）奏报说，接受野鸡族二十一个部落投降。

**4** 南唐帝国（首都金陵府〔江苏省南京市〕）平民邵棠上疏说：“我最近曾游历淮河，听到大家称赞后周皇帝（一任太祖）郭威，谦恭勤俭，对内政不断改革。我们的军队，最近却在潭（湖南省长沙市）朗（湖南省常德市）受到挫败，我恐怕他们有南征的计划，应该严密戒备。”

**5** 最初，湖南地区（南楚故土，湖南省）武安（总部潭州）司令官（节度使）王逵攻克潭州（湖南省长沙市）后（参考去年〔九五二〕十月），命指挥官（指挥使）何敬真当静江（总部桂州）副司令官（空头官衔。此时桂州属南汉〔首都兴王府〕），命朱全琇当武安（总部潭州）副司令官（副使），命张文表当武平（总部朗州）副司令官（副使），命周行逢当武安（总部潭州）作战参谋长（行军司马）。何敬真、朱全琇分别设置警备部队（牙兵），跟王逵各自设立总部，发号施令，官民不知道听哪一个才好。每次聚会饮宴，将领们借酒发疯，喧哗争吵，好像闹市赶集，没有上下尊卑的分别，只周行逢、张文表，对王逵始终如一，毕恭毕敬，王逵对二人也十分亲爱。何敬真跟王逵不和，于是辞别而去，回到朗州（湖南省常德市），又不能事奉刘言，遂跟朱全琇暗中计划发动兵变。刘言一向畏惧王逵的强大，怀疑王逵故意派何敬真前来监视自己，打算讨伐王逵，王逵听到消息，大为恐惧。周行逢说："刘言向来不跟我们同心合力，何敬真、朱全琇又认为在你之下是一种耻辱，你应该早早下手。"王逵大喜说："我跟你一起铲除恶党，共同治理潭（湖南省长沙市）朗（湖南省常德市），还忧虑什么！"正巧，南汉（首都兴王府）进攻全（广西全州县）、道（湖南省道县）、永（湖南省永州市）三州，周行逢说："我愿亲自去朗州（湖南省常德市）一趟，劝刘言派何敬真、朱全琇南下抵御南汉（首都兴王府）。等他们路过长沙（潭州州政府所在县），再用计把他们铲除，他们是我们手心里的东西，绝对跑不掉。"王逵听从。周行逢到朗州（湖南省常德市），刘言遂派何敬真当南方军团征剿司令（南面行营招讨使），命朱全琇当先锋官（先锋使），率战区警备部队（牙兵）一百余人，南下会合驻扎潭州（湖南省长沙市）的朗州部队，反击南汉（首都兴王府）。二人抵达长沙（潭州州政府所在县），王逵亲自到郊外迎接，老友重逢，十分愉快，一连几天设宴招待，王逵又送给二人好几位美丽女子，二人心花怒放，何敬真既沉迷在温柔乡里，遂逗留不肯前进。朗州（湖南省常德市）指挥官（指挥使）李仲迁，早期率军三千人驻防潭州（湖南省长沙市），何敬真命他率军先行出发岭北（南岭之北，湖南省南部），但作战司令（都头）符会等因士卒思念故乡，遂劫持李仲迁，擅自返回朗州（湖南省常德市）。王逵趁着何敬真醉得人事不省，派人伪装刘言的使节刚刚从朗州（湖南省常德市）抵达潭州（湖南省长沙市），斥责说："南方盗匪（指南汉）已深入疆土，可是何敬真不但不积极进军抵御，反而每天荒废饮宴，刘大帅（刘言）下令逮捕押回朗州（湖南省常德市）。"遂逮捕何敬真，囚禁监狱。朱全琇得到消息，逃走。王逵派军缉拿。

二月一日，斩何敬真示众。不久，生擒朱全琇，连同他的党羽十余人，全部斩首。

**6** 二月三日，后周（首都开封府）镇宁（总部澶州）司令官（节度使）郭荣（柴荣），返回澶州（河南省濮阳市）。

最初，辽帝国（首都临潢府〔内蒙古巴林左旗〕）二任帝耶律德光由中原北返（参考九四七年三月），把后晋的传国御玺，带在身边。现在，后周帝（一任太祖）郭威用两块璧玉，再刻两颗御玺（《五代会要·符宝郎》：两颗御玺，都用白玉，方六寸，螭虎纽，冯道书写印文，其一是"皇帝承天受命之宝"，另一是"皇帝神宝"。至于后晋所制之玉玺，参考九三八年七月）。

**7** 湖南地区（南楚故土，湖南省）王逵派使节向刘言报告斩何敬真缘故。刘言不得已，只好接受。

二月十日，刘言斩符会等人（符会兵变逃回）。

**8** 后周（首都开封府）帝国参谋总部指挥官（枢密使）、遥兼平卢

（总部青州）司令官（节度使）、二级实质宰相（同平章事）王峻，到了晚年，越发疏狂暴躁，曾经奏请任命端明殿文学侍从官（端明殿学士）颜衎（音kàn〔看〕）、帝国参谋总部常设文学侍从官（枢密直学士）陈观，接替范质、李谷当宰相。郭威说："宰相是中央最高层官员，无论任命或罢免，都不可以仓猝决定，等我仔细考虑。"王峻竭力争取，语气变得蛮横，天快中午，郭威还没有吃饭，而王峻辩论仍不肯中止，郭威说："今天正是寒食节，等假期过后，就依照你的意见行事（寒食节，参考七七〇年三月注）。"王峻才告退。

二月十三日，郭威召集宰相跟帝国参谋总部指挥官（枢密使）进宫，当场逮捕王峻，囚禁另外一个地方。郭威接见冯道等，流泪哭泣说："王峻欺人太甚，竟然想赶走所有高官，剪掉我的翅膀羽毛。我只有一个儿子（郭荣〔柴荣〕。据《新五代史·周太祖家人传》，郭威原有三个儿子，均被后汉二任帝刘承祐诛杀〔参考九五〇年十一月十三日〕），他却极力在中间破坏隔阻，我只不过教我儿子来京（首都开封府）作短暂逗留，他就怨天恨地。哪有负责帝国参谋总部，身兼宰相，而又要求兼一个重要战区司令官的道理？观察他的志向，根本不可能使他满意。眼睛里没有君王到如此地步，谁能忍受！"

二月十四日，郭威下诏贬黜王峻当商州（陕西省商洛市商州区）军务秘书长（司马），大略说："王峻把政府高官看作砧板上的肉，把君王看作幼弱无知的婴儿。"唯恐邺都（大名府，河北省大名县）留守长官王殷（参考前年〔九五一〕正月十三日）猜疑不安，派王殷的儿子、宫廷饮食官（尚食使）王承诲晋见老爹，解释王峻所以受到惩罚的原因。王峻抵达商州（陕西省商洛市商州区），肚子有病，郭威同情他，送他的妻子前去探访，不久，逝世。

郭威命折从阮（折从远，静难〔总部邠州〕司令官）派一部分兵力进驻延州（陕西省延安市），高绍基才感到恐惧，不断向中央进贡。郭威又命宫廷随从（供奉官）张怀贞率禁军两个指挥官（指挥使），进驻鄜（陕西省富县）、延（陕西省延安市），高绍基乃把军政大权全部移交给副司令官（副使）张匡图。

二月二十四日，郭威命皇家礼宾总监（客省使）向训暂代延州（陕西省延安市）州长。

三月五日，郭威命镇宁（总部澶州）司令官（节度使）郭荣（柴荣）当首都开封特别市市长（开封尹），封晋王（王峻很像后唐二任帝李嗣源时代的安重诲，参考九三一年闰五月；王峻不贬，郭荣不可能进京）。

三月七日，郭威任命帝国参谋总部副指挥官（枢密副使）郑仁诲当镇宁（总部澶州〔河南省濮阳市〕）司令官（节度使）。

最初，杀牛族跟野鸡族有仇，听说政府军讨伐野鸡族，大喜，主动供应酒肉，运送粮饷，沿途慰劳政府大军，想不到政府军官兵看到杀牛族生活富裕，顿起贪念，反而翻脸向他们剽掠，杀牛族遂群起反抗，跟野鸡族结合，在包山（甘肃省庆阳市北）击败宁州（甘肃省宁县）州长张建武。郭威认为郭彦钦逼反各地蛮夷部落，免除他的官职，逐回故乡。

最初，解州（山西省运城市西南解州镇）州长浚仪（首都开封府所在县，河南省开封市）人郭元昭，跟食盐专卖总监（榷盐使）李温玉结怨，李温玉的女婿魏仁浦当帝国参谋总部事务官（枢密主事），郭元昭怀疑魏仁浦包庇岳父李温玉。正巧李守贞聚众起兵（参考九四八年三月），李温玉有个儿子在河中（山西省永济市）当官。郭元昭于是逮捕李温玉，上疏指控李温玉谋反，事情并且牵连魏仁浦。郭威当时是帝国参谋总部指挥官（枢密使），知道这是诬陷，搁置一边，不加追问。现在，魏仁浦当帝国参谋总部执行官（枢密承旨），而郭元昭任期已满，离职回京（首都开封府），大为恐惧，路过洛阳（西京河南府所在县，河南省洛阳市）时，告诉魏仁浦的老弟魏仁涤，魏仁涤说："我老哥生平从不跟人结怨，何况假公济私！"郭元昭到中央后，魏仁浦把情形奏报郭威。

三月八日，郭威命郭元昭当庆州（甘肃省庆阳市）州长。

三月十日，郭威擢升棣州（山东省惠民县）民兵司令（团练使）太原（山西省太原市）人王仁镐，当宫廷事务北院总监（宣徽北院使）兼帝国参谋总部副指挥官（兼枢密副使）。

**9** 南唐帝（二任元宗）李璟（徐景通，本年三十八岁）命冯延己再出任二级实质宰相（同平章事）。

**10** 湖南（南楚故土，湖南省），周行逢厌恶武平（总部朗州）副司令官（副使）张倣，向王逵（武安〔总部潭州〕司令官）打小报告说："张倣，是何敬真的亲戚，何敬真临刑的时候，把身后的事托付给他，你最好小心。"

夏季，四月十一日，王逵摆设盛大筵席，招待张倣饮酒，把他灌醉，诛杀。

**11** 四月十七日，后周（首都开封府）归德（首都宋州）司令官（节度使）兼最高监督长（兼侍中，使相）常思，到中央朝见。

四月十九日，后周帝（一任太祖）郭威调常思当平卢（总部青州）司令官（节度使），将要动身到差前，奏报说："我在宋州（河南省商丘市）的时候，征收熟丝四万余两，寄存民间，用来进贡，请陛下催促他们缴纳。"郭威点头。

五月九日，郭威在宋州（河南省商丘市）张贴通告说："凡常思所征收的，全部免除，已经缴纳的，全部发还。"常思一点也不羞愧。

**12** 自从九世纪唐王朝末年，各地学校先后废弃灭绝。

后蜀帝国（首都成都府〔四川省成都市〕）宰相毋昭裔（毋，姓。音wú〔无〕）捐出私人财产一百万，创立学校，并且向中央建议刻版印制"九经"；后蜀帝（二任）孟昶（孟仁赞，本年三十五岁）批准。由于这个原因，蜀地（四川省）文学风气复兴（唐王朝刚覆亡时，也是前蜀帝国率先重建学校，文风鼎盛，参考九〇七年九月）。

**13** 六月四日，后周（首都开封府）横海（总部沧州）奏报说："辽国（首都临潢府）卢台军（天津市宁河区）首长（知卢台军事）范阳（涿州州政府所在县，河北省涿州市）人张藏英归降。"

自后唐二任帝李嗣源在位——本（十）世纪二〇年代，当时宰相冯道、李愚，请李嗣源命主管国立贵族大学（判国子监）田敏：整理"九经"，加以删改校正，刻版印刷贩卖，中央政府批准（参考九三二年二月），开始实施，直到现在。

六月九日，刻版完成（前后历时二十二年），呈献中央，因此虽然乱世，"九经"传播仍然很广。

**14** 湖南地区（南楚故土，湖南省）王逵（武安〔总部潭州〕司令官）命周行逢代理潭州（湖南省长沙市）州长，而亲自率军袭击朗州（湖南省常德市），格杀指挥官（指挥使）郑珓，生擒武平（总部朗州）司令官（节度使）、遥兼二级宰相（同平章事，使相）刘言，囚禁另一个地方（刘言进入朗州，参考前年〔九五一〕七月，前后割据三年而灭）。

**15** 秋季，七月，后周（首都开封府）邺都（大名府，河北省大名县）留守长官王殷，三次上疏请求到中央朝见。后周帝（一任太祖）郭威疑心他不是出于诚心，派使节前去劝阻。

**16** 南唐（首都金陵府）大旱成灾，井水泉水，全都干涸，淮河水位降低，赤脚就可以蹚过，饥饿的农民前后相继，蜂拥到淮河北岸（后周国境），南唐（首都金陵府）濠（安徽省凤阳县东北临淮关镇）、寿（安徽省寿县）等州出动边防军阻截，农民们与士卒一面格斗，一面北上。郭威接到报告，说："两国的人都是中国人，应准许买米的难民过淮河买米。"南唐政府遂建筑仓库，大量买米运回供应军队。

八月十二日，郭威下诏说："南唐农民自己背米或用牲口驮米的，不加禁止，但如果是车船运载，不准卖给他们（之前，郭威容许南唐饥民入境买米，参考前年〔九五一〕四月一日）。"

**17** 湖南地区（南楚故土，湖南省）王逵派使节向后周帝（一任太祖）郭威呈递奏章，诬告说："刘言企图把朗州（湖南省常德市）献给南唐（首都金陵府），又打算攻击潭州（湖南省长沙市），他的部众不肯服从，把他罢黜囚禁，我已抵达朗州（湖南省常德市），安抚统帅部，叛乱已经平定。"并且请求把统帅部迁回潭州（湖南省长沙市。刘言把统帅部移到朗州，参考去年〔九五二〕十一月）。

八月十七日，郭威派皇家礼宾官（通事舍人）翟光裔，前往湖南（首府潭州）宣慰安抚，批准王逵的请求。王逵回长沙（潭州州政府所在县）后，命周行逢代理朗州（湖南省常德市）州长。又派潘叔嗣前往朗州诛杀刘言。

**18** 九月二十二日，后周（首都开封府）义成（总部滑州）司令官（节度使）白重赞奏报说：黄河决口已被堵塞。

**19** 辽国（首都临潢府〔内蒙古巴林左旗〕）大军进攻乐寿（河北省献县）。后周（首都开封府）驻防军右保宁作战司令（右保宁都头）刘汉章，格杀总辅导官（都监）杜延熙，企图响应辽军，失败，连同他的党羽，一起被捕，斩首。

**20** 南汉帝国（首都兴王府〔广东省广州市〕）皇帝（三任中宗）刘弘熙（刘晟，本年三十四岁），封他的儿子刘继兴当卫王、刘璇兴当桂王、刘庆兴当荆王、刘保兴当祯王、刘崇兴当梅王。

**21** 后周（首都开封府）东自青（山东省青州市）、徐（江苏省徐州市），西到丹（陕西省宜川县）、慈（山西省吉县），北自贝（河北省清河县）、镇（河北省正定县），南到安（湖北省安陆市）、复（湖北省天门市），处处大水成灾。

后周帝（一任太祖）郭威自入秋以来，半身逐渐瘫痪，饮食及行动都感困难，巫法师说，应该散去钱财，才可消灾。郭威渴望到南郊祭祀天神，但考虑到自后梁帝国以来，祭祀天神都在洛阳（西京河南府所在县，河南省洛阳市）南郊（参考九〇九年正月），对于到大梁（首都开封府所在城）南郊祭祀，是不是妥当，深感困惑。当权官员说：“只要是天子所在地首都，就可以祭祀天下所有神灵，为什么一定在洛阳（河南省洛阳市）！”于是，开始在首都开封（河南省开封市）南郊兴筑天神坛、农神坛，又兴建皇家祖庙。

冬季，十月十六日，郭威派宰相冯道前往洛阳，迎接皇家祖庙的牌位及农神牌位。

22 南汉政府（首都兴王府）大赦。

23 十一月十三日，后周（首都开封府）祭祀部（太常）上疏建议依照洛阳（西京河南府所在县，河南省洛阳市）规格标准，在首都开封四郊，兴筑有关各种祭坛，郭威批准。

十二月一日，冯道运送皇家祖先牌位返回大梁（首都开封府所在城），郭威亲自到西郊迎接，送到皇家祖庙，一起接受祭祀。

邺都（大名府，河北省大名县）留守长官、天雄（总部大名府）司令官（节度使），兼皇家侍卫亲军总指挥官（兼侍卫亲军都指挥使）、遥兼二级宰相（同平章事，使相）王殷，仗恃对帝国的功劳，专权横暴，黄河以北各战区驻防军队，有些必须皇帝诏书才可以调动处理的事，王殷却用一纸公文通知他们照办，又贪图钱财，大肆向民间聚敛。郭威听到，很不高兴，派使节告诉他说："你跟国家是二位一体，邺都（大名府，河北省大名县）库存丰富，你想用多少，就用多少，为什么担心没有钱？"

成德（总部镇州）司令官（节度使）何福进一向厌恶王殷。十二月十八日，何福进前往中央，暗中把王殷秘密罪状奏报郭威，郭威因此怀疑。

十二月十九日，王殷进京（首都开封府），郭威不准王殷回任，留他当京师（首都开封府）内外护卫官（内外巡检）。

十二月二十二日，府州（陕西省府谷县）警备区司令（防御使）折德扆奏报说：后汉（首都太原府）将领乔赟入侵，已把他击退。

王殷没有发觉他处境危险，仍不知道收敛，每天出入，随从及卫士经常有好几百人，王殷又请求中央发给铠甲武器，以备巡逻时使用，郭威感到为难（不发则巡逻官兵岂能手无寸铁，发又怕他叛乱）。这时候，郭威身体有病，又要举行祭天大典，王殷挟着震动君主的威望，留在君主左右，大家心里疑惧。

十二月二十六日，郭威勉强起床，登滋德殿，王殷进宫请安，郭威下令逮捕王殷，诬陷王殷阴谋利用郊祭的那天，发动兵变，流放登州（山东省烟台市蓬莱区），立刻启程。可是一出城门，即行诛杀。命镇宁（总部澶州）司令官（节度使）郑仁诲前往邺都（大名府，河北省大名县）慰问安抚。郑仁诲贪图王殷丰富的家产，没有接到命令，就宣称接到命令，诛杀王殷的儿子，把家属迁到登州。

**24** 南唐（首都金陵府）国务院教育部祭祀司司长（祀部郎中）、皇家诏书撰写官（知制诰）徐铉奏报说：选拔人才的中央考试（贡举）刚刚举行，不应该说取消就取消（参考去年〔九五二〕二月），于是恢复实施。

先前，楚州（江苏省淮安市）州长田敬洙，建议扩充白水塘（江苏省淮安市洪泽区西北洪泽湖），灌溉农田，充实边防，宰相冯延己认为很好。李德明因此主张大量开辟荒地、屯垦耕种，整顿修复灌溉渠道及贮水池塘，使它恢复旧观。然而官员却借此机会，大肆征调民夫，强夺民间良田，农民愤怒怨恨，没有地方申诉。徐铉报告李璟（徐景通），李璟（徐景通）派徐铉前去调查，徐铉把官员们强夺的良田，全部发还原主。于是，有人暗中诬陷说徐铉擅自作威作福。李璟（徐景通）大怒，把徐铉贬窜到舒州（安徽省潜山市）。而白水塘（洪泽湖）的疏浚工程，竟不能完成。

李璟（徐景通）又命宫廷供应总监（少府监）冯延鲁，巡查安抚各州。见习立法官（右拾遗）徐锴，上疏弹劾冯延鲁既没有才干，而又犯有很多罪行，举止轻率肤浅，不应该出巡。李璟（徐景通）大怒，把徐锴贬作皇家图书院校勘官（校书郎），贬往东都江都府（江苏省扬州市）办公。徐锴，是徐铉的老弟。 

**25** 湖南地区（南楚故土，湖南省）道州（湖南省道县）盘容洞（道县南）蛮夷酋长盘崇，聚集部众，自称盘容州（羁縻州）总指战官（都统），不断进攻南汉（首都兴王府）所属的郴（湖南省郴州市）、道（湖南省道县）二州。

**26** 十二月二十九日，后周帝（一任太祖）郭威，前往皇家祖庙祭祀，身穿龙袍、头戴皇冠，在左右侍从扶持下登上台阶，才到第一祭室，刚刚斟酒献祭，就低头瘫软在那里，无法下跪叩头，勉强退出，命晋王郭荣（柴荣）接替祭祀完毕。当天（十二月二十九日）夜晚，郭威住在南郊，病势转重，几乎无法挽救。午夜过后，才稍微好转。

# 九五四年 甲寅

| | | |
|---|---|---|
| 后汉 | 乾祐 | 七年 |
| 后周 | 显德 | 元年 |
| 南唐 | 保大 | 十二年 |
| 吴越 | 显德 | 元年 |
| 南汉 | 乾和 | 十二年 |
| 南平 | 显德 | 元年 |
| 后蜀 | 广政 | 十七年 |
| 辽 | 应历 | 四年 |

1 春季，正月一日，后周帝国（首都开封府〔河南省开封市〕）皇帝（一任太祖）郭威（本年五十一岁），到首都开封南郊圆形祭坛，祭祀天神时，已不能下跪，仅能略微抬头表示致敬而已，献酒、献祭品，都由主管官员代替。大赦，改年号显德。准许跟后蜀（首都成都府）之间自由贸易。

正月三日，郭威下诏撤销邺都（大名府，河北省大名县），只称天雄战区（总部大名府）。

正月五日，加授晋王郭荣（柴荣）官衔：兼最高监督长（兼侍中）、主管中外军事（判内外兵马事）。这时候，文武百官很少有机会见到郭威，人心惶恐不安；稍后听到郭荣（柴荣）掌握军权，大家才安定。然而军中仍有谣言，认为比起后唐二任帝李嗣源南郊祭天时，赏赐太薄。郭威听到消息，大不高兴。

正月七日，郭威召见主要将领到卧室，责备他们说："我自从登极以来，粗茶淡饭，穿着更是简单，一心提高军中生活品质，政府仓库里的积蓄、四方对中央进贡的财物，除了供应全军外，少有盈余，你们这些人难道不知道！而今竟然放纵暴徒血口喷人，不管领袖如何勤俭，也不管国家如何贫困，更没有想一想自己有什么功劳值得赏赐，只一味怨天尤人，你们是不是心安理得！"大家惶恐道歉，退出后回营，查出带头闹事的人，一律斩首，谣言才算停止。

最初，郭威在邺都（广晋府，河北省大名县）时（参考九四一年十一月），非常喜爱一个叫曹翰的小职员的才干，派他事奉晋王郭荣（柴荣）。后来，郭荣（柴荣）调镇宁战区（总都设澶州〔河南省濮阳市〕），命曹翰当营门官（牙将）。郭荣（柴荣）调首都开封特别市市长（开封尹），并没有立刻召唤曹翰，曹翰却自动回京（首都开封府），郭荣（柴荣）觉得奇怪。曹翰请求秘密应对，说："大王是帝国的储君，皇上卧病，大王应该进宫侍候医药，怎么还呆在外面过问普通庶务！"郭荣（柴荣）恍然大悟，当天，就住进皇宫。

正月十一日，郭威病势沉重，下令各单位小事都暂停奏报，有大事时，由晋王郭荣（柴荣）秉承老爹的指示处理。命镇宁（总部澶州）司令官（节度使）郑仁诲，当帝国参谋总部指挥官（枢密使）、二级实质宰相（同平章事）。

正月十三日，擢升义武（总部定州）候补司令官（留后）孙行友、保义（总部陕州）候补司令官（留后）韩通、朔方（总部灵州）候补司令官（留后）冯继业，均分别实任司令官（节度使）。韩通，是太原（山西省太原市）人。

郭威常告诫晋王郭荣（柴荣）说："从前我西征的时候（讨伐李守贞、王景崇、赵思绾等之役），看见关中（陕西省中部）唐王朝十八个皇帝陵墓（一任李渊，二任李世民，三任李治，四、六任李显，五、八任李旦，九任李隆基，十任李亨，十一任李豫，十二任李适，十三任李诵，十四任李纯，十五任李恒，十六任李湛，十七任李昂，十八任李瀍，十九任李忱，二十任李漼，二十一任李儇），没有一个不被人挖掘（参考九〇八年Ⅰ月），并没有政治原因，只不过埋葬太多的金银璧玉罢了。我死之后，应该给我穿上纸做的衣服，尸体装到瓦棺里面，马上入土，不要留在宫中太久，墓穴不要用石头，只用砖砌就行。无论是工匠或民夫，都要出钱雇用，不可以骚扰民家。埋葬完毕，招募守墓人三十户，免除他们的赋税差役，让他们洒扫照顾。不要修建地下室，不要命宫女守陵，不要雕刻石羊、石虎、石人、石马，只要在墓前竖一个石碑，上面写：'后周皇帝平生喜爱俭朴节约，遗嘱用纸衣裳、瓦棺材，继任皇帝不敢违背。'你如果不照我的意思去做，我地下有知，决不保佑你。"又说："应该给李洪义一个战区司令官（酬庸他见示刘承祐的密诏，参考九五〇年十一月十四日），不要让魏仁浦离开帝国参谋总部（枢密院）。"

**2** 正月十五日，后周帝（一任太祖）郭威派前登州（山东省烟台市蓬莱区）州长周训等，堵塞黄河决口。先前，黄河分别在灵河（河南省卫辉市东）、鱼池（河南省浚县东南古黄河北岸）、酸枣（河南省原阳县东北）、阳武（河南省原阳县）、常乐驿（今地不详）、河阴（河南省郑州市西北桃花峪）、六明镇

（河南省浚县西南）、原武（河南省原阳县西南原武镇），凡八个地方决口。直到今天，才分别派使节前往，将各决口堵塞。

**3** 后周帝（一任太祖）郭威命迅速撰写诏书，擢升端明殿文学侍从官（端明殿学士）、国务院财政部副部长（户部侍郎）王溥，当副立法长（中书侍郎）、二级实质宰相（同平章事）。

正月十七日，金銮宝殿上宣读这项任命，完毕后，左右到卧室奏报，郭威说："我已没有遗恨！"命帝国参谋总部副指挥官（枢密副使）王仁镐当永兴战区（总部京兆府）司令官（节度使），命殿前总指挥官（殿前都指挥使）李重进兼武信战区（总部遂州）司令官（空头官衔。此时遂州属后蜀〔首都成都府〕），命骑兵总指挥官（马军都指挥使）樊爱能兼武定（总部洋州）司令官（空头官衔。此时洋州属后蜀〔首都成都府〕），命步兵总指挥官（步军都指挥使）何徽兼昭武（总部利州）司令官（也是空头官衔。此时利州也属后蜀〔首都成都府〕）。李重进年纪比郭荣（柴荣）大，郭威把李重进叫到卧室，交代后事，让李重进向郭荣（柴荣）下跪叩头，确定君王臣属的名分。当天（正月十七日），郭威在滋德殿逝世（年五十一岁），对外不发布消息。

正月二十日，后周政府宣读遗诏。

正月二十一日，晋王郭荣（柴荣，本年三十四岁）登极称帝（二任世宗）。

**4** 最初，静海战区（总部设安南府〔越南河内市〕）司令官（节度使）吴权逝世（吴权夺取安南府，参考九三八年十月），儿子吴昌岌继位；吴昌岌逝世，老弟吴昌文继任。本月（正月），才跟南汉（首都兴王府）恢复来往。

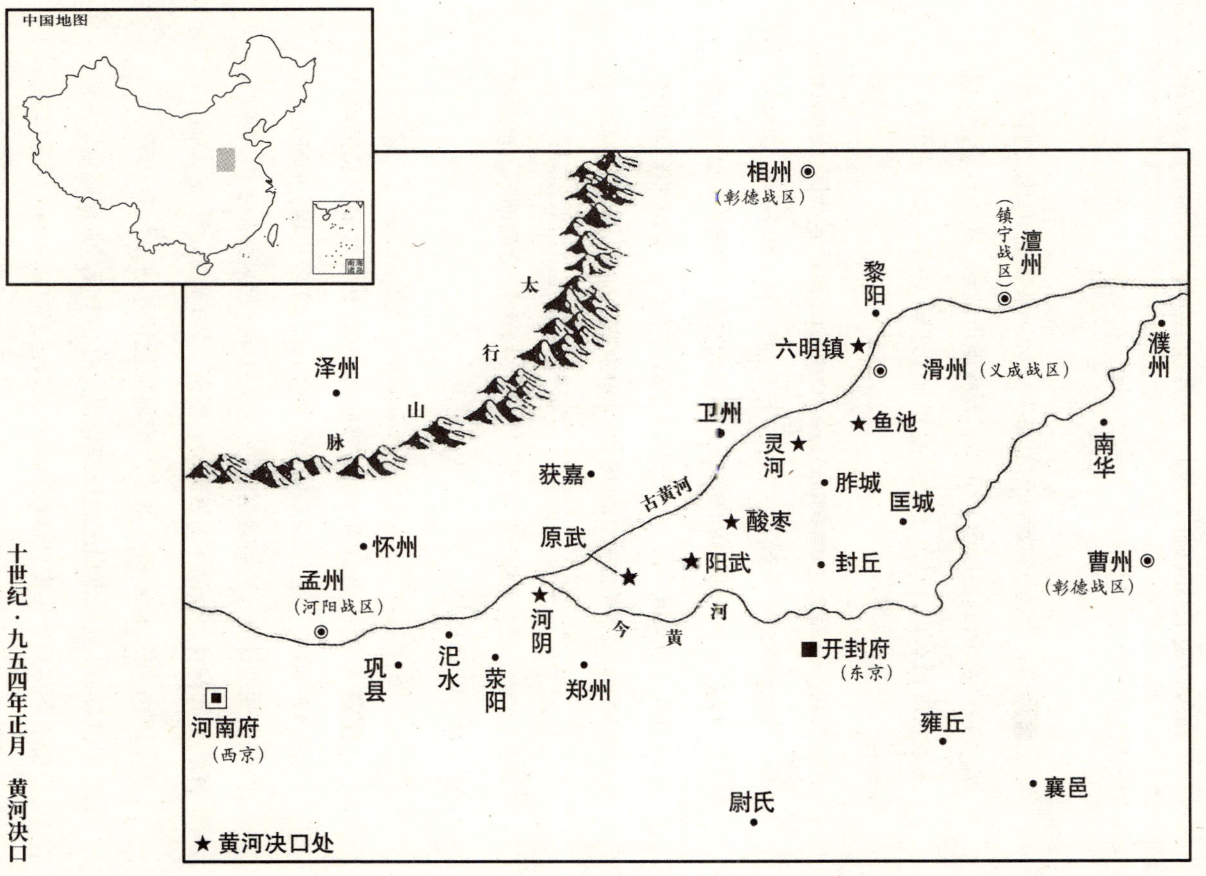


十世纪·九五四年正月 黄河决口

南汉帝国（首都兴王府〔广东省广州市〕）命吴昌文当静海（总部安南府）司令官（节度使）兼安南总督（兼安南都护）。 

**5** 后汉帝国（首都太原府〔山西省太原市〕）皇帝（三任世祖）刘崇（刘旻，本年六十岁）听到后周帝（一任太祖）郭威逝世消息，大喜过望，计划采取大规模军事行动，于是派使节前往辽国（首都临潢府）请求出兵协助。

二月，辽帝国（首都临潢府〔内蒙古巴林左旗〕）派武定战区（总部设奉圣州〔河北省涿鹿县〕）司令官（节度使）、行政总监（政事令）杨衮，率骑兵一万余人，前往太原（山西省太原市）跟后汉会师。刘崇（刘旻）亲自率军三万人，命义成战区（总部滑州）司令官（空头官衔。此时滑州属后周〔首都开封府〕）白从晖当特遣兵团总司令（行军都部署），命武宁战区（总部徐州）司令官（空头官衔。此时徐州也属后周〔首都开封府〕）张元徽当前锋总指挥官（前锋都指挥使），跟辽国大军在团柏（山西省祁县东南）会师南下，直向潞州（山西省长治市）进发。

**6** 后蜀帝国（首都成都府〔四川省成都市〕）匡圣步骑兵总指挥官（匡圣马步都指挥使）、保宁（总部阆州）司令官（节度使）安思谦，陷害张业，使张业受到诛杀，又陷害赵廷隐，使赵廷隐受到罢黜（参考九四八年七月），文武百官对他都十分厌恶。后蜀帝（二任）孟昶（孟仁赞，本年三十六岁）派他率军援救降将王景崇，安思谦逗留不进，没有功劳（参考九四九年正月），安思谦自己也惭愧恐惧，内心不安。张业被杀后，皇宫警卫突然森严，安思谦认为是对付自己，言谈之间，满是牢骚。安思谦负责皇家及宫廷安全，但对士卒却毫不爱惜，动不动就杀，用来建立自己的声威。孟昶（孟仁赞）有一次检阅卫队，发现一位年轻力壮的卫士，被安思谦开除斥退，孟昶（孟仁赞）命恢复他的兵籍，安思谦大怒，竟把他斩首。孟昶（孟仁赞）气愤不平。安思谦有三个儿子：安扆、安嗣、安裔，仗恃老爹的势力，凶暴横行，成为国家的一项灾难。皇家技艺侍从官（翰林使）王藻屡次指控安思谦心怀怨恨，就要叛变。

二月十八日，安思谦进宫朝见，孟昶（孟仁赞）命卫士把他拿下，连同他的三个儿子，一起诛杀。王藻也被指控擅自奏报边疆军情，斩首（这是怎么回事？不懂）。

**7** 后汉（首都太原府）大军进驻梁侯驿（山西省长治市西北），后周（首都开封府）昭义（总部潞州）司令官（节度使）李筠，派他的将领穆令均率步骑兵二千人迎战，李筠亲率主力进驻太平驿（山西省襄垣县西南）。后汉张元徽跟穆令均接触，假装战败撤退，穆令均追击，进入埋伏，战死；被俘及被杀士卒一千余人。李筠逃回上党（潞州州政府所在县），登城自守。李筠，就是李荣（李荣曾赶走耶律麻荅，参考九四七年七月），避郭荣（柴荣）的“荣”字讳，改名李筠。

郭荣（柴荣）听到后汉（首都太原府）入侵消息，打算御驾亲征，文武百官一致反对，说：“刘崇（刘旻）自从平阳（晋州，山西省临汾市）之役逃走（参考九五一年十二月），力量枯竭、士气沮丧，他一定不敢亲自出马。陛下刚刚登极，先帝（郭威）灵柩不久就要下葬，人心容易动摇，最好不要轻举妄动，派一个将领就足够了。”郭荣（柴荣）说：“刘崇（刘旻）庆幸我们遇到大丧，又认为我年纪还轻，刚刚登极，有恢复他故有疆土的大志，所以他一定会亲征，我不可以不去。”宰相冯道一再阻止，郭荣（柴荣）说：“从前，李世民（唐王朝二任帝）平定天下，遇事都亲自出马，我怎么敢苟且偷安！”冯道说：“不知道陛下比不比得上李世民？”郭荣（柴荣）说：“我们的兵力十分强大，对付刘崇（刘旻），像大山压鸡蛋！”冯道说：“不知道陛下是不是大山？”郭荣（柴荣）大不高兴。只有王溥劝他亲征，郭荣（柴荣）接受。

**8** 三月一日，后蜀帝（二任）孟昶（孟仁赞）擢升捧圣控鹤总指挥官（捧圣控鹤都指挥使）兼最高立法长（兼中书令）孙汉韶当武信（总部遂州）司令官（节度使），封乐安郡王，解除军职。孟昶（孟仁赞）有鉴于安思谦的凶暴专横，解除孙汉韶军职后，把禁军分割为十个特别营，命山南西道战区（总部设兴元府〔陕西省汉中市〕）司令官（节度使）李廷珪等十人，分别统御。

**9** 后汉（首都太原府）大军乘胜追击，紧逼潞州（山西省长治市）。

三月三日，后周帝（二任世宗）郭荣（柴荣）命天雄（总部大名府）司令官（节度使）符彦卿率军自磁州（河北省磁县）固镇（河北省武安市西南固镇）出发，深入后汉大军背后，命镇宁（总部澶州）司令官（节度使）郭崇威（郭崇）当副手。又命护国（总部河中府）司令官（节度使）王彦超率军自晋州（山西省临汾市）出兵东进，截击后汉军队，命保义（总部陕州）司令官（节度使）韩通当副手。又命皇家侍卫亲军骑兵总指挥官（马军都指挥使）、宁江（总部夔州）司令官（空头官衔。此时夔州属后蜀〔首都成都府〕）樊爱能，皇家侍卫亲军步兵总指挥官（步军都指挥使）清淮（总部寿州）司令官（空头官衔。此时寿州属南唐〔首都金陵府〕）何徽、义成（总部滑州）司令官（节度使）白重赞、郑州（河南省郑州市）警备区司令（防御使）史彦超、前耀州（陕西省铜川市耀州区）民兵司令（团练使）符彦能，率军先行开往泽州（山西省晋城市）；命宫廷事务总监（宣徽使）向训当监军官。白重赞，是宪州（山西省娄烦县）人。

三月七日，后周政府大赦。

三月九日，郭荣（柴荣）命冯道护送郭威的灵柩前往墓地；命郑仁诲当东京（首都开封府）留守长官。

三月十一日，郭荣（柴荣）自大梁（首都开封府所在城）出发。

三月十六日，郭荣（柴荣）抵达怀州（河南省沁阳市），打算急行军日夜不停的前进，控鹤总指挥官（控鹤都指挥使）真定（河北省正定县）人赵晁，暗中对皇家礼宾官（通事舍人）郑好谦说："盗贼（后汉）的气势正盛，我们应该慎重，才能把他们摧挫。"郑好谦奏报郭荣（柴荣），郭荣（柴荣）大怒说："你怎么会有这种意见，一定受别人唆使，说出那人你还可以活，不然你只有死。"郑好谦只好据实回答，郭荣（柴荣）逮捕赵晁，连同郑好谦，一同囚禁怀州（河南省沁阳市）监狱。

三月十八日，郭荣（柴荣）经过泽州（山西省晋城市），继续北上，夜晚，扎营州城东北。

后汉帝（三任世祖）刘崇（刘旻）不知道郭荣（柴荣）亲自迎战，采取跳蛙战术，经过潞州（山西省长治市）时，放弃不攻，而绕城南下。当天（三月十八日）夜晚，在高平（山西省高平市）之南扎营。

三月十九日，后周军前锋跟后汉军前锋接触，后周军前锋攻击，后汉军前锋稍微后退，郭荣（柴荣）恐怕后汉军逃走，催促各路人马急行挺进。刘崇（刘旻）率中军进抵巴公原（晋城市东北）列阵，张元徽军在左翼，杨衮军在右翼，威严整齐。这时候，后周河阳（总部孟州）司令官（节度使）刘词率后军续进，还没有抵达战场，前方力量薄弱，军心惊惧，疑虑不安，只郭荣（柴荣）战斗意志高昂，命白重赞跟皇家侍卫亲军步骑兵总纠察官（侍卫马步都虞候）李重进，率军列阵左翼（西翼），命樊爱能、何徽率军列阵右翼（东翼），命向训、史彦超，率精锐骑兵守中央阵地；殿前总指挥官（殿前都指挥使）张永德则率禁军保护郭荣（柴荣），郭荣（柴荣）骑马亲临沙场督战。

刘崇（刘旻）发现后周军队不多，对召唤辽军（首都临潢府）助战的决定，十分懊悔，告诉将领们说："我只用本国的军队就能把他们击破，要辽国干什么？今天不但击溃后周，同时也教辽国开开眼界。"大家都认为完全正确。杨衮鞭马前进，观察后周阵地，退回对刘崇（刘旻）说："我们面对的是一个强敌，不可以轻率进攻。"刘崇（刘旻）翘起胡子说："时机必须抓住，请你闭嘴，看我决战。"杨衮大不高兴，沉默不再说话。本来东北风正强，忽然间天气乍变，转成南风，后汉帝国参谋总部副指挥官（枢密副使）王延嗣派天文台长（司天监）李义，奏报刘崇（刘旻）说："决战时机已到！"刘崇（刘旻）接受。帝国参谋总部常设文学侍从官（枢密直学士）王得中拉住马缰劝阻说："李义该杀，南风强烈到如此程度，我们迎风作战，岂是上天相助！"刘崇（刘旻）说："我已经决定，老书呆子不要胡说八道，看我斩你！"下令左翼（东翼）张元徽军先行攻击，张元徽率一千骑兵杀向后周右翼（东翼），会战开始。不久，后周将领樊爱能、何徽，无缘无故，率骑兵先行撤退，右翼（东翼）霎时崩溃，后周步兵一千余人脱掉铠甲，扔下武器，高喊万岁，投降后汉。郭荣（柴荣）发现情势危急，率皇家亲军卫士，冒着飞石流箭，奋力反击。这时，禁军将领赵匡胤对他的同事说："领袖危险到这种程度，我们怎么不拼一死！"对张永德说："盗贼（指后汉军）气势骄傲怠慢，只要奋战，就可以击破。你部下很多人精于左手发箭，请率军登上高地，加强左翼（西翼），我率军增援右翼（东翼），同心合力攻击，国家的安危，就在这次行动中决定。"张永德听从，分别率二千人投入战场。赵匡胤身先士卒，拍马冲锋，士卒作殊死战，没有一个不以一当百、以百当千，后汉军大败。后周金殿侍从官（内殿直）夏津（山东省夏津县）人马仁瑀对他的部众说：“使皇上身受敌人攻击，还要我们干什么？”拍马而上，拉满弓弦，大声呐喊，一连格杀好几十人，士气大振；殿前右班领班（殿前右班行首）马全乂，告诉郭荣（柴荣）说：“贼盗（后汉军）声势已到巅峰，不久就要被我们生擒，请陛下勒住马缰，站在这里不再前进，安心看将领们大破敌人。”立即率数百名骑兵，杀入战场。

刘崇（刘旻）得到郭荣（柴荣）亲临战场消息，夸奖张元徽，催促他乘胜追击。张元徽前进调整阵地，再料不到，战马忽然栽倒，被后周军格杀。张元徽，是后汉猛将，后汉士气受严重打击。这时候南风更急，后周军顺风奋击，后汉军逆风迎战，大败，势如山崩。刘崇（刘旻）亲自举起红旗收兵，仍不能阻止逃生。右翼（东翼）指挥官、辽国将领杨衮畏惧后周军的英勇，不敢援救，同时衔恨刘崇（刘旻）刚才那段口满的话，也不愿援救，只保全辽军，平安撤退。

樊爱能、何徽，率骑兵数千名向南逃走，箭上弦、刀出鞘，大肆剽掠供应前方军用物资的辎重车辆，护送运输的后勤部队官兵差役，都四散逃命，政府损失惨重。郭荣（柴荣）派亲信官兵以及皇家侍卫亲军军官追上，要他们停止逃亡，没有一个人接受命令，有些使节甚至被变军格杀，变军对外扬言说：“辽国大军就要来到，政府军大败，其他军队全都投降蛮夷。”刘词率后周军北上，中途正遇上樊爱能，樊爱能劝刘词停止，刘词拒绝，率军继续进发。这时，后汉军还有一万余人，在涧水北岸结阵，傍晚，刘词抵达，联合其他友军进攻，后汉军又大败，刘崇（刘旻）羞愤难当，下令斩王延嗣。后周军追击到高平（山西省高平市），死尸填满山谷，后汉军丢弃皇家御用物品及军用物资、武器、猪马牛羊等家畜，不计其数。

当天（三月十九日）夜晚，郭荣（柴荣）住宿郊野，搜捕投降后汉的步兵（指解甲喊万岁者），全部诛杀。樊爱能等听到前线大捷消息，率领士卒渐渐北返，也有到了天亮还回不来的。

三月二十日，后周军在高平（山西省高平市）休息，遴选后汉降卒数千人，组成效顺特别营（效顺指挥），派前武胜（总部邓州）作战参谋长（行军司马）唐景思率领，开往淮河北岸驻防（防范南唐北侵），剩下的两千余人，发给路费物件，送他们回国。宰相李谷被乱兵追逼，逃窜山谷躲避，几天之后才敢出来。

三月二十三日，郭荣（柴荣）抵达潞州（山西省长治市）。

刘崇（刘旻）在高平（山西省高平市）脱下皇冠龙袍，改穿粗布衣服，头戴斗笠，骑着辽国赠送的黄骝马（赤毛黑鬃），率领一百余名骑兵，从雕窠岭（高平市西北）向北逃归，三更半夜，在山上迷路，强行绑架一个村民充当向导，村民也不知道路，误领到前往后周所属的晋州（山西省临汾市）的道上，前进一百余华里，才蓦然发觉，于是诛杀村民，日夜不停的向北逃走，每走到一个地方，都先寻找食物，还没有拿起筷子，有人传言后周军追到，立刻狼狈再逃。刘崇（刘旻）年纪衰老、身体疲惫，趴在马背上，日夜奔跑，几乎不能支持，最后总算勉强进入晋阳（首都太原府所在县）。

郭荣（柴荣）打算斩樊爱能等，树立军令威严，一直犹豫不敢决定。

三月二十五日，郭荣（柴荣）白天在行宫锦帐里，躺在床上休息，张永德在旁侍候，郭荣（柴荣）就这个问题跟他商量，张永德回答说："樊爱能这些人，从来没有立过大功，却侥幸受到重任，一看见敌人，就先逃走，即令处死，也抵不了他应负的责任。而且，陛下正打算削平群雄，统一中国，如果军法不能严厉执行，虽然有勇猛的将领、百万的战士，又有什么用？"郭荣（柴荣）兴奋的跳起来，把枕头掷到地上，大声称赞。立即逮捕樊爱能、何徽，以及他们部队中的中级军官（军使）以上七十余人，斥责说："你们都是历经几个朝代的老将，并不是不能作战，这次望风而逃，没有别的原因，只是把我当作奇货珍宝，卖给刘崇（刘旻）而已。"全部斩首。郭荣（柴荣）因何徽生前坚守晋州（山西省临汾市）立过大功（参考九五一年十月十九日），打算饶他一死，但考虑了一会，认为军法不可废弃，遂一并处死，但赏赐棺材，送回故乡安葬。自此之后，骄兵悍将才知道军法严厉，有所畏惧，政府也不再纵容姑息。

三月二十六日，郭荣（柴荣）赏赐高平（山西省高平市）有功将士，命李重进兼忠武（总部许州）司令官（节度使）、向训兼义成（总部滑州）司令官（节度使）、张永德兼武信（总部遂州）司令官（节度使）、史彦超兼镇国（总部华州）司令官（以上除了武信〔总部遂州〕之外，其他都是实缺，跟遥兼他国战区不同）。张永德十分称赞赵匡胤的智略及英勇，郭荣（柴荣）擢升赵匡胤当殿前总护卫官（殿前都虞候），遥兼严州（广西来宾市）州长（空头官衔。此时严州属南汉〔首都兴王府〕），命马仁瑀当控鹤射击部队指挥官（控鹤弓箭直指挥使）、马全乂当编制外指挥官（没有直属军队）。其他官兵升迁的有好几十人，士卒有直线上升到带兵官的。释放赵晁出狱。

刘崇（刘旻）收拾残兵败将，修理铠甲武器，加强首都太原（山西省太原市）城墙及壕沟的防御功能，准备迎接后周攻击。辽国将领杨衮率领他的军队，北上驻扎代州（山西省代县），刘崇（刘旻）派王得中送杨衮回国，同时向辽国（首都临潢府）请求另派援军，辽帝（四任穆宗）耶律述律允许增援晋阳（山西省太原市），命王得中回来报告。

三月二十八日，郭荣（柴荣）命符彦卿当河东（山西省）特遣兵团总司令（河东行营都部署）兼代理太原特遣市政府总管（兼知太原行府事），命郭崇威（郭崇）当副总管、向训当总辅导官（都监）、李重进当步骑

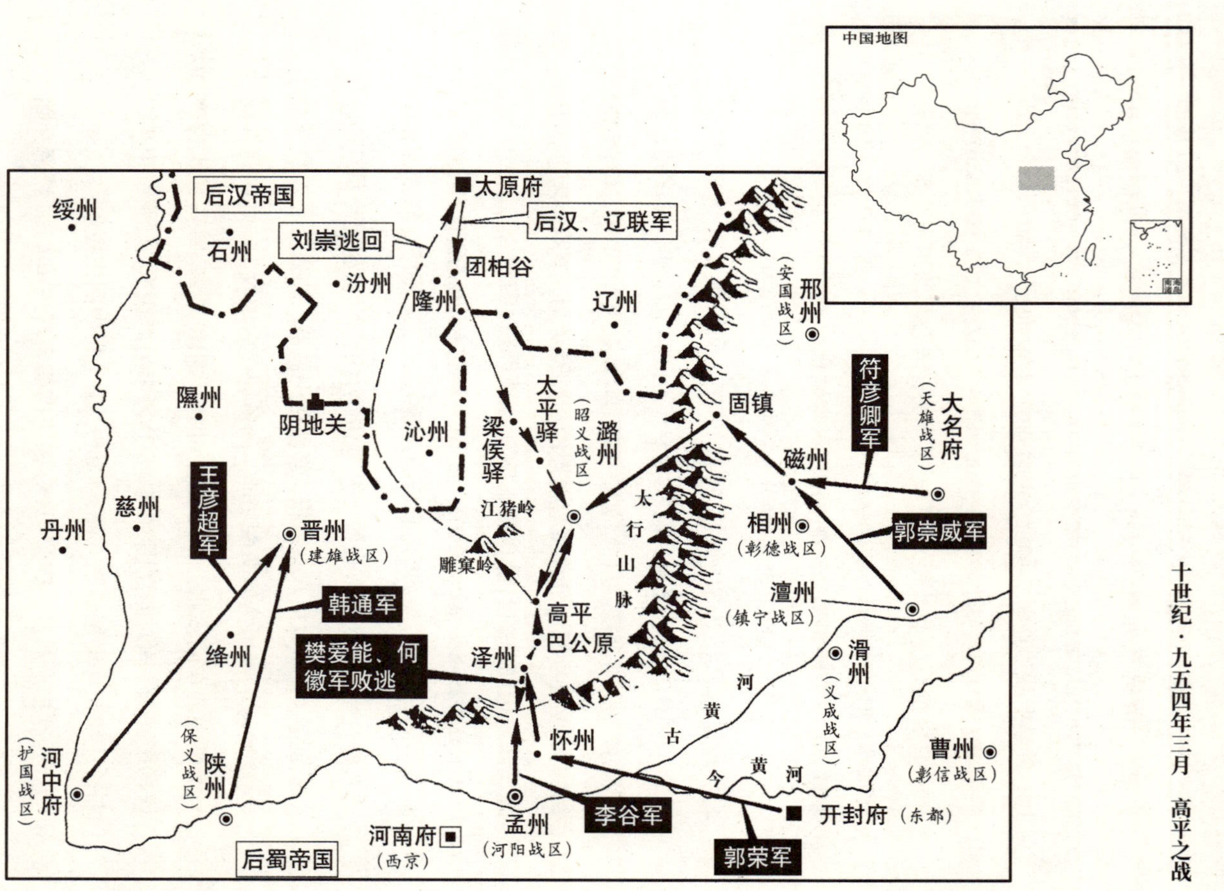

十世纪·九五四年三月　高平之战

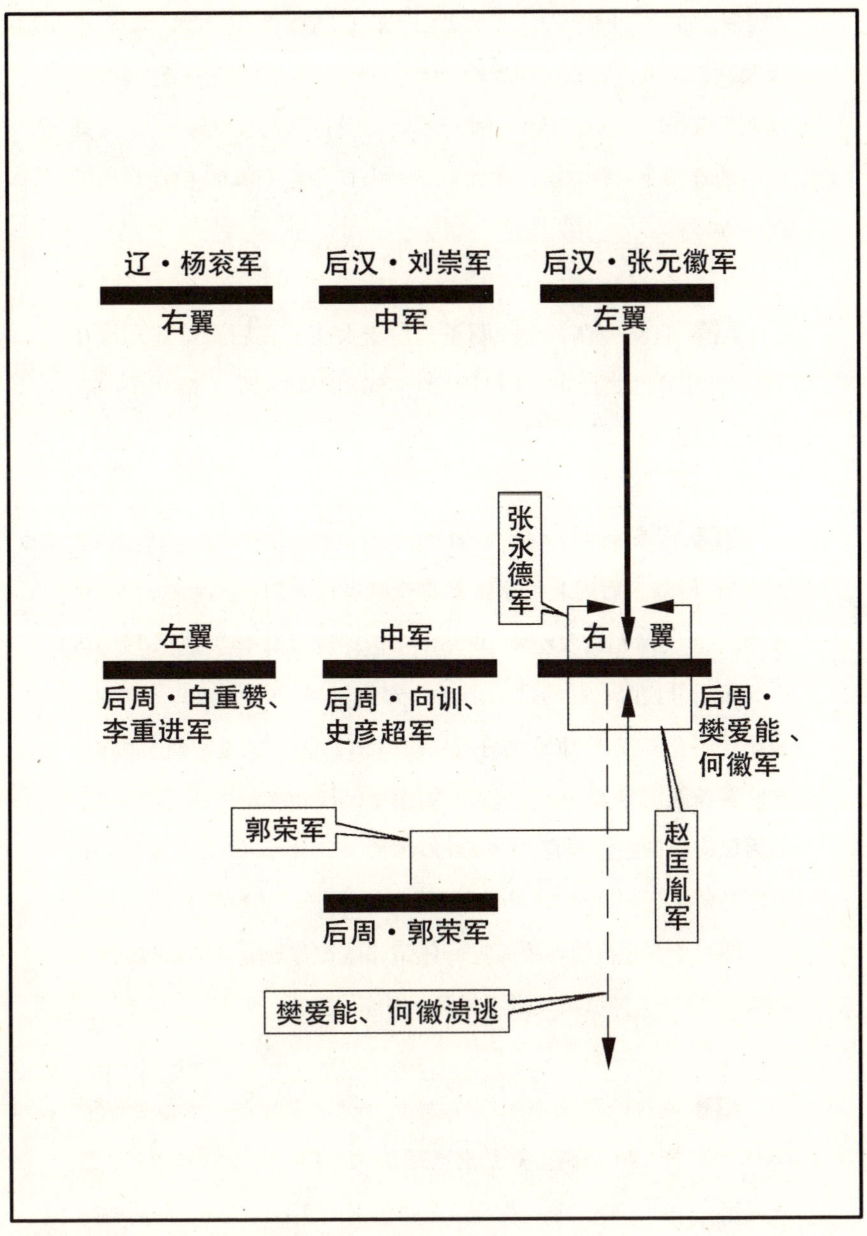


十世纪·九五四年三月　高平之战·巴公原会战

兵总纠察官（马步都虞候）、史彦超当先锋总指挥官（先锋都指挥使），率步骑兵二万人，从潞州（山西省长治市）出发北伐。另命王彦超、韩通，从阴地关（山西省灵石县西南南关镇）进入，跟符彦卿会师推进，又命刘词当随驾司令（随驾部署）、保大（总部鄜州）司令官（节度使）白重赞当副司令（副部署）。

**10** 后汉（首都太原府）昭圣太后李女士，在后周首都开封府（河南省开封市）西宫逝世（李太后是后汉一任帝刘知远的妻子，参考九五一年正月六日）。

**11** 夏季，四月，后汉（首都太原府）盂县（山西省盂县）向后周（首都开封府）投降。后周北伐军统帅符彦卿进抵晋阳（后汉首都太原府所在县）城下。王彦超进攻汾州（山西省汾阳市），后汉汾州警备区司令（防御使）董希颜投降。后周帝（二任世宗）郭荣（柴荣）派莱州（山东省莱州市）警备区司令（防御使）康延沼进攻辽州（山西省左权县），派密州（山东省诸城市）警备区司令（防御使）田琼进攻沁州（山西省沁源县），都无法攻克。后周供应储备副管理官（供备库副使）太原（山西省太原市）人李谦溥，单人匹马游说辽州（山西省左权县）州长张汉超，张汉超投降。

四月十二日，后周政府把一任帝郭威安葬嵩陵（河南省新郑市西北郭店镇），绰号圣神恭肃文武孝皇帝，祭庙称太祖。

**12** 南汉帝国（首都兴王府〔广东省广州市〕）皇帝（三任中宗）刘弘熙（刘晟，本年三十五岁）命高王刘弘邈当雄武（总部邕州）司令官（节度使），镇守邕州（广西南宁市）。刘弘邈因齐王刘弘弼、镇王刘弘泽，前后相继死在任所（刘弘弼囚，参考九四四年六月。刘弘泽死，参考九四四年十月），所以坚决辞让，请求留在京师（首都兴王府）。刘弘熙（刘晟）不准。刘弘邈到差后，把公事全交给幕僚，自己则每天饮酒，向鬼神祷告祈福。有人上疏诬告他阴谋叛乱。

四月十五日，刘弘熙（刘晟）派甘泉宫管理官（甘泉宫使）林延遇送去毒酒，逼他自杀。

**13** 最初，后周帝（二任世宗）郭荣（柴荣）派符彦卿等北伐，只不过想在晋阳（后汉首都太原府所在县，山西省太原市）城下，展示军威，即行撤退，并没有想作灭国性攻击。可是，进入后汉（首都太原府）国境后，沿途居民争着呈献食物，迎接大军，并且哭诉后汉赋税和差役，都十分沉重，难以负担，表示愿意供应军用物资，帮助后周军攻击晋阳（山西省太原市），而后汉州县也陆续投降。郭荣（柴荣）接到报告，才兴起吞并后汉的雄心壮志，派使节到前线跟各将领讨论，将领们都说："粮草不够，请暂时班师回国，等适当时机再来。"郭荣（柴荣）不接受。可是，日子一久，各路人马好几十万大军聚集太原（山西省太原市）城下，士卒们免不了向民间剽掠，后汉人民大失所望，渐渐逃到山上，修筑城寨自卫，郭荣（柴荣）得到消息，用快马传递诏书，严厉禁止劫掠，安抚农家，规定只征收本年（九五四）租税，人民捐献粮食的，依照捐献多少，换取阶级高低不同的官职。同时发动泽（山西省晋城市）、潞（山西省长治市）、晋（山西省临汾市）、绛（山西省新绛县）、慈（山西省吉县）、隰（山西省隰县），以及山东地区（太行山以东，河北省）相邻各州民众运输粮食，供应军需。

四月十六日，郭荣（柴荣）命李谷前往太原（山西省太原市）核算各地运缴的粮食草料。

四月十七日，太师（三师之一）、最高立法长（中书令）、瀛王（文懿王）

冯道逝世（年七十三岁）。冯道少年时就以孝顺父母、言行谨慎，闻名远近。后唐一任帝李存勖时，官位才开始擢升，逐渐显赫（冯道投奔李存勖，参考九一一年十一月），以后一连几个王朝，离不开大将、宰相、三公、三师等高位，为人清廉、节俭、宽厚、达观，外人看不出他的喜怒哀乐，他有智慧，言谈幽默，随波逐流，随着形势转变，以求容身之地。曾经撰写《长乐老叙》，自述他在历代王朝中所享受的荣耀，当时的人都推崇他的人品道德，和宽宏的度量。

礼义廉耻，国之四维，四维不张，国乃灭亡（《管子》语）。礼义，是治理人民的重要法则；廉耻，是培养品格的重要关键。如果身为国家高级官员，而没有廉耻，天下怎么能不乱，国家怎么能不亡！我读冯道《长乐老叙》，看到他自述平生遭遇，炫耀所受的荣华富贵，真可以说没有廉耻。那个时代的世界和国家，是什么样子，可以想象。

我在五代时代找到保全名节的有三个人（王彦章、裴约、刘仁赡），而以身殉国的，有十五个人（张源德、夏鲁奇、姚洪、王思同、张敬达、翟进宗、沈斌、王清、史彦超、孙晟、马彦超、宋令询、李遐、张彦卿、郑昭业），他们都是一介武夫（各人姓名，记载于《五代史记》的《死节传》及《死事传》），难道知识分子群里，真的一个也没有？莫非一些节操高尚的人，厌恶时局混乱，看不起当时所有的政府，而不肯出来当官？抑或是当时所有帝王中没有一个人值得他支持，所以请他也请不到？

我曾经听说，五代时候，有位叫王凝的人（非李屿外甥王凝〔参考九四八年十月〕），家住青（山东省青州市）、齐（山东省济南市）二州之间，在虢州（河南省灵宝市）当户籍官（司户参军），任上因病逝世。王凝家一向贫穷，一个儿子还小，妻子李女士带着她的孩子，连同她丈夫的灵柩，返回故里安葬。经过开封（河南省开封市）时，打算住进旅舍，旅舍主人拒绝。李女士因天色已晚，不肯离去。旅舍主人抓着她的手臂，把她拉出来，李女士仰天哀号说："我当一名妇女，不能守节，这只手竟被人抓住！"就拿起斧头，砍断自己的右臂。看到的人，都为她叹息流泪。开封特别市长（开封尹）听到这个消息，奏报中央，优厚的抚恤李女士，而鞭打那个旅舍主人。苍天，知识分子不爱惜自己，而竟含垢忍辱，偷生人间，听到李女士的风范，应该多少感到羞愧！

**司马光曰**

天尊地卑，各有定位，圣人们起而仿效，制定礼仪，建立法则，内有夫妇、外有君臣，妻子跟随丈夫，一辈子不再改嫁，臣属事奉君王，宁死没有二心，这是人生最高的伦理。如果废弃，就要爆发最大混乱。范质称赞冯道品德敦厚，一心效法古人，才能干练、器宇恢宏、眼光远大、思虑深远。虽然政权不断更换，而民间对冯道却没有一语责备，像一座屹立世界上的大山，永不动摇。我愚昧的认为：高贵的妇女绝不嫁两个丈夫、忠贞的臣属绝不事奉两个君王。一个妇女如果嫁了两个丈夫，即令容貌再美丽、缝纫刺绣再精巧，也不值得尊重。作一个臣属而事奉两个君王，即令他再有才干、再有智略，治理国家再有辉煌的成绩，也同样不值得尊敬，为什么？因为他的大节已亏。冯道当宰相，事奉过五个帝国和八个姓氏不同的帝王（五国：后唐、后晋、辽国、后汉、后周。八姓：后唐一任帝李存勖、二任帝李嗣源〔邈佶烈〕、四任帝李从珂〔王从珂〕，后晋一任帝石敬瑭，辽二任帝耶律德光，后汉一任帝刘知远，后周一任帝郭威、二任帝郭荣〔柴荣〕）。把君王看作旅舍里来往经过的旅客，早上还是仇敌，晚上就成了君臣，改一副面孔，变一种言辞，一点都不觉得羞愧，大节已成这个样子，虽然有点小小善行，哪里值得称道！

或者有人认为唐王朝已经灭亡，群雄争霸，帝王们无论兴起或罢黜，长久的不过十几年，短暂的只有三四年，即令忠智双全，又怎么能够施展！在那个时代，丧失当臣属节操的，不仅冯道一个人，怎么可以单单责备冯道！我愚昧的认为，忠心的臣属爱国如爱家，遇到国家危难，就要牺牲自己。君王有过失，则坚决劝阻，国家败亡，则竭尽节操，直到死亡。明智的知识分子当国家政治上轨道的时候，出来做官，当国家黑暗混乱的时候，就退辞隐居，或者躲避山林之中、或者到地方政府当一个小小职员。而今，冯道受到的尊敬和宠爱，在三师（太师、太傅、太保）之中，位居最高，受到的授权，则是首席宰相，当国家存在的时候，他见风转舵、模棱两可、不辨是非，只知道向人拱手，窃据官位、白吃闲饭；当国家灭亡之后，他却盼望侥幸逃生，马上迎接新人，劝别人登极称帝。君王一个兴起、一个覆亡，前后相接，而冯道的荣华富贵，一如往昔。这是奸臣中的奸臣，怎么能跟其他的人相比。或者有人说：冯道生在动乱时代，能够免除灾祸、保全性命，也可以说是贤能。我却认为：正人君子，宁可杀身成仁，不可为了活命而害仁，怎么可以认为全身远离祸害就是贤能！如果这样的话，则盗跖（春秋时代楚王国大盗）寿终正寝，仲由被剁成肉酱（参考前一二七年三月注），到底谁贤能、谁不贤能？

然而，话又说回来，这也不能完全责备冯道一个人，当时的君王也有责任，为什么？不贞的妇女，正人君子以娶她为妻是一种羞辱；不忠的臣属，能力中等以上帝王以有他这样部下是一种羞辱。冯道是前一个王朝的宰相，说他忠心，他反而事奉前朝君王的仇敌。说他明智，则前朝政府已经粉碎。后来的帝王不但不诛杀他、不抛弃他，竟然仍继续用他当宰相，他又何必对新君尽心而又尽力！所以说，不见得全是冯道的错，也是当时帝王的错。

欧阳修及司马光二位儒家学派大师，对冯道所作的抨击，态度和措辞，都十分严厉，甚至诟骂冯道是奸臣中的奸臣。显示他们卫道心切，对知识分子的堕落，有无比的痛心。但也暴露了一项事实：中国传统文化这个酱缸，在十世纪末叶，已经沉淀完成，礼教已长成巨兽，开始吃人。

冯道本不是一个圆融的人，只因在一次向刘守光犯颜直谏时，几乎遭到杀身之祸（参考九一一年十一月），使他学到官场中的适应技术，从此不再重蹈覆辙。但是，根据欧阳修笔下记载，在跟辽国皇帝一番对话中，他曾拯救了千万中国人的生命。《五代史记·冯道传》载，耶律德光尝问冯道说："天下人民，如何拯救！"冯道用谚语回答说："此时佛出也救不得，惟皇帝救得。"人们都认为辽国所以没有杀光中原人，全赖冯道这一段话。后来，在跟西征统帅郭威一番对话中，冯道曾提出削平三个叛变战区的谋略，使灾难缩短（参考九四八年八月）；而最后一次在跟现任皇帝郭荣（柴荣）一番对话中，他似乎忘了刘守光所给他的教训，再次直言顶撞，企图阻止战争。然而，这些救国救民的事迹，在欧阳修、司马光眼中，不过一些"小善"而已，不值得一顾，只因为他失去了"大节"，曾经效忠过五个政权的皇帝和八个异姓的君王。

且看欧阳修、司马光对大节的诠释："明智的知识分子，当国家政治上轨道的时候，就出来做官。当国家政治黑暗的时候，就辞职隐居。"（邦有道则见，邦无道则隐。）这可真正是天下最伟大的一条机灵虫，为了保全自己，而把国家看成旅店，比冯道的算盘打得还精。别人千辛万苦把国家治好，大儒出来做现成的官，等到把国家治成了黑暗一片之后，大儒却拔腿去山上充当高士，丢下小民承受悲苦。当冯道在做他的“小善”，向辽国皇帝为同胞的生命求情时，“大节”凛然的明智知识分子，却躲在山林里，下下棋、吃吃茶，讥讽讥讽救人千万的人“大节”已亏、根本是奸臣中的奸臣，冯道只因为没有专在一人一姓之下为奴，便被颠倒到如此地步，传统文化是什么地方出了毛病，值得沉思。

大节建立在忠心之上，忠心应可分为四等，最高层次的是神性的忠，忠于以全体人民幸福为依归的理念和责任。其次是人性的忠，追求正义、公平，这是大多数人逗留的阶层，以各人的性情和品格，决定自己的位置，而终极的目标是忠于事。人性的忠堕落异化，遂成为第三层次的狗性的忠，只忠于特定的人，诸如“领袖”“帝王”之类，黑社会头目最喜欢这种人物。这种人物最大的特征是：当主人把它绑住，准备宰杀它时，它还欢天喜地的舔主人的手。狗性的忠继续堕落异化，则成为最低层次的狼性的忠，只忠于有权的大爷，谁的权大就忠于谁，谁能给他官做就忠于谁，历史上每当狼忠大行其道的时候，一定会有惊心动魄的场面，使人汗流浃背。

欧阳修、司马光二位极力赞扬的只是第三层次的狗性的忠，认为女子忠于一个男人，男子忠于一人一姓，才是最高贵的大节，但他无法掩饰他的破绽，当他庄严的斥责冯道：“把君王看作旅舍里来往经过的旅客，早上还是仇敌，晚上就成了君臣，改一副面孔、变一种言辞，一点都不觉得羞愧。”简直是在诟骂他自己，以及他所属的宋王朝开国帝王和所有的开国元勋，包括欧阳修、司马光二位的老爹。司马光在《资治通鉴·后周帝国》篇幅中，自九五五年起，“赵匡胤”三字忽然不见，而毫无预警的冒出了“太祖皇帝”，读者根本不知道谁是“太祖皇帝”？和“太祖皇帝”是谁？后周帝国的“太祖皇帝”应是郭威，可是他却不是郭威，而是当时不过尚是后周帝国的一个将领赵匡胤！岂不正是“换一个面孔、变一种言辞，一点都不羞愧”。而且还没有到晚上，司马光就迫不及待的先换面孔、先变言辞！问题是，提倡狗性的忠，虽然漏洞百出，却是官场中第一门学问，它可以使主子对自己欢天喜地舔手的可掬媚态，产生深刻印象，因而给他一个官做，或升他一个官做。

现代文明需要的是神性的忠，这当然不容易做到，但我们至少应有一种追求人性的忠的冲动，才是与日月并明的大节。欧阳修、司马光提倡的“大节”，不过是酱缸里的虫蛆之节。狗忠是产生可怕的所谓“英明领袖”的温床，而狼忠必然同时孕育在这个温床之中！中国人如果继续堕落，不提升自己的效忠层次，不幸的再忠错了对象，尽错了节，将使中国这个列车，加速向万丈深渊。

**14** 四月十八日，后周（首都开封府）北伐军统帅符彦卿奏报说：后汉（首都太原府）宪州（山西省娄烦县）州长、太原（山西省太原市）人韩光愿，岚州（山西省岚县）州长郭言，都献出城池投降。

最初，符彦卿有个女儿嫁李守贞的儿子李崇训，相面先生说她大富大贵，将来一定当皇后，李守贞大喜说：“我的儿媳都当皇后，何况是我！”遂决定叛变（参考九四八年三月）。后来失败，李崇训亲手格杀他的弟弟、妹妹，再要杀符女士时，符女士逃到帏帐底下躲藏，李崇训找她，仓猝间找不到她，就自刎而死。中央军杀进府来，符女士庄严的坐在堂上，叱责乱兵们说：“我家老爹（符彦卿）跟郭大帅（郭威）是八拜之交，亲如兄弟，你们不可以乱闯！”郭威派人把她送给符彦卿。后来，郭荣（柴荣）镇守澶州（河南省濮阳市）时（参考九五一年二月五日），郭威命郭荣（柴荣）迎娶为妻。

四月十九日，郭荣（柴荣）封符女士当皇后。符皇后性情温和、贤惠而且果断。郭荣（柴荣）对她十分敬重。

北伐军王彦超、韩通，进攻石州（山西省吕梁市离石区），攻克，生擒州长安彦进。

四月二十日，后汉沁州（山西省沁源县）州长李廷诲投降。

四月二十七日，郭荣（柴荣）从潞州（山西省长治市）出发，直向晋阳（山西省太原市）。

四月三十日，后汉（首都太原府）忻州（山西省忻州市）监军官李勍，格杀州长赵皋及辽国（首都临潢府）翻译官（通事）杨耨姑，献出城池，投降后周（首都开封府）。郭荣（柴荣）命李勍当州长。

**15** 湖南地区（南楚故土，湖南省）首领王逵请求后周（首都开封府）准许把统帅部再移到朗州（去年〔九五三〕刚移回潭州，参考去年八月）。

五月一日，王逵从潭州（湖南省长沙市）迁到朗州（湖南省常德市），命周行逢代理潭州（湖南省长沙市）州长、潘叔嗣当岳州（湖南省岳阳市）民兵司令（团练使）。

**16** 五月三日，后周帝（二任世宗）郭荣（柴荣）抵达晋阳（后汉首都太原府所在县）城下，旌旗招展，环绕城池四十华里。辽军（首都临潢府）统帅杨衮怀疑后汉（首都太原府）代州（山西省代县）警备区司令（防御使）郑处谦跟后周军勾结，召唤他出席军事会议，打算把他除掉。郑处谦得到消息，拒绝前往。杨衮派辽国骑兵数十名驻守代州城门，郑处谦把他们全都诛杀，遂关闭城门，抵制杨衮；杨衮逃回辽国（首都临潢府）。辽帝（四任穆宗）耶律述律（本年二十四岁）对他出征失败，大为愤怒，囚禁监狱。郑处谦献出城池，投降后周。

五月四日，后周在代州（山西省代县）设静塞战区，命郑处谦当司令官（节度使）。

辽军好几千名骑兵，进驻忻（山西省忻州市）、代（山西省代县）二州之间，遥作后汉（首都太原府）声援。

五月七日，郭荣（柴荣）命符彦卿等率步骑兵一万余人攻击。符彦卿进入忻州（山西省忻州市），辽军退守忻口（山西省忻州市北忻口镇）。

五月十四日，郭荣（柴荣）命在汾州（山西省汾阳市）设宁化战区，把石（山西省吕梁市离石区）、沁（山西省沁源县）二州划入管辖。

代州将领桑珪、解文遇，杀害州长郑处谦，上疏郭荣（柴荣），诬告郑处谦暗中跟辽国（首都临潢府）勾结。

后周北伐军统帅符彦卿奏请增援。

五月二十日，郭荣（柴荣）派李筠（李荣）、张永德率领军队三千人前往，辽国骑兵斥候不时地在忻州（山西省忻州市）城下出现。

五月二十三日，符彦卿率各将领严阵以待，命史彦超率二千名骑兵当前锋，跟辽军相遇，立刻攻击。李筠（李荣）主力继进，格杀辽军二千人。史彦超仗恃自己的勇敢，轻率的前进追击，跟主力间的距离逐渐拉远，终因人数太少，被人数众多的辽军格杀，李筠（李荣）仅逃出一命，后周士卒死伤惨重。符彦卿撤退到忻州（山西省忻州市）坚守，但不久率军再回到晋阳（山西省太原市）城下。

后周府州（陕西省府谷县）警备区司令（防御使）折德扆，率州政府军到晋阳（山西省太原市）朝见。

五月二十八日，后周政府（首都开封府）再在府州（陕西省府谷县）设永安战区（撤销永安战区事，参考九五〇年四月），命折德扆当司令官（节度使)。 

当时，后周政府（首都开封府）大规模征调东自怀（河南省沁阳市）、孟（河南省孟州市），西到蒲（河中府，山西省永济市）、陕（河南省三门峡市），广大地区的差役民夫，围攻晋阳（山西省太原市），但不能攻克，而天又连绵大雨，士卒疲劳，又患疾病。后来，史彦超战死，郭荣（柴荣）才跟各将领商量撤退。

最初，后汉（首都太原府）使节王得中从辽国（首都临潢府）南还（王得中出使求援，参考本年〔九五四〕三月），正巧，后周大军包围晋阳（山西省太原市），王得中不能进城，所以逗留代州（山西省代县）。后来桑珪格杀州长郑处谦，逮捕王得中，送到后周军大营，郭荣（柴荣）命把他释放，馈赠给他玉带、马匹，问说：“辽国军队什么时候会到？”王得中说：“我的任务只是送杨衮回国，别的什么也不知道。”有人警告王得中说：“辽国（首都临潢府）事实上已应许派出援军，你不说实话，而辽军马上就要抵达，你是不是很危险？”王得中叹息说：“我吃刘家（后汉）的俸禄，而我的娘亲又在太原围城之中，如果泄漏实情，后周（首都开封府）一定派军据守关隘，这样的话，家和国同时灭亡，我一个人活着有什么意思。如果牺牲一个人的生命，而使家和国得以两全，我的收获就更大。”

六月二日，郭荣（柴荣）认为王得中诈欺，把他绞死。

六月三日，后周北伐军（首都开封府）开始解围撤退，郭荣（柴荣）离晋阳（山西省太原市）南下。匡国（总部同州）司令官（节度使）药元福对郭荣（柴荣）说：“前进容易，后退难！”郭荣（柴荣）说：“我全交给你。”药元福下令各军进入战斗状态，分成梯次，而自己殿后。后汉（首都太原府）果然出军尾追，药元福把他们击退。然而大军撤退行动，太过急迫，粮草好几十万石，堆在城下，无法运走，全部焚烧抛弃，烟火冲天，军中谣言四起，人心惊恐，有的甚至互相劫掠，军用物资损失一空，难以统计，所占领的后汉（首都太原府）州县，后周政府（首都开封府）所派的州长、县长，都纷纷逃走，只有代州（山西省代县）桑珪，既背叛后汉，又不敢回归后周，只好登城守卫，后汉派军攻克。

六月七日，郭荣（柴荣）抵达潞州（山西省长治市）。

六月二十二日，抵达郑州（河南省郑州市）。

六月二十四日，晋谒嵩陵——老爹郭威墓（河南省新郑市西北郭店镇）。

六月二十八日，抵达大梁（首都开封府所在城）。

郭荣（柴荣）在文武百官几乎一致反对下，独断独行，击败后汉（首都太原府），自此以后，中央政事，不管大小，都亲自裁决，官员们不过办事跑腿而已。西京洛阳（河南省洛阳市）特别市政府司法官（推官）高锡上疏说："四海之内的国土，是如此广大，国家大事千头万绪，又是如此众多，即令伊祁放勋（黄帝王朝六任帝尧帝）、姚重华（黄帝王朝七任帝舜帝）复生，都不能单独一个人统治，而必须把权力下放，分层负责。而今，陛下以一个人的力量，亲自负担，人们不会认为陛下的明智足可以处理万机，反而认为陛下心胸褊急猜忌，对人都不信任。我建议陛下应该遴选正直无私的人出任宰相，遴选清廉守法的人出任县长，遴选能够使国库丰收、人民增产的人负责财政，遴选通情达理、执法如山的人主持司法审判。陛下只需要安闲的坐在高堂之上，考核他们的功过，或赏或罚，国家怎么能不太平。为什么要贬低君王的地位，代替臣属执行他们的工作，委屈尊贵的身价，去做微贱的事情，岂不违犯行政的基本原则。"郭荣（柴荣）不能接受。高锡，是河中（山西省永济市）人。

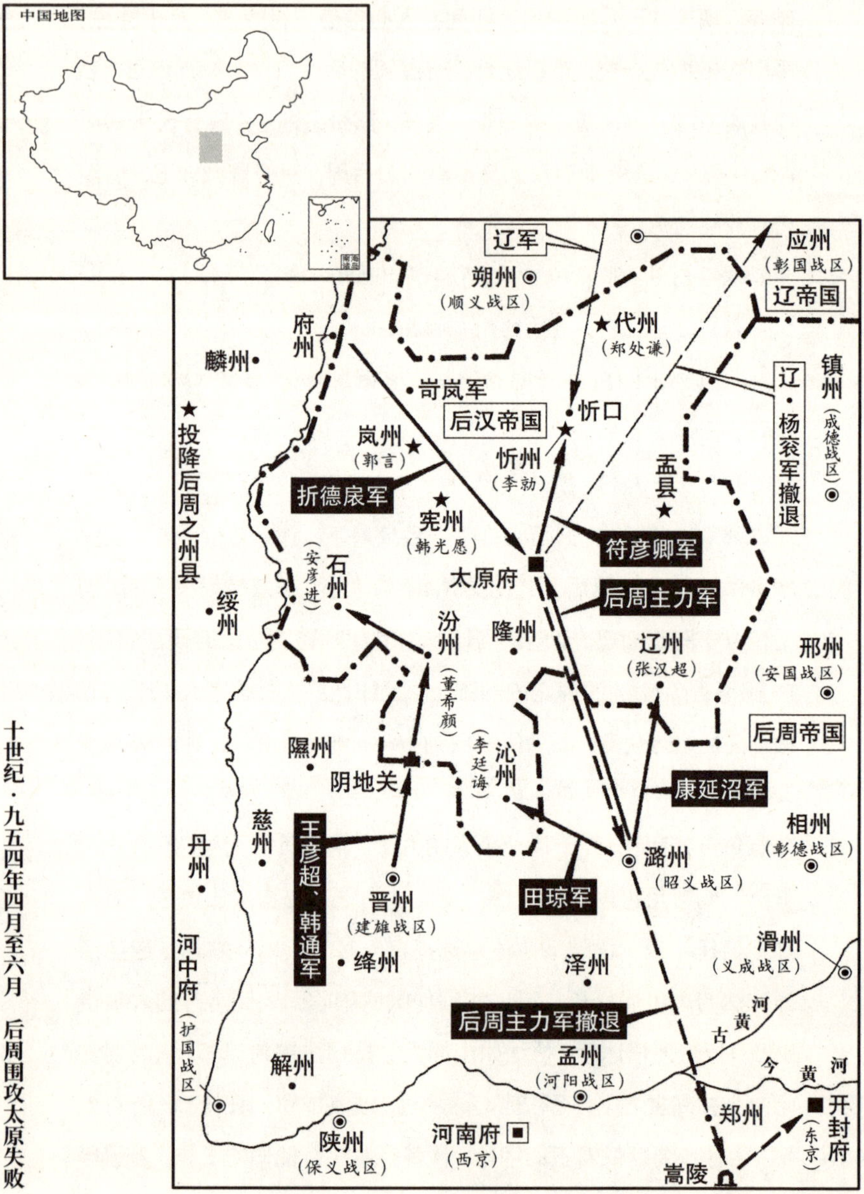

十世纪・九五四年四月至六月　后周围攻太原失败

中国地图
南海诸岛
辽军
应州
(彰国战区)
辽帝国
朔州
(顺义战区)
府州
代州
(郑处谦)
镇州
(成德战区)
麟州
岢岚军
辽・杨衮军撤退
后汉帝国
忻口
投降后周之州县
岚州
(郭言)
忻州
(李勍)
盂县
折德扆军
宪州
(韩光愿)
符彦卿军
石州
(安彦进)
太原府
后周主力军
绥州
汾州
(董希颜)
隆州
辽州
(张汉超)
邢州
(安国战区)
后周帝国
隰州
阴地关
沁州
(李廷诲)
康延沼军
王彦超、韩通军
慈州
相州
(彰德战区)
丹州
潞州
(昭义战区)
田琼军
晋州
(建雄战区)
滑州
(义成战区)
河中府
(护国战区)
绛州
泽州
后周主力军撤退
古黄河
解州
孟州
(河阳战区)
今黄河
郑州
开封府
(东京)
陕州
(保义战区)
河南府
(西京)
嵩陵

**17** 后汉帝（三任世祖）刘崇（刘旻），长期忧虑悲愤，终于生病，把帝国大事全交给儿子、皇家侍卫亲军总指挥官（侍卫都指挥使）刘承钧。

**18** 后周（首都开封府）河西（总部凉州）司令官（节度使）申师厚，不等到中央批准，就擅自放弃职守，回京（首都开封府）朝见（申师厚被任命河西，参考九五一年十月），而命他的儿子当候补司令官（留后）。

秋季，七月一日，中央贬申师厚当太子宫侍卫军副司令（率府副率）。

**19** 七月五日，后周帝（二任世宗）郭荣（柴荣）加授吴越王（五任忠懿王）钱弘俶（本年二十六岁）：天下兵马总元帅（天下兵马都元帅）。

**20** 七月二十一日，后周帝（二任世宗）郭荣（柴荣）命副监督长（门下侍郎）、二级实质宰相（同平章事）范质，暂任司徒（守司徒，三公之二）；命帝国参谋总部常设文学侍从官（枢密直学士）、国务院工程部副部长（工部侍郎）长山（山东省邹平市东）人景范，当副立法长（中书侍郎）、二级实质宰相（同平章事），主管中央财政三单位管理署（判三司）；命帝国参谋总部指挥官（枢密使）、二级实质宰相（同平章事）郑仁诲，兼任最高监督长（兼侍中）。

七月二十三日，命帝国参谋总部副指挥官（枢密副使）魏仁浦当指挥官（枢密使）；命范质实任司徒（三公之二）。范质既实任司徒，原任司徒的窦贞固返回故乡洛阳（河南省洛阳市），无论洛阳特别市政府（河南府）及洛阳县县政府，都把他当作一般平民，田赋捐税和民夫差役，都不能免。窦贞固向西京（河南府）留守长官向训申诉，向训不理。

最初，后周军跟后汉军在高平（山西省高平市）对峙时（参考本年〔九五四〕三月），后周帝（二任世宗）郭荣（柴荣）派前泽州（山西省晋城市）

州长李彦崇，率军扼守江猪岭（山西省长子县西），截断后汉帝（三任世祖）刘崇（刘旻）的归路；不久，李彦崇听到樊爱能等逃走消息，率军撤退，以致刘崇（刘旻）竟得以从那条路平安逃走。

八月八日，贬李彦崇当太子宫侍卫军副司令（率府副率）。

八月二十八日，撤销镇国战区（总部设华州〔陕西省渭南市华州区〕）。

当初，后周一任帝郭威，因建雄（总部晋州）司令官（节度使）王晏，有抵御后汉（首都太原府）的功劳（参考九五一年二月），他是滕县（山东省滕州市）人，于是郭威调王晏当武宁（总部徐州）司令官（节度使），作为酬庸（滕县属徐州）。王晏少年时候，曾当过强盗，打家劫舍，为害一方，现在荣耀回乡，到差之后，把当年的一些狐群狗党、地痞流氓，全部召集在一起，馈赠他们金银、绸缎和带有马鞍的马匹，告诉他们说："我们家乡，是有名的强盗窝，从前，我跟各位兄弟朋友，都干过这种勾当，后生晚辈在道上混混，他们的能耐不会比你们更高，各位一定要告诉他们，千万不要再干，再干的话，我就屠杀他的全族！"于是境内一派清平。

九月，徐州（江苏省徐州市）上疏中央，请求为王晏竖立《衣锦碑》。郭荣（柴荣）批准。

冬季，十月三日，左羽林（禁军第一军）大将军孟汉卿因犯了吞没草料税、纵容税务官员扰民，以及超额征收损耗粮食等罪，郭荣（柴荣）命他自杀。有关单位奏报说：孟汉卿所犯的罪，不至于死。郭荣（柴荣）说："我知道，我只是用他的人头警戒其他贪官。"

十月八日，撤销安远（总部安州）、永清（总部贝州）两个战区。

当初，中央禁军官兵，几个政权沿袭下来，早已腐败不堪。历代帝王只求相安无事，得过且过，不但没有魄力整编精简，反而唯恐激起反弹，因此，堂堂皇家部队，几乎全是老弱残兵，而且骄傲懒散，根本不能作战。每次遇到敌人，如果没有溃散逃走，就一定解甲投降，历朝国破家亡，都由于这个缘故，郭荣（柴荣）经过高平之役（参考本年〔九五四〕三月），才知道这种严重积弊。

十月二十二日，郭荣（柴荣）对左右侍从说："武装部队只要是精锐就够了，人数不一定太多，今天情形，一百个农夫供养不了一个战士，为什么要刮尽民间的残余，去养那么多没有用处的东西？而且老幼不分、强弱无别，勇敢的和懦怯的，待遇没有两样，给人的是一个什么印象？"于是下令各军精简缩编，健壮的升到"上军"，老弱的一律淘汰。又因为骁勇战士都被各战区网罗帐下，于是郭荣（柴荣）下诏招募天下勇士，由各州、县政府送到京师（首都开封府），命赵匡胤挑选其中更强壮的，成立殿前各路亲军。而骑兵及步兵各军，也命将领分别挑选。自此以后，中央禁军兵强马壮，战斗力之强，近代从没有一个政权可以比得上，四方征讨，纷传捷报，都是选将练兵的结果。

十月二十七日，郭荣（柴荣）对侍从官员说："各战区道的盗匪，仍然很多，讨伐搜捕，始终不能彻底消灭。只因历代政权都派出巡查官（巡检），以致战区、道、州、县首长，不肯尽力。最好把他们全部调回，全权交给战区、道、州、县首长，由他们负责肃清。"

**21** 黄河在杨刘（山东省东阿县东北姚寨镇）到博州（山东省聊城市）之间一百二十华里间，一连几年，堤崩水决，向东奔流，分为二股，聚合成一个庞大无比的沼泽地带，面积数百华里。又在东北方，冲坏旧日堤防，灌进齐（山东省济南市）、棣（山东省惠民县）、淄（山东省淄博市）各州，直到海滨（渤海湾），淹没农田村庄，多到无法记载。人民采摘岸边杂草、捕捞水中鱼虾吞吃。中央屡次派使节堵塞决口，都不能完成。

十一月二十八日，郭荣（柴荣）派李谷前往澶（河南省濮阳市）、郓（山东省东平县）、齐（山东省济南市）等州实地调查，并督促工程。李谷征调民夫六万人，三十个工作日，堵塞成功。

**22** 后汉帝（三任世祖）刘崇（刘旻）病重，命他的儿子刘承钧监督国政。不久，刘崇（刘旻）逝世（年六十岁）。刘承钧派使节去辽国（首都临潢府）报告哀讯。辽国（首都临潢府）派骠骑大将军、宦官总管府代理总管（知内侍省事）刘承训（非刘知远长子刘承训）到后汉（首都太原府），册封刘承钧（本年二十九岁）当后汉皇帝（四任睿宗），改名刘钧（我们仍称他刘承钧）。刘承钧（刘钧）性情孝顺谨慎，继承帝位后，对国家大事勤快负责，爱护人民，礼敬知识分子，国境之内，大致平安。上疏给辽国皇帝时，自称“儿”，辽帝（四任穆宗）耶律述律颁发给他诏书时，称他“儿皇帝”。

**23** 湖南地区（南楚故土，湖南省），当初，马希萼率领各蛮夷部落攻陷长沙（参考九五〇年十二月），国库及粮仓，累积好几代的物资，都被溆州（湖南省洪江市西北黔城镇）酋长苻彦通掠夺而去，苻彦通遂富强一方，在蛮夷居住的群山溪洞之间，自己称王（苻彦通，参考前年〔九五二〕九月）。王逵统治湖南（湖南省）以后（诛杀刘言后，已控制全境），打算派使节前往安抚招降，悬赏征求人才，他的将领王虔朗请求一行。既到山寨，苻彦通出动大批武装部队，跟他见面，态度倨傲、神情冷淡。王虔朗大声责备他说：“你自称是前秦苻姓皇家的后裔，那么，就应该深知礼义，跟其他蛮夷有所差异。从前，马家统治湖南（湖南省），你的老爹、祖父，都曾向他称臣事奉。而今，王逵取得马家的故地，你不早早前去请求结盟，反而劳动他先派使节，而又不肯礼貌接待，有一天，你会后悔！”苻彦通惭愧惶恐，急忙起身，握住王虔朗的双手道歉。王虔朗知道他可以说服，遂向他分析利害说：“现在蛮夷所居住的群山和溪涧洞穴，上（九）世纪唐王朝时代，都设立州县政府，户籍田册，记载明确。现在，你上没有天子（中原政权皇帝）的任命状，下没有湖南统帅部的委任书，虽然称王，但在外人看来，仍不过是山谷中的一个酋长而已。为什么不除去王号，主动归降王逵。王大帅一定会请天子把任命你当战区司令官（节度使）的任命状交给你，跟中原的侯爵、伯爵同等地位，岂不尊贵荣耀！”苻彦通大为喜悦，当天就除去王号，委托王虔朗呈献几个铜鼓给王逵。王逵说：“工虔朗一席话胜过好几万雄兵，真是国家栋梁。”代表皇帝任命苻彦通当黔中战区（总部不详，故南楚西部领土〔湖南省西部〕，唐王朝时属黔中道）司令官（节度使），命王虔朗当总指挥官（都指挥使），参与统帅部决策。王虔朗，是桂州（广西桂林市）人。

王逵担心西界卫戍司令（西界镇遏使）、锦州（湖南省麻阳县西南锦和镇）州长刘瑫可能制造沿边灾难，上疏任命刘瑫当镇南（总部洪州）副司令官（空头官衔。此时洪州属南唐〔首都金陵府〕），充任西界总征剿司令（西界都招讨使）。

本年（九五四），湖南地区（湖南省）大饥馑，人民吞吃草根树皮。武清（总部潭州）司令官（节度使）、代理潭州（湖南省长沙市）州长周行逢，打开粮仓赈济，救活不少人命。周行逢出身贫贱，深知道民间痛苦，全力投入政府工作，严厉但没有私心，聘请幕僚时，物色的都是清廉鲠直的知识分子，号令简明，官民都感到便利，而自己却十分克制。有人讥刺他过于节俭。周行逢说：“马家父子穷极奢华，纸醉金迷，一点也不体恤小民，落得子孙在人家手上，乞讨为生，怎么可以效法！”

# 分裂尾声

# 导读

本册是《柏杨版资治通鉴》最后一册，执笔写此册“前言”时，距写第一册“前言”，恰恰十年。对司马光先生的原著，我已尽到责任，并相信不使古人和今人失望。不过司马光原著到九五九年为止，而我们多了一年，顺延到九六〇年才止。这一年来自毕沅先生的《续资治通鉴》第一年，因为假设不增加这一年，本册就显得太薄，将会给人一种缩水的印象，同时我也希望两《资治通鉴》因此而天衣无缝的前后相贯，合而为一。

本册一开始就呈现一种强烈的新的气象，历史列车渐渐驶出悲云惨雾，可感觉到小分裂时代渐渐进入尾声。然而，使人沮丧的是，后周二任帝郭荣先生，是一位英明君王，却在英年早逝。我们为他哀悼，也为中国人哀悼，篡位的赵匡胤在本册的最后一年，从孤儿寡妇手中夺取政权，成为中国历史上最卑鄙的篡夺者之一，他的平庸和心理背景，使他建立的宋王朝始终无能。

本序是全书最后的序，面对历史丰富的宝藏，虽然停笔，仍依依不舍。

柏杨　一九九二·一二·一五

十世纪

五〇年代 九五五—九五九年

小分裂

●后周二任帝郭荣攻南唐，陷寿州，南唐取消帝号，称臣●后周二任帝郭荣逝世，子三任帝郭宗训立●南汉宦官当权 637


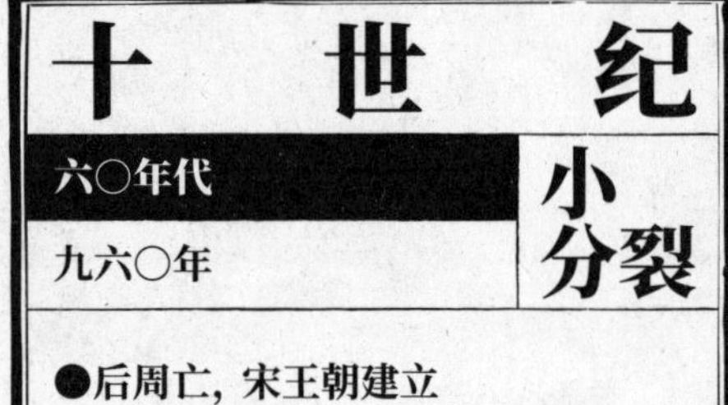

十世纪

六〇年代 九六〇年

小分裂

●后周亡，宋王朝建立 753

十世纪

# 五〇年代

九五五—九五九年

## 小分裂

- 后周二任帝郭荣攻南唐，陷寿州，南唐取消帝号，称臣。
- 后周二任帝郭荣逝世，子三任帝郭宗训立。
- 南汉宦官当权。

---

- 鄂图一世在雷赤非尔德击败马札尔人，马札尔人自此定居今之匈牙利。
- 东罗马皇帝君士坦丁被他的儿子毒死，继位称罗马勒斯二世。

# 九五五年 乙卯

| | | |
|---|---|---|
| 后汉 | 乾祐 | 八年 |
| 后周 | 显德 | 二年 |
| 南唐 | 保大 | 十三年 |
| 吴越 | 显德 | 二年 |
| 南汉 | 乾和 | 十三年 |
| 南平 | 显德 | 二年 |
| 后蜀 | 广政 | 十八年 |
| 辽 | 应历 | 五年 |

**1** 春季，正月十日，后周帝国（首都开封府〔河南省开封市〕）皇帝（二任世宗）郭荣（柴荣，本年三十五岁），发现水路运输，自从后晋、后汉以来，一直禁止征收额外"损耗粮"，以致负责漕运的一些官员，很多为了亏欠无法弥补，而被处死。于是下令规定自本年（九五五）开始，每斛加征"捐耗粮"一斗。

定难战区（总部设夏州〔陕西省靖边县北白城则村〕）司令官（节度使）李彝殷（李彝兴），因折德扆也当上战区司令官（折德扆任永安〔总部府州〕司令官，参考去年〔九五四〕五月），跟自己的地位相等，感到脸上无光（李家自李思恭〔拓跋思恭〕起，便世袭夏州，参考八八一年四月，已七十五年之久，是沿边土霸，折家则刚冒出头），遂切断道路，不准中央使节通过。

正月十三日，郭荣（柴荣）跟宰相们讨论这件事。宰相们一致认为：夏州（陕西省靖边县北白城则村）是边防重镇，李家又世代继承战区司令官（节度使）职位，中央对他们一向优待宽容。府州（陕西省府谷县）既偏僻、又狭小，无论得到它或失掉它，对大局都没有影响。因之建议不妨先安抚李彝殷（李彝兴），盼望他顾全大体。郭荣（柴荣）说："折德扆多少年以来，尽心尽力，对抗后汉（首都太原府）刘家，为什么偶然有点困难，就把他抛弃！而且，夏州（陕西省靖边县北白城则村）只出产羊马，其他民生所需的物品，都靠中原供应，如果断绝关系，他们有什么能耐！"乃派宫廷随从（供奉官）齐藏珍，携带诏书，前去责备李彝殷。李彝殷惶恐道歉。

**2** 正月十八日，后蜀帝国（首都成都府〔四川省成都市〕）在凤州（陕西省凤县）设置威武战区。

正月二十一日，后周政府（首都开封府）命皇家文学侍从官（翰林学士）、立法院（中书省），跟监督院（门下省）官员，推荐县长（令）跟总务官（录）人选。新官任命的时候，必须注明推荐人的姓名，如果被推荐人贪赃枉法，推荐的人也要受连坐处分。

**3** 辽帝国（首都临潢府〔内蒙古巴林左旗〕）自后晋、后汉以来，屡次进攻黄河以北地区，轻装备骑兵奔腾南下，如入无人之境，中途从没有受到任何阻拦（燕云十六州一失，等于自拆大门，强盗随时可以闯到客厅卧室），生活在一片平原上的中原农民，不断被屠杀掳掠，遍地悲惨。有人指出：深（河北省深州市）、冀（河北省衡水市冀州区）之间，有条胡卢河（滏阳河），东西横亘好几百华里，如果把它挖深，可以限制辽军南下。本月（正月），后周帝（二任世宗）郭荣（柴荣）命忠武（总部许州）

司令官（节度使）王彦超、彰信（总部曹州）司令官（节度使）韩通，率士卒跟民夫挖掘，在李晏口（河北省深州市东南）兴筑城池，派军驻防。郭荣（柴荣）召见德州（山东省德州市陵城区）州长张藏英，向他询问边防问题，张藏英详细的陈述地理形势，指出山川要害之处，建议分别设置常备部队，招募边疆人民中有勇气的青年，给他们优厚的待遇，并自愿当他们的统帅，临机应变，随时出动。郭荣（柴荣）全都批准，命张藏英当边防巡查安抚总指挥官（沿边巡检招收都指挥使）。张藏英到任几个月，招兵买马，集结一千余人。王彦超等有次出来视察筑城工程进度，被突然出现的辽军包围。张藏英率领刚成立的新军，奔驰援救，大破辽军。自此之后，辽军不敢渡胡卢河（滏阳河），胡卢河以南人民，才得到休息（胡卢河以北，直到边界瓦桥关〔河北省雄县〕，广袤国土上的汉人，仍暴露在随时大祸临头的惊恐之下，国家对他们毫无保护）。

**4** 二月一日，日蚀。

**5** 后蜀帝国（首都成都府〔四川省成都市〕）夔王（恭孝王）孟仁毅逝世（孟仁毅是后蜀帝孟昶的老弟）。

**6** 二月十三日，后周帝（二任世宗）郭荣（柴荣）下诏，命文武百官毫无保留的指出政治上的缺点或错误，诏书大意说：“我对各位的才干不能完全了解，对各位的面貌也不能完全认识。如果不听各位的言论而观察行为，如果不看各位的见解而观察忠诚，怎么能发现各位的器宇大小、智略深浅，以及职位是不是适当？如果各位的建议我不能采纳，过失在我，要求各位建议而各位不建议，是谁的过失！”

**7** 南唐帝国（首都金陵府〔江苏省南京市〕）皇帝（二任元宗）李璟（徐景通，本年四十岁）命副立法长（中书侍郎）、主管国务院（知尚书省）严续，当副监督长（门下侍郎）、二级实质宰相（同平章事）。

**8** 三月二日，后周帝（二任世宗）郭荣（柴荣）在李晏口（河北省深州市东南）设立静安军。

郭荣（柴荣）时常愤慨自九世纪八〇年代、黄巢攻陷长安以来，八十年间，中国分崩离析、四分五裂。高平（山西省高平市）之役大获全胜之后，郭荣（柴荣）慨然生出以武力统一中国的雄心壮志。正巧，后蜀（首都成都府）所属秦州（甘肃省秦安县西北）民众，有人来大梁（后周首都开封府所在城，河南省开封市）呈献恢复旧日版图计划，郭荣（柴荣）接受。

**9** 后蜀帝（二任）孟昶（孟仁赞，本年三十七岁）听说后周（首都开封府）企图收复失地（后晋覆亡，阶〔甘肃省陇南市武都区东〕、成〔甘肃省成县〕、秦〔甘肃省秦安县西北〕三州投降后蜀，参考九四七年正月九日；凤州〔陕西省凤县〕继而投降，参考九四七年四月二十日），派皇家礼宾总监（客省使）赵季札，巡查边防。赵季札自认为文武全才，回京（首都成都府）之后，奏报说："雄武（总部秦州）司令官（节度使）韩继勋、凤州（陕西省凤县）州长王万迪，都不是将领人才，不能够抵挡强敌。"孟昶（孟仁赞）问说："那么，谁可以担任统帅？"赵季札推荐自己。

三月二十七日，孟昶（孟仁赞）命赵季札当雄武（总部秦州）总监军官（监军使），派中央禁军精锐一千人，当他的警卫部队。

**10** 后周帝（二任世宗）郭荣（柴荣）因首都开封府所在地大梁城（河南省开封市），城厢狭小，决定扩充。

夏季，四月十七日，郭荣（柴荣）下诏，命把大梁外城，向外拓移，先在预定地段，插立界标。准备本年（九五五）冬季，农民闲暇时，动工修筑，等到明年（九五六）春天，农事开始，暂时停工，等到冬天，再继续施工，逐渐完成。并且下令：今后民间坟地，都应远在界标七华里以外，界标以内由县政府规划街巷、仓库、军营，以及政府机关用地。多余的空地，由人民随意兴建家宅。

**11** 四月十八日，后蜀帝（二任）孟昶（孟仁赞）命主管帝国参谋总部（知枢密院）王昭远，巡视北方边界各城，检阅边防部队。

**12** 后周帝（二任世宗）郭荣（柴荣）对宰相们说："我常常思考怎么才可以把帝国治理好，却得不到要领，即令睡觉吃饭的时候，也都念念不忘。自从后唐、后晋以来，东吴（南吴及南唐）、巴蜀（前蜀及后蜀）、幽州（辽国）、并州（后汉）等地区，分别跟中原隔绝，不能统一。希望中央官员撰写《当帝王固难，当臣属也不易论》，跟《开疆扩土策略》各一篇，给我参考。"

国务院司法部审计司司长（比部郎中）王朴提出论文，说：

"中国所以四分五裂，先后失去东吴（南吴及南唐）、巴蜀（前蜀与后蜀）、幽州（辽国）、并州（后汉），都起因于政府公权力瓦解和社会秩序混乱。今天，必须探讨失败的真正原因，才能建立起改革的轨道。当初开始时，不外乎君王昏庸、臣属邪恶，军队骄傲凶暴，人民贫穷困苦，奸党在内部如火如荼，武夫在外面蛮横疯狂。种种现象，开始时很小，以后逐渐扩大；起初还被姑息掩饰，后来逐渐呈现到台面，不可收拾。要想改革，最有效的方法，是反其道而行。

"擢升贤能的人，斥退无能的人，是收揽人才的方法。推恩施惠，诚信相待，是团结民心的方法。奖赏有功的人，惩罚有罪的人，是使人负责任、尽忠心的方法。戒除奢侈，厉行节约，是增加国家财富的方法。配合农耕的时间征调劳役，依照实际的收成减少田赋捐税，是藏富于民的方法。等到人才已经聚集，政治已经走上轨道，财富充实，人民对政府生出信心，然后妥善运用，任何巨大的勋业，都可完成。

“这时候，敌人发现我们势必向他们采取攻击，则了解他们内情的人，一定愿当我们的间谍；熟悉他们山川地理的人，一定会当我们的向导。民心倾向我们，也就是天意倾向我们。凡主动夺取，必须先夺取容易夺取的。南唐（首都金陵府）跟我们疆土相接，边界几乎有二千华里，最容易使对方疲于奔命。我们的攻击，当在他们没有戒备的地方着手，他们防备东边，我们攻击西边；他们防备西边，我们则攻击东边，他们势必东奔西跑，到处援救。从他们军队调遣的情形，就可以探听出他们的虚实强弱，然后躲开他们的主力，攻击他防御单薄的地方；避开强硬据点，攻击脆弱要害。不需要浩浩荡荡，出军征讨，而仅由轻快部队出动骚扰，就可达到目的。南方人天性胆小懦弱，接到边界小小警讯，一定动员最大兵力赴援，大军连连出动，不可避免的，人民会陷于贫穷，财力会终于枯竭。对方如果不出动最大兵力，我们就利用他们的空虚，一举夺取。这样的话，长江以北各州，就归我们所有，既夺取江北，则利用他们的人力，由我们指挥，长江以南也容易到手。

“得到江南（南唐）之后，对于岭南（南汉）、巴蜀（后蜀），只要传递一份军令，就可平定。南方统一之后，燕云十六州之地（参考九三六年十一月），将会望风归附。如果不归附，则把南征大军，调作北伐，就像卷草席一样，可以一卷而平。只有河东（后汉）是誓不两立的仇敌，恩情诚信，毫无用处，只有对决一途，应该用强大的兵力，把他们摧毁。然而，他们自从高平之役（参考去年〔九五四〕三月）战败，力量衰竭，士气沮丧，未必能成为我们的边患，所以不妨作为最后一个吞并的目标，等到天下太平，然后抓住机会，一次出击，就可以擒获。

“而今，兵强马壮，武器铠甲，都精良充分，军令如山，将领们尽忠献力。明年（九五六）之后，随时可以出动，今年（九五五）夏秋之季，就应该积蓄粮食，充实边防。”

郭荣（柴荣）高兴的接受王朴的建议，当时，文武百官大多数苟且偷安，所提出的意见，很少有可取之处。只有王朴，意气焕发，企图心强，谋略有深度，而又果断，所作的规划设计，都合郭荣（柴荣）的心意，郭荣（柴荣）敬重他的器宇。不久，擢升他当监督院高级顾问官（左谏议大夫）、主管首都开封特别市政府（知开封府事）。

郭荣（柴荣）计划收回秦（甘肃省秦安县西北）、凤（陕西省凤县）二州，物色西征军统帅，宰相王溥推荐宫廷事务南院总监（宣徽南院使）、镇安（总部陈州）司令官（节度使）向训。郭荣（柴荣）命向训跟凤翔（总部凤翔府）司令官（节度使）王景、皇家礼宾总监（客省使）高唐（山东省高唐县）人昝居润（昝，音zǎn〔攒〕），一同出发。

五月一日，王景出动军队，自散关（陕西省宝鸡市西南）直指秦州（甘肃省秦安县西北）。

郭荣（柴荣）下诏，命全国各地寺院庙宇，除非有皇帝特准兴建的匾额，其他的一律拆除。禁止私自剃度和尚尼姑，凡是想出家的人，必须得到祖父母、父母、伯父、叔父的同意。只有两京（东京开封府、西京河南府）、大名府（河北省大名县）、京兆府（陕西省西安市）、青州（山东省青州市），可以设立剃度戒坛。禁止和尚舍身（南梁一任帝萧衍舍身同泰寺，参考五二七年三月）、砍断手足、炼指（把香枝束在手指上点燃）、挂灯（和尚裸体，用铁钩遍钩全身肌肉，每一钩悬挂一盏小灯，贮满油脂，用火点燃，俗称“燃肉身灯”）、带钳（脚镣手铐）之类足以迷惑愚夫愚妇的行为。命两京（东京开封府、西凉河南府）及各州，每年编造僧侣名册，有死亡、还俗的，随时注销。本年（九五五），全国寺院庙宇还在的有二千六百九十四座，被拆除的有三万零三百三十六座，现有和尚四万二千四百四十四人、尼姑一万八千七百五十六人。

后周西征军统帅王景，一连攻克黄牛（陕西省凤县东北黄牛铺镇）等八个营寨。

**13** 五月十一日，后蜀帝（二任）孟昶（孟仁赞）命捧圣控鹤总指挥官（捧圣控鹤都指挥使）、兼保宁（总部阆州）司令官（节度使）李廷珪当北方军团总指战官（北面行营都统）；命左卫圣步兵总指挥官（左卫圣步军都指挥使）高彦俦当征剿司令（招讨使），命武宁（总部徐州）司令官（空头官衔。此时徐州属后周〔首都开封府〕）吕彦珂，当高彦俦的副手，另命皇家礼宾总监（客省使）赵崇韬当总辅导官（都监）。

赵季札自京师（首都成都府）北上，走到德阳（四川省德阳市），听到后周（首都开封府）西征军已经进入边境，大为恐惧，不敢前进，上疏请求解除边防重任，召回京师（首都成都府）面奏国事；一面把他的家财和小老婆以及侍女，先行送回。

五月二十日，赵季札单人匹马，奔入成都（四川省成都市），官民认为前线失败，全城震恐。孟昶（孟仁赞）问他有关军情，赵季札完全回答不出，孟昶（孟仁赞）大怒，把他囚禁总监察署（御史台）。

五月二十七日，把赵季札绑到崇礼门外，斩首。

**14** 六月三日，后周帝（二任世宗）郭荣（柴荣）在宫内御花园，亲自审问囚犯。汝州（河南省汝州市）人马遇的老爹及老弟，都被地方司法官诬害致死，屡次上诉审理，不能伸冤，直到郭荣（柴荣）亲自盘问，才发现真相，人们认为郭荣（柴荣）英明如神。自此，地方政府首长没有人不亲自审讯案件。

**15** 六月五日，后周（首都开封府）西征军跟后蜀（首都成都府）北伐军统帅李廷珪等，在威武（陕西省凤县东北）城东会战，失利，后周阵地督战官（排阵使）濮州（山东省鄄城县）州长胡立等，被后蜀军生擒。

六月十日，后蜀帝（二任）孟昶（孟仁赞）派使节从小路前往后汉（首都太原府）及南唐（首都金陵府），计划三国同时出兵制裁后周（首都开封府）。后汉帝（四任睿宗）刘承钧（本年三十岁）及南唐帝（二任元宗）李璟（徐景通），全都应许。

**16** 六月十二日，后周（首都开封府）命彰信（总部曹州）司令官（节度使）韩通，当西南方面军步骑兵总纠察官（西南行营马步军都虞候）。

**17** 六月二十一日，南汉帝国（首都兴王府〔广东省广州市〕）皇帝（三任中宗）刘弘熙（刘晟，本年三十六岁），诛杀祯州（广东省惠州市）司令官（节度使）通王刘弘政；于是一任帝（高祖）刘岩（刘龑）的儿子全部死光（只剩下刘弘熙一人）。

**18** 六月二十五日，后周帝（二任世宗）郭荣（柴荣）命皇家文学侍从院院长（翰林承旨）清河（河北省清河县）人张美当右领军（卫军第八军）大将军，暂时主持中央财政三单位管理总监署（权点检三司事）。最初，郭荣（柴荣）镇守澶州（河南省濮阳市）时，张美负责州库应缴中央财政三单位管理总监署的财物，郭荣（柴荣）有时私下求他通融，张美总是想尽办法供应。一任帝（太祖）郭威听到，大为震怒，但又恐怕太伤害郭荣（柴荣），于是只贬张美当濮州（山东省鄄城县。属镇宁战区〔总部澶州〕）步骑兵总纠察官（步骑军都虞候）。张美处理财务，精细敏捷，当时很少有人赶得上，所以郭荣（柴荣）把财政大权交给他。南征北讨，军需从不缺乏，都是张美的贡献。然而想起来他在澶州（河南省濮阳市）时的作为，总不认为他是无私的公正忠心。

秋季，七月一日，郭荣（柴荣）命王景兼西南方面军总征剿司令（兼西南行营都招讨使），命向训兼兵马总辅导官（兵马都监）。宰相们认为王景等出军已经很长一段时间，没有进展，粮食运输难以供应，一再建议停战。郭荣（柴荣）派赵匡胤前去视察，回来后，赵匡胤强调秦（甘肃省秦安县西北）、凤（陕西省凤县）等州绝对可以夺取，郭荣（柴荣）同意。

八月十一日，副立法长（中书侍郎）、二级实质宰相（同平章事）景范，被免除主管中央财政三单位管理总监署（判三司）职务，不久，又因老爹逝世，被解除所有官职。

西征军统帅王景等，击败后蜀（首都成都府）边防军，俘获官兵三百人。

**19** 八月二十三日，后蜀帝（二任）孟昶（孟仁赞）派奏章管理官（通奏使）、主管帝国参谋总部（知枢密院）、武泰（总部黔州）司令官（节度使）伊审徵，往前线慰劳官兵，一方面严厉督战。

**20** 后周帝（二任世宗）郭荣（柴荣）认为政府长久以来，没有铸钱，民间又把钱熔化，制造日常使用的器具，或铸成佛像，钱的数目越发减少。 

九月一日，郭荣（柴荣）下令成立造币厂，开采铜矿铸钱。规定除非是政府法定物品和军械武器上的铜器，以及寺庙里的钟、磬、钹、锣之类，应该继续保存外，其他民间所有的铜器、佛像，限五十天之内，全部缴给政府，由政府支付价款。超过五十天仍不交出的，五斤以上，可判死刑，不到五斤的，以多寡定罪。郭荣（柴荣）对左右侍从官员说："你们不必为了摧毁佛像，替我担忧。佛祖劝人向上，感化众生，只要一心向善，就是敬奉佛祖。那些铜像难道真的是佛？而且我听说过，佛祖的目的，只在造福别人，纵使眼睛、头颅，都可以施舍。如果施舍我的身子可以拯救人民，我不爱惜我的身子。"

像郭荣（柴荣），可以称为仁慈，不爱他的身体而爱人民。像郭荣（柴荣），可以称为英明，不让无益的事妨碍有益的事。

**21** 后蜀（首都成都府）北伐军统帅李廷珪，派先锋总指挥官（先锋都指挥使）李进，进驻马岭寨（陕西省凤县西），又派突击部队穿过斜谷（陕西省太白县境），进驻白涧（陕西省凤县东北）；又派军从凤州（陕西省凤县）北方唐仓镇及黄花谷出发，切断后周（首都开封府）西征军的粮运路线。

闰九月，后周西征军统帅王景，派初级将领张建雄，率军二千人抵达黄花谷（陕西省凤县北），又派一千人直向唐仓（陕西省凤县东北黄花谷南），控制后蜀军的退路。后蜀宫廷染坊管理官（染院使）王峦，率军从唐仓（陕西省凤县东北黄花谷南）出发，跟后周张建雄军在黄花谷（陕西省凤县北）会战，后蜀军失败，逃奔唐仓（陕西省凤县东北黄花谷南），途中遇到后周军，又被击败，王峦跟他的将士三千人，全被俘虏；马岭寨（陕西省凤县西）、白涧镇（陕西省凤县东北）后蜀军，全都崩溃；李廷珪、高彦俦等，退到青泥岭（陕西省略阳县西北）据守。后蜀雄武（总部秦州）司令官（节度使）兼最高监督长（兼侍中，使相）韩继勋，放弃秦州（甘肃省秦安县西北），奔回成都（四川省成都市）；行政执行官（观察判官）赵玭，献出城池，投降后周。而出斜谷（陕西省太白县境）的后蜀援军，也都瓦解，成（甘肃省成县）、阶（甘肃省陇南市武都区东）二州，分别向后周投降。后蜀人心震恐。赵玭，是澶州（河南省濮阳市）人。郭荣（柴荣）打算任命他当战区司令官（节度使），宰相范质强烈反对，乃改命他当郢州（湖北省钟祥市）州长。

**22** 闰九月十七日，后周（首都开封府）文武百官进宫祝贺西征军的胜利，后周帝（二任世宗）郭荣（柴荣）举起酒杯向王溥致敬说："边疆战胜，四州重回版图（事实上，此时后周军只夺得秦、成、阶三州；凤州仍未攻克），是你推荐统帅的功劳！"

闰九月二十九日，郭荣（柴荣）跟高层官员在万岁殿共同进餐，感慨说："这两天气温陡地降低，十分寒冷，我却在皇宫里吃山珍海味，想起对人民并没有功劳，却坐在这里享受上天恩典。我既不能去种田吃饭，只有亲冒乱箭飞石，为人民除害，心里才能勉强平静。"

**23** 冬季，十月一日，后蜀（首都成都府）败军统帅李廷珪上疏请求处罚。

十月八日，伊审徵抵达首都成都，也请求处罚。后蜀帝（二任）

孟昶（孟仁赞）宽恕不再追究。

孟昶（孟仁赞）写信给后周帝（二任世宗）郭荣（柴荣），请求和解，自称“大蜀皇帝”。郭荣（柴荣）对他自抬身价，很不高兴，所以不作回答。孟昶（孟仁赞）越发恐惧，于是招兵买马，分别在剑门（四川省剑阁县北剑门关镇）、白帝（重庆市奉节县东）囤积军粮，准备守卫。可是招募的士卒一多，国库就不够开支。这才开始铸造铁钱，向民间征收铁器，民间苦不堪言。

**24** 南唐帝（二任元宗）李璟（徐景通）性情温和柔顺，爱好文学，喜欢别人拍自己的马屁，于是大批马屁精进入政府，政治风气遂一天比一天腐败。接着又攻克建州（闽国。参考九四五年八月）、击破湖南（南楚。参考九五二年十月），越发骄傲，有吞并天下、横扫四海的壮志。所以中原每发生动乱，诸如李守贞（参考九四八年三月）、慕容彦超（参考九五二年正月）叛变，李璟（徐景通）都派出军队声援。又派使节从东海前往辽国（首都临潢府）及后汉（首都太原府），相约对中原南北夹攻。这时候，中原不断改朝换代，没有时间跟南唐（首都金陵府）计较。

先前，每年冬季，都是枯水时期，淮河水位低浅，两岸居民，可以步行蹚水而过。南唐政府常派军沿岸戒备，称为“把浅”（自安徽省霍邱县到河南省潢川县一段）。后来，寿州（安徽省寿县）监军宦官（监军）吴廷绍，认为列国对抗时代，已成过去，不可能再有沙场战争，边防“把浅”部队坐在那里，白白浪费国家粮饷，于是全部撤除（错误的决策是导致衰亡的先声，后周政府应该给吴廷绍一个感谢状）。清淮（总部寿州）司令官（节度使）刘仁赡上疏竭力反对，中央当权官员全听不进去。

**25** 十一月一日，后周帝（二任世宗）郭荣（柴荣）任命李谷当淮南（淮河以南的南唐国土）前锋特遣兵团野战司令官（淮南道前军行营都部署）兼主管庐（安徽省合肥市）、寿（安徽省寿县）特遣总部（兼知庐寿等行府事），命忠武（总部许州）司令官（节度使）王彦超当副手，率领皇家侍卫军骑兵总指挥官（侍卫马军都指挥使）韩令坤等十二位将领，向南唐（首都金陵府）发动攻击。韩令坤，是磁州（河北省磁县）武安（河北省武安市）人。

**26** 汴水（流经河南省开封市南）自从唐王朝末年溃决，自埇桥（安徽省宿州市）东南，积成一片污秽的庞大沼泽。后周帝（二任世宗）郭荣（柴荣）计划对南唐（首都金陵府）进攻，先派武宁（总部徐州）司令官（节度使）武行德，征调民夫，沿着旧有堤岸修堵疏导，东端直到泗水（淮河支流）。大家议论纷纷，认为很难成功。郭荣（柴荣）说：“几年之后，就可以得到利益。”

十一月十三日，郭荣（柴荣）跟左右侍从官员讨论刑罚奖赏。郭荣（柴荣）说：“我一定要做到：不因发怒处罚别人，也不因喜欢赏赐别人。”

先前，大梁（首都开封府所在城）旧城里面，居民盖房舍时，往往侵占路面，以致街道狭窄，能通行马车的很少。郭荣（柴荣）下令全部拓宽，最宽的有三十步，并把旧城里的坟墓，迁到新城界标以外。郭荣（柴荣）说：“最近，京师（首都开封府）拓宽工程，对在世的人和地下的鬼魂，有很大惊动，怨恨诅咒的话，我自己承当。有一天，人们会享受到成果。”

西征军统帅王景等包围凤州（陕西省凤县），韩通率分遣部队修筑固镇（甘肃省徽县）城池，阻截后蜀（首都成都府）援军。

十一月十四日，王景攻克凤州（陕西省凤县），生擒后蜀威武（总部凤州）司令官（节度使）王环及总辅导官（都监）赵崇溥等官兵五千人。

赵崇溥绝食而死。王环，是真定（河北省正定县）人。 

十一月二十一日，郭荣（柴荣）下令赦免秦（甘肃省秦安县西北）、凤（陕西省凤县）、阶（甘肃省陇南市武都区东）、成（甘肃省成县）四州境内俘获的后蜀将士，愿意留下的，给他们优厚的薪俸赏赐，愿意回去的，给他们路费行装，送他们上路。诏书说："为了安抚人心，免得违背人性，四州人民，除了田赋房捐两项税款，继续征收之外，凡后蜀政府所有的捐税差役，全部撤销。"

**27** 南唐（首都金陵府）军民听到后周（首都开封府）大军就要南下，十分恐慌，只清淮（总部寿州）司令官（节度使）刘仁赡神色不改，部署防御，跟平常一样，人心稍微安定。南唐帝（二任元宗）李璟（徐景通）派神武（卫军第五、六军）统军刘彦贞，当北方特遣兵团野战司令官（北面行营都部署），率军二万人，增援寿阳（寿州州政府所在县）；命奉化（总部江州）司令官（节度使）、遥兼二级宰相（同平章事，使相）皇甫晖当援军司令（应援使）；命常州（江苏省常州市）民兵司令（团练使）姚凤，当支援军总辅导官（应援都监），率大军三万人，进驻定远（安徽省定远县）。又召唤镇南（总部洪州）司令官（节度使）宋齐丘返回首都金陵（江苏省南京市），共同讨论突发的灾难。又命皇家文学侍从院院长（翰林承旨）、国务院财政部长（户部尚书）殷崇义，当国务院文官部长（吏部尚书）、主管帝国参谋总部（知枢密院事）。

**28** 后周（首都开封府）南征军统帅李谷等在淮河上建造浮桥，从正阳（西正阳，安徽省颍上县东南淮河渡口〔正阳也属双子城，淮河西岸属后周，称西正阳；淮河东岸属南唐，称东正阳。淮河贯穿其中〕）南渡淮河。

十二月十日，李谷奏报说，王彦超在寿州（安徽省寿县）城下，击

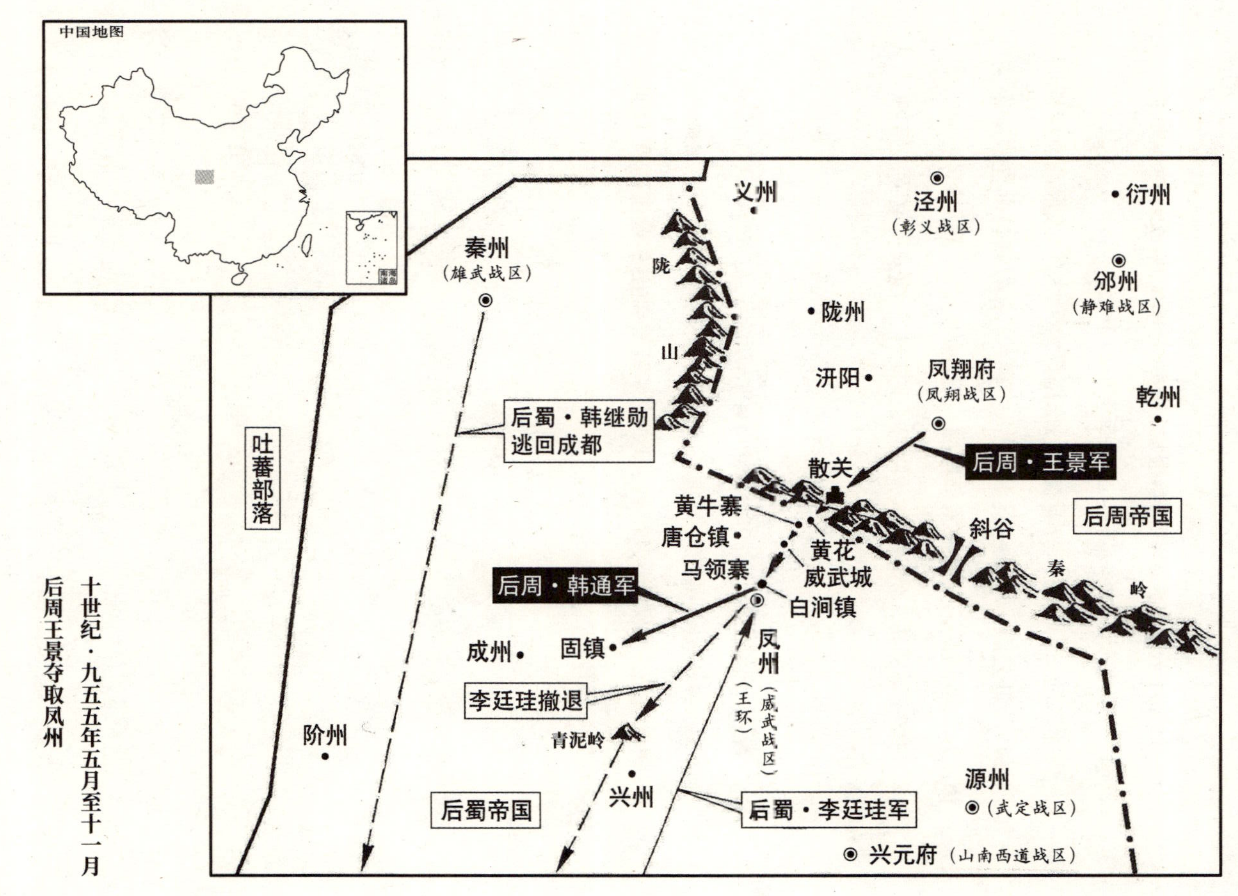


十世纪·九五五年五月至十一月

后周王景夺取凤州

败南唐军二千余人。

十二月十五日，李谷再奏报说：先锋总指挥官（先锋都指挥使）白延遇，在山口镇（安徽省寿县东）击败南唐军一千余人。

十二月二十二日，帝国参谋总部指挥官（枢密使）兼最高监督长（兼侍中）、韩公爵（忠正公）郑仁诲逝世。郭荣（柴荣）亲自前往丧家祭悼，左右侍从认为天文法术师推演，现在的时辰不对，郭荣（柴荣）说："领袖与部属，情义重大，讲什么时辰！"前去丧宅哭泣祭悼，极为哀伤。

**29** 吴越王国（首都杭州〔浙江省杭州市〕）国王（五任忠懿王）钱弘俶（本年二十七岁），派元帅府执行官（元帅府判官）陈彦禧，到后周（首都开封府）朝见进贡。后周帝（二任世宗）郭荣（柴荣）命他出兵攻击南唐（首都金陵府）的后背。

# 九五六年 丙辰

| | | |
|---|---|---|
| 后汉 | 乾祐 | 九年 |
| 后周 | 显德 | 三年 |
| 南唐 | 保大 | 十四年 |
| 吴越 | 显德 | 三年 |
| 南汉 | 乾和 | 十四年 |
| 南平 | 显德 | 三年 |
| 后蜀 | 广政 | 十九年 |
| 辽 | 应历 | 六年 |

**1** 春季，正月二日，后周帝国（首都开封府〔河南省开封市〕）皇帝（二任世宗）郭荣（柴荣，本年三十六岁），任命王环当右骁卫（卫军第六军）大将军，奖励他拒绝投降的行为（王环是后蜀将领，守凤州〔陕西省凤县〕不降，参考去年〔九五五〕十一月）。

正月三日，南征军统帅李谷奏报说：在上窑（安徽省淮南市东北上窑镇）击败南唐军（首都金陵府〔江苏省南京市〕）一千余人。

正月四日，征调开封府（河南省开封市）、曹（山东省菏泽市定陶区）、滑

（河南省滑县）、郑（河南省郑州市）等州府农民十余万人，修筑大梁（首都开封府所在城）外城。

正月六日，后周帝（二任世宗）郭荣（柴荣）下诏御驾亲征，向南唐（首都金陵府）发动攻击。命宫廷事务南院总监（宣徽南院使）、镇安（总部陈州）司令官（节度使）向训，暂代东京（首都开封府）留守长官，命端明殿文学侍从官（端明殿学士）王朴当副留守长官，命彰信（总部曹州）司令官（节度使）韩通，暂管皇家侍卫亲军司令部（权点检侍卫司），充任京师（首都开封府）内外总巡查官（在京内外都巡检）。命皇家侍卫亲军总指挥官（侍卫都指挥使）、归德（总部宋州）司令官（节度使）李重进，率军先往正阳（西正阳，安徽省颍上县东南淮河西岸），命河阳（总部孟州）司令官（节度使）白重赞率亲兵三千人，进驻颍上（安徽省颍上县）。

正月八日，郭荣（柴荣）从大梁（首都开封府所在城）出发。

南征军统帅李谷进攻寿州（安徽省寿县），很久不能攻克。南唐援军统帅刘彦贞率军增援，抵达来远镇（即东正阳，安徽省寿县西南淮河东岸），距寿州（安徽省寿县）二百华里（二地航空距离二十五公里），派战舰好几百艘，向寿州进发，势将攻击后周军所建的浮桥。李谷畏惧，召集各将领商量说："我们军队都是北方人，不会水上作战，敌人如果切断浮桥，围城军腹背受到夹击，大家都不能回去。不如全力守卫浮桥，等待皇上御驾。"郭荣（柴荣）抵达圉镇（河南省杞县西南圉镇镇），听到李谷的决定，立即派宦官乘驿马前往阻止。可是等到宦官抵达，围城军已烧毁粮食草料，退回正阳（西正阳，安徽省颍上县东南淮河西岸）。

正月十三日，郭荣（柴荣）抵达陈州（河南省周口市淮阳区），立即派李重进率军急行军直向淮河。

正月十七日，李谷奏报说："南唐舰队在淮河中央前进，强弓石炮都打不到，如果浮桥陷落，军心一定动摇，势将全盘撤退。而今，敌舰每天前进，淮河水位每天上涨，皇上如果亲临，万一粮道断绝，危险的程度，难以预测。建议陛下暂时停留陈（河南省周口市淮阳区）、颍（安徽省阜阳市）二州。等李重进抵达后，我跟他共同研究，如果敢肯定敌舰可以抵御、浮桥可以保持，当立刻奏报。不过，我想如果随时充实战备，我们即令春天撤退，冬天还会再来，足可使敌人疲惫不堪，到时候再发动攻击，也不算晚。”郭荣（柴荣）看到，大不高兴。

**2** 南唐（首都金陵府）援军统帅刘彦贞（参考去年〔九五五〕十一月），一生荣华富贵，对人态度傲慢，既没有才干智略，也不懂军事，历任战区司令官（节度使），只知道贪赃枉法，累积的家财高达万亿之多，用来贿赂当权重要人物，因此宰相魏岑等对他互相争着称赞，认为他治理民众的能力犹如龚遂（参考前六六年十二月）、黄霸（参考前五五年二月），指挥大军作战的能力好像韩信（参考前二〇六年七月）、彭越（参考前二〇七年二月），所以后周军队南下，南唐帝（二任元宗）李璟（徐景通）首先起用他担任统帅。刘彦贞的部将咸师朗等都是粗汉，没有智谋，只有勇敢。听到李谷撤退消息，大为欢喜，率军直抵正阳（东正阳，安徽省寿县西南正阳关镇〔淮河东岸〕），沿途旌旗招展，辎重车辆连绵，长达数百华里。清淮（总部寿州）司令官（节度使）刘仁赡及池州（安徽省池州市贵池区）州长张全约，一再劝他停止，刘仁赡强调说：“你的主力部队还没有到，敌人就先逃走，是畏惧你的声威，何必速战速决？万一不太顺利，大事就一去不返。”刘彦贞不接受。大军开拔后，刘仁赡说：“他如果跟对方遭遇，一定失败！”于是增加城防兵力，严密戒备。后周将领李重进渡淮河迎击，在正阳（东正阳）东会战，大破南唐军，斩刘彦贞、生擒咸师朗，杀一万余人，尸体横在路上，长达三十华里，掳获物资军械三十余万。当时，江淮一带（华东地区），长期以来，都是太平盛世，人民不习惯战争，刘彦贞失败，南唐全国惊恐，张全约率残兵败将逃奔寿州（安徽省寿县），刘仁赡上疏推荐张全约当步骑兵左翼总指挥官（马步左厢都指挥使）。皇甫晖、姚凤，退守清流关（安徽省滁州市西北）。滁州（安徽省滁州市）州长王绍颜放弃城池，逃走。

**3** 正月十八日，后周帝（二任世宗）郭荣（柴荣）抵达永宁镇（安徽省阜阳市东南五十公里），对左右侍从说："听说寿州（安徽省寿县）已经解围，到城里逃难的农民，都各自回到各自的村庄，现在大军又到，势必再度逃到城里躲避。在长期围困下，他们只有饿死，想到这里，十分怜悯，应该先派使节前去各地向他们解释劝导，让他们安居乐业。"

正月二十日，郭荣（柴荣）抵达正阳（西正阳，安徽省颍上县东南淮河西岸），命李重进代替李谷当淮南地区特遣兵团总征剿司令（淮南道行营都招讨使），调李谷主管寿州特遣政府（判寿州行府事）。

正月二十二日，郭荣（柴荣）到寿州城下，在淝水（东淝河）以北扎营，下令各路人马包围寿州，把架在正阳（西正阳跟东正阳之间）水面的浮桥，移到下蔡镇（安徽省凤台县）。

正月二十三日，征召宋（河南省商丘市）、亳（安徽省亳州市）、陈（河南省周口市淮阳区）、颍（安徽省阜阳市）、徐（江苏省徐州市）、宿（安徽省宿州市）、许（河南省许昌市）、蔡（河南省汝南县）等州民夫几十万人，猛烈攻城，日夜不停。南唐（首都金陵府）军一万余人及水上战舰，驻扎淮河南岸，而在涂山（安徽省怀远县东南）之下扎营。

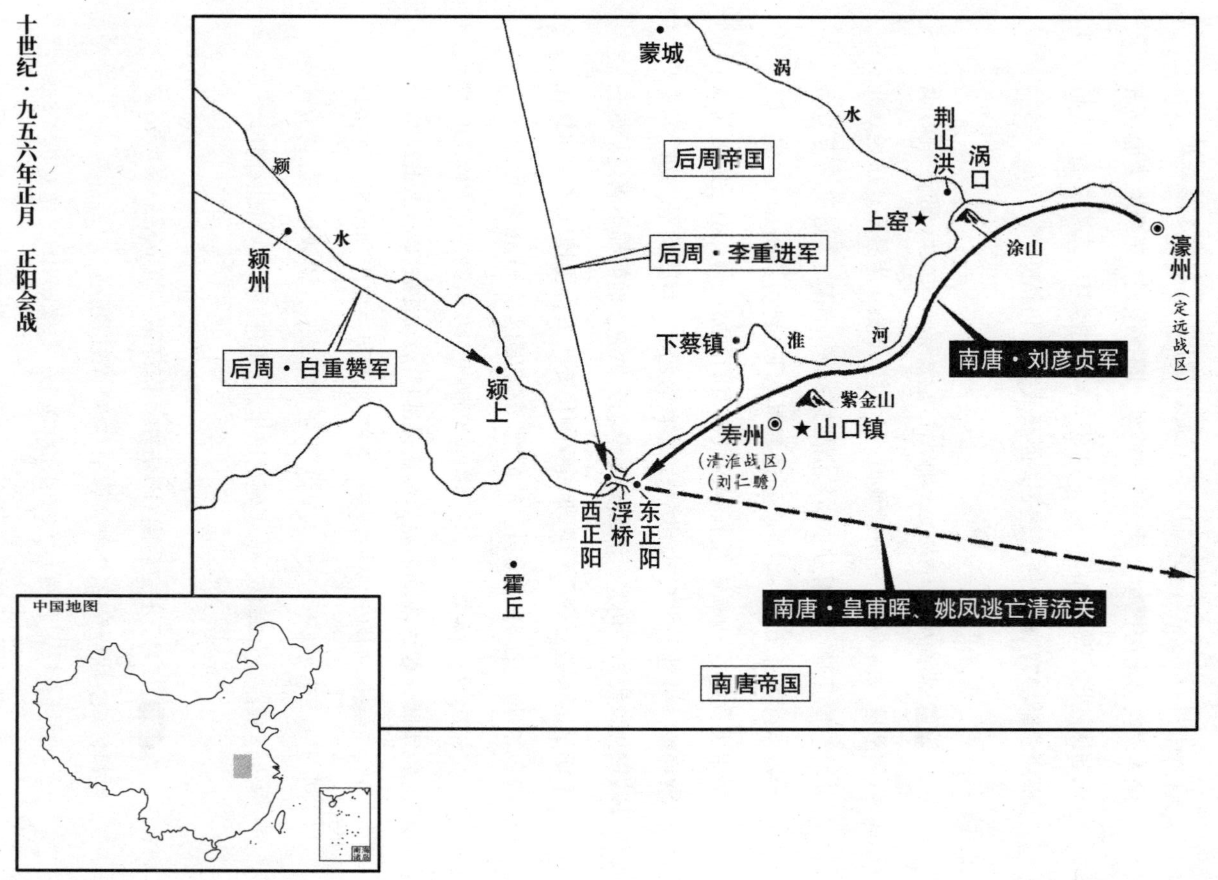


十世纪·九五六年正月　正阳会战

正月二十六日，郭荣（柴荣）命赵匡胤出动，赵匡胤率骑兵一百余人，攻击南唐援军大营，稍一接触，即行撤退，等到南唐追兵进入埋伏阵地，就在涡口（涡河注入淮河处，安徽省怀远县），大败南唐军，斩南唐总辅导官（都监）何延锡等，俘获战舰五十余艘。 660

**4** 湖南地区（南楚故土，湖南省），后周帝（二任世宗）郭荣（柴荣）命武平战区（总部设朗州〔湖南省常德市〕）司令官（节度使）兼最高立法长（兼中书令，使相）王逵，当南方军团总指战官（南面行营都统），进攻南唐（首都金陵府）的鄂州（湖北省武汉市）。王逵率军东下，经过岳州（湖南省岳阳市），岳州民兵司令（团练使）潘叔嗣用最丰富的酒席招待，对王逵更是恭敬谨慎，可是王逵左右摇尾系统，有的乞求、有的勒索，纷纷向潘叔嗣榨取财宝。可是，潘叔嗣无论怎么供应，他们都不满足，这些不满足的人在王逵面前诬称潘叔嗣将要叛变，王逵愤怒，而且在脸色和谈话间，不掩饰自己的愤怒，潘叔嗣大为恐惧，神色不安。

南唐帝（二任元宗）李璟（徐景通，本年四十一岁）听到湖南（南楚故土，湖南省）军队就要进攻的消息，命武昌战区（总部设鄂州〔湖北省武汉市〕）司令官（节度使）何敬洙坚壁清野，把四郊农民，聚集到城里，准备长期抵抗。何敬洙不接受，反而派军铲除草木，开辟战场，说：“敌人来到，我跟全体军民，一块死在这里。”李璟（徐景通）对他称许。

**5** 二月三日，后周（首都开封府）南征军兴筑下蔡（安徽省凤台县）浮桥完成，后周帝（二任世宗）郭荣（柴荣）亲往观察。

二月五日，后周庐（安徽省合肥市）、寿（安徽省寿县）、光（河南省潢川县）、黄（湖北省黄冈市黄州区）巡查官（巡检使）、元城（河北省大名县）人司超（司，姓），奏报说：在盛唐（安徽省六安市）击败南唐军（首都金陵府）三千余人，生擒总辅导官（都监）高弼等，俘获战舰四十余艘。

郭荣（柴荣）命赵匡胤急行军袭击清流关（安徽省滁州市西北）。南唐（首都金陵府）将领皇甫晖等，在山下筑阵，正跟后周先锋部队厮杀，赵匡胤率军从山后突然出现，皇甫晖等大吃一惊，立即退守滁州（安徽省滁州市），打算砍断桥梁，固守城池。赵匡胤跨马冲刺，挥军蹚过河水，直到城下。皇甫晖说："人，各人效忠各人的君王，可不可以等我们布好阵势，再行交战。"赵匡胤笑笑答应。皇甫晖整理好部队出城，赵匡胤前身趴下，一手搂住马颈，一面拿着武器，大声号叫，冲进敌阵，呼唤说："我只杀皇甫晖一个人，其他的人都不是敌手。"一剑击中皇甫晖的脑部，皇甫晖栽倒马下，遂被生擒，同时生擒姚凤，攻克滁州（安徽省滁州市）。几天后，赵匡胤的老爹赵弘殷，担任骑兵副总指挥官（马军副都指挥使），率军于半夜抵达滁州（安徽省滁州市）城下，命人传话开门，赵匡胤说："父子虽是至亲，可是，城门却是帝国的重要设施，不敢接受老爹的命令。"

郭荣（柴荣）派皇家文学侍从官（翰林学士）窦仪，整理清查滁州（安徽省滁州市）库藏，赵匡胤命亲信侍从索取绢绸，窦仪说："你当初攻陷城池时，把库藏全部搬走，也没有关系。现在政府既经登记，就是国家财产，除非皇上诏书，不可以私自处理。"赵匡胤因此对窦仪十分敬重。郭荣（柴荣）命左金吾卫（卫军第十一军）将军马崇祚，代理滁州（安徽省滁州市）州长。

最初，永兴（总部京兆府）司令官（节度使）刘词逝世时，遗疏推荐他的幕僚、蓟县（北京市）人赵普，很有才干，可以担当大事。正巧，克复滁州（安徽省滁州市），宰相范质推荐赵普当滁州（安徽省滁州市）军事执行官（军事判官），赵匡胤跟他谈话，大为欣赏。当时，捕获强盗一百余人，应该立即斩首，赵普请求先经过审讯，再下判决，救活的占十分之七八。赵匡胤更觉得他是一个奇人。

赵匡胤的威名一天比一天高，每次出战，战马以及铠甲武器，都用很多彩带扎成的绣球装饰，耀眼明亮，有人说：“你这样做，是提供敌人一个明显的目标。”赵匡胤说：“我就是要敌人认识我是谁！”

**6** 南唐帝（二任元宗）李璟（徐景通）派泗州（江苏省盱眙县淮河北岸）营门官（牙将）王知朗，携带皇家书信，前往徐州（江苏省徐州市）呈递，上写：“南唐皇帝敬上书后周皇帝，请求结束战争，恢复和平，愿以事兄长之礼事奉大国，并贡献财货，作为军需。”

二月十一日，徐州（江苏省徐州市）把这封信呈报，郭荣（柴荣）不作回答。

二月十五日，郭荣（柴荣）命前武胜（总部邓州）司令官（节度使）侯章等攻击寿州（安徽省寿县）军港，把西北角堤防破坏，把港湾里的水引导进淝水（淮河支流东淝河）。

赵匡胤派人押解皇甫晖等，送到御营，皇甫晖伤势沉重，躺在担架上晋见郭荣（柴荣），说：“我并不是不愿尽忠故主，只因两国士卒的勇敢和懦弱，有明显的差别。我从前曾很多次跟辽国（首都临潢府）作战（皇甫晖是导致后唐一任帝李存勖灭亡的兴唐兵变男主角〔参考九二六年二月〕，后来，辽军入侵，投奔南唐〔参考九四七年正月〕，曾驻防瓦桥〔河北省雄县〕，有和辽军作战的经验），从没有见过这么强悍的战士。”接着极力称赞赵匡胤的英勇。郭荣（柴荣）把他释放，过了几天，逝世。

郭荣（柴荣）从情报上发现扬州（江都府，江苏省扬州市）没有戒备。

二月十六日，命韩令坤等率军奇袭，告诫他不可以伤害平民；对李姓皇家的坟墓，应派人会同李姓家属，一同守护。

李璟（徐景通）因国防军不断战败，恐怕亡国，于是采取和平攻势，派皇家文学侍从官（翰林学士）、国务院财政部副部长（户部侍郎）钟谟，国务院工程部副部长（工部侍郎）、皇家技术侍从官（文理院学士）李德明；携带称“臣”的奏章，前往后周南征军御营请求和解，并呈献皇家用具及茶叶、药物、一千两重的金器和价值五千两重的银器、绸缎二千匹、牛五百头、酒二千斛。

二月十九日，钟谟、李德明抵达寿州（安徽省寿县）城下。二人以口才闻名于世，郭荣（柴荣）看出他们想用三寸不烂之舌，游说他撤军解围，于是在盛大军礼下接见，说：“你们的领袖自称是唐王朝李姓皇族的后裔（参考九三九年正月），跟别的国家不同，应该知道礼义。跟我们只相隔一条淮河，却从没有派过一个使节前来敦睦邦交，反而飘洋过海，跟辽国（首都临潢府）勾结，舍弃中原，事奉蛮夷，礼在哪里？义在哪里？你们是不是想游说我撤军解围？我绝对不是战国时代六国那些愚蠢的君王，你们岂能使我回心转意？回去后告诉你们的领袖，快来见我，向我叩头道歉，保证平安无事。不然的话，我想参观一下金陵城（南唐首都，江苏省南京市），借用你们的国库，犒赏我的三军，到那时候，你们难道不会后悔！”钟谟、李德明浑身发抖，不敢言语。

**7** 吴越王国（首都杭州〔浙江省杭州市〕）国王（五任忠懿王）钱弘俶（本年二十八岁），派北伐军到南唐（首都金陵府）边界，等候后周帝（二任世宗）郭荣（柴荣）进一步的指令。苏州（江苏省苏州市）武装部队屯垦区指挥官（营田指挥使）陈满，建议丞相吴程说：“后周（首都开封府）大军南下，南唐（首都金陵府）全国震惊，常州（江苏省常州市）没有戒备，我们可以夺取。”正巧，南唐帝（二任元宗）李璟（徐景通）下诏安抚江阴（江苏省江阴市）军民，陈满告诉吴程说：“后周帝（二任世宗）郭荣（柴荣）诏书已经到了。”吴程把这些话报告钱弘俶，请迅速派军出发，依照陈满的计划行事。另一位丞相元德昭说：“南唐（首都金陵府）是一个庞大帝国，不可以轻估，如果我们进入南唐（首都金陵府）国土，而后周（首都开封府）大军不来，谁跟我们同心合力，怎么可能没有危险？不如姑且观望！”吴程认为机不可失，坚持立刻行动。钱弘俶终于采纳吴程的意见。

二月二十日，钱弘俶派衢州（浙江省衢州市）州长鲍修让、中营常备总指挥官（中直都指挥使）罗晟，直往常州（江苏省常州市）。吴程对将领们说：“元丞相（元德昭）不打算出兵。”将士们大怒，传出话来说，他们准备攻击元德昭。钱弘俶把元德昭藏到王宫里面，下令逮捕散布谣言的人，叹息说：“大军刚刚出动，士卒就想攻击丞相，这不是好的兆头。”

**8** 二月二十二日，后周（首都开封府）将领韩令坤率军悄悄抵达扬州（江都府，江苏省扬州市）城下。天将亮时（二月二十三日），派白延遇率骑兵数百人奔驰进城，城里居民还什么都不知道。韩令坤主力随后赶来。南唐（首都金陵府）任命的屯垦区司令（营屯使）贾崇，纵火焚烧官府民宅，放弃城池，向南逃走。东都（江都府）副留守长官、国务院工程部副部长（工部侍郎）冯延鲁，剃光头发，身穿袈裟，冒充和尚，躲藏在佛寺里，后周军士卒把他生擒。韩令坤安抚居民，使他们不受惊扰。

**9** 二月二十七日，湖南地区（南楚故土，湖南省）首领王逵奏报后周政府（首都开封府）说：已攻下南唐（首都金陵府）鄂州（湖北省武汉市）

长山寨（湖北省通城县南），生擒南唐将领陈泽等，押解后周政府。

**10** 二月二十八日，后周（首都开封府）赵匡胤奏报说：南唐（首都金陵府）天长（安徽省天长市）军政总监（制置使）耿谦投降；俘获粮食草料二十余万。

**11** 南唐帝（二任元宗）李璟（徐景通）派御花园管理官（园苑使）尹延范前往泰州（江苏省泰州市），把南吴一任帝（睿帝）杨溥的家属，全数护送到润州（江苏省镇江市。徐知诰〔李昪〕把杨姓家族，由润州迁到泰州，参考九二九年五月）。尹延范因道路不太好走，又恐怕杨家暴动，于是把杨家男子六十人，全部屠杀；回京（首都金陵府）奏报。李璟（徐景通）大怒，腰斩尹延范。

**12** 后周（首都开封府）韩令坤等，进攻南唐（首都金陵府）泰州（江苏省泰州市），攻克，州长方讷逃奔金陵（江苏省南京市）。

**13** 南唐帝（二任元宗）李璟（徐景通）派人携带蜡丸书信，向遥远的辽国（首都临潢府）求救。

二月二十九日，身怀蜡丸的使节被后周（首都开封府）静安军（李晏口，河北省深州市东南）基地司令（军使）何继筠捕获，押送御营。

**14** 后周（首都开封府）命御前监督官（给事中）高防，暂代泰州（江苏省泰州市）州长。

**15** 二月三十日，吴越王（五任忠懿王）钱弘俶，派上军常备总指挥官（上直都指挥使）路彦铢，进攻南唐（首都金陵府）宣州（安徽省宣城市宣州区）；派罗晟率战舰停泊江阴（江苏省江阴市）。南唐静海绥靖区（江苏省南通市）军政总监（制置使）姚彦洪，率军民一万人，投降吴越（首都杭州）。

**16** 湖南地区（南楚故土，湖南省）潘叔嗣集合他的部将宣告说：“我事奉王大帅（王逵），仁至义尽，而今却听信谗言，猜忌愤怒。大军班师时，一定对我们攻击，我们不可以坐等死亡，你们能不能跟我一块西上？”大家同感愤慨，请求加入。潘叔嗣于是率领他们西进，直袭朗州（湖南省常德市）。王逵得到情报，急回军追击，追到武陵（朗州州政府所在县）城下，跟潘叔嗣会战，王逵大败被杀。

有人建议潘叔嗣占领朗州（湖南省常德市），潘叔嗣说：“我只不过为了救命，怎么敢自抬身价，应该把统帅部归还周大帅（周行逢），他怎么不把武平（总部朗州）给我！”遂回岳州（湖南省岳阳市），派民兵司令部执行官（团练判官）李简，率武平（总部朗州）文武百官前往潭州（湖南省长沙市）迎接武安（总部潭州）司令官（节度使）周行逢。代表团告诉周行逢说：“必须把武安（总部潭州）交给潘叔嗣！”周行逢说：“潘叔嗣杀害统帅，就应该灭族。唯一可宽恕的是，得到武平（总部朗州）后不肯占为己有，而把它交给我。假如马上用他当战区司令官（节度使），天下人都会认为我跟他同谋叛逆，我用什么办法表明清白？现在暂时由他当作战参谋长（行军司马），等过了一年，再正式擢升。”乃命衡州（湖南省衡阳市）州长莫弘万暂代潭州（湖南省长沙市）州长，率大军进入朗州（湖南省常德市），自称武平（总部朗州）、武安（总部潭州）二战区候补司令官（留后），奏报后周（首都开封府）政府，另行任命潘叔嗣当作战参谋长（行军司马），潘叔嗣大怒，声称有病，拒不到差。周行逢说：“作战参谋长（行军司马），我曾经干过，权力跟战区司令官（节度使）相等，潘叔嗣仍不满意，难道还要杀我！”有人建议说：“不妨公开任命潘叔嗣当武安（总部潭州）司令官（节度使），准备符节及斧钺（代表权威的装饰性武器），引诱他上钩，命他到统帅部举行就职典礼，不过是砧板上的一块肉罢了。”周行逢接受。潘叔嗣将要动身，他的亲友都劝他不要前去，潘叔嗣仗恃一向把周行逢当作兄长一样侍奉，二人感情又十分亲昵（参考九五二年九月），遂启程上路，一点也不起疑。周行逢不断派出使节迎接问候，沿途不断。潘叔嗣既到朗州（湖南省常德市），周行逢又亲自到郊外迎接，二人相见，叙述旧日友情，十分欢欣。等到潘叔嗣正式到统帅部晋见，还没有走到人厅，周行逢派人把他生擒，站在大庭前面，斥责他说：“你不过一个低级军官，从没有立过大功，王逵用你当民兵司令（团练使），一旦叛变，竟谋杀统帅。我因念及从前的友情，不忍心杀你，用你当作战参谋长（行军司马），你怎么敢违背我的命令，竟不接受？”潘叔嗣知道事情已无可挽回，请周行逢看顾自己的家属，遂被斩首。

**17** 三月一日，后周帝（二任世宗）郭荣（柴荣）视察舰队，抵达淝水（东淝河）桥，亲自拿一块石头，拿到指挥部，供应攻城巨炮使用，随从官员跟着每一个人也拿一块石头过桥。赵匡胤乘牛皮小艇，深入寿春（寿州州政府所在县）护城河，城上南唐军用连发强弓（功能像是二十世纪的机关枪）射击，箭杆粗长，犹如房上椽柱，营门官（牙将）馆陶（河北省馆陶县）人张琼用自己身体保护赵匡胤，一枝射中张琼的大腿，痛昏过去，再悠悠苏醒，箭头深入骨髓，无法拔出，张琼吞下一大杯酒，命人敲碎骨头拔出，鲜血流好几升，而张琼神色跟平常一样。

**18** 南唐帝（二任元宗）李璟（徐景通）命国务院右最高执行长（右仆射）孙晟，出任司空（三公之三），再派他跟国务院教育部长（礼部尚书）王崇质携带奏章，前往后周（首都开封府）乞和，奏章上说："自本（十）世纪〇〇年代以来，四海之内，分崩离析，有的割据一个地区，有的已经改朝换代。我继承老爹的事业，统治江南（长江以南），只因归鸦盘旋，还没有找到落脚之处。（《诗经 · 正月》："瞻乌爰止，于谁之屋。"）一心攀龙附凤，龙凤却难以寻找（这是耿纯劝刘秀称帝语，参考二五年四月）。而今，天意有所归属，陛下的声威和教化，传播远方，我愿比照两浙（吴越王国）、湖南（南楚故土，湖南省），奉行中央（后周）年号，谨守疆域。乞求陛下收回讨伐的命令，赦免我最后才臣服的罪行，准许下国（敝国）做陛下境外的臣属。陛下怀柔远方的恩德，还有谁能不顺服！"再呈献黄金一千两、纹银十万两、细绸二千匹。孙晟对冯延己说："这次出使，应该你去（冯延己是国务院左最高执行长〔左仆射〕，位在孙晟的右最高执行长之上）。然而，我如果推辞，辜负先帝（一任李昪〔徐知诰〕）。"出发后，自知难逃一死，睡到半夜，对王崇质叹息说："你家人有百口之多，应该为自己打算，我考虑了又考虑，绝不辜负永陵（李昪〔徐知诰〕墓）一抔土，其他我全不知道。"

**19** 南汉帝国（首都兴王府〔广东省广州市〕）甘泉宫管理官（甘泉宫使）林延遇，阴险恶毒，诡计多端，南汉帝（三任中宗）刘弘熙（刘晟，本年三十七岁）对他十分信任，诛杀所有老弟，都是林延遇的计划。

三月二日，林延遇逝世，南汉（首都兴王府）国人互相祝贺。林延遇病重时，推荐内宫管理官（内给事）龚澄枢接替自己的职务。刘弘熙当天就擢升龚澄枢主管宫廷事务总监署（知承宣院）及主管宦官总管府（知内侍省）。龚澄枢，是番禺（兴王府所在县，广东省广州市）人。

**20** 后周（首都开封府）任命何超当光（河南省潢川县）、舒（安徽省潜山市）、黄（湖北省黄冈市黄州区）三州招安巡查官（招安巡检使），代理光州（河南省潢川县）州长；率安（湖北省安陆市）、随（湖北省随州市）、申（河南省信阳市）、蔡（河南省汝南县）四州军队好几万人，进攻光州（河南省潢川县）。

三月三日，何超奏报说：南唐（首都金陵府）任命的光州（河南省潢川县）州长张绍，放弃城池逃走，总辅导官（都监）张承翰献出城池投降。

三月四日，后周代理舒州（安徽省潜山市）州长郭令图，攻克仍在南唐（首都金陵府）固守中的舒州（安徽省潜山市）。南唐蕲州（湖北省蕲春县）将领李福，格杀代理州长王承寯，献出州城，投降后周。后周政府派亲王住宅管理官（六宅使）齐藏珍进攻南唐黄州（湖北省黄冈市黄州区）。

彰武战区（总部设延州〔陕西省延安市〕）候补司令官（留后）李彦頵，贪污暴虐，爆发民变，居民跟羌胡等部落联合反抗，进攻总部。郭荣（柴荣）征调李彦頵返回京师（首都开封府）。

后周收复秦（甘肃省秦安县西北）、凤（陕西省凤县）等州时（参考去年〔九五五〕闰九月），郭荣（柴荣）赦免所俘虏的后蜀（首都成都府）官兵，改编为后周政府正式部队（另成立怀恩军，参考明年〔九五七〕四月），随大军南下，他们趁势投降南唐（首都金陵府）。

三月十日，南唐帝（二任元宗）李璟（徐景通）上疏把后蜀降卒一百五十人，全数送回后周。郭荣（柴荣）命全部斩首。

舒州（安徽省潜山市）民变，驱逐后周任命的州长郭令图。铁骑总指挥官（铁骑都指挥使）洛阳（河南省洛阳市）人王审琦，挑选轻快骑兵部队，于夜晚袭击舒州（安徽省潜山市），再把它收复，郭令图才回去上任。

马希崇（南楚亡国之君）、及王延政（闽国亡国之君）的儿子王继沂，都定居扬州（江苏省扬州市），郭荣（柴荣）下诏安抚照顾。 

**21** 三月十三日，南唐（首都金陵府）和谈代表孙晟等，抵达后周帝（二任世宗）郭荣（柴荣）御帐。

三月十七日，郭荣（柴荣）派使节把孙晟等送到寿春（寿州州政府所在县）城下，让守城的南唐将领刘仁赡观看，并且要孙晟向刘仁赡喊话，刘仁赡见到孙晟，穿全副武装，在城上下跪叩头。孙晟告诉刘仁赡说："你身受帝国大恩，不可以开门欢迎盗匪。"郭荣（柴荣）听到报告，大怒，孙晟说："我身为宰相，怎么可以教战区司令官（节度使）叛降外国？"郭荣（柴荣）不再追究。

**22** 南唐帝（二任元宗）李璟（徐景通）派李德明、孙晟奏报后周帝（二任世宗）郭荣（柴荣），表示愿意取消自己的皇帝称号，另行割让寿（安徽省寿县）、濠（安徽省凤阳县东北临淮关镇）、泗（江苏省盱眙县淮河北岸）、楚（江苏省淮安市）、光（河南省潢川县）、海（江苏省连云港市）六州土地（此时光州已被后周军占领），并且每年进贡黄金、绸缎一百万，请求停止进攻。郭荣（柴荣）认为淮河以南区域，后周已占领一半，各将领又每天都传来捷报，因而想一口气吞并江北（长江以北）土地，所以拒绝。李德明发现后周大军不断前进，十分忧虑，奏报郭荣（柴荣）说："敝国君王不知道陛下兵力如此强大，请求延后五天杀我，容我回去向领袖作详细分析，把江北（长江以北）土地，全部呈献。"郭荣（柴荣）允许。孙晟乃奏请派王崇质跟李德明一同回国。郭荣（柴荣）派宫廷随从（供奉官）安弘道，送李德明等回金陵（南唐首都，江苏省南京市），写信给李璟（徐景通），大略说："你只管保留皇帝的称号，并不妨碍你严冬时松柏不变的节操。如果事奉大国的心意坚定，我任何时候都不会乘人之危。”又说：“等到各州（淮河以南各州）来归，南下大军立刻撤退。话说到这里为止，不再反复解释。假如你不同意，请就此断绝来往。”又写信给南唐宰相及军事将领，提醒他们深思远虑后，再作回复。李璟（徐景通）也上疏谢恩。

李德明强调郭荣（柴荣）的威望和恩德，以及武装部队的强大，建议李璟（徐景通）割让长江以北土地，李璟（徐景通）大不高兴。宰相宋齐丘认为割让国土，丝毫没有益处，而李德明轻佻浮躁，说话一向不够真实，政府官员也都不太相信。帝国参谋总部指挥官（枢密使）陈觉、副指挥官（副使）李徵古从来就讨厌李德明、孙晟，遂设计要王崇质提出恰恰相反的情报，暗中陷害李德明，警告李璟（徐景通）说：“李德明卖国求荣！”李璟（徐景通）大怒，逮捕李德明，绑到街市斩首。

**23** 吴越（首都杭州）北伐军统帅吴程，进攻南唐（首都金陵府）常州（江苏省常州市），攻破外城，生擒南唐常州民兵司令（团练使）赵仁泽，押送钱唐（首都杭州州政府所在县）。赵仁泽见到吴越王（五任忠懿王）钱弘俶，不肯下跪叩头，并斥责钱弘俶背叛两国友谊。钱弘俶大怒若狂，下令用刀插进他口中猛挑，直挑到耳朵。元德昭可怜他因忠于故国，受这么大的酷刑，为他敷上最好的药，总算没有身死。

**24** 南唐帝（二任元宗）李璟（徐景通），因吴越（首都杭州）北伐军驻扎常州（江苏省常州市）城下，恐怕进攻润州（江苏省镇江市），因宣润军区总司令（大都督）燕王李弘冀年纪还轻，恐怕他不能应变，于是把他调回首都金陵（江苏省南京市）。李弘冀的部将赵铎警告李弘冀说：“大王身为元帅，万民仰望依赖，反而自己先走，部众一定陷于混乱。”李弘冀同意。婉转拒绝调回，部署将领们各就战斗位置，严阵以待。

龙武（禁军第三、四军）总纠察官（都虞候）柴克宏，是柴再用的儿子（柴再用，南吴名将，参考九一二年三月），沉默寡言，喜爱帮助别人，从不治理家产，虽然统御皇家禁卫部队，但每天跟宾客朋友赌博、下棋、喝酒，不谈军事，当时的人都认为他不是统帅将领人才。现在，有人提醒中央说柴克宏很久没有升官，李璟（徐景通）遂擢升柴克宏当抚州（江西省抚州市临川区）州长，柴克宏请求调到野战部队效命沙场。柴再用的妻子也上疏指称：她的儿子有老爹的才能器宇，可以胜任统帅，如果不能胜任，甘愿跟儿子同时处死。李璟（徐景通）乃任命柴克宏当右武卫（卫军第四军）将军，派他率军跟袁州（江西省宜春市）州长陆孟俊会合，增援常州（江苏省常州市）。

当时，南唐（首都金陵府）精锐部队，都在长江以北，柴克宏率领的好几千人援军，全是老弱残兵，帝国参谋总部副指挥官（枢密使）李徵古发给他的铠甲武器，都是虫蛀的或破烂的，柴克宏晋见李徵古理论，李徵古态度傲慢，破口大骂，官兵们痛恨愤怒，但柴克宏心情平静。将要到达润州（苏州省镇江市）时，李徵古派使节调柴克宏回京（首都金陵府），另派神武（禁军第五、六军）统军朱匡业代替。燕王李弘冀对柴克宏说：“你只管前进作战，我负责向中央说明。”于是上疏说：“柴克宏的才能和战略，一定成功。常州（江苏省常州市）危险万状，随时都会陷落，不应该中途撤换统帅。”柴克宏遂率军直向常州（江苏省常州市）。李徵古再派使节调他回师。柴克宏对使节说：“我计算着日子要击破盗匪，你却调我回去，定是奸细。”喝令斩首。使节抗议说：“我奉李指挥官（李徵古）之命而来。”柴克宏说：“李指挥官（李徵古）亲自来，我也砍下他的人头。”

最初，吴越（首都杭州）将领鲍修让、罗晟，驻防福州（福建省福州市）时，跟吴程之间结怨（鲍修让驻防福州，吴程任战区司令官，参考九四七年十二月二十九日）；现在，吴程身为统帅，对二人处处压制，二人更是愤怒。先前，南唐帝（二任元宗）李璟（徐景通）派立法官（中书舍人）乔匡舜，出使吴越（首都杭州），现在，吴越（首都杭州）送乔匡舜回国。

三月十九日，柴克宏抵达常州（江苏省常州市），用布幕把战舰蒙起来，把武装战士藏在布幕底下，宣称迎接乔匡舜。吴越巡逻艇报告吴程，吴程说："两国交兵，使节照常来往，不可以疑神疑鬼。"柴克宏遂得率军登岸。直接攻击吴越阵地，罗晟稍稍抵抗，就让开一条通道，让柴克宏杀奔吴程营帐，吴程仅逃出一命。柴克宏纵兵扫荡，大破吴越围城军，杀一万人。南唐援军新统帅朱匡业抵达前线，柴克宏对他十分恭敬。吴程逃回钱唐（首都杭州州政府所在县），吴越王（五任忠懿王）钱弘俶免除他所有官职。

**25** 三月二十一日，后蜀帝国（首都成都府〔四川省成都市〕）皇帝（二任）孟昶（孟仁赞，本年三十八岁），任命捧圣控鹤总指挥官（都指挥使）李廷珪，当左右卫圣各军步骑兵总指挥官（左右卫圣诸军马步都指挥使）。又把卫圣、匡圣步骑兵分为左右十军，命武定（总部洋州）司令官（节度使）吕彦琦等分别出任基地司令（军使），由李廷珪当统帅，好像当年赵廷隐的职位（赵廷隐事，参考九三四年九月十七日）。

**26** 最初，南唐（首都金陵府）将领柴克宏当宣州（安徽省宣城市宣州区）巡查官（巡检使），刚到差时，城墙壕沟，倒塌荒废，没有人管，铠甲武器也都缺少，地方官吏说："自从田頵（参考九〇三年八月）、王茂章（参考九〇六年正月）、李遇（参考九一二年三月）接二连三叛变，后任的首长，没有人敢再整修。”柴克宏说：“时代不相同，情势不一样，哪有自绑手脚的道理！”于是一一重建，恢复完整。因此，吴越（首都杭州）将领路彦铢攻城，不能攻克，后来听到吴程兵败，路彦铢不敢再留，才退。

三月二十二日，路彦铢撤退回国。南唐帝（二任元宗）李璟（徐景通）命柴克宏当奉化（总部江州）司令官（节度使）。柴克宏再请率军增援寿州（安徽省寿县），还没有走到，就在中途逝世。

**27** 后周（首都开封府）河阳（总部孟州）司令官（节度使）白重赞，因后周帝（二任世宗）郭荣（柴荣）南下亲征，担心后汉（首都太原府）军队乘虚入侵，于是修筑城墙，磨利武器，加强守备，并且向西京（河南府，河南省洛阳市）请求派军支援。西京（河南府）留守长官王晏开始时不答应他的要求，但又考虑到这件事不比寻常，于是率军亲自前往。白重赞因王晏没有奉到命令，就擅自出动大军，拒绝接纳，派使节对王晏说：“你从前在陕州（河南省三门峡市），曾经立过大功（王晏献陕州投降后汉一任帝刘知远，参考九四七年二月十四日），河阳（孟州州政府所在县）是个小城，不敢劳动你的大驾。”王晏感到惭愧，撤退。但孟（河南省孟州市）、洛（河南府，河南省洛阳市）之间居民，一连好几天都陷于惊恐。

**28** 南唐帝（二任元宗）李璟（徐景通）派各战区道兵马元帅、齐王李景达，率军抵御后周（首都开封府），命陈觉当总监军官（监军使），命前武安（总部潭州）司令官（节渡使）边镐当支援司令（应援都军使）。立法官（中书舍人）韩熙载上疏说：“论到信任，没有人超过亲王；论到重要，没有人超过元帅，何必设置总监军官（监军使）！”李璟（徐景通）不接受。

李璟（徐景通）派藩属事务部长（鸿胪卿）潘承祐，前往泉（福建省泉州市）、建（福建省建瓯市）二州招兵买马。潘承祐推荐前永安（总部建州）司令官（节度使）许文稹、静江指挥官（静江指挥使）陈德诚、建州（福建省建瓯市）人郑彦华、林仁肇。李璟（徐景通）命许文稹当西方军团支援司令（西面行营应援使），命郑彦华、林仁肇当带兵官。林仁肇，是林仁翰的老弟（林仁翰格杀连重遇，参考九四四年十二月二十九日）。

**29** 夏季，四月二日，后周帝（二任世宗）郭荣（柴荣）命皇家侍卫亲军总指挥官（侍卫亲军都指挥使）、归德（总部宋州）司令官（节度使）李重进，当庐（安徽省合肥市）、寿（安徽省寿县）等州征剿司令（招讨使）；命武宁（总部徐州）司令官（节度使）武行德，当濠州（安徽省凤阳县东北临淮关镇）前线总司令（濠州城下都部署）。

**30** 南唐（首都金陵府）右卫（卫军第二军）将军陆孟俊，自常州（江苏省常州市）率士卒一万余人，直向泰州（江苏省泰州市）。后周占领军逃走，陆孟俊收复泰州（江苏省泰州市），留部将陈德诚守城，而自己率主力进攻扬州（江都府，江苏省扬州市），进驻蜀冈（扬州市西北二公里），后周占领军将领韩令坤放弃扬州（江都府）逃走。后周帝（二任世宗）郭荣（柴荣）派张永德率军增援，韩令坤再回扬州（后周夺取南唐的江都府后，因不承认南唐政权的合法性，所以把江都府改回唐王朝时代名称：扬州，并在史书上以“扬州”记载）。郭荣（柴荣）又派赵匡胤率军进驻六合（江苏省南京市六合区，位于扬州西六十五公里），赵匡胤下令说：“扬州（江苏省扬州市）占领军有经过六合（江苏省南京市六合区）的，砍下他的脚！”韩令坤这才决心死守。

郭荣（柴荣）自从抵达寿州（安徽省寿县）城下（参考本年〔九五六〕正月二十二日），命各路大军日夜不停的攻城，为时很久（迄今三个多月），不能攻克，不巧天又降大雨，营中水深数尺，攻城武器装备以及士卒，都损失惨重，粮食供应难以为继，而南唐使节李德明超过约定时间，还没有回来（郭荣还不知道李德明已被斩首），于是，讨论班师。有人建议郭荣（柴荣）东往濠州（安徽省凤阳县东北临淮关镇），却对外宣传说：“寿州（安徽省寿县）已被攻破。”郭荣（柴荣）接受。

四月七日，郭荣（柴荣）自寿春（寿州州政府所在县）沿淮河东下。

四月十三日，抵达濠州（安徽省凤阳县东北临淮关镇）。

扬州（江苏省扬州市）后周占领军将领韩令坤在城东击败南唐（首都金陵府）援军，生擒陆孟俊。当初，陆孟俊罢黜南楚五任王马希萼，拥护六任王马希崇登位（参考九五一年九月）时，曾屠灭前衡州（湖南省衡阳市）州长杨昭恽一族，夺取他们的家产。先前，杨家有一位漂亮的女儿，曾献给马希崇。韩令坤攻陷扬州（江苏省扬州市）后，定居扬州的马希崇，再把杨家女儿赠给韩令坤，韩令坤爱她爱得要死。现在，生擒陆孟俊，将要戴上脚镣手铐，押送到郭荣（柴荣）御帐。杨家女儿正站在门帘那里，忽然大叫一声，捶胸痛哭，韩令坤吃惊的问她什么事，她说：“当年在潭州（湖南省长沙市），陆孟俊屠杀我家二百余口，今天再看到他，请你为我伸冤！”韩令坤遂斩陆孟俊（陆孟俊杀人谋财，固应受到处罚；但杨昭恽也是恶棍。《十国春秋·衡阳王夫人传》载：杨昭恽是长沙人，老爹杨谥，当南楚一任王马殷的作战参谋长〔行军司马〕，第二个女儿当二任王马希声的王后，调杨昭恽当衡州州长。杨昭恽自认为是皇亲国戚，大肆聚敛财产，建筑广大家宅，两个儿子自小生长在富贵家庭，任性使气，仗势欺人，知识分子对他们都很厌恶。长沙大乱时，陆孟俊愤怒说：“杨家靠着权势，灭绝公义，全国人民怀恨已久！”于是屠灭杨家）。

**31** 南唐（首都金陵府）齐王李景达，率援军二万人，自瓜步（江苏省南京市六合区南长江渡口）渡长江北上，在距离六合（江苏省南京市六合区）二十余华里的地方，安营扎寨，不再前进。后周（首都开封府）将领打算攻击，赵匡胤说：“他们安营下寨，是对我们心里恐惧，只求自保。我们的部众不满两千人，如果主动出击，他们一眼就看出我们的弱点，最好是等他逼到面前，再迎头痛击，一定会把他们击破！”过了几天，南唐军拔营，直向六合（江苏省南京市六合区），赵匡胤猛烈攻击，大破南唐军，格杀及俘虏将近五千人，剩下的还有一万余人，涌到江边南渡，争夺船舰，淹死的很多，南唐武装部队的精英，完全丧失。这一次战役，后周士卒奋战有不太尽力的，赵匡胤假装挥剑督战，却顺便砍破他们所戴的皮笠。等到明天，检查所有的皮笠，有剑砍痕迹的好几十人，全都斩首。自此，部下战士没有人敢不拼死效命。

**32** 最初，南唐帝（二任元宗）李璟（徐景通）听到扬州（江都府，江苏省扬州市）失守的消息，下令四方州县出兵收复失土。

四月十七日，后周占领军将领韩令坤奏报说：在湾头堰（扬州市东北万福闸）击败南唐楚州（江苏省淮安市）军队一万余人，生擒涟州（江苏省涟水县）州长秦进崇。张永德奏报说：在曲溪堰（江苏省盱眙县西南）击败南唐泗州（江苏省盱眙县淮河北岸）军队一万余人。

**33** 四月二十四日，后周帝（二任世宗）郭荣（柴荣）任命宫廷事务南院总监（宣徽南院使）向训，当淮南战区（总部设扬州〔江苏省扬州市〕）司令官（节度使）兼长江征剿司令（沿江招讨使）。

涡口（涡河注入淮河处，安徽省怀远县）淮河浮桥建成。

四月二十五日，郭荣（柴荣）自濠州（安徽省凤阳县东北临淮关镇）前往

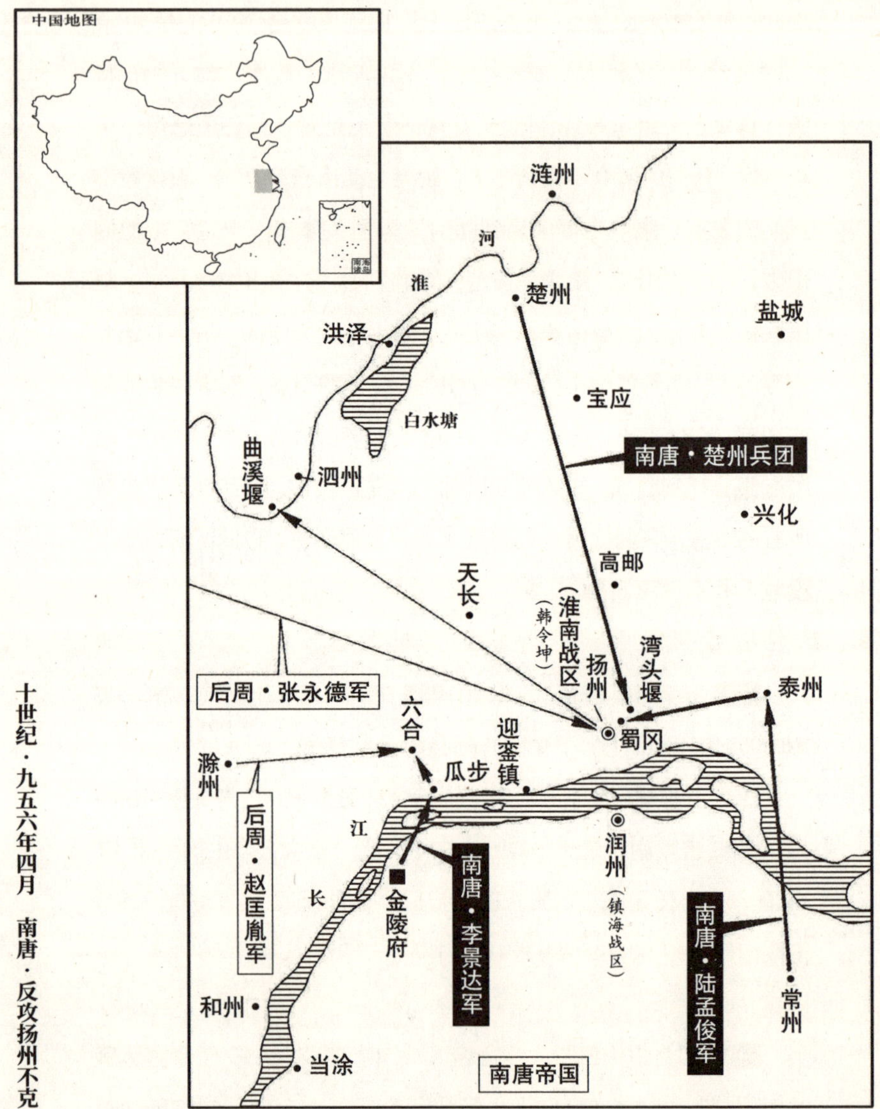


十世纪·九五六年四月 南唐·反攻扬州不克

涡口（安徽省怀远县）。

郭荣（柴荣）急于建立统一大业，打算亲自增援扬州（江苏省扬州市），宰相范质等认为大军疲劳，而粮食又不充足，哭泣劝阻，才算打消原意。郭荣（柴荣）曾经对皇家文学侍从官（翰林学士）窦仪大发雷霆，要把他斩首。范质进宫抢救，郭荣（柴荣）看见他，知道他的来意，站起来就走，范质跑到他面前下跪叩头规劝说："窦仪所犯的罪，不应处死，我身为宰相，不能阻止陛下冤杀亲近臣属，罪过都在我身上。"痛哭流涕，郭荣（柴荣）怒气稍稍平息，才把窦仪释放。

**34** 后汉帝国（首都太原府〔山西省太原市〕）把二任帝（世祖）刘崇（刘旻），安葬在交城（山西省交城县）北山，绰号神武皇帝，祭庙称世祖。

**35** 五月一日，后周（首都开封府）擢升涡口（安徽省怀远县）为镇淮军（"军"，是较"州"为小的行政单位）。

**36** 五月五日，南唐（首都金陵府）永安（总部建州）司令官（节度使）陈诲，在南台江（福建省福州市南）击败吴越（首都杭州）驻防福州（福建省福州市）守军，格杀及俘虏一千余人。南唐帝（二任元宗）李璟（徐景通）改永安战区为忠义战区。陈诲，是陈德诚的老爹（陈德诚，参考本年〔九五六〕三月）。

**37** 五月七日，后周帝（二任世宗）郭荣（柴荣）留皇家侍卫亲军总指挥官（侍卫亲军都指挥使）李重进等继续包围寿州（安徽省寿县），而自己从涡口（安徽省怀远县）北归。

五月十四日，抵达大梁（首都开封府所在城）。

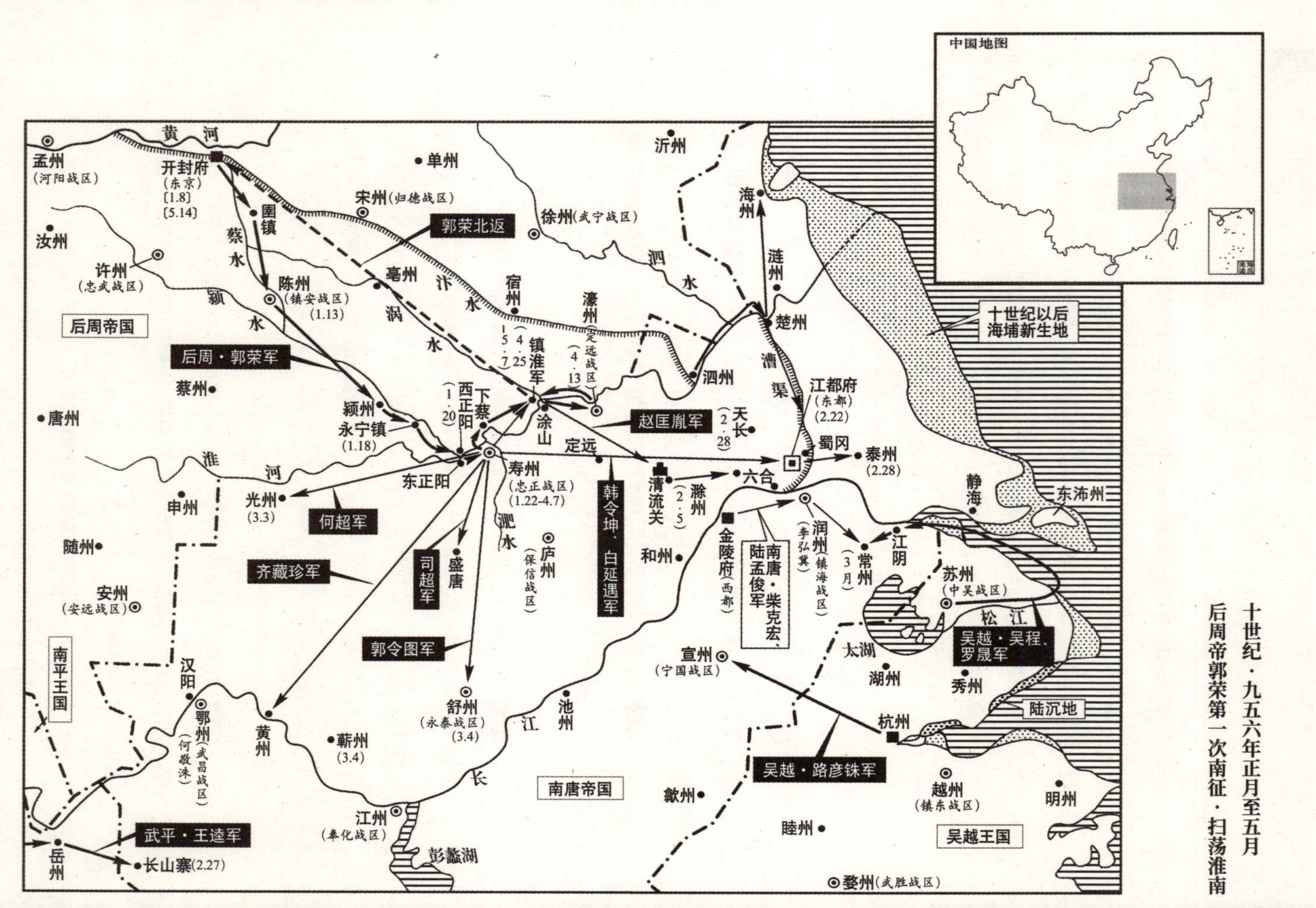
十世纪·九五六年正月至五月
后周帝郭荣第一次南征·扫荡淮南
中国地图
十世纪以后
海埔新生地
黄河
孟州
(河阳战区)
开封府
(东京)
[1.8]
[5.14]
单州
宋州(归德战区)
徐州(武宁战区)
沂州
海州
涟州
楚州
圉镇
蔡水
汝州
许州
(忠武战区)
颍水
陈州
(镇安战区)
(1.13)
亳州
汴水
涡水
泗水
郭荣北返
宿州
濠州
(定远战区)
(4.13)
(1.5—7)
(4.25)
镇淮军
泗州
后周帝国
后周·郭荣军
蔡州
颍州
永宁镇
(1.18)
唐州
西正阳
(1.20)
下蔡
涂山
定远
赵匡胤军
天长
(2.28)
漕渠
江都府
(东都)
(2.22)
蜀冈
泰州
(2.28)
淮河
东正阳
寿州
(忠正战区)
(1.22-4.7)
清流关
滁州
(2.5)
六合
光州
(3.3)
申州
何超军
淝水
庐州
(保信战区)
韩令坤、白延遇军
和州
金陵府
(西都)
南唐·柴克宏、陆孟俊军
润州
(镇海战区)
(李弘冀)
常州
(3月)
江阴
静海
东沛州
随州
齐藏珍军
司超军
盛唐
苏州
(中吴战区)
松江
吴越·吴程、罗晟军
太湖
安州
(安远战区)
郭令图军
宣州
(宁国战区)
湖州
秀州
陆沉地
南平王国
汉阳
鄂州
(武昌战区)
(何敬洙)
黄州
舒州
(永泰战区)
(3.4)
蕲州
(3.4)
池州
长江
杭州
吴越·路彦铢军
越州
(镇东战区)
明州
南唐帝国
歙州
睦州
吴越王国
江州
(奉化战区)
彭蠡湖
武平·王逵军
岳州
长山寨(2.27)
婺州(武胜战区)

六月十一日，郭荣（柴荣）下诏赦免淮河以南占领区狱中囚犯，撤除南唐政府不合理的赋税及差役，凡是增加人民负担的，由地方首长奏报。

皇家侍卫亲军步兵总指挥官（侍卫步军都指挥使）、彰信（总部曹州）司令官（节度使）李继勋，在寿州（安徽省寿县）城南扎营。南唐寿州守将刘仁赡趁他没有防备，发动奇袭，击破李继勋军，杀士卒数百人，焚毁攻城武器。

**38** 南唐（首都金陵府）国务院国防部畜牧司副司长（驾部员外郎）朱元（舒元），在面奏的时候，谈论战争策略，南唐帝（二任元宗）李璟（徐景通）认为他有军事才能，命他率军收复长江北岸各州。

**39** 秋季，七月一日，后周帝（二任世宗）郭荣（柴荣）命湖南地区（南楚故土，湖南省）首领周行逢，当武平（总部朗州）司令官（节度使），兼管武安（总部潭州）、静江（总部桂州，时属南汉〔首都兴王府〕）两战区。周行逢既统辖湖南（南楚故土，湖南省），竭力矫正从前累积下来的流弊，留心民间生活，撤除南楚马姓政府的沉重赋税，驱逐一些为害平民的贪官污吏和土豪劣绅，遴选廉洁公正的人，担任州长县长。

朗州（湖南省常德市）汉人跟其他种族的人混合住在一起，刘言、王逵旧日部将，很多仍然骄傲凶暴，横行地方；周行逢一律依法制裁，一点也不讲情面，大家既怨恨又恐惧。有位大将跟他的同党朋友十几个人，阴谋兵变，周行逢得到消息，把将领们集合在一起，就在座位上把那位大将逮捕，责备他说：“我穿粗布衣服，吃粗糙米饭，用来充实公库，目的就是为了你们，怎么辜负我这番苦心，而去叛逆！今天的聚会，跟你告别！”立刻用铁锤挝杀。大家在座位上发抖，周行逢说：“各位没有犯错，尽管安心。”畅快的饮酒作乐才结束。

周行逢计谋多端，特务密布，能很快的揭穿别人的不法阴私，无论将领或士卒，有暗中准备叛乱或逃亡的，在发动以前，周行逢总是先行发觉，把他逮捕斩首，所以部属对他深为敬畏。然而，周行逢性情猜忌，常把特务派到各州刺探官员阴私。其中派到邵州（湖南省邵阳市）的特务，没有事可以打小报告，只好说州长刘光委常常设宴招待宾客饮酒。周行逢说：“刘光委和一些人饮酒聚会，莫非想谋害我！”立即召回刘光委，诛杀。亲卫指挥官（亲卫指挥使）、衡州（湖南省衡阳市）州长张文表，恐怕大祸临头，一再要求解除军权，专任州长，周行逢允许。张文表每逢过年过节，都大量呈献金银财宝，对周行逢左右亲近，更谨慎侍候，因此得以逃过一死。（胡三省注：“后来，周行逢临死，对他的儿子周保权说：‘我出身贫农，投效自卫队当兵，共有十个好友，现在全都诛杀，只张文表一个人还存人世。’十人：王逵、张倣、何敬真、朱全琇、潘叔嗣已死，其他三人蒲公益、宇文琼、彭万和，可能也被周行逢处死，只是史书没有记载，所以只剩下张文表。”）

周行逢的妻子郧国夫人邓女士，面貌很丑，但刚强决断，智慧很高，精于经营家产，曾经劝告周行逢不可以杀戮太多，将来没有人肯跟自己亲近，周行逢大怒说：“你们女人知道什么！”邓女士大不高兴，请求前往乡下探视田园，去了之后，就不再回朗州（湖南省常德市）官邸，周行逢屡次派人迎接，她都拒绝，有一天，邓女士率领奴仆到朗州（湖南省常德市）缴粮纳税，周行逢亲自去税收处相见，说：“我已当战区司令官（节度使），你何必如此刻苦？”邓女士说：“税，是人民应该缴纳的，你当战区司令官（节度使），怎么可以不先缴税，做部属的榜样。而且，你难道忘记当里长的时候（里，是当时政府最底层的行政单位），替别人缴税，免得被拷打的情形？”周行逢打算求她一块返回官邸，邓女士不肯，而且提醒说：“你杀人太多，我常想到，万一发生变化，乡下农户，容易逃亡躲藏！”周行逢老羞成怒。他的部属说：“夫人的话正直，你应该接受。”

周行逢的女婿唐德，希望当一个小官。周行逢说：“你的才干有限，没有能力当官，我如果一定给你一个小官，当然可以。可是，你到差后犯了法，我绝不饶恕你，则亲戚的恩义就完全断绝！”送给他耕牛跟种地农具，让他回家。

周行逢少年时曾因犯罪而被在脸上刺青，发配辰州（湖南省沅陵县）铜矿矿坑。有人建议说：“你脸上刺青，恐怕中央使节会笑，最好用药把它灭迹！”周行逢说：“听说西汉王朝有个大将英布，脸上也有刺青（参考前二〇八年正月），不妨碍他是一代英雄，我为什么认为是一种耻辱！”

湖南地区（南楚故土，湖南省）自从刘言、王逵以来，战争不断，文武官员累积功劳，以及用来维系蛮夷各部落的向心力，所任命的摄理官（检校官），以至三公官的数目，以千为单位计算。前天策府文学侍从官（天策府学士）徐仲雅，于马希广（南楚四任王）被罢黜后，闭门不出，周行逢对他素来敬重，任命他当军事执行官（节度判官）。徐仲雅说：“周行逢曾经在我手下做过事，怎么可以教我当他的幕僚！”声称有病，不去到差。周行逢威胁他，要他非到差不可，当面把任命状交给他，徐仲雅仍不接受。周行逢大怒，把他贬到邵州（湖南省邵阳市），但不久又召唤他回来。周行逢过生日的那天，各战区道都派使节前来祝贺寿诞，周行逢露出沾沾自喜的脸色，对徐仲雅说：“我身兼三个战区，四邻对我是不是有点畏惧？”徐仲雅说：“大帅辖区之内，满天都是太保（三师之三），遍地都是司空（三公之三），四邻怎么会不畏惧！”周行逢再把他贬到邵州（湖南省邵阳市），但终不能使他屈服。有一个和尚法名仁及，最受周行逢信任，总部军政事务，他都参与，也加授摄理司空（检校司空，三公之三）官衔，娶了好几个妻子，出入时卫士前呼后拥，好像王爷公爵。（《九国志·周行逢传》载：周行逢对左右侍从说：“我杀的人太多，不借佛法无边，怎么能免除冤冤相报！”）

**40** 七月二十一日，后周帝（二任世宗）郭荣（柴荣）的妻子、宣懿皇后符女士逝世（年二十六岁）。

**41** 南唐（首都金陵府）将领朱元（舒元），收复舒州（安徽省潜山市），后周任命的州长郭令图放弃城池，逃走。南唐另一将领李平（杨讷）收复蕲州（湖北省蕲春县）。李璟（徐景通）命朱元（舒元）当舒州（安徽省潜山市）民兵司令（团练使），李平（杨讷）当蕲州（湖北省蕲春县）州长（朱元、李平，都是李守贞派来南唐求救的使节，参考九四八年十一月），朱元（舒元）又收复和州（安徽省和县）。

最初，南唐政府强迫农民用米和布购买茶叶和食盐，术语叫“博征”；又在淮南（淮河以南）强占民地，推行武装垦田；农民苦不堪言。所以后周军南下，农民争着送上牛肉酒菜慰劳，可是后周将领们丝毫不知道珍惜体恤，专门掳掠抢夺，把农民当成草芥粪土。农民大失所望，于是成群结队，聚集山上水畔，修筑堡寨自守，把农器改成武器，把纸张用糨糊粘在一起制成铠甲，当时人称这项抗暴部队为“白甲军”。后周占领军讨伐，屡次都被击败，先前攻克南唐的州县，多半再被南唐夺取。

南唐援军扎营在寿州（安徽省寿县）南紫金山（寿县东北五公里八公

山)，跟寿州(安徽省寿县)城里的守军，互举烽火，遥相呼应。后周淮南(总部扬州)司令官(节度使)向训，建议放弃扬州，调回占领军，集中兵力，进攻寿春(寿州州政府所在县)，等攻克寿春后，再图谋扬州，郭荣(柴荣)同意。向训把公库粮仓等都上锁加封，点交给当地主管官员，命营门官(牙将)分别巡视城中，对人民没有一针一线的侵犯。扬州(江苏省扬州市)居民感动，后周占领军退出城时，有人甚至背着干粮送给他们。滁州(安徽省滁州市)后周占领军守将，也放弃城池，向寿春(寿州州政府所在县)集中。

南唐各将领请据守险要，截击后周撤退中的占领部队，宰相宋齐丘说："如果这样的话，两国间的怨恨将会更深。不如放他们回去，使敌人感谢我们的善意，战争就容易化解。"于是下令将领各守据点，不准擅自出军攻击。因此，寿春(寿州州政府所在县)的包围，越发紧急。南唐齐王李景达的援军大营设在濠州(安徽省凤阳县东北临淮关镇)，遥远声援寿春，但军令都由陈觉下达，李景达在纸尾签个字而已，所以虽拥有五万人的大军，却无意决战。文武官员畏惧陈觉，没有人敢说一句话。

**42** 八月九日，后周(首都开封府)端明殿文学侍从官(端明殿学士)王朴、天文台副台长(司天少监)王处讷，编写《显德钦天历》完竣，奏报。后周帝(二任世宗)郭荣(柴荣)下诏，命自明年(九五七)施行。

殿前总指挥官(殿前都指挥使)、义成(总部滑州)司令官(节度使)张永德，驻防下蔡(安徽省凤台县)，南唐(首都金陵府)将领林仁肇，率陆军及淮河舰队，增援寿春(寿州州政府所在县)。张永德阻截，林仁肇采取火攻，用船舰满装木柴干草，顺风纵火，打算烧毁下蔡浮桥。想不到突然之间，风向翻转，南唐军败退。张永德铸造一条一千多尺长的铁链，在距浮桥十几步的地方，横亘两岸，切断淮河，用绳拴上粗大木头，从此南唐舰队不能接近。

九月十七日，郭荣（柴荣）任命端明殿文学侍从官（端明殿学士）、监督院最高顾问官（左散骑常侍）、暂代首都开封特别市市长（权知开封府事）王朴，当国务院财政部副部长（户部侍郎）及帝国参谋总部副指挥官（枢密副使）。

冬季，十月十四日，李重进奏报说：南唐军攻击盛唐（安徽省六安市），铁骑总指挥官（铁骑都指挥使）王彦升等，把他们击破，杀三千余人。王彦升，是巴蜀（四川省）人。

十月十七日，郭荣（柴荣）对左右侍从官员说："最近几个朝代，征收粮食、布匹、绸缎，都不肯等到粮食收割和布匹绸缎织成之后！"于是下诏给中央财政三单位管理总监署（三司），规定从今以后，夏税六月起征，秋税十月起征；民间认为方便。

山南东道战区（总部设襄州〔湖北省襄阳市〕）司令官（节度使）、暂任太尉（守太尉，三公之一）兼最高立法长（兼中书令，使相）安审琦，镇守襄州（湖北省襄阳市）有十余年（自九四七年迄今），本年（九五六）进京（首都开封府）朝见，郭荣（柴荣）加授他暂任太师（守太师，三师之一），命他返回任所。安审琦走后，郭荣（柴荣）问宰相说："你们给安审琦送行没有？"宰相说："送到城南分别，安审琦对陛下的恩德，刻骨铭心。"（小分裂时代，战区司令官进京朝见，不是被留下来不准回原任所，就是调到其他战区。安审琦不但加官，还送回任所。）郭荣（柴荣）说："最近一些朝代，待部属都不诚信，他们虽然想效忠尽节，却没有管道。领袖人物只要不丧失信用，何必担心地方首脑不肯归心！"

十月二十三日，张永德奏报说：在下蔡（安徽省凤台县）击败南唐援军。这时南唐舰队发动第二波进攻，张永德派精于潜水的战士，潜到南唐舰队底下，用铁链把它们互相拴住，然后发动攻击，南唐战舰进不能进、退不能退，淹死很多人。张永德解下身上的黄金腰带，赏给潜水战士。

十月二十五日，郭荣（柴荣）命赵匡胤当匡国（总部同州）司令官（节度使）兼殿前总指挥官（殿前都指挥使）；赵匡胤上疏推荐渭州（甘肃省平凉市）军事执行官（军事判官）赵普当战区司法官（节度推官）。

张永德跟李重进都不喜欢对方，张永德秘密检举李重进有心叛变，郭荣（柴荣）不信，当时，二人都手握重兵，大家心里忧愁及恐惧交加。有一天，李重进单人匹马，前往张永德大营，宴席上从容不迫的饮酒，对张永德说："你我二人，都因为是皇亲国戚的原因，很侥幸的擢升到统帅高位（李重进的娘亲是一任帝郭威的妹妹，张永德是一任帝郭威的女婿。李重进是郭荣的表兄弟，张永德是郭荣的妹夫），为什么猜忌排斥到如此严重！"张永德这才对他谅解，人心也安定下来。南唐帝（二任元宗）李璟（徐景通）得到消息，用蜡丸藏信，送给李重进，承诺给他重大利益，信上全是伤害郭荣（柴荣）和挑拨离间的话。李重进把它呈报中央。

最初，南唐使节孙晟、钟谟，从寿春（寿州州政府所在县）城下，跟随郭荣（柴荣）前往大梁（后周首都开封府所在城），郭荣（柴荣）待他们十分优厚，每天早上朝会，位置在立法院（中书省）官员的后面，而且经常召见，用美酒款待，询问南唐方面的事情。孙晟只说："我们领袖敬畏陛下的神武，事奉陛下决没有二心。"后来看到南唐给李重进的蜡丸藏信，郭荣（柴荣）大怒，召见孙晟，斥责他满口谎言。孙晟严肃的抗争分辩，请求准他一死。郭荣（柴荣）再问他南唐内部情形，孙晟沉默，不回答一句。

十一月十七日，郭荣（柴荣）命总传谕官（都承旨）曹翰，把孙晟送到右军军法处（右军巡院），再用郭荣（柴荣）的意思问他。曹翰跟他喝酒，喝了几杯，重新提到这个问题，孙晟始终不发一言。曹翰只好宣布说："圣旨下，命你自杀。"孙晟神色安定，跟平日一样，索取官服、笏板，整理衣帽，向南方下跪叩头说："我用一死，报答国家。"乃请行刑，随从人员一百余人，全都斩首。把钟谟贬作耀州（陕西省铜川市耀州区）军务秘书长（司马）。不久，郭荣（柴荣）怜悯孙晟对国家竭忠尽节，后悔把他杀掉，召回钟谟，命他当军械供应部副部长（卫尉少卿）。

郭荣（柴荣）召唤华山（西岳，陕西省华阴市南）隐士真源（河南省鹿邑县）人陈抟，问他成仙升天、锻炼白银成为黄金的方法，陈抟回答说："陛下身为天子，应该以治理国家、平定天下为第一要务，要这些方法做什么？"

十一月二十日，郭荣（柴荣）送陈抟回山，命有关州县时常拜访照顾。

十二月十四日，郭荣（柴荣）命张永德当殿前总护从官（殿前都点检）。又派宦官分别征调陈（河南省周口市淮阳区）、蔡（河南省汝南县）、宋（河南省商丘市）、亳（安徽省亳州市）、颍（安徽省阜阳市）、兖（山东省济宁市兖州区）、曹（山东省菏泽市定陶区）、单（山东省单县）等州民夫几万人，兴筑下蔡城（安徽省凤台县）。

**43** 本年（九五六），南唐帝（二任元宗）李璟（徐景通）下诏说：淮南（淮河以南）武装部队屯垦区，其中害民最严重的，加以废止。派国务院国防部军政司司长（兵部郎中）陈处尧，携带贵重礼物，从东海乘船北上，向辽国（首都临潢府）乞求救援。辽国（首都临潢府）不但不肯出兵，反而拘留陈处尧，不让他回国。陈处尧刚强正直，有很好口才，很久之后，无法排除心里的愤怒怨恨，好几次面对面责备辽帝（四任穆宗）耶律述律（本年二十六岁），耶律述律也不怪他。

**44** 后蜀（首都成都府）陵（四川省仁寿县）、荣（四川省荣县）二州獠族部落聚众起兵，弓箭库管理官（弓箭库使）赵季文把他们击溃。

**45** 吴越王（五任忠懿王）钱弘俶搜捕全国青年，组成民兵部队，劳师动众，制造很多骚乱，代理明州（浙江省宁波市）州长钱弘亿手写奏章规劝，钱弘俶才停止。

# 九五七年 丁巳

| | | |
|---|---|---|
| 后汉 | 天会 | 元年 |
| 后周 | 显德 | 四年 |
| 南唐 | 保大 | 十五年 |
| 吴越 | 显德 | 四年 |
| 南汉 | 乾和 | 十五年 |
| 南平 | 显德 | 四年 |
| 后蜀 | 广政 | 二十年 |
| 辽 | 应历 | 七年 |

1 春季，正月一日，后汉帝国（首都太原府〔山西省太原市〕）大赦，改年号天会。命皇家文学侍从官（翰林学士）卫融当副立法长（中书侍郎）、二级实质宰相（同平章事）；命宫廷礼宾总监（内客省使）段恒当帝国参谋总部指挥官（枢密使）。

2 后周帝国（首都开封府〔河南省开封市〕）宰相屡次请封皇子们王

爵。后周帝（二任世宗）郭荣（柴荣，本年三十七岁）说：“几个儿子的年纪都很小，而且功臣的儿子们还没有封，却先封我的儿子，怎能安心！”

后周（首都开封府）南征大军一连两年包围寿春（寿州州政府所在县），都没有攻下（围城始于前年〔九五五〕十一月），城里粮食吃完。南唐（首都金陵府）援军统帅齐王李景达，自濠州（安徽省凤阳县东北临淮关镇）派支援司令（应援使）永安（总部建州）司令官（节度使）许文稹、总带兵官（都军使）边镐、北方军团征剿司令（北面招讨使）朱元（舒元），率军好几万人，逆淮河西上，救援寿春（寿州州政府所在县），在紫金山（安徽省寿县东北五公里八公山）扎营，像连珠一样，排列十几个庞大营寨，跟城里的守军互相举起烽火，日夜不停的呼应。又修筑甬道，直抵寿春城下，运送粮食草料，连绵好几十华里，可是将要修到寿春城下的时候，后周（首都开封府）围城军将领李重进发动攻击，大破南唐援军，杀五千人，夺取两个营寨。

正月十九日，李重进向郭荣（柴荣）奏报这次战况。

正月二十日，郭荣（柴荣）下诏定于下月（二月）亲自前往淮河视察。

**3** 南唐帝国（首都金陵府〔江苏省南京市〕）寿州（安徽省寿县）守将刘仁赡建议由边镐代替守城，而由自己率领部众出城决战。齐王李景达不准，刘仁赡忧虑愤怒，终于病倒。他最小的儿子刘崇谏利用黑夜乘快艇渡淮河北去，被巡逻官员擒获，刘仁赡下令腰斩，左右都不敢抢救，总监军官（监军使）周廷构到中门痛哭哀求，刘仁赡仍然不准，周廷构又向刘仁赡的妻子求情，刘夫人说：“我并不是不爱崇谏，然而军法大公无私，名节不可有亏，如果宽恕他，刘家就是一个不忠之家，我们夫妇还有什么面目再见各位将士！”催促行刑，然后再为儿子办理丧事。将士们都感动得流泪。

刘崇谏叛父叛国，处死就可以了。为什么非腰斩不可。腰斩痛苦，百倍斩首。刘仁赡夫妻对亲生儿子，竟使用这种最残忍的酷刑，显然的不是为了尽忠，而只是为表态，这种父母，使人作呕。

**4** 后周政府（首都开封府）官员们议论纷纷，认为南唐（首都金陵府）援军仍很强大，很多人建议停止军事行动，后周帝（二任世宗）郭荣（柴荣）也有点疑虑。而这时，李谷正卧病在家。

二月八日，郭荣（柴荣）派宰相范质、王溥前去跟李谷商议，李谷上疏说："寿春（安徽省寿县）受困，情况万分危急，随时都会陷落，如果陛下能够亲自南征，将士们自会拼命搏斗，援军震惊恐惧，城里守军知道非亡不可，一定可以攻克。"郭荣（柴荣）大为高兴。

二月十二日，郭荣（柴荣）命有关单位重新制造祭祀时用的器具及璧玉等。命国立贵族大学教授（国子博士）聂崇义，研究祭祀制度，并且画图解说。

二月十六日，命王朴暂代东京（首都开封府）留守长官兼代首都开封特别市市长（判开封府事）；命中央财政三单位管理总监（三司使）张美当内宫总巡查官（大内都巡检）；命皇家侍卫亲军总纠察官（侍卫都虞候）韩通当京城（首都开封府）内外总巡查官（京城内外都巡检）。

二月十七日，郭荣（柴荣）从大梁（首都开封府所在城）出发。

先前，后周（首都开封府）跟南唐（首都金陵府）交战，南唐的舰艇跟陆战部队的敏捷和锐利，后周军无法抵挡，郭荣（柴荣）常认为是一件恨事，自寿春（寿州州政府所在县）北返后，就在大梁（首都开封府所在城）西郊汴水设立造船厂，制造战舰几百艘，命投降过来的南唐水手，训练后周士卒水上作战技术，几个月之后，后周舰队凌波逐浪，纵横出没，战斗力还超过南唐水军。现在，命右骁卫（卫军第六军）大将军王环，率水军几千人，乘舰自闵河（流经河南省周口市淮阳区东，于河南省项城市注入颍河，今已湮没）进入颍水（淮河支流颍河，于安徽省颍上县东南注入淮河），再进入淮河，来往如飞，南唐军看到，大为惊骇。

二月二十七日，郭荣（柴荣）抵达下蔡（安徽省凤台县）。

三月二日，夜晚，郭荣（柴荣）渡过淮河，抵达寿春（寿州州政府所在县）城下。

三月三日，凌晨，郭荣（柴荣）身穿铠甲、头戴铁盔，在紫金山（寿县东北八公山）南扎营，命赵匡胤攻击南唐先锋寨跟山北的另一寨，全都攻克，格杀及俘虏三千余人，摧毁南唐修筑的运粮甬道。因此，南唐援军跟寿州（安徽省寿县）之间，被拦腰切断，头尾不能相救。到了傍晚，郭荣（柴荣）分派军队驻防各寨，而自己北返下蔡（安徽省凤台县）。

**5** 南唐（首都金陵府）援军将领朱元（舒元）仗恃自己有功（指收复舒和二州，参考去年〔九五六〕七月），时常违背统帅齐王李景达的命令，而帝国参谋总部指挥官（枢密使）陈觉，跟朱元（舒元）一向有怨，屡次上疏指控朱元（舒元）反复无常，不可以掌握军队，南唐帝（二任元宗）李璟（徐景通，本年四十二岁）命武昌（总部鄂州）司令官（节度使）杨守忠接替朱元（舒元）的职位。杨守忠抵达濠州（安徽省凤阳县东北临淮关镇），陈觉用齐王李景达的命令，召唤朱元（舒元）到濠州（安徽省凤阳县东北临淮关镇）出席军事会议，准备在会议上剥夺他的军权，朱元（舒元）得到消息，大怒若狂，打算自杀，幕僚宾客宋垍提醒朱元（舒元）说："大丈夫哪里找不到富贵，何必为了妻儿去死！"（指有些人为了保护妻子儿女，宁愿领死。）

三月四日，夜晚，朱元（舒元）跟先锋开路司令（先锋壕寨使）朱仁裕等，向后周献出营寨，裹挟一万余人投降。初级将领时厚卿拒绝，朱元（舒元）把他诛杀。

**6** 后周帝（二任世宗）郭荣（柴荣）预先考虑到：一旦南唐援军溃败，可能会沿着淮河，向东逃跑，遂命虎捷左翼总指挥官（虎捷左厢都指挥使）赵晁，率战舰及陆战部队数千人，沿淮河顺流而下，在下游堵截。

三月五日，凌晨，郭荣（柴荣）进驻赵步（凤台县东北淮河北渡口），各将领率主力进攻南唐援军紫金山（安徽省寿县北八公山）大营，大破南唐援军，格杀及俘虏一万余人，生擒南唐大将许文稹、边镐、杨守忠，南唐残余部众果然沿着淮河向东逃走。郭荣（柴荣）从赵步（凤台县东北淮河北渡口）率骑兵几百人沿淮河北岸追击，各将领分别率步骑兵沿淮河南岸追击，战舰及陆战部队则顺流而下，南唐官兵战死及淹死的，以及投降的将达四万人。掳获南唐战舰、粮食、武器，以十万为单位计算。黄昏时分，郭荣（柴荣）已奔驰到荆山洪（安徽省怀远县），距赵步（凤台县东北淮河北渡口）有二百余华里。当天（三月五日）夜晚，住宿镇淮军（涡口，安徽省怀远县）。

三月六日，侍从官员随后才赶到。寿春（寿州州政府所在县）南唐守将刘仁赡听到援军瓦解，手扼咽喉，不断叹息。

三月七日，郭荣（柴荣）征调邻近各县民夫几千人，兴筑镇淮军（涡口，安徽省怀远县）双子城——南北城，淮河从中流过（状如德胜南北城〔河南省濮阳市〕），把下蔡（安徽省凤台县）的浮桥，迁移到这里，控制濠州（安徽省凤阳县东北临淮关镇）支援寿州（安徽省寿县）的要道。正巧，淮河水涨，南唐任命的濠州总辅导官（濠州都监）彭城（江苏省徐州市）人郭廷谓，率战舰逆淮河而上，打算乘后周没有戒备，焚烧浮桥。后周右龙武（禁军第四军）统军赵匡赞先得到情报，发动埋伏的军队，拦腰出击，把郭廷谓击败。

**7** 南唐（首都金陵府）援军统帅、齐王李景达，跟帝国参谋总部指挥官（枢密使）陈觉，都从濠州（安徽省凤阳县东北临淮关镇）逃回金陵，只有静江指挥官（静江指挥使）陈德诚率领完整的部队回来。

**8** 三月十一日，后周帝（二任世宗）郭荣（柴荣）命淮南（总部扬州）司令官（此时扬州〔江都府〕又属南唐〔首都金陵府〕）向训，当武宁（总部徐州）司令官（节度使）、淮南地区特遣兵团总辅导官（淮南道行营都监），率军驻防镇淮军（涡口，安徽省怀远县）。

三月十二日，郭荣（柴荣）从镇淮军（涡口，安徽省怀远县）再往下蔡（安徽省凤台县）。

三月十三日，郭荣（柴荣）给南唐寿州守将刘仁赡诏书，要他自己在灾难跟富贵二者之间，加以选择。

**9** 南唐帝（二任元宗）李璟（徐景通）表示要御驾亲征，率各将领抵抗后周（首都开封府）入侵大军。立法官（中书舍人）乔匡舜上疏竭力劝阻，李璟（徐景通）认为他打击民心士气，把乔匡舜流放抚州（江西省抚州市临川区）。李璟（徐景通）询问神卫统军朱匡业、刘存忠有关防御战略事项，朱匡业吟罗隐的诗说："时来天地皆同力，运去英雄不自由。"（"时运来的时候，天地神灵都帮助你；时运去的时候，英雄也身不由己，无能为力。"罗隐，参考九〇七年四月。）刘存忠同意。李璟（徐景通）大怒，贬朱匡业当昭武（总部抚州）副司令官（副使），流放刘存忠到饶州（江西省鄱阳县）。可是李璟（徐景通）终于还是不敢亲到前线。 

**10** 三月十七日，后周帝（二任世宗）郭荣（柴荣）在寿春（寿州州政府所在县）城北检阅军队，向守城的南唐军炫耀强大。南唐清淮（总部寿州）司令官（节度使）兼最高监督长（兼侍中，使相）刘仁赡，病势沉重，昏迷不醒。

三月十九日，南唐清淮（总部寿州）总监军官（监军使）周廷构、武装屯垦副司令（营田副使）孙羽等，派使节携带用刘仁赡的名义撰写的奏章，前往后周大营投降。

三月二十日，郭荣（柴荣）用诏书答复刘仁赡，派宫门管理官（阁门使）万年（长安〔陕西省西安市〕东半城）人张保续，进城宣告解释，刘仁赡的儿子刘崇让出城向后周围城军道歉。

三月二十一日，郭荣（柴荣）在大军严密戒备下，于寿春（寿州州政府所在县）城北，举行受降典礼，周廷构等用担架抬着刘仁赡出城，刘仁赡已不能起身，郭荣（柴荣）慰问赏赐，仍送他回城养病。

三月二十三日，把寿州州政府迁到下蔡（安徽省凤台县），下诏赦免州境以内除了死刑之外的所有囚犯。居民有受南唐政府鼓励，到高山丛林逃难的，命他们一律复员，不作任何处罚。有被这些人杀伤的，不准复仇告状。南唐的法令规章，人民如果认为不方便的，由州政府一条一条列奏。

三月二十四日，郭荣（柴荣）任命刘仁赡当天平（总部设郓州〔山东省东平县〕）司令官（节度使）兼最高立法长（兼中书令，使相）。诏书大略说：“刘仁赡尽忠他所事奉的君王，坚守节操，没有瑕疵，就是以前的名臣，有几个人可以相比！我之讨伐叛逆（指南唐），能得到你的效忠，可以说是我的收获最大。”当天（三月十四日），刘仁赡逝世

（年五十八岁），郭荣（柴荣）追封他当彭城郡王。李璟（徐景通）得到消息，追赠刘仁赡当太师（三师之一）。郭荣（柴荣）命清淮战区（总部寿州）恢复原名忠正战区（南吴称忠正战区，南唐改称清淮战区），以表彰刘仁赡的节操。又任命右羽林（禁军第二军）统军杨信当忠正（总部寿州）司令官（节度使），遥兼二级宰相（同平章事，使相）。

前许州（河南省许昌市）军务秘书长（司马）韩伦，是皇家侍卫亲军骑兵总指挥官（侍卫马军都指挥使）韩令坤的老爹。韩令坤遥兼镇安（总部陈州）司令官（节度使），而韩伦定居陈州（河南省周口市淮阳区），干涉政府行政，贪赃枉法，成为政府及人民的一种灾难。因为犯一项大罪，被人控告，韩令坤为老爹屡次向郭荣（柴荣）哭泣求情。

三月二十六日，郭荣（柴荣）下诏赦免韩伦一死，流放沙门岛（山东省烟台市蓬莱区西北小岛）。韩伦后来遇到大赦，得以回家，定居西京洛阳（河南省洛阳市），结交宫廷膳食部长（光禄卿）退休的柴守礼（郭荣〔柴荣〕的生父），以及当时宰相、大将王溥、王晏、王彦超的老爹们，仗恃儿子的势力，想干什么坏事就干什么坏事，人人畏惧，称他们为“十大阿父”。郭荣（柴荣）既是当今皇帝，遂没有一个人敢指摘柴守礼。郭荣（柴荣）则一直把他当作母舅尊敬，给他很优厚的待遇，但从来没有让他前去大梁（首都开封府所在城）。柴守礼曾经因一件小事，愤怒之下杀了一个人，主管官员不敢查问。郭荣（柴荣）得到报告，也不追究。

权势之家的子弟，仗恃父兄官大钱多，在社会上横行霸道，世人称他们“恶少”——邪恶少年，固使人痛恨，但较之仗着子侄官大钱多，在社会上横行霸道的“恶爹”，诚小巫见大巫，因为父亲可以管教犯罪的儿子，儿子却难以

管教犯罪的父亲。

儿子官越大、钱越多，恶爹的犯罪程度就会越高，韩令坤的恶爹杀人，总算流放沙门岛（山东省烟台市蓬莱区西北小岛），郭荣（柴荣）的恶爹杀人，却一点事也没有。现代人类因医药进步，饮食改进，寿命逐渐延长，老人看到子侄攀登高位可能性也越增加，我们的社会，如果不先行预防，总有一天，恶爹满街，那才是一桩大祸。

**11** 后周帝（二任世宗）郭荣（柴荣）下令打开寿州（安徽省寿县）所有仓库，发放粮食，赈济饥饿的灾民。

三月二十九日，郭荣（柴荣）北返。

夏季，四月十二日，抵达大梁（首都开封府所在城）。

郭荣（柴荣）下诏整修永福殿，命宦官孙延希主持这项工程。

四月二十日，郭荣（柴荣）到工地视察，发现工匠穷苦到有人削木片当饭匙，用碎瓦盛饭来吃，勃然大怒，把孙延希绑到街市斩首。

郭荣（柴荣）攻克秦（甘肃省秦安县西北）、凤（陕西省凤县）二州时，把俘虏或投降过来的后蜀（首都成都府）士卒数千人，成立怀恩军。

四月十八日，郭荣（柴荣）命怀恩指挥官（怀恩指挥使）萧知远等，率将士八百余人，返回后蜀（首都成都府）。

四月二十五日，李谷带病进宫朝见，郭荣（柴荣）命他不要下跪叩头，径行坐在一旁。李谷诚恳的提出辞职，郭荣（柴荣）不准。

四月二十七日，郭荣（柴荣）把南唐（首都金陵府）投降过来的士卒，改编为六个军，设置三十个指挥官，总称怀德军。

四月二十八日，郭荣（柴荣）下令疏浚汴水，向北流进五丈河。自此齐鲁地区（山东省）的船舶，都可直接驶到大梁（首都开封府所在城）。

五月十一日，命赵匡胤兼义成（总部滑州）司令官（节度使）。

十世纪·九五七年二月至四月
后周帝郭荣第二次南征·寿州降

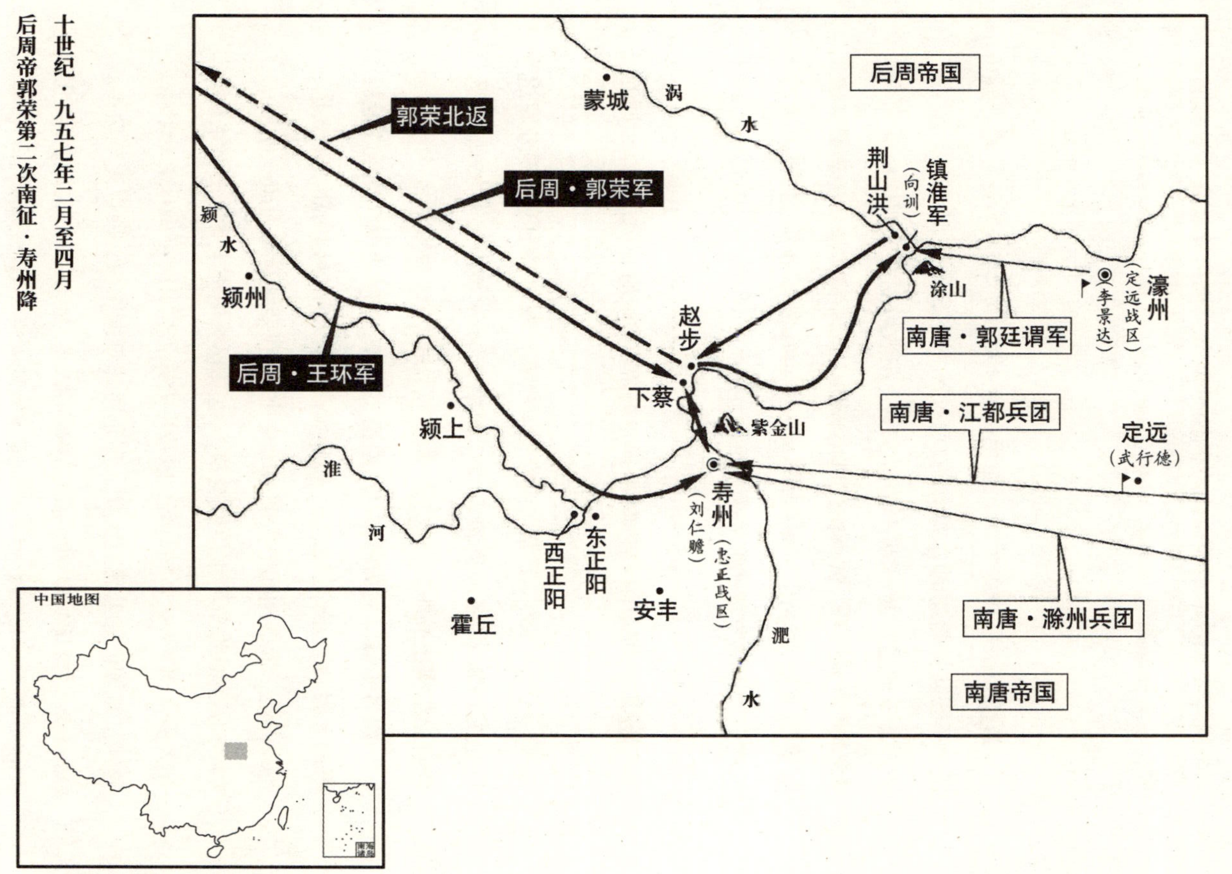

郭荣（柴荣）下诏说：国家的法令规章，都用文言文，难以看懂，命主任监察官（侍御史知杂事）张湜等，一一加以注解阐明，定名《刑统》。

**12** 南唐（首都金陵府）濠州（安徽省凤阳县东北临淮关镇）守将郭廷谓，率舰队摧毁后周（首都开封府）南征军兴建的涡口（安徽省怀远县）浮桥，又在定远（安徽省定远县）发动突袭，击败后周武宁（总部徐州）司令官（节度使）武行德，武行德仅逃出一命。南唐帝（二任元宗）李璟（徐景通）命郭廷谓当濠州（安徽省凤阳县东北临淮关镇）民兵司令（团练使），充当淮河上游水陆支援司令（上淮水陆应援使）。

**13** 后蜀帝国（首都成都府〔四川省成都市〕）政府官员，众口一词的认为，左右卫圣步骑兵总指挥官（左右卫圣马步都指挥使）、保宁（总部阆州）司令官（节度使）、遥兼二级宰相（同平章事，使相）李廷珪，是败军之将（连失秦凤阶成四州，参考前年〔九五五〕闰九月），不应该再统率大军。李廷珪自己也提出辞职。

六月十日，后蜀帝（二任）孟昶（孟仁赞，本年三十九岁）加授李廷珪摄理太尉（检校太尉，三公之一），解除军职。李太后看到历届统帅人选，都不恰当，警告她儿子孟昶（孟仁赞）说：“我亲眼看见后唐一任帝（庄宗）李存勖横跨黄河跟后梁交战，也亲眼看见你老爹（一任帝孟知祥）在太原（山西省太原市）的时候，以及平定东西二川（东川梓州、西川成都府）时候，将领们除非建立大功，都不可以掌握军权，所以士卒敬畏。（胡三省注：“李太后本是李存勖的宫女，赏赐给孟知祥，所以往事历历。”）而今，王昭远是我们豢养的家奴（《十国春秋·王昭远传》：王昭远，成都人，十二岁时当东郭禅师智调的小厮，孟知祥施舍斋饭时，王昭远随着智调进府，孟知祥看他聪明伶俐，就教他陪伴儿子孟仁赞到书房读书，从此一帆风顺），伊审徵、韩保贞、赵崇韬，都是富贵家的子弟，乳臭未干，从来不懂军事，只因父兄对国家有功，擢升到人上人的高位，平常时候，谁敢指摘？一旦战争爆发，怎么能抵抗强大敌人！以我的观察，只高彦俦是太原（山西省太原市）时代的旧人，一定不会负你，其他没有人可以担当。”孟昶（孟仁赞）拒不接受。

**14** 六月二十二日，后周（首都开封府）任命前华州（陕西省渭南市华州区）州长王祚，当颍州（安徽省阜阳市）民兵司令（团练使）。王祚，是现任宰相王溥的老爹。王溥虽然已是宰相，可是，每当王祚有朋友来访的时候，总是教王溥穿上宰相穿的一品官服，站在身旁招待伺候，客人们必须不断尴尬的起立致敬，王祚就说：“这是我家的猪狗，不必为他欠身！”

世界上确实有些智商奇异的人，借着侮辱甚至伤害他最亲近的人，来展示自己的优越，王祚就是这种老浑球。

秋季，七月二日，郭荣（柴荣）确定寿春之败（参考去年〔九五六〕六月）及定远之败（参考本年〔九五七〕五月）的责任，免除武宁（总部徐州）司令官（节度使）兼最高立法长（兼中书令，使相）武行德职务，调降左卫（卫军第一军）上将军；免除河阳（总部孟州）司令官（节度使）李继勋职务，调降右卫（卫军第二军）大将军。

**15** 后汉帝国（首都太原府〔山西省太原市〕）皇帝（四任睿宗）刘承钧

（本年三十二岁），兴建皇家七座祭庙（三任帝刘崇〔刘旻〕不建皇家祖庙，参考九五一年正月十六日）。

**16** 后周（首都开封府）司空（三公之三）、副监督长（门下侍郎）、二级实质宰相（同平章事）李谷，患病躺床二年，共呈递过九次奏章请求辞职。

八月二十一日，郭荣（柴荣）才下令照准，免除兼职，仍留本职，每月乘两人抬的小轿进宫到便殿相见，讨论国事。

郭荣（柴荣）命帝国参谋总部副指挥官（枢密副使）、国务院财政部副部长（户部侍郎）王朴，摄理太保（检校太保，三师之三），升任帝国参谋总部指挥官（枢密使）。

**17** 后周（首都开封府）怀恩军八百人，抵达后蜀首都成都（怀恩军返国事，参考本年〔九五七〕四月）。后蜀帝（二任）孟昶（孟仁赞）遣送梓州（四川省三台县）总秘书长（别驾）胡立等八十人东还（胡立被俘事，参考前年〔九五五〕六月），并写信道谢，请求建立两国友好关系。

八月二十九日，胡立等回到大梁（首都开封府所在城），后周帝（二任世宗）郭荣（柴荣）因孟昶（孟仁赞）以平等地位相待，大不高兴，不作答复。孟昶（孟仁赞）得到报告，大怒说：“我当天子在郊外祭祀天地神灵时，你这小子还正当小偷，怎么敢这样待我！”

**18** 九月，后周（首都开封府）立法官（中书舍人）窦俨，上疏后周帝（二任）郭荣（柴荣），请下令有关官员讨论古今礼节仪式，撰写《大周通礼》。又请下令有关官员考正音乐旋律，撰写《大周正乐》，同时也对军国大事，提出建议说：

“治理国家，没有比选拔人才更重要；选拔人才，没有比物色宰相更重要。但是自从唐王朝末年，中央滥用国家的官位。一个地方官员刚刚当上宰相，就兼任三公（太尉、司徒、司空）或兼任国务院最高执行长（仆射）。当他还没有得到手的时候，钻营奔走，全神贯注；当他如愿以偿的时候，就以‘没有声音’‘沉默寡言’，取悦当世，反而一味盼望解除机要重任，只剩下尊贵的官衔，逍遥在山林亭台之间，用来保护满门家族的安全。请求陛下训令现任宰相，要在国务院各部长、立法院立法官（舍）、监督院御前监督官（给）以上的官员中，推荐他们所赏识的人才，如果陛下一向知道他们确有能力，自然升迁；如果不是这样，则不妨让该员仍保留原来官职，而兼代新的职务，一年之后，考察他的成绩，假若称职，而原来的官位已经很高的话，则命他当宰相；原来的官位不很高的话，则逐渐擢升，仍然继续代理。假若不称职，则免除他的代理，责罚保荐他的人。又，文武百官，只有官衔，而没有实质职务的，占一大半（诸如禁卫军将军、大将军、统军之类，都无事可干），请酌量他的才能，外放到地方政府当官，负责实际工作。调回中央后，仍命他用原来的官职铨叙，考察他的成绩，有干才的擢升，没有干才的罢黜。”

窦俨又说：

“请鼓励盗匪们互相检举告密，把对方财产的一半，作为奖金。如果盗匪的亲戚代替盗匪向政府自首，就赦免那个盗匪，而只惩罚没有亲戚代他自首的盗匪。这样的话，盗匪永不可能聚集。新郑（河南省新郑市）乡村农民，分别建立自卫团队，各自有军官指挥，只要一家当盗匪，全村村民都被当作盗匪；一家被偷被抢，则惩罚那个村庄自卫团队的军官。一旦发现盗匪，则四面八方擂动战鼓，举起火把，青年战士像乌云一样的向出事地点集中，则盗匪少，而捕捉的人多，没有一个人能够逃脱。因此，邻县到处都是盗匪，只新郑（河南省新郑市）一县升平，请陛下训令其他各县仿效，这也是肃清盗匪的一种方法。

“几个朝代下来，中央不断颁发诏书，任由农民开荒垦田，尽量耕种，承诺只缴旧税，可是，等到田地播种，主管官员却去测量亩数，增加税款，所以农民心怀猜疑畏惧，不敢扩大耕作面积。政治的先决条件，没有比信用更为重要，假若信用建立，则耕田面积自会扩大；耕田面积扩大，则粮食自会增多；粮食增多之后，藏在民间，犹如藏在政府库仓。”

窦俨又说：

“陛下讨伐南唐（首都金陵府），一次战役，就克复八州（光〔河南省潢川县〕、黄〔湖北省黄冈市黄州区〕、舒〔安徽省潜山市〕、蕲〔湖北省蕲春县〕、和〔安徽省和县〕、扬〔江都府，江苏省扬州市〕、滁〔安徽省滁州市〕、泰〔江苏省泰州市〕），御驾再次亲征，即行平定寿春（寿州州政府所在县，安徽省寿县），神威所到之处，所向无敌。今后，我们用大量的兵力攻击弱小敌人，用太平盛世对付混乱地区，大势所趋，没有不胜利的道理，只是必须速战速决，使他们的人民免除被杀被俘的灾难和我们的人民免除运输粮饷的困苦。”

郭荣（柴荣）看到，十分称赞。窦俨，是窦仪的老弟（窦仪，参考九四四年正月）。

冬季，十月五日，郭荣（柴荣）命中央考试时，设立“贤良方正直言极谏科”“经学优深可为师法科”“详闲吏理达于教化科”等。

**19** 十月十日，后汉（首都太原府）麟州（陕西省神木市）州长杨重训，向后周（首都开封府）边防军献出城池投降（杨重训于九五二年十二月，曾投降后周，不知何以再降）。后周（首都开封府）任命杨重训当麟州（陕西省神木市）警备区司令（防御使）。

**20** 十月十六日，后周帝（二任世宗）郭荣（柴荣）任命王朴当东京（首都开封府）留守长官，全权处理军国大事。命中央财政三单位管理总监（三司使）张美当内宫护从司令（大内都点检）。

十月十九日，郭荣（柴荣）从大梁（首都开封府所在城）出发，再度南下亲征南唐（首都金陵府）。

十一月四日，抵达镇淮军（涡口，安徽省怀远县）。

十一月五日，凌晨五时（五更），渡过淮河。

十一月五日，抵达南唐濠州（安徽省凤阳县东北临淮关镇）城西。濠州（安徽省凤阳县东北临淮关镇）东北十八华里，有个浅滩，南唐军在上面建立防御工事，四面淮河环绕，构成天然屏障，认为后周军决不可能登岸。

十一月六日，郭荣（柴荣）亲自出击，派金殿侍从官（内殿直）康保裔，率武装战士几百人，骑骆驼蹚水而过。而赵匡胤率骑兵继进，遂占领浅滩；另一支军队李重进则攻破濠州（安徽省凤阳县东北临淮关镇）关城。

十一月十一日，郭荣（柴荣）亲自攻击濠州（安徽省凤阳县东北临淮关镇）；后周将领王审琦攻陷南唐舰队码头基地。南唐在城北集结战舰好几百艘，又于淮河竖立巨大木柱，用以限制后周舰队行动。郭荣（柴荣）命舰队发动攻击，拔去巨木，烧毁战舰七十余艘，杀二千余人；最后攻克濠州（安徽省凤阳县东北临淮关镇）的羊马城（一边靠水，三面筑墙的战术堡垒），城里南唐守军震恐。

十一月十四日，夜晚，南唐濠州（安徽省凤阳县东北临淮关镇）警备区司令（防御使）郭廷谓上疏给后周帝（二任世宗）郭荣（柴荣）说："我家住江南（长江以南），如果很快投降，恐怕家族被政府屠杀。请准我派人到金陵（南唐首都，江苏省南京市）请示，然后投降。"郭荣（柴荣）同意。

十一月十九日，郭荣（柴荣）听说南唐有几百艘战舰，停泊在涣水（淮河支流浍河，于安徽省五河县注入淮河）东岸，打算增援濠州（安徽省凤阳县东北临淮关镇），于是亲自率水陆两路大军，在夜色掩护下，发动袭击。

十一月二十一日，在洞口（安徽省五河县东）大破南唐军，杀五千余人，收容投降士卒二千余人，在震天战鼓声导引下，向东追击，势如破竹，攻无不克。

十一月二十三日，后周军抵达泗州（江苏省盱眙县淮河北岸）城下，赵匡胤先攻南门，纵火焚烧城门，攻破月城（半月形防御工程）和舰队基地。郭荣（柴荣）登上城楼，指挥作战。

**21** 后汉帝（四任睿宗）刘承钧自登极以来，全力安抚国内，没有力量对外发展。本月（十一），辽帝国（首都临潢府〔内蒙古巴林左旗〕）派大同（总部云州）司令官（节度使）、最高监督长（侍中，使相）崔勋，率领军队前往后汉首都太原（山西省太原市）访问，计划联合向后周（首都开封府）发动攻击。刘承钧派忠武（总部许州）司令官（空头官衔。此时许州属后周〔首都开封府〕）、二级实质宰相（同平章事）李存瓌率军会师南下，侵入后周潞州（山西省长治市），直到城下即行撤退。刘承钧终于发现辽国（首都临潢府）不足以信赖，但也不敢立刻跟它断绝来往，所以，仍馈送他们很多东西。

**22** 十二月三日，南唐（首都金陵府）泗州（江苏省盱眙县淮河北岸）

守将范再遇，向后周献出城池，投降。后周帝（二任世宗）郭荣（柴荣）擢升范再遇当宿州（安徽省宿州市）民兵司令（团练使）。郭荣（柴荣）亲自到泗州城下，禁止军中派出砍柴的人践踏民间田地，农民喜悦感激，争着赠送粮草，占领泗州（江苏省盱眙县淮河北岸）时，没有一个士卒敢随便进城。郭荣（柴荣）接到洞口（安徽省五河县东）有几百艘敌舰的报告，派骑兵前往侦察，敌舰退往清口（江苏省淮安市淮阴区西南，清河〔泗水〕注入淮河处）。

十二月六日，郭荣（柴荣）亲自率军从淮河向北挺进，命赵匡胤率步骑兵从淮河向南挺进，其他将领率战舰顺淮河东下，分别追击南唐（首都金陵府）的残兵败将。当时，淮河因为是国界线的缘故，多少年来，两岸从没有行人，杂草芦苇，密集丛生，尤其多的是泥沼壕沟，后周士卒乘着战胜余威，士气高升，踏草蹚水，争先恐后前进，全都忘记自己的疲劳。

十二月八日，后周各路大军终于追上南唐败兵，一面攻击、一面追赶，战鼓声震动天地，声音在几十华里以外都听得见。

十二月九日，后周军追到楚州（江苏省淮安市）西北，再大破南唐军，郭荣（柴荣）亲自追击沿淮河东下逃亡的一支，赵匡胤当先锋，挺进六十华里，生擒南唐保义（总部陕州）司令官（空头官衔。此时陕州属后周〔首都开封府〕），濠泗楚海四州总支援司令（都应援使）陈承昭而回，除了击沉或焚毁，俘获的战舰还剩下三百余艘，除了杀死或淹死，俘虏的士卒还剩下七千余人。南唐（首都金陵府）的淮河舰队，全部覆灭。

濠州（安徽省凤阳县东北临淮关镇）守将郭廷谓派往中央的使节，从金陵（南唐首都，江苏省南京市）回来，知道中央不能再派出援军，于是命总务参谋官（录事参军）鄱阳（江西省鄱阳县）人李延邹起草投降奏章。李延邹用忠心大义责备郭廷谓，郭廷谓把刀架到他脖子上，李延邹把笔掷到地下，叹息说：“大丈夫在任何情形下，都不辜负国家，替叛徒写投降文告。”郭廷谓遂砍下他的人头，献出濠州（安徽省凤阳县东北临淮关镇）投降。后周（首都开封府）接收南唐士卒一万人，粮食几万斛。李璟（徐景通）赏给李延邹的儿子一个官职。

十二月十日，郭荣（柴荣）南渡淮河，抵达楚州（江苏省淮安市），在城西北扎营。

十二月十三日，南唐（首都金陵府）雄武军基地司令（雄武军使）、代理涟水（江苏省涟水县）县长崔万迪投降后周。

十二月十四日，后周任命郭廷谓当亳州（安徽省亳州市）警备区司令（防御使）。

十二月十六日，郭荣（柴荣）进攻楚州（江苏省淮安市），攻克河畔月城。

十二月十八日，郭荣（柴荣）在御营接见郭廷谓，说：“自从南征以来，南唐（首都金陵府）将领，不是战败，就是阵亡，前后相继，只有你能摧毁涡口（安徽省怀远县）浮桥，击破定远（安徽省定远县）大营（参考本年〔九五七〕五月），足以报答国恩。濠州（安徽省凤阳县东北临淮关镇）是个小城，即令李璟（徐景通）亲自来守，他能守得住！”命郭廷谓率濠州（安徽省凤阳县东北临淮关镇）本部人马，进攻天长（安徽省天长市）。又派铁甲骑兵左翼总指挥官（铁骑左厢都指挥使）武守琦，率骑兵数百名，直向扬州（江都府，江苏省扬州市），抵达高邮（江苏省高邮市）。南唐（首都金陵府）焦土抗战，纵火把扬州（江苏省扬州市）所有官衙民房，全部烧光，驱赶所有民众渡长江而南。过了几天，后周（首都开封府）军队才到，城里只剩下十几个害重病的人。

十二月二十一日，武守琦把惨状奏报。郭荣（柴荣）听说泰州（江苏省泰州市）没有守军防备，派军袭击。

十二月二十五日，攻克泰州（江苏省泰州市）。

**23** 南汉帝国（首都兴王府〔广东省广州市〕）副立法长（中书侍郎）、二级实质宰相（同平章事）卢膺逝世。

南汉帝（三任中宗）刘弘熙（刘晟，本年三十八岁）听到南唐（首都金陵府）不断战败消息，脸上掩不住忧愁，派使节前往后周（首都开封府）朝贡，又被湖南地区（南楚故土，湖南省）割据军阀（周行逢）阻隔，无法通过，乃增强舰艇，整修武器，积极备战。可是过不了多久，又尽情饮酒寻欢，说："我自己能逃过去，就十分幸运了，哪有时间为后代子孙担心！"

**24** 南唐（首都金陵府）派往辽国（首都临潢府）的使节陈处尧（参考去年〔九五六〕十二月），身在辽国，向辽帝（四任穆宗）耶律述律（本年二十七岁）请求前往后汉首都太原（山西省太原市）一游，耶律述律允许。后汉帝（四任睿宗）刘承钧热诚接待。盘桓几天，北返，最后死在辽国。

# 九五八年 戊午

| | | |
|---|---|---|
| 后汉 | 天会 | 二年 |
| 后周 | 显德 | 五年 |
| 南唐 | 保大 | 十六年 |
| | 中兴 | 元年 |
| | 交泰 | 元年 |
| 吴越 | 显德 | 五年 |
| 南汉 | 乾和 | 十六年 |
| | 大宝 | 元年 |
| 南平 | 显德 | 五年 |
| 后蜀 | 广政 | 二十一年 |
| 辽 | 应历 | 八年 |

**1** 春季，正月三日，后周帝国（首都开封府〔河南省开封市〕）撤销匡国战区（总部设同州〔陕西省大荔县〕）。

**2** 南唐帝国（首都金陵府〔江苏省南京市〕）改年号中兴（之前是保大十六年，之后是中兴元年）。

**3** 正月五日，后周（首都开封府）右龙武（禁军第四军）将军王汉璋奏报说：攻克南唐（首都金陵府）海州（江苏省连云港市）。

正月七日，后周帝（二任世宗）郭荣（柴荣，本年三十八岁）命皇家侍卫亲军骑兵总指挥官（侍卫马军都指挥使）韩令坤，暂管扬州（江苏省扬州市）总部军政大事。

郭荣（柴荣）打算亲率舰队自淮河进入长江，但中途被淤塞了的北神堰阻隔，不能通过（楚州〔江苏省淮安市〕北五华里处，五代时有北神镇，春秋时吴王国七任王吴夫差在此开凿运河，以连接淮河长江，称为邗沟〔邗，音hán·寒〕，因淮河水位低，运河水位高，遂在北神镇邗沟入淮河处，建立水闸，称北神堰，以防运河水无止境灌入淮河），工程人员打算挖掘楚州（江苏省淮安市）西北鹳水（今地不详。鹳，音guàn〔灌〕），找出运河故道。郭荣（柴荣）派使节前往作实地调查。回来后奏报说：地理形势困难，不适宜施工，一定要施工的话，需要太多工人或太多工作天。郭荣（柴荣）亲自前往观看，参与规划，征调楚州（江苏省淮安市）民夫挖掘，十天工夫就完全打通，经费比原预算节省很多，几百艘巨大战舰顺序通过，直入长江。南唐（首都金陵府）人民大为震惊，认为有神仙相助。

正月十日，后周占领静海军（江苏省南通市），终于打通前往吴越王国（首都杭州〔浙江省杭州市〕）的道路。先前，郭荣（柴荣）派监督院高级顾问官（左谏议大夫）长安（京兆府〔陕西省西安市〕所在西半城）人尹日就等，出使吴越（首都杭州），行前对他们说："你们今天去吴越（首都杭州），虽然漂洋过海，可是，等你们回来的时候，淮南（淮河以南）已经平定，可以从陆路回来。"现在，果然如此。

**4** 正月二十二日，后蜀帝国（首都成都府〔四川省成都市〕）立法院候补立法官（右补阙）章九龄，晋见后蜀帝（二任）孟昶（孟仁赞，本年四十岁），指控说："政治所以混乱不上轨道，由于奸邪马屁精在政府中当权。”孟昶（孟仁赞）问奸邪马屁精是谁，章九龄指出李昊、王昭远。孟昶（孟仁赞）大怒，认为章九龄诋毁高级官员，贬他当维州（四川省理县）总务参谋官（录事参军）。



**5** 后周军（首都开封府）进攻楚州（江苏省淮安市），已超过四十天。南唐（首都金陵府）任命的警备区司令（防御使）张彦卿，艰苦守卫，后周军（首都开封府）无法攻克。

正月二十三日，后周帝（二任世宗）郭荣（柴荣）监督各将领再次进攻。夜晚，就住在城下。

正月二十五日，攻克楚州（江苏省淮安市）。张彦卿跟总辅导官（都监）郑昭业，仍率部众巷战，箭已射尽，刀口已缺，张彦卿用板凳当武器缠斗，被杀，部属一千余人，全部牺牲，没有一个人投降。

**6** 南平王国（首都江陵府〔湖北省江陵县〕）国王（三任贞懿王）高保融（本年三十九岁），派指挥官（指挥使）魏璘率战舰一百艘，顺长江东下，跟后周（首都开封府）会师，联军进攻南唐（首都金陵府），抵达鄂州（湖北省武汉市）。

**7** 正月二十八日，后蜀（首都成都府）在果州（四川省南充市）设置永宁战区，把通州（四川省达州市达川区）划入辖区（通州原属山南西道战区〔总部兴元府〕）。

**8** 南唐（首都金陵府）在天长（安徽省天长市）设雄州，任命建武军基地司令（建武军使）易文赟当州长。

二月二日，易文赟献出城池，投降后周（首都开封府）。

**9** 二月六日，后周帝（二任世宗）郭荣（柴荣）自楚州（江苏省淮安市）出发。

二月十五日，抵达扬州（江苏省扬州市），命韩令坤征调民夫一万余人，在旧城东南角，另筑小城，以容纳政府机关及陆续来归的居民。

二月二十三日，黄州（湖北省黄冈市黄州区）州长司超奏报说：会同控鹤右翼总指挥官（控鹤右厢都指挥使）王审琦，进攻南唐舒州（安徽省潜山市），生擒州长施仁望。

**10** 二月二十四日，后周（首都开封府）建雄（总部晋州）司令官（节度使）真定（河北省正定县）人杨廷璋奏报说："在隰州（山西省隰县）城下，击败后汉（首都太原府）军队。"当时，后周（首都开封府）任命的隰州（山西省隰县）州长孙议，突然逝世，杨廷璋对总辅导官（都监）、皇家马厩管理官（闲厩使）李谦溥说："而今，皇上大驾南征，隰州（山西省隰县）没有守将，后汉（首都太原府）一定乘机下手，如果要等奏报后得到指示再行动，这座孤城就陷入险境。"即用公文通知李谦溥，命李谦溥暂代隰州（山西省隰县）州长。李谦溥到差后，立即增强防御工事。不久，后汉军（首都太原府）果然抵达，各将领请求杨廷璋火速增援，杨廷璋说："隰州（山西省隰县）城池坚固，将领优秀，不容易攻克。"后汉（首都太原府）攻城很久，果然无法攻下，杨廷璋等后汉（首都太原府）攻城军疲惫困乏，又没有戒备，暗中跟李谦溥约定，各招募敢死队一百余人，于夜晚前后夹击，进攻后汉（首都太原府）大营，后汉军惊骇崩溃，被杀一千余人，解除包围撤走。

**11** 三月一日，后周帝（二任世宗）郭荣（柴荣）前往泰州（江苏省泰州市）。

**12** 三月六日，南唐（首都金陵府）大赦，改年号交泰（之前是中兴元年，之后是交泰元年）。

南唐（首都金陵府）皇太弟李景遂，前后呈递十次奏章，请求辞皇太弟职位，强调说："帝国危险，我不能解救，请准许我到地方负责一个战区。燕王李弘冀，是陛下的嫡长子，又有战功（支持柴克宏败吴越军，解常州围，参考前年〔九五六〕三月），应该做皇家继承人，仅缴回皇太弟的封册。"齐王李景达也因作战失败，而辞元帅职务。南唐帝（二任元宗）李璟（徐景通，本年四十三岁）批准，于是改封李景遂当晋王，加授：天策上将军、江南西道（江西省）兵马元帅、洪州军区（总部设江西省南昌市）总司令（大都督）、太尉（三公之一）、国务院总理（尚书令，使相）。又命李景达当浙江西道（太湖流域）元帅、润州军区（总部设江苏省镇江市）总司令（大都督）。李景达因浙西地区军情紧张（因吴越舰队逼近），坚决辞职，于是改派他当抚州军区（总部设江西省抚州市临川区）总司令（大都督）。接着，封李弘冀当太子，参与中央决策。李弘冀刻薄寡恩，又对人猜忌。叔父李景遂左右亲近官员，有还没有出宫的，李弘冀立刻把他们驱逐出宫。他的老弟安定公爵李从嘉对这位老哥十分畏惧，不敢过问政治，只在儒家学派经典中寻求乐趣。

**13** 三月十日，后周帝（二任世宗）郭荣（柴荣）前去迎銮镇（江苏省仪征市），好几次亲到渡口视察，派舰队攻击沿江南唐（首都金陵府）部队，把他们击破。听说南唐（首都金陵府）战舰几百艘集结在东洑洲（江苏省启东市，十世纪时尚是长江出海口北边的沙洲。洑，音bù〔布〕），打算切断后周（首都开封府）跟吴越（首都杭州）间的交通，于是派殿前总纠察官（殿前都虞候）慕容延钊率步骑兵、派右神武（禁军第六军）统军宋延渥率舰队，分别顺长江而下。

三月十三日，慕容延钊奏报说：在东沛洲（江苏省启东市，十世纪时尚是长江出海口北边的沙洲）大破南唐（首都金陵府）军。郭荣（柴荣）派李重进率军攻击庐州（安徽省合肥市）。

南唐帝（二任元宗）李璟（徐景通）接到郭荣（柴荣）身在长江北岸消息，恐怕他立刻就渡江南下，可是自己又羞于取消皇帝尊号，做后周（首都开封府）的臣属；只好派国务院国防部副部长（兵部侍郎）陈觉，携带奏章晋见郭荣（柴荣），请准他把帝位传给太子李弘冀，让李弘冀向后周（首都开封府）称臣。当时，淮南（淮河以南）地区的庐（安徽省合肥市）、舒（安徽省潜山市）、蕲（湖北省蕲春县）、黄（湖北省黄冈市黄州区）四州还由南唐（首都金陵府）军据守。

三月十五日，陈觉抵达迎銮镇（江苏省仪征市），看到后周（首都开封府）南征军精锐强大，立刻请郭荣（柴荣）准许他派人渡江回京（首都金陵府）去取降书，容许李璟（徐景通）献出四州，而以长江为两国边界，只求后周停止军事行动，言辞卑微哀伤，郭荣（柴荣）说："我南征的目的，本来只索取江北（长江以北）土地，你的领袖如果全国归附，我还有什么不满意！"陈觉叩头退出。

三月十六日，陈觉请求派他的部属宫门总管理官（阁门承旨）刘承遇返回首都金陵。郭荣（柴荣）写信给李璟（徐景通），称"皇帝恭敬的问候江南国主"，安抚慰劳，诚恳接纳。

**14** 三月十七日，吴越王国（首都杭州〔浙江省杭州市〕）奏报后周政府（首都开封府）说：已指派上军常备总指挥官（上直都指挥使）兼处州（浙江省丽水市）州长邵可迁、秀州（浙江省嘉兴市）州长路彦铢，率战舰四百艘、士卒一万七千人，停泊通州（江苏省南通市，后周于静海设通州）南岸待命出击。

**15** 南唐帝（二任元宗）李璟（徐景通）派刘承遇携带奏章，自称“唐国王”，再度晋见后周帝（二任世宗）郭荣（柴荣），呈献江北（长江以北）四州，承诺每年进贡物品数十万（数十万什么？说不清楚）。于是江北（长江以北）地区全部并入后周（首都开封府）版图，共十四州、六十县（十四州：光〔河南省潢川县〕、寿〔安徽省寿县〕、庐〔安徽省合肥市〕、舒〔安徽省潜山市〕、蕲〔湖北省蕲春县〕、黄〔湖北省黄冈市黄州区〕、滁〔安徽省滁州市〕、和〔安徽省和县〕、濠〔安徽省凤阳县东北临淮关镇〕、泗〔江苏省盱眙县淮河北岸〕、楚〔江苏省淮安市〕、扬〔江苏省扬州市〕、泰〔江苏省泰州市〕、通〔江苏省南通市〕）。

三月十九日，郭荣（柴荣）写信给李璟（徐景通），指示说：“中央以及吴越（首都杭州）、南平（首都江陵府）、湖南地区（南楚故土，湖南省）三方面大军，已停止战斗，自当班师返回。其他庐（安徽省合肥市）、蕲（湖北省蕲春县）、黄（湖北省黄冈市黄州区）三州的围城部队（没有提舒州〔安徽省潜山市〕，可能在此之前攻克，或城外已无后周军），也将撤退到近郊，等守城将士和家属启程南返时，直接派人通知进城接收。长江船舶有被俘停泊北岸的，如有需要，就派人到北岸把它们领走。”

三月二十日，陈觉辞行南返，郭荣（柴荣）再写信给李璟（徐景通），告诉他不必把帝位传给太子。

三月二十一日，郭荣（柴荣）从迎銮镇（江苏省仪征市）再往扬州（江苏省扬州市）。

**16** 三月二十二日，后周帝（二任世宗）郭荣（柴荣），下诏命吴越（首都杭州）、南平（首都江陵府）讨伐南唐（首都金陵府）的军队，各自班师。赏赐吴越王（五任忠懿王）钱弘俶（本年三十岁）犒军费绸缎三万匹，赏赐南平王（三任贞懿王）高保融犒军费绸缎一万匹。

**17** 三月二十三日，后周（首都开封府）在庐州（安徽省合肥市）设保信战区，任命右龙武（禁军第四军）统军赵匡赞当战区司令官（节度使）。

**18** 三月二十五日，南唐帝（二任元宗）李璟（徐景通），派宰相冯延己向后周（首都开封府）进贡金银、绸缎、钱币、茶叶、粮食，共一百万（一百万什么？不知道），犒劳三军。

**19** 三月二十八日，后周帝（二任世宗）郭荣（柴荣）命宋延渥率水上部队三千人，乘舰逆长江而上，巡视检查。

三月二十九日，郭荣（柴荣）下诏，命故淮南（总部扬州）司令官（节度使）杨行密（杨行慜）、故镇海（总部金陵府）司令官（节度使）徐温等坟墓，分别依据实际情形，设立守墓户。江南（长江以南）文武百官家属坟墓在江北（长江以北）的，州县政府官员应于过年过节时照顾。

**20** 三月三十日，南唐帝（二任元宗）李璟（徐景通）派临汝公爵徐辽，代替自己前往后周（首都开封府），向后周帝（二任世宗）郭荣（柴荣）祝福。

**21** 本月（三），后周（首都开封府）挖掘汴口（汴水注入淮河处，江苏省盱眙县淮河北岸），引导黄河的水流入淮河。于是长江、淮河间的运河，得以畅通无阻。

夏季，四月四日，后周帝（二任世宗）郭荣（柴荣），从扬州（江苏省扬州市）北返。

郭姓皇家祖庙（太庙）落成。

四月九日，郭荣（柴荣）把祖先牌位送进皇家祖庙。

**22** 四月十日，夜晚，吴越（首都杭州）钱唐（首都杭州州政府所在县）城南失火，烧到内城，政府官舍及民间房舍，几乎全化成灰烬。

四月十一日，早晨，大火就要烧到镇国仓（吴越粮库），吴越王（五任忠懿王）钱弘俶很久以来，一直患病，这时强行起床救火。火势终于被扑灭，钱弘俶对左右侍从说："我的病被这场大火治好！"大家才安心。

**23** 后周帝（二任世宗）郭荣（柴荣）南征时，辽帝国（首都临潢府〔内蒙古巴林左旗〕）乘北边防务空虚，派军南下。

四月二十一日，郭荣（柴荣）抵达大梁（首都开封府所在城），命镇宁（总部澶州）司令官（节度使）张永德率军北上边界戒备。

**24** 五月一日，日蚀。

**25** 后周帝（二任世宗）郭荣（柴荣）下诏犒赏南征全体士卒及淮南（淮河以南）新近归附的居民。

五月十一日，任命赵匡胤兼忠武（总部许州）司令官（节度使），调安审琦当平卢（总部青州）司令官（节度使）。

成德（总部镇州）司令官（节度使）郭崇威（郭崇）进攻辽国（首都临潢府）束城（河北省河间市东北束城镇），攻克，报复辽国（首都临潢府）的入侵。

**26** 南唐帝（二任元宗）李璟（徐景通）为了避后周一任帝（太祖）郭威高曾祖父郭璟的讳，改名李景（我们仍称他李璟），下令取消皇帝称

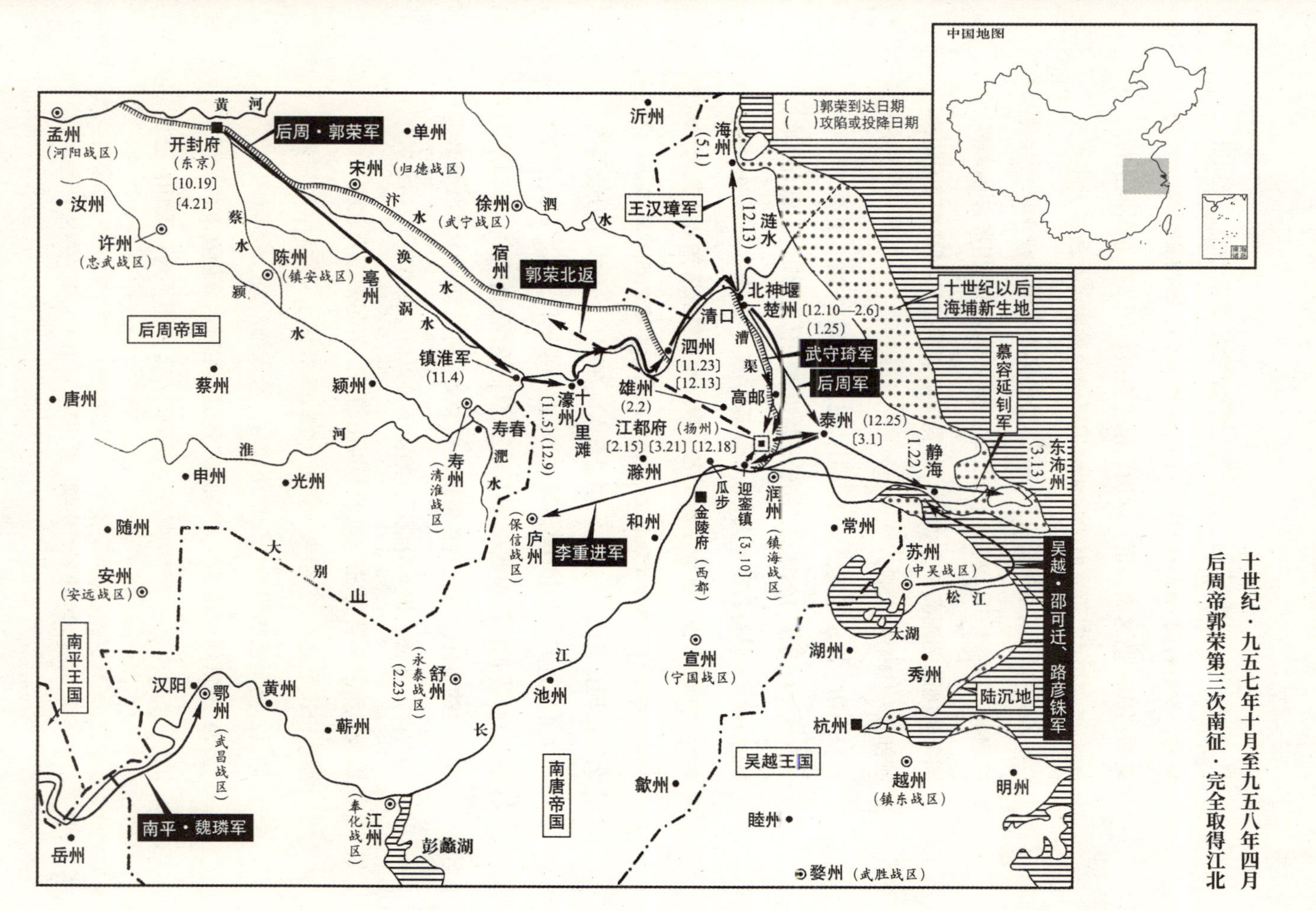


十世纪·九五七年十月至九五八年四月
后周帝郭荣第三次南征·完全取得江北

号，改称“江南国主”，凡是皇帝礼仪及制度，都降一等，废除自己年号，改用后周（首都开封府）年号（之前是交泰元年，之后是显德五年），并到皇家祖庙，把这项决定，向历代祖先奏报。国务院左最高执行长（左仆射）、二级实质宰相（同平章事）冯延己免除职务，改任太子太傅（太子三师之二）。副监督长（门下侍郎）、二级实质宰相（同平章事）严续免除职务，调任太子少傅（太子三少之二）。帝国参谋总部指挥官（枢密使）、国务院国防部副部长（兵部侍郎）陈觉免除兼职，只留国务院国防部副部长（兵部侍郎）本职。

当初，冯延己提出恢复中国，统一中国的方略，李璟（徐景通）大为欣赏，因此受到宠信。冯延己常讥笑一任帝（烈祖）李昪（徐知诰。昪，音biàn〔变〕）坚持和平理念“狭窄龌龊”，说：“安陆（安州州政府所在县，湖北省安陆市）之役，才死了数千名士卒，他竟然长吁短叹十几天（参考九四〇年六月），这正是庄稼老汉的见识胆量，怎么能成就大事！怎么能比现在皇上（李璟），大军数万人远在前方，暴露在刀枪剑戟、烈日暴雨之下，他却仍然踢球饮酒，跟平常一样，这才是真正的英明领袖！”冯延己跟他的同党谈论，常把治理国家和统一天下，当作自己的责任，互相赞美褒扬。皇家文学侍从官（翰林学士）常梦锡屡次抨击冯延己等浮滑荒谬，绝对不可以信任，李璟（徐景通）听不进去。常梦锡警告说：“奸邪们说出的话，听起来忠心耿耿，再不醒悟，国家必亡。”后来，南唐（首都金陵府）终于向后周（首都开封府）称臣，冯延己的党羽在一块谈话时，有人把后周（首都开封府）称为“大朝”。常梦锡忍不住大笑说：“各位先生时常要使皇上成为伊祁放勋（尧帝）、姚重华（舜帝）那样神圣的君王，想不到今天却自己承认是‘小朝’！”大家沉默不敢说话。

自从南唐（首都金陵府）归降，后周帝（二任世宗）郭荣（柴荣）每次都乘南唐（首都金陵府）使节返国之便，带信件回去，从没有派遣过使节前往。

五月二十九日，才派交通部长（太仆卿）冯延鲁、军械供应部副部长（卫尉少卿）钟谟，出使南唐（二人本是南唐重要人物，兵败被后周生擒，参考前年〔九五六〕二月），赏赐李璟（徐景通）御衣、玉带，以及犒赏绸缎十万匹；同时颁发本年（九五八）《钦天历》（参考前年〔九五六〕八月九日）。

后周（首都开封府）使节刘承遇从金陵（南唐首都，江苏省南京市）回国时（参考本年〔九五八〕三月），李璟（徐景通）命陈觉奏报郭荣（柴荣）说：因为江南（长江以南）没有盐田，请求把海陵（泰州州政府所在县，江苏省泰州市）以南盐田划归南唐（首都金陵府），用以供应武装部队。郭荣（柴荣）说："海陵（泰州州政府所在县）在长江以北，两国官民，难以杂住一起，我会另想办法。"现在，郭荣（柴荣）命每年运输食盐三十万斛给南唐（首都金陵府）。后周（首都开封府）俘虏的南唐（首都金陵府）士卒，也渐渐释放他们回家。

**27** 六月二日，后周（首都开封府）昭义（总部潞州）司令官（节度使）李筠威（李筠）奏报说："攻击后汉（首都太原府）石会关（山西省榆社县西），一连攻克六个堡寨。"

六月五日，晋州（山西省临汾市）奏报说：总辅导官（都监）李谦溥，率军攻击后汉（首都太原府），攻破孝义（山西省孝义市）。

**28** 南平王（三任贞懿王）高保融派使节劝后蜀帝（二任）孟昶（孟仁赞）向后周（首都开封府）称臣。孟昶（孟仁赞）回信说："去年（九五七），曾派胡立送去信件（参考去年〔九五七〕八月），可是没有得到回应。"

十世纪·九五八年二月至六月

后周·北疆零星战事

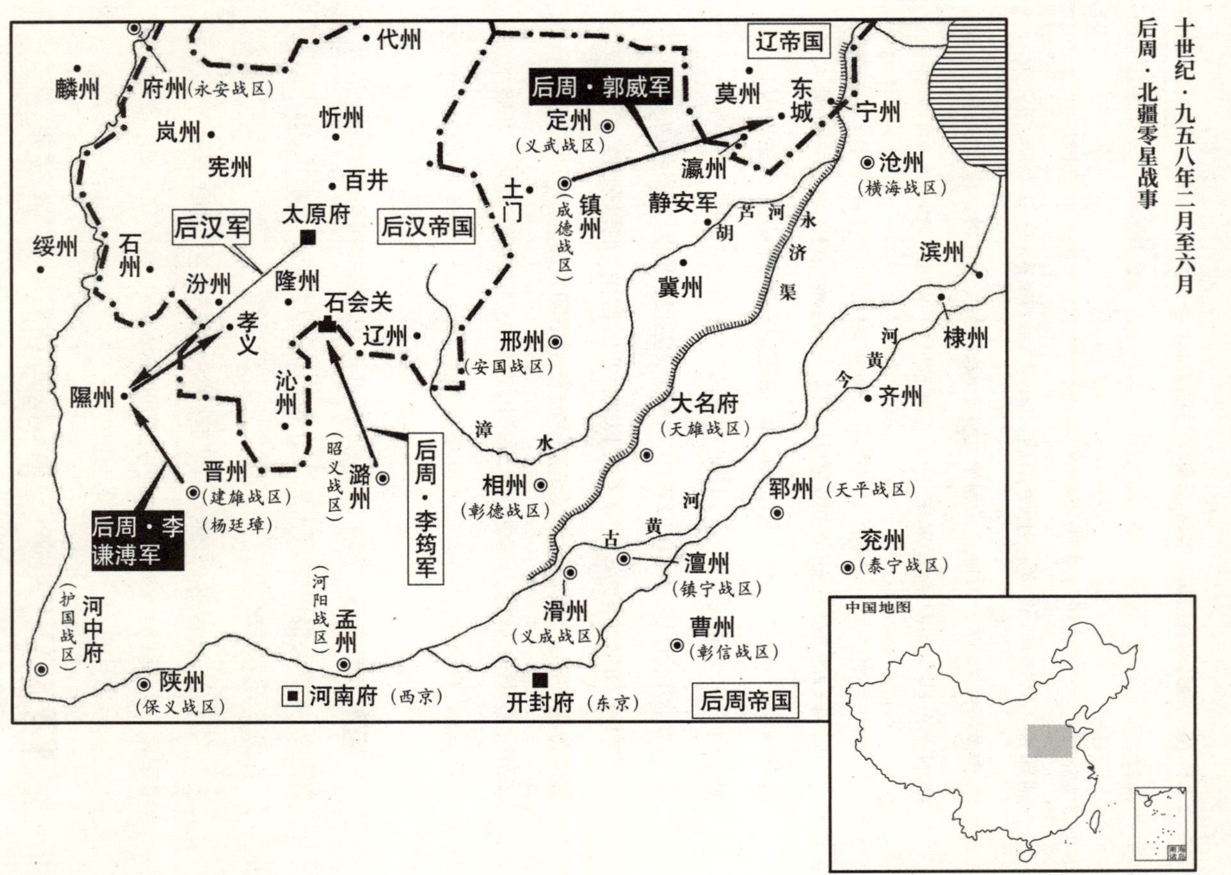

**29** 秋季，七月七日，后周（首都开封府）开始施行《大周刑统》（《后周帝国法律全书》。刚在去年〔九五七〕五月编撰完成）。

后周帝（二任世宗）郭荣（柴荣）打算推行土地改革。

七月八日，复制元稹的《均田图》，分别颁发给所有战区道以及各州。

**30** 闰七月，南唐（首都金陵府）清源战区（总部设泉州〔福建省泉州市〕）司令官（节度使）兼最高立法长（兼中书令，使相）留从效，派营门官（牙将）蔡仲赟，改穿商人衣服，把写在绢上的奏章，藏到衣带里，从小路北上，向后周（首都开封府）称臣。

**31** 南唐（首都金陵府）江南西道（江西省）元帅、晋王李景遂前往洪州（江西省南昌市）到差时（参考本年〔九五八〕三月），军事情况紧张，请中央派一个重要高官做自己的副手。李璟（徐景通）命帝国参谋总部副指挥官（枢密副使）、国务院工程部副部长（工部侍郎）李徵古，当镇南（总部洪州）副司令官（副使）。李徵古，既傲慢，又阴狠，专权放肆。李景遂虽然心胸宽厚，但日子一久，也无法忍受，经常想杀掉李徵古后，自己再到司法单位投案，左右侍从官员竭力劝阻，才算打消此意，但心情从此落寞，不再欢笑。

皇太子李弘冀在东宫违法乱纪，李璟（徐景通）大怒，曾经用球杆殴打他，警告说："看我再教你景遂叔叔回来。"昭庆宫管理官（昭庆宫使）袁从范，随从李景遂到洪州（江西省南昌市）担任大营总管理官（都押牙），有人在李景遂面前陷害袁从范的儿子，李景遂打算把袁从范的儿子斩首，袁从范怨恨。李弘冀得到消息，把毒药秘密送给袁从范。

八月二日，李景遂打球之后，口干舌渴，袁从范端给他一杯果汁，李景遂喝下，立刻死亡（年三十九岁）。还没有埋葬，尸体就已溃烂。李璟（徐景通）不知道内情，追赠李景遂当皇太弟，绰号文成（文成太弟）。

**32** 八月三日，南汉帝国（首都兴王府〔广东省广州市〕）皇帝（三任中宗）刘弘熙（刘晟）逝世（年三十九岁）。他的儿子、卫王刘继兴继承宝座（四任），改名刘鋹（音chǎng〔厂〕。我们仍称他刘继兴），改年号大宝（之前是乾和十六年，之后是大宝元年）。刘继兴（刘鋹）才十六岁（高级中学一年级学生的年龄），国家大事都由宦官、玉清宫管理官（玉清宫使）龚澄枢，跟女监督长（女侍中）卢琼仙等做主，政府院部组织，只不过摆个模样而已。

**33** 八月六日，南唐（首都金陵府）在大梁（后周首都开封府所在城）设立驻京办事处（进奏院）。

**34** 八月十四日，后周帝（二任世宗）郭荣（柴荣）命西上阁门管理官（西上阁门使）灵寿（河北省灵寿县）人曹彬，出使吴越（首都杭州），赏赐吴越王钱弘俶骑兵铁甲二百副、步兵铁甲五千副以及其他武器。任务完成后北返，不接受任何馈赠，吴越（首都杭州）官员用轻快小艇追赶，曹彬仍然拒绝，一连追赶三四次，曹彬说："我如果再不接受，好像在沽名钓誉。"于是一一清点登记后，收下，回来后呈献政府。郭荣（柴荣）说："从前，派出去的使节，一味向他们索取财货，使他们看不起中央，你能够这样，实在难得。然而，这是他们送你的东西，你还是自己留下。"曹彬才叩头接受，而把它们全部分散给亲戚朋友，没有一件拿到家里。

**35** 八月二十三日，南唐帝（二任元宗）李璟（徐景通）送冯延鲁、钟谟回后周（首都开封府），李璟（徐景通）亲自书写奏章，向后周帝（二任世宗）郭荣（柴荣）叩谢恩典，大略说："天地的恩德，十分厚重，父母的恩德，至为深广。然而做儿女的从不向父母口说感激的话，人们也无法酬庸皇天后土。只有一颗赤心，勉强回报陛下伟大的关爱。"自愿比照一个普通战区，请直接颁发诏书，又说："有事情托钟谟面奏，请命他早日回来。"原来李璟（徐景通）再一次透过钟谟面报郭荣（柴荣），打算传位给太子李弘冀。

九月九日，郭荣（柴荣）任命冯延鲁当国务院司法部副部长（刑部侍郎），钟谟当御前监督官（给事中）。

九月十一日，郭荣（柴荣）先命钟谟南返，写信给李璟（徐景通），传达不必传位的意思。李璟（徐景通）再派国务院文官部长（吏部尚书）、主管帝国参谋总部（知枢密院）殷崇义赴后周（首都开封府）庆贺"天清节"（郭荣生于九月二十四日，定为"天清节"）。

郭荣（柴荣）计划向后蜀（首都成都府）发动攻击。

冬季，十月二日，任命国务院财政部副部长（户部侍郎）高防，当西南方面水陆军政总监（西南面水陆制置使），任命太子宫事务署副署长（右赞善大夫）李玉，当西南方面水陆军政司令部执行官（判官）。

十月十七日，郭荣（柴荣）把所俘虏的南唐（首都金陵府）文武官员冯延鲁（参考前年〔九五六〕二月二十二日），及左监门卫（卫军第十三军）上将军许文稹、右千牛卫（卫军第十六军）上将军边镐、军械供应部长（卫尉卿）周廷构等，遣送返回南唐（首都金陵府）。李璟（徐景通）认为许文稹等都是败军俘虏，摒弃不再录用。

**36** 南平王（三任贞懿王）高保融，再写信给后蜀帝（二任）孟昶（孟仁赞），想说服他向后周（首都开封府）称臣。孟昶（孟仁赞）召集文武百官讨论，宰相李昊说："接受建议则君王屈辱，不接受建议则后周（首都开封府）军队一定攻打国门，各位将领能不能抵抗？"将领们都说："陛下睿智英明，江山险要坚固，怎么可以一听到风声，就屈服投降！喂饱战马，磨利武器，正是为了今天，我们用生命保护国家！"

十月二十日，孟昶（孟仁赞）命李昊起草回信，严词拒绝。

**37** 后周帝（二任世宗）郭荣（柴荣）派监督院最高顾问官（左散骑常侍）须城（郓州州政府所在县，山东省东平县）人艾颖等三十四人，分别前往各州，调整田租。

十月二十三日，命各州政府尽量合并所属乡村，大致以一百户人家作为一"团"，每"团"设长老三人。郭荣（柴荣）留心农业发展，用木头刻出农夫和养蚕妇女的雕像，放在殿堂庭院里面。

郭荣（柴荣）派武胜（总部邓州）司令官（节度使）宋延渥，率舰队巡防长江。

**38** 南平王（三任贞懿王）高保融听说后周（首都开封府）将对后蜀（首都成都府）采取军事行动，上疏请求准他派舰队攻击三峡（湖北、四川交界地带），后周帝（二任世宗）郭荣（柴荣）下诏褒奖。

**39** 十一月四日，后周帝（二任世宗）郭荣（柴荣）训令立法官（中书舍人）窦俨，编纂《大周通礼》《大周正乐》（窦俨建议定礼仪，参考去年〔九五七〕九月）。

**40** 十一月五日，南汉（首都兴王府）安葬前任帝（三任）刘弘熙

(刘晟)于昭陵(广东省广州市东),绰号文武光明孝皇帝,庙号中宗。



**41** 十一月十九日,南唐帝(二任元宗)李璟(徐景通)再派国务院教育部副部长(礼部侍郎)钟谟,到后周(首都开封府)晋见。

**42** 后周(首都开封府)西南方面军执行官(判官)李玉,抵达长安(京兆府所在县),有人告诉他:“后蜀(首都成都府)归安镇(陕西省安康市北二公里香獐坝)在长安(京兆府所在县)南三百余华里处,可以在一次袭击中夺取。”李玉深信不疑,遂用正式公文向永兴(总部京兆府)司令官(节度使)王彦超,征调士卒二百人。王彦超认为归安镇(陕西省安康市北二公里香獐坝)道路窄狭危险,难以进军,李玉说:“我有皇上的秘密指令。”王彦超不得已,拨给他人马。李玉率领南下。

十二月,后蜀(首都成都府)归安(陕西省安康市北二公里香獐坝)卫戍司令(镇遏使)李承勋据守险要,对后周军拦腰痛击,斩李玉,后周全军覆没。

**43** 十二月九日,后蜀帝(二任)孟昶(孟仁赞)乘归安(陕西省安康市北二公里香獐坝)之役战胜余威,对后周(首都开封府)的入侵,作强烈反应,任命右卫圣步兵总指挥官(右卫圣步军都指挥使)赵崇韬,当北方军团征剿司令(北面招讨使)。

十二月十日,任命奉銮、肃卫总指挥官(都指挥使)、武信(总部遂州)司令官(节度使)兼最高立法长(兼中书令,使相)孟贻业当昭武(总部利州)文州(甘肃省文县)总征剿司令(都招讨使),命左卫圣骑兵总指挥官(都指挥使)赵思进当东方军团征剿司令(东面招讨使),命山南西道（总部兴元府）司令官（节度使）韩保贞当北方军团总征剿司令（北面都招讨使）；率军六万人，分别进驻边界要塞，防御后周（首都开封府）西征。

**44** 十二月十日，后周帝（二任世宗）郭荣（柴荣）下诏说："所有'课户'（负担官员薪俸的农家），跟'俸户'（在规定数目的户口中，指定最殷实可靠的农家，负责收缴钱粮），一律撤销，全部纳入州县户籍。州县政府官员及幕僚，从今之后，由政府直接发给薪金及粮食。"

**45** 当初，南唐（首都金陵府）太傅（三师之二）兼最高立法长（兼中书令）楚公爵宋齐丘，亲戚朋友满天下，党羽密布，企图巩固自己在政府中的权势和官位，急于往上窜升的官场人物，都对他巴结攀附，异口同声歌颂他是帝国元老。帝国参谋总部指挥官（枢密使）陈觉、副指挥官（副使）李徵古，仗恃宋齐丘的势力，尤其傲慢横暴。后来，许文稹等在紫金山（安徽省寿县东北五公里八公山）溃败（参考去年〔九五七〕三月），陈觉跟宋齐丘、李景达，从濠州（安徽省凤阳县东北临淮关镇）逃回，全国人民惊惶恐惧。南唐帝（二任世宗）李璟（徐景通）曾经叹息说："我的国家，竟有一天到这种地步！"泪流满面，泣不成声。李徵古说："陛下应该训练兵马，抵挡敌人，哭有什么用！难道酒喝得太多？还是等奶娘等她不到？"李璟（徐景通）脸色大变，可是李徵古神情自在。正巧，天文台（司天）奏报说："天上星象发生变化，领袖应该离开宝座，化解灾难。"李璟（徐景通）说："国难正重，我想放下所有的政务，让心里清静一下，不知道谁可以托付？"李徵古说："宋齐丘是创造帝国的高手，陛下如果厌倦国事，为什么不把帝国交给他？"陈觉也说："陛下深居皇宫里面，国家大事，全权交给宋齐丘，先裁决施行，再行奏报。我们经常进宫侍候，谈谈佛经、讲讲道书。”李璟（徐景通）大不高兴，但仍立刻命立法官（中书舍人）豫章（洪州州政府所在县，江西省南昌市）人陈乔起草诏书。陈乔大惊，请求晋见，说：“陛下如果批准这个诏书，我就再也见不到陛下的面。”竭力反对。李璟（徐景通）笑起来，说：“你也知道不可以这样做！”这才停止。就在这时候，晋王李景遂出任江南西道（江西省）元帅兼镇南（总部洪州）司令官（节度使），遂派李徵古当他的副手。陈觉被后周（首都开封府）释放遣返后，李璟（徐景通）也免除他的重要职务。

钟谟一向跟李德明友情深厚，自李德明被杀（参考前年〔九五六〕三月），把宋齐丘痛恨入骨。后来，出使后周（首都开封府）回国，奏报李璟（徐景通）说：“宋齐丘利用国难危急的时候，竟然阴谋篡位。陈觉、李徵古作为他的党羽，天理国法，都不允许宽恕。”陈觉从后周（首都开封府）回来时（参考本年〔九五八〕三月），假传郭荣（柴荣）的训令给李璟（徐景通）说：“听说江南（南唐）几年以来，一直抗拒中央，都是宰相严续的阴谋，替我把他斩首。”李璟（徐景通）知道陈觉跟严续之间互相仇视，本来就不相信，钟谟建议向郭荣（柴荣）查证，所以当钟谟北返时，交给他这项任务，上疏说：“很长时间抗拒中央，都是我一个人愚昧昏迷，不是严续的罪。”郭荣（柴荣）听到，大惊说：“如果真是这样，则严续可是一个忠良，我当天下最高领袖，怎么会教人残害忠良！”钟谟回来，奏报李璟（徐景通）。李璟（徐景通）遂决心诛杀宋齐丘等，于是再派钟谟前去奏报，郭荣（柴荣）认为这是别国的内政，所以不置可否。

十二月二十三日，李璟（徐景通）命主管帝国参谋总部（知枢密院）殷崇义，起草诏书，宣布宋齐丘、陈觉、李徵古罪状，准许宋齐丘返回九华山（安徽省青阳县南）旧宅隐居（参考九四三年十二月），但仍保留原来所有官职爵位；陈觉被贬作国立贵族大学教授（国子博士），流放宣州（安徽省宣城市宣州区）看管；李徵古则剥夺所有官职，命他自杀。其他党羽，都不追究。派使节把处理情形，奏报郭荣（柴荣）。 

**46** 十二月三十日，后蜀（首都成都府）任命峡路（长江三峡）巡查军政总监（巡检制置使）高彦俦当征剿司令（招讨使）。

**47** 后周（首都开封府）平卢（总部青州）司令官（节度使）、太师（三师之一）、最高立法长（中书令，使相）陈王安审琦的仆夫安友进，跟安审琦最心爱的小老婆通奸，小老婆恐怕事情泄漏，向安友进提议谋杀安审琦，安友进不肯，小老婆说："你不肯，我就反过来咬你一口。"安友进恐惧，只好接受。

# 九五九年 己未

| | | |
|---|---|---|
| 后汉 | 天会 | 三年 |
| 后周 | 显德 | 六年 |
| 南唐 | 显德 | 六年 |
| 吴越 | 显德 | 六年 |
| 南汉 | 大宝 | 二年 |
| 南平 | 显德 | 六年 |
| 后蜀 | 广政 | 二十二年 |
| 辽 | 应历 | 九年 |

**1** 春季，正月七日，后周帝国（首都开封府〔河南省开封市〕）平卢（总部青州）司令官（节度使）安审琦酒醉，沉沉入睡，小老婆抽出他枕头下面的佩剑，交给仆夫安友进，遂格杀安审琦，并杀光帐下所有婢女灭口。过了好几天才被安审琦的儿子安守忠发现，立刻逮捕安友进跟小老婆，片片割下他们的肉，直到剐光而死。

**2** 最初，后周（首都开封府）中央主管单位打算设立皇家正式仪仗，先一天在殿廷摆设全副乐器，请后周帝（二任世宗）郭荣（柴荣，本年三十九岁）参观。郭荣（柴荣）发现有些钟磬，虽然放在位置上，乐师却没有敲打，询问乐师怎么回事，乐师们张口结舌，无法答复。郭荣（柴荣）命皇家文学侍从官（翰林学士）窦俨探讨古今声韵，厘定皇家雅乐。宰相王朴精通音律，郭荣（柴荣）就音乐方面的事，问他的意见，王朴上疏说： 

“礼，约束行为；乐，陶冶心灵。外在的行为合理、内部的心灵和谐，而政治还不上轨道的，从来还没有过，是以礼仪音乐教育，由中央推行，天下万邦，自然都受到感化；圣人的教训，虽不严厉，却可以完成；圣人的施政，虽不苛刻，同样能使秩序建立，用的就是这种方法。音乐生于人的心灵，而声韵必须透过乐器才可表达，乐器尽善尽美，才能激动人心。

“黄帝姬轩辕（黄帝王朝一任帝）吹九寸的竹管，发出黄钟‘正声’；吹四寸半的竹管，发出‘清声’；吹十八寸的竹管，发出‘缓声’。然而，分别各加三分之一或各减三分之一，则发出十二‘律’。十二律旋转结合称‘宫’，生出七‘调’，称为一‘均’。所以共十二均、八十四调，遂告齐全。可是，自从秦王朝一任帝嬴政焚书坑儒，历代音乐就很少能够演奏。

“唐王朝二任帝李世民在位时，音乐家祖孝孙、张文收，考正当时皇家音乐，审定八十四调（参考六二七年正月）。可是安禄山、史思明叛变，天下大乱，乐器跟乐师丧失十分之八九（安禄山搜捕乐师，参考七五六年八月二十日）。后来，黄巢之役，终于全部荡然无存。当时祭祀部祭祀官（太常博士）殷盈孙，参考《考工记》，铸造单独悬在一个钟架上的大钟（镈钟）十二个，十六个悬在一个钟架上的小钟（编钟）二百四十个。隐士萧承训校定石磬，就是现在挂在架上的这种。问题是，它们虽然看起来有各种乐器的形状，而演奏出来的声音，却不能呼应。大钟（镈钟）发不出音律，乐师只会反复敲打而已，小钟（编钟）、小磬（编磬）之悬挂在那里，只不过为了装饰得好看一点。琴弦（丝）、箫管（竹）、笙竽（匏）、陶埙（土），只有七声（埙，音xūn〔勋〕。古代一种陶制乐器，大如拳头，状如秤锤，上尖、中空、下平，顶端有一吹口，前面有四个孔，后面有两个孔。内地早已失传，唯新疆民间有用来传递音讯的），名称虽然是'黄钟之宫'，但能演奏的，只剩下九个曲调。经过排练检验，其中仅三个曲调合格，其他六个曲调则羼有其他声调。音乐的衰落残缺，没有比今天更为严重。

"陛下武功显赫之余，留心礼仪音乐，知道我曾经在这方面有过学习，因而训令有关单位，就这方面的问题，跟我讨论。所以仅遵照古人法度，用黑米（黑色的黍米）来定尺寸，竹管长九寸、粗三分的，称'黄钟之管'，跟现行的'黄钟之管'比较，加以推断，找出十二律。我认为所有箫管互相吹奏，音色不能调和，才创作一项标准，共十三条弦，长九尺，都能跟'黄钟之声'（最宏亮的声音）呼应，依照次序，设置琴柱，共十一律，以及'黄钟清声'，旋转七律而成为一'均'。'均'的主声是'宫声'（C调·Do），而徵（G调·So）、商（D调·Ra）、羽（A调·La）、角（E调·Mi）、变宫（B调·Si）、变徵（升F调·Fa）是次声。发展'均''主'之声，回归到本音的格律，毫不混乱，才完成'调'，共计八十一调。这个方法久已失传，而是我自己发现，请召集文武百官审查校正。"（对于音律、天文，我完全不懂，且把《资治通鉴》所载的王朴先生的奏章原文，照录于后，供对照参考："礼以检形，乐以治心；形顺于外，心和于内，然而天下不治者未之有也。是以礼乐修于上，万国化于下，圣人之教不肃而成，其政不严而治，用此道也。夫乐生于人心而声成于物，物声既成，复能感人之心。昔黄帝吹九寸之管，得黄钟正声，半之为清声，倍之为缓声，三分损益之以生十二律。十二律旋相为宫以生七调，为一均。凡十二均、八十四调而大备。遭秦灭学，历代治乐者罕能用之。唐太宗之世，祖孝孙、张文收考正大乐，备八十四调；安、史之乱，器与工什亡八九，至于黄巢，荡尽无遗。时有太常博士殷盈孙，按《考工记》，铸镈钟十二，编钟二百四十。处士萧承训校定石磬，今之在县者是也。虽有钟磬之状，殊无相应之和，其镈钟不问音律，但循环而击，编钟、编磬徒悬而已。丝、竹、匏、土仅有七声，名为黄钟之宫，其存者九曲。考之三曲协律，六曲参涉诸调；盖乐之废缺，无甚于今。陛下武功既著，垂意礼乐，以臣尝学律吕，宣示古今乐录，命臣讨论。臣谨如古法，以秬黍定尺，长九寸径三分为黄钟之管，与今黄钟之声相应，因而推之，得十二律。以为众管互吹，用声不便，乃作律准，十有三弦，其长九尺，皆应黄钟之声，以次设柱，为十一律，及黄钟清声，旋用七律以为一均。为均之主者，宫也，徵、商、羽、角、变宫、变徵次焉。发其均主之声，归于本音之律，迭应不乱，乃成其调，凡八十一调。此法久绝，出臣独见，乞集百官校其得失。"）

郭荣（柴荣）批准，文武百官一致推崇，于是颁布施行。

**3** 南唐帝国（首都金陵府〔江苏省南京市〕）被贬放的太傅（三师之二）宋齐丘（参考去年〔九五八〕十二月），抵达九华山（安徽省青阳县南）。南唐帝（二任元宗）李璟（徐景通，本年四十四岁）下令锁住他的家门，只在墙上打一个洞传递饮食。宋齐丘叹息说："我从前曾贡献毒计，把让皇（南吴亡国之君杨溥）一族，集中囚禁泰州（参考九三七年十月），今天应该有这个报应。"乃上吊而死（《江表志》则记载说：宋齐丘抵达青阳〔安徽省青阳县〕，断食已好几天，家人也都陷于饥饿，脸色憔悴。宦官告诉说：'等宋齐丘死掉，才供应饮食。'家人用绵絮塞住宋齐丘的嘴，窒息而卒）。李璟（徐景通）追赐他绰号：丑缪。

最初，皇家文学侍从官（翰林学士）常梦锡主管帝国事务总监（知宣政院），参与中央决策，对宋齐丘一伙党徒，十分痛恨，很多次警告李璟（徐景通）说："不把这些东西赶出政府，国家一定危亡。"跟冯延己、魏岑一帮人，天天争论。很久之后，常梦锡反而失败，被免除宫廷事务总监署（宣政院）职务，不再参与国事。心情忧郁，有志难伸，每天纵情喝酒，终于患病逝世。现在，宋齐丘处死，李璟（徐景通）说：“常梦锡一辈子都想杀宋齐丘，遗憾没有让他亲眼看到。”追赠常梦锡官衔：国务院左最高执行长（左仆射）。

**4** 二月一日，后周帝（二任世宗）郭荣（柴荣），命宰相王朴前往河阴（河南省郑州市西北桃花峪）考察黄河堤岸，决定在汴河注入黄河处，设立闸门。

二月七日，派皇家侍卫亲军总指挥官（侍卫都指挥使）韩通、宫廷事务南院总监（宣徽南院使）吴延祚，征调徐（江苏省徐州市）、宿（安徽省宿州市）、宋（河南省商丘市）、单（山东省单县）等州民夫几万人，疏浚汴水。

二月九日，又命骑兵总指挥官（马军都指挥使）韩令坤，从大梁城（首都开封府所在城）向东引导汴水（沟通黄河与淮河之间的古运河，今已湮没）注入蔡水（颍河支流，于河南省项城市南，流经河南省周口市淮阳区东，今已湮没），打通陈（河南省周口市淮阳区）、颍（安徽省阜阳市）间的粮食运输；又命步兵总指挥官（步军都指挥使）袁彦疏浚五丈渠（连接汴水与梁山泊之间的古运河，东起河南省开封市，流经山东省菏泽市定陶区，于山东省郓城县南注入梁山泊），向东流过曹（山东省菏泽市定陶区）、济（山东省巨野县）、梁山泊（山东省梁山县东南，湖泊今已干涸），连接青（山东省青州市）、郓（山东省东平县）二州的水路运输；又征调京畿地区以及滑（河南省滑县）、亳（安徽省亳州市）二州民夫几千人，参与这项工程（前年〔九五七〕已疏浚过五丈河，参考该年四月二十八日）。

二月十二日，首都开封特别市政府（开封府）奏报说：“以前，缴税的田地共十万二千多顷，土地改革的结果，多出四万二千多顷，奉指令减去三万八千顷。等派往各州调查员回来，奏报多出的田

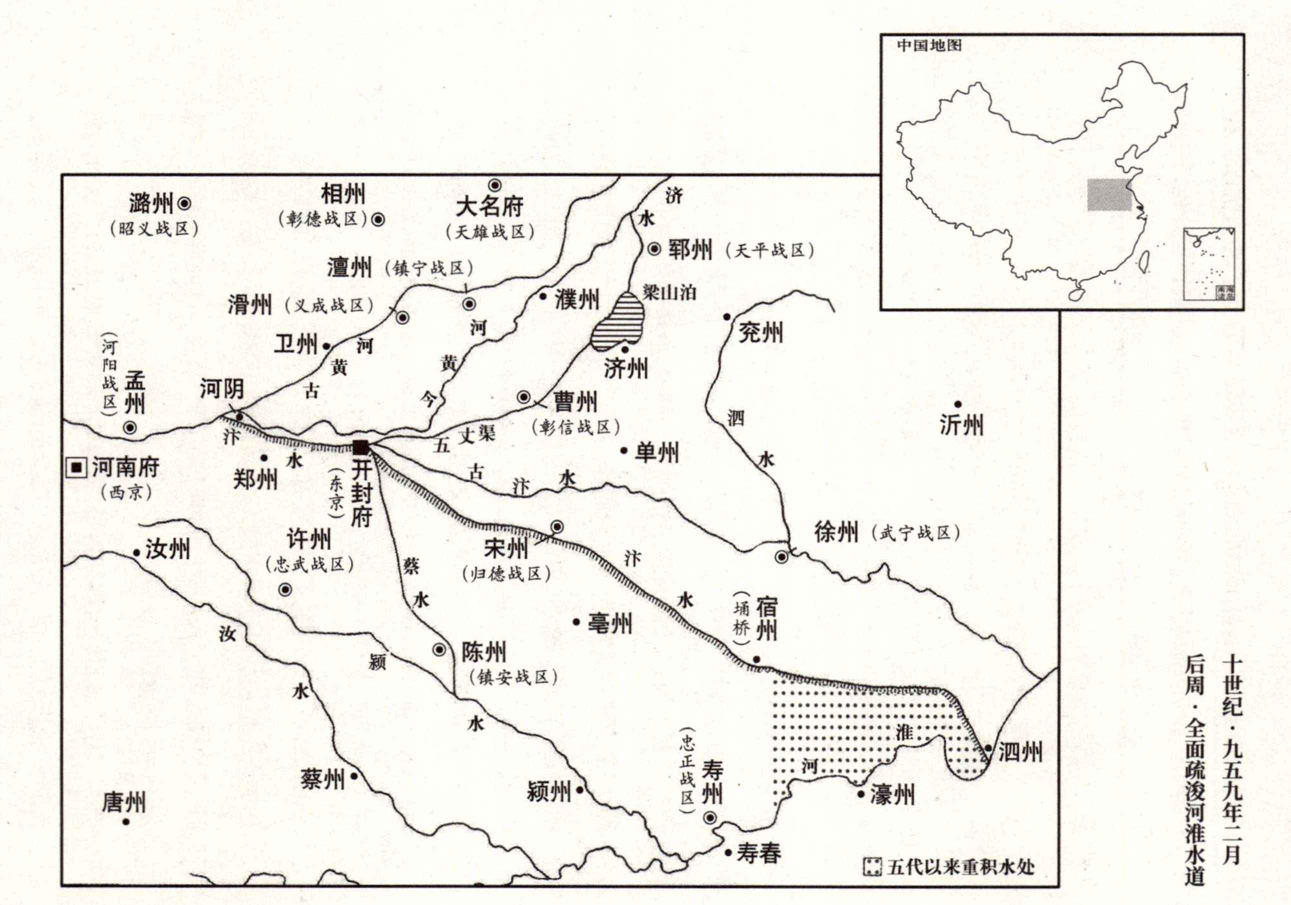

十世纪·九五九年二月
后周·全面疏浚河淮水道

地时，当依照这个比例减少（派调查员事，参考去年〔九五八〕十月）。”

淮南（淮河以南）大饥荒（大乱之后，必有凶年），郭荣（柴荣）命借粮食给民间，有人说：“民间太穷，将来恐怕无力偿还。”郭荣（柴荣）说：“人民跟我的儿子一样，哪有儿子倒吊在那里，做父亲的不去给他解开的道理？为什么要他们非偿还不可！”

三月十五日，帝国参谋总部指挥官（枢密使）王朴逝世（年四十五岁）。郭荣（柴荣）亲自到灵堂祭悼，用玉斧砍地，好几次放声大哭，不能自制。王朴性情刚强而反应敏锐，智慧谋略都超过一般人，郭荣（柴荣）因此十分痛惜。

**5** 三月十九日，郭荣（柴荣）下诏说：“北部疆土（燕云十六州），还没有收复。”打算北伐，亲自前往沧州（河北省沧州市东南）。于是命义武（总部定州）司令官（节度使）孙行友防护西山路（定州西部及北部太行山山区通道），命宫廷事务南院总监（宣徽南院使）吴延祚暂代东京（首都开封府）留守长官，兼主管首都开封特别市（判开封府事）；命中央财政三单位管理总监（三司使）张美，暂代禁宫总调配官（大内都部署）。

三月二十二日，命皇家侍卫亲军总纠察官（都虞候）韩通等，水陆并进，先行出发。

三月二十九日，郭荣（柴荣）自大梁（首都开封府所在城）动身。

夏季，四月十五日，韩通奏报说：从沧州（河北省沧州市东南）疏浚河道，直向辽国（首都临潢府）国境，在乾宁军（即后唐有名的芦台军，河北省青县）之南扎营，填补损坏的堤防，凿开三十六个泄洪口，舰队遂直接进到瀛（河北省河间市）、莫（河北省任丘市北鄚州镇）二州。

四月十六日，郭荣（柴荣）抵达沧州（河北省沧州市东南），当天就亲率几万名步骑兵，从沧州出发，直向辽国（首都临潢府）国境。军纪严明，河北（黄河以北）各州县，除非郭荣（柴荣）御驾经过，其他地方人民，简直不知道大军曾经入境。

四月十七日，郭荣（柴荣）抵达乾宁军（河北省青县），辽国（首都临潢府）任命的宁州（州政府设乾宁军）州长王洪，献出城池投降。

四月二十日，郭荣（柴荣）全面调整舰队部署，下令各将领水陆两路同时并进，命韩通当陆上总司令（陆路都部署）、赵匡胤当水上总司令（水路都部署）。

四月二十二日，郭荣（柴荣）登上皇家旗舰，顺河水流向，亲统大军北征，船舰前后相连，长达几十华里。

四月二十四日，抵达独流口（天津市静海区北，今南运河注入子牙河处），逆流西上。

四月二十六日，抵达益津关（河北省霸州市），辽军守将终廷辉献出城池投降。从这里再往西航行，河道逐渐狭窄，巨大的战舰不能通过，于是停止前进。

四月二十七日，郭荣（柴荣）上岸，改由陆路继续西上，夜晚就住宿旷野，负责保护御驾的皇家侍卫亲军不过五百人，力量单薄，随从官员都很恐惧，辽国（首都临潢府）的斥候游骑兵，成群结队，不断的在附近出现，可是，却始终保持一段距离，不敢逼近。

四月二十八日，赵匡胤先到瓦桥关（河北省雄县），辽军守将姚内斌献出城池投降，郭荣（柴荣）遂进入瓦桥关（河北省雄县）。姚内斌，是平州（河北省卢龙县）人。

四月二十九日，辽国（首都临潢府）莫州（河北省任丘市北鄚州镇）州长刘楚信，献出城池投降。

五月一日，皇家侍卫亲军总指挥官（侍卫亲军都指挥使）、天平（总部郓州）司令官（节度使）李重进等，才率主力大军赶到，辽国（首都临潢府）

瀛州（河北省河间市）州长高彦晖献出城池投降。高彦晖，是蓟州（天津市蓟州区）人。于是，瓦桥关（河北省雄县）以南失地，全部收复。

五月二日，郭荣（柴荣）在御营设宴款待各将领，商议进攻幽州（北京市），将领们一致说："陛下出京（首都开封府）四十二天（郭荣三月二十九日离大梁，迄五月二日，前后三十二天。"四"当是"三"字抄误），刀口没有染血，就完全平定燕南（河北省中部），这是举世难得的辉煌成果。辽国（首都临潢府）精锐骑兵，聚集幽州（北京市）以北，不应该深入敌人国土。"郭荣（柴荣）大不高兴。当天（五月二日），催促先锋总指挥官（先锋都指挥使）刘重进先行出发，进驻固安（河北省固安县），郭荣（柴荣）也前进到安阳水（海河支流，流经河北省霸州市北，今已湮没），下令造桥，因天色已晚，返回瓦桥（河北省雄县）住宿。当天（五月二日），郭荣（柴荣）突然感到身体很不舒适，才停止行动。

**6** 辽帝国（首都临潢府〔内蒙古巴林左旗〕）皇帝（四任穆宗）耶律述律（本年二十九岁）派使节，以每天飞奔七百华里（三百五十公里）的速度，前往太原（山西省太原市），请后汉帝国（首都太原府〔山西省太原市〕）皇帝（四任睿宗）刘承钧（本年三十四岁）立即派军沿后周（首都开封府）边界发动攻击。后来听到后周帝（二任世宗）郭荣（柴荣）撤退，才停止行动。

**7** 五月四日，后周（首都开封府）孙行友奏报说：攻克易州（河北省易县），生擒辽国（首都临潢府）任命的州长李在钦，呈献御营，绑到军营市场斩首。

五月五日，后周在瓦桥关（河北省雄县）设雄州，划容城（河北省容城县北）、归义（河北省容城县）二县归它管辖。又在益津关（河北省霸州市）设霸州，划文安（河北省文安县）、大城（河北省大城县）二县归它管辖。征调滨（山东省滨州市）、棣（山东省惠民县）二州民夫几千人，修筑霸州（河北省霸州市）城池，命韩通负责全部工程。

五月六日，命李重进率军西出土门（河北省石家庄市鹿泉区西南），攻击后汉（首都太原府）。

五月七日，命皇家侍卫亲军步骑兵总指挥官（侍卫马步都指挥使）韩令坤，当霸州（河北省霸州市）野战司令（都部署）；命义成（总部定州）候补司令官（节度留后）陈思让，当雄州（河北省雄县）总司令（都部署），各率自己的部队驻防。

五月八日，郭荣（柴荣）自雄州（河北省雄县）南返。

五月二十五日，李重进奏报说：在百井（山西省阳曲县西北）击败后汉（首都太原府）军队，杀二千余人。

五月三十日，郭荣（柴荣）抵达大梁（首都开封府所在城）。

六月一日，昭义（总部潞州）司令官（节度使）李筠（李荣）奏报说：进击后汉（首都太原府）的军队，攻克辽州（山西省左权县），生擒州长张丕。

**8** 六月二日，后周（首都开封府）郑州（河南省郑州市）奏报说：黄河在原武（河南省原阳县西南原武镇）决口。后周帝（二任世宗）郭荣（柴荣）命宫廷事务南院总监（宣徽南院使）吴延祚，征调附近州县二万余民夫堵塞。

**9** 南唐（首都金陵府）所属清源战区（总部设泉州〔福建省泉州市〕）司令官（节度使）留从效，派使节到后周（首都开封府）进贡，请求直接隶属后周政府（去年〔九五八〕闰七月已向后周称臣），在开封（河南省开封市）设立驻京办事处（进奏院）。后周帝（二任世宗）郭荣（柴荣）下诏回答说：“江

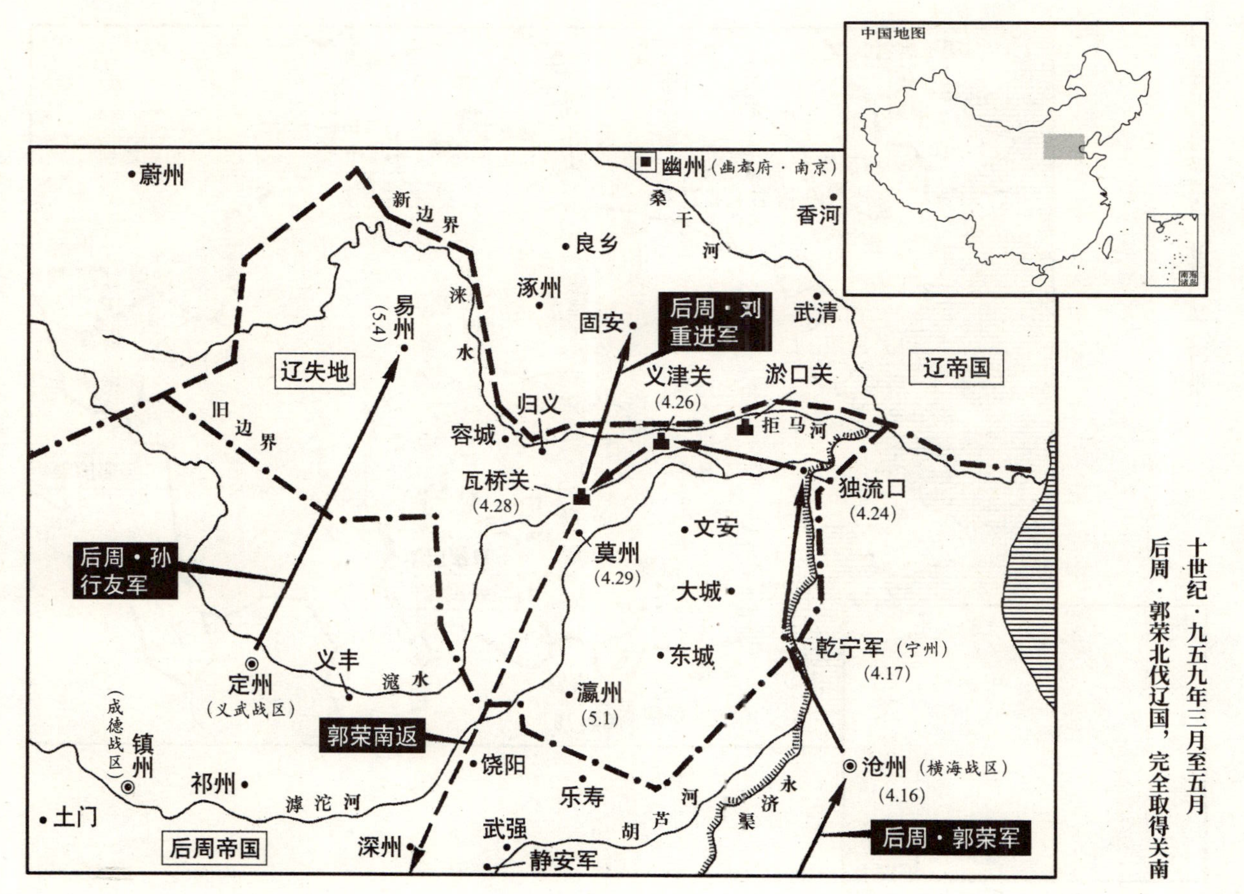


十世纪·九五九年三月至五月
后周·郭荣北伐辽国，完全取得关南

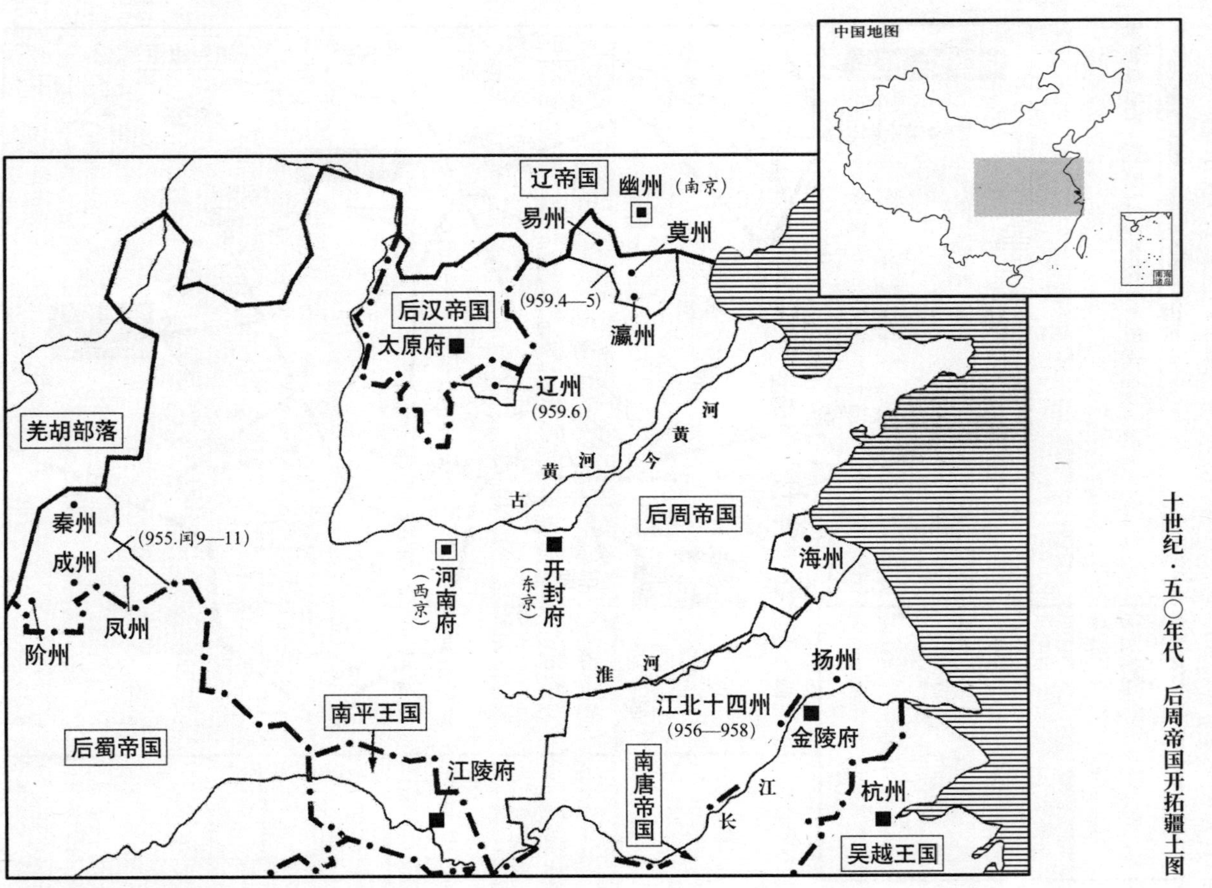


十世纪·五〇年代　后周帝国开拓疆土图

南（南唐）最近才归附中央（后周），正渴望双方互相信赖。很久以来，你一直臣服金陵（南唐首都），不可以忽然间改变立场，如果在京师（首都开封府）设立办事处，就恰恰跟他们以平等地位抗衡。政府如果一律接受，过错在我。你从边远的地方派人前来进贡，足以表示你的忠心和诚意，希望你事奉旧日君王，也能如此。这样的话，你可以坚守始终如一的大义，我也完成怀柔远方的任务，你是个晓事明理的将领，定能体会我的心意。”

**10** 南唐帝（二任元宗）李璟（徐景通）派他的儿子纪公爵李从善，跟钟谟一同到后周（首都开封府）朝见，郭荣（柴荣）问钟谟说：“江南（南唐）是不是也训练军队，整顿守备？”钟谟回答说：“自从服从大国，不敢有这种念头。”郭荣（柴荣）说：“不是这样，从前我们是仇敌，今天我们是一家，我跟你们国家的大义，已经确定，没有任何事情能使人担忧，只不过人生有太多变数，前途难以预料，以后有什么事发生，不易先知。回去告诉你的领袖，应该在我仍在位期间，整顿城池、磨利武器、擦净铠甲、据守险要，为子孙多做准备。”钟谟回去奏报李璟（徐景通）。李璟（徐景通）才增修金陵（南唐首都，江苏省南京市）城池，各州城池不完整的，都重新兴建，驻防军队太少时，增加人数。

曾经有人问我：“五代帝王，李存勖（后唐一任帝）、郭荣（后周二任帝），都以英明雄武闻名于世，依你之见，哪一位贤良？”我回答说：所谓天子，正因为他统治万邦，讨伐不服从的叛徒，安抚弱小，使号令得以推行，制度能够统一，发扬信义，博爱人民。李存勖既消灭后梁，海内人民震动，南楚马家派儿子马希范进贡（参考九二三年十月），李存勖说："最近听到消息，马家的基业，最后终会被高郁夺走，今天看马家有你这么样的好儿子，高郁怎么可能得手！"高郁，是马家的忠臣，马希范的老哥马希声听到李存勖的话，终于假传老爹马殷的命令，屠杀高郁（参考九二九年八月），这是市井商人的小动作，岂是帝王行动的恢宏常轨！李存勖只是一员战将，所以能够以弱小的晋国（后唐前身），击败强大的后梁。但也于达到目的之后只有几年（前后四年），内外叛离，天下之大，没有容身之地。是他只会战争，不懂政治。

郭荣（柴荣）用诚信统御文武百官，用正义对待各国，王环因拒绝投降受到赏赐（参考九五五年十一月），刘仁赡因坚守城池加以褒奖（参考前年〔九五七〕三月），严续因尽忠职守而被保护（参考去年〔九五八〕十二月），后蜀军队因反复而受到诛杀（参考九五六年六月），冯道因失去节操而被摒弃（此事跟史实不符，九五四年二月，郭荣为了迎战后汉，还跟冯道有过激烈对话，四月冯道便死，并没有摒弃）。张美因私自树恩，而被疏远（张美官做到宰相兼中央财政三单位管理总监〔三司使〕，不能说疏远）。南唐没有臣服时，他亲冒飞石乱箭，定要战胜，既已臣服，则爱护他们如同自己的儿子，推诚布公，为他们着想，这种恢宏的度量，李存勖怎么能跟他相比！

《书经》上说："不偏私、不结党，帝王的道路坦坦荡荡。"又说："大国畏惧他的威力，小国怀念他的恩德。"郭荣（柴荣）接近这个境界。

**11** 六月七日，后周（首都开封府）建雄（总部晋州）司令官（节度使）杨廷璋奏报说：进攻后汉（首都太原府），接受十三个营寨归降。

**12** 六月九日，后周帝（二任世宗）郭荣（柴荣）娶符女士当皇后，符皇后是前任符皇后（宣懿皇后）的妹妹（前符皇后逝世，参考九五六年七月二十一日）。封皇子郭宗训当梁王兼左卫（卫军第一军）上将军，封另一皇子郭宗让当燕公爵兼左骁卫（卫军第五军）上将军。

郭荣（柴荣）打算命帝国参谋总部指挥官（枢密使）魏仁浦当宰相，有些人认为魏仁浦没有经过考试，欠缺文官资格，不可以当宰相（魏仁浦，自参谋总部最低的小职员干起），郭荣（柴荣）说："自古以来，那些才略俱备的人当帝王辅佐，难道都经过考试！"

六月十五日，命王溥当副监督长（门下侍郎），跟范质一同参与帝国参谋总部工作。命魏仁浦当副立法长（中书侍郎）、二级实质宰相（同平章事），仍兼帝国参谋总部指挥官（枢密使）。魏仁浦虽然身居权势顶峰，但他谦恭谨慎。郭荣（柴荣）性情急迫严厉，身旁官员冒犯他时，魏仁浦总是把责任揽到自己身上，来解救当事人的危境，救活的人有十分之七八，所以虽然出身微贱，升到宰相高位，当时的人都不认为过分。又命宫廷事务南院总监（宣徽南院使）吴延祚当左骁卫（卫军第五军）上将军，充当帝国参谋总部指挥官（枢密使）。加授归德（总部宋州）司令官（节度使）、皇家侍卫亲军总纠察官（都虞候）韩通，以及镇宁（总部澶州）司令官（节度使）兼殿前护从总司令（殿前都点检）张永德，同时兼二级实质宰相（同平章事），命韩通仍兼皇家侍卫亲军副总指挥官（副都指挥使）、赵匡胤兼殿前护从总司令（殿前都点检）。

郭荣（柴荣）曾经向国务院国防部长（兵部尚书）张昭（张昭远），询问谁可以当宰相，张昭（张昭远）推荐李涛，郭荣（柴荣）呆在那里，说："李涛举动轻浮，没有高级官员必须具有的沉着气质，我问谁可以担任宰相，你第一个就提到他，什么缘故？"张昭（张昭远）说："陛下责备的是一种细小的行为，我所以推荐他当宰相，是看他的大节。从前，石敬瑭（后晋一任帝）在位，张彦泽虐待杀戮无辜平民，李涛屡次上疏，请求制裁，认为如果不杀张彦泽，一定会为国家遗留下灾难（参考九四六年十二月）。后汉二任帝刘承祐在位时，李涛也上疏请剥夺先帝（一任帝郭威）的军权（参考九四八年三月）。国家的危机在还没有形成之前，就先发现，这才是真正的宰相器宇，因这个缘故，我才第一个推荐他。”郭荣（柴荣）说：“你说的很对，而且也很公正，然而，像李涛这样的人，毕竟不可以进入宰相联合办公厅（中书）。”李涛言谈幽默，又不在意仪容衣着，跟他的老弟李澣，都以文学造诣闻名于世，兄弟间很是友爱，但戏谑放荡，没有长幼的礼节，郭荣（柴荣）因此看不起他。郭荣（柴荣）认为皇家文学侍从官（翰林学士）单父（单州州政府所在县，山东省单县）人王著，是旧日的幕僚，几次要命他当宰相，都因他太喜欢喝酒，又不知道检点而打消原意。

六月十九日，郭荣（柴荣）病重，召见范质等进宫托付后事，郭荣（柴荣）说：“王著，是我在战区工作时的旧人，我如果再不能起床，应命他当宰相。”范质等退出，互相警告说：“王著整天酩酊大醉，怎么可以当宰相，千万不要把这话泄漏出去。”当天（六月十九日），郭荣（柴荣）逝世（年三十九岁）。

郭荣（柴荣）担任地方官职时，沉默寡言，从不表现自己的才能。后来登极，高平（山西省高平市）之役，大破后汉（首都太原府）军队（参考九五四年三月），人们才发现他的英明雄武。他统御军队，号令严明，没有人敢违犯，无论围攻城池，或两军对决，飞石乱箭，落到他附近，侍从官员都面无人色，而郭荣（柴荣）一如平常，随机应变，反应迅速，往往出人意外。全身投入国事，各单位的文书、资料，只要看过一遍，就不忘记。臣属们如果有邪恶行为，他都能揭发，观察入微，洞悉世情，活像一尊神明。闲暇的时候，则请知识分子读前代历史给他听，讨论是非功过；天性不喜爱音乐跟珍宝玩物，常叹息说，是老爹（一任帝郭威）太过宽纵，才促使王峻、王殷的傲狠和背叛，以致良好的君臣关系，不能保持完整（参考九五三年二月）。文武百官有过失时，郭荣（柴荣）就当面责备，承认错误就不再追究，有功时还优厚赏赐。文武人才一视同仁，务使各尽所能，人们没有不畏惧他的英明而怀念他的恩惠，是以能开疆拓土，所向无敌。然而，他对人的要求太过严厉，臣属在职务上稍微有点小小毛病，几乎都要处死，即令一向有才干、有名声，得到欣赏的，也不原谅，但一会工夫，又感到后悔。最后几年，尺度也逐渐放宽。逝世的那天，不论远近，没有人不怀念哀悼。

六月二十日，宣布遗诏，命梁王郭宗训登极（三任恭帝），本年七岁。

秋季，七月十七日，加授向拱兼最高监督长（兼侍中，使相）。向拱，就是向训，为了避现任皇帝郭宗训的“训”字讳，才改名向拱。

七月十九日，命皇家侍卫亲军总指挥官（都指挥使）李重进遥兼淮南（总部扬州）司令官（节度使），命副总指挥官（副都指挥使）韩通遥兼天平（总部郓州）司令官（节度使），命赵匡胤遥兼归德（总部宋州）司令官（节度使）。命山南东道（总部襄州）司令官（节度使）遥兼二级宰相（同平章事，使相）向拱（向训）当西京（河南府，河南省洛阳市）留守长官。

七月二十三日，后周政府（首都开封府）大赦。

**13** 南唐帝（二任元宗）李璟（徐景通），因首都金陵（江苏省南京市）距后周（首都开封府）国境才一水（长江）之隔，而洪州（江西省南昌市）却在长江上游，城墙又十分坚固，于是召集文武百官讨论迁都。大家都不愿搬家，只有帝国参谋总部副指挥官（枢密副使）、御前监督官

（给事中）唐镐赞成，于是任命唐镐负责经营豫章（洪州州政府所在县）成为一国之都的规模。

南唐（首都金陵府）自从淮河两岸战争及割让长江北岸地区，向后周（首都开封府）屈膝称臣后，每年都要向后周进贡，以致国库空虚，现钱更是缺少，物价飞涨。国务院教育部副部长（礼部侍郎）钟谟，建议铸造大钱，新钱一枚抵旧钱五十枚。立法官（中书舍人）韩熙载更建议铸造铁钱。李璟（徐景通）开始时都不接受，但钟谟不断提出，李璟（徐景通）最后才终于批准。本月（七），一枚当十枚的大钱问世，上面刻文“永通泉货”；又铸一枚当两枚的大钱，上面刻文“唐国通宝”，跟“开元钱”同时通行（开元钱，参考六二一年八月）。

**14** 八月十五日，后蜀帝国（首都成都府〔四川省成都市〕）皇帝（二任）孟昶（孟任赞，本年四十一岁），任命李昊遥兼武信（总部遂州）司令官（节度使）；立法院初级立法官（右补阙）李起上疏抨击说：“查遍先例，宰相从没有人遥兼战区司令官（节度使）的。”孟昶（孟仁赞）说：“李昊家人口太多、开销太大，只是为了多给他一份薪俸而已。”李起，是邛州（四川省邛崃市）人，性情直爽。李昊曾经劝告他说：“以你的才干，只要能保持沉默，至少可当到皇家文学侍从官（翰林学士）。”李起说：“等我没有了舌头，才不讲话。”

我们对李起先生有无限慕思，在此致敬。看到有些政客，为了做官，不但不要脸，甚至还不要命，更觉得高品质人类的可贵。

**15** 八月十七日，后周帝（三任恭帝）郭宗训封皇弟郭宗让当曹王，改名郭熙让；封郭熙谨（郭宗谨）当纪王、郭熙诲（郭宗诲）当蕲王。





**16** 九月四日，南唐（首都金陵府）皇太子李弘冀逝世。主管单位强调他在常州（江苏省常州市）建立的战功（参考九五六年三月），赠给他绰号：武宣太子。句容（江苏省句容市）县政府保卫员（尉）全椒（安徽省全椒县）人张洎上疏说："太子主要的品德，不在武功，而在孝敬双亲，今天却专指他的武功，并不是预防事端、砥砺品德的道路。"于是绰号改为文献太子；调升张埍当上元（首都金陵府所在县）防卫员（尉）。

国务院教育部副部长（礼部侍郎）、主管国务院（知尚书省事）钟谟，经常出使后周（首都开封府），把后周帝（二任世宗）郭荣（柴荣）的命令传达给李璟（徐景通），郭荣（柴荣）跟李璟（徐景通）对他，都十分礼遇。钟谟仗恃两国君王的宠爱，横行全国，骄傲不可一世，中央政府所有事务，他都干预。文献太子李弘冀总揽中央大权时，钟谟请求在太子宫兼一个官职，没有成功，于是推荐他的好友阎式到太子宫当政务管理官（司议郎，正六品上），主管各单位的门锁。李德明被杀时（参考九五六年三月），唐镐参与陷害阴谋，钟谟听说唐镐接受贿赂，曾经当面向唐镐盘问，唐镐大为恐惧，决定先发制人。钟谟跟天威总纠察官（都虞候）张峦，感情亲密，时常在家里聚会，摒除左右，秘密谈话，一谈就谈到半夜。唐镐遂向李璟（徐景通）打小报告说："钟谟跟张峦，一文一武，志趣根本不同，却过分密切。钟谟屡次出使上国（后周），而张峦又是北方人，恐怕有什么阴谋。"又说："'永通大钱'（一枚抵十枚）有很多人盗铸，犯法的人很多。"后来，李弘冀逝世，李璟（徐景通）想封李弘冀的一母同胞的老弟郑王李从嘉接替太子，而钟谟曾经跟纪公爵李从善一同出使后周（首都开封府），彼此要好，遂对李璟（徐景通）说：“从嘉行为轻薄、性情懦弱，又信佛教信得入迷，不是元首的恰当人选。而从善勇敢果断、稳重严肃，是很好的接班君王。”李璟（徐景通）大怒，不久，封李从嘉当吴王，出任国务院总理（尚书令）、三级实质宰相（知政事），入住太子宫（东宫）。

冬季，十月，钟谟建议派张峦率他的部队巡查街市，负责首都金陵（江苏省南京市）的治安。李璟（徐景通）下诏斥责钟谟侵犯其他官员职权，贬作国立贵族大学副校长（国子司业），流放饶州（江西省鄱阳县），把张峦贬作宁国（总部宣州）副司令官（副使），同时废除“永通钱”。

**17** 十一月一日，后周（首都开封府）把二任帝郭荣，安葬庆陵（河南省新郑市西北郭店镇，在一任帝郭威墓之北），绰号睿武孝文皇帝，庙号世宗。

**18** 南汉帝国（首都兴王府）皇帝（四任）刘继兴（刘鋹，本年十七岁），因立法官（中书舍人）钟允章是他当亲王时的幕僚，擢升钟允章当国务院右秘书长（尚书右丞）、三级实质宰相（参政事），相当信任。钟允章请求诛杀几个违法乱纪的人，以维持法律正常执行，刘继兴（刘鋹）不能接受，宦官们得到消息，对他十分厌恶。刘继兴（刘鋹）打算到南郊祭祀天神，三天之前，钟允章率领礼仪官员登上圆形祭坛，向四方指挥设立神位，宦官管理总监（内侍监）许彦真望见，号叫说：“他在那里发动兵变！”带着佩剑，登上高台，钟允章厉声把他喝退。许彦真立即飞马进宫，奏报说：“钟允章打算在陛下祭祀天神那天叛乱！”刘继兴（刘鋹）说：“我待钟允章十分优厚，怎么可能有这种事！”但玉清宫管理官（玉清宫使）龚澄枢、宦官管理总监（内侍监）李托，共同作证，认为许彦真的话真实。刘继兴（刘铱）乃下令逮捕钟允章，囚禁在含章楼下，命宦官跟国务院教育部部长（礼部尚书）薛用丕一同审问。薛用丕跟钟允章原是好友，告诉钟允章说，事情已经确定，难逃一死。钟允章拉住薛用丕的手流泪说："我今天不过是砧板上的一块肉，理应被仇人烹煮。只恨我的儿子钟邕、钟昌年纪还小，不知道我受冤情形，等他们长大，替我告诉他们。"（胡三省注："钟允章受到谗害，身负难以预测的大罪，正是恐怕连累妻子儿女的时候，却说出这种话，是自找灾祸。"）许彦真听到消息，诟骂说："你这个老贼，打算教你儿子报仇呀！"于是再奏报刘继兴（刘铱）说："钟允章当初跟他的两个儿子一同在台上，暗中有所祈祷。"父子三人一并斩首。自此以后，宦官越发专权横暴。李托，是封州（广东省封开县）人。

十一月十日，刘继兴（刘铱）到南郊圆形祭坛祭祀天神；大赦。不久，任命龚澄枢当左龙虎军（禁军第三军）观察兵马阵容特派监军长（观军容使）、宦官太师（内太师），帝国大政，都由他裁决。文武百官中有才能的人，中央进士科考试第一名的"状元"，以及和尚道士中可以谈论的人，都先送到蚕室阉割，然后才可以出任官职。也有人为了当官而自己主动阉割的；也有人为了免除死刑而接受阉割的。因此宦官的数目，将近两万人。掌权的高官贵爵，差不多都是宦官。把知识分子称为"门外人"，不准"门外人"参与政府决策，终于因此亡国。

**19** 南唐（首都金陵府）把洪州（江西省南昌市）升格为南昌府，建立南都，派武清（即武昌，总部鄂州）司令官（节度使）何敬洙当南都（南昌府）留守长官，派国务院国防部长（兵部尚书）陈继善当南都南昌特别市市长（南昌尹）。 

**20** 后周（首都开封府）当初进攻秦（甘肃省秦安县西北）、凤（陕西省凤县），后蜀（首都成都府）全国恐慌，国务院司法部狱政司司长（都官郎中）徐及甫自认为有很高的才能跟策略，可以拯救帝国，却始终不能发挥，于是秘密集结党羽，准备拥护前蜀帝国一任帝王建的孙儿、宫廷供应署副总监（少府少监）王令仪当领袖，发动政变。恰巧后周（首都开封府）军队撤退，才中途停止。现在，当时的党羽向政府告密，大肆搜捕，徐及甫自杀。

十二月二十三日，命王令仪自杀。

**21** 后周（首都开封府）端明殿文学侍从官（端明殿学士）、国务院国防部副部长（兵部侍郎）窦仪，出使南唐（首都金陵府），天气转阴，雨雪交加。南唐帝（二任元宗）李璟（徐景通）打算在走廊接受诏书，窦仪说："我只是个使节，奉命前来，不敢擅自变更旧日礼节。如果怕雪会沾染衣服，不妨多等几天。"李璟（徐景通）乃在大庭雪地上跪接诏书。

**22** 辽帝国（首都临潢府〔内蒙古巴林左旗〕）皇帝（四任穆宗）耶律述律派他的舅父出使南唐（首都金陵府）。后周（首都开封府）泰州（江苏省泰州市）民兵司令（团练使）荆罕儒，招募刺客截杀。南唐（首都金陵府）官员曾在清风驿（今地不详）设宴款待辽国（首都临潢府）使节，辽国使节酒醉，起身去洗手间，很久不见回来，派人探视，人头已被砍下，不知带往什么地方。从此，辽国（首都临潢府）跟南唐（首都金陵府）断绝关系。荆罕儒，是冀州（河北省衡水市冀州区）人。

## 小分裂

◉ 后周亡，宋王朝建立。

# 九六〇年 庚申

| | | |
|---|---|---|
| 后汉 | 天会 | 四年 |
| 后周 | 显德 | 七年 |
| 宋 | 建隆 | 元年 |
| 南唐 | 建隆 | 元年 |
| 吴越 | 建隆 | 元年 |
| 南汉 | 大宝 | 三年 |
| 南平 | 建隆 | 元年 |
| 后蜀 | 广政 | 二十三年 |
| 辽 | 应历 | 十年 |

**1** 春季，正月一日，后周帝国（首都开封府〔河南省开封市〕）皇帝（三任恭帝）郭宗训（本年八岁），登金銮宝殿接受文武百官朝贺。镇（河北省正定县）、定（河北省定州市）二州紧急军情奏报说：辽国（首都临潢府）大军，跟后汉（首都太原府）大军联合南下入侵。郭宗训命归德战区（总部设宋州〔河南省商丘市〕）司令官（节度使）摄理太尉（检校太尉，三公之一）、殿前护从总司令（殿前都点检）赵匡胤，率中央禁卫军北上抵御。赵匡胤掌握军事政治大权，有六年之久，深得军心，好几次随从二任帝郭

荣（柴荣）南征北战，立下汗马功劳，大家对他都十分敬仰。而现在，新君年纪太小，人心猜忌不安，将士们阴谋拥护赵匡胤篡夺政权。

正月二日，殿前副护从司令（殿前副点检）、镇宁（总部澶州）司令官（节度使）太原（山西省太原市）人慕容延钊率先遣部队出发。

正月三日，赵匡胤率主力部队，继续北上。当时，京师（首都开封府）居民三五成群的聚在一起，互相传话说："推护从司令（点检赵匡胤）当天子！"军中星象观察家河中（山西省永济市）人苗训，看到太阳下面，又有一个太阳，四周黑色光芒，摩擦激荡，指给赵匡胤的亲近侍从楚昭辅看，说："这是上天安排！"当天夜晚，赵匡胤抵达陈桥驿（河南省封丘县东南），将士们互相商议说："皇上幼弱，我们死命作战，力破强敌，有谁知道？不如先拥戴护从司令（点检赵匡胤）当天子，然后北伐！"大营总管理官（都押衙）李处耘，把这事报告赵匡胤的老弟、内宫便殿随从主管（内殿祗候供奉官都知）赵匡义及归德（总部宋州）机要秘书（掌书记）蓟州（天津市蓟州区）人赵普。话还没有说完，将领们已提着刀剑，闯进营帐，大声喊叫说："官兵们已经商议决定，打算拥戴赵大帅当天子。"赵匡义遂向他们约定说："由外姓的人兴起大业，固然是天命，但实际上仍看人心。你们如果能严格管理士卒，不准他们抢劫剽掠，京师（首都开封府）人心安定，四方自然归附，你们才可以保持荣华富贵。"大家一致承诺，于是共同部署。夜晚，派警备队军官（衙队军使）郭延赟，飞奔报告殿前总指挥官（殿前都指挥使）石守信，跟殿前总纠察官（殿前都虞候）王审琦；二人都是赵匡胤的党羽。将士们紧张的列队站在那里等待天亮，赵匡胤喝醉了酒，在营帐里酣睡，原本不知道这些事情。

正月四日，天色稍明，将领们全副武装，身披铠甲，手拿武器，直向虎帐敲门报告说："各将领群龙无首，一致同意拥戴大帅当天子。”赵匡胤吃了一惊，从床上跳起来，还没有说话，将士们一拥而进，不由分说，就把皇帝穿的黄袍，披到他身上，围绕四周，下跪叩头，高声呼喊万岁，架他上马南下。赵匡胤自知无法脱身，就拉住缰绳，要求将士明白回答：“你们贪图荣华富贵，拥戴我当皇帝，我的号令，你们会不会服从？”大家下马说：“当然服从。”赵匡胤说：“皇太后（符太后）、皇上（后周三任帝郭宗训），我曾经面向北方侍奉；政府高级官员，都跟我平肩并坐。你们不可以惊动皇宫，也不可以凌辱官员、冒犯国库。遵守命令的，重赏；违背命令的，连同妻子儿女，一并诛杀。”大家异口同声说：“是的！”乃整顿军容，从首都开封（河南省开封市）仁和门（开封城内城东面南门）进城，纪律严明，一点没有侵犯。

正月五日，赵匡胤先派皇家礼宾总监（客省使）大名（河北省大名县）人潘美，晋见宰相，传达政变消息，又派楚昭辅去安抚家人。这时，宰相大名（河北省大名县）人范质、太原（山西省太原市）人王溥，正在金銮宝殿晋见皇上，还没有退朝，听到消息，范质走下殿来，抓住王溥的手，说：“仓猝之间，遣兵调将，是我们的过错！”指甲掐进王溥手掌，几乎出血，王溥张口结舌，说不出话。

天平（总部郓州）司令官（节度使）、二级实质宰相（同平章事）、皇家侍卫亲军步骑兵副总指挥官（侍卫马步军副都指挥使）太原（山西省太原市）人韩通，惊惶的从皇宫飞骑奔出，打算集结部队抵抗。编制外总指挥官（散员都指挥使，只有官衔，没有实职）洛阳（河南省洛阳市）人王彦升，在路上遇见韩通，鞭马追逐，闯进韩通的家，格杀韩通跟他的妻子（《见闻近录》则说赵匡胤在右掖门外，用伏兵暗箭射死韩通）。

赵匡胤在将领们保护下登上明德门（宫城南门），先命武装战士归营，然后自己退回总部，脱下黄袍。一会工夫，各将领蜂拥着范质等到达，赵匡胤哭泣出声，说：“我受世宗（二任帝郭荣）的深恩大德，而今被大军逼迫，到了这个地步，对不起天地良心，我怎么办？”范质等互相观看，还来不及回答，编制外指挥官（散员指挥使）太原（山西省太原市）人罗彦瓌，手按剑柄，厉声高叫说：“我们没有领袖，今天必须出一个天子！”范质等你看我、我看你，不知道怎么才好；王溥首先走下台阶，向赵匡胤下跪叩头，范质不得已，只好也走下台阶下跪叩头。遂请赵匡胤前往崇元殿，举行禅让大典。紧急召集文武百官，直到将近中午，才站定班列。皇家文学侍从院院长（翰林学士承旨）新平（邠州州政府所在县，陕西省彬州市）人陶谷（他以陷害恩人李崧闻名于世，参考九四八年十一月），从宽衣大袖里拿出后周帝（三任恭帝）郭宗训的让位诏书。宫廷事务总监（宣徽使）高唐（山东省高唐县）人昝居润（昝，姓。音zǎn〔攒〕），引导赵匡胤到台阶北面，接受朝拜。然后宰相们扶赵匡胤登上崇元殿，头戴皇冠、身穿衮袍，正式坐上皇帝宝座。文武百官下跪叩头祝贺。赵匡胤封郭宗训当郑王、符太后当后周太后，母子迁到西宫居住（后周建立短短十年，自九五一年建国，到此突然夭折）。赵匡胤（本年三十四岁）下诏宣布他的政权定名宋王朝（稍后不久，二任帝赵匡义统一中国），因他所遥兼的战区，总部设在宋州（河南省商丘市），所以取州名当国号。改年号建隆（之前是后周显德七年，之后是宋建隆元年）。大赦。无论中央及地方，骑兵或步兵，依照阶级一律优厚赏赐，命有关单位分别焚香禀告天神、地神、农神。派宦官携带诏书，乘驿马车宣告天下。对各战区道，则颁发另外一种诏书。

华山（西岳，陕西省华阴市南）隐士陈抟，听到赵匡胤夺取后周政权，说：“天下从此平定！”

首都开封（河南省开封市）粮食供应，完全依赖水上运输，所以疏通河渠是最紧急的任务。先前，每年都要征调民夫挖掘淤泥，开凿

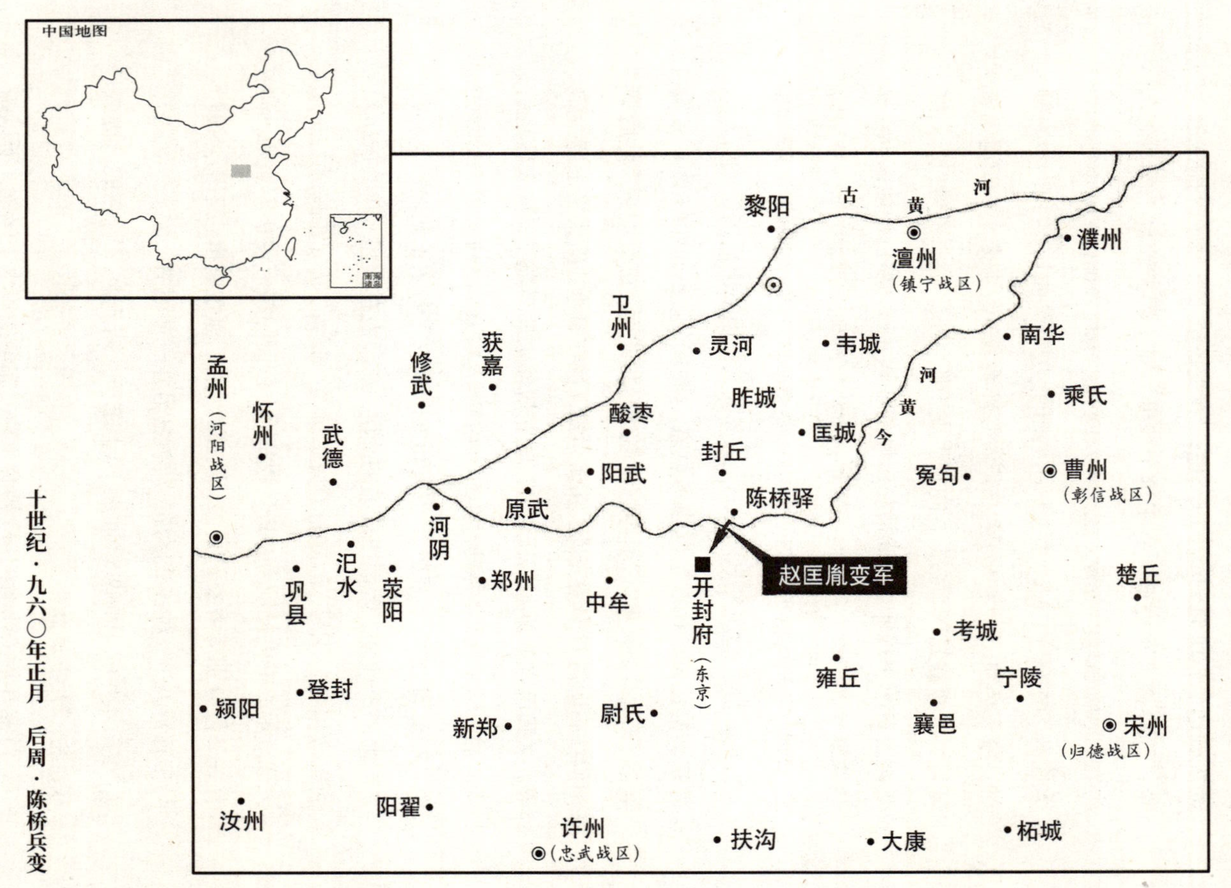


十世纪·九六〇年正月　后周·陈桥兵变

浅滩，民夫的伙食，都自己携带。

正月七日，赵匡胤下诏，民夫伙食改由政府供给，遂成为法令。又因河北（黄河以北）丰收，粮食价格猛跌，赵匡胤下令用高价收购。

正月八日，追赠后周韩通官衔：最高立法长（中书令），用适当的礼仪安葬。最初，韩通跟赵匡胤一起负责皇家护卫，但事务多由韩通裁决。韩通性情刚直，没有心机，说话常开罪别人，大家给他一个绰号：韩瞪眼。他的儿子很有智慧谋略，察觉到赵匡胤被很多人崇敬，威望一天比一天高，警告老爹早日处置，韩通却不相信，终于受到杀害。

赵匡胤对王彦升擅自格杀韩通，十分愤怒，只因新政权刚刚建立，只好隐忍下来，不作表示（《宋史·周三臣传》：赵匡胤前往开宝寺，看见墙上有韩通父子的画像，立刻命令除掉，这项反应显示他对韩通的忌惮之重）。

**2** 宋帝（一任太祖）赵匡胤颁发诏书给南唐帝（二任元宗）李璟（徐景通，本年四十五岁）。

先前，南唐（首都金陵府）立法官（中书舍人）北海（山东省潍坊市）人韩熙载，出使后周（首都开封府），回国后，李璟（徐景通）询问后周（首都开封府）将帅情形，韩熙载说："赵匡胤相貌眼神，不同常人，难以预测。"而今，大家佩服他的观察。

正月十一日，赵匡胤对他的拥护者，分别酬庸，调义成（总部滑州）司令官（节度使）、殿前总指挥官（殿前都指挥使）石守信，当归德（总部宋州）司令官（节度使），兼皇家侍卫亲军步骑兵副总指挥官（侍卫马步军副都指挥使）。调宁江（总部夔州）司令官（空头官衔。此时夔州属后蜀〔首都成都府〕）、骑兵总指挥官（马军都指挥使）常山（浙江省常山县）人高怀德，实任义成（总部滑州）司令官（节度使），兼殿前副护从司令（殿前副都点检）。命武信（总部遂州）司令官（空头官衔。此时遂州属后蜀〔首都成都府〕）、步兵总指挥官（步军都指挥使）厌次（山东省惠民县）人张令铎，实任镇安（总部陈州）司令官（节度使），兼步骑兵总纠察官（马步军都虞候）。命殿前总纠察官（殿前都虞候）、睦州（浙江省建德市）警备区司令（空头官衔。此时睦州属吴越〔首都杭州〕）王审琦，实任泰宁（总部兖州）司令官（节度使），兼殿前总指挥官（殿前都指挥使）。命虎捷左翼总指挥官（虎捷左厢都指挥使）、嘉州（四川省乐山市）警备区司令（空头官衔。此时嘉州属后蜀〔首都成都府〕）、辽国（首都临潢府）人张光翰，当宁江（总部夔州）司令官（空头官衔。此时夔州属后蜀〔首都成都府〕），兼骑兵总指挥官（马军都指挥使）。命虎捷右翼总指挥官（虎捷右厢都指挥使）、岳州（湖南省岳阳市）警备区司令（空头官衔。此时岳州属割据军阀周行逢）安喜（河北省定州市）人赵彦徽，当武信（总部遂州）司令官（空头官衔。此时遂州属后蜀〔首都成都府〕），兼步兵总指挥官（步军都指挥使）。其他凡有军职的，都分别升级进阶。

正月十三日，释放五〇年代南唐（首都金陵府）投降后周的将领周成等三十四人回国。

正月十五日，赵匡胤派使节分往各州赈济灾民。

正月十七日，赵匡胤命后周皇族事务部副部长（宗正少卿）郭瑞，负责祭祀后周皇家祖庙，及嵩陵（一任帝郭威墓）、庆陵（二任帝郭荣墓，二墓皆在河南省新郑市西北郭店镇）。列为政府法令，按时祭拜。

**3** 先前，后周步骑兵总纠察官（马步军都虞候）、武安（河北省武安市）人韩令坤，率军巡逻北方边界，慕容延钊也率前锋部队抵达真定（河北省正定县）。就在这个时候，赵匡胤登极称帝，派使节告诉慕容延钊、韩令坤可以自由选择，二人都愿接受命令。

正月十九日，赵匡胤加授慕容延钊：殿前护从总司令（殿前都点检）、昭化（总部慎州）司令官（空头官衔。此时慎州属辽国〔首都临潢府〕）、遥兼二级宰相（同中书门下三品〔慕容延钊的老爹名慕容章，为避“章”字讳，“同平章事”改作“同中书门下三品”〕，使相）。命韩令坤当皇家侍卫亲军步骑兵总指挥官（侍卫马步军都指挥使）、天平（总部郓州）司令官（节度使）、遥兼二级宰相（同平章事，使相）。

宰相们上疏建议把赵匡胤的生日——二月十六日，定作“长春节”。

正月二十二日，赵匡胤任命赵普当立法院高级顾问官（右谏议大夫）、帝国参谋总部常设文学侍从官（枢密直学士）。最初，赵匡胤遥兼归德（总部宋州）司令官（节度使）时，命赵普当机要秘书（书记），跟军事执行官（节度判官）宁陵（河南省宁陵县）人刘熙古、行政执行官（观察判官）安次（河北省廊坊市）人吕余庆、摄理司法官（摄推官）太康（河南省太康县）人沈义伦，都在幕府供职。现在，赵普因是佐命功臣，升迁高位。赵匡胤陆续任命刘熙古当监督院高级顾问官（左谏议大夫）、吕庆余当御前监督官（给事中）兼端明殿文学侍从官（端明殿学士）、沈义伦当国务院财政部税务司司长（户部郎中）。

正月二十三日，赵匡胤命天雄（总部大名府）司令官（节度使）宛丘（河南省周口市淮阳区）人符彦卿暂任太师（守太师，三师之一）。命雄武（总部秦州）司令官（节度使）掖县（山东省莱州市）人王景暂任太保（守太保，三师之三），封太原郡王。命定难（总部夏州）司令官（节度使）西平王李彝殷暂任太尉（守太尉，三公之一），命南平王（三任贞懿王）兼荆南（总部江陵府）司令官（节度使）高保融（本年四十一岁）暂任太傅（守太傅，三师之二）。其他凡是遥兼战区司令官（节度使）的，都升官晋爵。

正月二十四日，加授皇弟赵匡义：遥兼睦州（浙江省建德市）警备

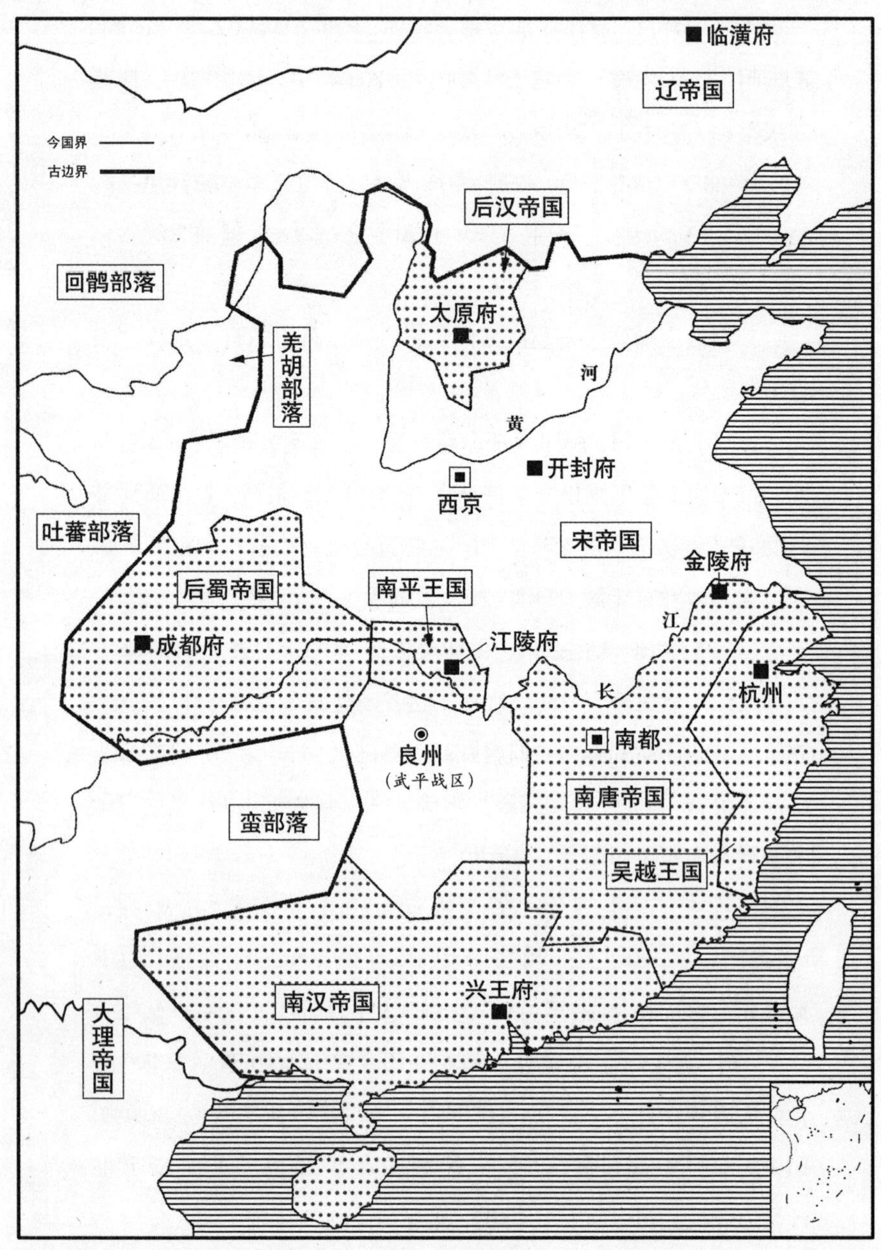


十世纪·九六〇年正月　赵匡胤篡后周，建宋帝国，七国并立

区司令（空头官衔。此时睦州属吴越〔首都杭州〕），命他改名赵光义。

赵匡胤前往国立贵族大学（国子监）参观视察，打算兴建皇家祖庙，召集文武百官开会讨论。

正月二十九日，国务院国防部长（兵部尚书）濮阳（河南省濮阳市）人张昭（张昭远）等奏报说："尧帝伊祁放勋（黄帝王朝六任帝）、舜帝姚重华（黄帝王朝七任帝）、禹帝姚文命（夏王朝一任帝），都兴建五座祖庙。左侧（东侧）是二世庙、四世庙（昭），右侧（西侧）是三世庙、五世庙（穆），始祖庙面向南方，位于当中。商王朝成立，祖庙才增建为六座，除直系血亲尊亲属外，还祭祀始祖子契及一任帝子天乙。周王朝则增建为七座，除了直系血亲尊亲属外，还祭祀八世祖姬亶父（太祖），跟姬昌（文王）以及一任王姬发（武王）。西汉王朝兴建的祖庙，完全不遵照古礼。曹魏帝国及晋王朝时代，才恢复七座祖庙制度，大分裂时代各国都没有更改。但是七座祖庙之中，始祖（太祖）庙往往空无一物，没有牌位。隋王朝一任帝杨坚只兴建'高祖''曾祖''祖父''父亲'四庙。唐王朝遵循隋王朝的制度，保持四座亲庙。后梁帝国以下小分裂时代，仍然如此。考查古代礼仪，可以说是一种折中办法。敬请陛下追尊'高祖父''曾祖父''祖父''父亲'四代绰号和庙号，同时充实祖庙神龛。"赵匡胤批准。于是制定皇家祖庙制度，每年在正、四、七、十月及十二月，共祭祀五次。每月一日及十五日，分别用刚收割的五谷，或其他新鲜食物祭祀。每三年皇家祖先合祭（祫祭。祫，音xiá〔匣〕。祭祀对象只限祖先）一次，时间定于该年十月。每五年皇家祖庙大祭（谛祭。谛，音dì〔弟〕。祭祀对象除祖先外，还包括功臣）一次，时间定于该年四月。以上都由国务院国防部副部长（兵部侍郎）渔阳（天津市蓟州区）人窦仪制定。

镇州（河北省正定县）奏报说："辽国（首都临潢府）及后汉（首都太原府）

军队，自行撤退。”

**4** 后汉帝国（首都太原府〔山西省太原市〕）国务院财政部副部长（户部侍郎）、二级实质宰相（同平章事）荥阳（河南省荥阳市）人赵华，免除职务，改任国务院左最高执行长（左仆射）。

**5** 南唐帝国（首都金陵府）皇帝（二任元宗）李璟（徐景通）派使节前往饶州（江西省鄱阳县），质问钟谟说：“你跟孙晟一起出使后周，孙晟丧命（参考九五六年十一月），你却平安回来，什么原因？”钟谟叩头承认自己有罪，于是把他绞死。使节再到宣州（安徽省宣城市宣州区）诛杀张峦（二人被贬事，参考去年〔九五九〕十月）。

**6** 二月五日，宋帝（一任太祖）赵匡胤呈献娘亲南阳郡夫人杜女士皇太后尊贵绰号。杜太后，是安喜（河北省定州市）人。陈桥（河南省封丘县东南）兵变，杜女士得到消息，说：“我儿子一向胸怀大志，今天果然。”现在被尊为皇太后，赵匡胤在金銮宝殿上叩头，文武百官一致祝贺，但杜女士却面有忧色，并不高兴，左右侍从取悦她说：“我们都知道，娘亲因儿子富贵而跟着也富贵，而今儿子当皇帝，你为什么不快乐？”杜女士说：“我听说，当领袖有当领袖的困难。皇帝身在万民之上，如果治理得法，这个宝座固然尊贵，可是一旦失去控制，虽想当一个平民也当不到，这正是我的忧虑。”赵匡胤叩头说：“接受娘亲的教训。”

赵匡胤加授宰相范质、王溥、魏仁浦等官阶。魏仁浦，是卫州（河南省卫辉市）人。赵匡胤对这三位后周时代的宰相，十分礼遇：范质原官是司徒（三公之二）、二级实质宰相（平章事）、昭文馆高级文学侍从官（昭文馆大学士）、代理主管帝国参谋总部（参知枢密院事），加授最高监督长（侍中）。王溥原官是国务院右最高执行长（右仆射）、二级实质宰相（平章事）、国史馆长（监修国史）、代理主管帝国参谋总部（参知枢密院事），加授司空（三公之三）。魏仁浦原官是帝国参谋总部指挥官（枢密使）、副立法长（中书侍郎）、二级实质宰相（同平章事）、集贤殿高级文学侍从官（集贤殿大学士），加授国务院右最高执行长（右仆射）。自唐王朝以来，三馆主管，都由宰相分别兼任，首相兼昭文馆、次相兼国史馆、再次相兼集贤馆，宋王朝仍维持这项传统。范质、王溥等，都免除帝国参谋总部职务。赵匡胤命帝国参谋总部指挥官（枢密使）太原（山西省太原市）人吴延祚，兼二级实质宰相（同中书门下二品）。

依照传统惯例，遇到讨论国家大事时，皇帝一定请宰相落座，从容发言，还由宦官端上茶水，然后退出。唐王朝跟五代时代，仍然沿用。可是宋王朝建立，范质等当宰相，了解自己是后周时代的臣属，不得不特别谨慎谦卑，而对赵匡胤的英明睿智，心存畏惧，往往不能畅所欲言，乃建议遇到大事时，专案条陈（劄子），听候批示，赵匡胤接受。从此，坐在椅子上跟皇帝讨论国家大事的礼仪，就被废除。

赵匡胤“英明”，宰相畏惧，不能畅所欲言，有这个可能；不能畅所欲言，要求改用条陈，也有这个可能。但绝不至于把宰相吓得连屁股都不敢坐，而只敢用腿站，更不至于吓得坐着说不出话，站着反而口若悬河。事情的真相是：他们只不过想坐而没有板凳可坐而已。

《见闻近录》记载说：“传统习惯，宰相奏报事情时，坐在金殿上讨论。赵匡胤登极的第二天，宰相提出议政，赵匡胤说：‘我眼睛看不清楚，请把文件拿近一点。’宰相们拿到他跟前，赵匡胤早暗中派宦官把他们的座位撤掉。宰相站在那里奏报事情，从这个时候开始。”这段记载，才能解释这种转变。宋王朝是有名的知识分子的乐园，实际上仅只不轻易屠杀知识分子而已，以后连皇家教师给皇帝上课时，也得站着讲，学生反而坐着听。一度发生过失败的抗争：十一世纪中叶，宰相王安石认为儒家学派一向提倡尊师重道，皇家教师最好有个座位，这建议立刻引起酱缸蛆刘邠、吕诲等奴性大发，认为王安石竟敢轻视皇帝的尊贵，不知道上下之礼及君臣之分，应该严惩。到了元明，越发堕落，宰相不但没有座位，不但要站着奏事，还要跪着奏事，更还要当廷被扒下裤子棍打屁股，号哭震天，中国人的尊严就更一扫而空。

**7** 二月九日，宋帝（一任太祖）赵匡胤擢升天下兵马总元帅（天下兵马都元帅）、吴越王（五任忠懿王）钱弘俶（本年三十二岁）当天下兵马大元帅。钱弘俶的“弘”字，犯了赵匡胤的老爹赵弘殷的讳，所以把“弘”字去掉，改称钱俶（我们仍用他的原名）。

**8** 二月十六日，是宋王朝长春节——宋帝（一任太祖）赵匡胤的生日。赵匡胤赏赐文武百官每人衣服一套，宰相率领大家祝贺。赵匡胤命在相国寺（在开封城内）设宴款待文武百官。

命立法官（中书舍人）安次（河北省廊坊市）人扈蒙，暂时主持中央考试。

二月二十日，扈蒙奏报说：进士科及格的有京兆（陕西省西安市）人杨砺等十九人。从此以后，定为制度。

二月二十一日，赵匡胤又在广德殿大宴文武百官。从此开始，皇帝生日后，一定选择一天，举行盛大宴会。

三月六日，赵匡胤命全国州县名字，凡是有冒犯他个人或祖先名字的，一律更改。

**9** 三月十七日，南唐帝国（首都金陵府〔江苏省南京市〕）皇帝（二任元宗）李璟（徐景通）派使节前往宋王朝（首都开封府）祝贺宋帝（一任太祖）赵匡胤登极。

**10** 南汉帝国（首都兴王府〔广东省广州市〕）宦官陈延寿，告诉南汉帝（四任）刘继兴（刘鋹，本年十八岁）说："陛下之所以能登上宝座，由于先帝（三任刘弘熙）把他的老弟们屠杀尽光的缘故。"刘继兴（刘鋹）认为确实如此。

三月十八日，下令诛杀他老弟桂王刘璇兴。

**11** 吴越王国（首都杭州〔浙江省杭州市〕）国王（五任忠懿王）钱弘俶（钱俶）派使节前往宋王朝（首都开封府）祝贺宋帝（一任太祖）赵匡胤登极。

南唐帝（二任元宗）李璟（徐景通）再度派使节祝贺赵匡胤生日——长春节。

**12** 宋王朝（首都开封府）宿州（安徽省宿州市）大火，焚毁民宅一万多栋，宋帝（一任太祖）赵匡胤派宦官到灾区安抚灾民。

三月二十二日，赵匡胤向祖父母跟父母呈献尊贵绰号：高祖父赵朓绰号文献皇帝，庙号僖祖，坟墓叫钦陵；高祖母崔女士绰号文懿皇后。曾祖父赵珽绰号惠元皇帝，庙号顺祖，坟墓叫康陵；曾祖母桑女士绰号惠明皇后。祖父赵敬绰号简恭皇帝，庙号翼祖，坟墓叫定陵；祖母刘女士绰号简穆皇后。老爹赵弘殷绰号昭武皇帝，庙号宣祖，坟墓叫安陵。

宋王朝政府认为后周的保护神是木神，宋王朝的保护神是火神。国家的代表色是红色，十二月举行的祭祀（腊祭）应在有“戌”的那一天。

三月二十四日，赵匡胤派武胜（总部邓州）司令官（节度使）洛阳（河南府所在县）人宋延渥，率舰队巡抚长江（参考前年〔九五八〕十月），由舒州（安徽省潜山市）民兵司令（团练使）元城（大名府所在县）人司超当副手，依惯例先写信给南唐帝（二任元宗）李璟（徐景通），告诉他出动舰队的原因。

三月三十日，任命皇弟赵光美（赵匡美）当嘉州（四川省乐山市）警备区司令（空头官衔。此时嘉州属后蜀〔首都成都府〕）。

**13** 先前，后汉帝国（首都太原府〔山西省太原市〕）引诱代北（山西省北部）各蛮夷部落，侵略宋王朝政府所属的河西（陕西省北部）。宋帝（一任太祖）赵匡胤命各战区联军抵御。本月（三），定难（总部夏州）司令官（节度使）李彝兴奏报说：派大将李彝玉增援麟州（陕西省神木市），后汉军撤退。李彝兴，就是李彝殷，因为“殷”字冒犯赵匡胤的老爹赵弘殷的讳，才改名李彝兴。

**14** 夏季，四月四日，宋王朝政府（首都开封府）兼主管祭祀部（兼判太常寺）窦俨，建议把后周的文舞“崇德之舞”改称“文德之舞”，武舞“象成之舞”改称“武功之舞”。把乐章“十二顺”（参考去年〔九五九〕正月）改作乐章“十二安”，意思是“太平时代的音乐安详快乐”。赵匡胤下令施行。窦俨，是窦仪的老弟（参考九五七年九月）。

铁骑左翼总指挥官（铁骑左厢都指挥使）王彦升，于半夜时分，突然闯进宰相王溥的家，王溥惊恐心悸，仓惶出来迎接，宾主坐定，王彦升说：“沿街巡查，十分疲惫，忽然想起到府上喝一盅。”事实上他是前来索求贿赂，王溥假装听不懂他的用意，只摆下筵席，饮了几杯，送他出门。第二天，王溥秘密奏报赵匡胤，赵匡胤对王彦升更是厌恶。

四月八日，命王彦升出任唐州（河南省唐河县）民兵司令（团练使）。唐州本设州长，自此升高一级。

**15** 辽国（首都临潢府）军队侵犯宋王朝所属的棣州（山东省惠民县），州长河南（河南省洛阳市）人何继筠追击到固安（河北省固安县），把辽军击破，俘获战马四百匹。

**16** 宋帝（一任太祖）赵匡胤加授昭义战区（总部设潞州〔山西省长治市〕）司令官（节度使）太原（山西省太原市）人李筠（李荣）中央官衔：最高立法长（中书令，使相）。使节抵达潞州（山西省长治市），李筠（李荣）当时就要拒绝，左右侍从官员恳切劝告，才算接待，在音乐声中举行宴会。不久却取出后周一任帝（太祖）郭威的画像，悬挂厅堂，流泪涕泣不已。宾客们十分惊恐，告诉使节说：“我们大帅一喝酒就失去常态，请不要见怪。”后汉帝（四任睿宗）刘承钧（本年三十五岁）得到消息，派出间谍，用蜡丸传递书信，要求跟李筠（李荣）同时出军南下。李筠（李荣）的长子李守节哭泣苦劝，李筠（李荣）不接受。赵匡胤亲笔书写诏书慰问安抚，并且召唤李守节当皇城管理官（皇城使）。李筠（李荣）遂派李守节前往京师（首都开封府）察看动静，赵匡胤一看到李守节就呼叫说：“皇太子，你为什么来这里？”李守节蓦地一惊，用头叩击地面，说：“陛下怎么说这样话，一定有人谗害我们父子！”赵匡胤说：“听说你不断劝告你父亲，你父亲不听，所以派你前来，只是要我把你杀掉而已。回去告诉你老爹：‘我没有当皇帝的时候，任由你想干什么就干什么，我既然已当上天子，你难道不能稍稍让我？’”李守节飞马回去报告李筠（李荣），李筠（李荣）遂命幕僚撰写文告，宣布赵匡胤篡位罪状。

四月十四日，李筠（李荣）逮捕监军官周光逊等，派营门官（牙将）刘继仲等，把他们押解到太原（后汉首都，山西省太原市），并诚心诚意请求支援。同时派军袭击泽州（山西省晋城市），格杀州长张福，占领城池。参谋长（从事）闾丘仲卿（闾丘，复姓），建议李筠（李荣）说：“你用一支孤军，举起义旗，形势十分危急，虽然依靠后汉（首都太原府）的支援，恐怕实际上没有太大帮助。大梁（开封府所在城）的武装部队，全是精锐，难以对抗。你最好率大军南下，越过太行山，直到怀（河南省沁阳市）、孟（河南省孟州市）二州，堵塞虎牢（河南省荥阳市西北汜水镇），据守洛阳（河南省洛阳市），向东夺取天下，这才是上计。”李筠（李荣）说：“我是后周的老将，跟先帝（二任帝郭荣）情如骨肉兄弟，皇家侍卫亲军的将领士卒，都是我的旧部老友，听到我来，一定倒转武器，向我归降，怎么可能不成功！”不用闾丘仲卿的战略。

四月十七日，昭义（总部潞州）兵变消息传到京师（首都开封府）。帝国参谋总部指挥官（枢密使）吴延祚奏报说：“潞州（山西省长治市）山势险要，盗匪（李筠）如果固守城池，恐怕几个月，甚至几年，都难攻破。不过李筠（李荣）一向骄傲轻浮，没有智谋，政府应该火速发动攻击。”

四月十九日，赵匡胤派石守信、高怀德率前锋出发。特别嘱咐石守信等说：“决不允许李筠（李荣）踏出太行山一步，你急行前进，控制太行山关卡险要，就一定可以把他击破。”又召见中央财政三单位管理署总监（三司使）清河（河北省清河县）人张美，负责后勤，调配粮饷。张美说：“怀州（河南省沁阳市）州长大名（河北省大名县）人马令琮，推测李筠（李荣）一定反抗政府，日夜储蓄粮草，等待中央大军。”赵匡胤立刻下令擢升马令琮当民兵司令（团练使）。宰相范质说：“中央北伐要靠马令琮后勤支援，不应该把他调走。”遂把怀州（河南省沁阳市）擢升一级，命马令琮当怀州民兵司令（团练使）。

**17** 五月一日，日蚀。

**18** 五月二日，宋政府（首都开封府）派宫廷事务南院总监（宣徽南院使）昝居润，前往澶州（河南省濮阳市）视查。命殿前护从司令（殿前都点检）、镇宁（总部澶州）司令官（节度使）慕容延钊，又派彰德（总部相州）候补司令官（留后）太原（山西省太原市）人王全斌，率东路军北进，跟石守信、高怀德的西路军会师。

五月三日，赵匡胤擢升洺州（河北省邯郸市永年区东南广府镇）民兵司令（团练使）博野（河北省蠡县）人郭进当本州警备区司令（防御使），兼山西（太行山之西，山西省）巡查官（巡检），防备后汉（首都太原府）军队东下。

**19** 后汉帝（四任睿宗）刘承钧派御花园管理官（内园使）李弼，携带诏书、金银、绸缎、骏马，赏赐给李筠（李荣）。李筠（李荣）再派刘继冲前往晋阳（后汉首都太原府所在县），请刘承钧倾全国之力南下，而由他自己充当向导。刘承钧立刻派使节向辽国（首都临潢府）请求出军支援。辽国军队还没有集结完成，刘继冲转述李筠（李荣）的意思，建议不需要辽国相助。刘承钧立即举行阅兵大典，动员全国的兵力，御驾亲征，出团柏谷（山西省祁县东南）；文武百官在汾水河畔设宴饯行，国务院左最高执行长（左仆射）赵华劝告说：“李筠（李荣）轻举妄动，事情绝对不会成功，陛下空国而出，我看不出胜利的可能性。”刘承钧不接受。大军前进到太平驿（山西省襄垣县西南），李筠（李荣）率领文武官员北来迎接晋见，刘承钧特准李筠（李荣）晋见时及奏章上不书写姓名，座位在宰相卫融之上，封他西平王。李筠（李荣）发现刘承钧的仪队及禁卫部众，人数既少，战斗力也弱，心里非常后悔。又自称身受后周皇家厚恩，不忍心辜负。而后汉跟后周偏是世仇，刘承钧听到李筠（李荣）的话，也不高兴。李筠（李荣）将要返防，刘承钧派宫廷事务总监（宣徽使）卢赞随他南下，当他的监军官，李筠（李荣）心里越发不能平衡。卢赞曾经去见李筠（李荣）讨论事情，李筠（李荣）爱理不理，卢赞大怒，一拂衣袖，站起来就走。刘承钧听见卢赞跟李筠（李荣）结怨，派宰相卫融到军中给他们调解。

李筠（李荣）留他的长子李守节守上党（潞州州政府所在县），而亲率部众三万人，出发南下。

五月五日，宋政府（首都开封府）北伐西路军石守信等，在长平（山西省高平市西北）击破李筠（李荣），并攻克大会寨（高平市西北）。

**20** 五月六日，宋帝（一任太祖）赵匡胤下诏免除李筠（李荣）所有官职爵位。

**21** 五月七日，辽帝国（首都临潢府〔内蒙古巴林左旗〕）皇帝（四任穆宗）耶律述律（本年三十岁），晋谒怀陵——二任帝（太宗）耶律德光坟墓。

**22** 五月十一日，宋政府（首都开封府）西京（河南府，河南省洛阳市）兴筑后周皇家六座祖庙落成，宋帝（一任太祖）赵匡胤派宫廷膳食部长（光禄卿）郭玘，把京师（首都开封府）后周皇家祖庙里的郭家祖先牌位，全部搬去。

**23** 五月十七日，宋王朝（首都开封府）忠正（总部寿州）司令官（节度使）兼最高监督长（兼侍中，使相）杨承信，到京师（首都开封府）朝见，宋帝（一任太祖）赵匡胤在广政殿设宴款待。自此以后，皇帝在广政殿设宴款待地方首长，成为惯例。

五月十九日，赵匡胤下诏亲征李筠（李荣）。命帝国参谋总部指挥官（枢密使）吴延祚当东京（首都开封府）留守长官，命首都开封特别市代理市长（知开封府）吕余庆当副留守长官。命皇弟赵光义（赵匡义）当内宫总护从司令（大内都点检）。派韩令坤率军进驻河阳（孟州州政府所在县，河南省孟州市）。

五月二十一日，赵匡胤从大梁（首都开封府所在城）出发。

五月二十四日，赵匡胤抵达荥阳（河南省荥阳市）。西京（河南府，河南省洛阳市）留守长官、河内（河南省沁阳市）人向拱（向训）劝告赵匡胤说："我们应该火速渡过黄河，越过太行山，趁盗匪（李筠）还没有集结完成，迎头痛击。如果拖延十天八天，他们的气势将更高涨！"帝国参谋总部常设文学侍从官（枢密直学士）赵普也警告说："盗匪（李筠）认为新政权刚刚建立，大军不能出征，我们如果加倍速度前进，出他意料之外的发动攻击，可以一次战斗就把敌人制伏。"赵匡胤接纳二人的建议。

五月二十九日，石守信、高怀德在泽州（山西省晋城市）南击破李筠（李荣）三万余人大军，生擒后汉（首都太原府）河阳（总部孟州）司令官

（空头官衔。此时孟州属宋王朝〔首都开封府〕）范守图，格杀卢赞。李筠（李荣）退回泽州（山西省晋城市），加强守备。

本月（五），永安（总部府州）司令官（节度使）云中（山西省大同市）人折德扆，在沙石寨（今地不详）击破后汉（首都太原府）军队，杀五百人。折德扆，是折从阮（折从远）的儿子（参考九五〇年五月二日）。

六月一日，赵匡胤抵达泽州（山西省晋城市），亲自指挥攻城，十几天不能攻下。赵匡胤召见控鹤左翼总指挥官（控鹤左厢都指挥使）蓟州（天津市蓟州市）人马全乂，问他有什么办法，马全乂建议集中所有兵力，作持续不断的猛烈攻击，遂率敢死队先行攀登，一枝流箭射穿他的手臂，马全乂拔出箭头，继续厮杀，赵匡胤亲率侍卫部队在后督战。

六月十三日，攻克泽州（山西省晋城市）。李筠（李荣）投入火窟自杀身亡。宋军生擒后汉（首都太原府）宰相卫融。

六月十六日，赵匡胤下令免除泽州（山西省晋城市）今年的田租。

六月十七日，大军继续北上，进攻潞州（山西省长治市）。

六月十九日，李筠（李荣）的儿子李守节，献出城池投降，赵匡胤赦免他的罪，把单州（山东省单县）升级为民兵司令（团练）州，派李守节当单州（山东省单县）民兵司令（团练使。单州原属彰信战区〔总部曹州〕）。当天（六月十九日），赵匡胤进入潞州（山西省长治市），在住所设宴款待随从官员。

六月二十三日，大赦。免除潞州（山西省长治市）周围三十华里以内本年（九六〇）的田租。调查阵亡将士的子孙，免除他们的租税差役三年。

李筠（李荣）性情虽然暴躁，但对娘亲却非常孝顺。每次大发脾气要杀人的时候，娘亲在屏风后呼唤他，他一定应声而到，娘亲

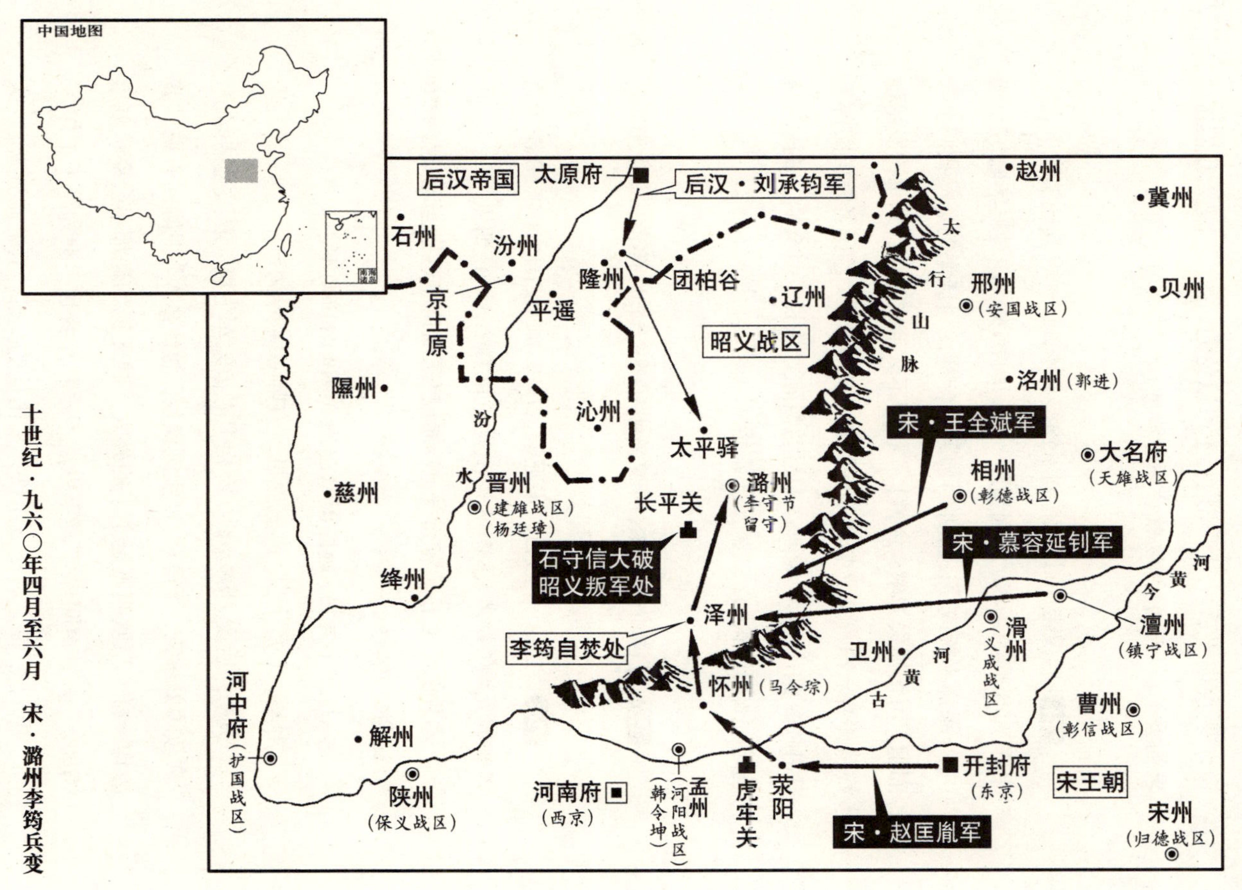


十世纪·九六〇年四月至六月　宋·潞州李筠兵变

说:“听说你要杀人，不知道可不可以免他一死，只是为我们自己求福罢了。”李筠（李荣）就会下令释放。

**24** 后汉帝（四任睿宗）刘承钧接到李筠（李荣）兵败消息，自太平驿（山西省襄垣县西南）逃回晋阳（首都太原府所在县），对赵华说:“李筠（李荣）果然不能成事，像你所预料的一样，可庆幸的是，我们全身而退。可惜损失卫融、卢赞！”赵华不久请求退休，刘承钧发给他终身俸禄。命皇家文学侍从院院长（翰林学士承旨）、国务院国防部长（兵部尚书）蓟州（天津市蓟州区）人赵弘当副立法长（中书侍郎），兼国务院国防部长（兵部尚书）、二级实质宰相（平章事）。

**25** 辽国（首都临潢府）听说潞州（山西省长治市）陷落，中止出军。

**26** 六月二十五日，宋王朝（首都开封府）安国（总部邢州）司令官（节度使）元城（河北省大名县）人李继勋进京（首都开封府）朝见。

六月二十七日，宋帝（一任太祖）赵匡胤调李继勋当昭义（总部潞州）司令官（节度使）。

六月二十九日，赵匡胤从潞州（山西省长治市）出发。

秋季，七月十日，赵匡胤抵达京师（首都开封府）。

最初，后汉（首都太原府）宰相卫融被宋军生擒，赵匡胤诘问说:“你教唆刘承钧、李筠（李荣）叛国谋反，为什么？”卫融回答说:“我像狗一样，只吠叫不是主子的外人，我无论如何都不会辜负刘家（后汉）。”并且声明说:“陛下纵然不杀我，我也不会为陛下工作。”赵匡胤大怒，命左右侍卫用铁锤捶击他的头部，卫融血流满面，大喊说:“我找到我死的地方！”赵匡胤说:“真是忠心耿耿，放开他！”命用最好的药品救治。教他写信给后汉帝（四任睿宗）刘承钧，要求交还周光逊等，归附投降，答应送回卫融。刘承钧不理。

七月十三日，赵匡胤任命卫融当宫廷库藏部长（太府卿）。

前司空（三公之三）赵国公爵汝阴（安徽省阜阳市）人李谷，退休后回到西京洛阳，李筠（李荣）认为李谷是后周帝国时代著名宰相，特别赠送五十万钱，其他的礼物价格也约略相等，李谷接受。后来，李筠起兵反抗中央，李谷忧虑自恨，一病不起。

七月十七日，李谷逝世，赵匡胤十分哀痛，特为他停止早朝两天，追赠最高监督长（侍中）。李谷对问题的分析，十分精密，尤其知人善任，援引很多贫寒出身、孤单无依的知识分子，其中很多人都做到高官。

七月二十日，赵匡胤在礼贤讲武殿，设宴款待韩令坤等，赏赐他们平定李筠（李荣）的功劳。

**27** 七月二十五日，辽国（首都临潢府）宰相（政事令）耶律寿远、太保（三师之三）楚阿布（库阿布）等，阴谋叛变，全被诛杀。

辽帝（四任穆宗）耶律述律在黑山（内蒙古呼和浩特市北）用美酒、干肉，祭祀天地。

**28** 最初，宋王朝（首都开封府）成德（总部镇州）司令官（节度使）金城（山西省应县）人郭崇威（郭威），听到赵匡胤篡位成功消息，回想后周二任帝郭荣（柴荣）对他的恩德和知遇，有时忍不住流泪哭泣，监军官陈思诲秘密奏报，警告说：“常山（北岳恒山，河北省曲阳县北）接近边界，中央应该暗中准备。”宋帝（一任太祖）赵匡胤说：“我知道郭崇威（郭崇）重视恩德情义，他之流泪，只是触景生情，有感而发！”派使节前去侦察。郭崇威（郭崇）忧愁悲愤，进退失据，行政执行官（观察判官）孝义（山西省孝义市）人辛仲甫说：“当初，你第一个表示诚心拥护，无论军队人民，都平安正常，中央虽然想加罪名，又用什么借口？使节来的时候，你只管率领官员们到郊外迎接，毕恭毕敬，竭力表示恭顺，随他逗留考察，误会自当辨明。”郭崇威（郭崇）听他的意见。使节回京（首都开封府）奏报说：“郭崇威（郭崇）没有别的想法！”赵匡胤欢喜说：“我早就知道郭崇威（郭崇）不会背叛！”

赵匡胤命昝居润暂代镇州（河北省正定县）州长。这是第一次用代理州长（知州事）占战区司令官（节度使）缺额。

**29** 七月二十七日，南唐帝（二任元宗）李璟（徐景通）向宋帝（一任太祖）赵匡胤进贡白金，作为庆祝平定潞州（山西省长治市）的贺礼。

**30** 宋帝（一任太祖）赵匡胤下诏，命“殿前”“侍卫”两亲军司令部各自检查自己的部队，选拔骁勇战士升作“上军”；命全国各州长也在各州民兵中选拔，选拔出来后，送到京师（首都开封府），补充中央禁军的空缺。又选拔体格强壮的战士，分别送往各战区道当作招募新兵的标准，施以军事训练，等到训练完成，再送到京城（首都开封府）。自这时候开始，粗犷强悍的青年勇士，都被编入中央禁军。宋政府警惕到唐王朝以来，战区制度是形成军阀割据的主要原因，于是订定“轮调制”，边防部队不由战区派遣，而由中央禁军负担，让他们来往京师（首都开封府）跟边界之间，训练他们吃苦耐劳。从此以后，将领们没有固定的部队，而士卒也不会骄傲惰怠，这都是赵普的规划。

八月一日，赵匡胤登崇元殿，恢复唐王朝时代传统的皇帝早朝制度：建立仪仗卫队，实行入阁礼（由正殿进入便殿礼仪），设置“待制官”（宫殿轮值官员）及“次对官”（第二梯次晋见皇帝官员）。退朝以后，“常参官”（有资格出席朝会官员）退到廊下，由皇帝赏赐饮食。

八月三日，赵匡胤在广德殿设宴款待最亲近的官员。南唐（首都金陵府）跟吴越（首都杭州）派来的朝贡特使（朝贡使），都参加这项宴会。

八月五日，在贝州（河北省清河县）重设永清战区（永清战区撤销，参考九五四年十月）。

保义（总部陕州）司令官（节度使）河东（山西省永济市）人袁彦，听到赵匡胤称帝消息，日夜不停的修理铠甲，磨利武器。赵匡胤担心有什么变化，派潘美前去当他的监军官。潘美单人匹马进陕州城（河南省三门峡市），劝告袁彦朝见，袁彦立刻准备行装动身。赵匡胤大喜，对左右侍从说：“潘美不杀袁彦，完成我的心愿！”

八月九日，调袁彦当彰信（总部曹州）司令官（节度使）。

赵匡胤又调忠正（总部寿州）司令官（节度使）杨承信当护国（总部河中府）司令官（节度使）。杨承信到河中（山西省永济市）就职，有人告密说杨承信阴谋反抗中央，赵匡胤派宫廷技工副管理官（作坊副使）相州（河南省安阳市）人魏丕，携带赐给杨承信的生日礼物，前往察看。魏丕回来，奏报说：杨承信没有叛变的情形。杨承信因此得以在任上寿终正寝。

忠武（总部许州）司令官（节度使）兼最高监督长（兼侍中，使相）阳曲（山西省阳曲县）人张永德调作武胜（总部邓州）司令官（节度使），进京（首都开封府）朝见，追随赵匡胤游逛御花园玉津园。当时正跟后汉（首都太原府）冲突，赵匡胤向他秘密询问有什么策略，张永德说：“后汉（首都太原府）的部队虽然人数很少，但战斗力却很强悍，加上辽国（首都临潢府）的支援，未必能仓猝间取得决定性胜利。我认为每年都派大量游骑兵，每当播种或收割时期，就用武力骚扰，同时派出反间，断绝辽国（首都临潢府）对它的援助，然后才可以达到目的。”赵匡胤说：“对极！”

八月十五日，赵匡胤命皇弟、殿前总纠察官（殿前都虞候）、睦州（浙江省建德市）警备司令官（防御使）赵光义（赵匡义）遥兼泰宁（总部兖州）司令官（节度使）。

八月十七日，赵匡胤封正妻琅邪郡夫人王女士当皇后。王皇后，是华池（甘肃省华池县东南东华池村）人，是彰德（总部相州）司令官（节度使）王饶的女儿。

八月十九日，宋政府制造新的标准秤，颁发全国使用，禁止私人制造。

八月二十一日，任命赵普当国务院国防部副部长（兵部侍郎），充当帝国参谋总部指挥官（枢密使）。先前，赵匡胤北征李筠（李荣）时，赵普请求随同大军行动，赵匡胤笑说：“赵普难道不怕被盔甲压垮！”现在论功行赏，赵匡胤说：“赵普的功劳应列在优等。”遂升到这个位置。

**31** 南平王国（首都江陵府〔湖北省江陵县〕）荆南（总部江陵府）司令官（节度使）、暂任太傅（守太傅，三师之二）兼最高立法长（兼中书令，使相）南平王（三任贞懿王）高保融病重，他的儿子高继冲年纪还小，无法继承王位，于是命他的老弟、作战参谋长（行军司马）高保勖总管中外兵马（总判内外军马事）。

八月二十七日，高保融逝世（年四十一岁）。奏报宋王朝政府，宋帝（一任太祖）赵匡胤赏赐葬仪，追赠太尉（三公之一），绰号贞懿王。高保融性情迂阔，行动缓慢，无论统御军队，治理平民，都毫无章法，高姓的统治局面，开始衰退。

**32** 八月二十八日，南唐帝（二任元宗）李璟（徐景通）派使节到宋王朝，祝贺宋帝（一任太祖）赵匡胤回京（首都开封府）。

**33** 本月（八），辽帝（四任穆宗）耶律述律前往秋山（今地不详），再往怀州（内蒙古巴林左旗西）。

耶律述律生性凶恶野蛮，喜爱杀人，曾在暴怒之下，用镇席石狮子（镇茵石狻猊）击杀贴身侍从古哥（古格）。之后，包括宦官以及早餐管理官、鹿场管理官、鸡场管理官、狼场管理官、猪场管理官，很多人并没有犯罪，却被处死。

**34** 九月五日，宋王朝（首都开封府）昭义（总部潞州）司令官（节度使）李继勋，攻击后汉（首都平原府）平遥县（山西省平遥县），纵火焚烧。

九月九日，宋帝（一任太祖）赵匡胤登崇元殿，依照礼仪，册封皇家四座祖庙。

九月十二日，立法官（中书舍人）怀戎（河北省怀来县）人赵行逢，因随从大军北征时，畏惧艰难，逃避责任，贬作房州（湖北省房县）户籍官（司户参军）。赵匡胤亲征泽（山西省晋城市）、潞（山西省长治市）时，山路崎岖狭窄，又布满大小石头，赵匡胤亲自捡起几块，骑到马上搬送，文武百官及所有北伐军将士，都争着捡起石头开道。只赵行逢不敢冒险跋涉，假装脚部受伤，不能行走，遂留在怀州（河南省沁阳市）治疗，不再前进。大军胜利班师，赵行逢应该到皇宫值班，他畏惧辛苦，又声称有病，请求准许他留在家里撰写诏书。赵匡胤震怒，命总监察署（御史府）弹劾他的罪行，遂把他罢黜贬逐。 

**35** 后周摄理太尉（检校太尉，三公之一）、淮南（总部扬州）司令官（节度使）沧州（河北省沧州市东南）人李重进，是后周一任帝（太祖）郭威的外甥（参考九五二年七月）。最初，李重进跟赵匡胤共同事奉后周二任帝（世宗）郭荣（柴荣），分别掌握兵权，因赵匡胤英明雄武，李重进心里有点忌惮。后周三任帝（恭帝）郭宗训继承帝位，李重进出任淮南（总部扬州）司令官（节度使）。后来，赵匡胤登极称帝，命韩令坤取代李重进的位置。李重进请求到京师（首都开封府）朝见，赵匡胤下诏阻止，李重进越难平衡。

李筠（李荣）在泽（山西省晋城市）、潞（山西省长治市）起兵，李重进派他亲信侍从翟守珣从小路北上跟李筠（李荣）结盟。翟守珣却秘密请求晋见赵匡胤，说出李重进已怀二心。赵匡胤重赏翟守珣，让他说服李重进延后行动，不要发生两大战区同时起兵情况。翟守珣返回扬州（江苏省扬州市），劝告李重进不可以轻率发动，李重进相信。等到赵匡胤击败李筠（李荣），打算经营淮南（淮河以南），于是调李重进当平卢（总部青州）司令官（节度使），又派亲王住宅管理官（六宅使）陈思诲携带“免死铁券”前往，作为安慰。但李重进认为自己是后周郭姓皇家至亲，恐怕最后无论如何都难以活命，于是逮捕陈思诲，修筑城墙、整理铠甲、磨利武器。一面派人向南唐（首都金陵府）请求支援，南唐帝（二任元宗）李璟（徐景通）拒绝使节入境。

赵匡胤得到李重进聚众起兵消息，任命石守信当扬州（江苏省扬州市）特遣兵团总司令（扬州行营都部署），兼主管扬州特遣州政府（兼知扬州行府事）；命王审琦当副手、李处耘当总辅导官（都监）、宋延渥当阵地总督战官（都排阵使），率中央禁军讨伐李重进。

**36** 吴越王国（首都杭州〔浙江省杭州市〕）宁国（总部宣州）司令官（空头官衔。此时宣州属南唐〔首都金陵府〕）吴延福，是吴越王（五任忠懿王）钱弘俶（钱俶）的舅父。有人密告吴延福阴谋叛变。

九月二十三日，钱弘俶（钱俶）派内营指挥官（内牙指挥使）薛温，率军包围吴宅，逮捕吴延福兄弟五个人；睦州（浙江省建德市）州长吴延遇，恐惧过度，自杀。大家打算把五个人全部处死，钱弘俶（钱俶）流涕哭泣说："他们是我娘亲的骨肉，我怎么能忍心把他们诛杀！"于是全部免除官职，分别流放各州，保全了娘亲家族。

**37** 九月二十六日，宋帝（一任太祖）赵匡胤下诏剥夺李重进所有官爵。

赵匡胤再下诏说："文武'常参官'（有资格出席金殿朝会的官员）请病假超过三天，主管官员应专案奏报，当派御医诊治。"

**38** 本月（九），吴越（首都杭州）开始酒专卖。

**39** 最初，宋王朝（首都开封府）李筠（李荣）聚众起兵时，曾派使节联络建雄（总部晋州）司令官（节度使）真定（河北省正定县）人杨廷璋。杨廷璋的妹妹，是后周一任帝郭威的小老婆。宋帝（一任太祖）赵匡胤疑心他另有企图，命郑州（河南省郑州市）警备区司令（防御使）信都（冀州州政府所在县，河北省衡水市冀州区）人荆罕儒当晋州（山西省临汾市）兵马司令（兵马钤辖），随机应变。荆罕儒打算刺杀杨廷璋，所以每次见面，怀中一定暗藏短刀。但杨廷璋以至诚相待，荆罕儒不敢发动。

正巧，赵匡胤下诏召见杨廷璋前来中央，杨廷璋当天就单人匹马上路。 

冬季，十月三日，命杨廷璋当静难（总部邠州）司令官（节度使）。

**40** 十月六日，黄河在棣州（山东省惠民县）厌次（棣州州政府所在县）决口，接着又在滑州（河南省滑县）灵河县（河南省滑县西南）决口。

**41** 十月十日，辽帝（四任穆宗）耶律述律的堂弟耶律喜隐（耶律喜衮）叛变，被捕，供词牵连到他的老爹耶律李胡（耶律鲁呼）及指挥官（详隐）韩匡嗣。耶律李胡（耶律鲁呼）是一任帝（太祖）耶律阿保机第三个儿子，性情残酷，但述律太后却对他十分疼爱。二任帝（太宗）耶律德光时，封他当皇太弟兼全国野战军总元帅（天下兵马大元帅）。后来，耶律德光在栾城（河北省石家庄市栾城区）逝世，永康王耶律兀欲在镇州（应称恒州，河北省正定县）继位（参考九四七年五月），称为世宗。述律太后大怒，派耶律李胡（耶律鲁呼）率军出击，不料大败，高级官员耶律屋质（耶律乌珍）当面条条责备耶律李胡（耶律鲁呼）凶恶难忍，失尽人心，述律太后哑口无言，大军遂告瓦解。耶律兀欲把耶律李胡（耶律鲁呼）贬窜祖州（内蒙古巴林左旗西南）软禁，不准出入。而今，受儿子耶律喜隐（耶律喜衮）口供牵连，遂死在监狱之中。韩匡嗣是一位名医，在长乐宫当班，萧皇后把他当作儿子一般看待，所以对他不再追究。

**42** 十月十九日，宋王朝（首都开封府）晋州（山西省临汾市）奏报说：“兵马司令（兵马钤辖）荆罕儒率骑兵一千余人，直抵后汉（首都太原府）汾州（山西省汾阳市）城下，纵火焚烧他们的草料市场，然后撤退。当天（十月十九日）夜晚，走到京土原（汾阳市南）。后汉帝（四任睿宗）刘承钧派大将郝贵超率一万人的庞大部队袭击，天将亮时，逼近宋营。荆罕儒派总辅导官（都监）阎彦进出战抵抗。荆罕儒全身披甲，外穿锦绣衣袍，坐在小凳子上向将士们敬酒，正在切割羊肉吞吃，得到阎彦进稍向后退的消息，立即跳上马鞍，挥军直扑后汉军前锋。后汉（首都太原府）部队用长矛围攻，荆罕儒从马上栽下，但仍步战格斗，手杀十余人，才被格杀。后汉帝（刘承钧）一向畏惧荆罕儒的英勇，想把他生擒，听到他的死讯，查出杀荆罕儒的人，斩首。”赵匡胤看到奏章，哀痛悲悼，擢升他的儿子荆守勋当西京（河南府，河南省洛阳市）武德宫副管理官（武德副使）。查出将士不服从命令的，罢黜两人、诛杀二十九人。荆罕儒从不重视钱财，喜爱施舍。在泰州（江苏省泰州市）的时候，油盐专卖的收入，每年高达一万万钱，赵匡胤准他从中支用十分之八，但仍不够他的开支。财产只有收入的账，而支出的数目，从不登记。荆罕儒骁勇善战，一直盼望消灭后汉（首都太原府），志愿没有完成，就先败死，人们都很惋惜。

**43** 宋帝（一任太祖）赵匡胤问赵普有关李重进叛离中央事宜，赵普说：“李重进仗恃淮河的险要，据守一座孤城，外没有救兵，内没有粮草，最好是速战速决。”赵匡胤认为正确。

十月二十一日，赵匡胤下诏亲征，命皇弟赵光义（赵匡义）当内宫警卫司令（大内都部署）、吴延祚暂代东京（首都开封府）留守长官、吕余庆当副留守长官。

十月二十四日，赵匡胤从京师（首都开封府）出发，文武百官及中央禁卫六军，同时乘船东下。

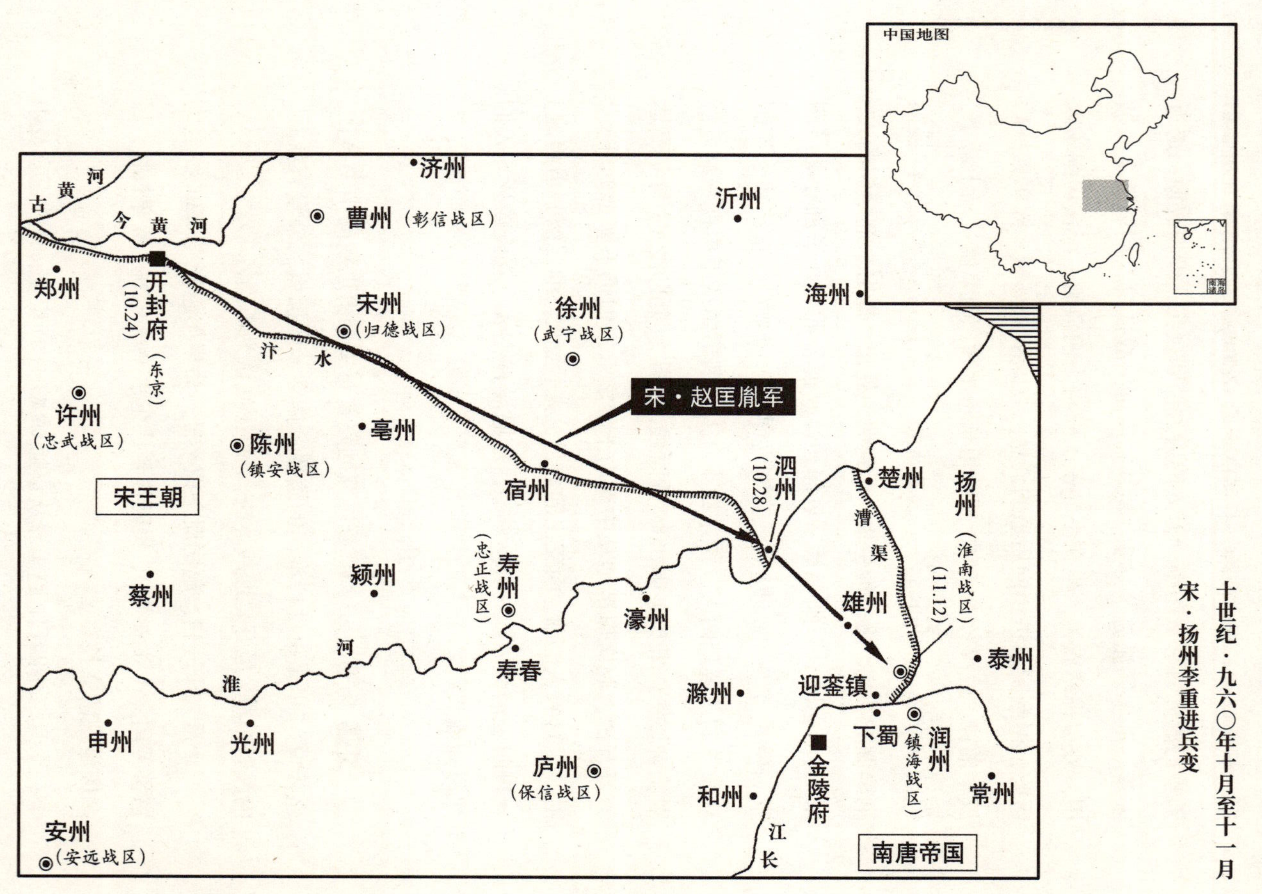

十世纪·九六〇年十月至十一月
宋·扬州李重进兵变
中国地图
古黄河
今黄河
开封府
(10.24)
(东京)
郑州
许州
(忠武战区)
陈州
(镇安战区)
宋州
(归德战区)
汴水
亳州
济州
曹州 (彰信战区)
沂州
海州
徐州
(武宁战区)
宋·赵匡胤军
宿州
宋王朝
泗州
(10.28)
楚州
扬州
(淮南战区)
(11.12)
漕渠
雄州
泰州
迎銮镇
下蜀
润州
(镇海战区)
常州
金陵府
长江
南唐帝国
和州
滁州
濠州
寿州
(忠正战区)
寿春
颍州
淮河
蔡州
申州
光州
庐州
(保信战区)
安州
(安远战区)

十月二十八日，大军抵达泗州（江苏省盱眙县淮河北岸），登岸。赵匡胤命各将领率军擂动战鼓推进。

十一月十二日，大军抵达扬州（江苏省扬州市）城下，立即攻城，当天攻克。城池将要陷落时，李重进左右官员劝他诛杀陈思诲，李重进说："我今天全族都要投入火窟了断，杀他有什么用！"遂即纵火自焚，但陈思诲仍被李重进的党羽处死。赵匡胤进城之后，诛杀李重进的同党好几百人。李重进的老哥李重兴听到老弟反抗中央消息，马上自尽。李重进的老弟李重赞跟儿子李延福，都被绑到街市斩首。赵匡胤悬赏找到翟守珣，命他当金殿侍从官（殿直），不久擢升当宫廷随从（供奉官）。

十一月十三日，发给扬州（江苏省扬州市）居民每人稻米一斛，十岁以下每人稻米半斛。被李重进裹挟当兵的，发给衣服鞋子，遣送回家。

十一月十五日，赵匡胤下诏：李重进的家属及部属，一律赦免。

**44** 十一月二十日，南唐帝（二任元宗）李璟（徐景通）派国务院左最高执行长（左仆射）江都（江苏省扬州市）人严续，前往宋军大营劳军。

十一月二十四日，李璟（徐景通）再派皇子蒋国公爵李从鉴、国务院财政部长（户部尚书）新安（河南省新安县）人冯延鲁到宋军大营买宴（用钱买皇帝出面设宴，参考九五二年十二月）。赵匡胤声色俱厉的对冯延鲁说："你们领袖为什么跟我们的叛徒私下来往？"冯延鲁说："陛下只知私下来往，却不知道实际上还参与叛变的阴谋！"赵匡胤要他详细说明，冯延鲁说："李重进的使节就住在我家，领袖派人告诉他说：'大丈夫因失意而谋反，世上并不是没有，只是你谋反的时机不对。当中央正在新旧交替，人心不定，上党（潞州州政府所在县）起兵，你不在那时候发动，却在人心已经安定，而竟打算用几千名乌合之众，对抗天下的精锐部队，即令韩信、白起再生，也没有成功的道理，我虽然有军队、有粮食，也不敢帮助。’李重进果然因得不到外援，而终告失败。”赵匡胤说：“即令如此，各将领都劝我南渡长江，你认为如何？”冯延鲁说：“李重进自认为一世之雄，天下没有敌手。陛下一旦亲临，他还没有转过脚跟，就被击败，何况我们只是一个小国，怎么能抵抗天上神威！但是，也有些事，会让陛下考虑的，我们拥有侍卫部队好几万人，都是先帝（一任李昪）时代的亲军，立下重誓，同生共死，陛下如果决心抛弃几万名士卒，渡江一战，当然可以渡江。而且陛下还会考虑到，长江是上天创造的巨大壕沟，风紧浪急，危险四伏，难以预测。万一大军前进不能攻克城池，后退又缺粮食，实在使人担心。”赵匡胤笑说：“我只是开你一个玩笑，岂真的听你满口大道理！”

赵匡胤命各路人马在迎銮镇（江苏省仪征市）作野战训练（迎銮镇之名，始于南吴），李璟（徐景通）大为恐惧。初级官员杜著、薛良逃奔宋军大营，呈献征服南唐（首都金陵府）策略，赵匡胤厌恶他们的不忠，把杜著绑到下蜀市（江苏省句容市北下蜀镇）斩首，把薛良发配到庐州（安徽省合肥市）军营当差，李璟（徐景通）心里才稍安定。但最后仍因疆土日削、国势日弱，决定迁都。

十一月三十日，赵匡胤命宫廷事务北院总监（宣徽北院使）李处耘暂代扬州（江苏省扬州市）州长。当时，扬州（江苏省扬州市）经过兵灾火灾的蹂躏，境内一片萧条。李处耘辛苦安置，减少差役及田租，扬州（江苏省扬州市）才逐渐恢复。

十二月四日，赵匡胤从扬州（江苏省扬州市）出发。

十二月二十二日，赵匡胤抵达京师（首都开封府）。

45 十二月二十六日，南唐（首都金陵府）清源（总部泉州）司令官（节度使）永春（福建省永春县）人留从效，向宋王朝政府（首都开封府）称臣（后周二任帝郭荣拒绝留从效直接进贡事，参考去年〔九五九〕六月）。

宋帝（一任太祖）赵匡胤登上宝座还不太久，打算暗中调查官员的效忠情形，所以常常改穿平民衣服，到街头巷尾私下查访。有人向他劝阻，赵匡胤笑说："帝王的兴起出自上天的遴选，后周世宗（二任帝郭荣）看见将领中方头大耳的，都把他们杀掉，可是我每天在他身旁，却害不了我。"后来，私访的次数越来越多，赵匡胤解释说："有天命的人想怎么干就怎么干，我不禁止他。"有一天，赵匡胤退朝之后，呆坐在便殿，满面忧虑，坐了好久，左右侍从问他什么缘故，赵匡胤说："你以为当皇帝容易？刚才我乘快一时，做出错误的决定，所以心里烦闷。"曾经在后宫御花园用弹弓射击麻雀取乐，有人声称有急事要当面奏报，赵匡胤急出来接见，发现谈的不过一些普通常事。赵匡胤大不满意，诘问他为什么说有紧急事情，对方回答说："我认为总比射击麻雀重要得多。"赵匡胤气得发疯，顺手拿起斧头，用斧柄直捣他的嘴巴，打掉两颗牙齿，那人慢慢捡起来放到怀里，赵匡胤诟骂说："你捡起牙齿，想到法庭告我是不是？"那人说："我不能告陛下，但自会有历史学家写在书上。"赵匡胤大为高兴，赏赐给他金银绸缎，安抚慰劳。

开始铸造宋王朝御印及"通元宝钱"。

46 本年（九六〇），后汉（首都太原府）任命郭无为当监督院高级顾问官（谏议大夫，正四品），参与宰相联合办公厅决策（参议中书事）。

郭无为，安乐（山东省阳谷县东北安乐镇）人，前额呈方形突出，嘴巴尖得像一个鸟喙，读过很多书，学问渊博，言辞流利，反应敏捷，曾经身穿黑色衣裳，隐居武当山（湖北省丹江口市西北）当道士。后汉大将郭威讨伐盘踞河中（山西省永济市）叛变的李守贞时（参考九四八年七月），郭无为曾到大营晋见，郭威询问他对时局的看法，感到惊奇。但有人警告郭威说：“你是政府的高级将领，手握重兵，又身居外地，却把谋略智士延揽到自己的幕府之中，不是深谋远虑，保护自己的办法。”郭无为大不满意，一拂衣袖，掉头而去，到抱犊山（位河北省石家庄市鹿泉区西四公里）隐居。现在，帝国参谋总部指挥官（枢密使）段常认识他，推荐他有奇才，后汉帝（四任睿宗）刘承钧召见，长谈之下，十分兴奋，遂授给他政府大权；命段常跟皇家侍卫亲军基地司令（侍卫亲军使）太原（山西省太原市）人蔚进，都兼二级实质宰相（同平章事）。

**47** 辽帝（四任睿宗）耶律述律的老弟、太平王耶律罨撒葛（耶律谙萨噶），是二任帝耶律德光的第二个儿子。三任帝耶律兀欲时，特准他跟当时尚是晋王的耶律述律来往，培养兄弟亲情。现在，耶律罨撒葛（耶律谙萨噶）看到耶律述律既酗酒又喜爱杀戮，暗中又打算夺取帝位，只耶律述律被蒙在鼓里。有人警告耶律述律，耶律述律反而把全部权柄交给耶律罨撒葛（耶律谙萨噶），而自己整天游逛打猎，即令是冷酷的严冬，或燠热的盛夏，都不停止山林荒野奔驰。侍从官员中有胆量的人，也曾建议追究大军被后周击败，三关土地丧失的责任（三关：益津关〔河北省霸州市〕、瓦桥关〔河北省雄县〕、淤口关〔河北省霸州市东信安镇〕），耶律述律说："三关本是中国土地，今天不过交还原主，哪里谈到丧失！"他对自己国家的冷漠，已到这样程度。

柏杨
跋

## ●一

当我终于写完《柏杨版资治通鉴》最后一个字，画上一个句点时，抬起头来，凝视着书桌上的横管台灯，竟呈现一片模糊，不由得连自己都蓦然一惊。九百多万字——将近一千万字的巨著，从一九八三年三月，写下第一个字开始，直到今年（一九九二）十一月，全部译完，为时整整十年，十年来，朋友把我的书房唤作“劳改营”，而我个人则当然是典型的“劳改犯”。因为，平均下来，我每个月至少都要阅读四万字左右的文言文（包括标点及注解）原文，写出七万五千字左右的初稿，和交出十五万字左右的校稿，以及所必需的地图、附录，和《通鉴广场》[①]。十年如一日，没有星期天，没有例假日；没有阴，没有晴。

## ●二

就在十年劳改营式写作生涯中，另有三种《资治通鉴》白话译本，先后问世，以完整无缺的全书面貌，进入市场，我依照它们的出版顺序，排列于下：

1. 师大版《通鉴》一九八四年十月，台北文化图书公司印行。
2. 名远版《通鉴》一九八四年十一月，台北名远出版社印行。
3. 改革版《通鉴》一九九一年十月，北京改革出版社印行。

---

①《通鉴广场》是台湾远流出版社出版《柏杨版资治通鉴》时，每册书所附录的柏杨与读者的笔谈。

《资治通鉴》自十一世纪出版，直到今天，历时九百余年，过着平静的日子，却在最近十年之内，出现来自同一母体的四种白话版本，固然由于商业竞争的激烈，但也说明一种现象：文言文古籍的寿命，已走到尽头。过去，知识分子对于难懂的文言文，传统的反应是：在原文之下，另加注解，或另加导读。于是，一部年代久远的文言文古籍，仅只注解导读，就能汇集成若干部书，成为专门学问。问题在于，注解或导读只能延长古文的呼吸，和古文辗转病榻的时间，不能拯救她的死亡。

●三

从四种版本同时流行的事实，可以了解：即令拥有再好的注解，再优美的导读，大多数知识分子也无法对文言文继续容忍，而渴望另行建立直接的了解渠道。犹如跟一位美丽的姑娘谈情说爱，男主角再也不愿意通过结结巴巴的第三者从中间传话，而要自己直接对话。

现代语文可以使已死的或垂死的古籍，获取新的生命。虽然有些人提出种种理由，反对把古籍译成现代语文，其实只不过是少数人企图永远垄断古籍知识，不允许她脱出自己掌心的心理，这将使古籍成为少数知识贵族的私产，才真正对国家民族造成伤害。

●四

司马光曾感叹说：“《资治通鉴》完成之后，只有王胜之借读一次，其他的人还没有读完一页，就打起呵欠、昏昏欲睡。”我比司马光幸运得多，《柏杨版资治通鉴》平装本已销出两万部左右，台湾二千万人口中，百分之五十七从不阅读书刊（不知道应感到可怕，或应感到可忧），在剩下的读书族群中，每二百八十人中，就有人拥有一部，这是一个奇高的比例。而在大陆，第一册初版数目，就高达十六万八千册。《资治通鉴》不是武侠小说，也不是通俗读物，它是严肃的正史。读者不但包括小学生，还包括体力劳动的工人，和被米面儿女缠身的家庭主妇，这都是现代语文的伟大功绩。

●五

文化是一种有机体，反映在语文上，尤其敏锐。日本的古籍，现代日本人几乎全不相识。现代英国人更把古英文看成古董。中国文言文古籍早已经是木乃伊了，我们如果真的像某些人所呐喊的，热爱中国文化，就必须解除缠在木乃伊身上的裹带，重新赋给她生命。

我不认为人人都看得懂文言文《资治通鉴》，即令他是文史方面的高级知识分子，所以翻译成为一种不可抗拒的需要。我预测二十一世纪的中国，将是一个翻译的世纪，包括四大内容：

1. 外文译中文。
2. 中文译外文。
3. 文言文译现代语文。
4. 译文的再翻译。

十五年前，我刚从监狱出来，发现入狱前的很多语言，已无人了解。正在中学念书的女儿，热心的教我当时（八〇年代）的热门字汇，然而，十五年后的今天，也没有几个人听懂，进步及成长的节奏，就是如此的快速。我自信柏杨版可以代替司马光版，因为我忠于原著，并忠于民主和平等的基本理念。但我乐观的估计，柏杨版的寿命最长也不过维持两百年，当二十三世纪来临时，自会有二十三世纪那个时代语文的《资治通鉴》再译本出现，这是一项健康的人文生态，这才能使有价值的文言文古籍，借着不断的除旧换新，使它永远流传。

## ●六

《资治通鉴》，司马光本是写给帝王看的，希望加强他们的统治的技术，可是事实上帝王并没有从中获益，获益的反而倒是平民，当我们发现政治舞台上的节目和《资治通鉴》上的人物举动重叠的时候，我们就可以预测它下一步的剧情。

然而，教训不是历史的主要功能，中国的实用主义文化，总是使艺术和学术作品跟功利结合。事实上，历史的主要功能在于使我们认同我们所来自的世界，而有一种知道身世后的归属感。没有归属感的心灵，不能延续文化的薪传，而成为太空中的浮飘物。

《资治通鉴》记载太多的悲惨和丑恶，但《圣经》是犹太人的《资治通鉴》，里面有同样多的悲惨和丑恶，美国历史上有水牢、吊人树，欧洲历史上有伦敦塔、巴士底监狱，都不影响他们的后裔以他们的国家和民族为荣，中国人亦然，《资治通鉴》使我们归属于我们自己的文化，使我们对未来的发展，产生一种神圣使命，要她再没有污点、只有荣耀，使明天更有意义。

●七

我有幸能够逢到中国历史上从没有出现过的黄金时代。假使柏杨版有什么贡献的话，请了解这贡献来自许许多多在这块土地上为民主开放、人权平等的争取，一齐流过泪、流过血汗的朋友。希望这个时代一直延续下去，直到永远。

一九九二年十二月十四日于台北

**图书在版编目（CIP）数据**

柏杨白话版资治通鉴 /柏杨著. — 北京：东方出版社，2022.8
ISBN 978-7-5207-2326-8

Ⅰ.①柏… Ⅱ.①柏… Ⅲ.①中国历史－古代史－编年体②《资治通鉴》－译文
Ⅳ.①K204.3

中国版本图书馆CIP数据核字（2021）第148962号
著作权登记号:01-2021-3917

**柏杨白话版资治通鉴**（BOYANG BAIHUABAN ZIZHITONGJIAN）

**作　　者：**柏　杨
**策 划 人：**王莉莉
**责任编辑：**王莉莉　张彦君　张　伟
**产品经理：**张　旭　张　伟
**出　　版：**东方出版社
**发　　行：**人民东方出版传媒有限公司
**地　　址：**北京市东城区朝阳门内大街166号
**邮　　编：**100010
**印　　刷：**北京汇瑞嘉合文化发展有限公司
**版　　次：**2022年8月第1版
**印　　次：**2022年8月第1次印刷
**印　　数：**1—6000套
**开　　本：**1194毫米×889毫米　1/32
**印　　张：**464.875
**字　　数：**11157千字
**书　　号：**ISBN 978-7-5207-2326-8
**定　　价：**2299.00元
**发行电话：**（010）85924663　85924644　85924641